세무사
행정소송법

한권으로 끝내기

핵심이론 / 3년 기출

시대에듀

2025 시대에듀 세무사 행정소송법
한권으로 끝내기

Always with you

사람의 인연은 길에서 우연하게 만나거나 함께 살아가는 것만을 의미하지는 않습니다.
책을 펴내는 출판사와 그 책을 읽는 독자의 만남도 소중한 인연입니다.
시대에듀는 항상 독자의 마음을 헤아리기 위해 노력하고 있습니다. 늘 독자와 함께하겠습니다.

머리말

2024년 제61회 세무사 1차 시험에서는 22,455명의 출원자가 몰려(2023년보다 5,639명 증가) 세무사 시험의 인기를 실감할 수 있었습니다(실제 응시인원은 18,842명). 그러나 1차 시험의 합격률은 17% 정도(2024년 기준 17.15%, 3,233명 합격)에 불과하고, 대부분의 수험생이 1차 시험의 문턱을 넘지 못하고 있습니다. 다른 시험에 비해 1차 시험 합격도 쉽지 않은 만큼 세무사 시험에서 최종 합격을 하려면 공부를 효율적으로 할 필요가 있습니다.

무엇보다 세무사 1차 시험에 단기합격을 하려면 전략적인 접근이 필요합니다. 세법학개론과 회계학개론이 2차 시험에도 연결되고 중요한 과목이라는 점은 분명하지만, 이 두 과목은 1차 시험에서 높은 점수를 받기가 쉽지 않습니다. 반면, 재정학과 행정소송법(선택과목)은 짧은 시간을 투자하는 것만으로 고득점을 득점할 수 있습니다.

이를 위하여 시대에듀에서는 최근 7년간 기출문제를 분석하여 기출 쟁점 위주로 효율적으로 내용을 정리한 『2025 시대에듀 세무사 행정소송법 한권으로 끝내기』를 기획 · 출간하였습니다.

『2025 시대에듀 세무사 행정소송법 한권으로 끝내기』의 특징

첫 째 2018년 제55회 기출문제부터 2024년 제61회 시험까지 최근 7년간 기출문제를 모두 분석하여 핵심이론을 정리하고, 기출연도를 표시함으로써 출제 가능한 쟁점 위주의 효율적인 학습이 가능하도록 하였습니다.

둘 째 주제에 관련된 행정소송법 조문 및 판례를 수록하여 정확한 근거를 확인할 수 있도록 하였으며, 2023년 제정된 행정소송규칙 또한 본문에 반영하였습니다.

셋 째 최근 3년간 기출문제(필요한 경우에 한하여 그 이전 기출문제 추가) 및 상세한 해설을 수록하여 출제경향을 파악하고 문제풀이 연습을 할 수 있도록 하였습니다.

이 책이 세무사 시험에 도전하는 수험생들에게 합격을 위한 좋은 안내서가 되기를 바라며, 이 책으로 공부하는 수험생들 모두가 2025년 세무사 시험에 합격하기를 진심으로 기원합니다.

편저자 대표 **박종화**

이 책의 구성과 특징

행정심판을 거친 경우이므로 '재결서 정본을 송달받은 날'로
한다(대판 2007.4.27. 2004두9302). 기출 24·20

(3) 재결이 취소소송의 대상이 되는 경우

① 개 설

㉠ 재결취소소송은 재결 자체에 고유한 위법이 있음을 이유
기출 22 여기서 '재결 자체에 고유한 위법'이란 원처분에

㉡ 재결 자체에 고유한 위법에는 재결의 주체에 관한 위법,
관한 위법, 재결의 내용에 관한 위법이 있다.

② 재결의 주체, 절차, 형식에 관한 위법

주체에 관한 위법	권한이 없는 행정심판위원회에 의한 재결의 경우 또 [예] 행정심판위원회 구성원의 결격사유가 있는 경
절차에 관한 위법	행정심판법상의 심판절차를 준수하지 않은 경우를 그 규정하고 있는 재결기간은 훈시규정으로 해석되므로 의 위법이 있다고 볼 수 없다.
형식에 관한 위법	서면에 의하지 아니한 재결, 재결서에 주요기재 사항 유의 기재가 없는 경우), 재결서에 기명날인을 하지 ㅇ

③ 재결의 내용에 관한 위법

㉠ 재결 자체에 고유한 위법에는 재결 자체의 주체, 절차, 형식
위법이 포함된다(대판 1993.8.24. 93누5673). 기출 24·20

> 항고소송은 원칙적으로 당해 처분을 대상으로 하나, 당해 처
> 형식 또는 내용상의 위법이 있는 경우에 한하여 그 재결을 대상으
> 대한 감봉 1월의 징계처분을 견책으로 변경한 소청결정 중 그

핵심이론 정리

세무사 1차 시험에 출제되는 행정소송법의 핵심이론을 기출쟁점 위주로 정리하여 효율적인 학습이 가능하도록 하였습니다.

인 법원에 의한 재판이란 점에서 행정기관이 하는 행정심판과 ㄱ

2. 행정소송에 적용·준용되는 법령

> **행정소송법 제8조(법적용 예)**
> ① 행정소송에 대하여는 다른 법률에 특별한 규정이 있는 경우를 제외
> 의한다.
> ② 행정소송에 관하여 이 법에 특별한 규정이 없는 사항에 대하여는 ㅂ
> 규정을 준용한다. 기출 24·23·22·18
>
> **행정소송규칙 제4조(준용규정)**
> 행정소송절차에 관하여는 법 및 이 규칙(= 행정소송규칙)에 특ㅂ
> 성질에 반하지 않는 한 「민사소송규칙」 및 「민사집행규칙」의 ㄱ
> [2023.8.31. 제정]

① 행정소송법은 "행정소송에 대하여는 다른 법률에 특별한 규정이
바에 의한다"라고 규정하여 「행정소송법」이 행정소송의 일반ㅂ
그리고 행정소송에 관하여 행정소송법에 특별한 규정이 없는 사
법」 및 「민사집행법」의 규정을 준용하는 것으로 규정하고 있

② 행정소송절차에 관하여는 「행정소송법」 및 「행정소송규칙」에
그 성질에 반하지 않는 한 「민사소송규칙」 및 「민사집행규칙」의
제정). 기출 24

조문 및 판례박스

핵심이론의 정확한 근거를 확인할 수 있도록 행정소송법 조문과 중요 판례를 수록하였습니다.

② 행정청이 상대방과 대등한 지위에서 하는 이른바 공법상의 계약이나
행위는 공권력의 행사에 해당하지 않아 처분성이 부정된다.

항고소송의 대상적격(처분성) 인정	항고소
〈공권력적 행위〉	〈공법상 계약〉 →
• 국유재산의 무단점유자에 대한 변상금부과처분 (대판 1988.2.23. 87누1046)	• 도지사의 전문직 해지 의사표시(대
• 조달청이 물품구매계약의 상대방에게 한 나라장터 종합쇼핑몰 거래정지조치(대판 2018.11.29. 2015두52395) 기출 21·20	• 국방부장관의 계 계약 해지 의사표
• 공공기관의 운영에 관한 법령에 따른 입찰참가자격제한 조치(대판 2020.5.28. 2017두66541)	• 서울특별시립무용
• 도지사의 지방의료원 폐업결정(대판 2016.8.30. 2015두60617) 기출 23	• 읍·면장의 이장 (대판 2012.10. 20
• 「국토의 계획 및 이용에 관한 법률」상 토지거래계약에 관한 허가구역의 지정(대판 2006.12.22. 2006두12883) 기출 23	〈사법적 행위〉 → • 국유 일반재산의 (대판 1993.12.21. 9
	• 입찰보증금의 국
	• 구 「도시 및 주거

다양한 도표

다양한 도표를 수록하여 암기사항을 한 눈에 정리할 수 있도록 하였습니다.

14 세무사 2024

행정소송법상 재결취소소송에 관한 설명으로 옳은 것은? (다툼이

① 행정심판의 재결을 거친 경우에는 원칙적으로 재결을 취소소송의
② 재결의 고유한 위법에는 내용상의 위법은 포함되지 않는다.
③ 변경재결이 있는 경우 원처분을 소송대상으로 행정심판위원회를
④ 적법한 행정심판청구를 각하한 재결은 재결에 고유한 위법이 있
⑤ 재결취소소송을 제기하였으나 재결에 고유한 위법이 없는 경우에

❚ 해설 ❚
① [×] 행정심판의 재결을 거친 다음 이에 불복하여 취소소송을 제기하는

기출문제

최근 3년간 기출문제(필요한 경우에 한하여 그 이전 기출문제 추가)를 수록하여 출제경향을 파악하고 문제풀이 연습을 할 수 있도록 하였습니다.

❚ 해설 ❚
① [×] 행정심판의 재결을 거친 다음 이에 불복하여 취소소송을 제기하는
대상으로 해야 하고, 재결에 대한 취소소송은 재결 자체에 고유한 위법을
제19조).

> **행정소송법 제19조(취소소송의 대상)**
> 취소소송은 처분등을 대상으로 한다. 다만, 재결취소소송의 경우에는 지
> 하는 경우에 한한다.

② [×] 재결취소소송이 인정되는 '재결 자체에 고유한 위법이 있는 경우
주체, 절차, 형식상의 위법이 있는 경우뿐만 아니라 **재결 자체에 고유한**
1993.8.24. 93누5673).

> 항고소송은 원칙적으로 당해 처분을 대상으로 하나, 당해 처분에 대한 저
> 내용상의 위법이 있는 경우에 한하여 그 재결을 대상으로 할 수 있다고 하
> 징계처분을 견책으로 변경한 소청결정 중 그를 견책에 처한 조치는 재량권

상세한 해설

최근 이론·법령·판례에 근거하여 정확하고 상세한 해설을 수록하여 기출문제를 완벽하게 이해할 수 있도록 하였습니다.

세무사 자격시험 소개

⬡ 시험과목

구 분	시험과목	시험방법
제1차 시험	❶ 재정학 ❷ 세법학개론 (「국세기본법」, 「국세징수법」, 「조세범처벌법」, 「소득세법」, 「법인세법」, 「부가가치세법」, 「국제조세조정에 관한 법률」) ❸ 회계학개론 ❹ 상법(회사편)・민법(총칙)・행정소송법(「민사소송법」 준용규정 포함) 중 택1 ❺ 영어(공인어학성적 제출로 대체)	객관식 5지택일형
제2차 시험	❶ 회계학1부(재무회계, 원가관리회계) ❷ 회계학2부(세무회계) ❸ 세법학1부(「국세기본법」, 「소득세법」, 「법인세법」, 「상속세및증여세법」) ❹ 세법학2부 (「부가가치세법」, 「개별소비세법」, 「조세특례제한법」, 「지방세법」・「지방세기본법」・「지방세징수법」 및 「지방세특례제한법」 중 취득세・재산세 및 등록에 대한 등록면허세)	주관식

⬡ 시험시간

시험구분	교시	시험과목	시험시간	문항수
제1차 시험	1교시	❶ 재정학 ❷ 세법학개론	09:30 ~ 10:50(80분)	과목별 40문항
	2교시	❸ 회계학개론 ❹ 상법・민법・행정소송법 중 택1	11:20 ~ 12:40(80분)	과목별 40문항
제2차 시험	1교시	❶ 회계학1부	09:30 ~ 11:00(90분)	4문항
	2교시	❷ 회계학2부	11:30 ~ 13:00(90분)	4문항
	3교시	❸ 세법학1부	14:00 ~ 15:30(90분)	4문항
	4교시	❹ 세법학2부	16:00 ~ 17:30(90분)	4문항

※ 시험과 관련하여 법률・회계처리기준 등을 적용하여 정답을 구하여야 하는 문제는 "해당 시험일" 현재 시행 중인 법률・기준 등을 적용하여 그 정답을 구하여야 함
※ 회계학 과목의 경우 한국채택국제회계기준(K-IFRS)만 적용하여 출제
※ 기활용된 문제, 기출문제 등도 변형・활용되어 출제될 수 있음

⬡ 시험일정

세무사 시험은 1차와 2차 각각 연 1회 실시됩니다. 1차 시험은 그 해의 상반기(5월)에 실시하고, 2차 시험은 그 해의 하반기(8월)에 실시합니다. 매해 시험일정이 상이하므로 상세한 시험일정은 큐넷의 홈페이지에서 '시행계획공고'를 통하여 확인하시기 바랍니다.

⬡ 응시자격

- 최종 합격 발표일을 기준으로 「세무사법」 제4조 제2호부터 제10호까지의 어느 하나에 해당하면 시험에 응시할 수 없음
- 부정행위자로 처분을 받은 경우 그 처분이 있는 날부터 5년간 시험응시 자격을 정지

※ 최종 합격 발표일을 기준으로 「세무사법」 제5조 제2항 및 제5조의3 규정에 따라 응시할 수 없는 자로 확인된 경우 합격에서 제외

⬡ 공인어학성적

시험명	TOEFL		TOEIC	TEPS	G-TELP	FLEX
	PBT	IBT				
일반응시자	530	71	700	340	65(level-2)	625
청각장애인	352	–	350	204	43(level-2)	375

※ 공인어학성적의 인정범위는 2022년 1월 1일 이후 실시된 시험으로 제1차 시험 전날까지 성적발표 및 성적표가 교부된 시험(단, 영어시험의 시행기관에서 정한 성적의 유효기간이 만료되기 전에 사전등록하여 진위가 확인이 된 성적에 한해 인정)

⬡ 합격자 결정

구 분	합격기준
제1차 시험	영어 과목을 제외한 나머지 과목에서 과목당 100점을 만점으로 하여 각 과목의 점수가 40점 이상이고, 전 과목 평균점수가 60점 이상인 사람을 합격자로 결정
제2차 시험	과목당 100점을 만점으로 하여 각 과목의 점수가 40점 이상이고, 전 과목 평균점수가 60점 이상인 사람을 합격자로 결정(단, 최소 합격인원에 미달하는 경우에는 그 미달하는 범위에서 순차적으로 전 과목의 평균점수가 다른 사람보다 높은 사람을 합격자로 결정)

⬡ 최근 5년간 1차 시험 과목별 응시인원

구 분		응시인원(단위 : 명)				
		2020년	2021년	2022년	2023년	2024년
재정학		9,506	10,348	12,554	13,768	18,842
세법학개론		9,506	10,348	12,554	13,768	18,842
회계학개론		9,470	10,291	12,496	13,673	18,714
선택 과목	상 법	3,433	3,591	4,244	4,439	5,406
	민 법	973	940	1,275	1,545	1,790
	행정소송법	5,064	5,760	6,977	7,689	11,518

세무사 1차 행정소송법 출제경향 분석

2024년 세무사 1차 시험 출제경향

⬠ 총 평

- 2024년 세무사 1차 행정소송법은 전반적으로 기출쟁점이 반복 출제되어 어렵지는 않다는 평이 있었습니다. 다만, 시·군·구세에 대한 심사청구제도(시·도지사에게 심사청구)는 폐지었다는 것, 행정심판과 달리 행정소송(취소소송)에서는 기속력 확보수단으로 직접처분이 인정되지 않는다는 것, 즉시항고는 재판이 고지된 날부터 1주 이내에 해야 한다는 것 등 기존 수험서에 자세히 소개되지 않은 부분이 지문으로 출제되어 시험장에서 당황한 사람도 있었을 것입니다.

- 사례문제는 2023년과 동일하게 4문제가 출제되었습니다. 사례문제는 푸는데 시간이 걸리고 또 실수로 틀리기 쉽습니다. 따라서 기출된 사례문제를 반복 학습하여 어떤 주제가 사례문제로 출제되는지 정리해 두는 것이 도움이 됩니다. 앞으로도 사례문제는 4~5문제가 출제될 것으로 예상됩니다.

- 취소판결의 효력에 관한 문제(기속력 및 기판력, 재처분의무, 간접강제, 기속력이 인정되는 판결)가 5문제나 출제된 것이 이번 시험의 가장 큰 특징입니다. 특히 취소판결의 기속력은 행정소송법에서 어려운 주제에 속하지만 중요한 부분이므로 반드시 정리해야 합니다.

- 2023. 8. 31. 행정소송규칙이 제정되었는데, 그 사실을 아는지 묻는 문제가 출제되었습니다. 행정소송규칙은 대부분 기존 판례의 법리에 따라 입법한 것이므로 이 책에 소개된 내용만 알고 있으면 충분합니다.

- 2024년도의 행정소송법 평균점수(54. 29)와 과락률(28. 6 %)을 보면, 무난했다는 수험생들의 평가와 달리 시험점수가 낮게 나온 것을 알 수 있습니다. 한정된 분량을 반복 학습하여 정확성을 높이는 것이 고득점의 지름길이라 생각합니다.

⬠ 최근 7년간 행정소송법 평균점수 및 과락률

(단위 : 명, 점, %)

연 도	응시자	평균점수	과락자수	과락률
2024년	11,158	54.29	3,297	28.6
2023년	7,689	58.38	2,112	27.5
2022년	6,977	64.52	1,364	19.55
2021년	5,760	49.46	1,646	28.58
2020년	5,064	62.67	892	17.61
2019년	4,270	58.84	817	19.13
2018년	4,325	62.99	663	15.33

※ '과락자'는 40점미만 득점자를 뜻함

최근 7년간 출제영역 분석

(% : 출제비율)

출제 영역			연도별 출제문항 수							합계
			2018	2019	2020	2021	2022	2023	2024	
행정소송법 서론 (6.4%)		준용 · 적용 법령	–	1	–	1	1	1		4
		행정소송의 종류	2	1	1	–	1	2	1	8
		행정소송의 한계	–	1	1	1	–	1	–	4
		행정입법의 규범통제	–	–	–	1	–	–	1	2
항고소송	취소소송 (70%)	소송요건	소송요건 일반	–	–	2	–	1	–	–	3
			대상적격	5	5	3	2	4	3	4	26
			원고적격	1	3	2	3	2	1	1	13
			협의의 소의 이익	1	2	2	1	1	–	1	8
			피고적격	2	3	1	1	2	1	2	12
			제소기간	1	1	2	2	1	1	2	10
			행정심판전치주의	1	1	2	1	–	1	1	7
			관할법원(재판관할)	1	–	1	1	1	1	–	5
		본안심리	심리의 범위 · 원칙 등	1	2	1	2	2	1	1	10
			주장책임과 증명책임	1	1	–	–	1	1	1	5
			처분사유의 추가 · 변경	1	1	1	–	1	1	1	6
			소의 변경	1	2	2	2	2	1	1	11
			소송참가	1	1	2	1	1	1	1	8
			제3자에 의한 재심청구	–	1	–	–	1	1	1	4
			소송의 이송 · 병합	2	–	1	–	–	3	1	7
		판결	판결의 종류	4	–	–	3	3	2	2	14
			위법 판단의 기준 시점	2	2	–	2	–	1	1	8
			판결의 효력	3	1	3	3	3	1	5	19
			부수적 재판	–	1	1	–	1	1	–	4
		가구제	집행정지	1	1	2	1	2	2	1	10
			가처분	–	1	–	–	–	–	–	1
		취소소송 종합문제		–	–	–	–	1	2	2	5
	무효등확인소송 (3.9%)	종류, 확인의 소의 보충성, 준용규정 등		–	1	3	1	2	2	2	11
	부작위 위법확인 소송 (4.3%)	대상적격, 심리의 범위, 준용규정 등		2	–	3	4	1	1	1	12
당사자소송(7.9%)		대상적격, 가처분, 준용규정 등		3	4	3	4	1	4	3	22
객관소송4.6%)		민중소송		1	1	1	1	1	1	1	7
		기관소송		1	1	–	1	1	1	1	6
기 타(2.9%)		행정소송 종합문제 등		2	1	–	2	2	1	–	8
합 계				40	40	40	40	40	40	40	280

※ '과락자'는 40점미만 득점자를 뜻함

이 책의 차례

이 책의 차례

세무사

행정소송법

한권으로 끝내기

PART 1

핵심이론

CHAPTER 01 | 행정소송법 서론

제1절 | 행정소송의 의의 및 종류

I 행정소송의 의의

1. 행정소송의 개념

행정소송은 법원이 공법(公法)상의 법률관계에 관한 분쟁에 대하여 행하는 재판절차를 말한다. 행정소송은 공법상의 법률관계에 관한 분쟁에 관한 쟁송절차라는 점에서 사법(私法)상의 법률관계에 관한 분쟁을 심판하는 민사소송이나 국가 형벌권의 발동과 관련된 형사소송과 구별된다. 그리고 행정소송은 독립된 재판기관인 법원에 의한 재판이란 점에서 행정기관이 하는 행정심판과 구별된다.

2. 행정소송에 적용·준용되는 법령

> **행정소송법 제8조(법적용 예)**
> ① 행정소송에 대하여는 다른 법률에 특별한 규정이 있는 경우를 제외하고는 이 법(= 행정소송법)이 정하는 바에 의한다.
> ② 행정소송에 관하여 이 법에 특별한 규정이 없는 사항에 대하여는 법원조직법과 민사소송법 및 민사집행법의 규정을 준용한다. **기출** 24 · 23 · 22 · 18
>
> > **행정소송규칙 제4조(준용규정)**
> > 행정소송절차에 관하여는 법 및 이 규칙(= 행정소송규칙)에 특별한 규정이 있는 경우를 제외하고는 그 성질에 반하지 않는 한 「민사소송규칙」 및 「민사집행규칙」의 규정을 준용한다. **기출** 24
> > [2023.8.31. 제정]

① 행정소송법은 "행정소송에 대하여는 다른 법률에 특별한 규정이 있는 경우를 제외하고는 이 법이 정하는 바에 의한다"라고 규정하여 「행정소송법」이 행정소송의 일반법임을 명시하고 있다(행정소송법 제8조 제1항). 그리고 행정소송에 관하여 행정소송법에 특별한 규정이 없는 사항에 대하여는 「법원조직법」과 「민사소송법」 및 「민사집행법」의 규정을 준용하는 것으로 규정하고 있다(행정소송법 제8조 제2항).
② 행정소송절차에 관하여는 「행정소송법」 및 「행정소송규칙」에 특별한 규정이 있는 경우를 제외하고는 그 성질에 반하지 않는 한 「민사소송규칙」 및 「민사집행규칙」의 규정을 준용한다(행정소송규칙 제4조[2023.8.31. 제정]). **기출** 24

Ⅱ 행정소송의 종류

1. 행정소송의 종류

> **행정소송법 제3조(행정소송의 종류)**
> 행정소송은 다음의 네 가지로 구분한다. 기출 23·18
>   1. 항고소송 : 행정청의 처분등이나 부작위에 대하여 제기하는 소송
>   2. 당사자소송 : 행정청의 처분등을 원인으로 하는 법률관계에 관한 소송 그 밖에 공법상의 법률관계에 관한 소송으로서 그 법률관계의 한 쪽 당사자를 피고로 하는 소송
>   3. 민중소송 : 국가 또는 공공단체의 기관이 법률에 위반되는 행위를 한 때에 직접 자기의 법률상 이익과 관계없이 그 시정을 구하기 위하여 제기하는 소송
>   4. 기관소송 : 국가 또는 공공단체의 기관상호 간에 있어서의 권한의 존부 또는 그 행사에 관한 다툼이 있을 때에 이에 대하여 제기하는 소송. 다만, 헌법재판소법 제2조의 규정에 의하여 헌법재판소의 관장사항으로 되는 소송은 제외한다.

행정소송은 항고소송, 당사자소송, 민중소송, 기관소송 네 가지로 구분한다(행정소송법 제3조). 그리고 항고소송에는 취소소송, 무효등확인소송, 부작위위법확인소송이 포함된다. 그러나 예방적 금지소송이나 의무이행소송은 행정소송법에서 행정소송의 종류로 규정하고 있지 않다(행정소송법 제3조 및 제4조). 기출 23·22·18

2. 항고소송의 종류

> **행정소송법 제4조(항고소송)**
> 항고소송은 다음과 같이 구분한다. 기출 22
>   1. 취소소송 : 행정청의 위법한 처분등을 취소 또는 변경하는 소송
>   2. 무효등확인소송 : 행정청의 처분등의 효력 유무 또는 존재여부를 확인하는 소송 기출 19
>   3. 부작위위법확인소송 : 행정청의 부작위가 위법하다는 것을 확인하는 소송

① 행정소송법상 항고소송은 취소소송, 무효등확인소송, 부작위위법확인소송이 있다(행정소송법 제4조).
기출 22·19

② 현행 행정소송법은 취소소송을 중심으로 규정되어 있고 나머지 소송은 주로 취소소송에 대한 준용규정으로 구성되어 있다.

3. 의무이행소송의 인정 여부

(1) 문제점

① 의무이행소송은 당사자의 신청에 대한 행정청의 위법한 거부처분 또는 부작위가 있는 경우 행정청으로 하여금 일정한 처분을 하도록 명하는 소송을 말한다.

② 이러한 의무이행소송은 위법한 거부처분 또는 부작위에 대한 효과적인 구제수단이 된다. 그러나 현행 행정소송법은 우회적인 구제수단인 '거부처분 취소소송'과 '부작위위법확인소송'만을 인정하고 있을 뿐 '의무이행소송'을 인정하는 명문의 규정을 두고 있지 않다. 그리하여 해석상 의무이행소송을 인정할 것인지에 관하여는 견해가 대립한다.

CHAPTER 1

(2) 학 설

① **부정설** : 법원이 행정청에 대하여 어떠한 처분을 명하는 것은 행정청의 1차적 판단권을 침해하는 것으로 권력분립의 원칙에 반하고, 현행 행정소송법이 거부처분취소소송과 부작위위법확인소송만을 규정하고 있는 점에 비추어 의무이행소송을 인정하지 않으려는 것이 입법자의 의사임을 근거로 의무이행소송을 부정한다. 기출 20

② **긍정설** : 거부처분취소소송과 부작위위법확인소송은 거부처분 또는 부작위에 대한 권익구제제도로서는 한계가 있으므로 권리구제의 실효성을 위하여 의무이행소송을 인정하는 것이 타당하고, 행정소송법 제4조는 제한적 열거규정이 아니라 예시적 열거규정으로 보아야 함을 근거로 의무이행소송을 긍정하는 견해이다.

③ **제한적 긍정설** : 법정항고소송에 의해 실효적인 권리구제가 어려운 경우에는 헌법상의 재판을 받을 권리에 비추어 보충적으로 구제수단을 인정하여야 한다는 점을 근거로 하여, 의무이행소송이 보충적으로 인정될 수 있다는 견해이다.

(3) 판 례

① 판례는 현행 행정소송법상 의무이행소송은 허용되지 않는다는 입장이다(대판 1992.2.11. 91누4126; 대판 1989.5.23. 88누8135 등). 기출 24 · 22 · 18

> • 현행 행정소송법상 의무이행소송이나 의무확인소송은 인정되지 않으며, 행정심판법이 의무이행심판청구를 할 수 있도록 규정하고 있다고 하여 행정소송에서 의무이행청구를 할 수 있는 근거가 되지 못한다(대판 1992.2.11. 91누4126).
> • 행정소송법상 행정청으로 하여금 일정한 행정처분을 하도록 명하는 이른바 이행판결을 구하는 소송은 허용되지 않는다(대판 1989.5.23. 88누8135). 기출 20
> • 검사에게 압수물 환부를 이행하라는 청구는 행정청의 부작위에 대하여 일정 처분을 하도록 하는 의무이행소송으로 현행 행정소송법상 허용되지 아니한다(대판 1995.3.10. 94누14018). 기출 23

② 판례는 '의무이행소송'뿐만 아니라 '(작위)의무확인소송'도 부정한다(대판 1992.11.10. 92누1629; 대판 2021.12.30. 2018다241458). 기출 24 · 23

> • 행정소송법상 행정청의 부작위에 대하여는 부작위위법확인소송만 인정되고 작위의무의 이행이나 확인을 구하는 행정소송은 허용될 수 없다(대판 1992.11.10. 92누1629). 기출 24 · 23 · 19
> • 피고 국가보훈처장 등에게, 독립운동가들에 대한 서훈추천권의 행사가 적정하지 아니하였으니 이를 바로잡아 다시 추천하고, 잘못 기술된 독립운동가의 활동상을 고쳐 독립운동사 등의 책자를 다시 편찬, 보급하고, 독립기념관 전시관의 해설문, 전시물 중 잘못된 부분을 고쳐 다시 전시 및 배치할 의무가 있음의 확인을 구하는 청구는 작위의무확인소송으로서 항고소송의 대상이 되지 아니한다(대판 1990.11.23. 90누3553).
> • 현행 행정소송법에서는 장래에 행정청이 일정한 내용의 처분을 할 것 또는 하지 못하도록 할 것을 구하는 소송(의무이행소송, 의무확인소송 또는 예방적 금지소송)은 허용되지 않는다(대판 2021.12.30. 2018다241458).

③ 현행 행정소송법상 장래 처분에 대한 예방적 (의무)확인소송 또한 의무확인소송 또는 예방적 금지소송과 마찬가지로 허용되지 않는다(대판 2021.12.30. 2018다241458 참조). 기출 24

> 피고가 매년 구체적인 회비를 산정·고지하는 처분을 하기 전에 원고가 피고를 상대로 구체적으로 정해진 바도 없는 회비납부의무의 부존재 확인을 곧바로 구하는 것은 현존하는 권리·법률관계의 확인이 아닌 장래의 권리·법률관계의 확인을 구하는 것일 뿐만 아니라, 원고의 이 사건 회비납부의무 부존재 확인청구는 피고가 장래에 원고의 구체적인 회비를 산정·고지할 때 총포화약법 제58조 제2항과 총포화약법 시행령 제78조 제1항 제3호에 근거한 '수입원가 기준 회비' 부분을 제외해야 한다는 것으로서 실질적으로 피고로 하여금 특정한 내용으로 회비를 산정·고지할 의무가 있음의 확인을 구하는 것과 같으므로 현행 행정소송법상 허용되지 않는 의무확인소송 또는 예방적 금지소송과 마찬가지로 허용되지 않는다. 원고로서는 피고가 매년 구체적인 회비를 산정·고지하는 처분을 하면 그 처분의 효력을 항고소송의 방식으로 다투어야 한다(대판 2021.12.30. 2018다241458).

4. 예방적 부작위청구소송(예방적 금지소송)의 인정 여부

(1) 문제점

① 예방적 부작위청구소송(예방적 금지소송)은 행정청이 장래에 위법한 처분을 할 것이 임박한 경우에 그 처분의 부작위(금지)를 청구하는 소송을 말한다(예 행정청에 대하여 특정인의 토지소유권에 불리한 영향을 미치는 도시·군관리계획을 결정하지 말 것을 요구하는 소송) 기출 20

② 행정소송법에는 예방적 부작위청구소송을 인정하는 명문규정이 존재하지 아니한다. 다만, 해석상 예방적 부작위청구소송을 허용할 것인지에 대하여는 견해가 대립한다.

(2) 학설

① **부정설** : 행정소송법 제4조가 항고소송의 제한적 열거규정이라는 점과 예방적 금지소송을 인정하면 행정청의 1차적 판단권을 침해하여 권력분립 내지 사법권의 본질에 반한다는 점 등을 근거로 예방적 금지소송은 인정되지 않는다는 견해이다. 기출 20

② **제한적 긍정설** : 행정소송법 제4조는 항고소송을 예시적으로 열거한 것에 불과하며, 특정 권익침해가 예상되고 임박한 경우에는 행정청의 1차적 판단권이 행사된 것에 준하는 것으로 볼 수 있으므로 권력분립에 반하지 않는다는 점 등을 근거로 예방적 금지소송이 보충적으로 인정될 수 있다는 견해이다.

(3) 판례

판례는 "행정소송법상 행정청이 일정한 처분을 하지 못하도록 그 부작위를 구하는 청구는 허용되지 않는 부적법한 소송이다"고 판시하여, 행정소송법상 예방적 부작위청구소송(금지소송)은 허용되지 않는다는 입장이다(대판 2006.5.25. 2003두11988).

> • 행정소송법상 행정청이 일정한 처분을 하지 못하도록 그 부작위를 구하는 청구는 허용되지 않는 부적법한 소송이라 할 것이므로, 피고 국민건강보험공단은 이 사건 고시를 적용하여 요양급여비용을 결정하여서는 아니 된다는 내용의 원고들의 위 피고에 대한 이 사건 청구는 부적법하다 할 것이다(대판 2006.5.25. 2003두11988). 기출 20
> • 건축건물의 준공처분을 하여서는 아니 된다는 내용의 부작위를 구하는 청구는 행정소송에서 허용되지 아니하는 것이므로 부적법하다(대판 1987.3.24. 86누182). 기출 23 · 20

5. 형성판결을 구하는 소송의 인정 여부

현행 행정소송법상 법원으로 하여금 행정청이 일정한 행정처분을 행한 것과 같은 효과가 있는 행정처분을 직접 행하도록 하는 형성판결을 구하는 소송도 허용되지 않는다(대판 1997.9.30. 97누3200). 기출 20

> 현행 행정소송법상 행정청으로 하여금 일정한 행정처분을 하도록 명하는 이행판결을 구하는 소송이나 법원으로 하여금 행정청이 일정한 행정처분을 행한 것과 같은 효과가 있는 행정처분을 직접 행하도록 하는 형성판결을 구하는 소송은 허용되지 아니한다(대판 1997.9.30. 97누3200). 기출 20

제2절 | 행정소송의 한계

I 사법(司法)의 본질에서 오는 한계

1. 구체적인 법적 분쟁이 아닌 사건

(1) 추상적 법령의 효력과 해석에 관한 분쟁

① 행정소송도 사법작용(司法作用, 재판작용)인 점에서 사법작용의 본질에서 나오는 일정한 한계가 있다. 기출 14

② 구체적인 법적 분쟁을 전제로 함이 없이 법령의 효력을 직접 다투는 추상적 규범통제는 원칙적으로 인정되지 않는다. 기출 14

(2) 반사적 이익에 관한 분쟁

① 사법(司法)은 구체적인 법적 분쟁을 해결하여 국민의 권익을 구제해 주는 것을 목적으로 하므로 '권리 또는 법적 이익'이 침해된 경우에 한하여 행정소송이 가능하며 '반사적 이익'의 보호를 주장하는 행정소송은 인정될 수 없다.

② 현행 행정소송법도 '법률상 이익'이 있는 자만이 항고소송을 제기할 수 있는 것으로 규정하고 있다(행정소송법 제12조, 제35조, 제36조). 행정소송에 있어 '반사적 이익의 침해'는 소송의 대상이 되지 않는다. 기출 23

③ 어떠한 법규가 단순히 행정상의 방침만을 규정하고 있을 뿐일 때에는 그러한 훈시규정의 준수와 실현을 소송으로써 주장할 수 없다. 기출 20 왜냐하면, 훈시규정은 행정청에 대한 하나의 기준에 불과한 것이고, 직접 개인의 권리나 이익의 보호를 목적으로 하는 것은 아니기 때문이다.

(3) 사실관계에 관한 분쟁

① 공법상의 구체적인 법률관계가 아닌 사실관계에 관한 것들을 확인의 대상으로 하는 것은 행정소송의 대상이 아니다(대판 1990.11.23. 90누3553). 기출 24·22

② 법원조직법 제2조 제1항에서는 법원은 '법률상 쟁송'을 심판한다고 규정하고 있는데, 소송의 대상이 구체적인 법률관계(= 권리의무관계)에 관한 것이어야 하고 단순한 사실(관계)의 존부에 관한 다툼은 원칙적으로 소송의 대상이 되지 아니한다는 것을 의미한다. 기출 14

피고 국가보훈처장이 발행·보급한 독립운동사, 피고 문교부장관이 저작하여 보급한 국사교과서 등의 각종 책자와 피고 문화부장관이 관리하고 있는 독립기념관에서의 각종 해설문·전시물의 배치 및 전시 등에 있어서, 일제치하에서의 국내외의 각종 독립운동에 참가한 단체와 독립운동가의 활동상을 잘못 기술하거나, 전시·배치함으로써 그 역사적 의의가 그릇 평가되게 하였다는 이유로 그 사실관계의 확인을 구하고, 또 피고 국가보훈처장은 이들 독립운동가들의 활동상황을 잘못 알고 국가보훈상의 서훈추천권을 행사함으로써 서훈추천권의 행사가 적정하지 아니하였다는 이유로 이러한 서훈추천권의 행사, 불행사가 당연무효임의 확인, 또는 그 부작위가 위법함의 확인을 구하는 청구는 과거의 역사적 사실관계의 존부나 공법상의 구체적인 법률관계가 아닌 사실관계에 관한 것들을 확인의 대상으로 하는 것이거나 행정청의 단순한 부작위를 대상으로 하는 것으로서 항고소송의 대상이 되지 아니하는 것이다(대판 1990.11.23. 90누3553). **기출** 24 · 20 · 14

(4) 객관적 소송

① 사법(司法)은 본질적으로 주관적 권리구제를 목적으로 하므로, 과거에는 행정의 적법성 보장을 주된 목적으로 하는 객관적 소송은 인정할 수 없다고 보았다. 그러나 오늘날 객관적 소송의 성격을 갖는 행정소송을 인정할 것인지의 여부는 입법정책의 문제로 이해한다.

② 현행 행정소송법에 따르면, 법치행정의 유지를 위하여 위법한 행정작용의 시정을 목적으로 하는 민중소송이나 기관소송과 같은 객관적 소송은 개별 법률에서 특별히 인정하는 경우를 제외하고는 행정소송의 대상이 될 수 없다(행정소송법 제45조 참조). **기출** 23

2. 법령의 적용으로 해결하는 것이 적절하지 않은 분쟁

(1) 통치행위

① 통치행위(統治行爲)란 고도의 정치적 성격을 띤 국가행위로 사법심사의 대상에서 제외되거나 사법심사의 대상이 되는 것이 적당하지 않은 행위를 말한다.

② 우리나라의 경우 통치행위의 인정 여부에 대하여 견해의 대립이 있으나, 대법원은 통치행위를 인정한다(대판 1979.12.7. 79초70). 헌법재판소도 통치행위의 개념을 긍정한다. 다만, 고도의 정치적 결단에 의하여 행해지는 국가작용이라 할지라도 그것이 국민의 기본권 침해와 직접 관련되는 경우에는 당연히 헌법재판소의 심판대상이 된다고 하였다(헌재 1996.2.29. 93헌마186).

③ 이라크 파병결정(헌재 2004.4.29. 2003헌마814), 남북정상회담의 개최(대판 2004.3.26. 2003도7878), 대통령의 비상계엄선포나 확대행위(대판 1979.12.7. 79초70; 대판 1997.4.17. 96도3376[전합]), 대통령의 사면(대판 2018.5.15. 2016두57984) 등이 통치행위에 해당한다.

④ 대통령의 서훈취소(대판 2015.4.23. 2012두26920), 남북정상회담 개최과정에서의 대북송금행위(대판 2004.3.26. 2003도7878) 등은 통치행위에 해당하지 아니한다.

⑤ 통치행위의 개념을 인정한다고 하더라도 과도한 사법심사의 자제가 기본권을 보장하고 법치주의 이념을 구현하여야 할 법원의 책무를 태만히 하거나 포기하는 것이 되지 않도록 그 인정을 지극히 신중하게 하여야 하며, 그 판단은 오로지 사법부만에 의하여 이루어져야 한다(대판 2004.3.26. 2003도7878).

(2) 특별권력관계 내에서의 행위

① 과거 국가와 국민 간에 당연히 성립되는 일반권력관계와 대비되는 특별권력관계(예 군인의 복무관계, 공무원의 근무관계, 교도소 재소관계, 국공립학교 재학관계)를 인정하고, 이 특별권력관계는 특별한 행정 목적을 위하여 특별히 성립하는 관계로서 권력 주체가 구체적인 법률의 근거 없이도 특정 신분을 가진 자에 대하여 필요한 조치를 명할 수 있으며 그 조치에 대해서는 사법심사의 대상에서 제외된다는 견해가 있었다.

② 그러나 오늘날에는 특수한 생활관계(= 특별권력관계) 내에 있는 자라 할지라도 법령의 근거 없는 기본권 제한은 허용될 수 없고, 그 내부의 행위도 모두 사법심사의 대상이 된다고 보는 것이 통설·판례이다(대판 1982.7.27. 80누86; 대판 1991.11.22. 91누2144 참조). 기출 20 · 19

> 동장과 구청장과의 관계는 이른바 행정상의 특별권력관계에 해당되며 이러한 특별권력관계에 있어서도 위법 부당한 특별권력의 발동으로 말미암아 권력을 침해당한 자는 행정소송법 제1조의 규정에 따라 그 위법 또는 부당한 처분의 취소를 구할 수 있다(대판 1982.7.27. 80누86).

(3) 내부행위

① 전통적으로 내부행위(內部行爲)는 처분에 해당하지 않아 사법심사의 대상이 되지 않는다고 보았다.

> 항고소송의 대상이 되는 행정처분은 행정청의 공법상의 행위로서 특정 사항에 대하여 법규에 의한 권리의 설정 또는 의무의 부담을 명하거나 기타 법률상의 효과를 직접 발생케 하는 등 국민의 구체적인 권리 의무에 직접 관계가 있는 행위를 말하는바, 상급행정기관의 하급행정기관에 대한 승인·동의·지시 등은 행정기관 상호 간의 내부행위로서 국민의 권리 의무에 직접 영향을 미치는 것이 아니므로 항고소송의 대상이 되는 행정처분에 해당한다고 볼 수 없다(대판 1997.9.26. 97누8540).

② 다만, 오늘날에는 내부행위에 대하여도 협의 등 절차적 통제가 가하여지는 경우가 있고, 이 경우에 있어서 절차상의 하자가 그 내부행위를 전제로 하여 취해지는 종국적 처분의 하자로 되어 사법심사의 대상이 되는 경우가 있다. 또한 공시지가의 결정, 지목 변경 등의 경우와 같이 종래 내부행위로 보았던 것을 처분으로 보는 경우가 점점 늘고 있다.

1. 의무이행소송과 예방적 부작위청구소송

① 권력분립 하에서도 행정사건은 사법(司法, 재판)의 대상이 된다. 권력분립의 원칙상 행정의 독자성은 존중되어야 한다. 즉 권력분립의 원칙상 행정청의 1차적 판단권이 존중되어야 하며, 이것이 행정소송의 한계가 된다.

② 권력분립의 원칙상 행정청에게 행정에 대한 1차적 판단권이 귀속되어야 하며 이것이 행정소송의 한계가 된다고 보는 입장에서는 의무이행소송과 예방적 부작위청구소송은 인정되지 않는다고 본다. 기출 20 그러나 권력분립을 기능적으로 이해하여 의무이행소송과 예방적 부작위청구소송을 인정하는 것이 권력분립의 원칙에 반하는 것은 아니고 입법정책의 문제라고 보는 것이 일반적이다. 다만, 현행 행정소송법은 의무이행소송과 예방적 부작위청구소송을 규정하지 않고 있고 그에 따라 판례도 현행법상으로 이러한 소송은 인정되지 않는다는 입장을 취하고 있다.

2. 처분의 부당성 심판

행정소송법 제27조는 "행정청의 재량에 속하는 처분이라도 재량권의 한계를 넘거나 그 남용이 있는 때에는 법원은 이를 취소할 수 있다"라고 규정하여 위법(재량의 일탈·남용)한 재량행위에 대해서만 사법심사를 인정하고 있다. 처분의 위법성뿐만 아니라 부당성까지 심판할 수 있는 행정심판과 달리 행정소송에서는 권력분립원칙상 처분의 위법성만 심판할 수 있도록 한 것이다.

3. 국회의 자율권

국회의원의 징계의결·제명처분에 대하여는 법원에 제소할 수 없으므로(헌법 제64조 제3항, 제4항), 국회의원의 징계의결·제명처분은 항고소송의 대상이 되지 아니한다. 기출 22·21·20

헌법 제64조
② 국회는 의원의 자격을 심사하며, 의원을 징계할 수 있다.
③ 의원을 제명하려면 국회재적의원 3분의 2 이상의 찬성이 있어야 한다.
④ 제2항과 제3항의 처분에 대하여는 법원에 제소할 수 없다.

❑ **비교 : 지방의회의 징계의결 등**
지방의회 의장선거(= 의장선임의결)(대판 1995.1.12. 94누2602), 지방의회 의장에 대한 불신임의결(대판 1994.10.11. 94두23), 지방의회 의원징계의결(대판 1993.11.26. 93누7341)은 행정처분의 일종으로서 항고소송의 대상이 되는데, 이때에는 지방의회가 처분청으로서 항고소송(취소소송)의 피고가 된다. 기출 20·19

Ⅲ 관련 문제 : 행정입법(명령·규칙)의 규범통제

1. 구체적 규범통제(간접적 통제)

(1) 의의 및 근거

① 우리 헌법은 "명령·규칙 또는 처분이 헌법이나 법률에 위반되는 여부가 재판의 전제가 된 경우에는 대법 원은 이를 최종적으로 심사할 권한을 가진다"고 규정하여(헌법 제107조 제2항), 구체적 규범통제의 방식을 취하고 있다.

② 지방법원, 고등법원도 심사할 권한이 있지만, 대법원이 "최종적으로" 심사할 권한이 있다는 의미이다.

(2) 통제의 대상

① 헌법 제107조 제2항의 구체적(간접적) 규범통제의 대상은 '명령·규칙'인데, 여기서 '명령'이란 법규명령을 의미한다. 위임명령과 집행명령 모두 통제의 대상이 된다.

② '규칙'이란 중앙선거관리위원회규칙, 대법원규칙, 헌법재판소규칙, 국회규칙과 같이 법규명령인 규칙을 의미한다. 헌법 제107조 제2항의 '명령·규칙'에는 자치법규인 지방자치단체의 조례와 규칙이 모두 포함된다(대판 1995.8.22. 94누5694[전합]).

(3) 통제의 요건

① 법원이 법규명령, 규칙, 조례, 행정규칙 등(이하 '규정'이라 한다)이 위헌·위법인지를 심사하려면 그것이 '재판의 전제'가 되어야 한다(대판 2019.6.13. 2017두33985). 기출 23

> 법원이 법률 하위의 법규명령, 규칙, 조례, 행정규칙 등(이하 '규정'이라 한다)이 위헌·위법인지를 심사하려면 그것이 '재판의 전제'가 되어야 한다. 여기에서 '재판의 전제'란 구체적 사건이 법원에 계속 중이어야 하고, 위헌·위법인지가 문제된 경우에는 규정의 특정 조항이 해당 소송사건의 재판에 적용되는 것이어야 하며, 그 조항이 위헌·위법인지에 따라 그 사건을 담당하는 법원이 다른 판단을 하게 되는 경우를 말한다(대판 2019.6.13. 2017두33985). 기출 23

② 법원이 구체적 규범통제를 통해 위헌·위법으로 선언할 심판대상은, 해당 규정의 전부가 불가분적으로 결합되어 있어 일부를 무효로 하는 경우 나머지 부분이 유지될 수 없는 결과를 가져오는 특별한 사정이 없는 한, 원칙적으로 해당 규정 중 재판의 전제성이 인정되는 조항에 한정된다(대판 2019.6.13. 2017두33985).

(4) 통제의 효력

① 구체적 규범통제에서 법규명령이 위법하다는 대법원 판결이 있는 경우, 현재의 일반적인 견해는 당해 법규명령이 일반적으로 효력을 상실하는 것으로 보지 않고 당해 사건에 한하여 적용되지 않는 것으로 보고 있다. 판례도 법규명령이 위법하다는 대법원의 판결이 있는 경우 당해 사건에서만 적용이 배제되는 것으로 보고 있다(대판 1994.4.26. 93부32 참조).

② 행정소송에 대한 대법원판결에 의하여 명령·규칙이 헌법 또는 법률에 위반된다는 것이 확정된 경우에는 대법원은 지체없이 그 사유를 행정안전부장관에게 통보하여야 한다(행정소송법 제6조 제1항). 기출 24·21·18 통보를 받은 행정안정부장관은 지체 없이 이를 관보에 게재하여야 한다(행정소송법 제6조 제2항).

> **행정소송법 제6조(명령 · 규칙의 위헌판결등 공고)**
> ① 행정소송에 대한 대법원판결에 의하여 명령 · 규칙이 헌법 또는 법률에 위반된다는 것이 확정된 경우에는 대법원은 지체없이 그 사유를 행정안전부장관에게 통보하여야 한다. 기출 24 · 21 · 18
> ② 제1항의 규정에 의한 통보를 받은 행정안전부장관은 지체없이 이를 관보에 게재하여야 한다.
>
> > **행정소송규칙 제2조(명령 · 규칙의 위헌판결 등 통보)**
> > ① 대법원은 재판의 전제가 된 명령 · 규칙이 헌법 또는 법률에 위배된다는 것이 법원의 판결에 의하여 확정된 경우에는 그 취지를 해당 명령 · 규칙의 소관 행정청에 통보하여야 한다.
> > ② 대법원 외의 법원이 제1항과 같은 취지의 재판을 하였을 때에는 해당 재판서 정본을 지체 없이 대법원에 송부하여야 한다.
> > [2023.8.31. 제정]

2. 직접적 통제(처분적 명령에 대한 항고소송)

① 다른 집행행위의 매개 없이 그 자체로서 국민의 구체적인 권리의무나 법률관계에 직접적인 변동을 초래케 하는 것이 아닌 일반적, 추상적인 법령 등은 항고소송의 대상이 될 수 없다(대판 2007.4.12. 2005두15168).

② 다만, 법규명령(법령보충적 행정규칙 포함) 중 처분적 성질을 갖는 명령(처분적 명령)은 항고소송의 대상이 된다는 것이 판례 및 일반적 견해이다.

> • 어떠한 고시가 일반적 · 추상적 성격을 가질 때에는 법규명령 또는 행정규칙에 해당할 것이지만, 다른 집행행위의 매개 없이 그 자체로서 직접 국민의 구체적인 권리의무나 법률관계를 규율하는 성격을 가질 때에는 행정처분에 해당한다(대판 2006.9.22. 2005두2506).
> • 조례가 집행행위의 개입 없이도 그 자체로서 직접 국민의 구체적인 권리의무나 법적 이익에 영향을 미치는 등의 법률상 효과를 발생하는 경우 그 조례는 항고소송의 대상이 되는 행정처분에 해당한다(대판 1996.9.20. 95누8003). 기출 22

3. 헌법재판소에 의한 통제

헌법소원심판의 대상으로서의 "공권력"이란 입법 · 사법 · 행정 등 모든 공권력을 말하는 것이므로 입법부에서 제정한 법률, 행정부에서 제정한 시행령이나 시행규칙 및 사법부에서 제정한 규칙 등은 그것들이 별도의 집행행위를 기다리지 않고 직접 기본권을 침해하는 것일 때에는 모두 헌법소원심판의 대상이 될 수 있는 것이다(헌재 1990.10.15. 89헌마178).

제1절 | 취소소송의 의의 및 성질

1. 취소소송의 의의

① 취소소송이란 '행정청의 위법한 처분등을 취소 또는 변경하는 소송'을 말한다(행정소송법 제4조 제1호). 기출 19
행정소송법 제4조 제1호의 '변경'의 의미에 관하여, 적극적 변경까지 포함된다는 견해도 있으나, '변경'을 '소극적 변경, 즉 '일부 취소'의 의미로 이해하여 처분을 적극적으로 변경(예 2개월의 정직처분을 2개월의 감봉처분으로 변경)하는 형성소송은 허용되지 않는다는 것이 판례의 입장이다(대판 1964.5.19. 63누177 참조).

기출 22 · 20

② 취소소송의 수소법원은 처분의 위법성만 판단할 수 있으므로, 처분이 부당하다고 인정하더라도 처분이 위법하지 않은 이상 법원은 (일부)취소판결을 할 수 없다. 기출 22

2. 취소소송의 성질

취소소송의 성질에 관하여, ① 처분의 위법성을 확인하는 확인소송으로 보는 견해(확인소송설)와 ② 처분의 효력을 소멸시키는 소송으로 보는 견해(형성소송설)가 대립하고 있다. 행정소송법 제4조 제1호의 취소소송의 개념에 비추어 형성소송설이 타당하고 할 것이다. 형성소송설이 통설 · 판례의 입장이다.

3. 취소소송의 소송물

(1) 소송물의 의의

소송물이란 심판의 대상이 되는 소송상의 청구를 말한다. 소송물이 특정됨으로써 법원의 심리의 범위와 기판력의 객관적 범위가 정해지며, 소송물은 소의 병합(청구의 병합), 처분사유의 추가 · 변경, 소의 변경 등을 결정하는 데 중요한 의미를 가진다.

(2) 취소소송의 소송물

취소소송의 소송물에 대하여, ① '처분의 위법성 일반'으로 보는 견해(다수설), ② 처분의 개개의 위법사유가 별개의 소송물이 된다는 견해, ③ '대상이 되는 처분을 통하여 자신의 권리가 침해되었다는 원고의 법적 권리 주장'이라고 보는 견해, ④ '처분으로 인하여 생긴 위법상태의 배제를 구하는 원고의 주장'으로 보는 견해, ⑤ '처분의 위법을 이유로 처분의 취소를 구하는 원고의 주장'으로 보는 견해 등이 주장된다. 판례는 소송물에 관하여 확립된 태도를 견지하고 있는 것은 아니지만, 다수의 판결이 취소소송의 소송물을 '처분의 위법성 일반'이라고 판시하고 있다(대판 1996.4.26. 95누5820; 대판 2009.1.15. 2006두14926 등). 이것이 우리나라의 통설이기도 하다.

I 서 설

1. 소송요건의 의의

① 소송요건이란 본안심리를 하기 위하여 갖추어야 하는 요건, 즉 소의 적법요건을 말한다.

② 소송요건의 심사를 본안심리 전에만 하는 것은 아니며 본안심리 중에도 소송요건의 흠결이 판명되면 소각하 판결을 해야 한다. 기출 20 소송요건의 구비 여부는 사실심 변론 종결시를 기준으로 판단한다. 취소소송 제기 당시에는 소송요건(예 행정심판의 전치요건)을 구비하지 못하였더라도 사실심 변론 종결 전까지 소송요건을 구비하면 그 흠결은 치유되고, 제소 당시 소송요건을 충족하여도 사실심 변론 종결 당시에 그 소송요건이 흠결되면(예 협의의 이익 소멸) 소각하 판결을 한다(법원실무제요 행정 [2], 143면). 기출 18 다만, 상고가 제기된 경우라면 소송요건(예 원고적격)은 상고심에서도 존속하여야 한다(대판 2007.4.12. 2004두7924).

③ 소송요건은 불필요한 소송을 배제하여 법원의 부담을 경감하고, 이렇게 함으로써 적법한 소송에 대한 충실한 심판을 도모하기 위하여 요구된다. 소송요건을 너무 엄격히 요구하면 국민의 재판을 받을 권리가 제약된다. 소송요건을 너무 완화하면 법원의 재판부담이 과중해지고 권리구제가 절실히 요구되는 사건에 대해 신속하고 실효적인 권리구제를 할 수 없는 문제가 생긴다(박균성, 행정법강의 제21판, 763면). 기출 20

④ 소송요건의 존부는 법원의 직권조사사항이고, 자백의 대상이 될 수 없다. 기출 23·18 다만, 본안판단을 받는다는 것 자체가 원고에게 유리한 사실이므로 법원의 직권조사를 통해서도 불분명한 경우에는 소제기의 효과를 주장하는 원고가 소송요건에 대한 증명책임(입증책임)을 진다. 기출 23·19

> 제소단계에서의 소송대리인의 대리권 존부는 소송요건으로서 법원의 직권조사사항이고, 이와 같이 직권조사사항에 관하여도 그 사실의 존부가 불명한 경우에는 입증책임의 원칙이 적용되어야 할 것인바, 본안판결을 받는다는 것 자체가 원고에게 유리하다는 점에 비추어 직권조사사항인 소송요건에 대한 입증책임은 원고에게 있다 할 것이다(대판 1997.7.25. 96다39301). 기출 23·19·18

⑤ 소송요건을 갖추지 않은 것으로 인정될 때에는 부적법한 소로서 그 흠을 보정할 수 없는 경우에는 판결로 소를 각하한다(행정소송법 제8조 제2항, 민사소송법 제219조). 기출 22 기각판결이 아니라 소각하 판결을 한다. 처분이 위법하더라도 소송요건이 흠결된 경우에는 소각하 판결을 하여야 한다. 기출 20

> 원고가 고의 또는 중대한 과실 없이 행정소송으로 제기하여야 할 사건을 민사소송으로 잘못 제기하였으나, 행정소송으로서의 소송요건을 결하고 있음이 명백한 경우, 수소법원은 소각하 판결을 하여야 한다(대판 2020.10.15. 2020다222382).

⑥ 소송판결의 기판력은 그 판결에서 확정한 소송요건의 흠결에 관하여만 미친다(대판 1996.11.15. 96다31406; 대판 2015.10.25. 2015두44288). 따라서 소송요건의 흠결로 각하판결이 선고된 경우, 원고는 흠결된 요건을 보완하여 다시 소를 제기할 수 있다. 기출 20

2. 취소소송의 소송요건

① 취소소송의 소송요건으로는 ㉠ 대상적격으로서 처분등이 존재할 것(제19조), ㉡ 원고적격 및 협의의 소의 이익이 인정될 것(제12조), ㉢ 피고적격 있는 자를 상대로 소를 제기할 것(제13조), ㉣ 제소기간을 준수하였을 것(제20조), ㉤ 예외적으로 행정심판전치주의가 적용되는 경우 전치요건을 갖출 것(제18조), ㉥ 관할권 있는 법원에 소를 제기할 것(제9조) 등이 있다.

② 처분청의 처분권한 유무는 소송요건이 아니므로 직권조사사항이 아니다(대판 1997.6.19. 95누8669[전합]).

기출 18 처분청의 처분권한 유무는 본안판단사항으로 항변사항이다. 처분청의 무권한의 하자는 원칙적으로 중대·명백한 하자에 해당한다.

Ⅱ 대상적격

> **행정소송법 제19조(취소소송의 대상)**
> 취소소송은 처분등을 대상으로 한다. 다만, 재결취소소송의 경우에는 재결 자체에 고유한 위법이 있음을 이유로 하는 경우에 한한다.

1. 서 설

① 취소소송은 '처분등'을 대상으로 하는데(행정소송법 제19조), "처분등"이란 행정청이 행하는 구체적 사실에 관한 법집행으로서의 공권력의 행사 또는 그 거부와 그 밖에 이에 준하는 행정작용(이하 "처분"이라 한다) 및 행정심판에 대한 재결을 말한다(행정소송법 제2조 제1항 제1호).

② '행정청의 부작위'는 취소소송의 대상이 될 수 없고, 일정한 요건 하에 부작위위법확인소송의 대상이 된다(행정소송법 제4조 제3호). **기출 23**

> ☐ **참고**
> 판례는 "행정청의 단순한 부작위는 항고소송의 대상이 되지 아니한다"(대판 1985.11.26. 85누607)고 판시하여, "행정청의 단순한 부작위"는 부작위위법확인소송의 대상도 아니라는 입장이다.

2. 처분의 의미

① 처분이란 '행정청이 행하는 구체적 사실에 관한 법집행으로서의 공권력의 행사 또는 그 거부와 그 밖에 이에 준하는 행정작용'을 말한다(행정소송법 제2조 제1항 제1호).

② 판례는 기본적으로 행정소송법상 처분을 "행정청이 공권력의 주체로서 행하는 구체적 사실에 관한 법집행으로서 국민의 권리의무에 직접적으로 영향을 미치는 행위"로 정의하고 있다(대판 2007.10.11. 2007두1316).

③ 행정청의 행위가 '처분'에 해당하는지가 불분명한 경우에는 그에 대한 불복방법 선택에 중대한 이해관계를 가지는 상대방의 인식가능성과 예측가능성을 중요하게 고려하여 규범적으로 판단하여야 한다(대판 2020.4.9. 2019두61137; 대판 2022.7.28. 2021두60748).

④ 어떠한 처분에 법령상 근거가 있는지, 행정절차법에서 정한 처분절차를 준수하였는지는 본안에서 당해 처분이 적법한가를 판단하는 단계에서 고려할 요소이지, 소송요건 심사단계에서 고려할 요소가 아니다(대판 2021.12.30. 2018다241458).

3. 처분개념의 분석

(1) 행정청의 행위

① 일반적으로 행정청은 '행정에 관한 의사를 결정하여 표시하는 국가 또는 지방자치단체의 기관'을 의미하는데(본래적 의미의 행정청), 행정소송법상 행정청에는 본래적 의미의 행정청으로부터 '법령에 의하여 행정권한의 위임 또는 위탁을 받은 행정기관·공공단체 및 그 기관 또는 사인'이 포함된다(행정소송법 제2조 제2항). 따라서 공무수탁사인이 공무를 수행하는 공권력 행사도 처분에 해당한다.

② 그러나 행정권한을 위탁받은 공공단체 등이 행하는 모든 행위가 행정소송의 대상이 되는 것이 아니고, 그 행위 중 법령에 의하여 국가 또는 지방자치단체의 사무를 위임받아 행하는 국민에 대한 권력적 행위만 행정처분의 대상이 된다는 점을 주의하여야 한다. 상대방(국민)의 권리를 제한하는 행위라 하더라도 그것이 국가 기타 행정기관으로부터 위탁받은 행정권한의 행사가 아니라 일반 사법상의 법률관계에서 이루어지는 단체 내부에서의 징계처분인 경우(예 한국마사회가 조교사 또는 기수의 면허를 취소하는 행위, 국민건강보험공단의 근로자에 대한 직위해제처분이나 징계처분), 이를 행정처분이라 할 수 없다(대판 2008.1.31. 2005두8269).

항고소송의 대상적격(처분성) 부정

〈행정청의 행위가 아닌 경우(위탁받은 행정권한의 행사가 아닌 경우 포함), 처분성을 부정한 사례〉
- 한국마사회의 조교사 및 기수 면허 부여 또는 취소(대판 2008.1.31. 2005두8269) **기출** 20
- 국민건강보험공단의 근로자에 대한 직위해제처분이나 징계처분(대판 2010.7.29. 2007두18406)
- 한국철도시설공단의 공사낙찰적격심사 감점조치 통보(대판 2014.12.24. 2010두6700)
- 병역법상 군의관의 신체등위 판정 (대판 1993.8.27. 93누3356) **기출** 23 · 19

---

(2) 구체적 사실에 관한 법집행으로서의 행정작용

행정소송은 구체적 사건에 관한 법적 분쟁을 법에 의해 해결하기 위한 것이므로, 구체적 사실에 관한 법집행 행위만이 소송의 대상이 될 수 있을 뿐 일반적·추상적인 법규명령이나 행정규칙, 행정계획 등은 그 규율 대상이 제한되어 있다 하더라도 원칙적으로 항고소송의 대상이 되는 처분이 아니다.

1) 일반적·추상적인 법령 등

① 일반적, 추상적인 법령 등은 그 대상이 될 수 없다.

의료법 시행규칙의 처분성 (×)

[1] 항고소송의 대상이 되는 행정처분은 행정청의 공법상의 행위로서 특정사항에 대하여 법률에 의하여 권리를 설정하고 의무를 명하며, 기타 법률상 효과를 발생케 하는 등 국민의 권리의무에 직접 관계가 있는 행위이어야 하고, 다른 집행행위의 매개 없이 그 자체로서 국민의 구체적인 권리의무나 법률관계에 직접적인 변동을 초래케 하는 것이 아닌 일반적, 추상적인 법령 등은 그 대상이 될 수 없다.

[2] 의료기관의 명칭표시판에 진료과목을 함께 표시하는 경우 글자 크기를 제한하고 있는 구 의료법 시행규칙 제31조가 그 자체로서 국민의 구체적인 권리의무나 법률관계에 직접적인 변동을 초래하지 아니하므로 항고소송의 대상이 되는 행정처분이라고 할 수 없다고 한 사례(대판 2007.4.12. 2005두15168)

---

② 그러나 법령, 조례, 지방자치단체의 규칙, 고시가 구체적 집행행위의 개입 없이 그 자체로서 직접 국민에 대하여 구체적 효과를 발생하여 특정한 권리의무를 형성하게 하는 경우, 이러한 '처분적 법규명령'은 그 자체로 항고소송의 대상이 된다. **기출** 19

- 두밀분교폐지조례의 처분성 (○)

  조례가 집행행위의 개입 없이도 그 자체로서 직접 국민의 구체적인 권리의무나 법적 이익에 영향을 미치는 등의 법률상 효과를 발생하는 경우 그 조례는 항고소송의 대상이 되는 행정처분에 해당한다(대판 1996.9.20. 95누8003). `기출` 22 · 20

- 보건복지부 고시인 '약제급여 · 비급여 목록 및 급여 상한금액표'의 처분성 (○)

  어떠한 고시가 일반적 · 추상적 성격을 가질 때에는 법규명령 또는 행정규칙에 해당할 것이지만, 다른 집행행위의 매개 없이 그 자체로서 직접 국민의 구체적인 권리의무나 법률관계를 규율하는 성격을 가질 때에는 행정처분에 해당한다. 이러한 법리와 관계 법령의 기록에 비추어 살펴보면, 보건복지부 고시인 '약제급여 · 비급여 목록 및 급여 상한금액표'(보건복지부 고시 제2002-46호로 개정된 것)는 다른 집행행위의 매개 없이 그 자체로서 국민건강보험가입자, 국민건강보험공단, 요양기관 등의 법률관계를 직접 규율하는 성격을 가진다고 할 것이므로, 항고소송의 대상이 되는 행정처분에 해당한다(대판 2006.12.21. 2005두16161). `기출` 22 · 19

- 항정신병 치료제의 요양급여 인정기준에 관한 보건복지부 고시의 처분성 (○)

  항정신병 치료제의 요양급여에 관한 보건복지부 고시가 다른 집행행위의 매개 없이 그 자체로서 제약회사, 요양기관, 환자 및 국민건강보험공단 사이의 법률관계를 직접 규율하는 성격을 가진다는 이유로 항고소송의 대상이 되는 행정처분에 해당한다고 한 사례(대판 2003.10.9. 2003무23) `기출` 20

2) 행정계획

행정계획은 원칙적으로 항고소송의 대상이 되지 아니하나, 그 자체로 특정인의 법률상 이익을 개별적 · 구체적으로 규제하는 효과가 있는 경우(예 도시 · 군관리계획결정)에는 항고소송의 대상이 된다.

항고소송의 대상적격(처분성) 인정	항고소송의 대상적격(처분성) 부정
〈구속적 행정계획〉	〈비구속적 행정계획 등〉
• 도시 · 군관리계획결정(대판 1982.3.9. 80누105)	• 도시기본계획(대판 2002.10.11. 2000두8226)
	• 하수도정비기본계획(대판 2002.5.17. 2001두10578) `기출` 22
	• 국토해양부 등 5개 중앙부처가 합동으로 발표한 '4대강 살리기 마스터플랜' (대결 2011.4.21. 2010무111[전합]) `기출` 23
	• 대학입시기본계획 내의 내신성적 산정지침(대판 1994.9.10. 94두33)

3) 일반처분

일반처분은 규율의 수범자가 불특정 다수인이라는 점에서 '일반적'이지만, 시간적 · 공간적으로 특정한 사안에 대해 규율하는 점에서 '구체적'효과를 발생시키므로 처분에 해당한다는 것이 다수설과 판례의 입장이다.

구 청소년보호법상 청소년유해매체물 결정 및 고시처분의 처분성 (○) `기출` 21

구 청소년보호법에 따른 청소년유해매체물 결정 및 고시처분은 당해 유해매체물의 소유자 등 특정인만을 대상으로 한 행정처분이 아니라 일반 불특정 다수인을 상대방으로 하여 일률적으로 표시의무, 포장의무, 청소년에 대한 판매 · 대여 등의 금지의무 등 각종 의무를 발생시키는 행정처분으로서, 정보통신윤리위원회가 특정 인터넷 웹사이트를 청소년유해매체물로 결정하고 청소년보호위원회가 효력발생시기를 명시하여 고시함으로써 그 명시된 시점에 효력이 발생하였다고 봄이 상당하고, 정보통신윤리위원회와 청소년보호위원회가 위 처분이 있었음을 위 웹사이트 운영자에게 제대로 통지하지 아니하였다고 하여 그 효력 자체가 발생하지 아니한 것으로 볼 수는 없다(대판 2007.6.14. 2004두619).

(3) 공권력적 행위

① 행정처분은 행정청이 공권력의 주체로서 상대방에 대하여 우월한 지위에서 행하는 고권적 또는 일방적으로 행하는 공법상의 행위이어야 한다.

② 행정청이 상대방과 대등한 지위에서 하는 이른바 공법상의 계약이나 합동행위, 행정청의 사법(私法)상의 행위는 공권력의 행사에 해당하지 않아 처분성이 부정된다.

항고소송의 대상적격(처분성) 인정	항고소송의 대상적격(처분성) 부정
〈공권력적 행위〉 • 국유재산의 무단점유자에 대한 변상금부과처분 (대판 1988.2.23. 87누1046) • 조달청이 물품구매계약의 상대방에게 한 나라장터 종합쇼핑몰 거래정지조치(대판 2018.11.29. 2015두52395) 기출 21·20 • 공공기관의 운영에 관한 법령에 따른 입찰참가자격제한 조치(대판 2020.5.28. 2017두66541) • 도지사의 지방의료원 폐업결정(대판 2016.8.30. 2015두60617) 기출 23 • 「국토의 계획 및 이용에 관한 법률」상 토지거래계약에 관한 허가구역의 지정(대판 2006.12.22. 2006두12883) 기출 23	〈공법상 계약〉 → 당사자소송의 대상 • 도지사의 전문직공무원인 공중보건의사에 대한 채용계약 해지 의사표시(대판 1996.5.31. 95누10617) • 국방부장관의 계약직공무원인 국방홍보원장에 대한 채용계약 해지 의사표시(대판 2002.11.26. 2002두5948) • 서울특별시립무용단원의 해촉(대판 1995.12.22. 95누4636) 기출 23 • 읍·면장의 이장에 대한 직권면직행위 (대판 2012.10. 2010두18963) 기출 20 〈사법적 행위〉 → 민사소송의 대상 • 국유 일반재산의 매각이나 대부행위 (대판 1993.12.21. 93누13735) • 입찰보증금의 국고귀속조치(대판 1983.12.27. 81누366) • 구 「도시 및 주거환경정비법」상 재개발조합과 조합장 또는 조합임원 사이의 선임·해임(대판 2009.9.24. 2009마168) 기출 24·23·20

(4) 국민의 권리·의무에 직접 영향을 미치는 행위

① 항고소송은 국민의 권리·이익 구제를 위한 것이므로, 행정처분은 대외적으로 국민의 권리·의무에 직접 영향을 미치는 행위(외부적 행위)이어야 한다. 따라서 어떤 행정청의 행위의 효과가 국민의 권리의무에 영향을 미치는 것이라면 비록 처분의 근거나 효과가 법규가 아닌 행정규칙에 규정되어 있더라도 항고소송의 대상이 될 수 있다(대판 2004.11.26. 2003두10251; 대판 2002.7.26. 2001두3532).

> 행정규칙에 의한 항공노선에 대한 운수권 배분처분의 처분성 (O)
> [1] 항고소송의 대상이 되는 행정처분이라 함은 원칙적으로 행정청의 공법상 행위로서 특정 사항에 대하여 법규에 의한 권리의 설정 또는 의무의 부담을 명하거나 기타 법률상 효과를 발생하게 하는 등으로 일반 국민의 권리의무에 직접 영향을 미치는 행위를 가리키는 것이지만, 어떠한 처분의 근거가 행정규칙에 규정되어 있다고 하더라도, 그 처분이 상대방에게 권리의 설정 또는 의무의 부담을 명하거나 기타 법적인 효과를 발생하게 하는 등으로 그 상대방의 권리의무에 직접 영향을 미치는 행위라면, 이 경우에도 항고소송의 대상이 되는 행정처분에 해당한다.
> [2] 정부 간 항공노선의 개설에 관한 잠정협정 및 비밀양해각서와 건설교통부 내부지침에 의한 항공노선에 대한 운수권배분처분이 항고소송의 대상이 되는 행정처분에 해당한다고 한 사례(대판 2004.11.26. 2003두10251). 기출 19

② 그러나 국민의 권리·의무에 직접 영향을 미치는 것이 아닌 승인·동의·지시 등의 행정기관 상호 간의 내부행위나 중간처분, 알선·권유·행정지도 등 비권력적 사실행위 등은 항고소송의 대상이 될 수 없다.

1) 내부행위

① 어떤 행위가 국민의 권리의무관계에 직접 영향을 미치지 않는 내부적 의사결정에 불과한 경우(예 상급행정청 등의 지시나 통보, 권한의 위임이나 위탁 등), 항고소송의 대상이 되는 처분이 되지 않는다.

> • 행정권 내부에서의 행위나 알선·권유·사실상의 통지 등 비권력적 사실행위의 처분성 (×)
> 항고소송의 대상이 되는 행정처분이라 함은 행정청의 공법상의 행위로서 특정사항에 대하여 법규에 의한 권리의 설정 또는 의무의 부담을 명하거나 기타 법률상 효과를 발생하게 하는 등 국민의 구체적인 권리의무에 직접적 변동을 초래하는 행위를 말하는 것이고, 행정권 내부에서의 행위나 알선, 권유, 사실상의 통지 등과 같이 상대방 또는 기타 관계자들의 법률상 지위에 직접적인 법률적 변동을 일으키지 아니하는 행위 등은 항고소송의 대상이 될 수 없다(대판 2008.9.11. 2006두18362).
> • 상급행정청이나 타행정청의 지시나 통보, 권한의 위임이나 위탁의 처분성 (×)
> 항고소송은 원칙적으로 소송의 대상인 행정처분 등을 외부적으로 그의 명의로 행한 행정청을 피고로 하여야 하는 것으로서, 그 행정처분을 하게 된 연유가 상급행정청이나 타행정청의 지시나 통보에 의한 것이라 하여 다르지 않고, 권한의 위임이나 위탁을 받아 수임행정청이 자신의 명의로 한 처분에 관하여도 마찬가지이다. 그리고 위와 같은 지시나 통보, 권한의 위임이나 위탁은 행정기관 내부의 문제일 뿐 국민의 권리의무에 직접 영향을 미치는 것이 아니어서 항고소송의 대상이 되는 행정처분에 해당하지 않는다(대판 2013.2.28. 2012두22904).
> • 강원도지사의 혁신도시 최종입지 선정 행위의 처분성 (×)
> 법과 법시행령 및 이 사건 지침에는 공공기관의 지방이전을 위한 정부 등의 조치와 공공기관이 이전할 혁신도시 입지선정을 위한 사항 등을 규정하고 있을 뿐 혁신도시입지 후보지에 관련된 지역 주민 등의 권리의무에 직접 영향을 미치는 규정을 두고 있지 않으므로, 피고(강원도지사)가 원주시를 혁신도시 최종입지로 선정한 행위는 항고소송의 대상이 되는 행정처분으로 볼 수 없다(대판 2007.11.15. 2007두10198). 기출 22

② 행정조직법상 행정기관 상호 간의 행위도 내부행위로서 원칙적으로 처분이 아니다. 예를 들면, 행정기관 상호 간의 '협의'나 '동의'는 처분이 아니다.

> • 소방서장의 건축부동의의 처분성 (×)
> 건축허가권자가 건축불허가처분을 하면서 그 처분사유로 건축불허가 사유뿐만 아니라 구 소방법 제8조 제1항에 따른 소방서장의 건축부동의 사유를 들고 있다고 하여 그 건축불허가처분 외에 별개로 건축부동의처분이 존재하는 것이 아니므로, 그 건축불허가처분을 받은 사람은 그 건축불허가처분에 관한 쟁송에서 건축법상의 건축불허가 사유뿐만 아니라 소방서장의 부동의 사유에 관하여도 다툴 수 있다(대판 2004.10.15. 2003두6573).
>
> > ❑ 비교 : 지방자치단체에 대한 건축협의 취소의 처분성 (○)
> > 「건축법」상 건축협의 취소는 상대방이 다른 지방자치단체 등 행정주체라 하더라도 '행정청이 행하는 구체적 사실에 관한 법집행으로서의 공권력 행사'(행정소송법 제2조 제1항 제1호)로서 처분에 해당한다고 볼 수 있고, 지방자치단체인 원고가 이를 다툴 실효적 해결 수단이 없는 이상, 원고는 건축물 소재지 관할 허가권자인 지방자치단체의 장을 상대로 항고소송을 통해 건축협의 취소의 취소를 구할 수 있다(대판 2014.2.27. 2012두22980). 기출 24·22
>
> • 지방자치단체의 장이 국가로부터 위임받은 기관위임사무를 처리한 것의 처분성 (×)
> 지방자치단체의 장이 국가로부터 위임받은 기관위임사무를 처리한 것은 행정조직 내부행위이므로 위임자인 국가는 기관위임사무의 처리에 관하여 지방자치단체의 장을 상대로 취소소송을 제기할 수 없다(대판 2007.9.20. 2005두6935). 기출 23·18

③ 특별권력관계(예 군인의 군복무관계, 공무원의 근무관계, 교도소 재소관계, 국공립학교 재학관계) 내에
서의 행위는 국민의 권리·의무에 직접 영향을 미치는 행위인 경우 항고소송의 대상이 되지만, 그렇지
않은 경우에는 내부행위에 불과하므로 항고소송의 대상이 되지 않는다.

> - **교육부장관이 대학에서 추천한 총장 후보자를 임용제청에서 제외하는 행위의 처분성 (○)**
>   대학의 추천을 받은 총장 후보자는 교육부장관으로부터 정당한 심사를 받을 것이라는 기대를 하게 된다.
>   만일 교육부장관이 자의적으로 대학에서 추천한 복수의 총장 후보자들 전부 또는 일부를 임용제청하지 않는다
>   면 대통령으로부터 임용을 받을 기회를 박탈하는 효과가 있다. 이를 항고소송의 대상이 되는 처분으로 보지
>   않는다면, 침해된 권리 또는 법률상 이익을 구제받을 방법이 없다. 따라서 교육부장관이 대학에서 추천한
>   복수의 총장 후보자들 전부 또는 일부를 임용제청에서 제외하는 행위는 제외된 후보자들에 대한 불이익처분으
>   로서 항고소송의 대상이 되는 처분에 해당한다고 보아야 한다. 다만 교육부장관이 특정 후보자를 임용제청에
>   서 제외하고 다른 후보자를 임용제청함으로써 대통령이 임용제청된 다른 후보자를 총장으로 임용한 경우에는,
>   임용제청에서 제외된 후보자는 대통령이 자신에 대하여 총장 임용 제외처분을 한 것으로 보아 이를 다투어야
>   한다(대통령의 처분의 경우 소속 장관이 행정소송의 피고가 된다)(국가공무원법 제16조 제2항). 이러한 경우에는
>   교육부장관의 임용제청 제외처분을 별도로 다툴 소의 이익이 없어진다(대판 2018.6.15. 2016두57564).
> - **승진후보자 명부에 포함된 후보자에 대한 교육부장관의 승진임용 제외처분의 처분성 (○)**
>   교육공무원법 제29조의2 제1항, 제13조, 제14조 제1항, 제2항, 교육공무원 승진규정 제1조, 제2조 제1항
>   제1호, 제40조 제1항, 교육공무원임용령 제14조 제1항, 제16조 제1항에 따르면 임용권자는 3배수의 범위
>   안에 들어간 후보자들을 대상으로 승진임용 여부를 심사하여야 하고, 이에 따라 승진후보자 명부에 포함된
>   후보자는 임용권자로부터 정당한 심사를 받게 될 것에 관한 절차적 기대를 하게 된다. 그런데 임용권자 등이
>   자의적인 이유로 승진후보자 명부에 포함된 후보자를 승진임용에서 제외하는 처분을 한 경우에, 이러한 승진
>   임용제외처분을 항고소송의 대상이 되는 처분으로 보지 않는다면, 달리 이에 대하여는 불복하여 침해된 권리
>   또는 법률상 이익을 구제받을 방법이 없다. 따라서 교육공무원법상 승진후보자 명부에 의한 승진심사 방식으
>   로 행해지는 승진임용에서 승진후보자 명부에 포함되어 있던 후보자를 승진임용인사발령에서 제외하는 행위
>   는 불이익처분으로서 항고소송의 대상인 처분에 해당한다고 보아야 한다(대판 2018.3.27. 2015두47492).
> - **경찰공무원 시험승진후보자명부에서 삭제한 행위의 처분성 (×)**
>   시험승진후보자명부에 등재되어 있던 자가 그 명부에서 삭제됨으로써 승진임용의 대상에서 제외되었다 하더
>   라도, 그와 같은 시험승진후보자명부에서의 삭제행위는 결국 그 명부에 등재된 자에 대한 승진 여부를 결정하
>   기 위한 행정청 내부의 준비과정에 불과하고, 그 자체가 어떠한 권리나 의무를 설정하거나 법률상 이익에
>   직접적인 변동을 초래하는 별도의 행정처분이 된다고 할 수 없다(대판 1997.11.14. 97누7325).
> - **해군참모총장이 수당지급대상자 추천하거나 추천하지 아니하는 행위의 처분성 (×)**
>   각 군 참모총장이 수당지급대상자 결정절차에 대하여 수당지급대상자를 추천하거나 신청자 중 일부를 추천하
>   지 아니하는 행위는 행정기관 상호 간의 내부적인 의사결정과정의 하나일 뿐 그 자체만으로는 직접적으로
>   국민의 권리·의무가 설정, 변경, 박탈되거나 그 범위가 확정되는 등 기존의 권리상태에 어떤 변동을 가져오는
>   것이 아니므로 이를 항고소송의 대상이 되는 처분이라고 할 수는 없다(대판 2009.12.10. 2009두14231).

④ 처분의 준비를 위한 결정, 처분의 기초자료를 제공하기 위한 결정 등은 내부행위로서 원칙적으로 항고소
송의 대상이 되는 행정처분이 아니다. 그러나 처분의 준비행위 또는 기초가 되는 행위라고 하더라도 국민
의 권리·의무에 직접 영향을 미치고 국민의 권리구제를 위하여 이를 다투도록 할 필요가 있는 경우에는
처분성을 인정하여야 한다.

항고소송의 대상적격(처분성) 인정	항고소송의 대상적격(처분성) 부정
〈국민의 권리의무에 영향을 미치는 행위〉 • 세무조사 전 단계의 세무조사결정(대판 2011.3.10. 2009두2361) 기출 24·18·17 • 친일반민족행위자재산조사위원회의 재산조사개시결정 (대판 2009.10.15. 2009두6513) 기출 19 • 진실·화해를 위한 과거사정리위원회의 진실규명결정 (대판 2013.1.16. 2010두22856) 기출 22·19 • 공정거래위원회의 경고의결(대판 2013.12.26. 2011두4930) • 금융기관의 임원에 대한 금융감독원장의 문책경고 (대판 2005.2.17. 2003두14765)	〈국민의 권리의무에 영향을 미치지 않는 행위〉 • 법인세과세표준 결정이나 익금가산처분 (대판 1985.7.23. 85누335) 기출 19 • 해양수산부장관의 항만 명칭결정 (대판 2008.5.29. 2007두23873) 기출 19 • 금융감독위원회의 부실금융기관에 대한 파산신청 (대판 2006.7.28. 2004두13219) 기출 19 • 공정거래위원회의 고발조치(대판 1995.5.12. 94누13794) 기출 22·20·17

2) 중간행위

어떤 행정목적을 달성하기 위하여 여러 단계의 행위를 거쳐 최종적인 처분이 행해지는 경우가 있다. 이 경우 중간행위가 그 자체로서 일정한 법적 효과를 가져오거나 국민의 권익에 직접 영향을 미치면 당해 행위는 처분이 되고 항고소송의 대상이 되지만, 그렇지 않으면 내부행위에 불과하여 항고소송의 대상이 되지 않는다. 그리고 내부행위에 불과한 중간행위의 위법은 종국처분을 다툼에 있어 종국처분의 위법사유로 주장될 수 있을 뿐이다.

• **관할 지방병무청장의 병역의무 기피자 1차 공개결정의 처분성 (×)**
관할 지방병무청장의 공개 대상자 결정의 경우 상대방에게 통보하는 등 외부에 표시하는 절차가 관계 법령에 규정되어 있지 않아, 행정실무상으로도 상대방에게 통보되지 않는 경우가 많다. 또한 관할 지방병무청장이 위원회의 심의를 거쳐 공개 대상자를 1차로 결정하기는 하지만, 병무청장에게 최종적으로 공개 여부를 결정할 권한이 있으므로, 관할 지방병무청장의 공개 대상자 결정은 병무청장의 최종적인 결정에 앞서 이루어지는 행정기관 내부의 중간적 결정에 불과하다. 가까운 시일 내에 최종적인 결정과 외부적인 표시가 예정된 상황에서, 외부에 표시되지 않은 행정기관 내부의 결정을 항고소송의 대상인 처분으로 보아야 할 필요성은 크지 않다. 관할 지방병무청장이 1차로 공개 대상자 결정을 하고, 그에 따라 병무청장이 같은 내용으로 최종적 공개결정을 하였다면, 공개 대상자는 병무청장의 최종적 공개결정만을 다투는 것으로 충분하고, 관할 지방병무청장의 공개 대상자 결정을 별도로 다툴 소의 이익은 없어진다(대판 2019.6.27. 2018두49130).

> ❑ **비교 : 병무청장이 한 병역의무 기피자 공개결정의 처분성 (○)**
> 병무청장이 병역법 제81조의2 제1항에 따라 병역의무 기피자의 인적사항 등을 인터넷 홈페이지에 게시하는 등의 방법으로 공개한 경우 병무청장의 공개결정을 항고소송의 대상이 되는 행정처분으로 보아야 한다(대판 2019.6.27. 2018두49130).

• **감사원의 징계요구와 재심의결정의 처분성 (×)**
甲 시장이 감사원으로부터 감사원법 제32조에 따라 乙에 대하여 징계의 종류를 정직으로 정한 징계 요구를 받게 되자 감사원에 징계 요구에 대한 재심의를 청구하였고, 감사원이 재심의청구를 기각하자 乙이 감사원의 징계 요구와 그에 대한 재심의결정의 취소를 구하고 甲 시장이 감사원의 재심의결정 취소를 구하는 소를 제기한 사안에서, 징계 요구 자체만으로는 징계 요구 대상 공무원의 권리·의무에 직접적인 변동을 초래하지도 아니하므로, 행정청 사이의 내부적인 의사결정의 경로로서 '징계 요구, 징계 절차 회부, 징계'로 이어지는 과정에서의 중간처분에 불과하여, 감사원의 징계 요구와 재심의결정이 항고소송의 대상이 되는 행정처분이라고 할 수 없고, 감사원법 제40조 제2항을 甲 시장에게 감사원을 상대로 한 기관소송을 허용하는 규정으로 볼 수는 없고 그 밖에 행정소송법을 비롯한 어떠한 법률에도 甲 시장에게 '감사원의 재심의 판결'에 대하여 기관소송을 허용하는 규정을 두고 있지 않으므로, 甲 시장이 제기한 소송이 기관소송으로서 감사원법 제40조 제2항에 따라 허용된다고 볼 수 없다고 한 사례(대판 2016.12.27. 2014두5637).

- 우선협상대상자 선정행위 및 선정된 우선협상대상자 배제행위의 처분성 (○)

  지방자치단체의 장이 공유재산 및 물품관리법에 근거하여 기부채납 및 사용·수익허가 방식으로 민간투자사업을 추진하는 과정에서 사업시행자를 지정하기 위한 전 단계에서 공모제안을 받아 일정한 심사를 거쳐 우선협상대상자를 선정하는 행위와 이미 선정된 우선협상대상자를 그 지위에서 배제하는 행위는 항고소송의 대상이 되는 행정처분이다(대판 2020.4.29. 2017두31064).

① **부분허가** : 부분허가는 그 자체가 규율하는 내용에 대한 종국적인 결정이므로 행정처분이다. 즉 부분허가가 있게 되면 금지의 해제 등 일정한 법적 효과가 발생하므로 부분허가는 항고소송의 대상이 되는 처분이다(대판 1998.9.4. 97누19588 참조).

② **사전결정** : 사전결정(예비결정)은 최종적인 행정결정을 내리기 전 사전적인 단계에서 행정행위의 요건 중 일부에 대해 우선적으로 심사하여 종국적인 판단으로서 내리는 결정을 말한다. 사전결정은 그 자체로서 하나의 행정행위로서 처분성이 인정된다.

③ **가행정행위** : 가행정행위는 잠정적이기는 하지만 직접 법적 효력을 발생시키는 행위이므로 행정처분에 해당한다(예 파면·해임·강등 또는 정직에 해당하는 징계 의결이 요구 중인 공무원에 대한 직위해제처분). 판례는 직위해제처분은 직권면직 또는 징계처분과 그 목적·성질 등이 다른 별개의 독립된 처분이므로 직위해제처분 후 동일한 사유로 다시 직권면직처분 또는 징계처분(예 해임처분)을 하여도 일사부재리의 원칙에 반하지 않는다고 하였다(대판 1983.10.25. 83누340; 대판 1984.2.28. 83누489).

④ **확약** : 확약은 "행정청이 당사자의 신청에 따라 장래에 어떤 처분을 하거나 하지 아니할 것을 내용으로 하는 의사표시"를 말한다(행정절차법 제40조의2 제1항). 판례는 확약의 처분성을 부정하고, 그 결과 확약에 공정력이나 불가쟁력과 같은 효력은 인정되지 아니한다고 판시하였다(대판 1995.1.20. 94누6529).

> **강학상 확약에 해당하는 어업권면허에 선행하는 우선순위결정의 처분성 (×)**
>
> 어업권면허에 선행하는 우선순위결정은 행정청이 우선권자로 결정된 자의 신청이 있으면 어업권면허처분을 하겠다는 것을 약속하는 행위로서 강학상 확약에 불과하고 행정처분은 아니므로, 우선순위결정에 공정력이나 불가쟁력과 같은 효력은 인정되지 아니하며, 따라서 우선순위결정이 잘못되었다는 이유로 종전의 어업권면허처분이 취소되면 행정청은 종전의 우선순위결정을 무시하고 다시 우선순위를 결정한 다음 새로운 우선순위결정에 기하여 새로운 어업권면허를 할 수 있다(대판 1995.1.20. 94누6529). 기출 19

⑤ **공시지가결정** : 판례는 개별공시지가결정(대판 1996.6.25. 93누17935)과 표준지공시지가결정(대판 2008.8.21. 2007두13845)을 항고소송의 대상이 되는 처분으로 보고 있다. 기출 23·18

항고소송의 대상적격(처분성) 인정	항고소송의 대상적격(처분성) 부정

〈사전결정〉
• 건축법상 사전결정(대판 1996.3.12. 95누658)
• 폐기물처리업허가 전의 폐기물처리사업계획에 대한 적정통보 또는 부적합통보(대판 1998.4.28. 97누21086) 기출 16
• 국제선 정기항공운송사업노선면허 전의 운수권 배분처분
  (대판 2004.11.26. 2003두10251) 기출 19
 	
〈가행정행위〉
• 공무원에 대한 직위해제(대판 2014.10.30. 2012두25552)
 	
〈공시지가결정〉
• 군수의 개별공시지가결정(대판 1996.6.25. 93누17935) 기출 23
• 표준지공시지가결정(대판 2008.8.21. 2007두13845) 기출 18
	〈확약〉
	• 어업권 면허에 선행하는 우선순위결정
	  (대판 1995.1.20. 94누6529) 기출 19·17

3) 행정편의 등을 위한 장부 기재행위

① 행정사무집행의 편의를 기하기 위하여 또는 사실증명의 자료로 삼기 위하여 장부에 기재하는 행위나 그 기재내용의 수정요구를 거부하는 행위 등은 모두 그 자체만으로 국민에게 구체적으로 어떤 권리를 제한하거나 의무를 명하는 등 법적 효과를 발생시키는 것이 아니므로 원칙적으로 항고소송의 대상이 되는 행정처분이 아니다.

② 과거 대법원은 지적공부(토지대장, 지적도, 임야도 등), 건축물대장, 자동차차운전면허대장 등에 대한 행정청의 공부 기재·정정·말소행위 등에 대하여, 그 자체만으로 국민에게 구체적으로 어떤 권리를 제한하거나 의무를 명하는 등 법률적 효과를 발생시키는 것이 아니라는 이유로 항고소송의 대상이 될 수 없다고 보았다. 그러나 지목변경신청 반려행위의 처분성을 인정한 판결(대판 2004.4.22. 2003두9015[전합]) 이후 행정청의 공부 기재·정정·말소행위 등이 국민의 권리관계에 영향을 미치는 경우 처분성을 긍정하고 있다.

□ **토지대장 등 공적 장부 기재·정정·삭제 관련 행정처분에 해당 여부**

항고소송의 대상적격(처분성) 인정	항고소송의 대상적격(처분성) 부정
• 지적공부 소관청의 지목변경신청 반려행위 (대판 2004.4.22. 2003두9015[전합]) 기출 19·18 • 토지대장 직권말소행위(대판 2013.10.24. 2011두13286) 기출 17 • 1필지의 일부 소유자가 다르게 되었음을 이유로 한 토지분할신청에 대한 지적 소관청의거부행위 (대판 1992.12.8. 92누7542) 기출 19 • 고속도로 건설공사에 편입되는 토지면적등록 정정신청 반려행위(대판 2011.8.25. 2011두3371) • 건축물대장 작성신청 반려행위 (대판 2009.2.12. 2007두17359) 기출 24 • 건축물대장 소관청의 건축물 용도변경신청 거부행위 (대판 2009.1.30. 2007두7277) 기출 23·19 • 건축물대장 직권말소행위 (대판 2010.5.27. 2008두22655) 기출 20 • 건축물대장상 건축주명의변경신고에 대한 수리거부행위 (대판 1992.3.31. 91누4911) 기출 19 • 건축법상 건축신고 반려행위(대판 2007.10.11. 2007두1316) • 건축법상 착공신고 반려행위(대판 2011.6.10. 2010두7321) 기출 19	• 토지대장상의 소유자명의변경신청 거부행위 (대판 2012.1.12. 2010두12354) 기출 20·19 • 무허가건물관리대장의 등재 또는 삭제행위 (대판 2009.3.12. 2008두11525) 기출 18 • 가옥대장에 일정한 사항을 등재한 행위 (대판 1982.10.26. 82누411) • 운전면허 행정처분처리대장상 일정한 사항(예 벌점)의 등재행위(대판 1994.8.12. 94누2190) 기출 19 • 과세관청의 부가가치세법상 사업자등록의 직권말소행위(대판 2000.12.22. 99두6903) • 상표권자인 법인에 대한 청산종결등기가 되었음을 이유로 한 상표권의 말소등록행위 (대판 2015.10.29. 2014두2362) • 인감증명행위(대판 2001.7.10. 2000두2136) • 법무법인의 공정증서 작성행위 (대판 2012.6.14. 2010두19720)

4) 경 고

경고는 공무원의 신분에 법적 효과를 미치지 않으므로 원칙적으로 처분이 아니지만(대판 1991.11.12. 91누2700), 공무원의 신분에 실질적으로 영향을 미치는 경우에는 처분으로 볼 수 있다(대판 2002.7.26. 2001두3532).

- **서면에 의한 경고의 처분성 (×)**
  공무원이 소속 장관으로부터 받은 "직상급자와 다투고 폭언하는 행위 등에 대하여 엄중 경고하니 차후 이러한 사례가 없도록 각별히 유념하기 바람"이라는 내용의 <u>서면에 의한 경고</u>가 공무원의 신분에 영향을 미치는 국가공무원법상의 징계의 종류에 해당하지 아니하고, 근무충실에 관한 권고행위 내지 지도행위로서 그 때문에 공무원으로서의 신분에 불이익을 초래하는 법률상의 효과가 발생하는 것도 아니므로, <u>경고가 국가공무원법상의 징계처분이나 행정소송의 대상이 되는 행정처분이라고 할 수 없어 그 취소를 구할 법률상의 이익이 없다고 본 사례</u>(대판 1991.11.12. 91누2700). ☞ 과거 이러한 판례가 있었다는 것 정도만 기억하면 된다.
- **행정규칙에 의한 '불문경고조치'의 처분성 (○)**
  [1] 항고소송의 대상이 되는 행정처분이라 함은 원칙적으로 행정청의 공법상 행위로서 특정 사항에 대하여 법규에 의한 권리의 설정 또는 의무의 부담을 명하거나 기타 법률상 효과를 발생하게 하는 등으로 일반 국민의 권리 의무에 직접 영향을 미치는 행위를 가리키는 것이지만, <u>어떠한 처분의 근거나 법적인 효과가 행정규칙에 규정되어 있다고 하더라도, 그 처분이 행정규칙의 내부적 구속력에 의하여 상대방에게 권리의 설정 또는 의무의 부담을 명하거나 기타 법적인 효과를 발생하게 하는 등으로 그 상대방의 권리 의무에 직접 영향을 미치는 행위라면, 이 경우에도 항고소송의 대상이 되는 행정처분에 해당한다.</u>
  [2] 행정규칙에 의한 '불문경고조치'가 비록 법률상의 징계처분은 아니지만 <u>위 처분을 받지 아니하였다면 차후 다른 징계처분이나 경고를 받게 될 경우 징계감경사유로 사용될 수 있었던 표창공적의 사용가능성을 소멸시키는 효과와 1년 동안 인사기록카드에 등재됨으로써 그 동안은 장관표창이나 도지사표창 대상자에서 제외시키는 효과 등이 있다는 이유로 항고소송의 대상이 되는 행정처분에 해당한다고 한 사례</u>(대판 2002.7.26. 2001두3532).
- **검찰총장이 검사에 대하여 하는 '경고조치'의 처분성 (○)**
  검사에 대한 경고조치 관련 규정을 위 법리에 비추어 살펴보면, <u>검찰총장이</u> 사무검사 및 사건평정을 기초로 대검찰청 자체감사규정 제23조 제3항, 검찰공무원의 범죄 및 비위 처리지침 제4조 제2항 제2호 등에 근거하여 <u>검사에 대하여 하는 '경고조치'는</u> 일정한 서식에 따라 검사에게 개별 통지를 하고 이의신청을 할 수 있으며, <u>검사가 검찰총장의 경고를 받으면 1년 이상 감찰관리 대상자로 선정되어 특별관리를 받을 수 있고, 경고를 받은 사실이 인사자료로 활용되어 복무평정, 직무성과금 지급, 승진 · 전보인사에서도 불이익을 받게 될 가능성이 높아지며, 향후 다른 징계사유로 징계처분을 받을 경우에 징계양정에서 불이익을 받게 될 가능성이 높아지므로, 검사의 권리 의무에 영향을 미치는 행위로서 항고소송의 대상이 되는 처분이라고 보아야</u> 한다(대판 2021.2.10. 2020두47564).

5) 사실행위

① 권력적 사실행위

　㉠ 대법원은 <u>권력적 사실행위의 처분성을 인정</u>한다.

항고소송의 대상적격(처분성) 인정

- 교도소장이 수형자에게 한 접견내용 녹음 · 녹화 및 접견 시 교도관 참여대상자 지정행위(대판 2014.2.13. 2013두20899) **기출 21**
- 재소자에게 송부된 의류(티셔츠)의 사용 불허행위(대판 2008.2.14. 2007두13203)
- 교도소 재소자의 이송조치(대판 1992.8.7. 92두30) **기출 18**
- 종로구청장의 단수처분(대판 1979.12.28. 79누218)

　㉡ 헌법재판소도 "단추 달린 남방형 티셔츠에 대하여 휴대를 불허한 이 사건 행위는 이른바 <u>권력적 사실행위로서 행정소송법 및 행정심판법의 대상이 되는 행정청이 행하는 구체적 사실에 대한 법집행으로서의 공권력의 행사에 해당한다</u>"고 판시하여(헌재 2002.8.5. 2002헌마462), 권력적 사실행위의 처분성을 명시적으로 인정하였다.

② 비권력적 사실행위

    ㉠ 알선·권유·행정지도 등 비권력적 사실행위는 원칙적으로 처분이 아니다. 판례도 국민의 권리의무에 직접 영향을 미치지 못하는 비권력적 사실행위는 행정처분이라고 볼 수 없어 항고소송의 대상이 될 수 없다고 한다(대판 1980.10.27. 80누395).

    ㉡ 그러나 행정지도와 같은 비권력적 사실행위도 국민의 권리의무에 사실상 강제력을 미치고 있는 경우에는 처분으로 볼 수 있다.

- **국가인권위원회의 성희롱결정 및 시정조치권고의 처분성 (○)**
  국가인권위원회의 성희롱결정과 이에 따른 시정조치의 권고는 불가분의 일체로 행하여지는 것인데 국가인권위원회의 이러한 결정과 시정조치의 권고는 성희롱 행위자로 결정된 자의 인격권에 영향을 미침과 동시에 공공기관의 장 또는 사용자에게 일정한 법률상의 의무를 부담시키는 것이므로 <u>국가인권위원회의 성희롱결정 및 시정조치권고는 행정소송의 대상이 되는 행정처분에 해당한다고 보지 않을 수 없다</u>(대판 2005.7.8. 2005두487) 기출 23
- **공정거래위원회의 표준약관 사용권장행위의 처분성 (○)**
  공정거래위원회의 '표준약관 사용권장행위'는 그 통지를 받은 해당 사업자 등에게 표준약관과 다른 약관을 사용할 경우 표준약관과 다르게 정한 주요내용을 고객이 알기 쉽게 표시하여야 할 의무를 부과하고, 그 불이행에 대해서는 과태료에 처하도록 되어 있으므로, 이는 <u>사업자 등의 권리·의무에 직접 영향을 미치는 행정처분으로서 항고소송의 대상이 된다</u>.(대판 2010.10.14. 2008두23184) 기출 21·18
- **방송통신심의위원회가 서비스제공자에게 한 게시물의 삭제 등 시정요구의 처분성 (○)**
  방송통신심의위원회가 「방송통신위원회의 설치 및 운영에 관한 법률」에 따라 서비스제공자에게 한 게시물의 삭제 등 시정요구는 <u>단순히 비권력적 사실행위인 행정지도에 불과한 것이 아니라 의무의 부담을 명하거나 기타 법률상 효과를 발생하게 하는 것으로서 항고소송의 대상이 되는 행정처분에 해당한다</u>(서울행법 2010.2.11. 2009구합35924) 기출 21

---

③ **사실행위인 단순한 관념의 통지** : 국민의 권리·의무와 관계가 없는 결정이나 단순한 관념의 통지 또는 사실의 통지는 처분이 아니다. 그러나 국민의 권리의무관계에 변경을 가져오는 등 국민의 권리의무에 직접 영향을 미치는 통지 등은 처분에 해당한다. 판례는 원천징수의무자인 법인에 대하여 행한 과세관청의 소득처분에 따른 소득금액변동통지가 (법인의 납세의무에 직접 영향을 미치는) 항고소송의 대상이 되는 조세행정처분이라고 보았다(대판 2006.4.20. 2002두1878[전합]: 대판 2021.4.29. 2020두52689).

항고소송의 대상적격(처분성) 인정	항고소송의 대상적격(처분성) 부정

〈국민의 권리의무에 영향을 미치는 통지행위〉
• (원천징수의무자인 법인에 대하여 행한) 과세관청의 소득처분에 따른 소득금액변동통지(대판 2021.4.29. 2020두52689) 기출 24·23·20·19·18
• 과세관청의 결손금 감액경정 통지
  (대판 2020.7.9. 2017두63788) 기출 24
• 건축법상 이행강제금 납부의 최초 독촉
  (대판 2009.12.24. 2009두14507) 기출 19
	〈국민의 권리의무에 영향을 미치지 않는 사실의 통지〉
	• 소득의 귀속자에 대한 소득금액변동통지
	  (대판 2015.3.26. 2013두9267)
	• 국세환급금 결정이나 이 결정을 구하는 신청에 대한 환급거부 결정(대판 2009.11.26. 2007두4018; 대판 1989.6.15. 88누6436[전합]) 기출 24·20
	• 한국자산공사의 공매통지(대판 2007.7.27. 2006두8464) 기출 24·18
	• 국민건강보험공단의 '직장가입자 자격상실 및 자격변동 안내' 통보(대판 2019.2.14. 2016두41729) 기출 20
	• 국가공무원법상의 당연퇴직인사발령(대판 1995.11.14. 95누2036) 기출 19·18
	• 재개발조합의 조합원 분양계약에 대한 안내서 발송행위
	  (대판 2002.12.27. 2001두2799) 기출 19

(5) 행정처분으로서의 외형을 갖춘 행위

① 취소소송의 대상이 되기 위해서는 행정처분으로서의 외형을 갖추어 성립하여야 하고, 그러한 외형조차 갖추지 못한 행정청의 행위는 그것이 비록 국민의 권리·의무에 관계되는 것이라 하더라도 부존재확인소송의 대상이 될 수 있을 뿐, 취소소송이나 무효등확인소송의 대상이 될 수는 없다. 따라서 처분이 내부적으로 결정되었을 뿐, 외부에 표시되지 아니하면 아직 처분이 있다 할 수 없고, 취소소송이나 무효등확인소송의 대상이 되지 못한다. 예를 들면, 군인연금법상 사망보상금의 지급청구를 받은 보훈지청장이 "신청인이 받은 국가배상금을 공제하면 지급할 사망보상금이 없다"는 내부결재 문건에 결재를 한 것만으로는 처분이 있었다고 볼 수 없다(대판 2021.12.16. 2019두45944).

② 일반적으로 처분이 주체·내용·절차와 형식의 요건을 모두 갖추고 외부에 표시된 경우에는 처분의 존재가 인정된다. 행정의사가 외부에 표시되어 행정청이 자유롭게 취소·철회할 수 없는 구속을 받게 되는 시점에 처분이 성립하고, 그 성립 여부는 행정청이 행정의사를 공식적인 방법으로 외부에 표시하였는지를 기준으로 판단해야 한다(대판 2017.7.11. 2016두35120 등 참조).

> [1] 병무청장이 법무부장관에게 '가수 甲이 공연을 위하여 국외여행허가를 받고 출국한 후 미국 시민권을 취득함으로써 사실상 병역의무를 면탈하였으므로 재외동포 자격으로 재입국하고자 하는 경우 국내에서 취업, 가수활동 등 영리활동을 할 수 없도록 하고, 불가능할 경우 입국 자체를 금지해 달라'고 요청함에 따라 법무부장관이 甲의 입국을 금지하는 결정을 하고, 그 정보를 내부전산망인 '출입국관리정보시스템'에 입력하였으나, 甲에게는 통보하지 않은 사안에서, 행정청이 행정의사를 외부에 표시하여 행정청이 자유롭게 취소·철회할 수 없는 구속을 받기 전에는 '처분'이 성립하지 않으므로 법무부장관이 출입국관리법 제11조 제1항 제3호 또는 제4호, 출입국관리법 시행령 제14조 제1항, 제2항에 따라 위 입국금지결정을 했다고 해서 '처분'이 성립한다고 볼 수는 없고, 위 입국금지결정은 법무부장관의 의사가 공식적인 방법으로 외부에 표시된 것이 아니라 단지 그 정보를 내부전산망인 '출입국관리정보시스템'에 입력하여 관리한 것에 지나지 않으므로, 위 입국금지결정은 항고소송의 대상이 될 수 있는 '처분'에 해당하지 않는데도, 위 입국금지결정이 처분에 해당하여 공정력과 불가쟁력이 있다고 본 원심판단에 법리를 오해한 잘못이 있다고 한 사례. `기출` 23
> [2] 상급행정기관의 지시는 일반적으로 행정조직 내부에서만 효력을 가질 뿐 대외적으로 국민이나 법원을 구속하는 효력이 없다. 대외적으로 처분 권한이 있는 처분청이 상급행정기관의 지시를 위반하는 처분을 하였다고 해서 그러한 사정만으로 처분이 곧바로 위법하게 되는 것은 아니고, 처분이 상급행정기관의 지시를 따른 것이라고 해서 적법성이 보장되는 것도 아니다. 처분이 적법한지는 상급행정기관의 지시를 따른 것인지 여부가 아니라, 헌법과 법률, 대외적으로 구속력 있는 법령의 규정과 입법 목적, 비례·평등원칙과 같은 법의 일반원칙에 적합한지 여부에 따라 판단해야 한다. `기출` 23
> [3] 처분의 근거 법령이 행정청에 처분의 요건과 효과 판단에 일정한 재량을 부여하였는데도, 행정청이 자신에게 재량권이 없다고 오인한 나머지 처분으로 달성하려는 공익과 그로써 처분상대방이 입게 되는 불이익의 내용과 정도를 전혀 비교형량 하지 않은 채 처분을 하였다면, 이는 재량권 불행사로서 그 자체로 재량권 일탈·남용으로 해당 처분을 취소하여야 할 위법사유가 된다(대판 2019.7.11. 2017두38874). `기출` 23

③ 그러나 상대방 있는 처분에서 처분서를 송달(공시송달 포함)하였으나 그 송달이 부적법한 경우는 외부적 표시가 없는 경우와는 달리 그 효력발생요건에 흠이 있는 무효의 처분이라고 보아야 하고 처분이 존재하지 않는다고 할 수는 없다(대판 1995.8.22. 95누3909; 대판 1998.2.13. 97누8977).

(6) 행정소송 이외의 특별불복절차가 마련된 경우

① 행정소송법 제2조의 '처분'의 개념 정의에는 해당한다고 하더라도 그 처분의 근거 법률에서 행정소송 이외의 다른 절차에 의하여 불복할 것을 예정하고 있는 처분은 항고소송의 대상이 될 수 없다(대판 2018.9.28. 2017두47465).

② 행정청의 과태료부과처분 : 「질서위반행위규제법」에 의하면 과태료부과처분에 대하여 불복하는 당사자가 행정청에 이의제기를 한 경우, 이를 행정청으로부터 통보받은 관할법원은 「비송사건절차법」 규정을 준용하여 이유를 붙인 결정으로써 과태료재판을 한다(질서위반행위규제법 제36조 제1항). 따라서 별도의 불복절차가 마련되어 있는 과태료부과처분은 항고소송의 대상이 되지 않는다. **기출** 21 · 19 · 18

> 수도조례 및 하수도사용조례에 기한 과태료의 부과 여부 및 그 당부는 최종적으로 질서위반행위규제법에 의한 절차에 의하여 판단되어야 한다고 할 것이므로, 그 과태료 부과처분은 행정청을 피고로 하는 행정소송의 대상이 되는 행정처분이라고 볼 수 없다(대판 2012.10.11. 2011두19369).

③ 통고처분 : 「도로교통법」에 의하면 통고처분에 대하여 이의가 있어 이를 불이행한 경우, 경찰서장의 즉결 심판 청구에 따라 법원의 재판을 받아야 한다(도로교통법 제165조 참조). 따라서 항고소송으로 이를 다툴 수는 없다.

④ 체포영장 또는 구속영장 발부 : 체포영장 또는 구속영장에 관한 재판 그 자체에 대하여 직접 항고 또는 준항고를 하는 방법으로 불복하는 것은 이를 허용하지 아니하는 대신에, 체포영장 또는 구속영장이 발부된 경우에는 피의자에게 체포 또는 구속의 적부심사를 청구할 수 있도록 하고 그 영장청구가 기각된 경우에는 검사로 하여금 그 영장의 발부를 재청구할 수 있도록 허용함으로써, 간접적인 방법으로 불복할 수 있는 길을 열어 놓고 있다(대결 2006.12.18. 2006모646). 따라서 별도의 불복절차가 마련되어 있는 구속영장의 발부는 항고소송의 대상이 되지 않는다. **기출** 21

⑤ 검사의 공소제기 결정이나 불기소결정 : 검사의 공소제기 결정(대판 2000.3.28. 99두11264), 검사의 불기소결정 및 처분결과 통지(대판 2018.9.28. 2017두47465)도 다른 불복절차에 의해 다투도록 특별히 규정되어 있으므로 항고소송의 대상이 될 수 없다. **기출** 23 · 22

⑥ 이행강제금 부과처분

　㉠ 개별법에서 이행강제금 부과처분을 받은 자가 이의를 제기하면 법원은 비송사건절차법에 따른 과태료 재판에 준하여 재판을 하도록 규정하는 경우가 있다. 이와 같이 이행강제금의 부과처분에 대해 비송사 건절차법에 의한 특별한 불복절차가 마련되어 있는 경우에는 이행강제금 부과처분은 행정소송법상 항고소송의 대상은 될 수 없다(예 농지법상 이행강제금 부과처분)(대판 2019.4.11. 2018두42955).

　㉡ 개별법에서 이행강제금의 부과처분에 대한 불복방법에 관하여 아무런 규정을 두고 있지 않은 경우, 이행강제금 부과처분은 급부하명으로서 행정처분에 해당하므로 항고소송의 대상이 된다(예 건축법 상 이행강제금 부과처분).

4. 거부처분

(1) 의 의

① 거부처분은 행정청이 적극적 처분의 발급을 구하는 신청에 대하여 그에 따른 행위를 하지 않겠다고 거부하는 행위를 말한다. 거부처분은 신청을 받아들이지 않았다는 점에서는 부작위와 같지만, 적극적으로 거부의사를 표시(묵시적 거부의사의 표시도 포함)했다는 점에서 부작위와 구별된다.

② 처분의 신청에 대한 거부행위도 취소소송의 대상이 되는 행정처분에 해당한다(행정소송법 제2조 제1항 제1호). 다만, 판례는 법규상 또는 조리상의 신청권이 있어야 한다는 입장이다.

③ 행정청이 당사자의 신청에 대하여 거부처분을 한 경우에는 거부처분에 대하여 취소소송을 제기하여야 하고, 행정처분의 부존재를 전제로 한 부작위위법확인소송을 제기할 수 없다(대판 1992.4.28. 91누8753).

(2) 거부처분의 성립요건

① 국민의 적극적 신청행위에 대하여 행정청이 그 신청에 따른 행위를 하지 않겠다고 거부한 행위가 항고소송의 대상이 되는 행정처분에 해당하기 위해서는, ㉠ 신청한 행위가 공권력의 행사 또는 이에 준하는 행정작용이어야 하고, ㉡ 거부행위가 신청인의 법률관계에 어떤 변동을 일으키는 것이어야 하며, ㉢ 국민에게 행위발동을 요구할 법규상 또는 조리상의 신청권이 있어야 한다(대판 2009.9.10. 2007두20638; 대판 2017.6.15. 2013두2945). 기출 23·22·19 ☞ 거부행위가 취소소송의 대상이 되기 위해 필요한 신청권에는 법규상의 신청권뿐만 아니라 조리상의 신청권도 포함된다.

② 여기에서 '신청인의 법률관계에 어떤 변동을 일으키는 것'이라는 의미는 신청인의 실체상의 권리관계에 직접적인 변동을 일으키는 것은 물론, 그렇지 않다 하더라도 신청인이 실체상의 권리자로서 권리를 행사함에 중대한 지장을 초래하는 것도 포함한다(대판 2007.10.11. 2007두1316). 기출 19

③ 거부처분의 성립요건으로서 신청권의 존부 판단방법

> 거부처분의 처분성을 인정하기 위한 전제요건이 되는 신청권의 존부는 구체적 사건에서 신청인이 누구인가를 고려하지 않고 관계 법규의 해석에 의하여 일반 국민에게 그러한 신청권을 인정하고 있는가를 살펴 추상적으로 결정되는 것이고, 기출 19 신청인이 그 신청에 따른 단순한 응답을 받을 권리를 넘어서 신청의 인용이라는 만족적 결과를 얻을 권리를 의미하는 것은 아니므로, 기출 19 국민이 어떤 신청을 한 경우에 그 신청의 근거가 된 조항의 해석상 행정발동에 대한 개인의 신청권을 인정하고 있다고 보이면 그 거부행위는 항고소송의 대상이 되는 처분으로 보아야 하고, 구체적으로 그 신청이 인용될 수 있는가 하는 점은 본안에서 판단하여야 할 사항이다(대판 2009.9.10. 2007두20638). 기출 23·22

④ 법규상 또는 조리상의 신청권 인정 여부가 문제된 사례

> • 기간제로 임용된 국·공립대학 조교수의 재임용신청권 (○)
> 기간제로 임용되어 임용기간이 만료된 국·공립대학의 조교수는 교원으로서의 능력과 자질에 관하여 합리적인 기준에 의한 공정한 심사를 받아 위 기준에 부합되면 특별한 사정이 없는 한 재임용되리라는 기대를 가지고 재임용 여부에 관하여 합리적인 기준에 의한 공정한 심사를 요구할 법규상 또는 조리상 신청권을 가진다고 할 것이니, 임용권자가 임용기간이 만료된 조교수에 대하여 재임용을 거부하는 취지로 한 임용기간만료의 통지는 위와 같은 대학교원의 법률관계에 영향을 주는 것으로서 행정소송의 대상이 되는 처분에 해당한다(대판 2004.4.22. 2000두7735[전합]). 기출 22

- **건축주 아닌 토지 소유자의 건축허가 철회신청권 (○)**

  건축주가 토지 소유자로부터 토지사용승낙서를 받아 그 토지 위에 건축물을 건축하는 대물적 성질의 건축허가를 받았다가 그 착공에 앞서 건축주의 귀책사유로 해당 토지를 사용할 권리를 상실한 경우, (제3자에 대한) 건축허가의 존재로 말미암아 토지에 대한 소유권 행사에 지장을 받을 수 있는 토지 소유자로서는 그 건축허가의 철회를 신청할 수 있다고 보아야 한다. 따라서 토지 소유자의 위와 같은 신청을 거부한 행위는 항고소송의 대상이 된다(대판 2017.3.15. 2014두41190).

- **공사중지명령의 철회를 요구할 조리상의 신청권 (○)**

  행정청이 행한 공사중지명령의 상대방은 그 명령 이후에 그 원인사유가 소멸하였음을 들어 행정청에게 공사중지명령의 철회를 요구할 수 있는 조리상의 신청권이 있다(대판 2005.4.14. 2003두7590). `기출` 23

- **직권취소를 요구할 신청권 (×)**

  원래 행정처분을 한 처분청은 그 처분에 하자가 있는 경우에는 원칙적으로 별도의 법적 근거가 없더라도 스스로 이를 직권으로 취소할 수 있지만, 그와 같이 직권취소를 할 수 있다는 사정만으로 이해관계인에게 처분청에 대하여 그 취소를 요구할 신청권이 부여된 것으로 볼 수는 없으므로, 처분청이 위와 같이 법규상 또는 조리상의 신청권이 없이 한 이해관계인의 복구준공통보 등의 취소신청을 거부하더라도, 그 거부행위는 항고소송의 대상이 되는 처분에 해당하지 않는다고 한 사례(대판 2006.6.30. 2004두701). `기출` 23

- **불가쟁력이 생긴 행정처분의 변경을 요구할 신청권 (×)**

  제소기간이 이미 도과하여 불가쟁력이 생긴 행정처분의 변경을 요구할 법규상 또는 조리상 신청권이 없으므로, 그 행정처분을 그대로 유지하기로 하는 거부결정은 항고소송의 대상이 되는 행정처분이 아니다(대판 2007.4.26. 2005두11104). `기출` 24

- **주민등록번호가 불법 유출된 경우, 주민등록번호 변경신청권 (○)**

  甲 등이 인터넷 포털사이트 등의 개인정보 유출사고로 자신들의 주민등록번호 등 개인정보가 불법 유출되자 이를 이유로 관할 구청장에게 주민등록번호를 변경해 줄 것을 신청하였으나 구청장이 '주민등록번호가 불법 유출된 경우 주민등록법상 변경이 허용되지 않는다'는 이유로 주민등록번호 변경을 거부하는 취지의 통지를 한 사안에서, 피해자의 의사와 무관하게 주민등록번호가 유출된 경우에는 조리상 주민등록번호의 변경을 요구할 신청권을 인정함이 타당하고, 구청장의 주민등록번호 변경신청 거부행위는 항고소송의 대상이 되는 행정처분에 해당한다고 한 사례(대판 2017.6.15. 2013두2945). `기출` 22 · 20 · 19 · 18

- **도시계획구역 내 토지 등 소유자의 도시시설계획 입안 내지 변경을 요구할 신청권 (○)**

  도시계획구역 내 토지 등을 소유하고 있는 사람과 같이 당해 도시계획시설결정에 이해관계가 있는 주민으로서는 도시시설계획의 입안권자 내지 결정권자에게 도시시설계획의 입안 내지 변경을 요구할 수 있는 법규상 또는 조리상의 신청권이 있고, 이러한 신청에 대한 거부행위는 항고소송의 대상이 되는 행정처분에 해당한다 (대판 2015.3.26. 2014두42742). `기출` 22

- **개발부담금 중 부과처분 후에 납부한 학교용지부담금의 환급 신청권 (○)**

  개발사업시행자가 납부한 개발부담금 중 부과처분 후에 납부한 학교용지부담금에 해당하는 금액에 대하여는 조리상 개발부담금 부과처분의 취소나 변경 등 개발부담금의 환급에 필요한 처분을 신청할 권리를 인정함이 타당하다. 결국 이 사건 거부행위 중 이 사건 부과처분 후에 납부된 학교용지부담금에 해당하는 개발부담금의 환급을 거절한 부분은 항고소송의 대상이 되는 행정처분에 해당한다(대판 2016.1.28. 2013두2938). `기출` 24

⑤ 기타 거부처분 관련 판례

- 환경영향평가 대상 지역 내 주민의 공유수면매립면허 취소신청에 대한 거부처분
  환경영향평가 대상지역 내 주민이 공유수면매립면허의 취소를 신청한 것에 대한 거부결정은 항고소송의 대상이 되는 행정처분에 해당한다(서울행법 2005.2.4. 2001구합33563; 서울고법 2005.12.21. 2005누4412; 대판 2006.3.16. 2006두 330[전합]). **기출** 24
- 정보공개청구 중 정보공개방법에 관한 일부 거부처분
  청구인에게는 특정한 공개방법을 지정하여 정보공개를 청구할 수 있는 법령상 신청권이 있다. 따라서 공공기관이 공개청구의 대상이 된 정보를 공개는 하되, 청구인이 신청한 공개방법 이외의 방법으로 공개하기로 하는 결정을 하였다면, 이는 정보공개청구 중 정보공개방법에 관한 부분에 대하여 일부 거부처분을 한 것이고, 청구인은 그에 대하여 항고소송으로 다툴 수 있다(대판 2016.11.10. 2016두44674). **기출** 22

5. 기타 특수한 처분

(1) 적극적 변경처분

- 기존의 행정처분을 변경하는 내용의 행정처분이 뒤따르는 경우, ① 후속처분이 종전처분을 완전히 대체하는 것이거나 주요 부분을 실질적으로 변경하는 내용인 경우에는 특별한 사정이 없는 한 종전처분은 효력을 상실하고 후속처분만이 항고소송의 대상이 되지만, ② 후속처분의 내용이 종전처분의 유효를 전제로 내용 중 일부만을 추가·철회·변경하는 것이고 추가·철회·변경된 부분이 내용과 성질상 나머지 부분과 불가분적인 것이 아닌 경우에는, 후속처분에도 불구하고 종전처분이 여전히 항고소송의 대상이 된다. 따라서 종전처분을 변경하는 내용의 후속처분이 있는 경우 법원으로서는, 후속처분의 내용이 종전처분 전체를 대체하거나 주요 부분을 실질적으로 변경하는 것인지, 후속처분에서 추가·철회·변경된 부분의 내용과 성질상 나머지 부분과 가분적인지 등을 살펴 항고소송의 대상이 되는 행정처분을 확정하여야 한다(대판 2015.11.19. 2015두295[전합]). ☞ 경미하지 않은 변경처분(= 주요 부분을 실질적으로 변경하는 처분)의 취소를 구하는 취소소송의 제소기간은 변경처분이 있음을 안 날 또는 있은 때를 기산점으로 한다. **기출** 18

> 🔲 **참고**
> 원심판결 이유 및 기록에 의하면, 피고 동대문구청장은 2012.11.14. 원고 롯데쇼핑 주식회사, 주식회사 에브리데이리테일, 주식회사 이마트, 홈플러스 주식회사, 홈플러스스토어즈 주식회사(변경 전 상호 : 홈플러스테스코 주식회사, 이하 같다)에 대하여 그들이 운영하는 서울특별시 동대문구 내 대형마트 및 준대규모점포의 영업제한 시간을 오전 0시부터 오전 8시까지로 정하고(이하 '영업시간 제한 부분'이라 한다) 매월 둘째 주와 넷째 주 일요일을 의무휴업일로 지정하는(이하 '의무휴업일 지정 부분'이라 한다) 내용의 처분을 한 사실, 위 처분의 취소를 구하는 소송이 이 사건 원심에 계속 중이던 2014.8.25. 위 피고는 위 원고들을 상대로 영업시간 제한 부분의 시간을 '오전 0시부터 오전 10시'까지로 변경하되, 의무휴업일은 종전과 동일하게 유지하는 내용의 처분(이하 '2014.8.25.자 처분'이라 한다)을 한 사실을 알 수 있다. 이러한 사실관계를 앞서 본 법리에 비추어 보면, 2014.8.25.자 처분은 종전처분 전체를 대체하거나 그 주요 부분을 실질적으로 변경하는 내용이 아니라, 의무휴업일 지정 부분을 그대로 유지한 채 영업시간 제한 부분만을 일부 변경하는 것으로서, 2014.8.25.자 처분에 따라 추가된 영업시간 제한 부분은 그 성질상 종전처분과 가분적인 것으로 여겨진다. 따라서 2014.8.25.자 처분으로 종전처분이 소멸하였다고 볼 수는 없고, 종전처분과 그 유효를 전제로 한 2014.8.25.자 처분이 병존하면서 위 원고들에 대한 규제 내용을 형성한다고 할 것이다(대판 2015.11.19. 2015두295[전합]). **기출** 19

- 선행처분의 주요 부분을 실질적으로 변경하는 내용으로 후행처분을 한 경우에 선행처분은 특별한 사정이 없는 한 효력을 상실하지만, 후행처분이 선행처분의 내용 중 일부만을 소폭 변경하는 정도에 불과한 경우에는 선행처분은 소멸하는 것이 아니라 후행처분에 의하여 변경되지 아니한 범위 내에서는 그대로 존속한다(대판 2020.4.9. 2019두49953).

- 선행처분이 후행처분에 의하여 변경되지 아니한 범위 내에서 존속하고 후행처분은 선행처분의 내용 중 일부를 변경하는 범위 내에서 효력을 가지는 경우에, 선행처분의 취소를 구하는 소를 제기한 후 후행처분의 취소를 구하는 청구를 추가하여 청구를 변경하였다면 후행처분에 관한 제소기간 준수 여부는 청구변경 당시를 기준으로 판단하여야 하나, 선행처분에만 존재하는 취소사유를 이유로 후행처분의 취소를 청구할 수는 없다(대판 2012.12.13. 2010두20782). [기출] 19

- 행정소송법상 취소소송은 처분등이 있음을 안 날부터 90일 이내에 제기하여야 하고, 처분등이 있은 날부터 1년을 경과하면 제기하지 못한다(행정소송법 제20조 제1항, 제2항). 한편 청구취지를 교환적으로 변경하여 종전의 소가 취하되고 새로운 소가 제기된 것으로 보게 되는 경우에 새로운 소에 대한 제소기간의 준수 등은 원칙적으로 소의 변경이 있은 때를 기준으로 하여 판단된다. 그러나 선행처분의 취소를 구하는 소가 그 후속처분의 취소를 구하는 소로 교환적으로 변경되었다가 다시 선행처분의 취소를 구하는 소로 변경된 경우 후속처분의 취소를 구하는 소에 선행처분의 취소를 구하는 취지가 그대로 남아 있었던 것으로 볼 수 있다면 선행처분의 취소를 구하는 소의 제소기간은 최초의 소가 제기된 때를 기준으로 정하여야 한다(대판 2013.7.11. 2011두27544). [기출] 19

(2) 경정처분

- 감액(경정)처분
  행정청이 금전부과처분(예 과징금부과처분)을 한 후 감액처분을 한 경우에는 감액처분은 일부취소처분의 성질을 가진다. 따라서 '감액처분'이 항고소송(취소소송)의 대상이 되는 것이 아니며 '처음의 부과처분 중 감액처분에 의하여 취소되지 않고 남은 부분'이 항고소송의 대상이 된다(대판 2008.2.15. 2006두3957; 대판 2017.1.12. 2015두2352).
  [기출] 19

  > □ **참고**
  > 행정처분을 한 처분청은 그 처분에 하자가 있는 경우에는 별도의 법적 근거가 없더라도 스스로 이를 취소하거나 변경할 수 있는바, 과징금 부과처분에 있어 행정청이 납부의무자에 대하여 부과처분을 한 후 그 부과처분의 하자를 이유로 과징금의 액수를 감액하는 경우에 그 감액처분은 감액된 과징금 부분에 관하여만 법적 효과가 미치는 것으로서 당초 부과처분과 별개 독립의 과징금 부과처분이 아니라 그 실질은 당초 부과처분의 변경이고, 그에 의하여 과징금의 일부취소라는 납부의무자에게 유리한 결과를 가져오는 처분이므로 당초 부과처분이 전부 실효되는 것은 아니다. 따라서 그 감액처분에 의하여 감액된 부분에 대한 부과처분 취소청구는 이미 소멸하고 없는 부분에 대한 것으로서 그 소의 이익이 없어 부적법하다고 할 것이다(대판 2017.1.12. 2015두2352).

- 감액(경정)처분과 제소기간의 준수 여부 판단
  과세관청이 조세부과처분을 한 뒤에 그 불복절차과정에서 국세청장이나 국세심판소장으로부터 그 일부를 취소하도록 하는 결정을 받고 이에 따라 당초 부과처분의 일부를 취소, 감액하는 내용의 경정결정을 한 경우 위 경정처분은 당초 부과처분과 별개 독립의 과세처분이 아니라 그 실질은 당초 부과처분의 변경이고, 그에 의하여 세액의 일부 취소라는 납세자에게 유리한 효과를 가져오는 처분이라 할 것이므로 그 경정결정으로도 아직 취소되지 않고 남아 있는 부분이 위법하다고 하여 다투는 경우에는 항고소송의 대상이 되는 것은 당초의 부과처분 중 경정결정에 의하여 취소되지 않고 남은 부분이 된다 할 것이고, 경정결정이 항고소송의 대상이 되는 것은 아니라 할 것이므로, 이 경우 제소기간을 준수하였는지 여부도 당초처분을 기준으로 하여 판단하여야 할 것이다(대판 1991.9.13. 91누391).

- **증액(경정)처분**
국세기본법 제22조의2의 시행 이후에도 증액경정처분이 있는 경우, 당초 신고나 결정은 증액경정처분에 흡수됨으로써 독립한 존재가치를 잃게 된다고 보아야 하므로, 원칙적으로는 당초 신고나 결정에 대한 불복기간의 경과 여부 등에 관계없이 증액경정처분만이 항고소송의 심판대상이 되고, 납세의무자는 그 항고소송에서 당초 신고나 결정에 대한 위법사유도 함께 주장할 수 있다고 해석함이 타당하다(대판 2009.5.14. 2006두17390). **기출** 24

> ❏ **참고**
> 증액경정처분이 있는 경우 당초처분은 증액경정처분에 흡수되어 소멸하고, 소멸한 당초처분의 절차적 하자는 존속하는 증액경정처분에 승계되지 아니한다(대판 2010.6.24. 2007두16493). **기출** 19

- **증액경정처분 후 감액재경정처분**
과세처분이 있은 후 이를 증액하는 경정처분이 있으면 당초 처분은 경정처분에 흡수되어 독립된 존재가치를 상실하여 소멸하는 것이고, 그 후 다시 이를 감액하는 재경정처분이 있으면 재경정처분은 위 증액경정처분과는 별개인 독립의 과세처분이 아니라 그 실질은 위 증액경정처분의 변경이고 그에 의하여 세액의 일부 취소라는 납세의무자에게 유리한 효과를 가져오는 처분이라 할 것이므로, 그 감액하는 재경정결정으로도 아직 취소되지 않고 남아 있는 부분이 위법하다 하여 다투는 경우 항고소송의 대상은 그 증액경정처분 중 감액재경정결정에 의하여 취소되지 않고 남은 부분이고, 감액재경정결정이 항고소송의 대상이 되는 것은 아니다(대판 1996.7.30. 95누6328). **기출** 18

> ❏ **사례**
> 과세관청이 甲에게 2018.2.1. 500만원의 당초 과세처분을 하였다가 2018.3.15. 700만원으로 증액하는 경정처분을 하고, 다시 2018.4.20. 600만원으로 감액하는 재경정처분을 하였다. 이 경우 甲이 제기하는 항고소송의 대상은 '2018.3.15.자 600만원의 처분'이 된다.

(3) 반복된 처분

- **반복된 대집행 계고처분의 처분성 (×)**
건물의 소유자에게 위법건축물을 일정기간까지 철거할 것을 명함과 아울러 불이행할 때에는 대집행한다는 내용의 철거대집행 계고처분을 고지한 후 이에 불응하자 다시 제2차, 제3차 계고서를 발송하여 일정기간까지의 자진철거를 촉구하고 불이행하면 대집행을 한다는 뜻을 고지하였다면 행정대집행법상의 건물철거의무는 제1차 철거명령 및 계고처분으로서 발생하였고 제2차, 제3차의 계고처분은 새로운 철거의무를 부과한 것이 아니고 다만 대집행기한의 연기통지에 불과하므로 행정처분이 아니다(대판 1994.10.28. 94누5144). **기출** 24
- **반복된 거부처분의 처분성 (○)**
수익적 행정행위 신청에 대한 거부처분은 당사자의 신청에 대하여 관할 행정청이 거절하는 의사를 대외적으로 명백히 표시함으로써 성립되고, 거부처분이 있은 후 당사자가 다시 신청을 한 경우에는 신청의 제목 여하에 불구하고 그 내용이 새로운 신청을 하는 취지라면 관할 행정청이 이를 다시 거절하는 것은 새로운 거부처분으로 봄이 원칙이다(대판 2019.4.3. 2017두52764). **기출** 23
- **이주대책대상제외결정에 대한 이의신청을 새로운 신청으로 볼 수 있는 경우 그 이의신청에 대한 기각결정의 처분성(= 한국토지주택공사의 2차 이주대책 대상자 제외결정의 처분성) (○)** **기출** 24
피고 1(한국토지주택공사)이 원고에 대하여 이주대책 대상자 제외결정(1차 결정)을 통보하면서 '이의신청을 할 수 있고, 또한 행정심판 또는 행정소송을 제기할 수 있다'고 안내하였고, 이에 원고가 이의신청을 하자 피고 1이 원고에게 다시 이주대책 대상자 제외결정(2차 결정)을 통보하면서 '다시 이의가 있는 경우 90일 이내에 행정심판 또는 행정소송을 제기할 수 있다'고 안내한 경우, 2차 결정은 1차 결정과 별도로 행정심판 또는 취소소송의 대상이 되는 처분에 해당한다(대판 2021.1.14. 2020두50324).

CHAPTER 2

- 이의신청이 새로운 신청을 하는 취지로 볼 수 있는 경우, 이의신청에 대한 결정의 통보의 처분성 (○)

  수익적 행정처분을 구하는 신청에 대한 거부처분이 있은 후 당사자가 다시 신청을 한 경우에는 신청의 제목 여하에 불구하고 그 내용이 새로운 신청을 하는 취지라면 관할 행정청이 이를 다시 거절하는 것은 새로운 거부처분 이라고 보아야 한다. 나아가 어떠한 처분이 수익적 행정처분을 구하는 신청에 대한 거부처분이 아니라고 하더라도, 해당 처분에 대한 이의신청의 내용이 새로운 신청을 하는 취지로 볼 수 있는 경우에는, 그 이의신청에 대한 결정의 통보를 새로운 처분으로 볼 수 있다(대판 2022.3.17. 2021두53894).
- 부당한 공동행위 자진신고자 등의 과징금 감면신청에 대한 공정거래위원회의 감면불인정 통지의 처분성 (○)

  독점규제 및 공정거래에 관한 법률 제22조의2 제1항, 구 독점규제 및 공정거래에 관한 법률 시행령(2009.5.13. 대통령령 제21492호로 개정되기 전의 것) 제35조 제1항, 구 부당한 공동행위 자진신고자 등에 대한 시정조치 등 감면제도 운영고시(2009.5.19. 공정거래위원회 고시 제2009-9호로 개정되기 전의 것, 이하 '고시'라 한다) 등 관련 법령의 내용, 형식, 체제 및 취지를 종합하면, 부당한 공동행위 자진신고자 등에 대한 시정조치 또는 과징금 감면 신청인이 고시 제11조 제1항에 따라 자진신고자 등 지위확인을 받는 경우에는 시정조치 및 과징금 감경 또는 면제, 형사고발 면제 등의 법률상 이익을 누리게 되지만, 그 지위확인을 받지 못하고 고시 제14조 제1항에 따라 감면불인정 통지를 받는 경우에는 위와 같은 법률상 이익을 누릴 수 없게 되므로, 감면불인정 통지가 이루어진 단계에서 신청인에게 그 적법성을 다투어 법적 불안을 해소한 다음 조사협조행위에 나아가도록 함으로써 장차 있을지도 모르는 위험에서 벗어날 수 있도록 하는 것이 법치행정의 원리에도 부합한다. 따라서 부당한 공동행 위 자진신고자 등의 시정조치 또는 과징금 감면신청에 대한 감면불인정 통지는 항고소송의 대상이 되는 행정처분 에 해당한다고 보아야 한다(대판 2012.9.27. 2010두3541). 기출 20

(4) 기 타

① 무효인 처분

> 무효인 처분에 대하여는 무효확인소송뿐만 아니라 취소소송을 제기할 수도 있는데, 이러한 경우의 취소소송을 '무효를 선언하는 의미의 취소소송'이라고 하는데, 형식적으로는 취소소송이므로 제소기간 등 취소소송으로서 의 소송요건을 갖추어야 소송이 적법하게 된다(대판 1984.5.29. 84누175).

② 인허가의제의 경우

> 주된 인허가(예 사업계획승인)로 의제된 관련 인허가의 하나인 산지전용허가의 취소처분이 있은 후 이어서 주된 인허가(예 사업계획승인)의 취소처분이 있는 경우, 의제된 관련 인허가의 취소와 주된 인허가의 취소가 대상과 범위를 달리하는 이상, 주된 인허가의 취소처분과 별도로 의제된 관련 인허가의 취소처분을 다툴 수 있다(대판 2018.7.12. 2017두48734). 기출 24

③ 행정행위의 부관

> 행정행위의 부관은 행정행위의 일반적인 효력이나 효과를 제한하기 위하여 의사표시의 주된 내용에 부가되는 종된 의사표시이지 그 자체로서 직접 법적 효과를 발생하는 독립된 처분이 아니므로 현행 행정쟁송제도 아래서 는 부관 그 자체만을 독립된 쟁송의 대상으로 할 수 없는 것이 원칙이나 행정행위의 부관 중에서도 행정행위에 부수하여 그 행정행위의 상대방에게 일정한 의무를 부과하는 행정청의 의사표시인 '부담'의 경우에는 다른 부관과는 달리 행정행위의 불가분적인 요소가 아니고 그 존속이 본체인 행정행위의 존재를 전제로 하는 것일 뿐이므로 부담 그 자체로서 행정쟁송의 대상이 될 수 있다(대판 1992.1.21. 91누1264). 기출 22

④ 신고의 수리행위
  ㉠ 수리를 요하는 신고 : 수리를 요하는 신고의 수리행위는 (준법률행위적) 행정행위로서 항고소송의
    대상이 되는 행정처분이고, 수리거부행위는 거부처분에 해당한다.
  ㉡ 자기완결적 신고 : 자기완결적 신고(= 수리를 요하지 않는 신고)의 수리행위나 수리거부행위가 항고
    소송의 대상이 되는 처분이 되는지에 관하여, 다수설은 법적 효과를 발생시키지 않는 단순한 사실행위
    이므로 항고소송의 대상이 되는 처분이 아니라고 보았다. 과거 판례는 자기완결적 신고에 해당하는
    건축신고의 수리행위 또는 수리거부행위가 항고소송의 대상이 아니라는 입장이었으나, 전원합의체판
    결로 종래 판례를 변경하여 건축신고의 반려행위의 처분성을 긍정하였다(대판 2010.11.18. 2008두167[전합]).
    건축법상 착공신고의 반려행위도 항고소송의 대상이 된다(대판 2011.6.10. 2010두7321[전합]). [기출] 19

6. 행정심판의 재결

(1) 개 설

① 행정소송법은 '행정심판의 재결'을 '처분'과 함께 취소소송의 대상으로 명시하고 있다(행정소송법 제19조).
② 원처분주의
  ㉠ 행정심판의 재결을 거쳐 취소소송을 제기하는 경우에 원처분을 대상으로 하여야 하는가 아니면 재결
    을 대상으로 하여야 하는가에 관하여 원처분주의와 재결주의가 대립하고 있다.

원처분주의	원처분과 재결에 대하여 모두 소송을 제기할 수 있지만, 원처분의 위법은 원처분취소소송에서만 주장할 수 있고, 재결취소소송에서는 재결 고유한 위법만을 주장할 수 있도록 하는 제도를 말한다.
재결주의	원처분에 대한 소송 제기는 허용되지 아니하고 재결에 대한 취소소송만 허용하되, 그 소송에서 재결 자체의 위법뿐만 아니라 원처분의 위법도 주장할 수 있도록 하는 제도를 말한다.

  ㉡ 원처분주의를 채택할 것인가 재결주의를 채택할 것인가는 입법정책의 문제이나, 현행 행정소송법은
    원처분주의를 채택하고 있다(행정소송법 제19조). 다만, 개별 법률에서 예외적으로 재결주의를 채택하고
    있는 경우가 있다.
  ㉢ 따라서 행정심판의 재결을 거친 다음 이에 불복하여 취소소송을 제기하는 경우에도 원칙적으로 원처
    분을 취소소송의 대상으로 해야 하고, 재결에 대한 취소소송은 재결 자체에 고유한 위법을 이유로
    하는 경우에만 가능하다. [기출] 24

(2) 원처분이 소송의 대상이 되는 경우

① 불이익처분에 대한 취소심판에서 일부취소재결(예 2024.2.5.자 1,000만원의 과징금부과처분을 700만
  원으로 감액하는 일부취소재결) 또는 수정재결(적극적 변경재결)이 내려진 경우, '감경되고 남은 원처분
  (예 700만원으로 감액된 2024.2.5.자 과징금부과처분)'을 대상으로 '처분청'을 피고로 하여 취소소송을
  제기하여야 한다(대판 1993.8.24. 93누5673; 대판 1997.11.14. 97누7325 참조). [기출] 24·23 제소기간의 준수 여부 또한
  변경처분이 아닌 '변경된 내용의 원처분'을 기준으로 판단하되, 행정심판을 거친 경우이므로 재결서 정본
  을 송달받은 날로부터 90일 이내에 취소소송을 제기하여야 한다. [기출] 24

> 행정심판에 의한 감액명령재결(= 처분 상대방에게 유리한 재결)에 따른 감액처분(= 변경처분)이 있은 경우 취소
> 소송의 제소기간은 감액처분(= 변경처분)이 아니라 '변경된 내용의 당초 처분'을 기준으로 판단하여야 한다.
> 다만 행정심판의 재결을 거친 경우이므로 재결서 정본을 송달받은 날로부터 90일 이내 제기되어야 한다(행정소송
> 법 제20조 제1항 단서). [기출] 21

② 적극적 변경명령재결(예 원처분인 2024.2.1.자 1월의 영업정지처분을 영업정지 1월에 갈음하는 과징금 부과처분으로 변경하라는 명령재결)에 따라 변경처분(2024.4.29.자 100만원의 과징금부과처분)이 행해 진 경우에도, 변경되고 남은 원처분(2024.2.1.자 100만원의 과징금부과처분)을 취소소송의 대상으로 하여야 한다(대판 2007.4.27. 2004두9302). `기출` 24

> 행정청이 식품위생법령에 따라 영업자에게 행정제재처분을 한 후 (변경명령재결에 따라) 그 처분을 영업자에게 유리하게 변경하는 처분을 한 경우, 변경처분에 의하여 당초 처분은 소멸하는 것이 아니고 당초부터 유리하게 변경된 내용의 처분으로 존재하는 것이므로, 변경처분에 의하여 유리하게 변경된 내용의 행정제재가 위법하다 하여 그 취소를 구하는 경우 그 취소소송의 대상은 변경된 내용의 당초 처분이지 변경처분은 아니고, 제소기간의 준수 여부도 변경처분이 아닌 변경된 내용의 당초 처분을 기준으로 판단하여야 한다(대판 2007.4.27. 2004두9302). `기출` 24 · 22 ☞ 다만, 이 경우 행정심판을 거친 경우이므로 재결서의 정본을 송달받은 날부터 90일 이내에 취소소송을 제기하면 된다(행정소송법 제20조 제1항 단서).

㉠ 피고적격 : 행정심판위원회가 아니라 원처분청이 취소소송의 피고가 된다.
㉡ 제소기간 : 제소기간의 준수 여부 또한 변경처분이 아닌 '변경된 내용의 원처분'을 기준으로 판단하되, 행정심판을 거친 경우이므로 '재결서 정본을 송달받은 날'로부터 90일 이내에 취소소송을 제기하여야 한다(대판 2007.4.27. 2004두9302). `기출` 24 · 20

(3) 재결이 취소소송의 대상이 되는 경우

① 개 설
㉠ 재결취소소송은 재결 자체에 고유한 위법이 있음을 이유로 하는 경우에 한한다(행정소송법 제19조). `기출` 22 여기서 '재결 자체에 고유한 위법'이란 원처분에는 없고 재결에만 있는 하자를 말한다.
㉡ 재결 자체에 고유한 위법에는 재결의 주체에 관한 위법, 재결의 절차에 관한 위법, 재결의 형식에 관한 위법, 재결의 내용에 관한 위법이 있다.

② 재결의 주체, 절차, 형식에 관한 위법

주체에 관한 위법	권한이 없는 행정심판위원회에 의한 재결의 경우 또는 행정심판위원회의 구성상 하자가 있는 경우(예 행정심판위원회 구성원의 결격사유가 있는 경우)를 말한다.
절차에 관한 위법	행정심판법상의 심판절차를 준수하지 않은 경우를 그 예로 들 수 있다. 다만, 행정심판법 제34조에서 규정하고 있는 재결기간은 훈시규정으로 해석되므로 재결기간을 넘긴 경우에도 그것만으로는 절차의 위법이 있다고 볼 수 없다.
형식에 관한 위법	서면에 의하지 아니한 재결, 재결서에 주요기재 사항이 누락된 경우(예 재결서 주문만 기재되고 이유의 기재가 없는 경우), 재결서에 기명날인을 하지 아니한 경우 등을 그 예로 들 수 있다. `기출` 19

③ 재결의 내용에 관한 위법
㉠ 재결 자체에 고유한 위법에는 재결 자체의 주체, 절차, 형식상 위법뿐만 아니라 재결 자체의 내용상 위법이 포함된다(대판 1993.8.24. 93누5673). `기출` 24 · 20

> 항고소송은 원칙적으로 당해 처분을 대상으로 하나, 당해 처분에 대한 재결 자체에 고유한 주체, 절차, 형식 또는 내용상의 위법이 있는 경우에 한하여 그 재결을 대상으로 할 수 있다고 해석되므로, 징계혐의자에 대한 감봉 1월의 징계처분을 견책으로 변경한 소청결정 중 그를 견책에 처한 조치는 재량권의 남용 또는 일탈로서 위법하다는 사유는 소청결정 자체에 고유한 위법을 주장하는 것으로 볼 수 없어 소청결정의 취소사유가 될 수 없다(대판 1993.8.24. 93누5673). `기출` 24 · 20

ⓛ 행정심판이 부적법함에도 인용재결을 한 경우 : 행정심판이 소송요건을 충족하지 못하여 부적법한 경우 각하재결을 하여야 함에도 불구하고 인용재결을 하였다면, 재결 자체에 고유한 하자(위법)가 있는 경우에 해당한다(대판 2001.5.29, 99두10292). **기출** 20 · 19

> 행정청이 골프장 사업계획승인을 얻은 자의 사업시설 착공계획서를 수리한 것에 대하여 인근 주민들이 그 수리처분의 취소를 구하는 행정심판을 청구하자 재결청이 그 청구를 인용하여 수리처분을 취소하는 형성적 재결을 한 경우, 그 수리처분 취소 심판청구는 행정심판의 대상이 되지 아니하여 부적법 각하하여야 함에도 위 재결은 그 청구를 인용하여 수리처분을 취소하였으므로 재결 자체에 고유한 하자가 있다고 본 사례(대판 2001.5.29, 99두10292).

ⓒ 적법한 행정심판청구에 대한 각하재결의 경우 : 적법한 행정심판청구를 각하한 재결은 심판청구인의 실체심리를 받을 권리를 박탈한 것으로서 원처분에 없는 재결 자체에 고유한 위법이 있는 경우에 해당하고 따라서 각하재결이 취소소송의 대상이 된다(대판 2001.7.27, 99두2970). **기출** 24 · 22 · 19

ⓔ 제3자가 제기한 행정심판의 인용재결에 대하여 원처분의 상대방이 취소소송을 제기하는 경우

> [1] 이른바 복효적 행정행위, 특히 제3자효를 수반하는 행정행위에 대한 행정심판청구에 있어서 그 청구를 인용하는 내용의 재결로 인하여 비로소 권리이익을 침해받게 되는 자는 그 인용재결에 대하여 다툴 필요가 있고, 그 인용재결은 원처분과 내용을 달리하는 것이므로 그 인용재결의 취소를 구하는 것은 원처분에는 없는 재결에 고유한 하자를 주장하는 셈이어서 당연히 항고소송의 대상이 된다(대판 2001.5.29, 99두10292).
> **기출** 22 · 19
> [2] 제3자(인근 주민)가 제기한 행정심판에서 재결청인 문화체육부장관(현행법상 중앙행정심판위원회) 스스로가 직접 사업계획승인처분을 취소하는 형성적 재결을 한 경우, 그로 인하여 권리를 침해받게 되는 원처분 (사업계획승인처분)의 상대방(주식회사 가야개발)이 인용재결(사업계획승인처분 취소재결)이 위법하다고 주장하며 인용재결을 대상으로 소송을 제기하는 경우, 원처분(사업계획승인처분)에는 없는 재결 자체에 고유한 위법을 주장하는 경우에 해당한다고 본 사례이다. ☞ 행정심판의 인용재결은 행정심판의 청구인의 심판청구가 받아들여진 것이므로 청구인은 인용재결에 대하여 취소소송을 제기할 소의 이익이 없다. 따라서 인용재결에 대하여 재결취소소송은 제3자효 행정행위에 있어서 인용재결로 인하여 법률상 이익을 침해받는 제3자(경원자, 경업자, 인근주민)가 제기하는 경우에 비로소 인정될 수 있다.

> □ **처분행정청의 인용재결에 대한 불복 금지**
> 행정심판법 제49조 제1항은 '재결은 피청구인인 행정청과 그 밖의 관계행정청을 기속한다'고 규정하고 있으므로 이에 따라 처분행정청은 재결에 기속되어 재결의 취지에 따른 처분의무를 부담하게 되므로 이에 불복하여 항고소송을 제기할 수 없다(대판 1998.5.8, 97누15432). **기출** 18 따라서 인용재결에 불복하여 재결취소소송을 제기할 수 있는 자는 제3자효행정행위에서 인용재결로 인하여 권리를 침해받는 자이다.

ⓜ 재결의 이유모순의 위법이 있는 경우 : 행정처분에 대한 행정심판의 재결에 이유모순의 위법이 있다는 사유는 재결처분 자체에 고유한 하자로서 재결처분의 취소를 구하는 소송에서는 그 위법사유로서 주장할 수 있다(대판 1996.2.13, 95누8027). **기출** 19

④ 행정소송법 제19조 단서에 위반한 경우의 법원의 조치

    ㉠ 행정소송법 제19조 단서에 위반한 경우, 즉 재결 자체에 고유한 위법이 없음에도 재결에 대해 취소소송을 제기한 경우에 법원의 재판형식과 관련하여 견해가 대립한다.

    ㉡ 판례는 ㉮ 재결 자체에 고유한 위법이 있음을 이유로 하지 않은 재결취소소송은 부적법 각하하여야 하고(대판 1989.10.24. 89누1865), ㉯ 재결 자체에 고유한 위법을 이유로 재결취소소송을 제기하였으나 심리 결과 재결 자체에 고유한 위법이 없는 경우에는 기각판결을 하여야 한다는 입장으로 보인다(대판 1994.1.25. 93누16901). <u>기출</u> 24 · 20

⑤ 인용재결의 취소를 구하는 소송에서 법원의 심리 범위 : 인용재결의 취소를 구하는 소송에서 법원은 행정심판위원회가 원처분의 취소 근거로 내세운 판단사유의 당부뿐만 아니라 행정심판위원회가 심판청구인의 심판청구원인사유를 배척한 판단 부분이 정당한가도 심리·판단하여야 한다(대판 1997.12.23. 96누10911).

<u>기출</u> 20

(4) 원처분주의에 대한 예외(재결주의)

① 개설 : 개별 법률에서 재결주의를 채택하고 있는 경우에는 원처분은 취소소송의 대상이 되지 못하고(원처분의 취소를 구하는 것은 부적법하여 소각하 사유가 된다), 행정심판의 재결만이 취소소송의 대상이 된다. 따라서 그 논리적인 전제로서 취소소송을 제기하기 전에 행정심판을 필요적으로 경유할 것이 요구된다(행정심판전치주의 적용).

② 감사원의 재심의 판정에 대한 불복(재결주의)

    ㉠ 감사원법 제36조, 제40조는 회계관계직원에 대한 감사원의 변상판정(원처분)에 대하여 감사원에 재심의를 청구할 수 있도록 하고, 그 재심의 판정(재결)에 대하여는 감사원을 당사자로 하여 행정소송을 제기하도록 규정하고 있다.

    ㉡ 판례는 이 규정의 해석에 있어서 "감사원의 변상판정처분에 대하여서는 행정소송을 제기할 수 없고, 재결에 해당하는 재심의 판정에 대하여서만 감사원을 피고로 하여 행정소송을 제기할 수 있다"고 판시하였다(대판 1984.4.10. 84누91). ☞ 재결주의가 적용된다. <u>기출</u> 21 · 18

③ 지방노동위원회 등의 처분에 대한 중앙노동위원회의 재심판정에 대한 불복(재결주의)

    ㉠ 노동위원회법 제26조, 제27조는 지방노동위원회나 특별노동위원회의 처분에 대하여 불복하고자 하는 자는 관계 법령에 특별한 규정이 있는 경우를 제외하고는 지방노동위원회나 특별노동위원회가 행한 처분을 송달받은 날부터 10일 이내에 중앙노동위원회에 재심을 신청하여야 하고, 중앙노동위원회의 처분에 대한 소는 중앙노동위원회위원장을 피고로 하여 처분(판정서 정본)의 송달을 받은 날부터 15일 이내에 제기하도록 규정하고 있다(노동조합 및 노동관계조정법 제85조도 같은 취지로 규정하고 있다).

    ㉡ 중앙노동위원회의 재심은 행정심판의 성질을 가지며, 중앙노동위원회의 재심판정에 대하여만 행정소송을 제기할 수 있도록 한 것은 항고소송의 대상에 관하여 재결주의를 규정하고 있는 것이다.

<u>기출</u> 22 · 18

> • 노동위원회법 제19조의2 제1항의 규정(현행 제27조 제1항)은 행정처분의 성질을 가지는 지방노동위원회의 처분에 대하여 중앙노동위원장을 상대로 행정소송을 제기할 경우의 전치요건에 관한 규정이라 할 것이므로 당사자가 지방노동위원회의 처분에 대하여 불복하기 위하여는 처분 송달일로부터 10일 이내에 중앙노동위원회에 재심을 신청하고 중앙노동위원회의 재심판정서 송달일로부터 15일 이내에 중앙노동위원장을 피고로 하여 재심판정취소의 소를 제기하여야 할 것이다(대판 1995.9.15. 95누6724). <u>기출</u> 22

- 부당해고 등의 구제절차는 부당해고 등으로 주장되는 구체적 사실이 부당해고 등에 해당하는지를 심리하고, 부당해고 등으로 인정되면 적절한 구제방법을 결정하여 구제명령을 하는 제도로서, 부당해고 등으로 주장되는 구체적 사실이 심사 대상이다. 부당해고 등의 구제신청에 관한 중앙노동위원회의 재심판정 취소소송의 소송물은 재심판정 자체의 위법성이므로, 부당해고 등으로 주장되는 구체적 사실이 부당해고 등에 해당하는지를 심리하여 재심판정의 위법성 유무를 따져보아야 한다. 한편 근로자에 대한 징계처분에 정당한 이유가 있는지는 징계위원회 등에서 징계처분의 근거로 삼은 징계사유에 의하여 판단하여야 한다. 위와 같은 부당해고 등의 구제절차 관련 규정, 재심판정 취소소송의 소송물, 심리 방식, 심판 대상이 되는 징계사유 등을 종합하면, 재심판정이 징계처분의 정당성에 관한 판단을 그르쳤는지를 가리기 위해서는 징계위원회 등에서 징계처분의 근거로 삼은 징계사유에 의하여 징계처분이 정당한지를 살펴보아야 한다. 따라서 여러 징계사유를 들어 징계처분을 한 경우에는 중앙노동위원회가 재심판정에서 징계사유로 인정한 것 이외에도 징계위원회 등에서 들었던 징계사유 전부를 심리하여 징계처분이 정당한지를 판단하여야 한다(대판 2016.12.29. 2015두38917). `기출` 21

④ 특허심판원의 심결에 대한 불복(재결주의) : 특허출원에 대한 심사관의 특허거절결정에 대하여 불복하기 위해서는 먼저 특허심판원에 심판청구를 한 다음 특허심판원의 심결을 대상으로 하여 특허법원에 심결취소를 요구하는 소를 제기하여야 한다(특허법 제186조, 제189조). `기출` 21

심판은 특허심판원에서의 행정절차이며 심결은 행정처분에 해당하고, 그에 대한 불복의 소송인 심결취소소송은 항고소송에 해당하여 그 소송물은 심결의 실체적·절차적 위법 여부이므로, 당사자는 심결에서 판단되지 않은 처분의 위법사유도 심결취소소송단계에서 주장·입증할 수 있고, 심결취소소송의 법원은 특별한 사정이 없는 한 제한 없이 이를 심리·판단하여 판결의 기초로 삼을 수 있으며, 이와 같이 본다고 하여 심급의 이익을 해한다거나 당사자에게 예측하지 못한 불의의 손해를 입히는 것이 아니다(대판 2009.5.28. 2007후4410). `기출` 21

☐ **특허심판원의 심결에 불복하는 경우, 특허법원의 전속관할**
이처럼 취소소송에서는 민사소송의 경우와는 달리 실체법상의 권리능력은 물론 민사소송법상의 당사자능력도 없는 행정청에게 피고로서의 당사자능력(피고능력)과 피고적격이 인정된다는 점에 특색이 있다. 특허취소결정 또는 심결에 대한 소 및 특허취소신청서·심판청구서·재심청구서의 각하결정에 대한 소는 특허법원의 전속관할로 한다(특허법 제186조 제1항). 따라서 특허심판원의 심결에 불복하는 경우 그 취소를 구하는 소송은 서울행정법원이 아니라 특허법원에 제기하여야 한다. ☞ 특허사건의 경우 특허법원(고등법원 급)과 대법원의 2심제로 진행된다. `기출` 21

⑤ 중앙토지수용위원회의 이의재결에 대한 불복(원처분주의) : 수용재결에 불복하여 취소소송을 제기하는 때에는 이의신청을 거친 경우에도 수용재결을 한 중앙토지수용위원회 또는 지방토지수용위원회를 피고로 하여 수용재결의 취소를 구하여야 하고, 다만 이의신청에 대한 재결 자체에 고유한 위법이 있음을 이유로 하는 경우에는 그 이의재결을 한 중앙토지수용위원회를 피고로 하여 이의재결의 취소를 구할 수 있다고 보아야 한다(대판 2010.1.28. 2008두1504). `기출` 18

⑥ 교원소청심사위원회의 결정에 대한 불복(원처분주의)

　　㉠ 사립학교교원에 대한 사립학교장의 징계처분은 행정처분이 아니기 때문에 교원소청심사위원회의 결정은 행정심판의 재결이 아니라 행정처분(원처분)으로서 항고소송의 대상이 된다(대판 2013.7.25. 2012두12297 참조). ☞ 원처분주의가 적용된다. [기출] 21 　사립학교 교원 징계에 대한 교원소청심사위원회 결정의 기속력은 그 결정의 주문에 포함된 사항뿐 아니라 그 전제가 된 요건사실의 인정과 판단, 즉 처분등의 구체적 위법사유에 관한 판단에까지 미친다(대판 2013.7.25. 2012두12297). [기출] 21 　사립학교 교원에 대한 징계처분은 사법(私法)적 성질을 가지므로, 사립학교교원은 소청절차를 밟을 수 있을 뿐만 아니라 민사소송을 제기하여 권리구제를 받을 수도 있다(대판 1993.2.12. 92누13707). [기출] 21

> 사립학교 교원에 대한 징계처분의 경우에는 학교법인 등의 징계처분은 행정처분성이 없는 것이고 그에 대한 소청심사청구에 따라 (교원소청심사)위원회가 한 결정이 행정처분이고 교원이나 학교법인 등은 그 결정에 대하여 행정소송으로 다투는 구조가 되므로, 행정소송에서의 심판대상은 학교법인 등의 원 징계처분이 아니라 위원회의 결정이 되고, 따라서 피고도 행정청인 위원회가 되는 것이며, 법원이 위원회의 결정을 취소한 판결이 확정된다고 하더라도 위원회가 다시 그 소청심사청구사건을 재심사하게 될 뿐 학교법인 등이 곧바로 위 판결의 취지에 따라 재징계 등을 하여야 할 의무를 부담하는 것은 아니다(대판 2013.7.25. 2012두12297). [기출] 21

　　㉡ 국·공립학교의 교원의 경우 징계처분 등 원처분이 행정처분이고 교원소청심사위원회의 결정은 일반공무원에 대한 소청심사위원회의 결정에 대응하는 행정심판에 해당한다(국가공무원법 제16조 제1항, 교육공무원법 제54조 제1항 참조). 따라서 일반공무원의 경우처럼 항고소송의 대상이 되는 것은 원처분인 징계처분 등 불이익처분이고, 교원소청심사위원회의 결정(재결)은 그 자체의 고유한 위법이 있을 때에만 소송의 대상이 된다(대판 1994.2.8. 93누17874). ☞ 원처분주의가 적용된다. [기출] 21 · 18

> 국·공립학교 교원에 대한 징계처분의 경우에는 원 징계처분 자체가 행정처분이므로 그에 대하여 위원회에 소청심사를 청구하고 위원회의 결정이 있은 후 그에 불복하는 행정소송이 제기되더라도 그 심판대상은 교육감 등에 의한 원 징계처분이 되는 것이 원칙이다. 다만 위원회의 심사절차에 위법사유가 있다는 등 고유의 위법이 있는 경우에 한하여 위원회의 결정이 소송에서의 심판대상이 된다. 따라서 그 행정소송의 피고도 위와 같은 예외적 경우가 아닌 한 원처분을 한 처분청이 되는 것이지 위원회가 되는 것이 아니다(대판 2013.7.25. 2012두12297). [기출] 21

❑ **재결주의가 적용되는 경우** [기출] 21 · 18
- 「감사원법」상 감사원의 변상판정에 대한 감사원의 재심의 판정(감사원법 제36조, 제40조)
- 「특허법」상 특허거절결정에 대한 특허심판원의 심결(특허법 제186조, 제189조)
- 「노동위원회법」상 지방노동위원회 등의 처분에 대한 중앙노동위원회의 재심판정(노동위원회법 제26조, 제27조, 노동조합법 제85조)
- 「변호사법」상 변호사징계위원회의 결정에 대한 법무부 변호사징계위원회의 결정(변호사법 제100조 제4항; 대결 2012.6.28. 2012두7349)
- 「해양사고심판법」상 지방해양안전심판원의 징계재결 및 시정권고재결에 대한 중앙해양안점심판원의 제2심재결(해양사고심판법 제58조, 제74조)

Ⅲ 원고적격

1. 일반론

① 원고적격(原告適格)이란 특정한 소송사건에서 원고로서 소송을 수행하여 본안판결을 받기에 적합한 자격을 말한다.

② 원고적격이 인정되려면 그 전제로서 당사자능력이 인정되어야 한다. 당사자능력이란 소송법상의 권리능력, 즉 특정한 소송에서 소송의 주체(원고 또는 피고)가 될 수 있는 일반적인 능력을 말한다. 「행정소송법」은 행정소송에서의 당사자능력에 관하여 규정하고 있지 않다. 기출 21 민사소송법에서 당사자능력에 관한 규정을 두고 있으므로, 행정소송에도 민사소송법상 당사자능력에 관한 규정이 준용된다. 따라서 권리능력이 있는 자연인과 법인, 대표자 또는 관리인이 있는 법인 아닌 사단 또는 재단에게는 당사자능력이 인정된다(행정소송법 제8조 제2항, 민사소송법 제51조 및 제52조 참조).

> **자연물인 도롱뇽의 당사자능력 (×)**
> 도롱뇽은 천성산 일원에 서식하고 있는 도롱뇽목 도롱뇽과에 속하는 양서류로서 자연물인 도롱뇽 또는 그를 포함한 자연 그 자체로서는 소송을 수행할 당사자능력을 인정할 수 없다고 한 원심의 판단을 수긍한 사례(대판 2006.6.2. 2004마1148,1149).

③ 행정주체에 해당하는 국가나 지방자치단체도 당사자능력이 있으므로, '국가나 지방자치단체'가 행정처분의 상대방인 경우에는 해당 처분을 다툴 원고적격이 인정된다(대판 2014.2.27. 2012두22980; 대판 2014.3.13. 2013두15934). 기출 24

> • 지방자치단체의 장이 건축협의를 취소한 것에 대해서 상대 지방자치단체가 원고가 되어 제기하는 소송
> 「건축법」상 건축협의 취소는 상대방이 다른 지방자치단체 등 행정주체라 하더라도 '행정청이 행하는 구체적 사실에 관한 법집행으로서의 공권력 행사'(행정소송법 제2조 제1항 제1호)로서 처분에 해당한다고 볼 수 있고, 지방자치단체인 원고가 이를 다툴 실효적 해결 수단이 없는 이상, 원고는 건축물 소재지 관할 허가권자인 지방자치단체의 장을 상대로 항고소송을 통해 건축협의 취소의 취소를 구할 수 있다(대판 2014.2.27. 2012두22980). 기출 24·19
> • 지방자치단체의 장이 건축협의를 거부한 것에 대해서 국가가 원고가 되어 제기하는 소송
> 허가권자인 지방자치단체의 장이 한 건축협의 거부행위는 비록 그 상대방이 국가 등 행정주체라 하더라도, 행정청이 행하는 구체적 사실에 관한 법집행으로서의 공권력 행사의 거부 내지 이에 준하는 행정작용으로서 행정소송법 제2조 제1항 제1호에서 정한 처분에 해당한다고 볼 수 있고, 이에 대한 법적 분쟁을 해결할 실효적인 다른 법적 수단이 없는 이상 국가 등은 허가권자를 상대로 항고소송을 통해 그 거부처분의 취소를 구할 수 있다고 해석된다(대판 2014.3.13. 2013두15934). 기출 24·20
> • 보건소장의 국립대학교 보건진료소 직권폐업처분에 대해서 국가가 원고가 되어 제기하는 소송
> [1] 관악구 보건소장은 서울대학교 보건진료소에 직권폐업을 통보하였고(이하 '이 사건 처분'이라고 함), 이에 국가(대한민국)는 관악구 보건소장의 이 사건 처분에 대한 직권폐업처분무효확인등소송을 제기하였다. 국가는 정부법무공단을 소송대리인으로 선임하여 위 판결인 1심에서 승소하였고, 위 사건의 항소심인 서울고등법원은 위 판결을 그대로 인용하였으며(서울고법 2009.11.25. 2009누19672), 상고심인 대법원은 위 고등법원 판결을 심리불속행으로 기각하였다(대판 2010.3.11. 2009두23129). [2] 국가는 권리·의무의 귀속 주체로서 행정소송법 제8조 제2항과 민사소송법 제51조 등 관계 규정에 따라 행정소송상의 당사자능력이 있는 것이고, 이는 항고소송에서의 원고로서의 당사자능력이라고 달리 볼 것은 아니다. 서울대학교는 국가가 설립·경영하는 학교일 뿐 위 학교는 법인도 아니고 대표자 있는 법인격 있는 사단 또는 재단도 아닌 교육시설의 명칭에 불과하여

권리능력과 당사자능력을 인정할 수 없으므로, <u>서울대학교를 상대로 하는 법률행위의 효과는 서울대학교를 설립·경영하는 주체인 국가에게 귀속되고, 그 법률행위에 대한 쟁송은 국가가 당사자가 되어 다툴 수밖에 없다</u> 할 것이다(서울고법 2009.11.25. 2009누19672). 기출 24 ☞ 다만, 국립대학교인 서울대학교는 2011.12.28. 국립대학법인으로 설립되었다.

④ '국가 등의 기관'은 권리능력이 없으므로 당사자능력이 없고 원칙적으로 행정소송에서 원고적격이 인정되지 않는다. 다만, 판례는 다른 기관의 처분에 의해 국가기관이 권리를 침해받거나 의무를 부과받는 등 중대한 불이익을 받았음에도 그 처분을 다툴 별다른 방법이 없고, 그 처분의 취소를 구하는 항고소송을 제기하는 것이 유효·적절한 권익구제수단인 경우에 예외적으로 국가기관(예 경기도선거관리위원회 위원장, 소방청장)의 당사자능력과 원고적격을 인정한다(대판 2013.7.25. 2011두1214; 대판 2018.8.1. 2014두35379).

- **동장의 당사자능력 및 당사자적격(피고적격) (×)**
  구청장이 업무처리지침 시달로 담당 신고접수사무를 동장에게 위임한 경우, 행정소송의 피고는 행정청인데 <u>동장은 행정기관의 내부에 부속되어 구청장을 보좌하는 보조기관에 지나지 아니하여 행정청이라 말할 수 없어서 행정소송의 당사자능력 내지 적격이 없다</u>(서울고법 1975.2.4. 74구194). 기출 21
- **경기도선거관리위원회 위원장의 당사자능력 및 원고적격 (○)**
  甲이 국민권익위원회에 부패방지 및 국민권익위원회의 설치와 운영에 관한 법률(이하 '국민권익위원회법'이라 한다)에 따른 신고와 신분보장조치를 요구하였고, 국민권익위원회가 甲의 소속기관 장인 乙 시·도선거관리위원회 위원장에게 '甲에 대한 중징계요구를 취소하고 향후 신고로 인한 신분상 불이익처분 및 근무조건상의 차별을 하지 말 것을 요구'하는 내용의 조치요구를 한 사안에서, <u>국가기관 일방의 조치요구에 불응한 상대방 국가기관에 국민권익위원회법상의 제재규정과 같은 중대한 불이익을 직접적으로 규정한 다른 법령의 사례를 찾아보기 어려운 점, 그럼에도 乙(경기도선거관리위원회 위원장)이 국민권익위원회의 조치요구를 다툴 별다른 방법이 없는 점</u> 등에 비추어 보면, 처분성이 인정되는 위 조치요구에 불복하고자 하는 乙로서는 <u>조치요구의 취소를 구하는 항고소송을 제기하는 것이 유효·적절한 수단이므로 비록 乙이 국가기관이더라도 당사자능력 및 원고적격을 가진다고 보는 것이 타당하고</u>, 乙이 위 조치요구 후 甲을 파면하였다고 하더라도 조치요구가 곧바로 실효된다고 할 수 없고 乙은 여전히 조치요구를 따라야 할 의무를 부담하므로 乙에게는 위 조치요구의 취소를 구할 법률상 이익도 있다고 본 원심판단을 정당하다고 한 사례(대판 2013.7.25. 2011두1214). 기출 24 ☞ [판결이유] 이 사건과 같이 국가기관 사이에 어느 일방(피고 국민권익위원회)이 상대방(원고 경기도선거관리위원회 위원장)에 대하여 일정한 의무를 부과하는 내용의 조치요구를 한 사안에서 그 조치요구의 상대방인 국가기관이 이를 다투고자 할 경우, <u>이는 국가기관 내부의 권한 행사에 관한 것이어서 기관소송의 대상으로 하는 것이 적절해 보이나</u>, 행정소송법은 제45조에서 '기관소송은 법률이 정한 경우에 법률에 정한 자에 한하여 제기할 수 있다'고 규정하여 이른바 기관소송 법정주의를 채택하고 있고, <u>조치요구에 관하여는 국민권익위원회법 등 법률에서 원고에게 기관소송을 허용하는 규정을 두고 있지 아니하므로, 이 사건 조치요구를 이행할 의무를 부담하고 있는 원고로서는 기관소송으로 이 사건 조치요구를 다툴 수는 없다.</u>
- **소방청장의 당사자능력 및 당사자적격 (○)**
  국민권익위원회가 소방청장에게 인사에 관한 부당한 지시를 취소하라는 조치요구를 통지한 경우, <u>소방청장은 예외적으로 그 조치요구의 취소를 구할 당사자능력과 원고적격을 가진다</u>(대판 2018.8.1. 2014두35379). 기출 21

⑤ 원고적격은 소송요건의 하나이므로 사실심 변론 종결시는 물론 상고심에서도 존속하여야 하고 이를 흠결하면 부적법한 소가 된다(대판 2007.4.12. 2004두7924). **기출** 23 · 22 · 20 · 19 소송요건인 <u>원고적격의 구비 여부</u>는 법원의 직권조사사항이고, 자백의 대상이 될 수 없다. **기출** 24

> 해당 처분을 다툴 법률상 이익이 있는지 여부(= 원고적격이 있는지 여부)는 직권조사사항으로 이에 관한 당사자의 주장은 직권발동을 촉구하는 의미밖에 없으므로, 원심법원이 이에 관하여 판단하지 않았다고 하여 판단유탈의 상고이유로 삼을 수 없다(대판 2017.3.9. 2013두16852). **기출** 19

2. 취소소송에서의 원고적격

> **행정소송법 제12조(원고적격)**
> 취소소송은 처분등의 취소를 구할 법률상 이익이 있는 자가 제기할 수 있다. 처분등의 효과가 기간의 경과, 처분등의 집행 그 밖의 사유로 인하여 소멸된 뒤에도 그 처분등의 취소로 인하여 회복되는 법률상 이익이 있는 자의 경우에는 또한 같다. **기출** 23 · 19 · 18

(1) 원고적격의 인정 요건

취소소송은 <u>처분등의 취소를 구할 법률상 이익이 있는 자</u>가 제기할 수 있다(행정소송법 제12조 전문). **기출** 23 · 19 사실상 이익 또는 반사적 이익의 침해만으로는 항고소송(취소소송)의 원고적격이 인정되지 않는다. **기출** 20

1) 법률상 이익의 의미

① 문제점 : 행정소송법 제12조 전문은 '처분등의 취소를 구할 법률상 이익이 있는 자'에게 취소소송의 원고적격을 인정하고 있는데, '법률상 이익'의 의미에 관하여 취소소송의 목적·기능과 관련하여 견해가 대립한다.

② 판례 : 판례는 "법률상 보호되는 이익이란 당해 처분의 근거 법규 및 관련 법규에 의하여 보호되는 개별적·직접적·구체적 이익이 있는 경우를 말하고, 공익보호의 결과로 국민 일반이 공통적으로 가지는 일반적·간접적·추상적 이익이 생기는 경우에는 법률상 보호되는 이익이 있다고 할 수 없다"고 판시하여(대판 2006.3.16. 2006두330[전합]), 원칙적으로 '법적 이익구제설'에 입각하고 있는 것으로 평가된다. **기출** 22

> • 절대보존지역 변경(해제)처분 취소소송에서 지역 주민의 원고적격 (×)
> 국방부 민·군 복합형 관광미항(제주해군기지) 사업시행을 위한 해군본부의 요청에 따라 제주특별자치도지사가 절대보존지역이던 서귀포시 강정동 해안변지역에 관하여 절대보존지역을 변경(축소)하고 고시한 사안에서, 절대보존지역의 유지로 지역주민회와 주민들이 가지는 주거 및 생활환경상 이익은 지역의 경관 등이 보호됨으로써 반사적으로 누리는 것일 뿐 근거 법규 또는 관련 법규에 의하여 보호되는 개별적·직접적·구체적 이익이라고 할 수 없다는 이유로, 지역주민회 등은 위 처분을 다툴 원고적격이 없다고 본 원심판단을 정당하다고 한 사례(대판 2012.7.5. 2011두13187). **기출** 20

- 생태·자연도 1등급 지역을 2등급으로 변경하는 처분에 대한 1등급 권역 인근주민의 원고적격 (×)
  생태·자연도의 작성 및 등급변경의 근거가 되는 구 「자연환경보전법」 제34조 제1항 및 그 시행령 제27조 제1항, 제2항에 의하면, 생태·자연도는 토지이용 및 개발계획의 수립이나 시행에 활용하여 자연환경을 체계적으로 보전·관리하기 위한 것일 뿐, 1등급 권역의 인근 주민들이 가지는 생활상 이익을 직접적이고 구체적으로 보호하기 위한 것이 아님이 명백하고, 1등급 권역의 인근 주민들이 가지는 이익은 환경보호라는 공공의 이익이 달성됨에 따라 반사적으로 얻게 되는 이익에 불과하므로, 인근 주민에 불과한 甲은 생태·자연도 등급권역을 1등급에서 일부는 2등급으로, 일부는 3등급으로 변경한 결정의 무효 확인을 구할 원고적격이 없다고 본 원심판단을 수긍한 사례(대판 2014.2.21. 2011두29052). **기출** 21·18

2) 보호규범의 범위

① 당해 처분의 근거법규 및 관련법규에 의하여 보호되는 법률상 이익이란 (i) 당해 처분의 근거법규(근거법규가 다른 법규를 인용함으로 인하여 근거법규가 된 경우까지를 아울러 포함한다)의 명문규정에 의하여 보호받는 법률상 이익, (ii) 당해 처분의 근거법규에 의하여 보호되지는 아니하나 당해 처분의 행정목적을 달성하기 위한 일련의 단계적인 관련처분들의 근거법규에 의하여 명시적으로 보호받는 법률상 이익, (iii) 당해 처분의 근거법규 또는 관련법규에서 명시적으로 당해 이익을 보호하는 명문의 규정이 없더라도 근거법규 및 관련법규의 합리적 해석상 그 법규에서 행정청을 제약하는 이유가 순수한 공익의 보호만이 아닌 개별적·직접적·구체적 이익을 보호하는 취지가 포함되어 있다고 해석되는 경우까지를 말한다(대판 2004.8.16. 2003두2175).

② 이해관계인에게 '절차적 권리'가 인정되는 경우에는 이해관계인의 원고적격이 인정된다.

> 지방법무사회의 사무원 채용승인 거부처분 취소소송에서 사무원이 될 수 없게 된 사람의 원고적격 (○)
> 법무사규칙 제37조 제4항이 이의신청 절차를 규정한 것은 채용승인을 신청한 법무사뿐만 아니라 사무원이 되려는 사람의 이익도 보호하려는 취지로 볼 수 있다. 따라서 지방법무사회의 사무원 채용승인 거부처분 또는 채용승인 취소처분에 대해서는 처분 상대방인 법무사뿐만 아니라 그 때문에 사무원이 될 수 없게 된 사람도 이를 다툴 원고적격이 인정되어야 한다(대판 2020.4.9. 2015다34444).

③ 헌법상 기본권이 법률상 이익이 될 수 있는지에 관하여, 대법원은 추상적 기본권(환경권)의 침해만으로는 원고적격을 인정할 수 없다고 판시하였다(대판 2006.3.16. 2006두330[전합]). **기출** 20 그러나 헌법재판소는 구체적 기본권인 '경쟁의 자유'가 법률상 이익이 될 수 있음을 인정하였다(헌재 1998.4.30. 97헌마141). **기출** 22

> - 기본권인 경쟁의 자유가 바로 행정청의 지정행위의 취소를 구할 법률상의 이익 (○)
>   국세청장의 지정행위(납세병마개 제조자 지정행위)의 근거규범인 이 사건 조항들이 단지 공익만을 추구할 뿐 청구인 개인의 이익을 보호하려는 것이 아니라는 이유로 청구인(지정행위의 상대방이 아닌 제3자)에게 취소소송을 제기할 법률상 이익을 부정한다고 하더라도, 국세청장의 지정행위는 행정청이 병마개 제조업자들 사이에 특혜에 따른 차별을 통하여 사경제 주체간의 경쟁조건에 영향을 미치고 이로써 기업의 경쟁의 자유를 제한하는 것임이 명백한 경우에는 국세청장의 지정행위로 말미암아 기업의 경쟁의 자유를 제한받게 된 자들은 적어도 보충적으로 기본권에 의한 보호가 필요하다. 따라서 일반법규에서 경쟁자를 보호하는 규정을 별도로 두고 있지 않은 경우에도 기본권인 '경쟁의 자유'가 바로 행정청의 지정행위의 취소를 구할 법률상의 이익이 된다 할 것이다(헌재 1998.4.30. 97헌마141). **기출** 22

- 추상적 기본권의 침해만으로는 원고적격 (×)

  헌법 제35조 제1항에서 정하고 있는 환경권에 관한 규정만으로는 그 권리의 주체·대상·내용·행사방법 등이 구체적으로 정립되어 있다고 볼 수 없고, 환경정책기본법 제6조도 그 규정 내용 등에 비추어 국민에게 구체적인 권리를 부여한 것으로 볼 수 없다는 이유로, 환경영향평가 대상지역 밖에 거주하는 주민에게 헌법상의 환경권 또는 환경정책기본법에 근거하여 공유수면매립면허처분과 농지개량사업 시행인가처분의 무효확인을 구할 원고적격이 없다고 한 사례(대판 2006.3.16. 2006두330[전합]). **기출** 20

3) 법률상 보호되는 이익의 내용

① 개별적·직접적·구체적 이익

- 법인에 대한 행정처분 취소소송에서 법인 주주의 원고적격(원칙적으로 부정, 예외적으로 인정)

  법인의 주주는 법인에 대한 행정처분에 관하여 사실상이나 간접적인 이해관계를 가질 뿐이어서 스스로 그 처분의 취소를 구할 원고적격이 없는 것이 원칙이라고 할 것이지만, 그 처분으로 인하여 법인이 더 이상 영업 전부를 행할 수 없게 되고, 영업에 대한 인·허가의 취소 등을 거쳐 해산·청산되는 절차 또한 처분 당시 이미 예정되어 있으며, 그 후속절차가 취소되더라도 그 처분의 효력이 유지되는 한 당해 법인이 종전에 행하던 영업을 다시 행할 수 없는 예외적인 경우에는 주주도 그 처분에 관하여 직접적이고 구체적인 법률상 이해관계를 가진다고 보아 그 효력을 다툴 원고적격이 있다(대판 2005.1.7. 2002두5313). **기출** 19

- 임대사업자에 대한 분양전환승인 취소소송에서 임차인의 원고적격 (○)

  공공건설임대주택에 대한 분양전환가격 산정의 위법을 이유로 임대사업자에 대한 분양전환승인의 효력을 다투고자 하는 경우, 임차인은 법률상 이익(= 원고적격)이 있다(대판 2020.7.23. 2015두48129). **기출** 21

- 임대사업자에 대한 분양전환승인 취소소송에서 임차인대표회의의 원고적격 (○)

  임차인대표회의도 당해 주택에 거주하는 임차인과 마찬가지로 임대주택의 분양전환과 관련하여 그 승인의 근거 법률인 구 임대주택법에 의하여 보호되는 구체적이고 직접적인 이익이 있다고 봄이 상당하다. 따라서 임차인대표회의는 행정청의 분양전환승인처분이 승인의 요건을 갖추지 못하였음을 주장하여 그 취소소송을 제기할 원고적격이 있다고 보아야 한다(대판 2010.5.13. 2009두19168). **기출** 22·20

- 구 주택법상 사용검사처분에 대한 입주자나 입주예정자의 원고적격 (×)

  구 주택법(2012.1.26. 법률 제11243호로 개정되기 전의 것)상 입주자나 입주예정자는 사용검사처분의 무효확인 또는 취소를 구할 법률상 이익이 없다(대판 2015.1.29. 2013두24976).

- 골프장시설업자의 회원모집계획서에 대한 시·도지사의 검토결과통보 취소소송에서 예탁금회원제 골프장의 기존회원의 원고적격 (○)

  이른바 예탁금회원제 골프장의 기존회원은 골프장시설업자의 회원모집계획서에 대한 시·도지사의 검토결과 통보의 취소를 구할 원고적격이 인정된다(대판 2009.2.26. 2006두16243). ☞ 회원모집계획서에 대한 시·도지사의 검토결과 통보의 직접 상대방은 회사이고, 기존회원은 제3자에 해당하지만 원고적격을 인정한 사례이다. **기출** 21

- 행정청의 채석허가취소처분 취소소송에서 수허가자의 지위를 양수한 양수인의 원고적격 (○)

  산림법 제90조의2 제1항, 제118조 제1항, 같은법시행규칙 제95조의2 등 산림법령이 수허가자의 명의변경제도를 두고 있는 취지는, … 채석허가가 대물적 허가의 성질을 아울러 가지고 있고 수허가자의 지위가 사실상 양도·양수되는 점을 고려하여 수허가자의 지위를 사실상 양수한 양수인의 이익을 보호하고자 하는 데 있는 것으로 해석되므로, 수허가자의 지위를 양수받아 명의변경신고를 할 수 있는 양수인의 지위는 단순한 반사적 이익이나 사실상의 이익이 아니라 산림법령에 의하여 보호되는 직접적이고 구체적인 이익으로서 법률상 이익이라고 할 것이고, 채석허가가 유효하게 존속하고 있다는 것이 양수인의 명의변경신고의 전제가 된다는 의미에서 관할 행정청이 양도인에 대하여 채석허가를 취소하는 처분을 하였다면 이는 양수인의 지위에 대한 직접적 침해가 된다고 할 것이므로 양수인은 채석허가를 취소하는 처분의 취소를 구할 법률상 이익(= 원고적격)을 가진다(대판 2003.7.11. 2001두6289). **기출** 21

- 대학교 학교법인의 임시이사선임처분 취소소송에서 총학생회와 교수협의회의 원고적격 (○)

  구 사립학교법과 구 사립학교법 시행령 및 乙 법인 정관 규정은 헌법 제31조 제4항에 정한 교육의 자주성과 대학의 자율성에 근거한 甲 대학교 교수협의회와 총학생회의 학교운영참여권을 구체화하여 이를 보호하고 있다고 해석되므로, 甲 대학교 교수협의회와 총학생회는 이사선임처분을 다툴 법률상 이익을 가지지만, 기출 22·19 고등교육법령은 교육받을 권리나 학문의 자유를 실현하는 수단으로서 학생회와 교수회와는 달리 학교의 직원으로 구성된 노동조합의 성립을 예정하고 있지 아니하고, 노동조합은 근로자가 주체가 되어 자주적으로 단결하여 근로조건의 유지·개선 기타 근로자의 경제적·사회적 지위의 향상을 도모하기 위하여 조직된 단체인 점 등을 고려할 때, 학교의 직원으로 구성된 노동조합이 교육받을 권리나 학문의 자유를 실현하는 수단으로서 직접 기능한다고 볼 수는 없으므로, 개방이사에 관한 구 사립학교법과 구 사립학교법 시행령 및 乙 법인 정관 규정이 학교직원들로 구성된 전국대학노동조합 乙 대학교지부의 법률상 이익까지 보호하고 있는 것으로 해석할 수는 없다고 한 사례(대판 2015.7.23. 2012두19496).

- 국립대학 부교수 임용처분에 대한 취소소송에서 같은 학과 교수의 원고적격 (×)

  국립대학 교수에게 타인을 같은 학과 부교수로 임용한 처분의 취소를 구할 법률상 이익(= 원고적격)이 없다고 한 사례(대판 1995.12.12. 95누11856). 기출 12

② 법에 의해 보호되는 사적 이익(개인적 이익) : 처분등에 의해 법에 의해 보호되는 사적 이익(개인적 이익)이 침해되는 경우이어야 하고, 공익이 침해된 것만으로는 취소소송의 원고적격이 인정될 수 없다. 처분등으로 법인 또는 단체의 사적 이익이 침해된 경우에는 그 법인 또는 단체에게 원고적격이 인정된다(대판 2006.9.22. 2005두2506). 그러나 단체의 구성원의 법률상 이익의 침해를 이유로 소를 제기한 경우에는 그 단체의 사적 이익(법률상 이익)이 침해된 경우가 아니므로 원고적격이 인정되지 않는다(대판 2006.5.25. 2003두11988: 대판 2012.6.28. 2010두2005).

- 보건복지부 고시(약제급여·비급여목록 및 급여상한금액표) 취소소송에서 제약회사의 원고적격 (○)

  제약회사가 자신이 공급하는 약제에 관하여 국민건강보험법, 같은 법 시행령, 국민건강보험 요양급여의 기준에 관한 규칙(2001.12.31. 보건복지부령 제207호) 등 약제상한금액고시의 근거 법령에 의하여 보호되는 직접적이고 구체적인 이익을 향유하는데, 보건복지부 고시인 약제급여·비급여목록 및 급여상한금액표(보건복지부 고시 제2002-46호로 개정된 것)로 인하여 자신이 제조·공급하는 약제의 상한금액이 인하됨에 따라 위와 같이 보호되는 법률상 이익이 침해당할 경우, 제약회사는 위 고시의 취소를 구할 원고적격이 있다고 한 사례(대판 2006.9.22. 2005두2506).

- 보건복지부 고시(건강보험요양급여행위 및 그 상대가치점수 개정) 취소소송에서 사단법인 대한의사협회의 원고적격 (×)

  사단법인 대한의사협회는 의료법에 의하여 의사들을 회원으로 하여 설립된 사단법인으로서, 국민건강보험법상 요양급여행위, 요양급여비용의 청구 및 지급과 관련하여 직접적인 법률관계를 갖지 않고 있으므로, 보건복지부 고시인 '건강보험요양급여행위 및 그 상대가치점수 개정'으로 인하여 자신의 법률상 이익을 침해당하였다고 할 수 없다는 이유로 위 고시의 취소를 구할 원고적격이 없다고 한 사례(대판 2006.5.25. 2003두11988). 기출 21

  ☞ 단체(사단법인 대한의사협회)의 구성원(의사들)의 법률상 이익의 침해가 문제된 사안일 뿐 그 단체(사단법인 대한의사협회)의 법률상 이익이 침해된 경우가 아니므로 원고적격이 인정되지 않는다.

- 시외버스운송사업자에 대한 사업계획변경인가처분의 취소소송에서 전국고속버스운송사업조합의 원고적격 (×)

  전국고속버스운송사업조합은 도지사의 시외버스운송사업자에 대한 사업계획변경인가처분의 취소를 구할 원고적격이 없다(대판 1990.2.9. 89누4420). 기출 21 ☞ 단체(전국고속버스운송사업조합)의 구성원(고속버스운송사업자들)의 법률상 이익의 침해가 문제된 사안일 뿐 그 단체(전국고속버스운송사업조합)의 법률상 이익이 침해된 경우가 아니므로 원고적격이 인정되지 않는다.

- **공유수면매립목적 변경 승인처분 취소소송에서 재단법인 甲 수녀원의 원고적격 (×)**

  재단법인 甲 수녀원이, 매립목적을 택지조성에서 조선시설용지로 변경하는 내용의 공유수면매립목적 변경 승인처분으로 인하여 법률상 보호되는 환경상 이익을 침해받았다면서 행정청을 상대로 처분의 무효 확인을 구하는 소송을 제기한 사안에서, 공유수면매립목적 변경 승인처분으로 甲 수녀원에 소속된 수녀 등이 쾌적한 환경에서 생활할 수 있는 환경상 이익을 침해받는다고 하더라도 이를 가리켜 곧바로 甲 수녀원의 법률상 이익이 침해된다고 볼 수 없고, 자연인이 아닌 甲 수녀원은 쾌적한 환경에서 생활할 수 있는 이익을 향수할 수 있는 주체가 아니므로 위 처분으로 위와 같은 생활상의 이익이 직접적으로 침해되는 관계에 있다고 볼 수도 없으며, 위 처분으로 환경에 영향을 주어 甲 수녀원이 운영하는 쨈 공장에 직접적이고 구체적인 재산적 피해가 발생한다거나 甲 수녀원이 폐쇄되고 이전해야 하는 등의 피해를 받거나 받을 우려가 있다는 점 등에 관한 증명도 부족하다는 이유로, 甲 수녀원에 처분의 무효 확인을 구할 원고적격이 없다고 한 사례(대판 2012.6.28. 2010두2005). **기출** 20

③ 법률상 이익이 침해되거나 침해될 우려가 있을 것 : 처분등에 의해 법률상 이익이 현실적으로 침해된 경우뿐만 아니라 침해될 우려가 있는 경우에도 원고적격이 인정된다.

> **공장설립 승인처분 취소소송에서, 공장설립으로 수질오염발생 우려가 있는 취수장에서 물을 공급받는 주민의 원고적격 (○)**
>
> 김해시장이 소감천을 통해 낙동강에 합류하는 하천수 주변의 토지에 구 산업집적활성화 및 공장설립에 관한 법률 제13조에 따라 공장설립을 승인하는 처분을 한 사안에서, 상수원인 물금취수장이 소감천이 흘러 내려 낙동강 본류와 합류하는 지점 근처에 위치하고 있는 점, 수돗물은 수도관 등 급수시설에 의해 공급되는 것이어서 거주지역이 물금취수장으로부터 다소 떨어진 곳이라고 하더라도 수돗물의 수질악화 등으로 주민들이 갖게 되는 환경상 이익의 침해나 그 우려는 그 수돗물을 공급하는 취수시설이 입게 되는 수질오염 등의 피해나 그 우려와 동일하게 평가될 수 있는 점 등에 비추어, 공장설립으로 수질오염 등이 발생할 우려가 있는 물금취수장에서 취수된 물을 공급받는 부산광역시 또는 양산시에 거주하는 주민들도 위 처분의 근거 법규 및 관련 법규에 의하여 개별적·구체적·직접적으로 보호되는 환경상 이익, 즉 법률상 보호되는 이익이 침해되거나 침해될 우려가 있는 주민으로서 원고적격이 인정된다고 한 사례(대판 2010.4.15. 2007두16127). **기출** 22 ☞ 환경관련 소송에서 원고적격을 인정함에 있어서 영향권의 범위 내에 거주하는 자는 원고적격이 추정되는데, 취수장으로부터 상당한 거리가 떨어진 곳에 거주하는 자라도 수도관을 통해 수돗물을 공급받는 경우 영향권 내에 있는 것으로 본 사례이다.

4) 입증책임(증명책임)

법률상 이익의 침해 또는 침해 우려는 원칙적으로 원고가 증명하여야 한다. 다만, 환경영향평가대상지역 또는 영향권 내의 주민 등에 대하여는 특단의 사정이 없는 한 환경상 이익에 대한 침해 또는 침해 우려가 있는 것으로 사실상 추정된다(대판 2010.4.15. 2007두16127).

- **법률상 보호되는 이익의 증명책임**

  행정처분의 직접 상대방이 아닌 자로서 처분에 의하여 자신의 환경상 이익을 침해받거나 침해받을 우려가 있다는 이유로 취소소송을 제기하는 제3자(예 인근 주민)는, 자신의 환경상 이익이 처분의 근거 법규 또는 관련 법규에 의하여 개별적·직접적·구체적으로 보호되는 이익, 즉 법률상 보호되는 이익임을 증명하여야 원고적격이 인정된다(대판 2018.7.12. 2015두3485).

- 환경상 침해를 받으리라고 예상되는 영향권의 범위가 구체적으로 규정되어 있는 경우
  행정처분의 근거 법규 또는 관련 법규에 그 처분으로써 이루어지는 행위 등 사업으로 인하여 환경상 침해를 받으리라고 예상되는 영향권의 범위가 구체적으로 규정되어 있는 경우에는, ① 그 영향권 내의 주민들에 대하여는 당해 처분으로 인하여 직접적이고 중대한 환경피해를 입으리라고 예상할 수 있고, 이와 같은 환경상의 이익은 주민 개개인에 대하여 개별적으로 보호되는 직접적·구체적 이익으로서 그들에 대하여는 특단의 사정이 없는 한 환경상 이익에 대한 침해 또는 침해 우려가 있는 것으로 사실상 추정되어 법률상 보호되는 이익으로 인정됨으로써 원고적격이 인정되며, ② 그 영향권 밖의 주민들은 당해 처분으로 인하여 그 처분 전과 비교하여 수인한도를 넘는 환경피해를 받거나 받을 우려가 있다는 자신의 환경상 이익에 대한 침해 또는 침해 우려가 있음을 증명하여야만 법률상 보호되는 이익으로 인정되어 원고적격이 인정된다(대판 2010.4.15. 2007두16127).

(2) 원고적격 인정 여부의 유형별 검토

① 불이익처분의 상대방 : 불이익처분의 상대방은 직접 개인적 이익의 침해를 받은 자로서 원고적격이 인정된다(대판 2018.3.27. 2015두47492). 그러나 행정처분이 수익적인 처분이거나 신청에 의하여 신청 내용대로 이루어진 처분인 경우에는 처분 상대방의 권리나 법률상 보호되는 이익이 침해되었다고 볼 수 없으므로 달리 특별한 사정이 없는 한 처분의 상대방은 그 취소를 구할 이익이 없다(대판 1995.5.26. 94누7324).

② 거부처분의 상대방 : 행정처분에 대한 취소소송에서 원고적격이 있는지 여부는, 당해 처분의 상대방인지 여부에 따라 결정되는 것이 아니라 그 취소를 구할 법률상 이익이 있는지 여부에 따라 결정되는 것이다(대판 2018.5.15. 2014두42506). 따라서 거부처분의 상대방도 당해 처분의 근거 법률에 의하여 보호되는 직접적이고 구체적인 이익이 없는 경우에는 원고적격이 인정되지 않는다.

- 외국인이 사증발급 거부처분에 대하여 취소를 구하는 경우, 당해 외국인의 원고적격 (×)
  체류자격 및 사증발급의 기준과 절차에 관한 출입국관리법과 그 하위법령의 위와 같은 규정들은, 대한민국의 출입국 질서와 국경관리라는 공익을 보호하려는 취지일 뿐, 외국인에게 대한민국에 입국할 권리를 보장하거나 대한민국에 입국하고자 하는 외국인의 사익까지 보호하려는 취지로 해석하기는 어렵다. ㉠ 사증발급 거부처분을 다투는 외국인은, 아직 대한민국에 입국하지 않은 상태에서 대한민국에 입국하게 해달라고 주장하는 것으로, 대한민국과의 실질적 관련성 내지 대한민국에서 법적으로 보호가치 있는 이해관계를 형성한 경우는 아니어서, 해당 처분의 취소를 구할 법률상 이익을 인정하여야 할 법정책적 필요성도 크지 않다. 반면, ㉡ 국적법상 귀화불허가처분이나 출입국관리법상 체류자격변경 불허가처분, 강제퇴거명령 등을 다투는 외국인은 대한민국에 적법하게 입국하여 상당한 기간을 체류한 사람이므로, 이미 대한민국과의 실질적 관련성 내지 대한민국에서 법적으로 보호가치 있는 이해관계를 형성한 경우이어서, 해당 처분의 취소를 구할 법률상 이익이 인정된다고 보아야 한다. … 이와 같은 사증발급의 법적 성질, 출입국관리법의 입법 목적, 사증발급 신청인의 대한민국과의 실질적 관련성, 상호주의원칙 등을 고려하면, 우리 출입국관리법의 해석상 외국인에게는 사증발급 거부처분의 취소를 구할 법률상 이익이 인정되지 않는다고 봄이 타당하다(대판 2018.5.15. 2014두42506). 기출 20
- 위명(僞名)인 '乙' 명의로 난민신청을 하여 난민불인정 처분을 받은 미얀마 국적 '甲'의 원고적격 (○)
  미얀마 국적의 甲이 위명(僞名)인 '乙' 명의의 여권으로 대한민국에 입국한 뒤 乙 명의로 난민 신청을 하였으나 법무부장관이 乙 명의를 사용한 甲을 직접 면담하여 조사한 후 甲에 대하여 난민불인정 처분을 한 사안에서, 처분의 상대방은 허무인이 아니라 '乙'이라는 위명을 사용한 甲이라는 이유로, 甲이 처분의 취소를 구할 법률상 이익이 있다고 한 사례(대판 2017.3.9. 2013두16852). 기출 22·20·19

③ 제3자의 원고적격 : 행정처분의 직접 상대방이 아닌 제3자라 하더라도 당해 행정처분으로 법률상 보호되는 이익을 침해당한 경우에는 취소소송을 제기하여 당부의 판단을 받을 자격(= 원고적격)이 있다. 기출 24 제3자의 원고적격이 문제되는 대표적인 사례로는 경업자소송, 경원자소송, 인인소송(인근주민소송)이 있다.

- 처분의 직접 상대방이 아닌 제3자의 원고적격이 인정되는 경우(1)
  행정처분의 직접 상대방이 아닌 제3자라도 당해 행정처분의 취소를 구할 법률상의 이익이 있는 경우에는 원고적격이 인정된다고 할 것이나, 여기서 말하는 법률상 이익은 당해 처분의 근거 법률에 의하여 보호되는 직접적이고 구체적인 이익이 있는 경우를 말하고 다만 공익보호의 결과로 국민 일반이 공통적으로 가지는 추상적, 평균적, 일반적 이익과 같이 간접적이거나 사실적, 경제적 이해관계를 가지는 데 불과한 경우는 여기에 포함되지 않는다(대판 1999.12.7. 97누12556).
- 처분의 직접 상대방이 아닌 제3자의 원고적격이 인정되는 경우(2)
  불이익처분의 상대방은 직접 개인적 이익의 침해를 받은 자로서 원고적격이 인정된다. 처분의 직접 상대방이 아닌 제3자라 하더라도 이른바 '경원자 관계'나 '경업자 관계'와 같이 처분의 근거 법규 또는 관련 법규에 의하여 개별적·직접적·구체적으로 보호되는 이익이 있는 경우에는 처분의 취소를 구할 원고적격이 인정되지만, 제3자가 해당 처분과 간접적·사실적·경제적인 이해관계를 가지는 데 불과한 경우에는 처분의 취소를 구할 원고적격이 인정되지 않는다(대판 2021.2.4. 2020두48772).
- 교도소장의 접견허가거부처분 취소소송에서 거부처분의 상대방이 아닌 구속된 피고인의 원고적격 (○)
  구속된 피고인은 형사소송법 제89조의 규정에 따라 타인과 접견할 권리를 가지며 행형법 제62조, 제18조 제1항의 규정에 의하면 교도소에 미결수용된 자는 소장의 허가를 받아 타인과 접견할 수 있으므로(이와 같은 접견권은 헌법상 기본권의 범주에 속하는 것이다) 구속된 피고인이 사전에 접견신청한 자와의 접견을 원하지 않는다는 의사표시를 하였다는 등의 특별한 사정이 없는 한 구속된 피고인은 교도소장의 접견허가거부처분으로 인하여 자신의 접견권이 침해되었음을 주장하여 위 거부처분의 취소를 구할 원고적격을 가진다(대판 1992.5.8. 91누7552). ☞ 교도소장의 접견허가거부처분의 직접 상대방은 접견신청을 한 장ㅁㅁ이고, 구속된 피고인(김ㅇㅇ)은 거부처분의 상대방이 아닌 제3자에 해당하지만, 구속된 피고인 자신의 접견권이 침해되었음을 이유로 접견허가거부처분의 취소를 구할 법률상 이익(원고적격)이 있다는 의미이다. 기출 23

---

(3) 제3자의 원고적격

1) 경업자소송에서의 원고적격

① 경업자소송(競業者訴訟)이란 경쟁관계에 있는 영업자 사이에서 특정 영업자에 대한 수익적 처분이 다른 영업자(경업자)에게 법률상 불이익을 초래하는 경우 다른 영업자(제3자)가 그 수익적 처분의 취소(또는 무효확인)을 구하는 소송을 말한다.

② 판례는 신규업자에 대한 인·허가처분에 의해 기존업자의 법률상 이익이 침해되는 경우 기존업자에게 원고적격을 인정하고, 기존업자의 단순한 경제적·사실상 이익만이 침해되는 경우 기존업자에게 원고적격을 인정하지 않는다.

③ 또한 판례는 일반적으로 기존업자가 특허기업인 경우(예 자동차운송사업면허)에는 그 기존업자가 그 특허로 인하여 받은 영업상 이익은 법률상 이익이라고 보아 원고적격을 인정하고, 기존업자가 허가기업인 경우(예 숙박업허가, 석탄가공업허가, 한의사면허)에 그 기존업자가 그 허가로 인하여 받는 영업상 이익은 반사적 이익 내지 사실상 이익에 불과한 것으로 보아 원고적격을 부정하는 경향이 있다.

- 신규 목욕장업 허가처분의 취소를 구하고자 하는 경우, 인근 기존 목욕장업 영업자의 원고적격 (×)

  공중목욕장업 경영 허가는 강학상 허가(= 경찰금지의 해제)에 해당하므로 기존 목욕장영업장 부근에 신설 영업장을 허가함에 따라 기존 목욕장에 의한 이익이 사실상 감소된다 하더라도 이는 단순한 사실상의 반사적 결과에 불과하다. 따라서 기존 영업자는 신설 영업장 허가처분의 취소소송을 제기할 법률상 이익(= 원고적격)이 없다(대판 1963.8.31. 63누101). **기출** 18 · 12 ☞ 기존업자가 허가기업(목욕장업)인 경우, 원고적격 부정

- 기존업자가 허가기업(석탄가공업)인 경우 원고적격 (×)

  「석탄수급조정에 관한 임시조치법」 소정의 석탄가공업에 관한 허가는 사업경영의 권리를 설정하는 형성적 행정행위가 아니라 질서유지와 공공복리를 위한 금지를 해제하는 명령적 행정행위여서 그 허가를 받은 자는 영업자유를 회복하는데 불과하고 독점적 영업권을 부여받은 것이 아니기 때문에 기존허가를 받은 원고들이 신규허가로 인하여 영업상 이익이 감소된다 하더라도 이는 원고들의 반사적 이익을 침해하는 것에 지나지 아니하므로 원고들은 신규허가 처분에 대하여 행정소송을 제기할 법률상 이익이 없다(대판 1980.7.22. 80누33).

- 약사들에 대한 한약조제시험 합격처분의 무효확인을 구하고자 하는 한의사의 원고적격 (×)

  한의사 면허는 경찰금지를 해제하는 명령적 행위(강학상 허가)에 해당하고, 한약조제시험을 통하여 약사에게 한약조제권을 인정함으로써 한의사들의 영업상 이익이 감소되었다고 하더라도 이러한 이익은 사실상의 이익에 불과하고 약사법이나 의료법 등의 법률에 의하여 보호되는 이익이라고는 볼 수 없으므로, 한의사들이 한약조제시험을 통하여 한약조제권을 인정받은 약사들에 대한 합격처분의 무효확인을 구하는 당해 소는 원고 적격이 없는 자들이 제기한 소로서 부적법하다(대판 1998.3.10. 97누4289). **기출** 22 ☞ 기존업자가 허가기업(한의사)인 경우, 원고적격 부정

- 신규 업자에 대한 숙박업구조변경허가처분의 취소를 구하는 인근의 기존 숙박업자의 원고적격 (×)

  이 사건 건물의 4, 5층 일부에 객실을 설비할 수 있도록 숙박업구조변경허가를 함으로써 그곳으로부터 50미터 내지 700미터 정도의 거리에서 여관을 경영하는 원고들이 받게 될 불이익은 간접적이거나 사실적, 경제적인 불이익에 지나지 아니하므로 그것만으로는 원고들에게 위 숙박업구조변경허가처분의 무효확인 또는 취소를 구할 소익(= 법률상 이익, 원고적격)이 있다고 할 수 없다(대판 1990.8.14. 89누7900). **기출** 20 ☞ 기존업자가 허가기업(숙박업)인 경우, 원고적격 부정

- 기존업자가 특허기업(시외버스운송사업)인 경우 원고적격 (O)

  甲회사의 시외버스운송사업과 乙회사의 시외버스운송사업이 다 같이 운행계통을 정하여 여객을 운송하는 노선여객자동차 운송사업에 속하고, 乙회사에 대한 시외버스운송사업계획변경인가 처분으로 기존의 시외버스운송사업자인 甲회사의 노선 및 운행계통과 甲회사의 노선 및 운행계통이 일부 같고, 기점 혹은 종점이 같거나 인근에 위치한 甲회사의 수익감소가 예상되므로, 기존의 시외버스운송사업자인 甲회사에 위 처분의 취소를 구할 법률상의 이익이 있다고 한 사례(대판 2010.6.10. 2009두10512).

- 기존업자가 특허기업(자동차운송사업)인 경우, 원고적격 (O)

  구 「자동차 운수사업법」 제6조 제1호에 의한 자동차운송사업의 면허에 대하여 당해 노선에 관한 기존업자는 노선연장인가처분의 취소를 구할 법률상의 이익이 있다(대판 1974.4.9. 73누173). **기출** 19

④ 허가기업이라도 허가요건으로 거리제한 또는 영업허가구역 규정이 있는 경우 해당 규정은 공익뿐만 아니라 기존허가업자의 영업상 개인적 이익을 보호하고 있는 것으로 볼 수 있으므로 기존허가업자에게 신규허가를 다툴 원고적격이 인정될 수 있다(대판 1988.6.14. 87누873).

- 자신의 영업허가지역 내로 영업소 이전을 허가하는 약종상영업소이전허가처분의 취소를 구하고자 하는 경우, 기존 약종상 영업자의 원고적격 (○)

  甲이 적법한 약종상허가를 받아 허가지역 내에서 약종상영업을 경영하고 있음에도 불구하고 행정관청이 구 약사법시행규칙(1969.8.13. 보건사회부령 제344호)을 위배하여 같은 약종상인 乙에게 乙의 영업허가지역이 아닌 甲의 영업허가지역내로 영업소를 이전하도록 허가하였다면 甲으로서는 이로 인하여 기존업자로서의 법률상 이익을 침해받았음이 분명하므로 甲에게는 행정관청의 영업소이전허가처분의 취소를 구할 법률상 이익(= 원고적격)이 있다(대판 1988.6.14. 87누873). ☞ 경업자소송에서 기존업자가 허가기업인 경우 원칙적으로 원고적격을 부정한다. 다만, 약종상허가와 같이 허가요건으로 거리제한 또는 영업허가구역 규정이 있는 경우 해당 규정은 공익뿐만 아니라 기존허가업자의 영업상 개인적 이익을 보호하고 있는 것으로 볼 수 있으므로 허가처분을 다툴 원고적격을 인정한다. 기출 21

- 구 「담배사업법」에 따른 신규 구내소매인 지정처분의 취소를 구하는 경우, 기존 일반소매인의 원고적격 (×)

  구 담배사업법과 그 시행령 및 시행규칙의 관계 규정에 의하면, 담배소매인을 일반소매인과 구내소매인으로 구분하여, ㉠ 일반소매인 사이에서는 그 영업소 간에 군청, 읍·면사무소가 소재하는 리 또는 동지역에서는 50m, 그 외의 지역에서는 100m 이상의 거리를 유지하도록 규정하는 등 일반소매인의 영업소 간에 일정한 거리제한을 두고 있는데, 이는 담배유통구조의 확립을 통하여 국민의 건강과 관련되고 국가 등의 주요 세원이 되는 담배산업 전반의 건전한 발전 도모 및 국민경제에의 이바지라는 공익목적을 달성하고자 함과 동시에 일반소매인 간의 과당경쟁으로 인한 불합리한 경영을 방지함으로써 일반소매인의 경영상 이익을 보호하는 데에도 그 목적이 있다고 보이므로, 일반소매인으로 지정되어 영업을 하고 있는 기존업자의 신규 일반소매인에 대한 이익은 단순한 사실상의 반사적 이익이 아니라 법률상 보호되는 이익으로서 기존 일반소매인이 신규 일반소매인 지정처분의 취소를 구할 원고적격이 있다고 보아야 할 것이나, ㉡ 한편 구내소매인과 일반소매인 사이에서는 구내소매인의 영업소와 일반소매인의 영업소 간에 거리제한을 두지 아니할 뿐 아니라 건축물 또는 시설물의 구조·상주인원 및 이용인원 등을 고려하여 동일 시설물 내 2개소 이상의 장소에 구내소매인을 지정할 수 있으며, 이 경우 일반소매인이 지정된 장소가 구내소매인 지정대상이 된 때에는 동일 건축물 또는 시설물 안에 지정된 일반소매인은 구내소매인으로 보고, 구내소매인이 지정된 건축물 등에는 일반소매인을 지정할 수 없으며, 구내소매인은 담배진열장 및 담배소매점 표시판을 건물 또는 시설물의 외부에 설치하여서는 아니 된다고 규정하는 등 일반소매인의 입장에서 구내소매인과의 과당경쟁으로 인한 경영의 불합리를 방지하는 것을 그 목적으로 할 수 있다고 보기 어려우므로, 일반소매인으로 지정되어 영업을 하고 있는 기존업자의 신규 구내소매인에 대한 이익은 법률상 보호되는 이익이 아니라 단순한 사실상의 반사적 이익이라고 해석함이 상당하므로, 기존 일반소매인은 신규 구내소매인 지정처분의 취소를 구할 원고적격이 없다(대판 2008.4.10. 2008두402). 기출 20·19

⑤ 최근 판례는 허가와 특허의 구별 없이 처분의 근거가 되는 법률이 해당 업자들 사이의 과당경쟁으로 인한 경영의 불합리를 방지하는 것도 그 목적으로 하고 있는 경우, 기존업자에게 신규 인·허가에 대한 취소를 구할 원고적격을 인정하고 있다(대판 2006.7.28. 2004두6716).

- 처분의 근거가 되는 법률이 해당 업자들 사이의 과당경쟁으로 인한 경영의 불합리를 방지하는 것도 그 목적으로 하고 있는 경우, 경업자에 대한 면허나 인·허가처분 취소소송에서 기존업자의 원고적격 (○)

  일반적으로 면허나 인·허가 등의 수익적 행정처분의 근거가 되는 법률이 해당 업자들 사이의 과당경쟁으로 인한 경영의 불합리를 방지하는 것도 그 목적으로 하고 있는 경우, 다른 업자에 대한 면허나 인·허가 등의 수익적 행정처분에 대하여 이미 같은 종류의 면허나 인·허가 등의 수익적 행정처분을 받아 영업을 하고 있는 기존의 업자는 경업자에 대하여 이루어진 면허나 인·허가 등 행정처분의 상대방이 아니라 하더라도 당해 행정처분의 취소를 구할 원고적격이 있다(대판 2006.7.28. 2004두6716).

- 일반면허 시외버스운송사업자에 대한 사업계획변경인가처분의 취소소송에서 한정면허를 받은 시외버스운송사업자의 원고적격 (O)

  한정면허를 받은 시외버스운송사업자가 일반면허를 받은 시외버스운송사업자에 대한 사업계획변경 인가처분으로 수익감소가 예상되는 경우, 일반면허 시외버스운송사업자에 대한 사업계획변경인가처분의 취소를 구할 법률상의 이익이 있다고 한 사례(대판 2018.4.26. 2015두53824).

- 자신과 동일한 사업구역 내에서 동종의 사업용화물자동차면허 대수를 늘리는 보충인가처분의 취소를 구하고자 하는 경우, 기존 개별화물자동차운송사업자의 원고적격 (O)

  자신과 동일한 사업구역 내에서 동종의 사업용화물자동차면허 대수를 늘리는 보충인가처분의 취소를 구하고자 하는 경우, 기존 개별화물자동차운송사업자는 법률상 이익(= 원고적격)이 있다(대판 1992.7.10. 91누9107). **기출** 21

- 시외버스를 시내버스로 전환하는 사업계획변경인가처분으로 인하여 노선이 중복되어 그 인가처분의 취소를 구하고자 하는 경우, 기존의 시내버스운송업자의 원고적격 (O)

  시내버스운송사업과 시외버스운송사업은 다 같이 운행계통을 정하고 여객을 운송하는 노선여객자동차운송사업에 속하므로, 위 두 운송사업이 면허기준, 준수하여야 할 사항, 중간경유지, 기점과 종점, 운행방법, 이용요금 등에서 달리 규율된다는 사정만으로 본질적인 차이가 있다고 할 수는 없으며, (시외버스를 시내버스로 전환하는) 시외버스운송사업계획변경인가처분으로 인하여 기존의 시내버스운송사업자의 노선 및 운행계통과 시외버스운송사업자들의 그것들이 일부 중복되게 되고 기존업자의 수익감소가 예상된다면, 기존의 시내버스운송사업자와 시외버스운송사업자들은 경업관계에 있는 것으로 봄이 상당하다 할 것이어서 기존의 시내버스운송사업자에게 시외버스운송사업계획변경인가처분의 취소를 구할 법률상의 이익(= 원고적격)이 있다(대판 2002.10.25. 2001두4450). **기출** 22 · 20

2) 경원자소송에서의 원고적격

① 경원자소송(競願者訴訟)이란 수인의 신청을 받아 우선 순위에 따라 일부에 대하여만 인·허가 등의 수익적 행정처분을 하는 경우에 인·허가 등을 받지 못한 자(제3자)가 타인이 받은 인·허가처분(수익적 처분)의 취소(또는 무효확인)를 구하는 소송을 말한다.

② 경원자관계에 있는 경우에는 각 경원자에 대한 인·허가 등이 배타적 관계에 있으므로 자신의 권익을 구제하기 위해 타인에 대한 인·허가 등을 취소할 법률상 이익(= 원고적격)이 있다고 보아야 한다(대판 1992.5.8. 91누13274; 대판 2009.12.10. 2009두8359 참조). **기출** 19

[1] 인·허가 등의 수익적 행정처분을 신청한 수인(數人)이 서로 경쟁관계에 있어서 일방에 대한 허가 등의 처분이 타방에 대한 불허가 등으로 귀결될 수밖에 없는 때 허가 등의 처분을 받지 못한 자는 비록 경원자에 대하여 이루어진 허가 등 처분의 상대방이 아니라 하더라도 당해 처분의 취소를 구할 원고 적격이 있다. 다만, 명백한 법적 장애로 인하여 원고 자신의 신청이 인용될 가능성이 처음부터 배제되어 있는 경우에는 당해 처분의 취소를 구할 정당한 이익이 없다. **기출** 19

[2] 원고를 포함하여 법학전문대학원 설치인가 신청을 한 41개 대학들은 2,000명이라는 총 입학정원을 두고 그 설치인가 여부 및 개별 입학정원의 배정에 관하여 서로 경쟁관계에 있고, 이 사건 각 처분(로스쿨예비인가처분)이 취소될 경우 원고의 신청이 인용될 가능성도 배제할 수 없으므로, 원고가 이 사건 각 처분의 상대방이 아니라도 그 처분의 취소 등을 구할 당사자적격이 있다고 한 사례(대판 2009.12.10. 2009두8359).

③ **관련 문제(협의의 소의 이익)** : 경원자소송에서 경원자에게 원고적격이 인정되더라도 명백한 법적 장애로 인하여 원고(경원자) 자신의 신청이 인용될 가능성이 처음부터 배제되어 있는 경우에는 당해 처분의 취소를 구할 협의의 소의 이익이 부정된다(대판 1992.5.8. 91누13274: 대판 2009.12.10. 2009두8359 참조).

④ **권리구제방법** : 경원자관계에 있는 자는 ㉠ 타인에 대한 허가처분의 취소를 구하거나(경원자소송), ㉡ 자신에 대한 불허가처분(거부처분)의 취소를 구할 수 있고(거부처분취소소송), 양자를 관련청구소송으로 병합하여 제기할 수도 있다. `기출` 21 · 19

> **허가를 받지 못한 경원자의 자신에 대한 거부처분 취소를 구할 원고적격 및 협의의 소의 이익 (○)**
> 인가·허가 등 수익적 행정처분을 신청한 여러 사람이 서로 경원관계에 있어서 한 사람에 대한 허가 등 처분이 다른 사람에 대한 불허가 등으로 귀결될 수밖에 없을 때 허가 등 처분을 받지 못한 사람은 신청에 대한 거부처분의 직접 상대방으로서 원칙적으로 자신에 대한 거부처분의 취소를 구할 원고적격이 있고, `기출` 19 취소판결이 확정되는 경우 판결의 직접적인 효과로 경원자에 대한 허가 등 처분이 취소되거나 효력이 소멸되는 것은 아니라도 행정청은 취소판결의 기속력에 따라 판결에서 확인된 위법사유를 배제한 상태에서 취소판결의 원고와 경원자의 각 신청에 관하여 처분요건의 구비 여부와 우열을 다시 심사하여야 할 의무가 있으며, 재심사 결과 경원자에 대한 수익적 처분이 직권취소되고 취소판결의 원고에게 수익적 처분이 이루어질 가능성을 완전히 배제할 수는 없으므로, 특별한 사정이 없는 한 경원관계에서 허가 등 처분을 받지 못한 사람은 자신에 대한 거부처분의 취소를 구할 (협의의) 소의 이익이 있다(대판 2015.10.29. 2013두27517). `기출` 20

3) 인인소송(인근주민소송, 이웃소송)에서의 원고적격

① 인인소송(隣人訴訟)이란 행정청의 인·허가처분으로 인하여 법률상 보호되는 이익을 침해받은 인근 주민(제3자)이 인·허가처분의 취소(또는 무효확인)을 구하는 소송을 말한다.

② 인근 주민의 원고적격 유무는 인·허가처분의 근거법규 및 관련법규 보호목적에 따라 결정된다. 즉 인·허가처분의 근거법규 및 관련법규가 공익뿐만 아니라 인근주민의 개인적 이익도 보호하고 있다고 해석되는 경우(사익보호성이 인정되는 경우)에 인근주민에게 인근주민소송의 원고적격이 인정된다.

③ **원고적격을 긍정한 사례**

> • **부지 사전승인처분 취소소송에서 원자로 시설부지 인근주민들의 원고적격 (○)**
> 원자력법 제12조 제2호(발전용 원자로 및 관계 시설의 위치·구조 및 설비가 대통령령이 정하는 기술수준에 적합하여 방사성물질 등에 의한 인체·물체·공공의 재해방지에 지장이 없을 것)의 취지는 원자로 등 건설사업이 방사성물질 및 그에 의하여 오염된 물질에 의한 인체·물체·공공의 재해를 발생시키지 아니하는 방법으로 시행되도록 함으로써 방사성물질 등에 의한 생명·건강상의 위해를 받지 아니할 이익을 일반적 공익으로서 보호하려는 데 그치는 것이 아니라 방사성물질에 의하여 보다 직접적이고 중대한 피해를 입으리라고 예상되는 지역 내의 주민들의 위와 같은 이익을 직접적·구체적 이익으로서도 보호하려는 데에 있다 할 것이므로, 위와 같은 지역 내의 주민들에게는 방사성물질 등에 의한 생명·신체의 안전침해를 이유로 부지사전승인처분의 취소를 구할 원고적격이 있다(대판 1998.9.4. 97누19588).
> • **공유수면매립면허처분 무효확인소송에서 환경영향평가 대상지역 안의 주민들의 원고적격 (○)**
> 공유수면매립면허처분과 농지개량사업 시행인가처분의 근거 법규 또는 관련 법규가 되는 구 공유수면매립법, 구 농촌근대화촉진법, 구 환경보전법, 구 환경보전법 시행령, 구 환경정책기본법, 구 환경정책기본법 시행령의 각 관련 규정의 취지는, 공유수면매립과 농지개량사업시행으로 인하여 직접적이고 중대한 환경피해를 입으리라고 예상되는 환경영향평가 대상지역 안의 주민들이 전과 비교하여 수인한도를 넘는 환경침해를 받지 아니하고 쾌적한 환경에서 생활할 수 있는 개별적 이익까지도 이를 보호하려는 데에 있다고 할 것이므로,

위 주민들(환경영향평가 대상지역 안의 주민들)이 공유수면매립면허처분 등과 관련하여 갖고 있는 위와 같은 환경상의 이익은 주민 개개인에 대하여 개별적으로 보호되는 직접적·구체적 이익으로서 그들에 대하여는 특단의 사정이 없는 한 환경상의 이익에 대한 침해 또는 침해우려가 있는 것으로 사실상 추정되어 공유수면매립면허처분 등의 무효확인을 구할 원고적격이 인정된다. 기출 20 한편, 환경영향평가 대상지역 밖의 주민이라 할지라도 공유수면매립면허처분 등으로 인하여 그 처분 전과 비교하여 수인한도를 넘는 환경피해를 받거나 받을 우려가 있는 경우에는, 공유수면매립면허처분 등으로 인하여 환경상 이익에 대한 침해 또는 침해우려가 있다는 것을 입증함으로써 그 처분등의 무효확인을 구할 원고적격을 인정받을 수 있다(대판 2006.3.16. 2006두330 [전합]).

> ❑ **참고**
>
> 환경상 이익에 대한 침해 또는 침해 우려가 있는 것으로 사실상 추정되어 원고적격이 인정되는 사람에는 환경상 침해를 받으리라고 예상되는 영향권 내의 주민들을 비롯하여 그 영향권 내에서 농작물을 경작하는 등 현실적으로 환경상 이익을 향유하는 사람도 포함된다. 그러나 단지 그 영향권 내의 건물·토지를 소유하거나 환경상 이익을 일시적으로 향유하는 데 그치는 사람은 포함되지 않는다(대판 2009.9.24. 2009두2825).

• 원자로 부지사전승인처분 취소소송에서 환경영향평가대상지역 안에 거주하는 인근 주민들의 원고적격 (○)
원자력법 제12조 제3호(발전용 원자로 및 관계시설의 건설이 국민의 건강·환경상의 위해방지에 지장이 없을 것)의 취지와 원자력법 제11조의 규정에 의한 원자로 및 관계 시설의 건설사업을 환경영향평가대상사업으로 규정하고 있는 구 환경영향평가법 제4조, 구 환경영향평가법시행령 제2조 제2항 [별표 1]의 다의 (4) 규정 및 환경영향평가서의 작성, 주민의 의견 수렴, 평가서 작성에 관한 관계 기관과의 협의, 협의내용을 사업계획에 반영한 여부에 대한 확인·통보 등을 규정하고 있는 위 법 제8조, 제9조 제1항, 제16조 제1항, 제19조 제1항 규정의 내용을 종합하여 보면, 위 환경영향평가법 제7조에 정한 환경영향평가대상지역 안의 주민들이 방사성물질 이외의 원인에 의한 환경침해를 받지 아니하고 생활할 수 있는 이익도 직접적·구체적 이익으로서 그 보호대상으로 삼고 있다고 보이므로, 위 환경영향평가대상지역 안의 주민에게는 방사성물질 이외에 원전냉각수 순환시 발생되는 온배수로 인한 환경침해를 이유로 부지사전승인처분의 취소를 구할 원고적격도 있다(대판 1998.9.4. 97누19588). 기출 23
• 납골당설치신고수리처분 취소소송에서 인근 주민의 원고적격 (○)
납골당 설치장소에서 500m 내에 20호 이상의 인가가 밀집한 지역에 거주하는 주민들의 경우, 납골당이 누구에 의하여 설치되는지와 관계없이 납골당 설치에 대하여 환경 이익 침해 또는 침해 우려가 있는 것으로 사실상 추정되어 원고적격이 인정된다(대판 2011.9.8. 2009두6766).
• 광업권설정허가처분 취소소송에서 광산개발로 인하여 재산상·환경상 이익을 침해당할 우려가 있는 토지소유자의 원고적격 (○)
광업권설정허가처분의 근거 법규 또는 관련 법규의 취지는 광업권설정허가처분과 그에 따른 광산 개발과 관련된 후속 절차로 인하여 직접적이고 중대한 재산상·환경상 피해가 예상되는 토지나 건축물의 소유자나 점유자 또는 이해관계인 및 주민들이 전과 비교하여 수인한도를 넘는 재산상·환경상 침해를 받지 아니한 채 토지나 건축물 등을 보유하며 쾌적하게 생활할 수 있는 개별적 이익까지도 보호하려는 데 있으므로, 광업권설정허가처분과 그에 따른 광산 개발로 인하여 재산상·환경상 이익의 침해를 받거나 받을 우려가 있는 토지나 건축물의 소유자와 점유자 또는 이해관계인 및 주민들은 그 처분 전과 비교하여 수인한도를 넘는 재산상·환경상 이익의 침해를 받거나 받을 우려가 있다는 것을 증명함으로써 그 처분의 취소를 구할 원고적격을 인정받을 수 있다(대판 2008.9.11. 2006두7577). 기출 21

④ 원고적격을 부정한 사례

- 상수원보호구역변경처분 취소소송에서 그 상수원에서 급수를 받고 있는 지역주민들의 원고적격 (×)

  상수원보호구역 설정의 근거가 되는 수도법 제5조 제1항 및 동 시행령 제7조 제1항이 보호하고자 하는 것은 상수원의 확보와 수질보전일 뿐이고, 그 상수원에서 급수를 받고 있는 지역주민들이 가지는 상수원의 오염을 막아 양질의 급수를 받을 이익은 직접적이고 구체적으로는 보호하고 있지 않음이 명백하여 위 지역주민들이 가지는 이익은 상수원의 확보와 수질보호라는 공공의 이익이 달성됨에 따라 반사적으로 얻게 되는 이익에 불과하므로 지역주민들에 불과한 원고들에게는 위 상수원보호구역변경처분의 취소를 구할 법률상의 이익이 없다(대판 1995.9.26. 94누14544).

- 국유도로의 공용폐지처분 등의 취소소송에서 인근주민의 원고적격 (×)

  일반적으로 도로는 국가나 지방자치단체가 직접 공중의 통행에 제공하는 것으로서 일반국민은 이를 자유로이 이용할 수 있는 것이기는 하나, 그렇다고 하여 그 이용관계로부터 당연히 그 도로에 관하여 특정한 권리나 법령에 의하여 보호되는 이익이 개인에게 부여되는 것이라고까지는 말할 수 없으므로, 일반적인 시민생활에 있어 도로를 이용만 하는 사람은 그 용도폐지를 다툴 법률상의 이익이 있다고 말할 수 없다(대판 1992.9.22. 91누13212).

- 환경영향평가대상지역 밖의 주민·일반 국민·산악인·사진가·학자·환경보호단체·전원개발사업구역 밖의 주민의 원고적격 (×)

  환경영향평가대상지역 밖의 주민·일반 국민·산악인·사진가·학자(= 야생조류의 생태를 연구하는 조류학자)·환경보호단체 등의 환경상 이익이나 전원개발사업구역 밖의 주민(= 댐 소재지의 하류에서 연어를 포획하여 재산적 이익을 얻는 주민) 등의 재산상 이익에 대하여는 전원개발사업실시계획승인처분의 근거 법률인 전원개발에 관한 특례 법령, 구 환경보전법령, 구 환경정책기본법령 및 환경영향평가법령 등에 이를 그들의 개별적·직접적·구체적 이익으로 보호하려는 내용 및 취지를 가지는 규정을 두고 있지 아니하므로, 이들에게는 위와 같은 이익 침해를 이유로 전원개발사업실시계획승인처분의 취소를 구할 원고적격이 없다(대판 1998.9.22. 97누19571). 기출 12

- 개발제한구역 중 일부 취락을 개발제한구역에서 해제하는 내용의 도시관리계획변경결정의 취소를 구하고자 하는 경우, 개발제한구역 해제대상에서 누락된 토지의 소유자의 원고적격 (×)

  이 사건 토지는 이 사건 도시관리계획변경결정 전후를 통하여 개발제한구역으로 지정된 상태에 있으므로 이 사건 개발제한구역 중 일부 취락을 개발제한구역에서 해제하는 내용의 도시관리계획변경결정으로 인하여 개발제한구역 해제대상에서 누락된 이 사건 토지의 소유자인 원고가 위 토지를 사용·수익·처분하는 데 새로운 공법상의 제한을 받거나 종전과 비교하여 더 불이익한 지위에 있게 되는 것은 아니다. 또한, 원고의 청구취지와 같이 이 사건 도시관리계획변경결정 중 중리취락 부분이 취소된다 하더라도 그 결과 이 사건 도시관리계획변경결정으로 개발제한구역에서 해제된 제3자 소유의 토지들이 종전과 같이 개발제한구역으로 남게 되는 결과가 될 뿐, 원고 소유의 이 사건 토지가 개발제한구역에서 해제되는 것도 아니다. 따라서 원고에게 제3자 소유의 토지에 관한 이 사건 도시관리계획변경결정의 취소를 구할 직접적이고 구체적인 이익이 있다고 할 수 없다(대판 2008.7.10. 2007두10242). 기출 21

Ⅳ 협의의 소의 이익 : 권리보호의 필요

1. 의 의

> **행정소송법 제12조(원고적격)**
> 취소소송은 처분등의 취소를 구할 법률상 이익이 있는 자가 제기할 수 있다. 처분등의 효과가 기간의 경과, 처분등의 집행 그 밖의 사유로 인하여 소멸된 뒤에도 그 처분등의 취소로 인하여 회복되는 법률상 이익이 있는 자의 경우에는 또한 같다.

① '협의의 소의 이익'이란 원고가 본안판결을 구하는 것을 정당화시킬 수 있는 현실적 이익을 말한다. 협의의 소의 이익을 '권리보호의 필요'라고도 한다. 협의의 소의 이익을 필요로 하는 이유는 남소를 막고, 권리구제를 위하여 본안판결이 필요로 하는 사건에 법원의 능력을 집중할 수 있도록 하기 위한 것이다. 그러나 협의의 소의 이익을 과도하게 좁히면 원고의 재판을 받을 권리(= 본안판단을 받을 권리)를 부당하게 제한하는 것이 된다.

② 현행 행정소송법 제12조 후문(제2문)은 "처분등의 효과가 기간의 경과, 처분등의 집행 그 밖의 사유로 인하여 소멸된 뒤에도 그 처분등의 취소로 인하여 회복되는 법률상 이익이 있는 자의 경우에는 또한 같다"라고 취소소송에서의 협의의 소의 이익을 규정하고 있다(다수설·판례).

> 행정소송법 제12조 후문은 '처분등의 효과가 기간의 경과, 처분등의 집행 그 밖의 사유로 인하여 소멸된 뒤에도 그 처분등의 취소로 인하여 회복되는 법률상 이익이 있는 자의 경우에는' 취소소송을 제기할 수 있다고 규정하여, 이미 효과가 소멸된 행정처분에 대해서도 권리보호의 필요성이 인정되는 경우에는 취소소송의 제기를 허용하고 있다. 구체적인 사안에서 권리보호의 필요성 유무를 판단할 때에는 국민의 재판청구권을 보장한 헌법 제27조 제1항의 취지와 행정처분으로 인한 권익침해를 효과적으로 구제하려는 행정소송법의 목적 등에 비추어 행정처분의 존재로 인하여 국민의 권익이 실제로 침해되고 있는 경우는 물론이고 권익침해의 구체적·현실적 위험이 있는 경우에도 이를 구제하는 소송이 허용되어야 한다는 요청을 고려하여야 한다. 따라서 처분이 유효하게 존속하는 경우에는 특별한 사정이 없는 한 그 처분의 존재로 인하여 실제로 침해되고 있거나 침해될 수 있는 현실적인 위험을 제거하기 위해 취소소송을 제기할 권리보호의 필요성이 인정된다고 보아야 한다(대판 2018.7.12. 2015두3485).

③ 행정소송법 제12조 제2문에서 정한 법률상 이익, 즉 행정처분을 다툴 협의의 소의 이익은 개별·구체적 사정을 고려하여 판단하여야 한다(대판 2020.12.24. 2020두30450).

④ 협의의 소의 이익은 소송요건으로 직권조사사항에 해당하므로 당사자의 이의가 없더라도 법원이 직권으로 조사하여 그 흠결이 밝혀지면 소를 부적법 각하하여야 한다. 사실심 변론종결 시는 물론 상고심에서도 소의 이익이 존속하여야 하며, 상고심 계속 중 소의 이익이 없게 되면 부적법한 소가 되어 각하사유가 된다(대판 1996.2.23. 95누2685).

2. 행정소송법 제12조 후문의 '회복되는 법률상 이익'의 의미

① 행정소송법 제12조 후문의 '회복되는 법률상 이익'의 의미를 제12조 전문의 '법률상 이익'과 동일하게 보는 견해도 있으나, 제12조 후문의 '회복되는 법률상 이익'은 취소소송을 통하여 구제되는 기본적인 법률상 이익뿐만 아니라 '부수적 이익'도 포함한다고 보는 점에서 원고적격에서의 법률상 이익보다 넓은 개념으로 보는 것이 일반적인 입장이다. 판례의 입장도 동일하다(대판 2012.2.23. 2011두5001; 대판 2007.7.19. 2006두19297 [전합]). 기출 20

② 다만, '부수적 이익'에 어떠한 이익이 포함될 것인지에 관하여는 견해가 대립하고 있다.

> - 간접적이거나 사실적, 경제적 이해관계는 법률상 이익 (×)
>   항고소송에 있어서 소의 이익이 인정되기 위하여는 행정소송법 제12조 소정의 "법률상 이익"이 있어야 하는바, 그 법률상 이익은 당해 처분의 근거 법률에 의하여 보호되는 직접적이고 구체적인 이익이 있는 경우를 말하고 간접적이거나 사실적, 경제적 이해관계를 가지는데 불과한 경우는 여기에 해당되지 아니한다(대판 1995.10.17. 94누14148[전합]).
> - 자격정지처분으로 인하여 받은 명예, 신용 등 인격적 이익은 법률상 이익 (×)
>   자격정지처분의 취소청구에 있어 그 정지기간이 경과된 이상 그 처분의 취소를 구할 이익이 없고 설사 그 처분으로 인하여 명예, 신용 등 인격적인 이익이 침해되어 그 침해상태가 자격정지기간 경과 후까지 잔존하더라도 이와 같은 불이익은 동 처분의 직접적인 효과라고 할 수 없다(대판 1978.5.23. 78누72).
>
> > ☐ 비교 : 고등학교졸업학력검정고시 합격 후 고등학교 퇴학처분취소소송을 제기한 경우 소의 이익 (○)
> > 고등학교졸업학력검정고시에 합격하였다 하여 고등학교 학생으로서의 신분과 명예가 회복될 수 없는 것이니, 퇴학처분을 받은 자로서는 퇴학처분의 위법을 주장하여 그 취소를 구할 소송상의 이익이 있다(대판 1992.7.14. 91누4737). 기출 18
>
> - 서울대학교 불합격처분의 취소소송 계속 중 당해 연도의 입학시기가 지난 경우에도 법률상 이익 (○)
>   교육법시행령 제72조, 서울대학교학칙 제37조 제1항 소정의 학생의 입학시기에 관한 규정이나 대학학생정원령 제2조 소정의 입학정원에 관한 규정은 학사운영 등 교육행정을 원활하게 수행하기 위한 행정상의 필요에 의하여 정해놓은 것으로서 어느 학년도의 합격자는 반드시 당해 년도에만 입학하여야 한다고 볼 수 없으므로 원고들이 불합격처분의 취소를 구하는 이 사건 소송계속 중 당해년도의 입학시기가 지났더라도 당해 년도의 합격자로 인정되면 다음년도의 입학시기에 입학할 수도 있다고 할 것이고, 피고의 위법한 처분이 있게 됨에 따라 당연히 합격하였어야 할 원고들이 불합격처리되고 불합격되었어야 할 자들이 합격한 결과가 되었다면 원고들은 입학정원에 들어가는 자들이라고 하지 않을 수 없다고 할 것이므로 원고들로서는 피고의 불합격처분의 적법여부를 다툴만한 법률상의 이익이 있다고 할 것이다(대판 1990.8.28. 89누8255). 기출 18

3. 협의의 소의 이익 유무의 판단 기준

① 취소소송은 위법한 처분에 의하여 발생한 위법상태를 배제하여 원상으로 회복시키고 그 처분으로 침해되거나 방해받은 권리와 이익을 구제하고자 하는 소송이므로, 처분의 효력이 존속하고 있어야 하고 그 취소로써 원상회복이 가능하여야 한다.

② 취소소송에서 (협의의) 소의 이익은 다툼의 대상이 된 처분의 취소를 구할 현실적인 법률상 이익이 있는지 여부를 기준으로 판단한다. 즉, 취소소송에 의해 보호되는 이익은 현실적인 이익이어야 한다. 막연한 이익이나 추상적 이익 또는 과거의 이익만으로 소의 이익을 인정할 수 없다. 기출 20

③ ㉠ 처분의 효력이 소멸한 경우(예 행정처분을 직권취소한 경우, 제재처분의 기간이 경과한 경우), ㉡ 처분 후 사정변경으로 인하여 권익침해가 해소된 경우(예 불합격처분 이후 새로 실시된 국가시험에서 합격한 경우), ㉢ 취소소송 이외에 보다 실효적이고 직접적인 다른 구제방법이 존재하는 경우, ㉣ 원상회복이 불가능한 경우(예 폐기명령에 따라 식품을 폐기한 경우)에는 원칙적으로 취소소송을 제기할 (협의의) 소의 이익이 부정된다.

4. 협의의 소의 이익 유무가 문제되는 유형

(1) 처분의 효력이 소멸한 경우

1) 원 칙

처분의 효과가 기간의 경과, 처분등의 집행 그 밖의 사유로 인하여 처분의 효력이 소멸한 경우에는 그 처분은 더 이상 존재하지 않는 것이 되고, 존재하지 않는 그 처분을 대상으로 취소소송을 제기하는 것은 무의미하므로 원칙적으로 취소소송을 제기할 협의의 소의 이익이 없다(대판 2019.6.27. 2018두49130 참조).

> • **취소소송 계속 중 처분청이 행정처분을 직권으로 취소하면 원칙적으로 소의 이익 (×)**
> 행정처분의 무효확인 또는 취소를 구하는 소가 제소 당시에는 소의 이익이 있어 적법하였더라도, 소송 계속 중 처분청이 다툼의 대상이 되는 행정처분을 직권으로 취소하면 그 처분은 효력을 상실하여 더 이상 존재하지 않는 것이므로, 존재하지 않는 그 처분을 대상으로 한 항고소송은 원칙적으로 소의 이익이 소멸하여 부적법하다(대판 2019.6.27. 2018두49130; 대판 2020.4.9. 2019두49953). 기출 24·22
> • **행정청(처분청)이 과징금 부과처분을 한 후 부과처분의 하자를 이유로 감액처분을 한 경우, '감액된 부분'에 대한 부과처분의 취소청구는 이미 소멸하고 없는 부분에 대한 것이므로 소의 이익 (×)**
> 행정처분을 한 처분청은 처분에 하자가 있는 경우에는 별도의 법적 근거가 없더라도 스스로 이를 취소하거나 변경할 수 있는바, 과징금 부과처분에서 행정청이 납부의무자에 대하여 부과처분을 한 후 부과처분의 하자를 이유로 과징금의 액수를 감액하는 경우에 감액처분은 감액된 과징금 부분에 관하여만 법적 효과가 미치는 것으로서 당초 부과처분과 별개 독립의 과징금 부과처분이 아니라 실질은 당초 부과처분의 변경이고, 그에 의하여 과징금의 일부취소라는 납부의무자에게 유리한 결과를 가져오는 처분이므로 당초 부과처분이 전부 실효되는 것은 아니다. 따라서 감액처분에 의하여 감액된 부분에 대한 부과처분 취소청구는 이미 소멸하고 없는 부분에 대한 것으로서 소의 이익이 없어 부적법하다(대판 2017.1.12. 2015두2352). 기출 20
> • **행정청이 공무원에 대하여 새로운 직위해제사유에 기하여 직위해제처분을 한 경우, 이전의 직위해제처분의 취소를 구할 소의 이익 (×)**
> 행정청이 공무원에 대하여 새로운 직위해제사유에 기한 직위해제처분을 한 경우 그 이전에 한 직위해제처분은 이를 묵시적으로 철회하였다고 봄이 상당하므로, 그 이전의 직위해제처분의 취소를 구하는 부분은 존재하지 않는 행정처분을 대상으로 한 것으로서 그 소의 이익이 없어 부적법하다(대판 2003.10.10. 2003두5945). 기출 22·21
> • **보충역편입처분 및 공익근무요원소집처분의 취소소송 계속 중 제2국민역편입처분으로 병역처분이 변경된 경우, 종전 보충역편입처분 및 공익근무요원소집처분의 취소를 구할 소의 이익 (×)**
> 보충역편입처분 및 공익근무요원소집처분의 취소를 구하는 소의 계속 중 병역처분변경신청에 따라 제2국민역편입처분으로 병역처분이 변경된 경우, 보충역편입처분은 제2국민역편입처분을 함으로써 취소 또는 철회되어 그 효력이 소멸하였고, 공익근무요원소집처분의 근거가 된 보충역편입처분이 취소 또는 철회되어 그 효력이 소멸한 이상 공익근무요원소집처분 또한 그 효력이 소멸하였다는 이유로, 종전 보충역편입처분 및 공익근무요원소집처분의 취소를 구할 소의 이익이 없다고 한 사례(대판 2005.12.9. 2004두6563).

2) 예 외

① 제재적 처분의 전력이 장래의 제재적 처분의 가중요건 또는 전제요건인 경우

㉠ 법령 또는 행정규칙에 제재적 처분이 장래의 제재적 처분의 가중요건 또는 전제요건으로 규정되어 있는 경우에는 <u>가중된 제재적 처분을 받을 위험(불이익)이 현실적이므로 가중된 제재적 처분을 받을 위험(불이익)을 제거하기 위하여 제재기간이 지나 제재처분의 효력이 소멸된 경우에도 제재처분 취소의 이익이 인정된다</u>(대판 2006.6.22. 2003두1684[전합]).

- 제재적 행정처분이 그 처분에서 정한 제재기간의 경과로 인하여 그 효과가 소멸되었으나, 부령인 시행규칙 또는 지방자치단체의 규칙의 형식으로 정한 처분기준에서 제재적 행정처분을 받은 것을 가중사유나 전제요건으로 삼아 장래의 제재적 행정처분을 하도록 정하고 있는 경우, 선행처분인 제재적 행정처분을 받은 상대방이 그 처분에서 정한 제재기간이 경과하였다 하더라도 그 처분의 취소를 구할 법률상 이익 (○) 제재적 행정처분이 그 처분에서 정한 제재기간의 경과로 인하여 그 효과가 소멸되었으나, 부령인 시행규칙 또는 지방자치단체의 규칙(이하 이들을 '규칙'이라고 한다)의 형식으로 정한 처분기준에서 제재적 행정처분(이하 '선행처분'이라고 한다)을 받은 것을 가중사유나 전제요건으로 삼아 장래의 제재적 행정처분(이하 '후행처분'이라고 한다)을 하도록 정하고 있는 경우, 제재적 행정처분의 가중사유나 전제요건에 관한 규정이 법령이 아니라 규칙의 형식으로 되어 있다고 하더라도, 그러한 규칙이 법령에 근거를 두고 있는 이상 그 법적 성질이 대외적·일반적 구속력을 갖는 법규명령인지 여부와는 상관없이, 관할 행정청이나 담당공무원은 이를 준수할 의무가 있으므로 이들이 그 규칙에 정해진 바에 따라 행정작용을 할 것이 당연히 예견되고, 그 결과 행정작용의 상대방인 국민으로서는 그 규칙의 영향을 받을 수밖에 없다. 따라서 <u>규칙이 정한 바에 따라 선행처분을 가중사유 또는 전제요건으로 하는 후행처분을 받을 우려가 현실적으로 존재하는 경우에는, 선행처분을 받은 상대방은 비록 그 처분에서 정한 제재기간이 경과하였다 하더라도 그 처분의 취소소송을 통하여 그러한 불이익을 제거할 권리보호의 필요성이 충분히 인정된다고 할 것이므로, 선행처분의 취소를 구할 법률상 이익이 있다고 보아야 한다</u>(대판 2006.6.22. 2003두1684[전합]).
- 가중 제재처분 규정이 있는 의료법에 의해 의사면허자격정지처분을 받은 경우 자격정지기간이 도과되었다 하더라도 의사면허자격정지처분의 취소를 구할 소의 이익 (○) 의료법 제53조 제1항은 보건복지부장관으로 하여금 일정한 요건에 해당하는 경우 의료인의 면허자격을 정지시킬 수 있도록 하는 근거 규정을 두고 있고, 한편 같은 법 제52조 제1항 제3호는 보건복지부장관은 의료인이 3회 이상 자격정지처분을 받은 때에는 그 면허를 취소할 수 있다고 규정하고 있는바, 이와 같이 <u>의료법에서 의료인에 대한 제재적인 행정처분으로서 면허자격정지처분과 면허취소처분이라는 2단계 조치를 규정하면서 전자의 제재처분을 보다 무거운 후자의 제재처분의 기준요건으로 규정하고 있는 이상 자격정지처분을 받은 의사로서는 면허자격정지처분에서 정한 기간이 도과되었다 하더라도 그 처분을 그대로 방치하여 둠으로써 장래 의사면허취소라는 가중된 제재처분을 받게 될 우려가 있는 것이어서 의사로서의 업무를 행할 수 있는 법률상 지위에 대한 위험이나 불안을 제거하기 위하여 면허자격정지처분의 취소를 구할 이익이 있다</u>(대판 2005.3.25. 2004두14106). **기출 22** ☞ 환경영향평가대행업무 정지처분을 받은 환경영향평가대행업자가 업무정지처분기간 중 환경영향평가대행계약을 신규로 체결하고 그 대행업무를 한 사안에서, '환경·교통·재해 등에 관한 영향평가법 시행규칙' 제10조 [별표 2] 2. 개별기준 (11)에서 환경영향평가대행업자가 업무정지처분기간 중 신규계약에 의하여 환경영향평가대행업무를 한 경우 1차 위반 시 업무정지 6월을, 2차 위반 시 등록취소를 각 명하는 것으로 규정하고 있으므로, 업무정지처분기간(6월) 경과 후에도 위 시행규칙의 규정에 따른 후행처분(등록취소처분)을 받지 않기 위하여 위 업무정지처분의 취소를 구할 법률상 이익이 있다고 한 사례.

ⓛ 다만, 일정 기간의 경과 등으로 실제로 가중된 제재처분을 받을 우려가 없어졌다면 다른 특별한 사정이 없는 한 그 처분의 취소를 구할 법률상 이익은 소멸되었다고 보아야 한다(대판 2000.4.21. 98두10080).

> 건축사 업무정지처분을 받은 후 새로운 업무정지처분을 받음이 없이 1년이 경과하여 실제로 가중된 제재처분을 받을 우려가 없게 된 경우, 업무정지처분에서 정한 정지기간이 경과한 후에 업무정지처분의 취소를 구할 법률상 이익 (×)
> 건축사법 제28조 제1항이 <u>건축사 업무정지처분을 연 2회 이상 받고 그 정지기간이 통산하여 12월 이상이 될 경우에는 가중된 제재처분인 건축사사무소 등록취소처분을 받게 되도록 규정</u>하여 건축사에 대한 제재적인 행정처분인 업무정지명령을 더 무거운 제재처분인 사무소등록취소처분의 기준요건으로 규정하고 있으므로, 건축사 업무정지처분을 받은 건축사로서는 위 처분에서 정한 기간이 경과하였다 하더라도 위 처분을 그대로 방치하여 둠으로써 장래 건축사사무소 등록취소라는 가중된 제재처분을 받을 우려가 있어 건축사로서 업무를 행할 수 있는 법률상 지위에 대한 위험이나 불안을 제거하기 위하여 건축사 업무정지처분의 취소를 구할 이익이 있으나, <u>업무정지처분을 받은 후 새로운 업무정지처분을 받음이 없이 1년이 경과하여 실제로 가중된 제재처분을 받을 우려가 없어졌다면 위 처분에서 정한 정지기간이 경과한 이상 특별한 사정이 없는 한 그 처분의 취소를 구할 법률상 이익이 없다</u>(대판 2000.4.21. 98두10080).

② 위법한 처분의 반복가능성이 있는 등 불분명한 문제에 대한 해명이 필요한 경우
　ⓐ 취소소송 계속 중 처분청이 다툼의 대상이 되는 행정처분을 직권으로 취소하면 그 처분은 효력을 상실하여 더 이상 존재하지 않는 것이므로, 존재하지 않는 그 처분을 대상으로 한 항고소송은 원칙적으로 소의 이익이 소멸하여 부적법하다. 다만, <u>그 행정처분과 동일한 사유로 위법한 처분이 반복될 위험성이 있어 행정처분의 위법성 확인 내지 불분명한 법률문제에 대한 해명이 필요한 경우</u>에는 행정의 적법성 확보와 그에 대한 사법통제, 국민의 권리구제 확대 등의 측면에서 예외적으로 그 처분의 취소를 구할 소의 이익을 인정할 수 있다(대판 2020.12.24. 2020두30450).
　ⓑ 여기에서 '그 행정처분과 동일한 사유로 위법한 처분이 반복될 위험성이 있는 경우'란 불분명한 법률문제에 대한 해명이 필요한 상황에 대한 대표적인 예시일 뿐이며, 반드시 '해당 사건의 동일한 소송 당사자 사이에서' 반복될 위험이 있는 경우만을 의미하는 것은 아니다(대판 2020.12.24. 2020두30450).

> 학교법인 임시이사 선임처분에 대한 취소소송 제기 후 임시이사가 교체되어 새로운 임시이사가 선임된 경우, 취임승인 취소된 학교법인의 정식이사들이 당초의 임시이사선임처분의 취소를 구할 소의 이익 (○)
> 임시이사 선임처분에 대하여 취소를 구하는 소송의 계속 중 임기만료 등의 사유로 새로운 임시이사들로 교체된 경우, 선행 임시이사 선임처분의 효과가 소멸하였다는 이유로 그 취소를 구할 법률상 이익이 없다고 보게 되면, 원래의 정식이사들로서는 계속 중인 소를 취하하고 후행 임시이사 선임처분을 별개의 소로 다툴 수밖에 없게 되며, 그 별소 진행 도중 다시 임시이사가 교체되면 또 새로운 별소를 제기하여야 하는 등 <u>무익한 처분과 소송이 반복될 가능성이 있으므로</u>, 이러한 경우 법원이 선행 임시이사 선임처분의 취소를 구할 법률상 이익을 긍정하여 그 위법성 내지 하자의 존재를 판결로 명확히 해명하고 확인하여 준다면 위와 같은 구체적인 침해의 반복 위험을 방지할 수 있을 뿐 아니라, 후행 임시이사 선임처분의 효력을 다투는 소송에서 기판력에 의하여 최초 내지 선행 임시이사 선임처분의 위법성을 다투지 못하게 함으로써 그 선임처분을 전제로 이루어진 후행 임시이사 선임처분의 효력을 쉽게 배제할 수 있어 국민의 권리구제에 도움이 된다. 그러므로 <u>취임승인이 취소된 학교법인의 정식이사들로서는 그 취임승인취소처분 및 임시이사 선임처분에 대한 각 취소를 구할 법률상 이익이 있고</u>, 나아가 선행 임시이사 선임처분의 취소를 구하는 소송 도중에 선행 임시이사가 후행 임시이사로 교체되었다고 하더라도 여전히 선행 임시이사 선임처분의 취소를 구할 법률상 이익이 있다(대판 2007.7.19. 2006두19297[전합]).

③ 완전한 원상회복이 이루어지지 않아 취소로써 회복할 수 있는 다른 권리나 이익이 남아 있는 경우

- 행정처분에 대한 취소소송 계속 중 처분청이 행정처분을 직권취소하였음에도 불구하고 완전한 원상회복이 이루어지지 않아 취소로써 회복할 수 있는 다른 권리나 이익이 남아 있는 경우 예외적으로 소의 이익 (○) 행정처분의 무효확인 또는 취소를 구하는 소가 제소 당시에는 소의 이익이 있어 적법하였더라도, 소송 계속 중 처분청이 다툼의 대상이 되는 행정처분을 직권으로 취소하면 그 처분은 효력을 상실하여 더 이상 존재하지 않는 것이므로, 존재하지 않는 그 처분을 대상으로 한 항고소송은 원칙적으로 소의 이익이 소멸하여 부적법하다. 다만 처분청의 직권취소에도 불구하고 완전한 원상회복이 이루어지지 않아 무효확인 또는 취소로써 회복할 수 있는 다른 권리나 이익이 남아 있거나 또는 동일한 소송 당사자 사이에서 그 행정처분과 동일한 사유로 위법한 처분이 반복될 위험성이 있어 행정처분의 위법성 확인 내지 불분명한 법률문제에 대한 해명이 필요한 경우 행정의 적법성 확보와 그에 대한 사법통제, 국민의 권리구제의 확대 등의 측면에서 예외적으로 그 처분의 취소를 구할 소의 이익을 인정할 수 있을 뿐이다(대판 2019.6.27. 2018두49130). <u>기출</u> 20
- 공장설립승인처분이 쟁송취소되었다고 하더라도 그 승인처분에 기초한 공장건축허가처분이 잔존하는 경우, 인근 주민들의 공장건축허가처분 취소를 구할 법률상 이익(= 소의 이익) (○) 구 산업집적활성화 및 공장설립에 관한 법률 제13조 제1항, 제13조의2 제1항 제16호, 제14조, 제50조, 제13조의5 제4호의 규정을 종합하면, 공장설립승인처분이 있고 난 뒤에 또는 그와 동시에 공장건축허가처분을 하는 것이 허용되므로, 공장설립승인처분이 취소된 경우에는 그 승인처분을 기초로 한 공장건축허가처분 역시 취소되어야 하고, 공장설립승인처분에 근거하여 토지의 형질변경이 이루어진 경우에는 원상회복을 해야 함이 원칙이다. 따라서 개발제한구역 안에서의 공장설립을 승인한 처분이 위법하다는 이유로 쟁송취소되었다고 하더라도 그 승인처분에 기초한 공장건축허가처분이 잔존하는 이상, 공장설립승인처분이 취소되었다는 사정만으로 인근 주민들의 환경상 이익이 침해되는 상태나 침해될 위험이 종료되었다거나 이를 시정할 수 있는 단계가 지나버렸다고 단정할 수는 없고, 인근 주민들은 여전히 공장건축허가처분의 취소를 구할 법률상 이익이 있다고 보아야 한다(대판 2018.7.12. 2015두3485). <u>기출</u> 21
- 파면처분을 받은 공무원이 일반사면을 받은 이후 파면처분취소소송을 제기한 경우 소의 이익 (○) 일반사면이 있었다고 할지라도 파면처분으로 이미 상실된 원고의 공무원 지위가 회복될 수는 없는 것이니 원고로서는 이 사건 파면처분의 위법을 주장하여 그 취소를 구할 소송상 이익이 있다 할 것이다(대판 1983.2.8. 81누121). <u>기출</u> 19 · 18

(2) 처분 후의 사정변경에 의해 권익침해가 해소된 경우

최초 처분이 행해진 시점 이후에 사정변경이 있어 최초 처분으로 인한 권익침해가 해소되었다면 그 처분의 취소를 구할 소의 이익이 없다. 그 처분이 위법함을 이유로 손해배상청구를 할 예정이라고 하더라도 소의 이익이 부정되는 것은 마찬가지이다(대판 2007.9.21. 2007두12057).

- 공익근무요원 소집해제신청 거부처분 취소소송 계속 중 공익근무요원 복무기간 만료를 이유로 소집해제처분을 한 경우, 위 거부처분의 취소를 구할 소의 이익 (×) 공익근무요원 소집해제신청을 거부한 후에 원고가 계속하여 공익근무요원으로 복무함에 따라 복무기간 만료를 이유로 소집해제처분을 한 경우, 원고가 입게 되는 권리와 이익의 침해는 소집해제처분으로 해소되었으므로 위 거부처분의 취소를 구할 소의 이익이 없다고 한 사례(대판 2005.5.13. 2004두4369).

  ❑ 비교 : 현역병입영대상자가 입영한 후에 현역입영통지처분의 취소를 구하는 경우 소의 이익 (○) 현역입영대상자로서는 현실적으로 입영을 하였다고 하더라도, 입영 이후의 법률관계에 영향을 미치고 있는 현역병입영통지처분 등을 한 관할지방병무청장을 상대로 위법을 주장하여 그 취소를 구할 소송상의 이익이 있다(대판 2003.12.26. 2003두1875). <u>기출</u> 20 · 19

- 치과의사국가시험 불합격처분을 받은 자가 새로 실시된 국가시험에 합격한 이후 불합격처분취소소송을 제기한 경우 소의 이익 (×)

  치과의사국가시험 합격은 치과의사 면허를 부여받을 수 있는 전제요건이 된다고 할 것이나 국가시험에 합격하였다고 하여 위 면허취득의 요건을 갖추게 되는 이외에 그 자체만으로 합격한 자의 법률상 지위가 달라지게 되는 것은 아니므로 불합격처분 이후 새로 실시된 국가시험에 합격한 자들로서는 더 이상 위 불합격처분의 취소를 구할 법률상의 이익이 없다(대판 1993.11.9. 93누6867). `기출` 22 · 18

- 과세관청이 직권으로 소득처분을 경정하면서 일부 항목은 증액을 하고 동시에 다른 항목은 감액을 한 결과 전체로서 소득처분금액이 감소된 경우, 소득금액변동통지의 취소를 구할 소의 이익 (×)

  법인세 과세표준과 관련하여 과세관청이 직권으로 법인의 소득처분 상대방에 대한 소득처분을 경정하면서 증액과 감액을 동시에 한 결과 전체로서 소득처분금액이 감소된 경우, 법인은 소득금액변동통지의 취소를 구할 소의 이익이 없다(대판 2012.4.13. 2009두5510). `기출` 21

- 원고가 처분이 위법하다는 점에 대한 취소판결을 받아 피고에 대한 손해배상청구소송에서 이를 원용할 수 있는 이익은 소의 이익에 해당하지 않는다(대판 2002.1.11. 2000두2457). `기출` 20

(3) 원상회복이 불가능한 경우

1) 원 칙

위법한 처분을 취소한다 하더라도 원상회복이 불가능한 경우에는 원칙적으로 그 취소를 구할 소의 이익이 없다.

- 건축허가가 건축법 소정의 이격거리를 두지 아니하고 건축물을 건축하도록 되어 있어 위법하다 하더라도 그 건축허가에 기하여 건축공사가 완료되었다면 그 건축허가를 받은 대지와 접한 대지의 소유자인 원고가 위 건축허가처분의 취소를 받아 이격거리를 확보할 단계는 지났으며 민사소송으로 위 건축물 등의 철거를 구하는 데 있어서도 위 처분의 취소가 필요한 것이 아니므로 원고로서는 위 처분의 취소를 구할 법률상의 이익이 없다고 한 사례(대판 1992.4.24. 91누11131).

- 건축 과정에서 인접주택 소유자가 피해를 입은 경우, 그 피해자는 신축건물에 대한 사용검사처분의 취소를 구할 법률상 이익이 없다(대판 1996.11.29. 96누9768). `기출` 22

2) 예 외(부수적 이익이 있는 경우)

원상회복이 불가능하더라도 무효확인 또는 취소로써 회복할 수 있는 다른 권리나 이익(부수적 이익)이 남아 있는 경우 예외적으로 법률상 이익이 인정될 수 있다.

- 해임처분 취소소송 계속 중 임기가 만료된 경우에도 그 취소로 해임처분일부터 임기만료일까지 기간에 대한 보수지급을 구할 수 있는 경우 소의 이익 (○)

  해임처분 무효확인 또는 취소소송 계속 중 임기가 만료되어 해임처분의 무효확인 또는 취소로 지위를 회복할 수는 없다고 할지라도, 그 무효확인 또는 취소로 해임처분일부터 임기만료일까지 기간에 대한 보수 지급을 구할 수 있는 경우에는 해임처분의 무효확인 또는 취소를 구할 법률상 이익이 있다. 해임권자와 보수지급의무자가 다른 경우에도 마찬가지이다(대판 2012.2.23. 2011두5001). `기출` 22 · 19

- 지방의회 의원 제명의결 취소소송 계속 중 지방의회 의원의 임기가 만료되었으나 월정수당을 받고자 하는 경우 소의 이익 (○)
  지방의회 의원에 대한 제명의결 취소소송 계속 중 의원의 임기가 만료된 사안에서, 제명의결의 취소로 의원의 지위를 회복할 수는 없다 하더라도 제명의결 시부터 임기만료일까지의 기간에 대한 월정수당의 지급을 구할 수 있는 등 여전히 그 제명의결의 취소를 구할 법률상 이익이 있다고 본 사례(대판 2009.1.30. 2007두13487).

  기출 20 · 18

- 파면처분 후 금고 이상의 형을 선고받아 당연퇴직사유가 발생한 경우, 파면처분의 취소를 구할 소의 이익 (○)
  파면처분이 있은 후에 금고 이상의 형을 선고받아 당연퇴직사유가 발생한 경우, 최소한 이 사건 파면처분이 있은 때부터 위 법 규정에 의한 당연퇴직일자까지의 기간에 있어서는 파면처분의 취소를 구하여 그로 인해 박탈당한 이익의 회복을 구할 소의 이익이 있다(대판 1985.6.25. 85누39). ☞ 파면처분이 있은 때부터 위 법 규정에 의한 당연퇴직 일자까지의 기간 동안의 보수 지급을 구할 수 있는 등의 법률상의 이익이 있기 때문이다. 기출 21

- 직위해제처분의 취소소송 계속 중 정년을 초과한 경우, 직위해제처분의 취소를 구할 소의 이익 (○)
  국가공무원법상 직위해제처분의 무효확인 또는 취소소송 계속 중 정년을 초과하여 직위해제처분의 무효확인 또는 취소로 공무원 신분을 회복할 수는 없다고 할지라도, 그 무효확인 또는 취소로 직위해제일부터 직권면직일까지 기간에 대한 감액된 봉급 등의 지급을 구할 수 있는 경우에는 직위해제처분의 무효확인 또는 취소를 구할 법률상 이익이 있다(대판 2014.5.16. 2012두26180).

(4) 취소소송보다 실효적이고 직접적인 구제수단이 있는 경우

① 기본행위의 하자를 이유로 강학상 인가처분 취소소송을 제기하는 경우

- 재단법인의 정관변경에 하자가 있더라도 행정청의 인가처분에 하자가 없는 경우, 인가처분의 취소 또는 무효확인을 구할 소의 이익 (×)
  인가는 기본행위인 재단법인의 정관변경에 대한 법률상의 효력을 완성시키는 보충행위로서, 그 기본이 되는 정관변경 결의에 하자가 있을 때에는 그에 대한 인가가 있었다 하여도 기본행위인 정관변경 결의가 유효한 것으로 될 수 없으므로 기본행위인 정관변경 결의가 적법 유효하고 보충행위인 인가처분 자체에만 하자가 있다면 그 인가처분의 무효나 취소를 주장할 수 있지만, 인가처분에 하자가 없다면 기본행위에 하자가 있다 하더라도 따로 그 기본행위의 하자를 다투는 것은 별론으로 하고 기본행위의 무효를 내세워 바로 그에 대한 행정청의 인가처분의 취소 또는 무효확인을 소구할 법률상의 이익이 없다(대판 1996.5.16. 95누4810[전합]).

  기출 20 · 19

- 학교법인의 임원선임행위에 하자가 있으나 감독청의 취임승인은 하자가 없는 경우, 취임승인처분의 취소 또는 무효확인을 구할 소의 이익 (×)
  사립학교법 제20조 제2항에 의한 학교법인의 임원에 대한 감독청의 취임승인은 학교법인의 임원선임행위를 보충하여 그 법률상의 효력을 완성케 하는 보충적 행정행위로서 그 자체만으로는 법률상 아무런 효력도 발생할 수 없는 것인바, 기본행위인 사법상의 임원선임행위에 하자가 있다는 이유로 그 선임행위의 효력에 관하여 다툼이 있는 경우에는 민사쟁송으로 그 선임행위의 무효확인을 구하는 등의 방법으로 분쟁을 해결할 것이지 보충적 행위로서 그 자체만으로는 아무런 효력이 없는 승인처분만의 취소 또는 무효확인을 구하는 것은 특단의 사정이 없는 한 분쟁해결의 유효적절한 수단이라 할 수 없어 소구할 법률상의 이익이 없다고 할 것이다(대판 2005.12.23. 2005두4823). 기출 19

- 도시환경정비사업조합의 사업시행계획에 하자가 있더라도 행정청의 인가처분에 하자가 없는 경우, 인가처분의 취소 또는 무효확인을 구할 소의 이익 (×)

  구 「도시 및 주거환경정비법」에 기초하여 도시환경정비사업조합이 수립한 사업시행계획은 그것이 인가 · 고시를 통해 확정되면 이해관계인에 대한 구속적 행정계획으로서 독립된 행정처분에 해당하므로, <u>사업시행계획을 인가하는 행정청의 행위는 도시환경정비사업조합의 사업시행계획에 대한 법률상의 효력을 완성시키는 보충행위에 해당한다</u>. 따라서 기본행위가 적법 · 유효하고 보충행위인 인가처분 자체에만 하자가 있다면 그 인가처분의 무효나 취소를 주장할 수 있다고 할 것이지만, <u>인가처분에 하자가 없다면 기본행위에 하자가 있다 하더라도 따로 그 기본행위의 하자를 다투는 것은 별론으로 하고 기본행위의 무효를 내세워 바로 그에 대한 인가처분의 취소 또는 무효확인을 구할 수 없다</u>(대판 2010.12.9, 2010두1248). `기출` 19

  > □ **비교 : 재건축조합 설립인가처분은 강학상 인가가 아니라 설권적 처분(강학상 특허)에 해당**
  >
  > 행정청이 도시 및 주거환경정비법 등 관련 법령에 근거하여 행하는 조합설립인가처분은 단순히 사인들의 조합설립행위에 대한 보충행위로서의 성질을 갖는 것에 그치는 것이 아니라 법령상 요건을 갖출 경우 도시 및 주거환경정비법상 주택재건축사업을 시행할 수 있는 권한을 갖는 행정주체(공법인)로서의 지위를 부여하는 일종의 설권적 처분의 성격을 갖는다고 보아야 한다. 그리고 그와 같이 보는 이상 조합설립결의는 조합설립인가처분이라는 행정처분을 하는 데 필요한 요건 중 하나에 불과한 것이어서, <u>조합설립결의에 하자가 있다면 그 하자를 이유로 직접 항고소송의 방법으로 조합설립인가처분의 취소 또는 무효확인을 구하여야 하고</u>, 이와는 별도로 조합설립결의 부분만을 따로 떼어내어 그 효력 유무를 다투는 확인의 소를 제기하는 것은 원고의 권리 또는 법률상의 지위에 현존하는 불안 · 위험을 제거하는 데 가장 유효 · 적절한 수단이라 할 수 없어 특별한 사정이 없는 한 확인의 이익은 인정되지 아니한다(대판 2009.9.24, 2008다60568). `기출` 19 · 18

② 거부처분 취소재결에 대한 취소소송을 제기하는 경우

> 거부처분을 취소하는 재결에 따른 후속처분이 아니라 그 재결의 취소를 구하는 경우 소의 이익 (×)
>
> 거부처분이 재결에서 취소된 경우 재결에 따른 후속처분이 아니라 그 재결의 취소를 구하는 것은 실효적이고 직접적인 권리구제수단이 될 수 없어 분쟁해결의 유효적절한 수단이라고 할 수 없으므로 법률상 이익이 없다(대판 2017.10.31, 2015두45045). `기출` 24 · 19
>
> □ **비교 : 동일한 내용의 후행 거부처분이 존재하는 경우에 선행 거부처분에 대한 취소를 구할 법률상 이익 (○)**
>
> 이른바 행정행위의 공정력이란 행정행위가 위법하더라도 취소되지 않는 한 유효한 것으로 통용되는 효력을 의미하는 것인바, 행정청의 후행거부처분은 소극적 행정행위로서 현존하는 법률관계에 아무런 변동도 가져 오는 것이 아니므로, 그 거부처분이 공정력이 있는 행정행위로서 취소되지 아니하였다고 하더라도, <u>원고가 그 거부처분의 효력을 직접 부정하는 것이 아닌 한 선행거부처분보다 뒤에 된 동일한 내용의 후행거부처분 때문에 선행거부처분의 취소를 구할 법률상 이익이 없다고 할 수는 없다</u>(대판 1994.4.12, 93누21088).

③ 단계적 행정결정에서 선행처분(또는 중간단계의 처분)에 대한 취소소송을 제기하는 경우
  ㉠ 단계적 행정결정에서 선행처분(또는 중간단계의 처분)에 대한 취소소송 계속 중 후행처분(또는 종국
    적인 처분)이 내려지면, 선행처분(또는 중간단계의 처분)에 대한 취소소송은 소의 이익을 상실하게
    된다.

> • 원자로 시설의 부지사전승인처분 취소소송 계속 중 원자로 건설허가처분이 있는 경우, 부지사전승인처분
>   의 취소를 구할 소의 이익 (×)
>   원자로 및 관계 시설의 부지사전승인처분은 그 자체로서 건설부지를 확정하고 사전공사를 허용하는 법률효
>   과를 지닌 독립한 행정처분이기는 하지만, 건설허가 전에 신청자의 편의를 위하여 미리 그 건설허가의
>   일부 요건을 심사하여 행하는 사전적 부분 건설허가처분의 성격을 갖고 있는 것이어서 나중에 건설허가처
>   분이 있게 되면 그 건설허가처분에 흡수되어 독립된 존재가치를 상실함으로써 그 건설허가처분만이 쟁송의
>   대상이 되는 것이므로, 부지사전승인처분의 취소를 구하는 소는 소의 이익을 잃게 되고, 따라서 부지사전
>   승인처분의 위법성은 나중에 내려진 건설허가처분의 취소를 구하는 소송에서 이를 다투면 된다(대판
>   1998.9.4. 97누19588). 기출 20 · 19
> • 조합설립추진위원회 구성승인처분을 다투는 소송 계속 중 조합설립인가처분이 이루어진 경우, 조합설립추
>   진위원회 구성승인처분에 대하여 취소 또는 무효확인을 구할 법률상 이익 (×)
>   조합설립추진위원회(이하 '추진위원회'라고 한다) 구성승인처분은 조합의 설립을 위한 주체인 추진위원회
>   의 구성행위를 보충하여 그 효력을 부여하는 처분으로서 조합설립이라는 종국적 목적을 달성하기 위한
>   중간단계의 처분에 해당하지만, 그 법률요건이나 효과가 조합설립인가처분의 그것과는 다른 독립적인
>   처분이기 때문에, 추진위원회 구성승인처분에 대한 취소 또는 무효확인 판결의 확정만으로는 이미 조합설
>   립인가를 받은 조합에 의한 정비사업의 진행을 저지할 수 없다. 따라서 추진위원회 구성승인처분을 다투는
>   소송 계속 중에 조합설립인가처분이 이루어진 경우에는, 추진위원회 구성승인처분에 위법이 존재하여
>   조합설립인가 신청행위가 무효라는 점 등을 들어 직접 조합설립인가처분을 다툼으로써 정비사업의 진행을
>   저지하여야 하고, 이와는 별도로 추진위원회 구성승인처분에 대하여 취소 또는 무효확인을 구할 법률상의
>   이익은 없다고 보아야 한다(대판 2013.1.31. 2011두11112).

  ㉡ 다만, 선행처분의 효력이 소멸한 경우에도 선행처분과 후행처분이 단계적인 일련의 절차로 연속하여
    행하여져 후행처분이 선행처분의 적법함을 전제로 이루어짐에 따라 선행처분의 하자가 후행처분에
    승계된다고 볼 수 있어 이미 소를 제기하여 다투고 있는 선행처분의 위법성을 확인하여 줄 필요가
    있는 경우 등에는 행정의 적법성 확보와 그에 대한 사법통제, 국민의 권리구제의 확대 등의 측면에서
    여전히 그 선행처분의 취소를 구할 법률상 이익이 있다(대판 2007.7.19. 2006두19297[전합]).

(5) 기타 소의 이익이 문제되는 사례

- 경원관계에 있는 사업자가 자신에 대한 선정거부처분의 취소를 구할 소의 이익 (○)

  주유소 운영사업자 선정처분이 내려진 경우, 불선정된 사업자는 경원관계에 있는 사업자에 대한 선정처분의 취소를 구하지 않고 자신에 대한 불선정처분(= 선정거부처분)의 취소를 구할 이익이 있다(대판 2015.10.29. 2013두27517).
  기출 21 ☞ 경원자관계에 있는 자는 타인에 대한 선정처분(= 주유소 운영사업자 선정처분)의 취소를 구하거나 (경원자소송), 자신에 대한 불선정처분(= 선정거부처분)의 취소를 구할 수 있고(거부처분취소소송), 양자를 관련 청구소송으로 병합하여 제기할 수도 있다(행정소송법 제10조 제2항).

- 사업양도에 따른 지위승계신고가 수리된 후 사업양도가 무효라고 주장하는 양도자가 그 수리처분의 무효확인을 구할 법률상 이익 (○)

  사업양도·양수에 따른 허가관청의 지위승계신고의 수리는 적법한 사업의 양도·양수가 있었음을 전제로 하는 것이므로 그 수리대상인 사업양도·양수가 존재하지 아니하거나 무효인 때에는 수리를 하였다 하더라도 그 수리는 유효한 대상이 없는 것으로서 당연히 무효라 할 것이고, 사업의 양도행위가 무효라고 주장하는 양도자는 민사쟁송으로 양도·양수행위의 무효를 구함이 없이 막바로 허가관청을 상대로 하여 행정소송으로 위 (지위승계)신고 수리처분의 무효확인을 구할 법률상 이익이 있다(대판 2005.12.23. 2005두3554). 기출 24

- 지방자치단체의 계약직공무원이 채용계약 해지 등의 불이익을 받은 후 그 계약기간이 만료된 경우, 그 채용계약 해지의 무효확인을 구할 소의 이익 (×)

  지방자치단체와 채용계약에 의하여 채용된 계약직공무원이 그 계약기간 만료 이전에 채용계약 해지 등의 불이익을 받은 후 그 계약기간이 만료된 때에는 그 채용계약 해지의 의사표시가 무효라고 하더라도, 지방공무원법이나 지방계약직공무원규정 등에서 계약기간이 만료되는 계약직공무원에 대한 재계약의무를 부여하는 근거규정이 없으므로 계약기간의 만료로 당연히 계약직공무원의 신분을 상실하고 계약직공무원의 신분을 회복할 수 없는 것이므로, 그 해지의사표시의 무효확인청구는 과거의 법률관계의 확인청구에 지나지 않는다 할 것이고, 한편 과거의 법률관계라 할지라도 현재의 권리 또는 법률상 지위에 영향을 미치고 있고 현재의 권리 또는 법률상 지위에 대한 위험이나 불안을 제거하기 위하여 그 법률관계에 관한 확인판결을 받는 것이 유효 적절한 수단이라고 인정될 때에는 그 법률관계의 확인소송은 즉시확정의 이익이 있다고 보아야 할 것이나, 계약직공무원에 대한 채용계약이 해지된 경우에는 공무원 등으로 임용되는 데에 있어서 법령상의 아무런 제약사유가 되지 않을 뿐만 아니라, 계약기간 만료 전에 채용계약이 해지된 전력이 있는 사람이 공무원 등으로 임용되는 데에 있어서 그러한 전력이 없는 사람보다 사실상 불이익한 장애사유로 작용한다고 하더라도 그것만으로는 법률상의 이익이 침해되었다고 볼 수는 없으므로 그 무효확인을 구할 이익이 없다(대판 2002.11.26. 2002두1496). 기출 24

- 조례의 근거 없이 이루어진 지방의료원의 폐업결정 이후 해당 조례가 적법하게 제정된 경우, 그 폐업결정에 대한 취소를 구할 소의 이익 (×)

  甲 도지사가 도에서 설치·운영하는 乙 지방의료원을 폐업하겠다는 결정을 발표하고 그에 따라 폐업을 위한 일련의 조치가 이루어진 후 乙 지방의료원을 해산한다는 내용의 조례를 공포하고 乙 지방의료원의 청산절차가 마쳐진 사안에서, 지방의료원의 설립·통합·해산은 지방자치단체의 조례로 결정할 사항이므로, 도가 설치·운영하는 乙 지방의료원의 폐업·해산은 도의 조례로 결정할 사항인 점 등을 종합하면, 甲 도지사의 폐업결정은 행정청이 행하는 구체적 사실에 관한 법집행으로서의 공권력 행사로서 입원환자들과 소속 직원들의 권리·의무에 직접 영향을 미치는 것이므로 항고소송의 대상에 해당하지만, 폐업결정 후 乙 지방의료원을 해산한다는 내용의 조례가 제정·시행되었고 조례가 무효라고 볼 사정도 없어 乙 지방의료원을 폐업 전의 상태로 되돌리는 원상회복은 불가능하므로 법원이 폐업결정을 취소하더라도 단지 폐업결정이 위법함을 확인하는 의미밖에 없고, 폐업결정의 취소로 회복할 수 있는 다른 권리나 이익이 남아있다고 보기도 어려우므로, 甲 도지사의 폐업결정이 법적으로 권한 없는 자에 의하여 이루어진 것으로서 위법하더라도 취소를 구할 소의 이익을 인정하기 어렵다고 한 사례(대판 2016.8.30. 2015두60617). 기출 24

- 기간을 정한 제재처분 취소소송에서 집행정지결정이 있었으나 집행정지 중 처분이 정한 기간이 경과한 경우, 제재처분의 기간은 집행정지결정 주문에서 정한 때까지 진행이 저지되기 때문에, 제재처분의 취소를 구할 소의 이익이 인정된다(대판 2005.6.10. 2005두1190). 기출 19

Ⅴ 피고적격

1. 의 의

① 행정청은 국가나 지방자치단체 등의 기관에 불과하므로 취소소송의 피고적격은 처분이나 재결의 효과가 귀속되는 행정주체(국가나 지방자치단체 등)가 갖는 것이 원칙이지만, 행정소송법은 소송수행의 편의를 위해서 '처분등을 행한 행정청'에게 피고적격을 인정하고 있다. `기출` 23

② 취소소송에서는 민사소송의 경우와는 달리 실체법상의 권리능력은 물론 민사소송법상의 당사자능력도 없는 행정청에게 피고로서의 당사자능력(피고능력)과 피고적격이 인정된다는 점에 특색이 있다.

2. 처분등을 행한 행정청

① 취소소송은 다른 법률에 특별한 규정이 없는 한 그 처분등을 행한 행정청을 피고로 한다(행정소송법 제13조 제1항 본문). `기출` 23 · 22

② '처분등을 행한 행정청'이란 처분등을 외부적으로 그의 명의로 행한 행정청을 말하고, 정당한 권한을 가진 행정기관인지 여부는 불문한다. `기출` 19 · 18 정당한 처분권한이 있는지 여부는 본안의 문제이고, 피고적격을 판단함에 있어 고려할 사항은 아니다(대판 1994.6.14. 94누1197 참조).

③ 대외적으로 의사를 표시할 수 있는 기관이 아닌 내부기관은 실질적인 의사가 그 기관에 의하여 결정되더라도 피고적격을 갖지 못한다(대판 2014.5.16. 2014두274). `기출` 24 · 19

④ "행정청"에는 '본래적 의미의 행정청'(= 행정에 관한 의사를 결정하여 표시하는 국가 또는 지방자치단체의 기관) 외에도 법령에 의하여 행정권한의 위임 또는 위탁을 받은 행정기관, 공공단체 및 그 기관 또는 사인(私人)이 포함된다(행정소송법 제2조 제2항). `기출` 18 따라서 공무수탁사인이 자신의 이름으로 처분을 한 경우에 공무수탁사인이 취소소송의 피고가 된다. `기출` 24 · 22 · 19

> • 에스에이치공사의 피고적격 (○)
> 에스에이치공사가 택지개발사업 시행자인 서울특별시장으로부터 이주대책 수립권한을 포함한 택지개발사업에 따른 권한을 위임 또는 위탁받은 경우, 이주대책 대상자들이 에스에이치공사 명의로 이루어진 이주대책에 관한 처분에 대한 취소소송을 제기함에 있어 정당한 피고는 에스에이치공사가 된다고 한 사례(대판 2007.8.23. 2005두3776)

> - 지방법무사회의 피고적격 (○)
>   지방법무사회는 국가로부터 위임받은 법무사 사무원 채용승인에 관한한 공권력 행사의 주체로서 (사무원 채용승인 거부처분 또는 채용승인 취소처분의) 취소소송의 피고가 될 수 있다(대판 2020.4.9. 2015다34444).
>   기출 24 · 22

⑤ '행정심판의 재결'이 항고소송의 대상이 되는 경우에는 행정심판위원회(합의제 행정청)가 재결을 행한 행정청으로서 피고가 된다. 기출 20

⑥ 처분등이 있은 뒤에 그 처분등에 관계되는 권한이 다른 행정청에 승계된 때에는 이를 승계한 행정청을 피고로 한다(행정소송법 제13조 제1항). 기출 22

3. 구체적 사례의 검토

(1) 처분청과 그 처분을 통지한 자가 다른 경우

처분청과 그 처분을 통지한 자가 다른 경우에는 처분청이 피고가 된다(대판 1990.4.27. 90누233). 기출 20

> - 처분청과 그 처분을 통지한 자가 다른 경우
>   처분청과 그 처분을 통지한 자가 다른 경우 처분청이 취소소송의 피고가 된다(대판 1990.4.27. 90누233). ☞ 인천직할시의 사업장폐쇄명령처분을 통지한 인천직할시 북구청장은 위 처분의 취소를 구하는 소의 피고적격이 없다고 본 사례이다. 기출 20
> - 대통령의 서훈취소결정을 국가보훈처장이 통보한 경우
>   국무회의에서 건국훈장 독립장이 수여된 망인에 대한 서훈취소를 의결하고 대통령이 결재함으로써 서훈취소가 결정된 후 국가보훈처장이 망인의 유족 甲에게 '독립유공자 서훈취소결정 통보'를 하자 甲이 국가보훈처장을 상대로 서훈취소결정의 무효 확인 등의 소를 제기한 사안에서, 甲이 서훈취소 처분을 행한 행정청(대통령)이 아니라 국가보훈처장을 상대로 제기한 위 소는 피고를 잘못 지정한 경우에 해당하므로, 법원으로서는 석명권을 행사하여 정당한 피고(대통령)로 경정하게 하여 소송을 진행해야 함에도 국가보훈처장이 서훈취소 처분을 한 것을 전제로 처분의 적법 여부를 판단한 원심판결에 법리오해 등의 잘못이 있다고 한 사례(대판 2014.9.26. 2013두2518).

(2) 권한의 위임 또는 내부위임의 경우

① 행정권한의 위임은 행정관청이 법률에 따라 특정한 권한을 다른 행정관청에 이전하여 수임관청의 권한으로 행사하도록 하는 것이어서 권한의 법적인 귀속을 변경하는 것이므로 법률이 위임을 허용하고 있는 경우에 한하여 인정된다(대판 1995.11.28. 94누6475). 행정권한의 위임이 있으면 위임기관은 그 사무를 처리할 권한을 잃고 그 권한은 수임기관의 권한이 된다(대판 1992.9.22. 91누11292). 이때 수임기관은 자기의 이름과 책임 아래 그 권한을 행사한다(행정권한의 위임 및 위탁에 관한 규정 제8조). 따라서 수임기관은 처분 행정청으로서 항고소송(취소소송)의 피고가 된다. 기출 19 · 18

② 행정권한의 위임과 달리 내부위임의 경우에는 처분권한이 대외적으로 이전되지는 않는다. 따라서 내부위임의 경우에 수임관청(수임기관)은 위임관청(위임기관)의 이름으로 처분을 해야 하고 자기의 이름으로 처분을 할 수 없다(대판 1995.11.28. 94누6475). 따라서 내부위임의 경우 위임관청(위임기관)이 처분청으로서 취소소송의 피고가 되는 것이 원칙이다. 기출 19

③ 내부위임의 경우에 위임청의 명의로 처분을 해야 함에도 불구하고 수임기관이 자신의 명의로 처분을 행하는 경우가 있다. 이러한 경우에는 <u>자신의 명의로 실제로 그 처분을 한 수임기관(수임관청)을 피고로 하여야 한다</u>(대판 1994.8.12, 94누2763). 물론 그 처분은 권한 없는 자가 한 위법한 처분이 될 것이지만, 이는 본안에서 판단할 사항일 뿐 피고적격을 판단함에 있어서는 고려할 사항이 아니다. [기출] 24 · 21 · 19 · 18

> **내부위임을 받은 데 불과한 하급행정청이 행정처분을 한 경우 피고적격(= 실제로 그 처분을 한 하급행정청)**
> 행정처분의 취소 또는 무효확인을 구하는 행정소송은 다른 법률에 특별한 규정이 없는 한 그 처분을 행한 행정청을 피고로 하여야 하며, 행정처분을 행할 적법한 권한 있는 상급행정청으로부터 내부위임을 받은 데 불과한 하급행정청이 권한 없이 행정처분을 한 경우에도 실제로 그 처분을 행한 하급행정청을 피고로 하여야 할 것이지 그 처분을 행할 적법한 권한 있는 상급행정청을 피고로 할 것은 아니다(대판 1994.8.12, 94누2763).
> [기출] 24 · 21 · 19 · 18

(3) 권한의 대리의 경우

① 권한의 대리란 행정청의 권한(전부 또는 일부)을 다른 행정기관(보조기관)이 대리기관으로서 대신 행사하고 그 행위의 법적 효과는 피대리 행정청의 행위로서 발생하는 것을 말한다(예 행정안전부장관 대리 행정안전부차관).

② 대리기관이 대리관계를 표시하고 피대리 행정청을 대리하여 행정처분을 한 때에는 피대리 행정청이 피고로 되어야 한다(대판 2018.10.25, 2018두43095). [기출] 22 · 20

> **한국농어촌공사가 '농림축산식품부장관의 대행자' 지위에서 농지보전부담금 부과처분을 한다는 의사표시가 담긴 납부통지서를 전달한 경우, 피고적격(= 농림축산식품부장관)**
> [1] 항고소송은 다른 법률에 특별한 규정이 없는 한 원칙적으로 소송의 대상인 행정처분을 외부적으로 행한 행정청을 피고로 하여야 하고(행정소송법 제13조 제1항 본문), 다만 <u>대리기관이 대리관계를 표시하고 피대리 행정청을 대리하여 행정처분을 한 때에는 피대리 행정청이 피고로 되어야 한다.</u> [기출] 22
> [2] 농림축산식품부장관이 2016.5.12. 원고에 대하여 농지보전부담금 부과처분을 한다는 의사표시가 담긴 2016.6.20.자 납부통지서를 수납업무 대행자인 한국농어촌공사가 원고에게 전달함으로써, 이 사건 농지보전부담금 부과처분은 성립요건과 효력 발생요건을 모두 갖추게 되었다. 나아가 <u>한국농어촌공사가 '농림축산식품부장관의 대행자' 지위에서 위와 같은 납부통지를 하였음을 분명하게 밝힌 이상, 농림축산식품부장관이 이 사건 농지보전부담금 부과처분을 외부적으로 자신의 명의로 행한 행정청으로서 항고소송의 피고가 되어야 하고, 단순한 대행자에 불과한 피고 한국농어촌공사를 피고로 삼을 수는 없다</u>(대판 2018.10.25, 2018두43095). ☞ 강학상 행정사무의 대행은 대리와 다르지만, 대리와 유사한 기준으로 판단하였다. [기출] 23

③ 그러나 대리권을 수여받은 행정청이 대리관계를 밝힘이 없이 자신의 명의로 행정처분을 한 경우, 처분명의자인 당해 행정청(대리 행정청)이 항고소송의 피고가 되어야 하는 것이 원칙이다. 다만, 처분명의자(대리 행정청)가 피대리 행정청 산하의 행정기관으로서 실제로 피대리 행정청으로부터 대리권한을 수여받아 피대리 행정청을 대리한다는 의사로 행정처분을 하였고 처분명의자는 물론 그 상대방도 그 행정처분이 피대리 행정청을 대리하여 한 것임을 알고서 이를 받아들인 예외적인 경우에는 피대리 행정청이 피고가 된다(대결 2006.2.23, 2005부4).

근로복지공단의 이사장으로부터 보험료의 부과 등에 관한 대리권을 수여받은 지역본부장이 대리의 취지를 명시적으로 표시하지 않고서 산재보험료 부과처분을 한 경우, 피고적격(= 근로복지공단)
근로복지공단의 이사장으로부터 보험료의 부과 등에 관한 대리권을 수여받은 지역본부장이 대리의 취지를 명시적으로 표시하지 않고서 산재보험료 부과처분을 한 경우, 그러한 관행이 약 10년간 계속되어 왔고, 실무상 근로복지공단을 상대로 산재보험료 부과처분에 대한 항고소송을 제기하여 온 점 등에 비추어 지역본부장은 물론 그 상대방 등도 근로복지공단과 지역본부장의 대리관계를 알고 받아들였다는 이유로, 위 부과처분에 대한 항고소송의 피고적격이 근로복지공단에 있다고 한 사례(대결 2006.2.23. 2005부4).

(4) 합의제 행정청

① 합의제 행정기관(예 감사원, 공정거래위원회, 토지수용위원회, 방송통신위원회)도 행정에 관한 의사를 결정하고 자신의 이름으로 대외적으로 그 의사를 표시할 수 있는 권한을 가지고 있으면, 합의제 행정청에 해당한다. 합의제 행정청이 처분청인 경우에는 다른 법률에 특별한 규정이 없는 한, 합의제 행정청이 피고가 된다. 기출 24

② 다만, 「노동위원회법」은 중앙노동위원회의 처분에 대한 소송을 '중앙노동위원회 위원장'을 피고로 하여 제기하도록 특별한 규정을 두고 있다(노동위원회법 제27조 제1항). 기출 24·20

③ 재결 자체의 고유한 위법을 이유로 하는 경우, 행정심판의 재결도 항고소송(취소소송)의 대상이 된다(행정소송법 제19조 단서). 행정심판위원회는 행정심판청구에 대한 의사를 결정하고 이를 대외적으로 표시할 권한도 가지고 있으므로 합의제행정청의 지위를 갖는다. 따라서 행정심판의 재결이 항고소송의 대상이 되는 경우에는 재결을 한 행정심판위원회가 합의제행정청으로서 피고가 된다(행정소송법 제13조 제1항). 기출 21

④ 토지수용위원회가 처분청인 경우 토지수용위원회 위원장이 아니라 토지수용위원회가 합의제행정청으로서 피고가 된다(행정소송법 제13조 제1항). 기출 21

지방토지수용위원회의 수용재결에 불복하여 이의신청을 거쳐 취소소송을 제기하는 경우의 피고적격
공익사업을 위한 토지 등의 취득 및 보상에 한 법률 제85조 제1항 전문의 문언 내용과 같은 법 제83조, 제85조가 중앙토지수용위원회에 대한 이의신청을 임의적 절차로 규정하고 있는 점, 행정소송법 제19조 단서가 행정심판에 대한 재결은 재결 자체에 고유한 위법이 있음을 이유로 하는 경우에 한하여 취소소송의 대상으로 삼을 수 있도록 규정하고 있는 점 등을 종합하여 보면, ㉠ 수용재결에 불복하여 취소소송을 제기하는 때에는 이의신청을 거친 경우에도 '수용재결을 한 중앙토지수용위원회 또는 지방토지수용위원회'를 피고로 하여 '수용재결'의 취소를 구하여야 하고, 다만 ㉡ 이의신청에 대한 재결 자체에 고유한 위법이 있음을 이유로 하는 경우에는 그 '이의재결을 한 중앙토지수용위원회'를 피고로 하여 '이의재결'의 취소를 구할 수 있다고 보아야 한다(대판 2010.1.28. 2008두1504). 기출 21

(5) 지방의회와 지방자치단체의 장

① 조례에 대한 무효확인소송의 경우 의결기관인 지방의회가 아니라 지방자치단체의 집행기관으로서 조례로서의 효력을 발생시키는 공포권이 있는 지방자치단체의 장이 피고가 된다. 기출 18 교육·학예에 관한 조례라면 시·도교육감이 피고가 된다(대판 1996.9.20. 95누8003). 기출 21

> **교육에 관한 조례의 무효확인소송을 제기하는 경우의 피고적격(= 집행기관인 시·도 교육감)**
> [1] 조례에 대한 무효확인소송을 제기함에 있어서 행정소송법 제38조 제1항, 제13조에 의하여 피고적격이 있는 처분등을 행한 행정청은, 행정주체인 지방자치단체 또는 지방자치단체의 내부적 의결기관으로서 지방자치단체의 의사를 외부에 표시한 권한이 없는 지방의회가 아니라, 지방자치단체의 집행기관으로서 조례로서의 효력을 발생시키는 공포권이 있는 지방자치단체의 장이다. 기출 18
> [2] 구 지방교육자치에 관한 법률 제14조 제5항, 제25조에 의하면 시·도의 교육·학예에 관한 사무의 집행기관은 시·도 교육감이고 시·도 교육감에게 지방교육에 관한 조례안의 공포권이 있다고 규정되어 있으므로, 교육에 관한 조례의 무효확인소송을 제기함에 있어서는 그 집행기관인 시·도 교육감을 피고로 하여야 한다(대판 1996.9.20. 95누8003). 기출 21·19

② 지방의회 의장선거(= 의장선임의결)(대판 1995.1.12. 94누2602), 지방의회 의장에 대한 불신임의결(대판 1994.10.11. 94두23), 지방의회 의원징계의결(대판 1993.11.26. 93누7341)은 행정처분의 일종으로서 항고소송의 대상이 되는데, 이때에는 지방의회가 처분청으로서 항고소송(취소소송)의 피고가 된다. 기출 20·19

> **지방의회 의원징계의결 취소소송의 피고적격(= 지방의회)**
> 지방자치법 제78조 내지 제81조의 규정에 의거한 지방의회의 의원징계의결은 그로 인해 의원의 권리에 직접 법률효과를 미치는 행정처분의 일종으로서 행정소송의 대상이 되고, 의원징계의결의 처분청은 지방의회이므로 취소소송의 피고는 지방의회가 된다(대판 1993.11.26. 93누7341).

(6) 국회의 기관(국회사무총장)

국회의 기관(예 국회 사무총장)도 항고소송의 피고적격이 인정될 수 있다. 국회의장이 한 처분에 대한 행정소송의 피고는 사무총장으로 한다(국회사무처법 제4조). 기출 24

4. 피고의 경정

> **행정소송법 제14조(피고경정)**
> ① 원고가 피고를 잘못 지정한 때에는 법원은 원고의 신청에 의하여 결정으로써 피고의 경정을 허가할 수 있다.
> 기출 22·19·18
> ② 법원은 제1항의 규정에 의한 결정의 정본을 새로운 피고에게 송달하여야 한다.
> ③ 제1항의 규정에 의한 신청을 각하하는 결정에 대하여는 즉시항고할 수 있다. 기출 22·19
> ④ 제1항의 규정에 의한 결정이 있은 때에는 새로운 피고에 대한 소송은 처음에 소를 제기한 때에 제기된 것으로 본다.
> ⑤ 제1항의 규정에 의한 결정이 있은 때에는 종전의 피고에 대한 소송은 취하된 것으로 본다. 기출 22·19
> ⑥ 취소소송이 제기된 후에 제13조 제1항 단서 또는 제13조 제2항에 해당하는 사유가 생긴 때에는 법원은 당사자의 신청 또는 직권에 의하여 피고를 경정한다. 이 경우에는 제4항 및 제5항의 규정을 준용한다.

(1) 의 의

① 원고가 피고를 잘못 지정한 때에는 법원은 원고의 신청에 의한 결정으로써 피고의 경정을 허가할 수 있다 (행정소송법 제14조 제1항). **기출** 22 이 경우 법원이 직권에 의하여 피고를 경정할 수 없다.

② 취소소송이 제기된 후에 제13조 제1항 단서(처분등이 있은 뒤에 그 처분등에 관계되는 권한이 다른 행정청에 승계된 때) 또는 제13조 제2항(처분등을 행한 행정청이 없게 된 때)에 해당하는 사유가 생긴 때에는 법원은 당사자의 신청 또는 직권에 의하여 피고를 경정한다(행정소송 제14조 제6항).

(2) 허용시기

① 제1심 변론종결 시까지만 피고의 경정이 허용되는 민사소송과 달리, 항고소송(취소소송)에서의 피고의 경정은 사실심 변론종결 시까지 허용된다(대결 2006.2.23. 2005부4: 행정소송규칙 제6조). **기출** 24 · 19

> 행정소송법 제14조에 의한 피고경정은 사실심 변론 종결에 이르기까지 허용되는 것으로 해석하여야 할 것이고, 굳이 제1심 단계에서만 허용되는 것으로 해석할 근거는 없다(대결 2006.2.23. 2005부4). **기출** 24 · 19

② 행정소송법에는 명문의 규정이 없으나 피고가 본안에 관하여 변론한 후에는 피고의 동의를 얻어야 한다(행정소송법 제8조 제2항, 민사소송법 제260조 제1항).

(3) 법원의 석명의무

행정소송에서 원고가 처분청이 아닌 행정관청을 피고로 잘못 지정하였다면 법원으로서는 석명권을 행사하여 원고로 하여금 피고를 처분청으로 경정하게 하여 소송을 진행케 하여야 할 것이지, 그러한 조치를 취하지 아니한 채 피고의 지정이 잘못되었다는 이유로 막바로 소를 각하하면 안 된다(대판 1985.11.12. 85누621). **기출** 24 그리고 이러한 법리는 당사자소송에서 원고가 피고를 잘못 지정한 경우에도 마찬가지로 적용된다(대판 2006.11.9. 2006다23503).

> **세무서장의 위임에 의하여 한국자산관리공사가 한 공매처분에 대하여 세무서장을 피고로 하여 취소소송을 제기한 경우, 법원의 석명의무**
> 한국자산관리공사(구 성업공사)가 체납압류된 재산을 공매하는 것은 세무서장의 공매권한 위임에 의한 것으로 보아야 할 것이므로, 한국자산관리공사가 한 그 공매처분에 대한 취소 등의 항고소송을 제기함에 있어서는 수임청으로서 실제로 공매를 행한 한국자산관리공사를 피고로 하여야 하고, 위임청인 세무서장은 피고적격이 없다. 세무서장의 위임에 의하여 한국자산관리공사가 한 공매처분에 대하여 피고 지정을 잘못하여 피고적격이 없는 세무서장을 상대로 그 공매처분의 취소를 구하는 소송이 제기된 경우, 법원으로서는 석명권을 행사하여 피고를 한국자산관리공사로 경정하게 하여 소송을 진행하여야 한다(대판 1997.2.28. 96누1757). **기출** 24 · 21

(4) 피고경정의 효과

피고경정 허가결정이 있은 때에는 새로운 피고에 대한 소송은 처음에 소를 제기한 때에 제기된 것으로 보고(행정소송법 제14조 제4항), 종전의 피고에 대한 소송은 취하된 것으로 본다(행정소송법 제14조 제5항). **기출** 24 · 22 · 19

(5) 법원의 결정에 대한 불복

① 피고경정신청의 각하결정에 대하여는 신청인이 즉시항고할 수 있다(행정소송법 제14조 제3항). **기출** 22 · 19

② 피고경정허가결정(= 피고경정신청을 인용하는 결정)에 대하여 종전의 피고는 항고제기의 방법으로 불복을 신청할 수 없다. **기출** 24 · 19 다만, 행정소송법 제8조 제2항에 따라 준용되는 민사소송법 제449조에서 정한 특별항고로서 불복할 수는 있다(대결 1994.6.29. 93두48: 대결 2006.2.23. 2005부4).

(6) 적용 범위

① 피고의 경정에 관한 행정소송법 제14조는 무효등확인소송, 부작위법확인소송 및 당사자소송에 준용되고 있다(행정소송법 제38조 및 제44조 제1항). 기출 19

② 또한 행정소송법은 소의 (종류)변경에 따른 피고의 경정을 인정하고 있다. 소의 (종류)변경을 허가하는 결정이 확정되면, 법원은 결정의 정본을 새로운 피고에게 송달하여야 하고, 새로운 피고에 대한 소송은 처음에 소를 제기한 때에 제기된 것으로 보며, 종전의 피고에 대한 소송은 취하된 것으로 본다(행정소송법 제21조 제4항, 제14조 제2항·제4항·제5항).

③ 행정소송법 제10조 제2항의 관련청구의 병합은 그것이 관련청구에 해당하기만 하면 당연히 병합청구를 할 수 있으므로 법원의 피고경정결정을 받을 필요가 없다(대결 1989.10.27. 89두1). 기출 24

Ⅵ 제소기간

> **행정소송법 제20조(제소기간)**
> ① 취소소송은 처분등이 있음을 안 날부터 90일 이내에 제기하여야 한다. 다만, 제18조 제1항 단서에 규정한 경우와 그 밖에 행정심판청구를 할 수 있는 경우 또는 행정청이 행정심판청구를 할 수 있다고 잘못 알린 경우에 행정심판청구가 있은 때의 기간은 재결서의 정본을 송달받은 날부터 기산한다. 기출 18
> ② 취소소송은 처분등이 있은 날부터 1년(제1항 단서의 경우는 재결이 있은 날부터 1년)을 경과하면 이를 제기하지 못한다. 다만, 정당한 사유가 있는 때에는 그러하지 아니하다. 기출 24
> ③ 제1항의 규정에 의한 기간은 불변기간으로 한다. 기출 23

1. 행정심판을 거치지 않고 취소소송을 제기하는 경우

(1) 개 설

① 행정심판을 거치지 않고 취소소송을 제기하는 경우 취소소송은 처분등이 있음을 안 날부터 90일 이내에 제기하여야 한다(행정소송법 제20조 제1항 본문). 기출 18 그리고 정당한 사유가 있는 때를 제외하고, 처분등이 있은 날부터 1년을 경과하면 취소소송을 제기하지 못한다(행정소송법 제20조 제2항). 두 기간 중 어느 하나의 기간이라도 경과하게 되면 취소소송은 부적법하게 된다(사법연수원, 행정소송법[2017], 185면; 법원실무제요 행정 [2], 5면). 기출 22·20

② 행정소송법 제20조 제1항이 정한 '처분등이 있음을 안 날'은 유효한 행정처분이 있음을 안 날을, 같은 조 제2항이 정한 '처분등이 있은 날'은 그 행정처분의 효력이 발생한 날을 각 의미한다(대판 2019.8.9. 2019두38656). 기출 21

③ 행정소송법 제20조 제1항에서 말하는 "취소소송은 처분등이 있음을 안 날부터 90일 이내"는 불변기간이다(행정소송법 제20조 제3항). 불변기간이란 법정기간으로서 법원 등이 변경할 수 없는 기간을 말한다. 따라서 법원은 직권으로 이 기간을 늘이거나 줄일 수 없다. 기출 23 · 22

③ 기간의 계산에 관하여는 행정소송법에 특별한 규정이 없으므로, "기간의 계산은 민법에 따른다"는 민사소송법 제170조가 준용된다(행정소송법 제8조 제2항). 따라서 ㉠ 초일 불산입에 관한 민법 제157조, ㉡ 기간의 말일이 토요일 또는 공휴일에 해당하는 때에는 그 기간은 그 익일(翌日, 다음 날)로 만료한다는 민법 제161조 등을 적용하여 제소기간 준수여부를 판단하여야 한다. 기출 21

> **민법 제157조(기간의 기산점)**
> 기간을 일, 주, 월 또는 연으로 정한 때에는 기간의 초일은 산입하지 아니한다. 그러나 그 기간이 오전 영시로부터 시작하는 때에는 그러하지 아니하다.
>
> **민법 제159조(기간의 만료점)**
> 기간을 일, 주, 월 또는 연으로 정한 때에는 기간말일의 종료로 기간이 만료한다.
>
> **민법 제161조(공휴일 등과 기간의 만료점)**
> 기간의 말일이 토요일 또는 공휴일에 해당한 때에는 기간은 그 익일로 만료한다.

(2) 처분등이 있음을 안 날부터 90일 이내

① '처분등이 있음을 안 날'이란 '당사자가 통지·공고 그 밖의 방법에 의하여 해당 처분이 있었다는 사실을 현실적으로 안 날'을 의미한다(대판 2014.9.25. 2014두8254).

② 처분이 있음을 알았다고 하려면 처분의 존재가 전제되어야 하고, 행정처분이 상대방에게 고지되어 효력을 발생하여야 한다(대판 1977.11.22. 77누195; 대판 2014.9.25. 2014두8254 참조).

> 행정소송법 제20조 제1항이 정한 제소기간의 기산점인 '처분등이 있음을 안 날'이란 통지, 공고 기타의 방법에 의하여 당해 처분등이 있었다는 사실을 현실적으로 안 날을 의미한다. 상대방이 있는 행정처분의 경우에는 특별한 규정이 없는 한 의사표시의 일반적 법리에 따라 행정처분이 상대방에게 고지되어야 효력을 발생하게 되므로, 행정처분이 상대방에게 고지되어 상대방이 이러한 사실을 인식함으로써 행정처분이 있다는 사실을 현실적으로 알았을 때 행정소송법 제20조 제1항이 정한 제소기간이 진행한다고 보아야 한다(대판 2014.9.25. 2014두8254).

③ 따라서 아직 외부적으로 성립되지 않은 처분이거나 행정처분이 상대방에게 고지되지 않아 효력이 발생하지 않은 경우 등에는 비록 상대방이 그 내용을 어떠한 경로(예 정보공개청구)를 통하여 알게 되었다 하더라도 제소기간이 진행될 수 없다(대판 2014.9.25. 2014두8254 참조).

> 지방보훈청장이 허혈성심장질환이 있는 甲에게 재심 서면판정 신체검사를 실시한 다음 종전과 동일하게 전(공)상군경 7급 국가유공자로 판정하는 '고엽제후유증전환 재심신체검사 무변동처분' 통보서를 2012.8.27. 甲에게 송달하자 甲이 위 처분의 취소를 구한 사안에서, 위 처분이 甲에게 고지되어 처분이 있다는 사실을 현실적으로 알았을 때(2012.8.27.) 행정소송법 제20조 제1항에서 정한 제소기간이 진행한다고 보아야 함에도, 甲이 통보서를 송달받기 전에 자신의 의무기록에 관한 정보공개를 청구하여 위 처분을 하는 내용의 통보서를 비롯한 일체의 서류를 교부받은 날(2012.5.29.)부터 제소기간을 기산하여 위 소는 90일이 지난 후 제기한 것으로서 부적법하다고 본 원심판결에 법리를 오해한 위법이 있다고 한 사례(대판 2014.9.25. 2014두8254).

④ 처분서가 처분상대방의 주소지에 송달되는 등 사회통념상 처분이 있음을 처분상대방이 알 수 있는 상태에 놓인 때에는 반증이 없는 한, 처분상대방이 처분이 있음을 알았다고 추정할 수 있다(대판 2017.3.9. 2016두60577). **기출** 23 · 21 · 20

> 행정소송법 제20조 제1항이 정한 제소기간의 기산점인 '처분등이 있음을 안 날'이란 통지, 공고 기타의 방법에 의하여 당해 처분등이 있었다는 사실을 현실적으로 안 날을 의미하므로, 행정처분이 상대방에게 고지되어 상대방이 이러한 사실을 인식함으로써 행정처분이 있다는 사실을 현실적으로 알았을 때 행정소송법 제20조 제1항이 정한 제소기간이 진행한다고 보아야 하고, 처분서가 처분상대방의 주소지에 송달되는 등 사회통념상 처분이 있음을 처분상대방이 알 수 있는 상태에 놓인 때에는 반증이 없는 한 처분상대방이 처분이 있음을 알았다고 추정할 수 있다. 또한 우편물이 등기취급의 방법으로 발송된 경우 그것이 도중에 유실되었거나 반송되었다는 등의 특별한 사정에 대한 반증이 없는 한 그 무렵 수취인에게 배달되었다고 추정할 수 있다(대판 2017.3.9. 2016두60577). ☞ "간주"가 아니라 "추정"이다. **기출** 23 · 21 · 20

⑤ 고시 또는 공고에 의한 행정처분의 경우
  ㉠ 일반처분의 경우 : 일반처분의 경우(불특정 다수인에게 고시 또는 공고에 의하여 행정처분을 하는 경우), 고시 또는 공고가 있었다는 사실을 현실적으로 알았는지 여부에 관계없이 '고시가 효력을 발생하는 날' 행정처분이 있음을 알았다고 보아야 한다(대판 2007.6.14. 2004두619). **기출** 23 · 22 · 20

> 청소년유해매체물 결정 및 고시처분의 제소기간(= 고시가 효력을 발생하는 날부터 90일 이내)
> [1] 통상 고시 또는 공고에 의하여 행정처분을 하는 경우에는 그 처분의 상대방이 불특정 다수인이고 그 처분의 효력이 불특정 다수인에게 일률적으로 적용되는 것이므로, 그 행정처분에 이해관계를 갖는 자가 고시 또는 공고가 있었다는 사실을 현실적으로 알았는지 여부에 관계없이 고시가 효력을 발생하는 날 행정처분이 있음을 알았다고 보아야 한다. **기출** 23
> [2] 인터넷 웹사이트에 대하여 구 청소년보호법에 따른 청소년유해매체물 결정 및 고시처분을 한 사안에서, 위 결정은 이해관계인이 고시가 있었음을 알았는지 여부에 관계없이 관보에 고시됨으로써 효력이 발생하고, 그가 위 결정을 통지받지 못하였다는 것이 제소기간을 준수하지 못한 것에 대한 정당한 사유가 될 수 없다고 한 사례(대판 2007.6.14. 2004두619).

  ㉡ 특정인에 대한 행정처분의 경우 : 특정인에 대한 행정처분을 주소불명 등의 이유로 송달할 수 없어 관보 · 공보 · 게시판 · 일간신문 등에 공고한 경우(행정절차법 제14조 제4항, 송달에 갈음하는 공고), 공고가 효력을 발생하는 날(= 공고가 있은 날부터 14일이 경과한 때)에 상대방이 그 행정처분이 있음을 알았다고 볼 수는 없고, 상대방이 그 처분이 있었다는 사실을 현실적으로 안 날에 그 처분이 있음을 알았다고 보아야 한다(대판 2006.4.28. 2005두14851). **기출** 23 · 21 · 20

⑥ 제소기간의 불고지 · 오고지의 경우 : 행정심판법과 달리 행정소송법에는 행정소송의 제기에 필요한 사항의 고지의무 및 불고지 · 오고지의 효과에 관한 규정이 없으므로 행정소송 제기기간에 관한 불고지 · 오고지는 행정소송제기기간에 영향을 미치지 않는다(대판 2007.4.27. 2004두9302). **기출** 23 입법론으로는 행정소송법에도 고지제도를 규정하는 것이 타당하다.

> **행정청이 행정소송의 제소기간을 알리지 않거나 법정 제소기간보다 긴 기간으로 잘못 알린 경우**
> [1] 행정청이 법정 심판청구기간보다 긴 기간으로 잘못 알린 경우에 그 잘못 알린 기간 내에 심판청구가 있으면 그 심판청구는 법정 심판청구기간 내에 제기된 것으로 본다는 취지의 행정심판법 제18조 제5항(현행 제27조 제5항)의 규정은 행정심판 제기에 관하여 적용되는 규정이지, 행정소송 제기에도 당연히 적용되는 규정이라고 할 수는 없다. ☞ 따라서 행정청이 처분을 하면서 법정 제소기간보다 긴 기간으로 제소기간을 고지하였더라도 그 잘못 고지된 기간 내에 제기된 소를 제소기간을 준수한 것으로 볼 수 없다. 기출 24
> [2] 행정처분시나 그 이후 행정청으로부터 행정심판 제기기간에 관하여 법정 심판청구기간보다 긴 기간으로 잘못 통지받은 경우에 보호할 신뢰 이익은 그 통지받은 기간 내에 행정심판을 제기한 경우에 한하는 것이지 행정소송을 제기한 경우에까지 확대된다고 할 수 없으므로, 당사자가 행정처분시나 그 이후 행정청으로부터 행정심판 제기기간에 관하여 법정 심판청구기간보다 긴 기간으로 잘못 통지받아 행정소송법상 법정 제소기간을 도과하였다고 하더라도, 그것이 당사자가 책임질 수 없는 사유로 인한 것이라고 할 수는 없다(대판 2007.4.27. 2004두9302).

(3) 처분등이 있은 날부터 1년 이내

① 정당한 사유가 있는 때를 제외하고, 처분등이 있은 날부터 1년을 경과하면 취소소송을 제기하지 못한다(행정소송법 제20조 제2항).

② '처분등이 있은 날'이란 '처분등이 효력을 발생한 날'을 의미한다. 기출 21 따라서 처분이 단순히 내부적으로 결정된 것만으로는 부족하고 외부에 표시되어야 하며, 상대방이 있는 처분의 경우에는 상대방에게 도달하여 처분의 효력이 발생한 날을 말한다(대판 1990.7.13. 90누2284). 다만, 통지가 없는 처분의 경우(예 권력적 사실행위)에는 외부에 표시되어 효력을 발생한 날을 말한다.

③ 처분이 있은 날부터 1년을 경과하였더라도 정당한 사유가 있는 때에는 취소소송을 제기할 수 있다. 여기에서 "정당한 사유"란 불확정 개념으로서 그 존부는 사안에 따라 개별적, 구체적으로 판단하여야 하나 민사소송법 제173조 의 "당사자가 그 책임을 질 수 없는 사유"나 행정심판법 제27조 제2항 소정의 "천재지변, 전쟁, 사변 그 밖에 불가항력적인 사유"보다는 넓은 개념이라고 풀이되므로, 제소기간도과의 원인 등 여러 사정을 종합하여 지연된 제소를 허용하는 것이 사회통념상 상당하다고 할 수 있는가에 의하여 판단하여야 한다(대판 2014.1.16. 2011두24651).

④ 행정처분의 직접 상대방이 아닌 제3자는 일반적으로 처분이 있는 것을 바로 알 수 없는 처지에 있으므로, 특별한 사정이 없는 한 행정소송법 제20조 제2항 단서의 정당한 사유가 인정될 수 있을 것이다(대판 1992.7.28. 91누12844 참조).

2. 행정심판을 거쳐 취소소송을 제기하는 경우

(1) 제소기간

행정심판을 거쳐 취소소송을 제기하는 경우, 재결서의 정본을 송달받은 날부터 90일 이내에 소송을 제기하여야 한다(행정소송법 제20조 제1항 단서). 기출 22·20·18 그리고 정당한 사유가 있는 때를 제외하고, 재결이 있은 날부터 1년을 경과하면 취소소송을 제기하지 못한다(행정소송법 제20조 제2항). 두 기간 중 어느 하나의 기간이라도 경과하게 되면 취소소송은 부적법하게 된다. 기출 24

(2) 행정심판의 의미

① 행정소송법 제20조 제1항의 행정심판은 행정심판법에 따른 '일반행정심판'과 행정심판법 제4조에서 정하고 있는 '특별행정심판'을 의미한다(대판 2014.4.24, 2013두10809).

② 판례는 「공공감사에 관한 법률」상의 재심의 신청(대판 2014.4.24, 2013두10809)이나 「민원사무 처리에 관한 법률」상의 이의신청(대판 2012.11.15, 2010두8676)은 행정소송법 제20조 제1항이 적용되는 특별행정심판에 해당하지 않는다고 한다.

(3) 행정심판을 거쳐 취소소송을 제기하는 경우의 의미

① '행정심판을 거쳐 취소소송을 제기하는 경우'란 ㉠ 필요적으로 행정심판을 거쳐야 하는 처분(행정소송법 제18조 제1항 단서에 해당하는 처분), ㉡ 임의적으로 행정심판절차를 거칠 수 있는 처분(행정소송법 제18조 제1항 본문에 해당하는 처분), ㉢ 비록 법령상은 행정심판청구가 금지되어 있으나 행정청이 행정심판청구를 할 수 있다고 잘못 알린 처분에 대하여 행정심판청구를 한 경우를 모두 포함한다(행정소송법 제20조 제1항 단서).

② 제소기간의 기산점을 '처분이 있음을 안 날'이 아니라 '재결서 정본을 송달받은 날'을 기준으로 하려면 행정심판청구가 적법하여야 한다(대판 2011.11.24, 2011두18786). 따라서 행정심판청구가 부적법하여 각하재결을 받은 경우에는 행정소송법 제20조 제1항 단서를 적용할 수 없다. 기출 20

> 행정소송법 제18조 제1항, 제20조 제1항, 구 행정심판법 제18조 제1항을 종합해 보면, 행정처분이 있음을 알고 처분에 대하여 곧바로 취소소송을 제기하는 방법을 선택한 때에는 처분이 있음을 안 날부터 90일 이내에 취소소송을 제기하여야 하고, 행정심판을 청구하는 방법을 선택한 때에는 처분이 있음을 안 날부터 90일 이내에 행정심판을 청구하고 행정심판의 재결서를 송달받은 날부터 90일 이내에 취소소송을 제기하여야 한다. 따라서 처분이 있음을 안 날부터 90일 이내에 행정심판을 청구하지도 않고 취소소송을 제기하지도 않은 경우에는 그 후 제기된 취소소송은 제소기간을 경과한 것으로서 부적법하고, 처분이 있음을 안 날부터 90일을 넘겨 청구한 부적법한 행정심판청구에 대한 재결이 있은 후 재결서를 송달받은 날부터 90일 이내에 원래의 처분에 대하여 취소소송을 제기하였다고 하여 취소소송이 다시 제소기간을 준수한 것으로 되는 것은 아니다(대판 2011.11.24, 2011두18786). ☞ 행정심판 제기기간을 넘긴 것을 이유로 한 각하재결이 있은 후 취소소송을 제기하는 경우에는 「행정소송법」제20조 제1항 단서(= 재결서의 정본을 송달받은 날부터 90일 이내)가 적용되지 아니한다. 기출 20

3. 제소기간의 기산점이 문제되는 특수한 경우

① 처분에 대한 이의신청을 거쳐 취소소송을 제기하는 경우 : 처분에 대해 이의신청을 거쳐 취소소송을 제기하는 경우, 제소기간의 기산점은 이의신청에 대한 결과를 통지받은 날이다(행정기본법 제36조 제4항). 따라서 이의신청에 대한 결과를 통지받은 날부터 90일 이내에 취소소송을 제기하여야 한다. 기출 24

> **행정기본법 제36조(처분에 대한 이의신청)**
> ④ 이의신청에 대한 결과를 통지받은 후 행정심판 또는 행정소송을 제기하려는 자는 그 결과를 통지받은 날(제2항에 따른 통지기간 내에 결과를 통지받지 못한 경우에는 같은 항에 따른 통지기간이 만료되는 날의 다음 날을 말한다)부터 90일 이내에 행정심판 또는 행정소송을 제기할 수 있다.

② 조세심판에서 재조사결정이 있는 경우 : 조세심판에서의 재결청의 재조사결정에 따른 행정소송의 제소기간의 기산점은 후속처분의 통지를 받은 날이다(대판 2010.6.25. 2007두12514[전합]). 기출 22

재조사결정에 다른 행정소송의 제기기간의 기산점(= 후속 처분의 통지를 받은 날)
재조사결정의 형식과 취지, 그리고 행정심판제도의 자율적 행정통제기능 및 복잡하고 전문적·기술적 성격을 갖는 조세법률관계의 특수성 등을 감안하면, 재조사결정은 당해 결정에서 지적된 사항에 관해서는 처분청의 재조사결과를 기다려 그에 따른 후속 처분의 내용을 이의신청 등에 대한 결정의 일부분으로 삼겠다는 의사가 내포된 변형결정에 해당한다고 볼 수밖에 없다. 그렇다면 재조사결정은 처분청의 후속 처분에 의하여 그 내용이 보완됨으로써 이의신청 등에 대한 결정으로서의 효력이 발생한다고 할 것이므로, 재조사결정에 따른 심사청구기간이나 심판청구기간 또는 행정소송의 제기기간은 이의신청인 등이 후속 처분의 통지를 받은 날부터 기산된다고 봄이 타당하다(대판 2010.6.25. 2007두12514[전합]). 기출 22

---

③ 변경명령재결에 따라 변경처분이 있은 경우 : 변경명령재결에 따른 변경처분의 경우에 취소소송의 대상은 '변경된 내용의 당초 처분'이며, 제소기간은 행정심판 재결서 정본을 송달받은 날부터 90일 이내라는 것이 판례의 입장이다(대판 2007.4.27. 2004두9302).

④ 직권에 의한 변경처분을 다투는 경우 : 직권에 의한 변경처분을 다투는 소송의 제소기간은 해당 변경처분이 있은 때를 기산점으로 한다. 사후부담 부가처분 또는 변경처분의 취소를 구하는 소를 제기하는 경우, 제소기간은 해당 처분(사후부담 부가처분 또는 변경처분)이 있음을 안 날(부터 90일 이내) 또는 있은 날(부터 1년 이내)을 기산점으로 한다(대판 2014.2.21. 2011두20871).

⑤ 헌법재판소의 위헌결정으로 취소소송의 제기가 가능하게 된 경우 : 처분 당시에는 취소소송의 제기가 법제상 허용되지 않아 소송을 제기할 수 없다가 위헌결정으로 인하여 비로소 취소소송을 제기할 수 있게 된 경우에는 객관적으로는 '위헌결정이 있은 날', 주관적으로는 '위헌결정이 있음을 안 날' 비로소 취소소송을 제기할 수 있게 되어 이때를 제소기간의 기산점으로 삼아야 한다(대판 2008.2.1. 2007두20997).

4. 제소기간의 준수 여부 판단의 기준시점

(1) 원 칙

제소기간의 준수 여부는 원칙적으로 '소 제기시를 기준'으로 판단한다.

(2) 소의 종류의 변경이 있는 경우

행정소송법 제21조에 따란 소의 종류의 변경의 경우에는 새로운 소에 대한 제소기간의 준수는 '처음의 소가 제기된 때'를 기준으로 하여야 한다(행정소송법 제21조 제4항).

(3) 소의 교환적 변경이 있는 경우

① 청구취지를 교환적으로 변경하여 종전의 소가 취하되고 새로운 소가 제기된 것으로 보게 되는 경우에 새로운 소에 대한 제소기간의 준수 등은 원칙적으로 '소의 변경이 있은 때'를 기준으로 하여 판단한다(대판 2013.7.11. 2011두27544; 대판 2004.11.25. 2004두7023). 기출 22

② 그러나 선행처분의 취소를 구하는 소가 그 후속처분의 취소를 구하는 소로 교환적으로 변경되었다가 다시 선행처분의 취소를 구하는 소로 변경된 경우 후속처분의 취소를 구하는 소에 선행처분의 취소를 구하는 취지가 그대로 남아 있었던 것으로 볼 수 있다면 선행처분의 취소를 구하는 소의 제소기간은 '최초의 소가 제기된 때'를 기준으로 정하여야 한다(대판 2013.7.11. 2011두2754).

(4) 소의 추가적 변경이 있는 경우

① 청구취지를 추가하는 경우(소의 추가적 병합의 경우), 청구취지가 추가된 때에 새로운 소를 제기한 것으로 보므로, 추가된 청구취지에 대한 제소기간 준수 등은 원칙적으로 청구취지의 추가·변경 신청이 있는 때를 기준으로 판단하여야 한다(대판 2018.11.15. 2016두48737). 기출 22

② 그러나 선행 처분의 취소를 구하는 소를 제기하였다가 이후 후행 처분의 취소를 구하는 청구취지를 추가한 경우에도, 선행 처분이 종국적 처분을 예정하고 있는 일종의 잠정적 처분으로서 후행 처분이 있을 경우 선행 처분은 후행 처분에 흡수되어 소멸되는 관계에 있고, 당초 선행 처분에 존재한다고 주장되는 위법사유가 후행 처분에도 마찬가지로 존재할 수 있는 관계여서 선행 처분의 취소를 구하는 소에 후행 처분의 취소를 구하는 취지도 포함되어 있다고 볼 수 있다면, 후행 처분의 취소를 구하는 소의 제소기간은 선행 처분의 취소를 구하는 최초의 소가 제기된 때를 기준으로 정하여야 한다(대판 2018.11.15. 2016두48737).

③ 다만, 하자 있는 행정처분을 놓고 이를 무효로 볼 것인지 아니면 단순히 취소할 수 있는 처분으로 볼 것인지는 동일한 사실관계를 토대로 한 법률적 평가의 문제에 불과하고, 행정처분의 무효확인을 구하는 소에는 특단의 사정이 없는 한 그 취소를 구하는 취지도 포함되어 있다고 보아야 하는 점 등에 비추어 볼 때, 동일한 행정처분에 대하여 무효확인의 소를 제기하였다가 그 후 그 처분의 취소를 구하는 소를 추가적으로 병합한 경우, 주된 청구인 무효확인의 소가 적법한 제소기간 내에 제기되었다면 추가로 병합된 취소청구의 소도 적법하게 제기된 것으로 봄이 상당하다(대판 2005.12.23. 2005두3554). 기출 24·22·20

(5) 피고의 경정이 있는 경우

피고의 경정이 있는 때에는 새로운 피고에 대한 소송은 '처음에 소를 제기한 때'에 제기된 것으로 본다(행정소송법 제14조 제4항).

5. 직권조사사항

① 제소기간 준수 여부는 소송요건으로 법원의 직권조사사항이다(대판 2013.3.14. 2010두2623). 기출 22·18 따라서 제소기간이 도과한 후에 소를 제기한 경우에 있어서 피고 행정청이 이를 다투지 않고 변론에 응하더라도 제소기간에 대한 요건의 흠결은 치유되지 않는다(대판 1987.1.20. 86누490 참조).

② 법원의 직권조사를 통해서도 불분명한 경우 소제기의 효과를 주장하는 원고가 입증책임(증명책임)을 진다. 기출 20 본안판결을 받는다는 것 자체가 원고에게 유리한 사실이기 때문이다.

③ 취소소송의 제소기간이 도과한 경우, 법원은 소를 각하하여야 한다(소각하판결).

Ⅶ 행정심판전치주의가 적용되는 경우 전치절차를 거칠 것

행정소송법 제18조(행정심판과의 관계)
① 취소소송은 법령의 규정에 의하여 당해 처분에 대한 행정심판을 제기할 수 있는 경우에도 이를 거치지 아니하고 제기할 수 있다. 다만, 다른 법률에 당해 처분에 대한 행정심판의 재결을 거치지 아니하면 취소소송을 제기할 수 없다는 규정이 있는 때에는 그러하지 아니하다.
② 제1항 단서의 경우에도 다음 각 호의 1에 해당하는 사유가 있는 때에는 행정심판의 재결을 거치지 아니하고 취소소송을 제기할 수 있다.
   1. 행정심판청구가 있은 날로부터 60일이 지나도 재결이 없는 때 **기출** 24·21
   2. 처분의 집행 또는 절차의 속행으로 생길 중대한 손해를 예방하여야 할 긴급한 필요가 있는 때 **기출** 18
   3. 법령의 규정에 의한 행정심판기관이 의결 또는 재결을 하지 못할 사유가 있는 때
   4. 그 밖의 정당한 사유가 있는 때
③ 제1항 단서의 경우에 다음 각 호의 1에 해당하는 사유가 있는 때에는 행정심판을 제기함이 없이 취소소송을 제기할 수 있다.
   1. 동종사건에 관하여 이미 행정심판의 기각재결이 있은 때 **기출** 23·22·21·19·18
   2. 서로 내용상 관련되는 처분 또는 같은 목적을 위하여 단계적으로 진행되는 처분 중 어느 하나가 이미 행정심판의 재결을 거친 때 **기출** 18
   3. 행정청이 사실심의 변론 종결 후 소송의 대상인 처분을 변경하여 당해 변경된 처분에 관하여 소를 제기하는 때 **기출** 18
   4. 처분을 행한 행정청이 행정심판을 거칠 필요가 없다고 잘못 알린 때 **기출** 23·18
④ 제2항 및 제3항의 규정에 의한 사유는 이를 소명하여야 한다.

1. 원칙 : 임의적 전치주의

행정소송법은 "취소소송은 법령의 규정에 의하여 해당 처분에 대한 행정심판을 제기할 수 있는 경우에도 이를 거치지 아니하고 제기할 수 있다. 다만, 다른 법률에 해당 처분에 대한 행정심판의 재결을 거치지 아니하면 취소소송을 제기할 수 없다는 규정이 있는 때에는 그러하지 아니하다(행정소송법 제18조 제1항)"라고 규정하여, 행정심판을 원칙적으로 임의적인 구제절차로 규정하고 있다. **기출** 23

2. 예외 : (필요적) 행정심판전치주의

(1) 취 지

행정청의 위법한 처분의 취소, 변경, 기타 공법상의 권리관계에 관한 소송인 행정소송에 있어서 실질적으로 초심적 기능을 하고 있는 행정심판전치주의는 행정행위의 특수성, 전문성 등에 비추어 처분행정청으로 하여금 스스로 재고(再考), 시정할 수 있는 기회를 부여함에 그 뜻이 있는 것이다(대판 1994.11.22. 93누11050). **기출** 23

(2) (필요적) 행정심판전치주의가 인정되는 사례

① 공무원에 대한 징계처분, 강임·휴직·직위해제 또는 면직처분 등 : 공무원에 대한 징계처분, 강임·휴직·직위해제 또는 면직처분, 그 밖에 본인의 의사에 반한 불리한 처분이나 부작위에 관한 행정소송은 소청심사위원회의 심사·결정을 거치지 아니하면 제기할 수 없다(국가공무원법 제16조 제1항, 지방공무원법 제20조의2). 즉, 공무원 징계처분 등에 대한 취소소송(행정소송)에는 필요적 행정심판전치주의(= 소청심사전치주의)가 적용된다. **기출** 22·20·19 다만, 이 경우에도 행정소송법 제19조에 따라 원처분주의가 적용된다. **기출** 21

② **국세부과처분** : 「국세기본법」에 따른 국세부과처분에는 필요적 행정심판(국세청장에게 심사청구 또는 조세심판원장에게 심판청구)전치주의가 적용된다(국세기본법 제55조 제1항, 제56조 제2항). **기출** 24·20 한편, 「감사원법」에 규정된 심사청구를 거친 경우에는 「국세기본법」에 따른 심사청구 또는 심판청구를 거친 것으로 본다(국세기본법 제56조 제5항). **기출** 24·17 그러나 동일한 처분에 대하여 국세청장에 대한 심사청구나 조세심판원장에 대한 심판청구 또는 감사원에 대한 심사청구를 중복하여 제기할 수 는 없다(국세기본법 제55조 제1항 제2호, 제9항). 다만, 행정소송법 제19조에 따라 원처분주의가 적용된다. **기출** 21

③ **지방세부과처분** : 지방세의 경우에는 헌법재판소의 구 지방세법 제78조 제2항에 대한 위헌결정 이후 국세와 달리 임의적 전치주의가 적용되었으나, 2019.12.31. 개정된 지방세기본법 제98조 제3항, 부칙 제11조 제1항에 의하면 2021.1.1. 이후 행정소송을 제기하는 경우부터 필요적 행정심판(조세심판원장에게 심판청구)전치주의가 적용된다. **기출** 24 한편, 감사원의 심사청구를 거친 경우 지방세기본법 등에 따른 심판청구를 거친 것으로 본다(감사원법 제46조의2, 국세기본법 제56조 제5항, 지방세기본법 제98조 제6항). 따라서 지방세의 부과처분에 대하여 감사원에 심사청구를 한 자가 그 심사청구의 결정에 불복하는 경우에는 곧바로 행정소송을 제기할 수 있다. **기출** 24 그러나 동일한 처분에 대하여 조세심판원장에 대한 심판청구와 감사원에 대한 심사청구를 중복하여 제기할 수는 없다(지방세기본법 제89조 제2항 제3호, 제100조). 지방세에 대한 심판청구에 앞서 이의신청을 할 수 있으나(지방세기본법 제89조 및 제90조), 이의신청은 행정심판전치주의가 적용되는 행정심판은 아니며 임의적 절차이다. 한편, 활용률이 낮은 지방세기본법상 시·군·구세에 대한 심사청구제도(시·도지사에게 심사청구)는 폐지되었다. **기출** 24·17

④ **관세부과처분** : 「관세법」에 따른 관세부과처분에는 필요적 행정심판(관세청장에게 심사청구 또는 조세심판원장에게 심판청구)전치주의가 적용된다(관세법 제119조 제1항, 제120조 제2항). **기출** 20 한편, 「감사원법」에 규정된 심사청구를 거친 경우에는 「관세법」에 따른 심사청구 또는 심판청구를 거친 것으로 본다(관세법 제120조 제5항). 그러나 동일한 처분에 대하여 관세청장에 대한 심사청구나 조세심판원장에 대한 심판청구 또는 감사원에 대한 심사청구를 중복하여 제기할 수는 없다(관세법 제119조 제1항 제2호, 제10항).

⑤ **도로교통법상 처분(운전면허취소처분, 운전면허정지처분 등)** : 도로교통법상 처분(예 운전면허취소처분, 운전면허정지처분)에도 필요적 행정심판전치주의가 적용된다(도로교통법 제142조). **기출** 20·19

3. (필요적) 행정심판전치주의의 적용범위

① 행정심판전치주의가 적용되는 행정처분이 제3자효 행정행위인 경우, 행정처분의 상대방이 아닌 제3자가 행정소송을 제기하는 경우에도 제3자는 행정심판의 재결을 거쳐 행정소송을 제기해야 한다(대판 1989.5.9. 88누5150).

② 행정심판 전치주의는 취소소송과 부작위위법확인소송에서 인정되며(행정소송법 제18조 제1항, 제38조 제2항), 무효확인소송에는 인정되지 않는다(행정소송법 제38조 제1항에서 제18조를 준용하지 않음). **기출** 17

③ 그러나 <u>무효선언을 구하는 취소소송</u>은 그 형식이 취소소송이므로 행정심판전치주의가 적용된다(대판 1976.2.24. 75누128[전합]; 대판 1987.6.9. 87누219). 무효선언을 구하는 취소소송에서 행정심판전치주의의 요건을 충족하지 않은 경우에는 무효확인소송으로 소의 종류를 변경을 하면 된다.

④ 주위적 청구가 무효확인소송이라 하더라도 <u>병합 제기된 예비적 청구가 취소소송이라면 이에 대한 행정심판의 재결을 거치는 등으로 취소소송의 적법한 제소요건을 갖추어야 한다</u>(대판 1994.4.29. 93누12626).

4. (필요적) 행정심판전치주의의 완화

① 행정소송법 제18조 제2항과 제3항은 행정심판전치주의에 대한 다양한 예외를 인정하고 있는바, 공무원에 대한 징계처분에 관하여 소청심사를 거치지 아니하고서는 행정소송을 제기할 수 없도록 한 <u>국가공무원법 제16조 제2항의 경우(소청전치주의)</u>에도 동일하게 적용된다(헌재 2007.1.17. 2005헌바86 참조).

행정심판의 재결 없이 행정소송을 제기할 수 있는 경우 (이 경우 행정심판 청구는 있어야 한다)(제18조 제2항)	행정심판의 제기 없이 행정소송을 제기할 수 있는 경우 (제18조 제3항, 제22조 제2항)
• 행정심판청구가 있은 날로부터 60일이 지나도 재결이 없을 때 기출 24·21 • 처분의 집행 또는 절차의 속행으로 생길 중대한 손해를 예방하여야 할 긴급한 필요가 있을 때 기출 18 • 법령의 규정에 의한 행정심판기관이 의결 또는 재결을 하지 못할 사유가 있을 때 • 그 밖의 정당한 사유가 있을 때	• 동종사건에 관하여 이미 행정심판의 기각재결이 있을 때[1] 기출 23·22·21·19·18 • 서로 내용상 관련되는 처분 또는 같은 목적을 위하여 단계적으로 진행되는 처분 중 어느 하나가 이미 행정심판의 재결을 거친 때 기출 18 • 행정청이 사실심의 변론종결 후 소송의 대상인 처분을 변경하여 당해 변경된 처분에 관하여 소를 제기하는 때 기출 18 • 처분을 행한 행정청이 행정심판을 거칠 필요가 없다고 잘못 알린 때 기출 23·18 • <u>취소소송이 사실심에 계속되고 있는 동안 행정청이 소송의 대상인 처분을 변경하여 소의 변경을 한 때</u>(제22조 제2항)

> 행정소송법 제18조 제3항 제1호 소정의 '<u>동종사건</u>'에는 당해 사건은 물론이고, 당해 사건과 기본적인 점에서 <u>동질성이 인정되는 사건도 포함되는 것</u>으로서, 당해 사건에 관하여 타인이 행정심판을 제기하여 그에 대한 기각재결이 있었다든지 당해 사건 자체는 아니더라도 그 사건과 기본적인 점에서 동질성을 인정할 수 있는 다른 사건에 대한 행정심판의 기각재결이 있을 때도 여기에 해당한다(대판 1993.9.28. 93누9132).

② 국세의 납세고지처분에 대하여 적법한 전심절차를 거쳤다면 가산금 및 중가산금 징수처분에 대하여 별도로 전심절차를 거치지 않아도 된다(대판 1986.7.22. 85누297). 기출 21

> 국세징수법 제21조, 제22조 규정에 따른 <u>가산금 및 중가산금 징수처분은 국세의 납세고지처분과 별개의 행정처분이라고 볼 수 있다</u> 하더라도, 위 국세채권의 내용이 구체적으로 확정된 후에 비로소 발생되는 징수권의 행사이므로 국세의 납세고지처분에 대하여 적법한 전심절차를 거친 이상 가산금 및 중가산금 징수처분에 대하여 별도로 전심절차를 거치지 않았다 하더라도 행정소송으로 이를 다툴 수 있다(대판 1986.7.22. 85누297). 기출 21

---

1) <u>동일한 행정처분에 의하여 여러 사람이 동일한 의무를 부담하는 경우 그중 한 사람이 행정심판을 제기하여 기각재결을 받은 때 나머지 사람은 행정심판 제기 없이 행정소송을 제기할 수 있다</u>(행정소송법 제18조 제3항 제1호). 기출 21

5. (필요적) 행정심판전치주의의 이행 여부의 판단

① 적법한 행정심판청구

    ㉠ 행정심판전치주의의 요건을 갖추었다고 보려면 행정심판이 적법하여야 한다. 행정심판을 필요적 전치절차로 규정한 것은 행정청에게 스스로 위법·부당을 시정할 수 있도록 하기 위한 것이기 때문이다.

    ㉡ 행정심판청구가 적법한지는 법원이 판단할 문제이고 행정심판위원회의 판단에 구애되지 아니하므로, <u>적법한 행정심판청구를 행정심판위원회가 부적법하다고 각하한 경우에는 행정심판 전치요건을 충족한 것으로 보아야 한다</u>(대판 1990.10.12. 90누2383 참조).

    ㉢ 반면, <u>부적법한 행정심판은 행정심판위원회가 이를 적법한 것으로 오인하고 본안판단을 하였다고 하더라도, 행정심판 전치의 요건을 갖추었다고 볼 수 없다</u>(대판 1991.6.25. 90누8091). `기출` 20 · 17

> 행정처분의 취소를 구하는 <u>항고소송의 전심절차인 행정심판청구가 기간도과로 인하여 부적법한 경우에는 행정소송 역시 전치의 요건을 충족치 못한 것이 되어 부적법 각하를 면치 못하는 것이고, 이 점은 행정청이 행정심판의 제기기간을 도과한 부적법한 심판에 대하여 그 부적법을 간과한 채 실질적 재결을 하였다 하더라도 달라지는 것이 아니다</u>(대판 1991.6.25. 90누8091). `기출` 20

② 직권조사사항

    ㉠ 필요적 행정심판전치주의가 적용되는 경우, 행정심판 전치요건(행정심판청구와 그 재결의 존재)은 소송요건이므로 법원의 직권조사사항에 속한다. `기출` 23 · 20 따라서 <u>피고 행정청의 이의가 없더라도 법원은 전치요건을 갖추었는지를 직권으로 조사하여야 하고, 원고가 전치절차를 거치지 않았다고 시인하더라도 바로 전치절차를 거치지 않았다고 단정하여서는 아니 된다</u>(대판 1986.4.8. 82누242).

    ㉡ 다만, 본안판결을 받는다는 것 자체가 원고에게 유리한 사실이므로 <u>법원의 직권조사를 통해서도 불분명한 경우 행정심판전치주의의 예외가 되는 사유는 원고에게 입증책임(증명책임)이 있다</u>. `기출` 17

    ㉢ 한편, <u>임의적 행정심판주의가 적용되는 경우에는 행정심판을 거쳤는지 여부는 소송요건이 아니므로 법원의 직권조사사항이 아니다</u>. `기출` 19

③ 행정심판 전치요건 충족 여부 판단의 기준 시점

    ㉠ 필요적 행정심판전치주의가 적용되는 사건에서, <u>전치요건(행정심판청구와 그 재결의 존재)을 충족하였는지의 여부는 사실심 변론종결 시를 기준으로 판단한다</u>(대판 1987.4.28. 86누29).

    ㉡ 따라서 <u>행정소송 제기 당시에는 행정심판 전치요건을 구비하지 못한 위법이 있다 하여도 소를 각하하기 전에 재결이 있으면 그 흠결의 하자는 치유되고, 행정심판청구를 하지 않고 제기된 소송이라도 사실심 변론종결당시까지 그 전치요건을 갖추면 법원은 소를 각하할 수 없다</u>(대판 1987.9.22. 87누176 참조).

`기출` 23 · 21 · 20 · 19

행정소송법 제9조(재판관할)
① 취소소송의 제1심관할법원은 피고의 소재지를 관할하는 행정법원으로 한다. [기출] 22 · 19
② 제1항에도 불구하고 다음 각 호의 어느 하나에 해당하는 피고에 대하여 취소소송을 제기하는 경우에는 대법원소재지를 관할하는 행정법원에 제기할 수 있다.
　1. 중앙행정기관, 중앙행정기관의 부속기관과 합의제행정기관 또는 그 장 [기출] 20
　2. 국가의 사무를 위임 또는 위탁받은 공공단체 또는 그 장 [기출] 22 · 21

> **행정소송규칙 제5조(재판관할)**
> ① 국가의 사무를 위임 또는 위탁받은 공공단체 또는 그 장에 대하여 그 지사나 지역본부 등 종된 사무소의 업무와 관련이 있는 소를 제기하는 경우에는 그 종된 사무소의 소재지를 관할하는 행정법원에 제기할 수 있다.
> [2023.8.31. 제정]

③ 토지의 수용 기타 부동산 또는 특정의 장소에 관계되는 처분등에 대한 취소소송은 그 부동산 또는 장소의 소재지를 관할하는 행정법원에 이를 제기할 수 있다. [기출] 23 · 22 · 20

> **행정소송규칙 제5조(재판관할)**
> ② 법 제9조 제3항의 '기타 부동산 또는 특정의 장소에 관계되는 처분등'이란 부동산에 관한 권리의 설정, 변경 등을 목적으로 하는 처분, 부동산에 관한 권리행사의 강제, 제한, 금지 등을 명령하거나 직접 실현하는 처분, 특정구역에서 일정한 행위를 할 수 있는 권리나 자유를 부여하는 처분, 특정구역을 정하여 일정한 행위의 제한·금지를 하는 처분등을 말한다.
> [2023.8.31. 제정]

1. 취소소송의 제1심관할법원(토지관할)

(1) 보통재판적

① 취소소송의 제1심관할법원은 피고의 소재지를 관할하는 행정법원이다(행정소송법 제9조 제1항). 예를 들면, 세무서장(처분 행정청)의 과세처분에 대한 취소소송의 제1심관할법원은 원칙적으로 당해 세무서(장)의 소재지를 관할하는 행정법원이 된다. [기출] 20 · 18 그런데 행정법원이 설치되지 않은 지역에 있어서의 행정법원의 권한에 속하는 사건은 행정법원이 설치될 때까지 해당 지방법원본원과 춘천지방법원 강릉지원이 관할한다(법원조직법 부칙〈법률 제4765호, 1994.7.27.〉 제2조).

② 따라서 취소소송의 제1심관할법원은, ㉠ 피고의 소재지가 서울지역이면 서울행정법원이 되고(각급 법원의 설치와 관할구역에 관한 법률 제4조 제4호 [별표 6]), ㉡ 피고의 소재지가 행정법원이 설치되지 않은 서울 이외의 지역인 경우, 그 지역을 관할하는 지방법원본원이 된다(법원조직법 부칙〈법률 제4765호, 1994.7.27.〉 제2조, 각급법원의 설치와 관할구역에 관한 법률 제4조 제1호 [별표 3]). 다만, ㉢ 피고의 소재지가 춘천지방법원 강릉지원의 관할구역(강릉시·동해시·삼척시·속초시·양양군·고성군)2)에 해당하는 경우에는 춘천지방법원 강릉지원이 제1심관할법원이 된다(법원조직법 부칙〈법률 제4765호, 1994.7.27.〉 제2조, 각급법원의 설치와 관할구역에 관한 법률 제4조 제7호 [별표 9]).

---

2) 춘천지방법원의 관할 구역 중 강릉시·동해시·삼척시·속초시·양양군·고성군을 제외한 지역은 춘천지방법원(본원)이 취소소송의 제1심관할법원이다.

③ 한편, 중앙행정기관, 중앙행정기관의 부속기관과 합의제행정기관 또는 그 장, 국가의 사무를 위임 또는 위탁받은 공공단체 또는 그 장을 피고로 하여 취소소송을 제기하는 경우에는 대법원소재지를 관할하는 행정법원에도 소를 제기할 수 있다(행정소송법 제9조 제2항). 예를 들면, 세종특별자치시 소재 정부부처 장관 (예 교육부장관)이 피고인 항고소송의 경우, 피고 소재지를 관할하는 대전지방법원(본원)뿐만 아니라 대법원소재지를 관할하는 행정법원인 서울행정법원에도 제기할 수 있다. 기출 20

(2) 특별재판적

① 토지의 수용 기타 부동산 또는 특정의 장소에 관계되는 처분등에 대한 취소소송은 그 부동산 또는 장소의 소재지를 관할하는 행정법원에 이를 제기할 수 있다(행정소송법 제9조 제3항).

② '토지의 수용에 관계되는 처분'이란 토지보상법에 의한 사업인정, 수용재결, 이의재결 등의 처분을 말한다. '기타 부동산에 관계되는 처분'이란 부동산에 관한 권리의 설정·변경을 목적으로 하는 처분, 또는 부동산에 관한 권리행사의 강제·제한·금지를 명하거나 직접 실현하는 처분을 말한다. '특정의 장소에 관한 처분'이란 특정구역에서 일정한 행위를 할 수 있는 권리나 자유를 부여하는 처분, 특정 구역을 정하여 일정 행위를 제한·금지하는 처분등을 말한다(행정소송규칙 제5조 제2항). 도시계획, 자동차운수사업면허 및 취소, 행정재산의 사용허가에 관한 처분, 「국토의 계획 및 이용에 관한 법률」상 개발행위의 허가 등이 그 예이다.

(3) 토지관할의 성질 : 임의관할

행정소송법은 제소의 편의를 위하여 항고소송이나 당사자소송의 토지관할에 관하여 전속관할로 규정하지 아니함으로써 임의관할임을 간접적으로 밝히고 있다(대판 1994.1.25. 93누18655). 그러므로 당사자의 합의에 따른 합의관할이나 피고의 응소에 따른 변론관할도 인정되며, 항소심에서는 제1심법원의 관할위반을 주장할 수 없다(행정소송법 제8조 제2항, 민사소송법 제411조). 기출 20

2. 행정법원의 행정사건 관할의 성격(전속관할)

① 전속관할

ⓐ 행정소송법에는 행정사건이 행정법원의 전속관할에 속함을 밝히는 명문규정이 없어 논의의 여지는 있으나, 성질상 행정사건은 행정법원의 전속관할에 속한다(대판 2009.10.15. 2008다93001). 서울지역의 경우 서울행정법원만이, 서울 이외의 지역에서는 지방법원본원(춘천지방법원 강릉지원 포함)만이 행정사건을 관할할 수 있다.[3]

ⓑ 직권조사사항 : (전속)관할위반 여부는 소 제기요건(소송요건)으로서 직권조사사항에 해당하므로, 사실심 법원(제1심법원·항소심법원)은 물론 법률심 법원(상고심법원)에서도 그 위반여부에 대하여 심판할 수 있다. 기출 18

ⓒ 전속관할 위반 : 당사자소송(행정소송)으로 제기할 사건을 민사소송으로 서울중앙지방법원에 제기하여 판결이 난 경우에는 그 판결은 전속관할 위반의 위법이 있다. 전속관할 위반은 상소의 이유가 되나, 재심사유는 되지 않는다. 기출 18

---

3) 서울 이외의 지역에서는 지방법원본원합의부가 행정법원의 역할까지 하므로, 지방법원본원합의부에서 행정사건으로 취급하여야 할 것을 민사사건으로 접수하여 처리하였다 하더라도 이는 단순한 사무 분담의 문제일 뿐 전속관할 위반의 문제는 아니다.

② 원고가 고의 또는 중대한 과실 없이 행정소송으로 제기하여야 할 사건을 민사소송으로 잘못 제기한 경우
　　㉠ 수소법원으로서는 만약 그 행정소송에 대한 관할을 동시에 가지고 있다면 이를 행정소송으로 심리·판단하여야 한다. 따라서 행정소송법상 항고소송으로 제기하여야 할 사건을 민사소송으로 잘못 제기한 경우에 수소법원이 그 항고소송에 대한 관할도 동시에 가지고 있다면, 전심절차를 거치지 않았거나 제소기간을 도과하는 등 항고소송으로서의 소송요건을 갖추지 못했음이 명백하여 항고소송으로 제기되었더라도 어차피 부적법하게 되는 경우가 아닌 이상, 원고로 하여금 항고소송으로 소 변경을 하도록 석명권을 행사하여 행정소송법이 정하는 절차에 따라 심리·판단하여야 한다(대판 2020.4.9. 2015다34444). 기출 21·19 ☞ 민사소송에서 행정소송(항고소송)으로의 소의 변경은 허용된다.
　　㉡ 그 행정소송에 대한 관할을 가지고 있지 아니하다면 당해 소송이 이미 행정소송으로서의 전심절차와 제소기간을 도과하였거나 행정소송의 대상이 되는 처분등이 존재하지도 아니한 상태에 있는 등 행정소송으로서 소송요건을 결하고 있음이 명백하여 행정소송으로 제기되었더라도 어차피 부적법하게 되는 경우가 아닌 이상 이를 부적법한 소라고 하여 각하할 것이 아니라 관할법원에 이송하여야 한다(대판 2017.11.9. 2015다215526; 대판 2018.7.26. 2015다221569). 기출 23·21 예를 들면, 서울중앙지방법원은 계쟁사건의 관할이 행정법원인 경우 당해 사건을 서울행정법원으로 이송하여야 한다. 기출 18
　　㉢ 행정소송법 제8조 제2항은 "행정소송에 관하여 이 법에 특별한 규정이 없는 사항에 대하여는 법원조직법과 민사소송법 및 민사집행법의 규정을 준용한다"라고 규정하고 있고, 민사소송법 제40조 제1항은 "이송결정이 확정된 때에는 소송은 처음부터 이송받은 법원에 계속된 것으로 본다"라고 규정하고 있다. 한편 행정소송법 제21조 제1항, 제4항, 제37조, 제42조, 제14조 제4항은 행정소송 사이의 소 변경이 있는 경우 처음 소를 제기한 때에 변경된 청구에 관한 소송이 제기된 것으로 보도록 규정하고 있다. 이러한 규정 내용 및 취지 등에 비추어 보면, 원고가 행정소송법상 항고소송으로 제기해야 할 사건을 민사소송으로 잘못 제기한 경우에 수소법원이 그 항고소송에 대한 관할을 가지고 있지 아니하여 관할법원에 이송하는 결정을 하였고, 그 이송결정이 확정된 후 원고가 항고소송으로 소 변경을 하였다면, 그 항고소송에 대한 제소기간의 준수 여부는 원칙적으로 처음에 소를 제기한 때를 기준으로 판단하여야 한다(대판 2022.11.17. 2021두44425). 기출 24
③ 민사소송으로 제기할 사건을 당사자소송으로 서울행정법원에 제기한 경우 : 민사소송으로 제기할 사건을 당사자소송으로 서울행정법원에 제기한 경우에는 피고가 관할위반이라고 항변하지 아니하고 본안에 대하여 변론을 한 때에는 행정소송법 제8조 제2항, 민사소송법 제30조에 의하여 변론관할을 인정된다는 것이 판례의 입장이다(대판 2013.2.28. 2010두22368). 기출 23·21 또한, 행정사건의 심리절차는 행정소송의 특수성을 감안하여 행정소송법이 정하고 있는 특칙이 적용될 수 있는 점을 제외하면 심리절차 면에서 민사소송 절차와 큰 차이가 없으므로, 특별한 사정이 없는 한 민사사건을 행정소송 절차로 진행한 것 자체는 위법하다고 볼 수 없다(대판 2018.2.13. 2014두11328).

3. 관할 위반에 의한 이송

① 법원은 소송의 전부에 대하여 관할권이 없다고 인정하는 경우에는 결정으로 이를 관할법원에 이송한다(행정소송법 제8조 제2항, 민사소송법 제34조 제1항).

② 수소법원의 재판관할권 유무는 법원의 직권조사사항으로서 법원이 그 관할에 속하지 아니함을 인정한 때에는 민사소송법 제34조 제1항에 의하여 직권으로 이송결정을 하는 것이고, 소송당사자에게 관할위반을 이유로 하는 이송신청권이 있는 것은 아니다. 따라서 당사자가 관할위반을 이유로 한 이송신청을 한 경우에도 이는 단지 법원의 직권발동을 촉구하는 의미밖에 없다(대결 2018.1.19. 2017마1332). **기출** 23

③ 법원은 이러한 이송신청에 대하여 재판을 할 필요가 없고 설사 법원이 이송신청을 거부하는 재판을 하였다 하여도 항고는 물론 특별항고도 허용되지 않는다(대결 1993.12.6. 93마524[전합]; 대결 1996.1.12. 95그59; 법원실무제요 행정 [1]. 54-55면).

④ 관할위반에 의한 이송은 원고가 중대한 과실 없이 취소소송을 심급을 달리하는 법원에 잘못 제기한 경우에도 인정된다(행정소송법 제7조). **기출** 20

Ⅸ 소장의 제출(서면주의)

① 취소소송의 제기 방식에 관하여는 행정소송법에 특별히 정한 바가 없으므로 민사소송의 방법에 의한다.

② 취소소송을 제기하려는 자는 법원에 소장을 제출하여야 한다(행정소송법 제8조 제2항, 민사소송법 제248조 제1항). 따라서 취소소송을 구술(口述, 말로 진술)로 제기할 수는 없다. **기출** 22

제3절 | 취소소송의 심리

Ⅰ 서 설

소송의 심리란 수소법원이 판결의 기초가 될 소송자료, 즉 사실과 증거를 수집하는 것을 말한다. 행정소송의 심리는 행정소송법에 특별한 규정이 없는 한 민사소송법에 따라야 하므로 민사소송에서의 변론 및 그 준비, 증거에 관한 여러 원칙(공개심리주의, 쌍방심리주의, 구술심리주의, 변론주의 등)이 그 기본이 된다. 다만, 행정소송법은 행정소송의 공익성을 고려하여 직권심리주의를 보충적인 소송원칙으로 인정하고(행정소송법 제26조), 증거방법으로 행정심판기록 제출명령을 규정하고 있다(행정소송법 제25조).

Ⅱ 심리의 내용

1. 요건심리

① 요건심리란 취소소송이 소송요건을 갖추어 적법한지를 심리하는 것을 말한다. 심리 결과 소송요건을 갖추지 않은 것으로 인정될 때에는 먼저 보정을 명하고, 보정할 수 없으면 그 소는 부적법하므로 각하판결을 하게 된다.

② 소송요건(쟁송의 대상이 되는 행정처분의 존부, 원고적격 구비 여부, 제소기간 준수 여부 등)은 공익적 성질을 가지는 것으로 법원의 직권조사사항에 속한다(대판 2004.12.24, 2003두15195).

> 행정소송에서 쟁송의 대상이 되는 행정처분의 존부는 소송요건으로서 직권조사사항이고, 자백의 대상이 될 수 없는 것이므로, 설사 그 존재를 당사자들이 다투지 아니한다 하더라도 그 존부에 관하여 의심이 있는 경우에는 이를 직권으로 밝혀 보아야 할 것이고, 사실심에서 변론종결 시까지 당사자가 주장하지 않던 직권조사사항에 해당하는 사항을 상고심에서 비로소 주장하는 경우 그 직권조사사항에 해당하는 사항은 상고심의 심판범위에 해당한다(대판 2004.12.24, 2003두15195).

③ 원고적격은 소송요건의 하나이므로 사실심 변론종결 시는 물론 상고심에서도 존속하여야 하고 이를 흠결하면 부적법한 소가 된다 할 것이다(대판 2007.4.12, 2004두7924).

2. 본안심리

① 본안심리란 청구의 인용 여부에 관한 심리를 말한다. 취소소송에서 본안심리 결과 처분이 위법하여 청구가 이유 있다고 인정되면 청구인용판결(취소판결)을 하고, 처분이 적법하여 청구가 이유 없다고 인정되면 청구기각판결을 한다.

② 어떠한 처분에 법령상 근거가 있는지, 행정절차법에서 정한 처분 절차를 준수하였는지는 본안에서 해당 처분이 적법한가를 판단하는 단계에서 고려할 요소이지, 소송요건 심사단계에서 고려할 요소가 아니다(대판 2021.2.4, 2020두48772).

Ⅲ 심리의 범위

1. 취소소송에서의 심판의 범위

① **취소소송에서에서의 소송물(= 심판의 대상)** : 다수설과 판례에 의하면 취소소송에서의 소송물은 '행정처분의 위법성 일반'이다(대판 1996.4.26, 95누5820; 대판 2009.1.15, 2006두14926 등). 처분의 동일성이 인정되는 범위 내에서 개개의 위법사유는 심판의 범위에 속한다. 따라서 일부취소를 청구하였음에도 처분의 전부를 취소하는 것은 심판의 범위를 벗어나는 것이지만, 전부취소를 청구한 경우 일부취소 하는 것은 심판의 범위에 들어간다. 사정판결을 할 것인지의 여부도 심판의 대상에 포함된다.

② **과세처분취소소송의 소송물(= 심판의 대상)** : 과세처분취소소송의 소송물은 과세관청이 결정한 세액의 객관적 존부이므로, 과세관청으로서는 소송 도중 사실심 변론 종결시까지 당해 처분에서 인정한 과세표준 또는 세액의 정당성을 뒷받침할 수 있는 새로운 자료를 제출할 수 있고 또 처분의 동일성이 유지되는 범위 내에서 그 사유를 교환·변경할 수 있는 것이고, 반드시 처분 당시의 자료만에 의하여 처분의 적법 여부를 판단하여야 하는 것은 아니고 처분 당시의 처분사유만을 주장할 수 있는 것은도 아니다(대판 2002.10.11, 2001두1994). 기출 21

- 조세소송의 소송물(= 각 과세단위 관한 개개의 부과처분)
  조세의 종목과 과세기간에 의하여 구분되는 각 과세단위에 관한 개개의 부과처분이 조세소송의 소송물이 된다(대판 1986.3.25. 84누216). **기출** 21
- 감액경정청구에 대한 거부처분 취소소송의 심판 대상(= 과세표준 및 세액의 객관적인 존부)
  통상의 과세처분 취소소송에서와 마찬가지로 감액경정청구에 대한 거부처분 취소소송 역시 그 거부처분의 실체적·절차적 위법 사유를 취소 원인으로 하는 것으로서 <u>그 심판의 대상은 과세표준신고서에 기재된 과세표준 및 세액의 객관적인 존부</u>라 할 것이므로, 그 과세표준 및 세액의 인정이 위법이라고 내세우는 개개의 위법사유는 자기의 청구가 정당하다고 주장하는 공격방어방법에 불과하다(대판 2020.6.25. 2017두58991).
  기출 21

2. 처분권주의와 그 제한

① 행정소송법 제26조의 직권심리주의는 사실심리에 관한 것으로서 처분권주의의 원칙(불고불리의 원칙) 자체를 배제하는 것은 아니다.

② 행정소송(항고소송)에서도 소의 제기 및 종료, 심판의 대상이 당사자에 의하여 결정되는 <u>처분권주의(불고불리의 원칙)가 원칙적으로 적용된다</u>(행정소송법 제8조 제2항. 민사소송법 제203조). **기출** 18 따라서 법원은 원고의 청구취지, 즉 청구범위·액수 등을 초과하여 판결할 수 없고(대판 1995.4.28. 95누627), 원고의 청구 범위를 유지하면서 그 범위 내에서 필요에 따라 주장 외의 사실에 관하여도 판단할 수 있을 뿐이다(대판 1987.11.10. 86누491). **기출** 22·19

③ 행정소송에 있어서도 행정소송법 제8조 제2항에 의하여 민사소송법 제203조(처분권주의)가 준용되어 법원은 당사자가 신청하지 아니한 사항에 대하여는 판결할 수 없는 것이고, 행정소송법 제26조에서 직권심리주의를 채용하고 있으나 이는 행정소송에 있어서 원고의 청구범위를 초월하여 그 이상의 청구를 인용할 수 있다는 의미가 아니라 원고의 청구범위를 유지하면서 그 범위 내에서 필요에 따라 주장외의 사실에 관하여도 판단할 수 있다는 뜻이다(대판 1987.11.10. 86누491 참조). **기출** 19·20

- 행정소송(항고소송)에서도 불고불리의 원칙(= 처분권주의) 적용
  행정소송에 있어서도 불고불리의 원칙(= 처분권주의)이 적용되어 법원은 당사자가 청구한 범위를 넘어서까지 판결을 할 수는 없지만, 당사자의 청구의 범위 내에서 일건 기록상 현출되어 있는 사항에 관하여 직권으로 증거조사를 하고 이를 기초로 하여 당사자가 주장하지 아니한 사실에 관하여도 판단할 수 있다(대판 1999.5.25. 99두1052). **기출** 22·18
- 처분권주의에 따라 원고의 청구범위를 범위 내에서 당사자가 주장하지 아니한 사실에 대하여 판단 가능
  행정소송법 제26조는 법원이 필요하다고 인정할 때에는 직권으로 증거조사를 할 수 있고 당사자가 주장하지 아니한 사실에 대하여 판단할 수 있다고 규정하고 있으나, 이는 행정소송에 있어서 <u>원고의 청구범위를 초월하여 그 이상의 청구를 인용할 수 있다는 뜻이 아니라 원고의 청구범위를 유지하면서 그 범위 내에서 필요에 따라 주장 외의 사실에 관하여 판단할 수 있다는 뜻</u>이고 또 법원의 석명권은 당사자의 진술에 모순, 흠결이 있거나 애매하여 그 진술의 취지를 알 수 없을 때 이를 보완하여 명료하게 하거나 입증책임 있는 당사자에게 입증을 촉구하기 위하여 행사하는 것이지 그 정도를 넘어 당사자에게 새로운 청구를 할 것을 권유하는 것은 석명권의 한계를 넘어서는 것이다(대판 1992.3.10. 91누6030). **기출** 19
- <u>원고가 청구하지 아니한 개별토지가격결정처분에 대하여 판결한 것은 민사소송법 제203조 소정의 처분권주의에 반하여 위법하다</u>(대판 1993.6.8. 93누4526 참조). **기출** 19

3. 재량문제의 심리

(1) 취소소송에서의 재량처분의 취소판결

> **행정소송법 제27조(재량처분의 취소)**
> 행정청의 재량에 속하는 처분이라도 재량권의 한계를 넘거나 그 남용이 있는 때에는 법원은 이를 취소할 수 있다.
> 기출 23 · 22 · 19

① 행정청의 재량행위도 취소소송의 대상이 된다. 즉, 재량행위도 재량권의 일탈·남용이 있는 경우에는 위법하게 되고, 법원은 재량권의 일탈·남용 여부에 대하여 심리·판단할 수 있다.

② 법원은 재량행위에 대하여 취소소송이 제기된 경우에는 각하할 것이 아니라 본안심리를 하여 재량권의 일탈·남용 여부를 판단하여 재량권의 일탈·남용이 있으면 인용판결(취소판결)을 하고, 재량권의 일탈·남용이 없으면 기각판결을 하여야 한다. 그러나 행정심판위원회와 달리 법원은 재량권 행사가 '부당'한 것인지 여부는 심리·판단할 수 없다.

(2) 재량행위의 위법성 심사 방식

행정행위가 그 재량성의 유무 및 범위와 관련하여 이른바 기속행위 내지 기속재량행위와 재량행위 내지 자유재량행위로 구분된다고 할 때 양자에 대한 사법심사는, 전자(기속행위 내지 기속재량행위)의 경우 그 법규에 대한 원칙적인 기속성으로 인하여 법원이 사실인정과 관련 법규의 해석·적용을 통하여 일정한 결론을 도출한 후 그 결론에 비추어 행정청이 한 판단의 적법 여부를 독자의 입장에서 판정하는 방식에 의하게 되나, 후자(재량행위 내지 자유재량행위)의 경우 행정청의 재량에 기한 공익판단의 여지를 감안하여 법원은 독자의 결론을 도출함이 없이 당해 행위에 재량권의 일탈·남용이 있는지 여부만을 심사하게 되고, 이러한 재량권의 일탈·남용 여부에 대한 심사는 사실오인, 비례·평등의 원칙 위배, 당해 행위의 목적 위반이나 동기의 부정 유무 등을 그 판단 대상으로 한다(대판 2001.2.9. 98두17593). 기출 21

(3) 재량권의 일탈·남용의 유형

1) 법 규정의 위반

① 법령이 재량권을 부여함에 있어 직접 재량권의 일정한 한계를 정하는 경우가 있고 이 경우에 이 법령상의 한계를 넘는 재량처분은 위법하다. 예를 들면, 법이 행정법규 위반에 대하여 영업허가취소 또는 6개월 이내의 영업정지처분을 내릴 수 있는 것으로 재량권을 부여한 경우에 당사자의 법규 위반이 매우 중대한 것이어서 영업허가취소는 적법할 수 있는 경우에도 1년의 영업정지처분을 내리는 것은 위법하다.

② 절차법 규정이 있는 경우에 그 절차법 규정을 위반한 경우에는 절차의 위법이 있는 처분이 된다(대판 2012.10.11. 2012두13245; 대판 2012.6.28. 2011두20505).

> 개발행위허가에 관한 사무를 처리하는 행정기관의 장이 일정한 개발행위를 허가하는 경우에는 국토계획법 제59조 제1항에 따라 도시계획위원회의 심의를 거쳐야 할 것이나, 개발행위허가의 신청 내용이 허가 기준에 맞지 않는다고 판단하여 개발행위허가신청을 불허가하였다면 이에 앞서 도시계획위원회의 심의를 거치지 않았다고 하여 이러한 사정만으로 곧바로 그 불허가처분에 취소사유에 이를 정도의 절차상 하자가 있다고 보기는 어렵다. 다만 행정기관의 장이 도시계획위원회의 심의를 거치지 아니한 결과 개발행위 불허가처분을 함에 있어 마땅히 고려하여야 할 사정을 참작하지 아니하였다면 그 불허가처분은 재량권을 일탈·남용한 것으로서 위법하다고 평가할 수 있을 것이다(대판 2015.10.29. 2012두28728). 기출 21

2) 사실오인(처분사유의 부존재)

사실의 존부에 대한 판단에는 재량권이 인정될 수 없으므로 사실을 오인하여 재량권을 행사한 경우에 그 처분은 위법하다(대판 2001.7.27. 99두2970). 예를 들면, ① 비위를 저지르지 않은 공무원에 대하여 비위를 저지른 것으로 오인하여 징계처분을 한 경우, ② 공무원들의 릴레이 1인 시위, 언론기고, 내부 전산망 게시, 피켓 전시 등은 국가공무원법 제66조 제1항 본문이 금지하는 '공무 외의 일을 위한 집단행위'에 해당하지 않음에도 불구하고 이에 해당한다고 보아 징계처분을 한 경우(대판 2017.4.13. 2014두8469), 그 징계처분은 위법하다.

3) 행정법의 일반원칙 위반

재량권의 행사가 평등원칙, 자기구속의 원칙, 비례원칙 등 행정법의 일반원칙에 위반한 경우, 재량권을 일탈·남용한 위법한 처분에 해당한다(대판 2001.2.9. 98두17593).

4) 재량권의 불행사 또는 해태

① 재량권의 불행사란 재량권을 행사함에 있어 고려하여야 할 구체적 사정을 전혀 고려하지 않은 경우를 말한다. 예를 들면, ㉠ 행정법규를 위반한 영업에 대하여 영업허가를 취소 또는 정지할 수 있다고 규정되어 있는데 위반행위의 동기, 목적 및 방법, 위반행위의 결과, 위반행위의 횟수 등을 전혀 고려함이 없이 영업허가를 취소한 경우(행정기본법 제22조 제2항 참조), ㉡ 제재처분을 함에 있어 감경사유가 있음에도 이를 전혀 고려하지 않거나 그 사유에 해당하지 않는다고 오인한 나머지 감경하지 아니한 경우(대판 2016.8.29. 2014두45956), 그 처분은 재량권을 일탈·남용한 것으로 위법한 처분이 된다.

> **• 재량권의 불행사**
> 처분의 근거 법령이 행정청에 처분의 요건과 효과 판단에 일정한 재량을 부여하였는데도, 행정청이 자신에게 재량권이 없다고 오인한 나머지 처분으로 달성하려는 공익과 그로써 처분상대방이 입게 되는 불이익의 내용과 정도를 전혀 비교형량 하지 않은 채 처분을 하였다면, 이는 재량권 불행사로서 그 자체로 재량권 일탈·남용으로 해당 처분을 취소하여야 할 위법사유가 된다(대판 2019.7.11. 2017두38874).
> **• 감경사유가 있음에도 이를 고려하지 않은 처분**
> 행정청이 건설산업기본법 및 구 건설산업기본법 시행령(이하 '시행령'이라 한다) 규정에 따라 건설업자에 대하여 영업정지 처분을 할 때 건설업자에게 영업정지 기간의 감경에 관한 참작 사유가 존재하는 경우, 행정청이 그 사유까지 고려하고도 영업정지 기간을 감경하지 아니한 채 시행령 제80조 제1항 [별표 6] '2. 개별기준'이 정한 영업정지 기간대로 영업정지 처분을 한 때에는 이를 위법하다고 단정할 수 없으나, 위와 같은 사유가 있음에도 이를 전혀 고려하지 않거나 그 사유에 해당하지 않는다고 오인한 나머지 영업정지 기간을 감경하지 아니하였다면 영업정지 처분은 재량권을 일탈·남용한 위법한 처분이다(대판 2016.8.29. 2014두45956). **기출** 21

② 재량의 해태란 재량권을 행사함에 있어 고려하여야 하는 구체적 사정에 대한 고려를 하였지만 충분히 고려하지 않은 경우를 말한다. 예를 들면, 재량권 행사시 고려하여야 하는 관계 이익(공익 및 사익)을 충분히 고려하지 않은 경우를 말한다. 행정기본법 제22조 제2항에서는 행정청이 재량이 있는 제재처분을 할 때에는 위반행위의 동기, 목적 및 방법, 위반행위의 결과, 위반행위의 횟수 등을 고려하여야 한다고 규정하고 있다.

5) 명백히 불합리한 재량권 행사

재량권의 행사가 명백히 불합리한 경우(사회통념상 현저하게 타당성을 잃은 경우), 이는 재량권의 일탈·남용으로서 위법하다(대판 2016.7.14. 2015두48846).

> **□ 참고 : 수익적 행정처분의 직권 취소 · 철회 제한의 법리는 쟁송취소에는 적용되지 않음**
> 수익적 행정처분에 대한 취소권 등의 행사는 기득권의 침해를 정당화할 만한 중대한 공익상의 필요 또는 제3자의 이익보호의 필요가 있는 때에 한하여 허용될 수 있다는 법리는, 처분청이 수익적 행정처분을 직권으로 취소·철회하는 경우에 적용되는 법리일 뿐 쟁송취소의 경우에는 적용되지 않는다(대판 2019.10.17. 2018두104). 따라서 수익적 행정처분에 대한 법원의 취소판결(쟁송취소)의 경우에는 기득권의 침해를 정당화할 만한 중대한 공익상의 필요 또는 제3자의 이익보호의 필요가 있는 때에 한하여 허용된다는 법리가가 적용되지 않는다. 기출 21

4. 관련문제 : 선결문제와 준용규정

(1) 선결문제와 공정력(또는 구성요건적 효력)

1) 공정력과 구성요건적 효력

행정행위는 하자가 있더라도 당연무효가 아닌 한 권한이 있는 기관(예 취소권이 있는 처분청, 취소소송의 수소법원)에 의하여 취소될 때까지 잠정적으로 유효한 것으로 통용되는데, 이러한 효력을 공정력이라 한다(대판 1993.11.9. 93누14271). 최근의 유력한 견해는 효력이 미치는 상대방에 따라 공정력과 구성요건적 효력을 구별하고 있다. 즉, 공정력은 행정행위의 상대방 또는 이해관계인에 대한 구속력이고, 구성요건적 효력은 제3의 국가기관(예 다른 행정청, 취소소송의 수소법원 이외의 법원)에 대한 구속력이라고 보고 있다.

2) 부당이득반환청구소송에서 선결문제와 공정력

① 행정행위의 효력 유무를 확인하는 것이 선결문제인 경우 : 공정력(또는 구성요건적 효력)은 행정행위가 무효인 경우에는 인정되지 않는다. 행정소송법 제11조도 처분등의 효력 유무 또는 존재 여부가 민사소송의 선결문제인 경우 민사법원이 이를 심판할 수 있다고 규정하고 있다. 따라서 부당이득반환청구소송의 수소법원(민사법원)은 행정행위의 효력 유무(무효 여부)를 확인할 수 있다.

> 민사소송에 있어서 어느 행정처분의 당연무효 여부가 선결문제로 되는 때에는 이를 판단하여 당연무효임을 전제로 판결할 수 있고 반드시 행정소송 등의 절차에 의하여 그 취소나 무효확인을 받아야 하는 것은 아니다(대판 2010.4.8. 2009다90092).

② 행정행위의 효력을 부인하는 것이 선결문제인 경우

    ㉠ 행정행위의 효력을 상실시키는(부인하는) 것이 민사소송에서 선결문제가 된 경우에 민사법원은 (취소사유로) 위법한 행정행위의 효력을 부인할 수 없다(대판 1973.7.10. 70다1439). 기출 21 공정력과 구성요건적 효력을 구별하지 않는 종래의 통설은 이것이 공정력에 반하기 때문이라고 하고, 공정력과 구성요건적 효력을 구별하는 견해는 구성요건적 효력에 반하기 때문이라고 한다.

> 행정처분이 당연무효임을 전제로 하여 민사소송을 제기한 때에는 그 행정처분이 당연무효인지의 여부가 선결문제이므로 법원은 이를 심사하여 그 행정처분의 하자가 중대하고도 명백하여 당연무효라고 인정될 경우에는 이를 전제로 하여 판단할 수 있으나 그 하자가 단순한 취소사유에 그칠 때에는 법원은 그 효력을 부인할 수 없다(대판 1973.7.10. 70다1439).

ⓒ 이러한 경우 행정청이 직권취소를 하지 않은 이상, 부당이득반환청구소송을 제기하기 전에 먼저 행정처분(例 과세처분)이 취소심판이나 취소소송을 통해 취소하여야 한다. 그러나 제소기간이 도과하여 행정처분에 불가쟁력이 발생하였다면 행정처분의 효력을 부인할 방법이 없어 이미 납부한 금액을 부당이득반환청구소송을 통해 반환받을 수 없게 된다.

3) 국가배상청구소송에서 선결문제와 공정력

행정행위의 위법 여부가 민사소송(例 국가배상청구소송)에서 선결문제로 되는 경우 수소법원은 행정행위의 위법 여부를 판단할 수 있다(대판 1972.4.28. 72다337). 공정력(또는 구성요건적 효력)은 행정행위의 적법성을 추정하는 것이 아니라 권한 있는 기관에 의해 취소될 때까지 그 유효성이 잠정적으로 인정되는 것에 불과하므로, 민사소송에서 수소법원이 행정행위의 위법성을 확인하는 것은 공정력(또는 구성요건적 효력)에 반하지 않기 때문이다.

(2) 선결문제와 준용규정

행정소송법 제11조(선결문제)
① 처분등의 효력 유무 또는 존재 여부가 민사소송의 선결문제로 되어 당해 민사소송의 수소법원이 이를 심리·판단하는 경우에는 제17조(행정청의 소송참가), 제25조(행정심판기록의 제출명령), 제26조(직권심리) 및 제33조(소송비용에 관한 재판의 효력)의 규정을 준용한다. 기출 22·19·14

> **행정소송법 제17조(행정청의 소송참가)**
> ① 법원은 다른 행정청을 소송에 참가시킬 필요가 있다고 인정할 때에는 당사자 또는 당해 행정청의 신청 또는 직권에 의하여 결정으로써 그 행정청을 소송에 참가시킬 수 있다. 기출 21·19
> ② 법원은 제1항의 규정에 의한 결정을 하고자 할 때에는 당사자 및 당해 행정청의 의견을 들어야 한다.
> ③ 제1항의 규정에 의하여 소송에 참가한 행정청에 대하여는 민사소송법 제76조의 규정을 준용한다.
>
> **행정소송법 제25조(행정심판기록의 제출명령)**
> ① 법원은 당사자의 신청이 있는 때에는 결정으로써 재결을 행한 행정청에 대하여 행정심판에 관한 기록의 제출을 명할 수 있다. 기출 21·19
> ② 제1항의 규정에 의한 제출명령을 받은 행정청은 지체없이 당해 행정심판에 관한 기록을 법원에 제출하여야 한다.
>
> **행정소송법 제26조(직권심리)**
> 법원은 필요하다고 인정할 때에는 직권으로 증거조사를 할 수 있고, 당사자가 주장하지 아니한 사실에 대하여도 판단할 수 있다. 기출 21·19
>
> **행정소송법 제33조(소송비용에 관한 재판의 효력)**
> 소송비용에 관한 재판이 확정된 때에는 피고 또는 참가인이었던 행정청이 소속하는 국가 또는 공공단체에 그 효력을 미친다. 기출 21·19

② 제1항의 경우 당해 수소법원은 그 처분등을 행한 행정청에게 그 선결문제로 된 사실을 통지하여야 한다.

Ⅳ 심리의 일반원칙

1. 민사소송법상의 심리절차의 준용

행정소송사건의 심리절차에 관하여 행정소송법에 특별한 규정이 없는 경우에는 민사소송법의 관련규정이 준용되는데(행정소송법 제8조 제2항), 행정소송법에는 제26조(직권심리) 및 제25조(행정심판기록의 제출명령)를 제외하고는 다른 특별한 규정이 없으므로 민사소송의 심리에 관한 일반원칙인 처분권주의, 변론주의, 공개심리주의, 쌍방심리주의, 구술심리주의 등이 행정소송의 심리에도 적용된다. **기출** 23

□ **처분권주의, 변론주의, 공개심리주의, 쌍방심리주의, 구술심리주의**

• **처분권주의** : 소송절차의 개시, 심판의 대상과 범위 및 소송절차의 종결에 대하여 당사자에게 주도권을 주어 당사자가 처분권을 가지고 자유롭게 결정할 수 있는 원칙을 말한다(민사소송법 제203조). 처분권주의는 널리 변론주의를 포함하여 당사자주의로도 쓰이며, 직권주의와 반대된다.

• **변론주의** : 재판의 기초가 되는 소송자료, 즉 사실과 증거의 수집·제출을 당사자의 권능과 책임으로 하고, 당사자가 수집하여 제출한 소송자료만을 변론에서 다루고 재판의 기초로 삼아야 한다는 원칙을 말한다. 변론주의는 민사소송을 관류하는 대원칙임에도 불구하고 이에 관한 직접규정을 두고 있지 아니하며, 다만 특수소송에서 이와 대립하는 직권탐지주의(가사소송법 제12조·제17조, 행정소송법 제26조)를 규정함으로써 간접적으로 변론주의에 의함을 추단케 하고 있다. 민사소송규칙 제69조의2에서는 사실관계와 증거에 관한 사전조사의무를 부과하였는데, 이는 변론주의를 전제한 것이라고 볼 수 있다.

• **공개심리주의** : 재판의 심리와 판결의 선고는 일반인이 방청할 수 있는 공개된 상태에서 하여야 한다는 원칙을 말한다(헌법 제27조·제109조, 법원조직법 제57조).

• **쌍방심리주의** : 소송의 심리에 있어서 당사자 양쪽에 평등하게 진술할 기회를 주는 입장을 말한다. 당사자평등의 원칙 또는 무기평등의 원칙이라고 하며, 판결절차에 있어서 양쪽 당사자를 동시에 대석시켜 변론과 증거조사를 행하는 필요적 변론절차에 의하는 것은(민사소송법 제134조 제1항) 쌍방심리주의를 관철시키기 위한 것이다.

• **구술심리주의** : 심리에 임하여 당사자 및 법원의 소송행위 특히 변론 및 증인신문 등 증거조사를 말(구술)로 행하는 원칙으로 서면심리주의와 반대된다(민사소송규칙 제28조·제70조의2).

2. 행정소송법상의 특수한 소송절차

1) 행정심판기록의 제출명령

> **행정소송법 제25조(행정심판기록의 제출명령)**
> ① 법원은 당사자의 신청이 있는 때에는 결정으로써 재결을 행한 행정청에 대하여 행정심판에 관한 기록의 제출을 명할 수 있다. `기출` 24 · 19
> ② 제1항의 규정에 의한 제출명령을 받은 행정청은 지체없이 당해 행정심판에 관한 기록을 법원에 제출하여야 한다.

① 행정소송법은 원고의 입증방법의 확보를 위하여 재결을 행한 행정청(행정심판위원회)에 대한 행정심판기록의 제출명령제도를 규정하고 있다(행정소송법 제25조).

② 행정심판기록의 제출명령에 관한 규정은 무효등확인소송과 부작위위법확인소송에 준용될 뿐만 아니라 공법상 당사자소송에도 준용된다(행정소송법 제38조, 제44조 제1항).

2) 직권심리주의(직권탐지주의)

> **행정소송법 제26조(직권심리)**
> 법원은 필요하다고 인정할 때에는 직권으로 증거조사를 할 수 있고, 당사자가 주장하지 아니한 사실에 대하여도 판단할 수 있다. `기출` 24 · 22 · 20 · 19

① 직권심리주의란 소송자료(사실과 증거)의 수집을 법원이 직권으로 할 수 있는 소송심리의 원칙을 말한다. 행정소송법 제26조는 직권심리주의(직권탐지주의)를 규정하고 있다. 그런데 판례는 행정소송에서 직권탐지는 극히 예외적으로만 인정하고 있다(대판 1994.10.11. 94누4820).

② **직권탐지주의의 보충적 적용** : 행정소송의 심리에 있어서는 당사자주의 · 변론주의가 원칙이고 직권탐지주의는 보충적 적용되고, 직권탐지는 소송기록에 나타난 사실에 한정된다(대판 2010.2.11. 2009두18035).

`기출` 23

> 행정소송법 제26조가 법원은 필요하다고 인정할 때에는 직권으로 증거조사를 할 수 있고, 당사자가 주장하지 아니한 사실에 대하여도 판단할 수 있다고 규정하고 있지만, 이는 행정소송의 특수성에 연유하는 당사자주의, 변론주의에 대한 일부 예외 규정일 뿐 법원이 아무런 제한 없이 당사자가 주장하지 아니한 사실을 판단할 수 있는 것은 아니고, 일건 기록에 현출되어 있는 사항에 관하여서만 직권으로 증거조사를 하고 이를 기초로 하여 판단할 수 있을 따름이고, 그것도 법원이 필요하다고 인정할 때에 한하여 청구의 범위 내에서 증거조사를 하고 판단할 수 있을 뿐이다(대판 1994.10.11. 94누4820). `기출` 20

③ 법원의 석명권 행사는 사안을 해명하기 위하여 당사자에게 그 주장의 모순된 점이나 불완전 · 불명료한 부분을 지적하여 이를 정정 · 보충할 수 있는 기회를 주고, 계쟁사실에 대한 증거의 제출을 촉구하는 것을 그 내용으로 하는 것이며, 당사자가 주장하지도 않은 법률효과에 관한 요건사실이나 공격방어방법을 시사하여 그 제출을 권유하는 행위는 변론주의의 원칙에 위배되고 석명권 행사의 한계를 일탈한 것이 된다 (대판 2005.1.14. 2002두7234). `기출` 24

④ 행정소송에 있어서 특단의 사정이 있는 경우를 제외하면 당해 행정처분의 적법성에 관하여는 당해 처분청이 이를 주장·입증하여야 할 것이나 행정소송에 있어서 직권주의가 가미되어 있다고 하여도 여전히 변론주의를 기본 구조로 하는 이상 기출 22 행정처분의 위법을 들어 그 취소를 청구함에 있어서는 직권조사사항을 제외하고는 그 취소를 구하는 자가 위법사유에 해당하는 구체적인 사실을 먼저 주장하여야 한다(대판 2000.3.23. 98두2768). 기출 24 · 22

> ❑ **직권조사사항**
> * 직권조사사항이란 당사자의 신청 또는 이의에 관계없이 법원이 반드시 직권으로 조사하여 판단을 하여야 할 사항을 말한다. 공익에 관한 것이기 때문이다. 직권조사사항은 공익에 관한 것이기 때문에 항변이 없어도 법원이 직권으로 문제삼아 판단하는 것을 뜻하는 것이지, 판단의 기초가 될 사실과 증거에 관한 직권탐지의무는 없다. 직권조사사항의 존부 자체는 재판상의 자백이나 자백간주의 대상이 될 수 없다. ☞ 직권조사는 직권탐지주의와 변론주의의 중간지대라고 볼 수 있다.
> * 행정소송에서 소송요건의 존부는 법원의 직권조사사항이다. 소송요건이란 본안심리를 하기 위하여 갖추어야 하는 요건, 즉 소의 적법요건을 말한다. 다만, 본안판단을 받는다는 것 자체가 원고에게 유리한 사실이므로 법원의 직권조사를 통해서도 불분명한 경우에는 소제기의 효과를 주장하는 원고가 소송요건에 대한 증명책임(입증책임)을 진다. 기출 23 · 19
> * 행정소송에 있어서 처분청의 처분권한 유무는 소송요건이 아니므로 직권조사사항이 아니다(대판 1997.6.19. 95누8669[전합]). 처분청의 처분권한 유무는 본안판단사항으로 항변사항이다. 처분청의 무권한의 하자는 원칙적으로 중대·명백한 하자에 해당한다. 기출 19 · 18

⑤ 명의신탁등기 과징금과 장기미등기 과징금은 위반행위의 태양, 부과 요건, 근거 조항을 달리하므로, 각 과징금 부과처분의 사유는 상호 간에 기본적 사실관계의 동일성이 있다고 할 수 없다. 그러므로 명의신탁등기 과징금 부과처분에 대하여 장기미등기 과징금 부과처분 사유가 존재한다는 이유로 적법하다고 판단하는 것은 특별한 사정이 없는 한 행정소송법상 직권심사주의의 한계를 넘는 것으로서 허용될 수 없다(대판 2017.5.17. 2016두53050). 기출 19

Ⅴ 주장책임과 증명책임

1. 주장책임

① 주장책임이란 소송에서 당사자가 자기에게 유리한 주요사실을 주장하지 않으면 그 사실은 없는 것으로 취급되어 불이익한 판단을 받게 되는 당사자 일방의 위험 또는 불이익을 말한다.
② 행정처분의 적법성에 관하여는 당해 처분청이 이를 주장·입증(증명)하여야 한다.

> 행정소송에 있어서 특단의 사정이 있는 경우를 제외하면 당해 행정처분의 적법성에 관하여는 당해 처분청이 이를 주장·입증하여야 하고, 행정소송에 있어서 직권주의가 가미되어 있다고 하여도 여전히 당사자주의, 변론주의를 기본 구조로 하는 이상 행정처분의 위법을 들어 그 취소를 청구함에 있어서는 직권조사사항을 제외하고는 그 취소를 구하는 자가 위법된 구체적인 사항을 먼저 주장하여야 한다(대판 1995.7.28. 94누12807).

③ 당사자는 행정심판절차에서의 미처 주장하지 아니한 사유라도 행정소송에서 공격방어방법으로 제출할 수 있다(대판 1996.6.14. 96누754). 기출 24

> 항고소송에 있어서 원고는 전심절차에서 주장하지 아니한 공격방어방법을 소송절차에서 주장할 수 있고 법원은 이를 심리하여 행정처분의 적법 여부를 판단할 수 있는 것이므로, 원고가 전심절차에서 주장하지 아니한 처분의 위법사유를 소송절차에서 새롭게 주장하였다고 하여 다시 그 처분에 대하여 별도의 전심절차를 거쳐야 하는 것은 아니다(대판 1996.6.14. 96누754). 기출 24

④ 과세처분의 위법을 다투는 행정소송에 있어서 그 처분의 적법여부는 과세액이 정당한 세액을 초과하느냐의 여부에 따라 판단되는 것으로서 당사자는 소송변론 종결시까지 객관적인 조세채무액을 뒷받침하는 주장과 증거를 제출할 수 있다(대판 1989.6.27. 87누448). 기출 24

2. 증명책임(입증책임)

(1) 일반론

① 증명책임(입증책임)이란 소송상 증명을 요하는 어느 사실의 존부가 확정되지 않은 경우 당해 사실이 존재하지 않는 것으로 취급되어 불리한 법률판단을 받게 되는 당사자 일방의 위험 또는 불이익을 말한다.

② 민사소송법 규정이 준용되는 행정소송에서의 증명책임은 원칙적으로 민사소송 일반원칙에 따라 당사자 간에 분배되는데, 처분사유 및 처분의 적법성에 관한 증명책임은 피고(처분 행정청)에게 있다(대판 2016.10.27. 2015두42817).

③ 피고가 주장하는 일정한 처분의 적법성에 관하여 합리적으로 수긍할 수 있는 일응의 증명이 있는 경우에 처분은 정당하며, 이와 상반되는 주장과 증명은 상대방인 원고에게 책임이 돌아간다(대판 2016.10.27. 2015두42817). 기출 19

④ 민사소송이나 행정소송에서 사실의 증명은 추호의 의혹도 없어야 한다는 자연과학적 증명이 아니고, 특별한 사정이 없는 한 경험칙에 비추어 모든 증거를 종합적으로 검토하여 볼 때 어떤 사실이 있었다는 점을 시인할 수 있는 고도의 개연성을 증명하는 것이면 충분하다(대판 2021.3.25. 2020다281367). 기출 19

(2) 취소소송의 경우

① 민사소송법 규정이 준용되는 행정소송에서의 증명책임은 원칙적으로 민사소송 일반원칙에 따라 당사자 간에 분배되는데, 처분사유 및 처분의 적법성에 관한 입증책임(증명책임)은 피고(처분 행정청)에게 있다 (대판 2016.10.27. 2015두42817). 기출 23

> • 과세처분의 위법을 이유로 그 취소를 구하는 행정소송에 있어 처분의 적법성 및 과세요건사실의 존재에 관하여는 원칙적으로 과세관청(피고)이 그 증명책임(입증책임)을 부담하나, 경험칙상 이례에 속하는 특별한 사정의 존재에 관하여는 납세의무자인 원고에게 입증책임 내지는 입증의 필요가 돌아가는 것이므로 법인세의 과세표준인 소득액 확정의 기초가 되는 손금에 산입할 비용액에 대한 입증책임도 원칙적으로 과세청에 있고, 다만 구체적 비용항목에 관한 입증의 난이라든가 당사자의 형평 등을 고려하여 납세의무자측에 그 입증책임을 돌리는 경우가 있는 것이라 하겠다(대판 1992.3.27. 91누12912). 기출 24 · 19

- 과세처분의 취소를 구하는 항고소송에서 과세관청은 실체법상의 과세요건 뿐만 아니라 과세처분상의 절차상 적법요건에 대하여서도 이를 구비하였음을 입증할 책임이 있다(대판 1986.10.14. 86누134). <u>기출</u> 18
- 과세처분의 적법성에 대한 입증책임은 과세관청에 있으므로 어느 사업연도의 소득에 대한 법인세 과세처분의 적법성이 다투어지는 경우 과세관청으로서는 과세소득이 있다는 사실 및 그 소득이 당해 사업연도에 귀속되었다는 사실을 입증하여야 한다(대판 2000.2.25. 98두1826). <u>기출</u> 22
- 수소법원이 '혼인파탄의 주된 귀책사유가 국민인 배우자에게 있다'고 판단하게 되는 경우에는, 해당 결혼이민 [F-6 (다)목] 체류자격 거부처분은 위법하여 취소되어야 하므로, 이러한 의미에서 결혼이민[F-6 (다)목] 체류자격 거부처분 취소소송에서도 그 처분사유에 관한 증명책임은 피고 행정청에 있다(대판 2019.7.4. 2018두66869). <u>기출</u> 22

② 과세처분에 대하여도 요건사실의 존재, 즉 과세처분의 적법성에 대한 증명책임은 과세관청이 부담한다(대판 1988.2.23. 86누626; 대판 2003.6.24. 2001두7770). 반면, 과세처분에서 면세, 비과세대상이라는 점에 대하여는 이를 주장하는 원고(납세의무자)에게 증명책임이 있다(대판 1986.10.14. 85누722; 대판 1996.4.26. 94누12708). 소득세법상 소득공제, 세액공제의 원인사실은 또한 과세처분의 권리장애사실로서 원고(납세의무자)가 증명책임을 부담한다(법원실무제요 행정 [2], 231면). <u>기출</u> 18

- 과세대상이 된 토지가 비과세 혹은 면제대상이라는 점은 이를 주장하는 납세의무자에게 입증책임이 있는 것이다(대판 1996.4.26. 94누12708). <u>기출</u> 23 · 22 · 19 · 18
- 매출납세의무자가 법인세의 과세표준 등 신고에 있어 신고누락한 매출액 등의 수입이 발견되면 과세청으로서는 그 누락된 수입을 익금에 산입할 수 있고 만약 납세의무자가 과세표준 등 신고에 있어 익금에 산입될 수입의 신고만을 누락한 것이 아니라 손금에 산입될 비용에 관하여도 신고를 누락한 사실이 있는 경우에는 그와 같이 비용을 신고누락하였다는 사실에 관하여는 그 비용의 손금산입을 주장하는 자(= 납세의무자)의 입증에 의해 비용의 존재와 비용액을 가려야 할 것이며, 그와 같은 입증이 없는 이상 사실상 그와 같은 별도 비용은 없다고 할 수 있을 것이고, 이 경우 총손금의 결정방법과는 달리 그 수입누락 부분에 대응하는 손금만을 실지조사가 아닌 추계조사방법에 의하여 산출·공제할 수는 없다(대판 1999.11.12. 99두4556).

③ 재량권의 일탈·남용에 대하여는 그 행정행위의 효력을 다투는 사람(원고)이 증명책임을 진다(대판 2016.10.27. 2015두41579). <u>기출</u> 24 · 22 · 21

재량권을 일탈·남용한 특별한 사정이 있다는 점은 증명책임분배의 일반원칙에 따라 이를 주장하는 자(원고)가 증명하여야 하고(대판 2018.6.15. 2016두57564), 처분청(피고)이 그 재량권의 행사가 정당한 것이었다는 점까지 주장·입증할 필요는 없다(대판 1987.12.8. 87누861). <u>기출</u> 24 · 22 · 21

④ 정보공개거부처분 취소소송에서 비공개사유의 주장·입증책임은 피고(= 공공기관)에게 있다. <u>기출</u> 23

국민으로부터 보유·관리하는 정보에 대한 공개를 요구받은 공공기관(= 피고)으로서는 정보공개법 제9조 제1항 각 호에서 정하고 있는 비공개사유에 해당하지 않는 한 이를 공개하여야 하고, 이를 거부하는 경우라 할지라도 대상이 된 정보의 내용을 구체적으로 확인·검토하여 어느 부분이 어떠한 법익 또는 기본권과 충돌되어 위 각 호(= 비공개사유)의 어디에 해당하는지를 주장·증명하여야만 한다(대판 2009.12.10. 2009두12785).

(3) 무효등확인소송의 경우

행정처분의 당연무효를 주장하여 그 무효확인을 구하는 행정소송에 있어서는 원고(무효를 주장하는 사람)에게 그 행정처분이 무효인 사유를 주장·입증할 책임이 있다(대판 2010.5.13. 2009두3460). 기출 23·22

> □ 참고
>
> 판례는 처분의 무효사유가 "예외적이라는 이유"로 취소소송에서의 취소사유의 경우와 달리, 무효사유를 주장하는 자에게 증명책임이 있다고 한다(대판 1976.1.13. 75누175; 대판 1984.2.28. 82누154; 대판 1992.3.10. 91누6030; 대판 2010.5.13. 2009두3460 등). 이러한 판례의 태도에 대해서는, 처분의 하자가 취소사유인지 무효사유인지 여부는 상대적인 것이고 하자의 중대성·명백성 여부는 사실인정의 문제가 아니라 법률판단의 문제라는 이유로, 취소소송이든 무효확인소송이든 처분의 적법성에 대한 증명책임은 피고가 부담하고 그 하자가 중대·명백한지 여부는 증명책임과 무관한 법원의 판단사항에 불과하다는 비판이 있다(법원실무제요 행정 [2], 249면).

Ⅵ 처분사유의 추가·변경

1. 의 의

① 처분사유의 추가·변경이란 행정청이 처분 시에 처분사유(처분이유)를 제시하였으나 당해 처분에 대하여 취소소송이 제기된 경우, 소송 계속 중에 처분의 적법성을 유지하기 위하여 행청청(처분청)이 처분 시에 이미 존재하였지만 처분사유로 제시하지 않았던 사유를 추가하거나 변경하는 것을 말한다.

② 여기에서 '처분사유'란 처분의 적법성을 유지하기 위하여 처분청에 의해 주장되는 처분의 사실적·법적 근거를 말한다. 처분사유 자체가 아니라 '처분사유의 근거가 되는 기초사실 내지 평가요소에 지나지 않는 사정'은 (기본적 사실관계의 동일성이 없더라도) 추가로 주장할 수 있다(대판 2018.12.13. 2016두31616).

2. 이유제시의 하자 치유와 구별

① 이유제시의 하자 치유는 처분시에 처분이유를 제시하지 않았거나 불충분하게 제시한 경우에 그 하자가 사후에 보완되어 없어지는 것인데 반하여, 처분사유의 추가·변경은 처분시에 이유제시는 되었으나 소송 계속 중에 처분의 적법성을 유지하기 위하여 처분시에 이미 존재하였지만 처분사유로 하지 않았던 처분사유를 추가하거나 변경하는 것이다.

② 이유제시의 하자 치유는 절차의 하자에 관한 문제로서 행정작용법의 문제라면, 처분사유의 추가·변경은 계쟁처분의 실체법상 적법성의 주장에 관한 소송법상의 문제이다.

3. 처분사유의 추가·변경의 허용 여부

① 문제점 : 행정소송법에 소송계속 중의 처분사유의 추가·변경에 관한 명문의 규정은 없다. 그리하여 처분사유의 추가·변경을 허용할 것인지, 허용한다면 어느 범위 내에서 허용할 것인지에 대하여는 학설과 판례에 맡겨져 있다. 기출 24·23·22·20

② 판례 : 판례는 "행정처분의 취소를 구하는 항고소송에 있어서는 실질적 법치주의와 행정처분의 상대방인 국민에 대한 신뢰보호라는 견지에서 처분청은 당초 처분의 근거로 삼은 사유와 기본적 사실관계에 있어서 동일성이 인정되는 한도 내에서만 새로운 처분사유를 추가하거나 변경할 수 있을 뿐, 기본적 사실관계와 동일성이 인정되지 않는 별개의 사실을 들어 처분사유로 주장하는 것은 허용되지 않는다"고 판시하여(대판 2004.2.13. 2001두4030), 제한적 긍정설의 입장이다. 기출 24·23·19

- 행정처분의 취소를 구하는 항고소송에 있어서, 처분청은 당초 처분의 근거로 삼은 사유와 기본적 사실관계가 동일성이 있다고 인정되는 한도 내에서만 다른 사유를 추가하거나 변경할 수 있고, 여기서 기본적 사실관계의 동일성 유무는 처분사유를 법률적으로 평가하기 이전의 구체적인 사실에 착안하여 그 기초인 사회적 사실관계가 기본적인 점에서 동일한지 여부에 따라 결정되며 이와 같이 기본적 사실관계와 동일성이 인정되지 않는 별개의 사실을 들어 처분사유로 주장하는 것이 허용되지 않는다고 해석하는 이유는 행정처분의 상대방의 방어권을 보장함으로써 실질적 법치주의를 구현하고 행정처분의 상대방에 대한 신뢰를 보호하고자 함에 그 취지가 있다(대판 2003.12.11. 2001두8827). 기출 24·23·22·20·19
- 처분서에 다소 불명확하게 기재하였던 '당초 처분사유'를 좀 더 구체적으로 설명한 것은 '새로운 처분사유'를 추가로 주장한 것이 아니다(대판 2020.6.11. 2019두49359). ☞ 따라서 허용된다. 기출 24·22
- 행정처분의 취소를 구하는 항고소송에서 처분청은 당초 처분의 근거로 삼은 사유와 기본적 사실관계가 동일성이 있다고 인정되는 한도 내에서는 다른 사유를 추가하거나 변경할 수도 있으나, 기본적 사실관계가 동일하다는 것은 처분사유를 법률적으로 평가하기 이전의 구체적인 사실에 착안하여 그 기초적인 사회적 사실관계가 기본적인 점에서 동일한 것을 말하며, 처분청이 처분 당시에 적시한 구체적 사실을 변경하지 아니하는 범위 내에서 단지 그 처분의 근거 법령만을 추가·변경하거나 당초의 처분사유를 구체적으로 표시하는 것에 불과한 경우에는 새로운 처분사유를 추가하거나 변경하는 것이라고 볼 수 없다(대판 2008.2.28. 2007두13791). ☞ 처분사유의 추가·변경이 아니므로 허용된다는 의미이다. 기출 20·19

③ 행정소송규칙에 근거 규정 신설 : 2023.8.31. 제정된 행정소송규칙에서는 판례의 태도를 반영하여, "행정청은 사실심 변론을 종결할 때까지 당초의 처분사유와 기본적 사실관계가 동일한 범위 내에서 처분사유를 추가 또는 변경할 수 있다(행정소송규칙 제9조)"고 규정함으로써 처분사유의 추가·변경에 관한 근거 규정을 신설하였다.

> **행정소송규칙 제9조(처분사유의 추가 · 변경)**
> 행정청은 사실심 변론을 종결할 때까지 당초의 처분사유와 기본적 사실관계가 동일한 범위 내에서 처분사유를 추가 또는 변경할 수 있다.
> [2023.8.31. 제정]

4. 처분사유의 추가 · 변경의 요건

① 항고소송(취소소송)에서 심판의 범위는 소송물에 한정되므로 처분사유의 추가·변경은 소송물의 동일성(= 처분의 동일성)을 해하지 아니하는 범위 안에서 인정된다(대판 2011.5.26. 2010두28106 참조). 기출 19

② 처분청은 당초 처분의 근거로 삼은 사유와 기본적 사실관계가 동일성이 있다고 인정되는 한도 내에서만 다른 사유를 추가하거나 변경할 수 있다(대판 2003.12.11. 2001두8827). 기출 24·23·19

③ 위법성 판단은 처분 시를 기준으로 판단되므로, 추가사유나 변경사유는 처분 당시에 객관적으로 존재하던 사유이어야 한다. 따라서 행정청은 처분 이후에 발생한 새로운 사실적·법적 사유를 추가·변경할 수는 없다. 기출 22·20 그러나 당사자가 처분 당시에 존재하였음을 알고 있는 사유에 대해서만 추가·변경이 인정되는 것은 아니다. 기출 19

④ 행정청의 처분사유의 추가·변경은 사실심 변론종결 시까지만 허용된다(대판 1999.8.20. 98두17043). 행정소송규칙에도 같은 내용으로 규정되어 있다(행정소송규칙 제9조). 기출 24·23·22·20·19

🗌 기본적 사실관계의 동일성을 긍정한 사례

- 과세관청이 종합소득세부과처분을 하면서 종합소득세 과세대상 소득 중 특정소득을 이자소득으로 보았다가 취소소송에서 이를 이자소득이 아니라 대금업에 의한 사업소득에 해당한다고 처분사유를 변경한 경우(대판 2002.3.12. 2000두2181) 기출 18

- 국가를 당사자로 하는 계약에 관한 법률 시행령 제76조 제1항 제12호 소정의 '담합을 주도하거나 담합하여 입찰을 방해하였다'는 사유와 같은 항 제7호 소정의 '특정인의 낙찰을 위하여 담합한 자'에 해당한다는 사유(대판 2008.2.28. 2007두13791)

- 산림형질변경허가신청에 대한 거부처분사유로 당초 제시한 준농림지역에서의 행위제한이라는 사유와 자연경관 및 생태계의 교란, 국토 및 자연의 유지와 환경보전 등 중대한 공익상의 필요라는 사유(대판 2004.11.26. 2004두4482)

- 건축신고수리 반려처분 취소소송에서, '토지가 건축법상 도로에 해당하여 건축을 허용할 수 없다'는 사유와 '토지가 인근 주민들의 통행에 제공된 사실상의 도로인데, 주택을 건축하여 주민들의 통행을 막는 것은 사회공동체와 인근 주민들의 이익에 반하므로 주택 건축을 허용할 수 없다'는 사유(대판 2019.10.31. 2017두74320)

- 자동차운수사업법 제26조(명의이용금지)를 위반하였다는 사유와 직영으로 운영하도록 한 면허조건을 위반하였다는 사유(대판 1992.10.9. 92누213)

- 명의이용금지 위반의 기본적 사실관계는 변경하지 아니한 채 당초 근거규정인 구 여객자동차운수사업법 제76조 제1항 단서 중 제8호(필요적 취소사유)가 위헌결정으로 그 효력을 상실하자 효력이 유지되고 있는 같은 법 제76조 제1항 본문 및 제8호(임의적 취소사유)로 그 법률상 근거만 변경한 경우(대판 2005.3.10. 2002두9258)

- 전체적으로 보아 특정인을 식별할 수 있는 개인에 관한 정보를 본인 이외의 자에게 공개하지 아니하겠다는 취지인 당초의 정보공개거부처분사유인 검찰보존사무규칙 제20조 소정의 신청권자에 해당하지 아니한다는 사유와 새로이 추가된 거부처분사유인 공공기관의 정보공개에 관한 법률 제9조 제1항 제6호의 사유(대판 2003.12.11. 2003두8395)

🗌 기본적 사실관계의 동일성을 부정한 사례

- 당초의 시세완납증명서발급거부처분 사유로서 중기(重機)취득세를 체납했다는 사유와 추가된 처분사유인 자동차세를 체납했다는 사유(대판 1989.6.27. 88누6160). 기출 18

- 주류도매업면허를 취소의 처분사유로 제시된 무자료로 주류를 판매하였다는 사유와 무면허업자에게 판매하였다는 사유(대판 1996.9.6. 96누7427) 기출 18

- 온천발견신고수리 거부처분의 사유로 제시된 규정온도에 미달한다는 사유와 공공사업에 지장이 있다는 등의 사유(대판 1992.11.24. 92누3052) 기출 18

- 입찰참가자격 제한의 처분사유로 제시된 정당한 이유 없이 계약을 이행하지 않았다는 사유와 계약이행과 관련하여 관계 공무원에게 뇌물을 주었다는 사유(대판 1999.3.9. 98두18565) 기출 18

- 토석채취허가신청 반려의 처분사유로 제시된 인근주민의 동의서를 제출하지 않았다는 사유와 자연경관이 훼손된다는 사유(대판 1992.8.18. 91누3659)

- 국가유공자 비해당결정의 처분사유로 제시된 행정청이 공무수행과 상이 사이에 인과관계가 없다는 것과 본인 과실이 경합된 사유가 있다는 것(2013.8.22. 2011두26589)

- 정보공개거부처분의 사유로 제시된 현재 대법원에 재판 진행 중인 사안이 포함되어 있다는 사유와 해당 정보가 대법원 재판과 별개 사건의 서울중앙지방법원에 진행 중인 재판에 관련된 정보라는 사유(대판 2011.11.24. 2009두19021)

- 당초의 정보공개거부처분사유인 구 「공공기관의 정보공개에 관한 법률」 제7조 제1항 제4호 및 제6호의 사유에 같은 항 제5호의 사유를 새로 추가한 경우(2003.12.11. 2001두8827)

- 가설건축물 존치가간 연장신고 반려처분 사유로 제시된 "대지에 관한 일부 공유지분권자의 대지사용승낙서가 제출되지 않았다"라는 당초의 처분사유와 피고가 추가한 "공사용 가설건축물이 더 이상 공사용으로 사용되지 않고 있다"라는 사유(대판 2018.1.25. 2015두35116)

- 엘피지충전소허가거부처분 사유로 제시된 충전소 외벽으로부터 100m 내에 있는 건물주의 동의가 없다는 사유와 교통사고로 인한 충전소폭발의 위험이 있다는 사유(대판 1992.5.8. 91누13274)
- 의료보험요양기관 지정취소처분의 당초 처분사유인 본인부담금 수납대장을 비치하지 아니한 사유와 새로 추가한 처분사유인 보건복지부장관의 관계서류 제출명령에 위반하였다는 사유(대판 2001.3.23. 99두6392)
- 자동차매매업 불허가처분의 사유로 제시된 기존 공동사업장과의 거리제한규정에 저촉된다는 사유와 최소 주차용지에 미달한다는 사유(대판 1995.11.21. 95누10952)
- 석유판매업불허가 사유로 제시된 군사시설보호구역 내에 위치하여 부대장의 동의를 얻지 못하였다는 사유와 탄약창에 근접하여 공공의 안전에 위험하다는 사유(대판 1991.11.8. 91누70)

Ⅶ 소송의 이송과 병합

1. 행정소송에서 사건의 이송

(1) 이송의 종류

행정소송에서 사건의 이송은 ① 관할위반으로 인한 이송(행정소송법 제7조, 제8조 제2항 및 민사소송법 제34조 제1항), ② 편의에 의한 이송(= 손해나 지연을 피하기 위한 이송)(행정소송법 제8조 제2항 및 민사소송법 제35조), ③ 관련청구소송의 이송(행정소송법 제10조 제1항)이 인정된다. 기출 18

(2) 관할위반으로 인한 이송

> **민사소송법 제34조(관할위반 또는 재량에 따른 이송)**
> ① 법원은 소송의 전부 또는 일부에 대하여 관할권이 없다고 인정하는 경우에는 결정으로 이를 관할법원에 이송한다.
>
> **행정소송법 제7조(사건의 이송)**
> 민사소송법 제34조 제1항의 규정은 원고의 고의 또는 중대한 과실없이 행정소송이 심급을 달리하는 법원에 잘못 제기된 경우에도 적용한다.

① 관할위반으로 인한 이송은 원고가 중대한 과실 없이 취소소송을 심급을 달리하는 법원에 잘못 제기한 경우에도 인정된다(행정소송법 제7조). 기출 18

② 관할위반으로 인한 이송의 경우 당사자의 신청권은 인정되지 않는다. 기출 18 따라서 이송을 기각하는 결정이 있더라도 이에 대하여 불복할 수 없다(대판 1993.12.6. 93마524[전합]).

> 수소법원의 재판관할권 유무는 법원의 직권조사사항으로서 법원이 그 관할에 속하지 아니함을 인정한 때에는 민사소송법 제34조 제1항에 의하여 직권으로 이송결정을 하는 것이고, 소송당사자에게 관할위반을 이유로 하는 이송신청권이 있는 것은 아니다. 따라서 당사자가 관할위반을 이유로 한 이송신청을 한 경우에도 이는 단지 법원의 직권발동을 촉구하는 의미밖에 없다(대결 2018.1.19. 2017마1332). 기출 18

(3) 편의에 의한 이송(= 손해나 지연을 피하기 위한 이송)

행정소송에도 민사소송법 제35조가 준용되므로, 법원은 소송에 대하여 관할권이 있는 경우라도 <u>현저한 손해</u> <u>또는 지연을 피하기 위하여 필요하면 직권 또는 당사자의 신청에 따른 결정으로 소송의 전부 또는 일부를</u> 다른 관할법원에 이송할 수 있다. 다만, <u>전속관할이 정하여진 소의 경우에는 그러하지 아니하다</u>(행정소송법 제8조 제2항, 민사소송법 제35조).

2. 관련청구소송의 이송 및 병합

> **행정소송법 제10조(관련청구소송의 이송 및 병합)**
> ① <u>취소소송과 다음 각 호의 1에 해당하는 소송(이하 "관련청구소송"이라 한다)이 각각 다른 법원에 계속되고 있는 경우에 관련청구소송이 계속된 법원이 상당하다고 인정하는 때에는 당사자의 신청 또는 직권에 의하여 이를 취소소송이 계속된 법원으로 이송할 수 있다. 기출 24</u>
> 1. 당해 처분등과 관련되는 <u>손해배상·부당이득반환·원상회복등</u> 청구소송 기출 23·18
> 2. 당해 처분등과 관련되는 <u>취소소송</u> 기출 18
> ② 취소소송에는 사실심의 변론종결 시까지 관련청구소송을 병합하거나 피고외의 자를 상대로 한 관련청구소송을 <u>취소소송이 계속된 법원에 병합하여 제기할 수 있다.</u> 기출 23·20

(1) 관련청구소송의 이송

① 취소소송과 관련청구소송이 각각 다른 법원에 계속되고 있는 경우에 관련청구소송이 계속된 법원이 상당 하다고 인정하는 때에는 당사자의 신청 또는 직권에 의하여 관련청구소송을 취소소송이 계속된 법원으로 이송할 수 있다(행정소송법 제10조 제1항). 기출 24 즉, 관련청구소송의 이송은 <u>자동으로 이송되는 것이 아니라</u> <u>당사자의 신청 또는 직권에 의하여 법원의 이송결정이 있어야 한다.</u> 기출 23

> ❏ **관련청구소송의 예시** 기출 18
> • 행정처분 취소소송과 그 위법한 행정처분으로 인하여 손해를 입었음을 이유로 국가배상을 구하는 소(행정소송법 제10조 제1항 제1호)
> • 행정처분 취소소송과 그 처분의 취소를 선결문제로 하는 부당이득의 반환을 구하는 소(행정소송법 제10조 제1항 제1호)
> • 수인이 각각 별도로 제기한 동일한 처분의 취소를 구하는 소(행정소송법 제10조 제1항 제2호)
> • 경원자에 대한 면허처분의 취소를 구하는 소와 자신에 대한 면허거부처분의 취소를 구하는 소(행정소송법 제10조 제1항 제1호)

② 관련청구소송의 이송 및 병합은 행정사건에 관련 민사사건이나 행정사건을 이송하여 병합하는 방식이어 야 하고, 반대로 민사사건에 관련 행정사건을 병합할 수는 없다. 즉, <u>취소소송 등의 행정소송이 주된</u> <u>소송이고, 손해배상·부당이득반환·원상회복 등의 민사소송은 병합되는 소송이다</u>(행정소송법 제10조 제2항). 민사소송에 행정소송을 병합할 수 있다는 명문의 규정이 없고, 민사소송법상 청구의 병합은 같은 종류의 소송절차에 의하여 심판될 수 있을 것을 요건으로 하고 있으므로(민사소송법 제253조), 손해배상청구 등의 민사소송(관련청구소송)에 취소소송 등의 행정소송을 병합할 수는 없다. 기출 24 따라서 <u>취소소송을</u> <u>관련청구소송에 병합하기 위하여 취소소송을 관련청구소송이 계속된 법원으로 이송할 수도 없다.</u>

기출 24·20

□ **국가배상청구소송은 민사소송**

취소소송은 행정법원의 전속관할이지만, 국가배상청구소송은 실무상 민사소송으로 다루어지고 있다(대판 1972.4.6. 70다2955 등). 취소소송과 당해 처분등과 관련되는 국가배상청구소송(손해배상청구소송)이 각각 다른 법원에 계속되고 있는 경우, 국가배상청구소송이 계속된 민사법원은 당사자의 신청 또는 직권에 의하여 이를 취소소송이 계속된 법원(행정법원)으로 이송할 수 있다(행정소송법 제10조 제1항). **기출** 23

③ '처분등과 관련되는 손해배상・부당이득반환・원상회복 등의 청구'란 손해배상청구 등의 청구의 내용 또는 발생 원인이 행정소송의 대상인 처분등과 법률상 또는 사실상 공통되거나, 그 처분의 효력이나 존부 유무가 선결문제로 되는 등의 관계에 있는 청구를 말한다(대판 2000.10.27. 99두561). **기출** 23

④ 관련청구의 이송은 당사자에게 이송신청권이 있으므로(행정소송법 제10조 제1항), 이송신청 기각결정(각하결정 포함)에 대하여는 즉시항고로 불복할 수 있다(행정소송법 제8조 제2항, 민사소송법 제39조). **기출** 23

⑤ 주된 청구소송과 관련청구소송의 원・피고가 동일하여야 하는 것은 아니다. **기출** 18 항고소송의 피고는 행정청이고 당해 처분등과 관련되는 손해배상청구소송・부당이득반환청구소송・원상회복등청구소송의 피고는 행정주체(국가 또는 지방방자치단체 등)이지만, 피고가 다른 경우에도 관련청구소송의 이송 및 병합이 인정된다.

⑥ 소송을 이송받은 법원은 이송결정에 따라야 한다(이송결정의 기속력). 소송을 이송받은 법원은 사건을 다시 다른 법원에 이송하지 못한다(행정소송법 제8조 제2항, 민사소송법 제38조). **기출** 24・23 관련청구소송을 이송 받았으나 주된 소송이 부적법하거나 종료되었을 경우, 관련청구의 처리에 관하여 다시 반송하여야 한다는 견해도 있으나, 이송의 기속력에 의하여 이송받은 법원이 심리・판단함이 타당할 것이다. 다만, 심급 관할을 위배한 이송결정의 기속력은 이송받은 상급심 법원에는 미치지 아니하므로, 이송받은 상급심 법원은 사건을 관할법원에 이송하여야 한다(대판 2000.1.14. 99두9735).

⑦ 취소소송에서의 관련청구소송의 이송에 관한 행정소송법 제10조 제1항은 무효등확인소송 및 부작위법확인소송과 당사자소송에도 준용된다(행정소송법 제38조, 제44조 제2항). 따라서 무효등확인소송과 관련청구소송 (당해 처분과 관련되는 부당이득반환소송)이 각각 다른 법원에 계속되고 있는 경우에 관련청구소송이 계속된 법원이 상당하다고 인정하는 때에는 당사자의 신청 또는 직권에 의하여 이를 무효등확인소송이 계속된 법원으로 이송할 수 있다(행정소송법 제10조 제1항, 제38조 제1항). **기출** 23

(2) 관련청구소송의 병합(= 소의 객관적 병합)

① 취소소송에는 사실심의 변론종결 시까지 관련청구소송을 병합하거나 피고 외의 자를 상대로 한 관련청구 소송을 취소소송이 계속된 법원에 병합하여 제기할 수 있다(행정소송법 제10조 제2항).

② 관련청구의 병합을 인정하는 것은 소송경제를 도모하고, 서로 관련 있는 사건 사이에 판결의 모순저촉을 피하기 위한 것이다.

③ 관련청구소송의 병합은 원시적 병합뿐만 아니라 사후적 병합(= 후발적 병합)도 가능한데, 사후적 병합의 경우에는 주된 취소소송의 사실심의 변론 종결시까지만 병합이 가능하고, 사실심의 변론종결 후에는 관련청구소송(손해배상청구소송)을 병합할 수 없다. **기출** 23・20・18

④ 관련청구소송의 병합에는 민사소송에서와 마찬가지로 단순병합, 선택적 병합, 예비적 병합이 있을 수 있다. 다만, 행정처분에 대한 무효확인과 취소청구는 서로 양립할 수 없는 청구로서 주위적・예비적 청구로서만 병합이 가능하고 선택적 청구로서의 병합이나 단순 병합은 허용되지 아니한다(대판 1999.8.20. 97누 6889). **기출** 23

국가유공자법과 보훈보상자법은 사망 또는 상이의 주된 원인이 된 직무수행 또는 교육훈련이 '국가의 수호·안전보장 또는 국민의 생명·재산 보호와 직접적인 관련이 있는지'에 따라 국가유공자와 보훈보상대상자를 구분하고 있으므로(직접 관련이 있으면 국가유공자, 직접 관련이 없으면 보훈보상대상자), 국가유공자 요건 또는 보훈보상대상자 요건에 해당함을 이유로 '국가유공자 비해당결정처분'과 '보훈보상대상자 비해당결정처분'의 취소를 청구하는 것은 동시에 인정될 수 없는 양립불가능한 관계에 있다고 보아야 하고, 이러한 두 처분의 취소 청구는 원칙적으로 국가유공자 비해당결정처분 취소청구를 주위적 청구로 하는 주위적·예비적 관계에 있다고 보아야 한다. 병합의 형태가 단순 병합인지 주위적·예비적 병합인지는 당사자의 의사가 아닌 병합청구의 성질을 기준으로 판단하여야 하므로, 원고가 주위적·예비적 관계에 있는 두 청구를 단순 병합 형태로 청구하였더라도 원심법원(부산고등법원)으로서는 이를 주위적·예비적 청구로 보아 그 순서에 따라 판단하였어야 한다(대판 2016.8.17. 2015두48570). **기출** 23

⑤ 항고소송에 관련청구소송을 병합하는 경우, 주된 항고소송(취소소송)과 관련청구소송은 각각 소송요건(제소기간의 준수, 원고적격 등)을 갖춘 적법한 것이어야 한다(법원실무제요 행정 [2], 71면). **기출** 20

행정소송법 제38조, 제10조에 의한 관련청구소송의 병합은 본래의 항고소송이 적법할 것을 요건으로 하는 것이어서 본래의 항고소송이 부적법하여 각하되면 그에 병합된 관련청구도 소송요건을 흠결한 부적합한 것으로 각하되어야 한다(대판 2001.11.27. 2000두697).

⑥ 처분과 관련되는 부당이득반환청구소송이 인용되기 위하여 반드시 그 처분의 취소가 확정되어야 하는 것은 아니다.

행정소송법 제10조 제2항이 관련 청구소송의 병합을 인정하고 있는 취지에 비추어 보면, 취소소송에 병합할 수 있는 당해 처분과 관련되는 부당이득반환소송에는 당해 처분의 취소를 선결문제로 하는 부당이득반환청구가 포함되고, 이러한 부당이득반환청구는 그 소송절차에서 당해 처분이 취소되면 충분하고 그 처분의 취소가 확정되어야 하는 것은 아니라고 보아야 한다(대판 2009.4.9. 2008두23153). **기출** 23 ☞ 대법원은 부당이득반환청구소송과 관련하여 이러한 판시를 하였으나, 판례의 취지는 손해배상청구의 경우에도 동일하게 적용된다고 할 수 있다. **기출** 23 처분취소판결을 선고하면서도 그 처분이 확정되지 않았다는 이유로 관련 청구인 손해배상청구를 인용할 수 없다고 한다면, 행정소송법 제10조 제2항이 관련 청구의 병합을 인정한 제도적 취지를 완전히 몰각하게 되기 때문이다.

⑦ 행정소송법은 취소소송에서의 관련청구소송의 병합을 규정하고(행정소송법 제10조 제2항), 무효등확인소송, 부작위위법확인소송 및 당사자소송에 이를 준용하고 있다(행정소송법 제38조, 제44조 제2항).

3. 공동소송(= 소의 주관적 병합)

① 수인(數人)의 청구 또는 수인에 대한 청구가 처분등의 취소청구와 관련되는 청구인 경우에 한하여 그 수인은 공동소송인이 될 수 있다(행정소송법 제15조). **기출** 22·18

② 예를 들면, 甲이 원고로서 행정청 A를 피고로 취소소송을 제기하고 乙이 원고로서 같은 행정청 A를 피고로 소송을 제기하는 경우, 양 청구가 관련청구(= 처분등의 취소청구와 관련되는 청구)인 경우에 한하여 甲과 乙은 공동소송인이 될 수 있다.

③ 행정소송법 제28조 제3항은 사정판결의 경우 주관적·예비적 병합을 허용하고 있으므로, 행정청을 피고로 한 주위적 처분취소청구가 사정판결에 의하여 기각될 것을 대비하여 예비적으로 국가 또는 지방자치단체를 피고로 한 손해배상청구를 병합할 수 있다(대판 1997.11.11. 95누4902 참조).

Ⅷ 소의 변경

1. 소의 변경

'소의 변경'이란 민사소송에서는 청구의 기초가 바뀌지 아니하는 한도에서 하는 청구의 취지 또는 원인의 변경만을 의미하나, 행정소송에서는 ① 소의 종류의 변경(행정소송법 제21조)과 소송목적물의 변경이 뒤따르는 ② 처분변경으로 인한 소의 변경(행정소송법 제22조)을 포함하는 넓은 개념이다(법원실무제요 행정 [2], 79면).

2. 소의 종류 변경

> **행정소송법 제21조(소의 변경)**
> ① 법원은 취소소송을 당해 처분등에 관계되는 사무가 귀속하는 국가 또는 공공단체에 대한 당사자소송 또는 취소소송외의 항고소송으로 변경하는 것이 상당하다고 인정할 때에는 청구의 기초에 변경이 없는 한 사실심의 변론 종결시까지 원고의 신청에 의하여 결정으로써 소의 변경을 허가할 수 있다. 기출 22 · 21 · 20 · 19 · 18
> ② 제1항의 규정에 의한 허가를 하는 경우 피고를 달리하게 될 때에는 법원은 새로이 피고로 될 자의 의견을 들어야 한다. 기출 22 · 20
> ③ 제1항의 규정에 의한 허가결정에 대하여는 즉시항고할 수 있다. 기출 23 · 22
> ④ 제1항의 규정에 의한 허가결정에 대하여는 제14조 제2항·제4항 및 제5항의 규정을 준용한다.
>
> > **행정소송법 제14조(피고경정)**
> > ② 법원은 제1항의 규정에 의한 결정의 정본을 새로운 피고에게 송달하여야 한다.
> > ④ 제1항의 규정에 의한 결정이 있은 때에는 새로운 피고에 대한 소송은 처음에 소를 제기한 때에 제기된 것으로 본다. 기출 18
> > ⑤ 제1항의 규정에 의한 결정이 있은 때에는 종전의 피고에 대한 소송은 취하된 것으로 본다. 기출 21

① 행정소송에는 여러 종류가 있는데 권리구제를 위하여 어떠한 소송의 종류를 선택하여야 하는지 명확하지 않은 경우가 적지 않아 소송의 종류를 잘못 선택할 위험이 있다. 이러한 경우를 대비하여 행정소송법은 행정소송간의 소의 종류의 변경을 인정하고 있다(행정소송법 제21조, 제37조, 제42조).

② 소의 (종류) 변경은 반드시 원고의 신청이 있어야 하고, 법원이 직권에 의하여 소의 변경을 하는 것은 허용되지 않는다. 기출 18 즉, 행정소송법 제21조의 소의 (종류) 변경은 일종의 소송 중의 소제기에 해당하므로 소변경신청서의 제출로써 하고(민사소송법 제248조, 행정소송법 제8조 제2항), 법원이 직권으로 소의 (종류) 변경을 결정할 수는 없다.

③ 행정소송법 제21조에 따른 소의 (종류) 변경은 사실심의 변론 종결시까지 가능하고(행정소송법 제21조 제1항), 상고심에서는 허용되지 않는다. 기출 20 · 18

④ 법원의 허가결정이 있어야 한다. 기출 18 법원은 청구의 기초에 변경이 없는 한도에서 소의 변경을 허가할 수 있다(행정소송법 제21조 제1항). 기출 20 · 19 소의 변경을 허가하는 결정에 대하여 새로운 소의 피고는 즉시항고할 수 있다(행정소송법 제21조 제3항). 기출 23

⑤ 항고소송을 당사자소송으로 변경을 허가하는 경우 피고의 변경이 수반되는데('처분 행정청'에서 '처분등에 관계되는 사무가 귀속하는 국가 또는 공공단체'로 피고의 변경), 이 경우 법원은 새로이 피고로 될 자의 의견을 들어야 한다(행정소송법 제21조 제2항). 기출 20 마찬가지로 당사자소송을 항고소송으로 변경하는 경우에도 피고의 변경이 수반된다. 기출 19

⑥ 소변경허가결정이 확정된 경우에는 새로운 소(신소, 新訴)는 처음에 소(구소, 舊訴)를 제기한 때에 제기된 것으로 본다(행정소송법 제14조 제4항, 제21조 제4항). **기출** 18 따라서 제소기간의 준수 여부도 처음에 소를 제기한 때를 기준으로 하여야 한다. **기출** 21·19 이는 민사소송에서 소변경신청서를 법원에 제출한 때를 기준으로 제소기간의 준수 여부를 판단하는 것(민사소송법 제265조)에 대한 특별규정이다.

⑦ 소의 변경의 (허가)결정이 있는 때에는 <u>종전의 피고에 대한 소송은 취하된 것으로 본다</u>(행정소송법 제21조 제4항, 제14조 제5항). **기출** 20

⑧ 소의 종류의 변경에 관한 행정소송법 제21조의 규정은 <u>무효등확인소송이나 부작위법확인소송을 취소소송 또는 당사자소송으로 변경하는 경우에 준용하며</u>(행정소송법 제37조), <u>당사자소송을 항고소송으로 변경하는 경우에 준용한다</u>(행정소송법 제42조). **기출** 22·18 따라서 무효등확인소송이나 부작위법확인소송을 취소소송 또는 당사자소송으로 변경할 수 있다. **기출** 22·19

3. 처분변경으로 인한 소의 변경

> **행정소송법 제22조(처분변경으로 인한 소의 변경)**
> ① 법원은 행정청이 소송의 대상인 처분을 소가 제기된 후 변경한 때에는 원고의 신청에 의하여 결정으로써 청구의 취지 또는 원인의 변경을 허가할 수 있다. **기출** 20·19
> ② 제1항의 규정에 의한 신청은 처분의 변경이 있음을 안 날로부터 60일 이내에 하여야 한다.
> **기출** 23·22·21·20·19
> ③ 제1항의 규정에 의하여 <u>변경되는 청구는 제18조 제1항 단서의 규정에 의한 요건을 갖춘 것으로 본다[</u>행정심판전치주의가 적용되는 경우라도 변경 전의 처분에 대하여 행정심판전치절차를 거쳤으면 변경된 처분에 대하여 별도의 행정심판절차를 거치지 않아도 행정심판전치 요건을 갖춘 것으로 본다(註)]. **기출** 19

① 행정소송이 제기된 뒤에 행정청이 소송의 대상이 된 처분을 변경하면 소송물이 달라지고 청구의 기초에 변경이 있을 수 있으므로, 민사소송법의 소의 변경 이론에 의해서는 청구의 변경이 인정되기 어렵다(대판 1963.2.21. 62누231 참조). 따라서 원고는 종전의 처분에 대한 소송을 취하하고 새로운 처분에 대한 새로운 소송을 제기하여야 하는데, 이는 소송경제 및 행정소송의 권익구제기능에 반한다.

② 이러한 문제를 해결하기 위하여 행정소송법은 취소소송에서 처분변경으로 인한 소의 변경을 인정하고(행정소송법 제22조), 이를 무효등확인소송과 당사자소송에서 준용함으로써(행정소송법 제38조 제1항, 제44조 제1항), 행정소송절차가 무용하게 반복되는 것을 피하고 있다. 그러나 부작위법확인소송에는 준용되지 않는다(행정소송법 제38조 제2항). **기출** 24·23·22·21·20·19

> • 행정청은 행정소송이 계속되고 있는 때에도 직권으로 그 처분을 변경할 수 있고, 행정소송법 제22조 제1항은 이를 전제로 처분변경으로 인한 소의 변경에 관하여 규정하고 있다(대판 2019.1.17. 2016두56721).
> • 판례는 피고(남원시장)가 원고에게 하천점용료 부과처분을 하였다가 절차상 하자를 이유로 이를 취소하고 다시 동일한 내용의 처분을 한 경우에, 원고가 당초의 부과처분에 대한 취소청구를 새로운 부과처분에 대한 취소청구로 변경하는 것을 인정하였다(대판 1984.2.28. 83누638). **기출** 20 ☞ 이 판결은 1984.12.15. 개정 행정소송법에 의하여 '처분변경으로 인한 소의 변경'에 관한 규정(제22조)이 신설되기 전의 사례이다. 민사소송법의 준용에 따른 소의 변경이 인정되는지가 문제된 사례이므로 '청구의 기초에 변경이 없는 한도 내'인지 여부를 검토하여(현행 민사소송법 제262조 제1항) 청구의 기초에 변경이 없다고 보아 소의 변경을 인정하였다. 한편, 행정소송법 제22조에 따른 '처분변경으로 인한 소의 변경'은 청구의 기초에 변경이 있더라도 가능하다.

③ 처분변경으로 인한 소의 변경은 <u>원고의 신청이 있어야 한다</u>(행정소송법 제22조 제1항). 기출 20 · 19 행정소송법 제22조의 처분변경으로 인한 소의 변경은 일종의 소송 중의 소제기에 해당하므로 소변경신청서의 제출로써 하고(민사소송법 제248조, 행정소송법 제8조 제2항), <u>법원이 직권으로 소의 변경(청구의 취지 또는 원인의 변경)을 결정할 수는 없다.</u> 기출 21

④ <u>청구의 취지를 변경하는 형태의 소의 변경뿐만 아니라 청구의 원인을 변경하는 형태의 소의 변경도 허용된다</u>(행정소송법 제22조 제1항 참조). 소의 변경은 소송물의 변경을 뜻하기 때문에 청구의 취지 또는 원인의 변경에 의하여 이루어지고, <u>청구를 이유 있게 하기 위한 공격 · 방어 방법의 변경은 소의 변경에 포함되지 않는다.</u> 기출 21

⑤ 처분변경으로 인한 소의 변경은 <u>구소가 사실심 변론 종결 전이어야 하고, 변경되는 신소가 적법하여야 한다.</u> <u>소의 변경은 사실심 계속 중에만 허용될 수 있고, 상고심 계속 중에는 허용되지 아니한다</u>(법원실무제요 행정 [2], 87면). 기출 21 · 19

4. 민사소송법에 의한 소의 변경

> **민사소송법 제262조 (청구의 변경)**
> ① 원고는 <u>청구의 기초가 바뀌지 아니하는 한도 안에서 변론을 종결할 때(변론 없이 한 판결의 경우에는 판결을 선고할 때)까지</u> 청구의 취지 또는 원인을 바꿀 수 있다. 다만, 소송절차를 현저히 지연시키는 경우에는 그러하지 아니하다.
> ② 청구취지의 변경은 서면으로 신청하여야 한다.
> ③ 제2항의 서면은 상대방에게 송달하여야 한다.

① 행정소송법의 소의 변경에 관한 규정은 민사소송법에 의한 소의 변경을 배척하는 것이 아니므로, 행정소송의 원고는 행정소송법 제8조 제2항에 의하여 준용되는 민사소송법 제262조에 따라 청구의 기초에 변경이 없는 한도에서 청구의 취지 또는 원인을 변경할 수 있다(대판 1999.11.26. 99두9407). 기출 21

② 소의 변경은 소송물의 변경을 뜻하기 때문에 청구의 취지 또는 원인의 변경에 의하여 이루어지고, <u>청구를 이유 있게 하기 위한 공격 · 방어 방법의 변경은 소의 변경에 포함되지 않는다.</u> 기출 21

③ <u>청구취지변경을 불허한 결정에 대해서 원고는 독립하여 항고할 수 없고 다만 종국판결에 대한 상소로서만 이를 다툴 수 있는 것이다</u>(대판 1992.9.25. 92누5096). 기출 23

④ <u>민사소송을 항고소송으로 변경하는 것도 허용될 수 있다</u>(대판 2020.4.9. 2015다34444 참조). 기출 21

⑤ 민사소송법 제262조에 의한 소의 변경(청구의 변경) 역시 <u>변론을 종결할 때(변론 없이 한 판결의 경우에는 판결을 선고할 때)까지 가능하다</u>(민사소송법 제262조 제1항). 사실심 법원은 종결된 변론을 다시 열도록 명할 수 있는데(민사소송법 제142조), 이를 '변론의 재개'라 한다. <u>사실심의 변론이 일단 종결되었더라도 그 후 변론이 재개되었다면 사실심 법원은 소의 변경을 허가할 수 있다.</u> 기출 21

- 원고가 항고소송으로 제기해야 할 사건을 민사소송으로 잘못 제기한 경우

  행정청은 행정소송이 계속되고 있는 때에도 직권으로 그 처분을 변경할 수 있고, 행정소송법 제22조 제1항은 이를 전제로 처분변경으로 인한 소의 변경에 관하여 규정하고 있다. 행정소송법 제8조 제2항은 "행정소송에 관하여 이 법에 특별한 규정이 없는 사항에 대하여는 법원조직법과 민사소송법 및 민사집행법의 규정을 준용한다"라고 규정하고 있고, 민사소송법 제40조 제1항은 "이송결정이 확정된 때에는 소송은 처음부터 이송받은 법원에 계속된 것으로 본다"라고 규정하고 있다. 한편 행정소송법 제21조 제1항, 제4항, 제37조, 제42조, 제14조 제4항은 행정소송 사이의 소 변경이 있는 경우 처음 소를 제기한 때에 변경된 청구에 관한 소송이 제기된 것으로 보도록 규정하고 있다. 이러한 규정 내용 및 취지 등에 비추어 보면, 원고가 행정소송법상 항고소송으로 제기해야 할 사건을 민사소송으로 잘못 제기한 경우에 수소법원이 그 항고소송에 대한 관할을 가지고 있지 아니하여 관할법원에 이송하는 결정을 하였고, 그 이송결정이 확정된 후 원고가 항고소송으로 소 변경을 하였다면, 그 항고소송에 대한 제소기간의 준수 여부는 원칙적으로 처음에 소를 제기한 때를 기준으로 판단하여야 한다(대판 2022.11.17. 2021두44425). 기출 24

- 공법상 당사자소송에서 민사소송으로의 소의 변경 (O)

  공법상 당사자소송의 소 변경에 관하여 행정소송법은, 공법상 당사자소송을 항고소송으로 변경하는 경우(행정소송법 제42조, 제21조) 또는 처분변경으로 인하여 소를 변경하는 경우(행정소송법 제44조 제1항, 제22조)에 관하여만 규정하고 있을 뿐, 공법상 당사자소송을 민사소송으로 변경할 수 있는지에 관하여 명문의 규정을 두고 있지 않다. 그러나 공법상 당사자소송에서 민사소송으로의 소 변경이 금지된다고 볼 수 없다. 이유는 다음과 같다. ① 행정소송법 제8조 제2항은 행정소송에 관하여 민사소송법을 준용하도록 하고 있으므로, 행정소송의 성질에 비추어 적절하지 않다고 인정되는 경우가 아닌 이상 공법상 당사자소송의 경우도 민사소송법 제262조에 따라 청구의 기초가 바뀌지 아니하는 한도 안에서 변론을 종결할 때까지 청구의 취지를 변경할 수 있다. ② 한편 대법원은 여러 차례에 걸쳐 행정소송법상 항고소송으로 제기해야 할 사건을 민사소송으로 잘못 제기한 경우 수소법원으로서는 원고로 하여금 항고소송으로 소 변경을 하도록 석명권을 행사하여 행정소송법이 정하는 절차에 따라 심리·판단해야 한다고 판시해 왔다. 이처럼 민사소송에서 항고소송으로의 소 변경이 허용되는 이상, 공법상 당사자소송과 민사소송이 서로 다른 소송절차에 해당한다는 이유만으로 청구기초의 동일성이 없다고 해석하여 양자 간의 소 변경을 허용하지 않을 이유가 없다. ③ 일반 국민으로서는 공법상 당사자소송의 대상과 민사소송의 대상을 구분하기가 쉽지 않고 소송 진행 도중의 사정변경 등으로 인해 공법상 당사자소송으로 제기된 소를 민사소송으로 변경할 필요가 발생하는 경우도 있다. 소 변경 필요성이 인정됨에도, 단지 소 변경에 따라 소송절차가 달라진다는 이유만으로 이미 제기한 소를 취하하고 새로 민사상의 소를 제기하도록 하는 것은 당사자의 권리 구제나 소송경제의 측면에서도 바람직하지 않다. 따라서 공법상 당사자소송에 대하여도 청구의 기초가 바뀌지 아니하는 한도 안에서 민사소송으로 소 변경이 가능하다고 해석하는 것이 타당하다(대판 2023.6.29. 2022두44262).

IX 소송참가

1. 개 설

① 소송참가란 현재 계속 중인 타인간의 소송에 제3자가 자기의 이익을 옹호하기 위하여 참가하는 것을 말한다. 행정소송법은 제3자의 소송참가(행정소송법 제16조)와 행정청의 소송참가(행정소송법 제17조)를 규정하고 있다. 기출 19

② 행정소송법은 취소소송에 관하여 위와 같이 소송참가를 규정하고 이들 규정을 무효등확인소송 및 부작위위법확인소송과 당사자소송에 준용하고 있고(행정소송법 제38조, 제44조), 민중소송 및 기관소송에는 그 성질에 반하지 않는 한 준용되는 것으로 하고 있다(행정소송법 제46조 제1항). 기출 19

2. 제3자의 소송참가와 제3자에 의한 재심청구

1) 제3자의 소송참가

> **행정소송법 제16조(제3자의 소송참가)**
> ① 법원은 <u>소송의 결과에 따라 권리 또는 이익의 침해를 받을 제3자가 있는 경우</u>에는 <u>당사자 또는 제3자의 신청</u>
> <u>또는 직권에 의하여</u> 결정으로써 그 제3자를 소송에 참가시킬 수 있다. [기출] 23·22·21·20·19·18
> ② 법원이 제1항의 규정에 의한 결정을 하고자 할 때에는 미리 당사자 및 제3자의 의견을 들어야 한다.
> [기출] 24·23·22
> ③ 제1항의 규정에 의한 신청을 한 제3자는 그 <u>신청을 각하한 결정에 대하여 즉시항고</u>할 수 있다.
> [기출] 24·23·22·20
> ④ 제1항의 규정에 의하여 <u>소송에 참가한 제3자에 대하여는 민사소송법 제67조의 규정을 준용</u>한다.

① <u>취소소송에 있어서 원고승소판결은 소송당사자가 아닌 제3자에게도 효력을 미치므로</u>(행정소송법 제29조 제1
항), 소송의 결과에 의하여 권리 또는 이익의 침해를 받을 제3자를 소송에 참가시켜 제3자에게 공격방어방
법을 제출하는 기회를 줌으로써 그의 권익을 보호할 필요가 있다. 제3자의 소송참가가 인정되는 경우는
대체로 제3자효 행정행위에 대한 취소소송의 경우이다.

② 행정소송법 제16조의 <u>제3자의 소송참가가 허용되기 위하여는 당해 소송의 결과에 따라 제3자의 권리</u>
<u>또는 이익이 침해되어야 하고, 이때의 이익은 '법률상 이익'을 말하며 단순한 사실상의 이익이나 경제상의</u>
<u>이익은 포함되지 않는다</u>(대판 2008.5.29. 2007두23873). [기출] 20·19

> 원심은 행정소송법 제16조 소정의 제3자의 소송참가가 허용되기 위하여는 당해 소송의 결과에 따라 제3자의
> <u>권리 또는 이익이 침해되어야 하고, 이때의 이익은 법률상 이익을 말하며 단순한 사실상의 이익이나 경제상의</u>
> <u>이익은 포함되지 않는데,</u> 원고들이 참가를 구하는 제3자들은 원고들이 속한 관련 지방자치단체들(예 경상남도)
> 로서 이 사건의 쟁점은 단순히 신설되는 항만을 어떻게 호칭하고 다른 항만과 구별하여 특정할 것인가의 문제에
> <u>불과할 뿐이고</u> 그 항만에 부여되는 지리적 명칭에 따라 그 항만의 배후부지가 관련 자치단체의 관할구역에
> 편입되는 법적 효력이 생긴다거나 관련 자치단체인 참가인들이 그 지리적 명칭으로 인하여 권리관계나 법적
> 지위에 어떠한 영향을 받는다고 인정되지도 아니하므로 이 사건 소송의 결과에 의하여 위 제3자들의 법률상
> <u>이익이 침해된다고 할 수 없고,</u> 따라서 원고들의 이 사건 제3자 소송참가신청은 부적법하다고 판단하였다.
> 관련 법리 및 기록에 의하여 살펴보면, 원심의 판단은 정당하고, 상고이유의 주장과 같은 이유모순, 법원조직법
> 제2조 제1항 위반, 소송참가에 따른 법률상 이익에 관한 법리오해 등의 위법이 없다(대판 2008.5.29. 2007두23873).

③ 소송에 참가한 제3자는 <u>'단순한 보조참가인'이 아니라 '공동소송적 보조참가인'의 지위에서 소송수행을</u>
<u>한다</u>(통설). [기출] 24·18

> ❏ **제3자의 소송참가에서 소송에 참가한 제3자의 지위(≒ 공동소송적 보조참가인)**
> 제3자의 소송참가 규정에 의하여 소송에 참가한 제3자에 대하여는 민사소송법 제67조의 규정을 준용한다(행정소
> 송법 제16조 제4항). 따라서 참가인은 피참가인과 사이에서 필수적 공동소송에 있어서의 공동소송인에 준하는
> 지위에 서게 되나, 당사자에 대하여 독자적인 청구를 하는 것이 아니므로 강학상 공동소송적 보조참가인의
> 지위에 유사한 것으로 보는 것이 통설이다(박균성, 행정법강의 제21판, 929면). [기출] 18 공동소송적 보조참가는
> 단순한 법률상의 이해관계가 아니라 <u>재판의 효력이 미치는 제3자가 보조참가하는 경우를 말한다</u>(민사소송법
> 제78조). 따라서 제3자의 소송참가의 경우 참가인은 현실적으로 소송행위를 하였는지 여부와 관계없이 참가한
> <u>소송의 재판(판결)의 효력을 받는다</u>(박균성, 행정법강의 제21판, 930면). [기출] 22·21

④ 제3자의 소송참가는 타인의 취소소송이 적법하게 제기되어 계속 중일 것을 요한다. 적법한 소송이 계속되어 있는 한 소송이 어느 심급에 있는지를 불문한다. 상고심에서도 제3자의 소송참가는 가능하다(법원실무제요 행정 [1], 188면). 기출 24·20

⑤ 참가인은 소송당사자 이외의 제3자이어야 한다. 제3자의 소송참가는 국가 또는 지방자치단체도 가능하나(대판 2008.5.29, 2007두23873 참조), 기출 20 당사자능력이 없는 '행정청'은 행정소송법 제16조의 '제3자의 소송참가'는 불가능하고, 행정소송법 제17조가 정한 '행정청의 소송참가'에 따른 참가만 가능하다(법원실무제요 행정 [1], 189면).

⑥ 제3자의 참가신청이 불허(각하)된 때에는 그 '제3자'는 즉시항고할 수 있다(행정소송법 제16조 제3항). 이는 해당 소송의 결과에 따라 권익이 침해될 우려가 있는 제3자를 보호하기 위한 것이다(법원실무제요 행정 [1], 192-193면). 기출 23·22·20 당사자가 제3자의 참가를 신청하였으나 각하된 경우 그 '당사자'가 불복할 수 있는지에 관하여는, 행정소송법이 명문으로 이의신청할 수 있는 자를 제3자로 한정하고 있고, 소송참가제도 자체가 제3자의 이익을 보호하기 위한 제도라는 이유로 부정하는 견해가 지배적이다(법원실무제요 행정 [1], 194면).

> **□ 참고**
> 행정소송법 제16조 제3항의 반대해석상 '참가를 허가한 결정'에 대하여는 '당사자' 및 '제3자' 누구도 독립하여 불복할 수 없다. 소송에 참여할 수 없는 자를 소송에 참여하도록 허가한 잘못이 있더라도 본안에 대한 불복절차에서 소송절차의 위법을 다툴 수 있을 뿐이다. 민사소송법이 규정하는 보조참가에서는 그 신청에 대한 허가결정에 대해서도 즉시항고를 할 수 있는 것(민사소송법 제73조 제3항)과 구별된다. 반면 제3자의 참가신청이 불허된 때에는 그 제3자는 즉시항고할 수 있다(행정소송법 제16조 제3항). 이는 해당 소송의 결과에 따라 권익이 침해될 우려가 있는 제3자를 보호하기 위한 것이다(법원실무제요 행정 [1], 192-193면).

2) 관련문제 : 제3자에 의한 재심청구

> **행정소송법 제31조(제3자에 의한 재심청구)**
> ① 처분등을 취소하는 판결에 의하여 권리 또는 이익의 침해를 받은 제3자는 자기에게 책임없는 사유로 소송에 참가하지 못함으로써 판결의 결과에 영향을 미칠 공격 또는 방어방법을 제출하지 못한 때에는 이를 이유로 확정된 종국판결에 대하여 재심의 청구를 할 수 있다. 기출 24·22
> ② 제1항의 규정에 의한 청구는 확정판결이 있음을 안 날로부터 30일 이내, 판결이 확정된 날로부터 1년 이내에 제기하여야 한다. 기출 24·23·22·19
> ③ 제2항의 규정에 의한 기간은 불변기간으로 한다. 기출 24

① 처분등을 취소하는 판결에 의하여 권리 또는 이익의 침해를 받은 제3자는 자기에게 책임 없는 사유로 소송에 참가하지 못함으로써 판결의 결과에 영향을 미칠 공격 또는 방어방법을 제출하지 못한 때에는 이를 이유로 확정된 종국판결에 대하여 재심의 청구를 할 수 있다(행정소송법 제31조 제1항). 제3자가 소송에 참가한 이상 자기에게 책임 없는 사유로 공격 또는 방어방법을 제출하지 못하였더라도 재심청구를 할 수 없다. 기출 24·22

② 제3자에 의한 재심청구는 확정판결이 있음을 안 날로부터 30일 이내, 판결이 확정된 날로부터 1년 이내에 제기하여야 한다(행정소송법 제31조 제2항). 기출 24·23·22 이때의 기간은 모두 불변기간으로 한다(행정소송법 제31조 제3항). 기출 24

③ 국외에서의 소송행위의 추완

> **행정소송법 제5조(국외에서의 기간)**
> 이 법에 의한 기간의 계산에 있어서 국외에서의 소송행위추완에 있어서는 그 기간을 14일에서 30일로, 제3자에 의한 재심청구에 있어서는 그 기간을 30일에서 60일로, 소의 제기에 있어서는 그 기간을 60일에서 90일로 한다. `기출` 22 · 18

> **□ 참고**
> 소의 제기와 관련하여, 1994년 행정소송법 개정 전에는 취소소송의 제소기간을 "행정심판의 재결을 거쳐 제기하는 사건에 대한 소는 그 재결서의 정본의 송달을 받은 날로부터 60일 이내에 제기하여야 한다"고 규정하고 있었다. 이때에는 행정소송법 제5조의 국외에서의 제소기간의 연장(60일에서 90일로 연장)이 의미가 있었다. 그러나 현행 행정소송법은 "취소소송은 처분등이 있음을 안 날부터 90일 이내에 제기하여야 한다"고 규정하고 있으므로(행정소송법 제20조 제1항), 국외에서의 제소기간 연장에 관한 행정소송법 제5조는 의미가 없다(주석 행정소송법[2004], 127면 참조). ☞ 따라서 행정소송법 제5조를 문제로 출제하는 것은 바람직하지 않다고 생각한다.

④ 제3자에 의한 재심청구에 관한 규정은 무효등확인소송과 부작위위법확인소송에 준용되지만(행정소송법 제38조 제1항·제2항), 당사자소송에는 준용되지 않는다(행정소송법 제44조 제1항). `기출` 24

3. 행정청의 소송참가

> **행정소송법 제17조(행정청의 소송참가)**
> ① 법원은 다른 행정청을 소송에 참가시킬 필요가 있다고 인정할 때에는 당사자 또는 당해 행정청의 신청 또는 직권에 의하여 결정으로써 그 행정청을 소송에 참가시킬 수 있다. `기출` 24 · 22 · 20 · 18
> ② 법원은 제1항의 규정에 의한 결정을 하고자 할 때에는 당사자 및 당해 행정청의 의견을 들어야 한다. `기출` 21 · 20
> ③ 제1항의 규정에 의하여 소송에 참가한 행정청에 대하여는 민사소송법 제76조(참가인의 소송행위)의 규정을 준용한다. `기출` 22
>
> > **민사소송법 제76조(참가인의 소송행위)**
> > ① 참가인은 소송에 관하여 공격·방어·이의·상소, 그 밖의 모든 소송행위를 할 수 있다. 다만, 참가할 때의 소송의 진행정도에 따라 할 수 없는 소송행위는 그러하지 아니하다. `기출` 20
> > ② 참가인의 소송행위가 피참가인의 소송행위에 어긋나는 경우에는 그 참가인의 소송행위는 효력을 가지지 아니한다. `기출` 20 · 19

① 행정청의 소송참가는 당사자(= 원고와 피고 행정청)의 신청 또는 당해 행정청(= 참가하는 행정청)의 신청 뿐만 아니라 법원의 직권에 의하여도 결정할 수 있다(행정소송법 제17조 제1항). `기출` 20 예를 들면, 행정심판의 재결이 취소소송의 대상이 된 경우 원처분청을 소송에 참가시킬 수 있다. `기출` 20

② 법원이 행정청의 소송참가를 결정할 때에는 당사자(= 원고와 피고 행정청)의 의견을 들어야 할 뿐만 아니라 당해 행정청(= 참가하는 행정청)의 의견도 들어야 한다(행정소송법 제17조 제2항). `기출` 21 · 20

4. 민사소송법에 의한 보조참가

① 행정소송 사건에서 참가인이 한 보조참가는 행정소송법 제16조가 규정한 제3자의 소송참가에 해당하지 아니하더라도, 민사소송법상 보조참가의 요건을 갖춘 경우 허용되고 그 성격은 공동소송적 보조참가라고 할 것이다(대결 2013.7.12. 2012무84). 기출 23 · 21

② 민사소송법상 보조참가는 소송결과에 이해관계가 있는 자가 할 수 있는데, 여기서 이해관계란 '법률상 이해관계'를 말하는 것으로, 당해 소송의 판결의 기판력이나 집행력을 당연히 받는 경우 또는 당해 소송의 판결의 효력이 직접 미치지는 아니한다고 하더라도 적어도 그 판결을 전제로 하여 보조참가를 하려는 자의 법률상 지위가 결정되는 관계에 있는 경우를 의미한다(대결 2013.7.12. 2012무84). 기출 23

③ 민사소송법 제71조에 의한 보조참가를 할 수 있는 제3자는 민사소송법상의 당사자능력 및 소송능력을 갖춘 자이어야 하므로 그러한 당사자능력 및 소송능력이 없는 행정청으로서는 민사소송법상의 보조참가를 할 수는 없고 다만 행정소송법 제17조 제1항에 의한 소송참가(행정청의 소송참가)를 할 수 있을 뿐이다(행정청에 불과한 서울특별시장의 보조참가신청을 부적법하다고 한 사례)(대판 2002.9.24. 99두1519). 기출 21

제4절 | 취소소송의 판결

Ⅰ 판결의 의의

① 판결이란 법률상 쟁송을 해결하기 위하여 '법원'이 소송절차를 거쳐 내리는 판단을 말한다.

② 판결의 주문은 내용이 특정되어야 하고 주문 자체에 의하여 특정할 수 있어야 한다(대판 1987.3.24. 85누817; 대판 2018.2.28. 2017다270916). 기출 20 판결주문의 내용이 모호하면 기판력의 객관적 범위가 불분명해질 뿐만 아니라 집행력 · 형성력 등의 내용도 불확실하게 되어 새로운 분쟁을 일으킬 위험이 있으므로 판결주문에서는 청구를 인용하고 배척하는 범위를 명확하게 특정하여야 한다(대판 2006.9.28. 2006두8334).

③ 「행정소송법」에는 판결서의 형식에 관한 규정이 없다. 기출 18 행정소송에서의 판결서의 형식, 선고 등의 절차는 행정소송법에 특별한 규정이 없으므로 민사소송법 규정이 준용된다(행정소송법 제8조 제2항, 민사소송법 제208조 제1항).

> **행정소송법 제8조(법적용 예)**
> ① 행정소송에 대하여는 다른 법률에 특별한 규정이 있는 경우를 제외하고는 이 법이 정하는 바에 의한다.
> ② 행정소송에 관하여 이 법에 특별한 규정이 없는 사항에 대하여는 법원조직법과 민사소송법 및 민사집행법의 규정을 준용한다.
>
> > **민사소송법 제208조(판결서의 기재사항 등)**
> > ① 판결서에는 다음 각 호의 사항을 적고, 판결한 법관이 서명날인하여야 한다.
> >   1. 당사자와 법정대리인
> >   2. 주 문
> >   3. 청구의 취지 및 상소의 취지
> >   4. 이 유

5. 변론을 종결한 날짜. 다만, 변론 없이 판결하는 경우에는 판결을 선고하는 날짜
6. 법 원
② 판결서의 이유에는 주문이 정당하다는 것을 인정할 수 있을 정도로 당사자의 주장, 그 밖의 공격 · 방어방법에 관한 판단을 표시한다.

④ 판결은 판결 선고시에 그 효력이 생긴다(행정소송법 제8조 제2항, 민사소송법 제205조). 기출 18

Ⅱ 판결의 종류

1. 중간판결과 종국판결

중간판결	• 소송 진행 중 독립한 공격 또는 방어의 방법, 그 밖의 중간의 다툼이나 청구의 원인과 액수 중 원인에 대한 다툼과 같이 당사자 사이에 쟁점이 된 사항을 미리 판단하는 판결을 말한다(행정소송법 제8조 제2항, 민사소송법 제201조). • 중간판결에 대하여는 독립한 상소가 허용되지 아니한다(행정소송법 제8조 제2항, 민사소송법 제390조 제1항, 제425조).
종국판결	• 행정소송의 전부나 일부를 종료시키는 판결이다. 기출 18 • 수 개의 청구가 병합되어 제기되거나 변론이 병합된 경우에 그 전부를 판결할 정도로 심리가 진행되었을 때에는 전부판결을 하여야 하나, 그 일부에 대한 심리를 마친 때에는 일부에 대한 종국판결을 할 수 있다(행정소송법 제8조 제2항, 민사소송법 제200조). 일부판결을 할 것인가는 법원의 재량에 속한다. 그러나 선택적 병합, 예비적 병합 또는 필수적 공동소송의 경우에는 일부판결을 할 수 없다. 일부판결을 하는 때에는 그 부분 변론을 분리하여 재판하고 나머지 청구에 관하여는 심리를 속행하여 나머지 부분에 대하여 판결을 한다. 일부판결은 종국판결이므로 독립하여 상소할 수 있다(법원실무제요 행정 [2], 303~304면). • 종국판결에는 소송판결(소각하 판결, 소송종료선언)과 본안판결(청구의 당부에 관한 판결[기각판결, 사정판결, 인용판결이 있음])이 있다. 기출 18

2. 소송판결과 본안판결

소송판결	• 소송요건 또는 상소요건의 흠결이 있는 경우에 소송을 부적법하다 하여 각하하는 판결을 소송판결이라 한다([예] 소각하판결). 기출 18 소송종료선언도 성질상 소송판결에 속한다. • 원고적격 등 소송요건의 흠결로 인한 소송판결도 종국판결의 일종이다. 기출 20
본안판결	• 종국판결 중 청구의 당부에 관한 판결을 본안판결이라 한다. • 본안판결은 그 내용에 따라 인용판결과 기각판결이 있다. 기출 18

3. 인용판결과 기각판결

인용판결	• 본안심리의 결과, 원고의 주장이 이유 있다고 하여 그 청구의 전부 또는 일부를 인용하는 판결을 말한다. • 인용판결은 소의 종류에 따라 이행판결, 확인판결, 형성판결로 나뉜다.
기각판결	• 기각판결이란 본안심리의 결과, 원고의 주장이 이유 없다고 하여 그 청구를 배척하는 판결을 말한다. • 원고의 청구가 이유 있다고 인정하는 경우에도 그 처분을 취소 또는 변경하는 것이 현저히 공공복리에 적합하지 아니하다고 인정하는 때에는 법원은 원고의 청구를 기각할 수 있는데(행정소송법 제28조), 이러한 기각판결을 사정판결이라 한다. 사정판결도 기각판결의 일종이다. 기출 20

3. 형성판결, 확인판결, 이행판결

형성판결	• 일정한 법률관계를 형성·변경 또는 소멸시키는 것을 내용으로 하는 판결을 말한다. • 형성판결의 예로는 <u>취소소송에서의 인용판결(취소판결)</u>을 들 수 있다. 기출 18
확인판결	• 확인의 소에서 일정한 <u>법률관계나 법률사실의 존부를 확인하는</u> 판결을 말한다. • 확인판결의 예로는 <u>무효등확인소송에서의 인용판결</u>, 부작위위법확인소송에서의 인용판결, 법률관계의 확인을 구하는 당사자소송에서의 인용판결을 들 수 있다. 기출 18
이행판결	• 피고에 대하여 일정한 행위를 명하는 판결을 말한다. • <u>항고소송에서의 의무이행소송이 인정되고 있지 않으므로 항고소송에서는 이행판결이 있을 수 없으나</u>, 공법상 당사자소송에서는 국가 또는 공공단체에 대하여 일정한 행위를 명하는 이행판결이 있을 수 있다. 기출 18

Ⅲ 취소소송의 판결의 종류

1. 각하판결

취소소송의 소송요건을 결여한 부적법한 소에 대하여는 본안심리를 거절하는 각하판결(却下判決)을 한다. 소송요건의 충족 여부는 사실심 변론종결 시를 기준으로 판단한다.

2. 기각판결

본안심리의 결과, 원고의 취소청구가 이유 없다고 판단되는 경우 기각판결(棄却判決)을 내린다. 계쟁처분(= 다툼의 대상이 된 처분)이 적법하거나, 위법하지 아니하고 단순한 부당에 그친 경우(위법과 부당은 본안의 문제)와 사정판결을 할 경우에도 기각판결을 내린다. 기출 20 부당에 그치는 경우라고 하여 부분인용판결을 하는 것이 아니다. 기출 18

> **□ 참고**
> 행정소송법 제27조는 "행정청의 재량에 속하는 처분이라도 재량권의 한계를 넘거나 그 남용이 있는 때에는 법원은 이를 취소할 수 있다"라고 규정하여 위법(재량권의 일탈·남용)한 재량행위에 대해서만 사법심사를 인정하고 있다. <u>처분의 위법성뿐만 아니라 부당성까지 심판할 수 있는 행정심판과 달리 행정소송(취소소송)에서는 권력분립의 원칙상 처분의 위법성만 심판할 수 있도록 한 것이다.</u>

3. 인용판결(취소판결)

1) 의 의

① 취소소송에서 인용판결이란 취소법원이 본안심리의 결과 원고의 취소청구가 이유 있다고 인정하는 경우, <u>당해 처분의 전부 또는 일부를 취소하는</u> 판결을 말한다.

② 행정청의 재량에 속하는 처분이라도 <u>재량권의 한계를 넘거나 그 남용이 있는 때</u>에는 법원은 이를 취소할 수 있다(행정소송법 제27조).

2) 종 류

취소소송에서의 인용판결에는 처분이나 재결에 대한 취소판결, 무효선언을 하는 취소판결이 있다. 그리고 계쟁처분에 대한 전부취소판결과 일부취소판결이 있다.

3) 적극적 변경의 가능성

① 행정소송법 제4조 제1호에서 취소소송을 "행정청의 위법한 처분등을 취소 또는 변경하는 소송"으로 정의하고 있는데, 취소소송의 인용판결로 처분을 적극적으로 변경하는 것이 가능한지에 대하여 견해가 대립되고 있다.

② 행정소송법 제4조 제1호의 '변경'의 의미에 관하여, 적극적 변경까지 포함된다는 견해도 있으나, '변경'을 '소극적 의미의 변경', 즉 '일부 취소'의 의미로 이해하여 처분을 적극적으로 변경하는 형성소송은 허용되지 않는다는 것이 판례의 입장이다(대판 1997.9.30. 97누3200). 기출 24

4) 일부취소판결의 가능성

① **일부취소의 인정기준** : 외형상 하나의 행정처분이라 하더라도 가분성이 있거나 그 처분대상의 일부가 특정될 수 있다면 그 일부만의 취소도 가능하고 그 일부의 취소는 당해 취소부분에 관하여 효력이 생긴다 (대판 1995.11.16. 95누8850[전합]). 기출 21

> 외형상 하나의 행정처분이라고 하더라도 가분성이 있거나 그 처분대상의 일부가 특정될 수 있다면 일부만의 취소도 가능하고 그 일부의 취소는 해당 취소 부분에 관하여 효력이 생긴다. 구 임대주택법의 임대사업자가 여러 세대의 임대주택에 대해 분양전환승인신청을 하여 외형상 하나의 행정처분으로 그 승인을 받았다고 하더라도 이는 승인된 개개 세대에 대한 처분으로 구성되고 각 세대별로 가분될 수 있으므로 임대주택에 대한 분양전환 승인처분 중 일부 세대에 대한 부분만 취소하는 것이 가능하다(대판 2020.7.23. 2015두48129). 기출 24

② **일부취소가 가능한 경우**

ㄱ 조세부과처분과 같은 금전부과처분이 기속행위인 경우, 당사자가 제출한 자료에 의해 정당한 부과금액을 산정할 수 있다면 부과처분 전체를 취소할 것이 아니라 정당한 부과금액을 초과하는 부분만 일부취소하여야 한다(대판 2000.6.13. 98두5811). 기출 23 · 22 · 18

> 과세처분취소소송에 있어 처분의 적법 여부는 정당한 세액을 초과하느냐의 여부에 따라 판단되는 것으로서, 당사자는 사실심 변론 종결시까지 객관적인 조세채무액을 뒷받침하는 주장과 자료를 제출할 수 있고, 이러한 자료에 의하여 적법하게 부과될 정당한 세액이 산출되는 때에는 그 정당한 세액을 초과하는 부분만 취소하여야 할 것이고 전부를 취소할 것이 아니지만, 상속재산 일부에 대하여도 적법한 가액평가의 자료가 없어서 정당한 상속세액을 산출할 수 없는 경우에는 과세처분 전부를 취소할 수밖에 없다.(대판 1992.7.24. 92누4840).
>
> 기출 23 · 22

ㄴ 여러 개의 운전면허를 가진 사람이 음주운전을 한 경우 취소되는 운전면허는 음주운전 당시 운전한 차량의 종류에 따라 그 범위가 달라진다(대판 1995.11.16. 95누8850[전합]; 대판 1994.11.25. 94누9672 등).

> [1] 한 사람이 여러 종류의 자동차 운전면허를 취득하는 경우뿐 아니라 이를 취소 또는 정지함에 있어서도 서로 별개의 것으로 취급하는 것이 원칙이고, 한 사람이 여러 종류의 자동차 운전면허를 취득하는 경우 1개의 운전면허증을 발급하고 그 운전면허증의 면허번호는 최초로 부여한 면허번호로 하여 이를 통합관리하고 있다고 하더라도, 이는 자동차 운전면허증 및 그 면허번호 관리상의 편의를 위한 것에 불과할 뿐 그렇다고 하여 여러 종류의 면허를 서로 별개의 것으로 취급할 수 없다거나 각 면허의 개별적인 취소 또는 정지를 분리하여 집행할 수 없는 것은 아니다.

[2] 외형상 하나의 행정처분이라 하더라도 가분성이 있거나 그 처분대상의 일부가 특정될 수 있다면 그 일부만의 취소도 가능하고 그 일부의 취소는 당해 취소부분에 관하여 효력이 생긴다고 할 것인바, 이는 한 사람이 여러 종류의 자동차 운전면허를 취득한 경우 그 각 운전면허를 취소하거나 그 운전면허의 효력을 정지함에 있어서도 마찬가지이다.

[3] 제1종 보통, 대형 및 특수 면허를 가지고 있는 자가 레이카크레인을 음주운전한 행위는 제1종 특수면허의 취소사유에 해당될 뿐 제1종 보통 및 대형 면허의 취소사유는 아니므로, 3종의 면허를 모두 취소한 처분 중 제1종 보통 및 대형 면허에 대한 부분은 이를 이유로 (일부)취소하면 될 것이다(대판 1995.11.16. 95누8850[전합]). **기출** 23 · 18

ⓒ 정보공개거부취소소송에서 심리결과 비공개대상정보에 해당하는 부분과 공개가 가능한 부분이 구별되고 두 부분을 분리할 수 있음이 인정되는 경우, 법원은 청구취지의 변경이 없더라도 공개가 가능한 정보에 관한 부분만의 일부취소를 명할 수 있다(대판 2004.12.9. 2003두12707).

법원이 행정기관의 정보공개거부처분의 위법 여부를 심리한 결과 공개를 거부한 정보에 비공개사유에 해당하는 부분과 그렇지 않은 부분이 혼합되어 있고, 공개청구의 취지에 어긋나지 않는 범위 안에서 두 부분을 분리할 수 있음을 인정할 수 있을 때에는 공개가 가능한 정보에 국한하여 일부취소를 명할 수 있다. 이러한 정보의 부분 공개가 허용되는 경우란 그 정보의 공개방법 및 절차에 비추어 당해 정보에서 비공개대상정보에 관련된 기술 등을 제외 혹은 삭제하고 나머지 정보만을 공개하는 것이 가능하고 나머지 부분의 정보만으로도 공개의 가치가 있는 경우를 의미한다(대판 2009.12.10. 2009두12785). **기출** 24

ⓓ 행정청이 여러 개의 위반행위에 대하여 하나의 제재처분을 하였으나, 위반행위별로 제재처분의 내용을 구분하는 것이 가능하고 여러 개의 위반행위 중 일부의 위반행위에 대한 제재처분 부분만이 위법하다면, 법원은 제재처분 중 위법성이 인정되는 부분만 취소하여야 하고 제재처분 전부를 취소하여서는 아니 된다(대판 2020.5.14. 2019두63515). **기출** 22

공정거래위원회가 위반행위에 대한 과징금을 부과하면서 여러 개의 위반행위에 대하여 외형상 하나의 과징금 납부명령을 하였으나 여러 개의 위반행위 중 일부의 위반행위에 대한 과징금 부과만이 위법하고 소송상 그 일부의 위반행위를 기초로 한 과징금액을 산정할 수 있는 자료가 있는 경우에는, 하나의 과징금 납부명령 일지라도 그 일부의 위반행위에 대한 과징금액에 해당하는 부분만을 취소하여야 한다(대판 2019.1.31. 2013두 14726). 그러나 소송상 그 일부의 위반행위를 기초로 한 과징금액을 산정할 수 있는 자료가 없는 경우에는 하나의 과징금 납부명령 전부를 취소할 수밖에 없다(대판 2007.10.26. 2005두3172). **기출** 21

ⓔ 여러 개의 상이(傷痍)에 대한 국가유공자요건비해당처분에 대한 취소소송에서 그중 일부 상이(傷痍)가 국가유공자요건이 인정되는 상이(傷痍)에 해당하더라도 나머지 상이(傷痍)에 대하여 위 요건이 인정되지 아니하는 경우에는 국가유공자요건비해당처분 중 위 요건이 인정되는 상이에 대한 부분만을 취소하여야 할 것이고, 그 비해당처분 전부를 취소할 수는 없다(대판 2012.3.29. 2011두9263). **기출** 22

③ 일부취소가 불가능한 경우

    ㉠ 재량행위인 경우 : 재량행위인 과징금부과처분이 법이 정한 한도액을 초과하여 위법할 경우, 법원으로서는 그 전부를 취소할 수밖에 없고, 그 한도액을 초과한 부분만을 (일부)취소할 수 없다. 재량행위의 일부취소(<u>예</u> 영업정지 6개월 중 영업정지 3개월을 취소하는 것, 2개월의 정직처분 중 1개월의 정직처분을 취소하는 것)는 행정청의 재량권을 침해하는 것이므로 인정될 수 없다. <u>기출</u> 21·20

> • [1] 자동차운수사업면허조건 등을 위반한 사업자에 대하여 행정청이 행정제재수단으로 사업 정지를 명할 것인지, 과징금을 부과할 것인지, 과징금을 부과키로 한다면 그 금액은 얼마로 할 것인지에 관하여 재량권이 부여되었다 할 것이므로 과징금부과처분이 법이 정한 한도액을 초과하여 위법할 경우 법원으로서는 그 전부를 취소할 수밖에 없고, 그 한도액을 초과한 부분이나 법원이 적정하다고 인정되는 부분을 초과한 부분만을 취소할 수 없다.
> [2] 금 1,000,000원을 부과한 당해 처분 중 금 100,000원을 초과하는 부분은 재량권 일탈·남용으로 위법하다며 그 일부분만을 취소한 원심판결을 파기한 사례(대판 1998.4.10. 98두2270). <u>기출</u> 23·21·18
> • 행정청이 영업정지처분을 함에 있어서 그 정지기간을 어느 정도로 할 것인지는 행정청의 재량권에 속하는 사항인 것이며, 다만 그것이 공익의 원칙이나 평등의 원칙 또는 비례의 원칙등에 위반하여 재량권의 한계를 벗어난 재량권 남용에 해당하는 경우에만 위법한 처분으로서 사법심사의 대상이 되는 것이나, 법원으로서는 영업정지처분이 재량권 남용이라고 판단될 때에는 위법한 처분으로서 그 처분의 취소를 명할 수 있을 뿐이고, 재량권의 한계 내에서 어느 정도가 적정한 영업정지 기간인지를 가리는 일은 사법심사의 범위를 벗어난다(대판 1982.9.28. 82누2). ☞ 따라서 6개월의 영업정지 기간이 재량권을 넘는 과도한 것이라고 판단되더라도 법원은 적정하다고 인정되는 기간을 초과한 부분만 일부취소를 할 수 없다. <u>기출</u> 24·22
> • 명의신탁이 조세를 포탈하거나 법령에 의한 제한을 회피할 목적이 아니어서 '부동산 실권리자명의 등기에 관한 법률 시행령' 제3조의2 단서의 과징금 감경사유가 있는 경우 과징금 감경 여부는 과징금 부과 관청의 재량에 속하는 것이므로, 과징금 부과 관청이 이를 판단하면서 재량권을 일탈·남용하여 과징금 부과처분이 위법하다고 인정될 경우, 법원으로서는 과징금 부과처분 전부를 취소할 수밖에 없고, 법원이 적정하다고 인정되는 부분을 초과한 부분만 취소할 수는 없다(대판 2010.7.15. 2010두7031). <u>기출</u> 24·18

    ㉡ 금전부과처분이 기속행위일지라도 적법하게 부과될 부과금액을 산출할 수 없는 경우 : 금전부과처분에서 당사자가 제출한 자료에 의해 적법하게 부과될 부과금액을 산출할 수 없는 경우에는 금전부과처분이 기속행위일지라도 법원이 처분청의 역할을 할 수는 없으므로 금전부과처분의 일부취소가 인정되지 않는다(대판 2020.6.25. 2017두72935 참조).

> 개발부담금부과처분 취소소송에 있어 당사자가 제출한 자료에 의하여 적법하게 부과될 정당한 부과금액이 산출할 수 없을 경우에는 부과처분 전부를 취소할 수밖에 없으나, 그렇지 않은 경우에는 그 정당한 금액을 초과하는 부분만 취소하여야 한다(대판 2004.7.22. 2002두868). <u>기출</u> 23·21·18 ☞ 개발부담금부과처분은 기속행위에 해당하므로 정당한 부과금액을 산출할 수 있다면 일부취소를 하여야 한다. 다만, 제출된 자료에 의하여 적법하게 부과될 정당한 부과금액을 산출할 수 없다면 부과처분 전부를 취소할 수밖에 없다.

    ㉢ 여러 처분사유에 관하여 하나의 제재처분을 하였을 때 그중 일부가 적법하지 않다고 하더라도 나머지 처분사유들만으로도 그 처분의 정당성이 인정되는 경우에는 그 처분을 위법하다고 보아 취소하여서는 아니 된다(대판 2017.6.15. 2015두2826). <u>기출</u> 21

5) 처분의 무효를 선언하는 취소판결

판례에 따르면 처분의 무효를 선언하는 취소판결도 인정된다. 기출 20·18 다만, 처분의 당연무효를 선언하는 의미에서 그 취소를 구하는 행정소송은 형식상 취소소송에 속하므로 제소기간의 준수 등 취소소송의 제소요건을 갖추어야 한다(대판 1993.3.12. 92누11039). 기출 18

4. 사정판결

행정소송법 제28조(사정판결)

① 원고의 청구가 이유있다고 인정하는 경우에도 처분등을 취소하는 것이 현저히 공공복리에 적합하지 아니하다고 인정하는 때에는 법원은 원고의 청구를 기각할 수 있다. 이 경우 법원은 그 판결의 주문에서 그 처분등이 위법함을 명시하여야 한다. 기출 24·23

② 법원이 제1항의 규정에 의한 판결을 함에 있어서는 미리 원고가 그로 인하여 입게 될 손해의 정도와 배상방법 그 밖의 사정을 조사하여야 한다. 기출 24·18

③ 원고는 피고인 행정청이 속하는 국가 또는 공공단체를 상대로 손해배상, 제해시설의 설치 그 밖에 적당한 구제방법의 청구를 당해 취소소송등이 계속된 법원에 병합하여 제기할 수 있다. 기출 24

> **[비교] 행정심판법 제44조(사정재결)**
>
> ① 위원회는 심판청구가 이유가 있다고 인정하는 경우에도 이를 인용하는 것이 공공복리에 크게 위배된다고 인정하면 그 심판청구를 기각하는 재결을 할 수 있다. 이 경우 위원회는 재결의 주문에서 그 처분 또는 부작위가 위법하거나 부당하다는 것을 구체적으로 밝혀야 한다.
>
> ② 위원회는 제1항에 따른 재결을 할 때에는 청구인에 대하여 상당한 구제방법을 취하거나 상당한 구제방법을 취할 것을 피청구인에게 명할 수 있다. 기출 21
>
> ③ 제1항과 제2항은 무효등확인심판에는 적용하지 아니한다.

1) 의 의

사정판결(事情判決)이란 취소소송에 있어서 본안심리 결과, 원고의 청구가 이유 있다고 인정하는 경우(처분등이 위법한 것으로 인정되는 경우)에도 '처분등'(= 처분 + 행정심판에 대한 재결)을 취소하는 것이 현저히 공공복리에 적합하지 아니하다고 인정하는 때에 원고의 청구를 기각하는 판결을 말한다(행정소송법 제28조). 따라서 처분이 적법한 경우에는 사정판결의 대상이 되지 않는다. 기출 23·22·18

2) 요 건

① 법원이 사정판결을 하려면, ㉠ 처분등이 위법하여야 하고, ㉡ 처분을 취소하는 것이 현저히 공공복리에 적합하지 아니하다고 인정되어야 한다(행정소송법 제28조).

> 징계면직된 검사의 복직이 검찰조직의 안정과 인화를 저해할 우려가 있다는 등의 사정은 검찰 내부에서 조정·극복하여야 할 문제일 뿐이고 준사법기관인 검사에 대한 위법한 면직처분의 취소 필요성을 부정할 만큼 현저히 공공복리에 반하는 사유라고 볼 수 없다는 이유로, 사정판결을 할 경우에 해당하지 않는다고 한 사례(대판 2001.8.24. 2000두7704). 기출 21

② 행정처분이 위법한 때에는 이를 취소함이 원칙이고 그 위법한 처분을 취소·변경하는 것이 도리어 현저히 공공의 복리에 적합하지 않은 경우에 극히 예외적으로 위법한 행정처분의 취소를 허용하지 않는다는 사정 판결을 할 수 있으므로, 사정판결의 적용은 극히 엄격한 요건 아래 제한적으로 하여야 한다(대판 2009.12.10. 2009두8359). 기출 23·18

> 행정소송법 제28조에서 정한 사정판결은 행정처분이 위법함에도 불구하고 이를 취소·변경하게 되면 그것이 도리어 현저히 공공의 복리에 적합하지 않은 경우에 극히 예외적으로 할 수 있으므로, 그 요건에 해당하는지는 위법·부당한 행정처분을 취소·변경하여야 할 필요와 취소·변경으로 발생할 수 있는 공공복리에 반하는 사태 등을 비교·교량하여 엄격하게 판단하되, 처분에 이르기까지의 경과 및 처분 상대방의 관여 정도, 위법사유의 내용과 발생원인 및 전체 처분에서 위법사유가 관련된 부분이 차지하는 비중, 처분을 취소할 경우 예상되는 결과, 특히 처분을 기초로 새로운 법률관계나 사실상태가 형성되어 다수 이해관계인의 신뢰 보호 등 처분의 효력을 존속시킬 공익적 필요성이 있는지 여부 및 정도, 처분의 위법으로 인해 처분 상대방이 입게 된 손해 등 권익 침해의 내용, 행정청의 보완조치 등으로 위법상태의 해소 및 처분 상대방의 피해 전보가 가능한지 여부, 처분 이후 처분청이 위법상태의 해소를 위해 취한 조치 및 적극성의 정도와 처분 상대방의 태도 등 제반 사정을 종합적으로 고려하여야 한다(대판 2016.7.14. 2015두4167).

3) 사정판결의 절차

① 사정판결은 피고(행정청)의 청구에 의하여 또는 법원의 직권에 의하여 할 수 있다. 기출 23·22·18

> 사정판결을 할 사정에 관한 주장·증명책임은 피고(행정청)에게 있다고 할 것이나, 피고(행정청)의 명백한 주장이 없는 경우에도 변론에 나타난 사실을 기초로 하여 법원은 직권으로 사정판결을 할 수도 있다(대판 1992.2.14. 90누9032). 기출 24·22·21·18

② 취소소송에서 처분등의 위법 여부는 처분 시를 기준으로 판단하지만, 공공복리를 위한 사정판결의 필요성은 변론종결 시(≒판결 시)를 기준으로 판단하여야 한다(대판 1970.3.24. 69누29). 기출 18 2023.8.31. 제정된 행정소송규칙에서도 판례의 태도를 반영하여, "법원이 법 제28조 제1항에 따른 판결(사정판결)을 할 때 그 처분등을 취소하는 것이 현저히 공공복리에 적합하지 아니한지 여부는 사실심 변론을 종결할 때를 기준으로 판단한다(행정소송규칙 제14조)"고 규정하고 있다. 기출 24·23·22

③ 사정판결을 하는 경우 법원은 그 판결의 주문에서 그 처분등이 위법함을 명시하여야 한다(행정소송법 제28조 제1항). 기출 24·23·21

> ❏ **사정판결의 주문 예시**
> 1. 원고의 청구를 기각한다.
> 2. 피고가 2024.9.30. 원고에게 한 ㅁㅁㅁ처분은 위법하다.
> 3. 소송비용은 피고가 부담한다.

④ 법원이 사정판결을 함에 있어서는 미리 원고가 그로 인하여 입게 될 손해의 정도와 배상방법 그 밖의 사정을 조사하여야 한다(행정소송법 제28조 제2항). 기출 24·18 사정판결 이후에 조사하는 것이 아님에 주의를 요한다.

4) 효 과

① 사정판결은 처분의 취소청구를 기각하는 기각판결의 일종이므로, 사정판결이 있으면 취소소송의 대상인 처분은 위법함에도 불구하고 그 효력을 유지한다.

② 사정판결이 있는 경우 원고의 청구가 이유 있음에도 불구하고 원고가 패소한 것이므로, 기각판결임에도 불구하고 소송비용은 승소자인 피고가 부담한다(행정소송법 제32조).

5) 구제방법청구의 병합

사정판결로 해당 처분등이 적법하게 되는 것은 아니므로 원고가 당해 처분등으로 손해를 입은 경우 손해배상 청구를 할 수 있다. 원고는 피고인 행정청이 속하는 국가 또는 공공단체를 상대로 손해배상, 제해시설(除害施設)의 설치 그 밖에 적당한 구제방법의 청구를 당해 취소소송 등이 계속된 법원에 병합하여 제기할 수 있다(행정소송법 제28조 제3항). 기출 24

6) 사정판결에 대한 불복

사정판결에 대하여는 원고와 피고(처분 행정청) 모두가 상소할 수 있다. 원고는 사정판결을 할 사정이 없는데도 사정판결을 하여 청구가 기각되었음을 이유로 다툴 수 있고, 피고(처분 행정청)도 청구를 기각한 것에 대하여는 불만이 없지만 처분이 적법한데도 위법하다고 선언하였다는 점을 이유로 다툴 수 있다.

7) 사정판결의 인정 범위

사정판결은 취소소송에서만 인정되고(행정소송법 제28조), 무효등확인소송과 부작위위법확인소송에서는 인정되지 아니하고 있다(행정소송법 제38조 제1항·제2항). 기출 22·21·19 당사자소송도 행정소송법 제28조를 준용하지 않으므로 사정판결을 할 수 없다.

> 당연무효의 행정처분을 소송목적물로 하는 행정소송에서는 존치시킬 효력이 있는 행정행위가 없기 때문에 행정소송법 제28조 소정의 사정판결을 할 수 없다(대판 1996.3.22. 95누5509). 기출 21·19

Ⅳ 취소소송에서 위법성 판단의 기준시점

1. (적극적)처분 취소소송에서 위법성 판단의 기준시점

(1) 처분시기준설

① 취소소송에서의 위법판단의 기준시에 관하여, ㉠ 취소소송에 있어서 법원의 역할은 처분의 사후심사이므로 행정처분의 위법 여부는 행정처분이 행하여졌을 때의 법령과 사실 상태를 기준으로 판단해야 한다는 견해(처분시기준설), ㉡ 취소소송의 본질은 처분으로 형성된 위법상태의 배제(법원의 판결은 처분의 사후심사가 아니라 처분에 계속적으로 효력을 부여할 것인가의 문제)에 있으므로 행정처분의 위법 여부는 판결시(사실심 변론 종결시)의 법령과 사실 상태를 기준으로 판단해야 한다는 견해(판결시기준설), 기출 19 ㉢ 원칙적으로 처분시기준설이 타당하지만, 계속적 효력을 가진 처분이나 미집행의 처분에 대한 소송에 있어서는 예외적으로 판결시기준설이 타당하는 견해(절충설)가 주장되고 있다.

② 판례는 "행정소송(항고소송, 취소소송과 무효등확인소송)에서 행정처분의 위법 여부는 행정처분이 있을 때의 법령과 사실상태를 기준으로 하여 판단하여야 하고, 처분 후 법령의 개폐나 사실상태의 변동에 의하여 영향을 받지는 않는다"고 하여(대판 2002.7.9. 2001두10684), 처분시기준설의 입장이다. [기출] 24·23·19 따라서 '계속효가 있는 처분'에 대한 취소소송의 경우에도 처분시를 기준으로 한다. [기출] 24

> 행정소송에서 행정처분의 법 여부는 행정처분이 행하여졌을 때의 법령과 사실상태를 기준으로 판단함이 원칙이고, 이는 독점규제 및 공정거래에 관한 법률(이하 '공정거래법'이라 한다)에 따른 공정거래위원회의 과징금 납부명령 등에서도 마찬가지이다. 따라서 공정거래위원회의 과징금 납부명령 등이 재량권 일탈·남용으로 위법한지는 다른 특별한 사정이 없는 한 과징금 납부명령 등이 행하여진 '의결일' 당시의 사실상태를 기준으로 판단하여야 한다(대판 2017.4.26. 2016두32688). [기출] 18

(2) 행정처분의 위법성을 판단하는 기준시점이 처분 시라는 의미

① 항고소송에서 행정처분의 위법 여부는 행정처분이 있을 때의 법령과 사실 상태를 기준으로 판단하여야 한다. 이는 처분 후에 생긴 법령의 개폐나 사실 상태의 변동에 영향을 받지 않는다는 뜻이지, 처분 당시 존재하였던 자료나 행정청에 제출되었던 자료만으로 위법 여부를 판단한다는 의미는 아니다.

② 따라서 법원은 행정처분 당시 행정청이 알고 있었던 자료뿐만 아니라 사실심 변론 종결 당시까지 제출된 모든 자료를 종합하여 처분 당시 존재하였던 객관적 사실을 확정하고 그 사실에 기초하여 처분의 위법 여부를 판단할 수 있다(대판 2018.6.28. 2015두58195; 대판 2010.1.14. 2009두11843). [기출] 24·23·22·21·19·18 ☞ 사실상태에 대한 입증(증명)은 사실심 변론 종결 당시까지 할 수 있다. [기출] 21

> 교원소청심사위원회가 한 결정의 취소를 구하는 소송에서 그 결정의 적부는 결정이 이루어진 시점을 기준으로 판단하여야 하지만, 그렇다고 하여 소청심사 단계에서 이미 주장된 사유만을 행정소송의 판단대상으로 삼을 것은 아니다. 따라서 소청심사 결정 후에 생긴 사유가 아닌 이상 소청심사 단계에서 주장하지 아니한 사유도 행정소송에서 주장할 수 있고, 법원도 이에 대하여 심리·판단할 수 있다(대판 2018.7.12. 2017두65821). [기출] 19

(3) 위법성 판단에 적용할 법령

1) 개 설

처분 시와 판결 시(= 변론종결 시) 가운데 처분 시를 기준으로 처분의 위법 여부를 판단한다고 하여도, 규율 대상인 사실관계가 이루어진 시기(예 처분을 신청한 시기)와 처분 시 사이 법령이 개정된 경우 어느 법령을 적용하여 그 판단을 하여야 하는지 여전히 문제된다.

2) 처분시법 적용의 원칙

> **행정기본법 제14조(법 적용의 기준)**
> ② 당사자의 신청에 따른 처분은 법령등에 특별한 규정이 있거나 처분 당시의 법령등을 적용하기 곤란한 특별한 사정이 있는 경우를 제외하고는 처분 당시의 법령등에 따른다.

① 행정기관은 법치행정의 원칙 및 공익보호의 원칙에 비추어 행정처분의 근거 법령이 개정된 경우에도 경과 규정에서 달리 정함이 없는 한 처분 당시 시행되는 개정 법령과 그에서 정한 기준에 의하는 것이 원칙이다 (대판 2014.7.24. 2012두23501). 이는 신청에 따른 처분의 경우에도 마찬가지이다.

② 예를 들면, 허가의 신청 후 허가처분 전에 법령의 개정으로 허가기준이 변경된 경우 원칙적으로 신청 당시의 법령이 아닌 개정된 처분 당시의 법령이 적용된다. 다만, 입법으로 법령에 특별한 규정을 두거나 처분 당시 법령을 적용하기 곤란한 특별한 사정(예 행정청의 부당한 처리 지연 등)이 있는 경우는 신청 당시의 법령이 적용될 수 있다. 최근 제정된 행정기본법에서도 이러한 처분시법 적용의 원칙을 명확히 규정하고 있다(행정기본법 제14조 제2항).

> 행정행위는 처분 당시에 시행중인 법령과 허가기준에 의하여 하는 것이 원칙이고 인·허가신청 후 처분 전에 관계 법령이 개정시행된 경우 신법령 부칙에 그 시행 전에 이미 허가신청이 있는 때에는 종전의 규정에 의한다는 취지의 경과규정을 두지 아니한 이상 당연히 허가신청 당시의 법령에 의하여 허가 여부를 판단하여야 하는 것은 아니며, 소관 행정청이 허가신청을 수리하고도 정당한 이유 없이 처리를 늦추어 그 사이에 법령 및 허가기준이 변경된 것이 아닌 한 변경된 법령 및 허가기준에 따라서 한 불허가처분은 적법하다(대판 1998.3.27. 96누19772).
> 기출 23

3) 법령불소급의 원칙

> **행정기본법 제14조(법 적용의 기준)**
> ① 새로운 법령등은 법령등에 특별한 규정이 있는 경우를 제외하고는 그 법령등의 효력 발생 전에 완성되거나 종결된 사실관계 또는 법률관계에 대해서는 적용되지 아니한다.

① 법령의 (진정)소급적용은 법적 안정성과 그 주관적 측면인 개인의 신뢰를 현저히 침해하는 것으로서 원칙 적으로 인정되지 아니한다(헌재 2006.6.29. 2005헌마165). 즉 법령의 효력 발생 전에 완성되거나 종결된 사실관계 또는 법률관계에 대해서는 당해 법령을 적용할 수 없다(행정기본법 제14조 제1항).

> • 개발부담금의 부과에 있어서는 특별한 사정이 없는 한 소급입법금지의 원칙상 개발사업의 종료라는 부과요건 사실이 완성될 당시의 법률을 적용하여야 하고, 그 후 법률이 개정되었다 하더라도 개정된 법률을 적용할 것은 아니다(대판 2003.3.14. 2001두4627). 기출 18
> • 법령이 변경된 경우 신 법령이 피적용자에게 유리하여 이를 적용하도록 하는 경과규정을 두는 등의 특별한 규정이 없는 한 법치주의의 원리와 헌법 제13조 등의 규정에 비추어 볼 때 그 변경 전에 발생한 사항에 대하여는 변경 후의 신 법령이 아니라 변경 전의 구 법령이 적용되어야 한다. 다만, 법령을 소급적용하더라도 일반 국민의 이해에 직접 관계가 없는 경우, 오히려 그 이익을 증진하는 경우, 불이익이나 고통을 제거하는 경우 등의 특별한 사정이 있는 경우에 한하여 예외적으로 법령의 소급적용이 허용된다. 요양기관이 진료행위를 하고 그 대가로 지급받은 비용이 과다본인부담금에 해당하는지 여부는 해당 진료행위를 하고 그 비용을 수수한 때 시행되는 법령에 의하여 정하여진 요양급여기준과 요양급여비용 산정기준에 의하여 정하여지는 것이므로, 요양기관이 진료행위의 대가로 지급받은 비용이 구 국민건강보험법 제43조의2 제1항, 제2항에 의하여 과다본 인부담금에 해당하는지 여부는 개정된 요양급여기준 등의 법령이 아니라 그 진료행위 당시의 요양급여기준 등의 법령을 기준으로 판단하여야 하고, 요양급여기준 등의 개정에 따른 이해는 요양기관을 운영하는 자와 가입자 등 사이에 일치하지 아니하므로 달리 특별한 사정이 없는 한 진료행위 이후 개정된 요양급여기준 등에 관한 법령을 진료행위 당시로 소급하여 적용할 수는 없다(대판 2013.7.25. 2010두23804). 기출 18

- 산업재해보상보험법상 장해급여는 근로자가 업무상의 사유로 부상을 당하거나 질병에 걸려 치료를 종결한 후 신체 등에 장해가 있는 경우 그 지급 사유가 발생하고, 그때 근로자는 장해급여 지급청구권을 취득하므로, 장해급여 지급을 위한 장해등급 결정 역시 장해급여 지급청구권을 취득할 당시, 즉 그 지급 사유 발생 당시의 법령에 따르는 것이 원칙이다(대판 2007.2.22. 2004두12957). 기출 18
- 구 국민연금법상 장애연금 지급을 위한 장애등급 결정은 장애연금 지급청구권을 취득할 당시, 즉 치료종결 후 신체 등에 장애가 있게 된 당시의 법령에 따르는 것이 원칙이다. 나아가 이러한 법리는 기존의 장애등급이 변경되어 장애연금액을 변경하여 지급하는 경우에도 마찬가지이므로, 장애등급 변경결정 역시 변경사유 발생 당시, 즉 장애등급을 다시 평가하는 기준일인 '질병이나 부상이 완치되는 날'의 법령에 따르는 것이 원칙이다(대판 2014.10.15. 2012두15135). 기출 18
- 세금의 부과는 납세의무의 성립시에 유효한 법령의 규정에 의하여야 하고, 세법의 개정이 있을 경우에도 특별한 사정이 없는 한 개정 전후의 법령 중에서 납세의무가 성립될 당시의 법령을 적용하여야 할 것이다(대판 1997.10.14. 97누9253). 기출 18

② 그러나 법령을 소급적용하더라도 일반 국민의 이해에 직접 관계가 없는 경우, 오히려 그 이익을 증진하는 경우, 불이익이나 고통을 제거하는 경우 등의 특별한 사정이 있는 경우에 한하여 예외적으로 법령의 소급적용이 허용된다(대판 2005.5.13. 2004다8630).

4) 법령 위반에 대한 제재처분 : 행위시법 적용의 원칙과 예외

행정기본법 제14조(법 적용의 기준)
③ 법령등을 위반한 행위의 성립과 이에 대한 제재처분은 법령등에 특별한 규정이 있는 경우를 제외하고는 법령등을 위반한 행위 당시의 법령등에 따른다. 다만, 법령등을 위반한 행위 후 법령등의 변경에 의하여 그 행위가 법령등을 위반한 행위에 해당하지 아니하거나 제재처분 기준이 가벼워진 경우로서 해당 법령등에 특별한 규정이 없는 경우에는 변경된 법령등을 적용한다.

최근 제정된 행정기본법은 법령등을 위반한 행위의 성립과 이에 대한 제재처분은 법령등에 특별한 규정이 없는 한, 행위 당시의 법령등을 적용하는 것을 원칙으로 하였다(행정기본법 제14조 제3항 본문). 다만, 법령등을 위반한 행위 후 법령등의 변경에 의하여 그 행위가 법령등을 위반한 행위에 해당하지 아니하거나 제재처분 기준이 가벼워진 경우로서 해당 법령등에 특별한 규정이 없는 경우에는 변경된 법령등을 적용한다(행정기본법 제14조 제3항 단서).

건설업자가 시공자격 없는 자에게 전문공사를 하도급한 행위에 대하여 과징금 부과처분을 하는 경우, 구체적인 부과기준에 대하여 처분 시의 법령이 행위 시의 법령보다 불리하게 개정되었고 어느 법령을 적용할 것인지에 대하여 특별한 규정이 없다면 행위 시의 법령을 적용하여야 한다고 한 사례(대판 2002.12.10. 2001두3228). 기출 23

2. 거부처분 취소소송에서의 위법성 판단의 기준시점

거부처분취소소송에서의 위법판단의 기준시점에 관하여, 판례는 처분시기준설의 입장이다(대판 2008.7.24. 2007두3930). 기출 24 · 21 · 18

> 행정소송에서 행정처분의 위법 여부는 행정처분이 행하여졌을 때의 법령과 사실 상태를 기준으로 하여 판단하여야 하고, 처분 후 법령의 개폐나 사실상태의 변동에 의하여 영향을 받지는 않으므로, 난민 인정 거부처분의 취소를 구하는 취소소송에서도 그 거부처분을 한 후 국적국의 정치적 상황이 변화하였다고 하여 처분의 적법 여부가 달라지는 것은 아니다(대판 2008.7.24. 2007두3930). 기출 24 · 21 · 19 · 18

3. 무효등확인소송에서 위법성 판단의 기준시점

무효등확인소송에서의 위법판단의 기준시점에 관하여, 취소소송에서와 마찬가지로 처분시를 기준으로 처분 등의 무효 여부를 판단해야 한다는 것이 통설적 입장이다. 기출 19

4. 부작위위법확인소송에서 위법성 판단의 기준시점

부작위위법확인소송의 위법판단의 기준시점에 관하여, 판례는 판결시기준설의 입장이다(대판 1990.9.25. 89누4758). 기출 19 · 18 부작위위법확인소송의 경우에는 아무런 처분도 존재하지 않으므로 처분시기준설을 따를 수 없다.

> 부작위위법확인의 소는 행정청이 국민의 법규상 또는 조리상의 권리에 기한 신청에 대하여 상당한 기간 내에 그 신청을 인용하는 적극적 처분 또는 각하하거나 기각하는 등의 소극적 처분을 하여야 할 법률상의 응답의무가 있음에도 불구하고 이를 하지 아니하는 경우, 판결(사실심의 구두변론 종결)시를 기준으로 그 부작위의 위법을 확인함으로써 행정청의 응답을 신속하게 하여 부작위 내지 무응답이라고 하는 소극적인 위법상태를 제거하는 것을 목적으로 하는 것이고, 나아가 당해 판결의 구속력에 의하여 행정청에게 처분등을 하게 하고 다시 당해 처분등에 대하여 불복이 있는 때에는 그 처분등을 다투게 함으로써 최종적으로는 국민의 권리이익을 보호하려는 제도이므로, 소제기의 전후를 통하여 판결시까지 행정청이 그 신청에 대하여 적극 또는 소극의 처분을 함으로써 부작위상태가 해소된 때에는 소의 이익을 상실하게 되어 당해 소는 각하를 면할 수가 없는 것이다(대판 1990.9.25. 89누4758). 기출 19 · 18

Ⅴ 취소판결의 효력

1. 서 설

확정된 취소판결의 효력에는 형성력, 기속력 및 기판력이 있는데, 형성력과 기속력은 인용판결에 인정되는 효력이고, 기판력은 인용판결뿐만 아니라 기각판결에도 인정되는 효력이다. 기출 19

2. 형성력

(1) 의 의

'처분등'의 취소판결이 확정된 때에는 그 '처분등'은 처분청 또는 행정심판기관의 취소를 기다릴 것 없이 당연히 효력을 상실하는데, 이를 형성력(形成力)이라 한다.

(2) 적용 범위

형성력은 행정처분을 취소하는 원고승소판결(취소판결)에만 발생하고, 원고패소판결(청구기각판결)에는 발생하지 않는다. 원고승소판결이 선고된 것만으로는 부족하고 그 판결이 확정되어야 형성력이 발생한다(대판 1969.1.28. 68다1466). 기출 18

(3) 형성력의 내용

취소판결의 형성력은 형성효, 소급효 및 대세효(제3자효)로 이루어진다. 즉 취소판결은 처분의 효력을 소급적으로 상실시키며, 제3자에 대하여도 효력이 있다.

1) 소급효

행정처분을 취소하는 판결이 확정되면 당해 행정처분의 효력은 처분 시에 소급하여 소멸하고 처음부터 당해 처분이 행하여지지 않았던 것과 같은 상태로 되는데, 이를 취소판결의 소급효라 한다. 기출 21

- 피고인이 행정청으로부터 자동차 운전면허취소처분을 받았으나 나중에 그 행정처분 자체가 행정쟁송절차에 의하여 취소되었다면, 위 운전면허취소처분은 그 처분시에 소급하여 효력을 잃게 되고, 피고인은 위 운전면허취소처분에 복종할 의무가 원래부터 없었음이 후에 확정되었다고 봄이 타당할 것이고, 행정행위에 공정력의 효력이 인정된다고 하여 행정소송에 의하여 적법하게 취소된 운전면허취소처분이 단지 장래에 향하여서만 효력을 잃게 된다고 볼 수는 없다(대판 1999.2.5. 98도4239). 기출 19
- 조세의 부과처분을 취소하는 행정판결이 확정된 경우 부과처분의 효력은 처분 시에 소급하여 효력을 잃게 되어 그에 따른 납세의무가 없으므로 확정된 행정판결은 조세포탈에 대한 무죄 내지 원심판결이 인정한 죄보다 경한 죄를 인정할 명백한 증거에 해당한다(대판 2015.10.29. 2013도14716).
- 과세처분을 취소하는 판결이 확정되면 그 과세처분은 처분시에 소급하여 소멸하므로 그 뒤에 과세관청에서 그 과세처분을 경정하는 경정처분을 하였다면 이는 존재하지 않는 과세처분을 경정한 것으로서 그 하자가 중대하고 명백한 당연무효의 처분이다(대판 1989.5.9. 88다카16096). 기출 19
- 도시 및 주거환경정비법(이하 '도시정비법'이라고 한다)상 주택재개발사업조합의 조합설립인가처분이 법원의 재판에 의하여 취소된 경우 그 조합설립인가처분은 소급하여 효력을 상실하고, 이에 따라 당해 주택재개발사업조합 역시 조합설립인가처분 당시로 소급하여 도시정비법상 주택재개발사업을 시행할 수 있는 행정주체인 공법인으로서의 지위를 상실하므로, 당해 주택재개발사업조합이 조합설립인가처분 취소 전에 도시정비법상 적법한 행정주체 또는 사업시행자로서 한 결의 등 처분은 달리 특별한 사정이 없는 한 소급하여 효력을 상실한다고 보아야 한다. 다만 그 효력 상실로 인한 잔존사무의 처리와 같은 업무는 여전히 수행되어야 하므로, 종전에 결의 등 처분의 법률효과를 다투는 소송에서의 당사자지위까지 함께 소멸한다고 할 수는 없다(대판 2012.3.29. 2008다95885). 기출 21

2) 형성효

행정처분을 취소한다는 확정판결이 있으면 그 취소판결의 형성력에 의하여 당해 행정처분의 취소나 취소통지 등의 별도의 절차를 요하지 아니하고 당연히 취소의 효과가 발생한다(대판 1991.10.11. 90누5443). 이를 취소판결의 형성효라 한다. 기출 18

(4) 제3자효(= 대세효)

<blockquote>

행정소송법 제29조(취소판결등의 효력)

① 처분등을 취소하는 확정판결은 제3자에 대하여도 효력이 있다. 기출 24 · 18

② 제1항의 규정은 제23조의 규정에 의한 집행정지의 결정 또는 제24조의 규정에 의한 그 집행정지결정의 취소결정에 준용한다. 기출 24 · 18

</blockquote>

1) 의 의

① 처분등을 취소하는 확정판결은 당사자 사이뿐만 아니라 제3자에 대하여도 효력이 있다(행정소송법 제29조 제1항). 이를 취소판결의 대세효(제3자효)라 한다. 기출 24 · 18

② 취소판결의 효력(형성효 및 소급효)이 제3자에도 미침으로 인하여 제3자가 불측의 손해를 입을 수 있으므로, 행정소송법은 제3자의 권리를 보호하기 위하여 제3자의 소송참가제도(행정소송법 제16조)와 제3자의 재심청구제도(행정소송법 제31조)를 인정하고 있다.

③ 취소판결의 제3자효(대세효)는 인용판결(처분등을 취소하는 판결)이 확정된 경우에만 인정되고(행정소송법 제29조 제1항), 기각판결에는 인정되지 않는다. 예를 들면, 지방세부과처분의 취소청구를 기각하는 판결이 확정된 경우라도 제3자에 대하여는 효력이 없다. 기출 22

2) 제3자효의 문제

행정처분을 취소하는 확정판결이 제3자에 대하여도 효력이 있다고 하더라도 일반적으로 판결의 효력은 주문에 포함한 것에 한하여 미치는 것이니 그 취소판결 자체의 효력으로써 그 행정처분을 기초로 하여 새로 형성된 제3자의 권리까지 당연히 그 행정처분 전의 상태로 환원되는 것이라고는 할 수 없고, 단지 취소판결의 존재와 취소판결에 의하여 형성되는 법률관계를 소송당사자가 아니었던 제3자라 할지라도 이를 용인하지 않으면 아니 된다는 것을 의미하는 것에 불과하다(대판 1986.8.19. 83다카2022). 기출 21

3) 취소판결의 제3자효의 적용범위

① 취소판결의 제3자효에 관한 행정소송법 제29조 제1항은 집행정지결정 또는 집행정지결정의 취소결정에 준용된다(행정소송법 제29조 제2항). 기출 24 · 18 예를 들면, 현역병 입영처분의 효력을 정지하는 결정(집행정지의 결정)은 제3자에 대하여도 효력이 있다. 기출 22

② 취소판결의 제3자효에 관한 행정소송법 제29조 제1항은 무효등확인소송 및 부작위위법확인소송에도 준용된다(행정소송법 제38조). 기출 18 예를 들면, 귀화허가 신청에 대한 행정청의 부작위가 위법하다고 확인하는 판결(부작위위법확인소송의 인용판결)이 확정된 경우 제3자에 대하여 효력이 있다. 기출 22

③ 취소판결의 제3자효에 관한 행정소송법 제29조 제1항은 당사자소송에 준용되지 않는다(행정소송법 제44조 제1항). 예를 들면, 부가가치세 환급세액의 지급을 명하는 판결은 당사자소송의 인용판결에 해당하므로(대판 2013.3.21. 2011다95564[전합]), 인용판결이 확정되더라도 제3자에 대하여는 효력이 없다. 기출 22

3. 기속력

(1) 의 의

① 기속력(羈束力)이란 행정청에 대하여 판결의 취지에 따라 행동하도록 당사자인 행정청과 그 밖의 관계행정청을 구속하는 효력을 말한다.

② 처분등을 취소하는 확정판결은 그 사건에 관하여 당사자인 행정청과 그 밖의 관계행정청을 기속한다(행정소송법 제30조 제1항). 여기에서 '관계행정청'이란 취소된 처분등을 기초로 하여 그와 관련되는 처분이나 부수되는 행위를 할 수 있는 행정청을 총칭하는 것이다. 기속력은 당사자인 원고에게는 미치지 아니한다.

기출 24·22·20

③ 취소소송에서 판결의 기속력은 '인용판결'(취소판결)이 '확정'된 경우에만 인정된다. 따라서 기각판결이 확정된 경우나 각하판결이 확정된 경우에는 기속력이 인정되지 않는다. 기출 24·22 따라서 취소소송의 '기각판결'이 확정된 후에도 처분청은 당해 처분을 직권으로 취소할 수 있다. 사정판결도 기각판결의 일종이므로 기속력이 인정되지 않으며, 기출 24 취소소송의 일부취소판결은 일부인용판결로서 인용판결에 해당하므로 일부인용(일부취소)이 확정된 부분에 관하여는 기속력이 인정된다. 기출 24

> 행정소송법 제30조 제1항은 "처분등을 취소하는 확정판결은 그 사건에 관하여 당사자인 행정청과 그 밖의 관계행정청을 기속한다"라고 규정하고 있다. 이러한 취소 확정판결의 '기속력'은 취소 청구가 인용된 판결에서 인정되는 것으로서 당사자인 행정청과 그 밖의 관계행정청에게 확정판결의 취지에 따라 행동하여야 할 의무를 지우는 작용을 한다(대판 2016.3.24. 2015두48235).

④ 기속력은 기판력(= 기판력 있는 전소 판결의 소송물과 동일한 후소를 허용하지 않는 효력)과는 다르다.

기출 24

> **□ 취소소송에서 기속력과 기판력**
> 행정소송법 제30조 제1항은 "처분등을 취소하는 확정판결은 그 사건에 관하여 당사자인 행정청과 그 밖의 관계행정청을 기속한다"라고 규정하고 있다. 이러한 취소 확정판결의 '기속력'은 취소 청구가 인용된 판결에서 인정되는 것으로서 당사자인 행정청과 그 밖의 관계행정청에게 확정판결의 취지에 따라 행동하여야 할 의무를 지우는 작용을 한다. 이에 비하여 행정소송법 제8조 제2항에 의하여 행정소송에 준용되는 민사소송법 제216조, 제218조가 규정하고 있는 '기판력'이란 기판력 있는 전소 판결의 소송물과 동일한 후소를 허용하지 않음과 동시에, 후소의 소송물이 전소의 소송물과 동일하지는 않더라도 전소의 소송물에 관한 판단이 후소의 선결문제가 되거나 모순관계에 있을 때에는 후소에서 전소 판결의 판단과 다른 주장을 하는 것을 허용하지 않는 작용을 한다(대판 2016.3.24. 2015두48235).

(2) 기속력의 내용

1) 반복금지효

① 처분청이 취소된 처분과 '동일한 처분'을 하는 것은 취소판결의 기속력(반복금지효)에 반한다. 여기에서 '동일한 처분'이란 동일 사실관계 아래에서 동일 당사자에 대하여 동일한 내용을 갖는 처분을 말한다.

> ❏ **참고 : 파면처분 취소판결 후 해임처분을 한 경우**
> 지방공무원에 대한 파면처분이 재량권의 범위를 벗어난 위법한 처분이라는 이유로 취소판결이 확정된 경우, 지방자치단체의 장이 다시 인사위원회의 의결을 거쳐 동일한 사유로 파면처분보다 가벼운 해임처분을 한 것은 기속력에 저촉되는 것이 아니다. **기출** 20

② 처분의 기본적 사실관계가 동일하다면 적용법규정을 달리하거나 처분사유를 변경하여 동일한 내용의 처분을 하는 것은 동일한 행위의 반복에 해당하여 취소판결의 기속력에 반한다(대판 1990.12.11. 90누3560). 그러나 종전 처분 사유와 기본적 사실관계에서 동일성이 인정되지 않는 다른 사유를 들어서 새로이 처분을 하는 것은 기속력에 저촉되지 않는다(대판 2016.3.24. 2015두48235). **기출** 21

> 취소 확정판결의 기속력은 판결의 주문 및 전제가 되는 처분등의 구체적 위법사유에 관한 판단에도 미치나, 종전 처분이 판결에 의하여 취소되었더라도 종전 처분과 다른 사유를 들어서 새로이 처분을 하는 것은 기속력에 저촉되지 않는다. 여기에서 동일 사유인지 다른 사유인지는 확정판결에서 위법한 것으로 판단된 종전 처분사유와 기본적 사실관계에서 동일성이 인정되는지 여부에 따라 판단되어야 하고, 기본적 사실관계의 동일성 유무는 처분사유를 법률적으로 평가하기 이전의 구체적인 사실에 착안하여 그 기초인 사회적 사실관계가 기본적인 점에서 동일한지에 따라 결정된다(대판 2016.3.24. 2015두48235). **기출** 21

③ 기속력은 판결이유에 제시된 개개의 위법사유에 대하여 미치므로 판결의 이유에서 제시된 위법사유를 다시 반복하는 것은 동일한 처분이 아닌 경우에도 동일한 과오를 반복하는 것으로서 기속력에 반한다.

④ 취소사유가 절차 또는 형식의 흠인 경우, 행정청이 적법한 절차 또는 형식을 갖추어 행한 동일한 내용의 새로운 처분은 취소된 처분과 동일한 처분이 아니므로 새로운 처분은 기속력에 저촉되지 않는다.

> • 행정처분의 절차 또는 형식에 위법이 있어 행정처분을 취소하는 판결이 확정되었을 때는 그 확정판결의 기판력[기속력(註)]은 거기에 적시된 절차 및 형식의 위법사유에 한하여 미치는 것이므로 행정관청은 그 위법사유를 보완하여 다시 새로운 행정처분을 할 수 있고 그 새로운 행정처분은 확정판결에 의하여 취소된 종전의 행정처분과는 별개의 처분이라 할 것이어서 종전의 처분과 중복된 행정처분이 아니다(대판 1992.5.26. 91누5242).
> • 절차상 또는 형식상 하자로 인하여 무효인 행정처분이 있은 후 행정청이 관계 법령에서 정한 절차 또는 형식을 갖추어 다시 동일한 행정처분을 하였다면 당해 행정처분은 종전의 무효인 행정처분과 관계없이 새로운 행정처분이라고 보아야 한다(대판 2014.3.13. 2012두1006). **기출** 21

⑤ 또한 행정처분의 위법 여부는 행정처분이 행하여진 때의 법령과 사실을 기준으로 판단하므로, 확정판결의 당사자인 처분 행정청은 종전 처분 후에 발생한 새로운 사유를 내세워 다시 처분을 할 수 있다(대판 2016.3.24. 2015두48235). **기출** 24

2) 원상회복의무(= 위법상태제거의무)

취소판결이 확정되면 행정청은 취소된 처분에 의해 초래된 위법상태를 제거하여 원상회복할 의무를 진다. 이를 취소판결의 원상회복의무라 한다. 취소판결의 기속력에 원상회복의무(위법상태제거의무)가 포함되는지에 관하여 명문의 규정은 없지만, 긍정하는 것이 타당하다.

> 어떤 행정처분을 위법하다고 판단하여 취소하는 판결이 확정되면 행정청은 행정소송법 제30조의 취소판결의 기속력에 따라 그 판결에서 확인된 위법사유를 배제한 상태에서 다시 처분을 하거나 그 밖에 위법한 결과를 제거하는 조치를 할 의무가 있다(행정소송법 제30조, 대판 2020.4.9. 2019두49953). ☞ 기속력의 내용으로 위법상태제거의무(원상회복의무)도 인정된다. [기출] 24 · 22 · 21

3) 재처분의무

① 거부처분취소소송을 제기하여 인용판결이 확정되었다면 처분청은 이전의 신청에 대하여 판결의 취지에 따른 재처분의무를 부담한다(행정소송법 제30조 제2항). 이때 행정청의 재처분의 내용은 '판결의 취지'를 존중하는 것이면 되고, 반드시 원고가 신청한 내용대로 처분을 하여야 하는 것은 아니다(대판 1998.1.7. 97두22 참조). 예를 들면, 절차의 하자를 이유로 인용판결(취소판결)이 확정된 경우라면, 처분청은 적법한 절차를 거쳐 다시 거부처분을 할 수도 있다.

② '신청에 따른 처분'이 '절차의 위법'(실체적 위법 ×)을 이유로 취소된 경우에는 거부처분취소판결에 있어서의 재처분의무에 관한 제30조 제2항이 준용된다(행정소송법 제30조 제3항). [기출] 24   여기에서 '신청에 따른 처분'이란 '신청에 대한 인용처분'을 말한다. 예를 들면, 경업자가 제기한 취소소송에서 절차의 위법을 이유로 신청에 대한 인용처분(예 허가처분)이 취소된 경우에도 그 처분을 행한 행정청은 판결의 취지에 따라 다시 이전의 신청에 대한 처분을 하여야 한다(행정소송법 제30조 제2항·제3항). [기출] 22

③ 신청에 대한 거부처분(또는 신청에 대한 인용처분)이 아니라 행정청의 일방적 침익적 처분(예 징계처분)을 취소하는 판결이 확정된 경우, 행정청이 재처분의무를 부담하는 것은 아니다. [기출] 24

④ 재처분의무에 관한 판례

> • **거부처분 취소판결에 따른 재처분의무의 내용**
> 행정소송법 제30조 제2항의 규정에 의하면 행정청의 거부처분을 취소하는 판결이 확정된 때에는 그 처분을 행한 행정청이 판결의 취지에 따라 이전의 신청에 대하여 재처분할 의무가 있으나, 이때 확정판결의 당사자인 처분 행정청은 그 확정판결에서 적시된 위법사유를 보완하여 새로운 처분을 할 수 있다(대판 1998.1.7. 97두22).
> • **절차상의 위법사유를 보완한 새로운 거부처분**
> 행정소송법 제30조 제2항의 규정에 의하면 행정청의 거부처분을 취소하는 판결이 확정된 경우에는 그 처분을 행한 행정청이 판결의 취지에 따라 이전의 신청에 대하여 재처분할 의무가 있다고 할 것이나, 그 취소사유가 행정처분의 절차, 방법의 위법으로 인한 것이라면 그 처분 행정청은 그 확정판결의 취지에 따라 그 위법사유를 보완하여 다시 종전의 신청에 대한 거부처분을 할 수 있고, 그러한 처분도 위 조항에 규정된 재처분에 해당한다(대판 2005.1.14. 2003두13045).
> • **사실심 변론종결 이후 발생한 사유를 근거로 한 새로운 거부처분**
> 행정소송법 제30조 제2항에 의하면, 행정청의 거부처분을 취소하는 판결이 확정된 경우에는 그 처분을 행한 행정청은 판결의 취지에 따라 이전의 신청에 대하여 재처분할 의무가 있고, 이 경우 확정판결의 당사자인 처분 행정청은 그 행정소송의 사실심 변론종결 이후 발생한 새로운 사유를 내세워 다시 이전의 신청에 대하여 거부처분을 할 수 있으며, 그러한 처분도 이 조항에 규정된 재처분에 해당한다(대판 1999.12.28. 98두1895).
> [기출] 22

- 거부처분 후에 '개정된 법령'에 근거한 새로운 거부처분

  행정처분의 적법 여부는 그 행정처분이 행하여 진 때의 법령과 사실을 기준으로 하여 판단하는 것이므로 거부처분 후에 법령이 개정·시행된 경우에는 개정된 법령 및 허가기준을 새로운 사유로 들어 다시 이전의 신청에 대한 거부처분을 할 수 있으며 그러한 처분도 행정소송법 제30조 제2항에 규정된 재처분에 해당된다(대판 1998.1.7. 97두22).

- 행정처분의 위법 여부는 행정처분이 행하여진 때의 법령과 사실을 기준으로 판단하므로, 확정판결의 당사자인 처분 행정청은 종전 처분 후에 발생한 새로운 사유를 내세워 다시 처분을 할 수 있고, 새로운 처분의 처분사유가 종전 처분의 처분사유와 기본적 사실관계에서 동일하지 않은 다른 사유에 해당하는 이상, 처분사유가 종전 처분 당시 이미 존재하고 있었고 당사자가 이를 알고 있었더라도 이를 내세워 새로이 처분을 하는 것은 확정판결의 기속력에 저촉되지 않는다(대판 2016.3.24. 2015두48235). ☞ 따라서 행정청은 종전 처분의 처분사유와 기본적 사실관계가 동일하지 않은 사유가 종전 처분 당시 이미 존재하고 있었고 당사자가 이를 알고 있었더라도 이를 내세워 새로이 처분을 할 수 있다. 기출 24·21

- 교원소청심사위원회의 소청심사결정 중 임용기간이 만료된 교원에 대한 재임용거부처분을 취소하는 결정은 재임용거부처분을 취소함으로써 학교법인 등에 해당 교원에 대한 재임용심사를 다시 하도록 하는 절차적 의무를 부과하는 데 그칠 뿐, 학교법인 등에 반드시 해당 교원을 재임용하여야 하는 의무를 부과하거나 혹은 그 교원이 바로 재임용되는 것과 같은 법적 효과까지 인정되는 것은 아니다(대판 2023.2.2. 2022다226234). ☞ 임용기간이 만료된 국립대학 교원의 재임용거부처분이 판결로 취소되면 임용권자는 다시 재임용 여부를 결정할 의무를 부담할 뿐이고(행정소송법 제30조 제2항, 재처분의무), 교원의 신분관계가 소급하여 회복되는 것은 아니다. 기출 19

(3) 기속력의 범위

1) 주관적 범위

처분등을 취소하는 확정판결은 그 사건에 관하여 '당사자인 행정청'과 그 밖의 '관계행정청'을 기속한다(행정소송법 제30조 제1항). 기출 19 여기에서 '관계행정청'이란 취소된 처분등을 기초로 하여 그와 관련되는 처분이나 부수되는 행위를 할 수 있는 행정청을 총칭하는 것이라고 할 것이다.

2) 객관적 범위

취소소송에서 처분등을 취소하는 확정판결의 기속력은 주로 판결의 실효성 확보를 위하여 인정되는 효력으로서 판결의 주문뿐만 아니라 그 전제가 되는 처분등의 구체적 위법사유에 관한 이유 중의 판단에 대하여도 인정된다(대판 2001.3.23. 99두5238). 기출 24·22

취소 확정판결의 기속력은 판결의 주문 및 전제가 되는 처분등의 구체적 위법사유에 관한 판단에도 미치나, 종전 처분이 판결에 의하여 취소되었더라도 종전 처분과 다른 사유를 들어서 새로이 처분을 하는 것은 기속력에 저촉되지 않는다. 여기에서 동일 사유인지 다른 사유인지는 확정판결에서 위법한 것으로 판단된 종전 처분사유와 기본적 사실관계에서 동일성이 인정되는지 여부에 따라 판단되어야 하고, 기본적 사실관계의 동일성 유무는 처분사유를 법률적으로 평가하기 이전의 구체적인 사실에 착안하여 그 기초인 사회적 사실관계가 기본적인 점에서 동일한지에 따라 결정된다(대판 2016.3.24. 2015두48235).

3) 시간적 범위

처분의 위법 여부의 판단시점은 처분 시이기 때문에 기속력은 처분 당시까지 존재하던 사유에 대하여만 미치고 그 이후에 생긴 사유에는 미치지 아니한다. 따라서 취소된 처분 후 새로운 처분사유가 생긴 경우(법령 또는 사실상태가 변경된 경우)에는 기본적 사실관계의 동일성이 없는 한 행정청은 동일한 내용의 처분을 다시 할 수도 있다(대판 1998.1.7. 97두22).

(4) 기속력 위반의 효과

기속력에 위반된 행정처분은 그 하자가 중대하고 명백한 것이어서 당연무효가 된다(대판 1990.12.11. 90누3560).

기출 22 · 21 · 19

(5) 거부처분 취소판결에 따른 재처분의무의 실효성 확보수단(간접강제)

> **행정소송법 제34조(거부처분취소판결의 간접강제)**
> ① 행정청이 제30조 제2항의 규정에 의한 처분[거부처분취소판결의 취지에 따라 이전의 신청에 대한 재처분(註)]을 하지 아니하는 때에는 제1심수소법원은 당사자의 신청에 의하여 결정으로써 상당한 기간을 정하고 행정청이 그 기간 내에 이행하지 아니하는 때에는 그 지연기간에 따라 일정한 배상을 할 것을 명하거나 즉시 손해배상을 할 것을 명할 수 있다. 기출 24 · 23 · 20 · 18
> ② 제33조(소송비용에 관한 재판의 효력)와 민사집행법 제262조(채무자의 심문)의 규정은 제1항의 경우에 준용한다.

1) 개 설

① 행정심판에서는 이행재결의 기속력의 확보를 위하여 위원회의 직접처분(행정심판법 제50조)과 간접강제제도(행정심판법 제50조의2) 2가지 수단이 인정되는 반면, 행정소송에서는 거부처분 취소판결의 기속력의 확보를 위한 수단으로 간접강제제도만 인정된다(행정소송법 제34조). 기출 18

② 간접강제 결정은 상고심 법원(대법원)이 아니라 제1심수소법원이 당사자의 신청에 따라 할 수 있다(행정소송법 제34조 제1항). 기출 24 · 23 · 20 · 18 간접강제 결정은 당사자의 신청이 있어야 하고, 제1심수소법원이 직권으로 할 수 없다(행정소송법 제34조 제1항). 기출 21

③ 행정청이 재처분의무를 이행하지 않을 경우 제1심수소법원은 당사자의 신청에 의한 간접강제결정으로 판결의 실효성을 확보 수는 있으나 직접 처분을 할 수는 없다. 직접 처분은 행정심판법상 행정청이 (재)처분의무를 이행하지 않는 경우 재결의 실효성을 확보하기 위하여 행정심판위원회에게 인정하는 제도이다(행정심판법 제50조). 기출 24

2) 간접강제의 요건

① 처분청이 거부처분의 취소판결의 취지에 따라 재처분을 하지 않았어야 한다(재처분의무의 불이행). 기출 20 재처분의무의 불이행이란 행정청이 아무런 재처분을 하지 않은 것뿐만 아니라 재처분이 기속력에 반하여 당연무효가 되는 경우를 포함한다(대결 2002.12.11. 2002무22). 기출 24

> 거부처분에 대한 취소의 확정판결이 있음에도 행정청이 아무런 재처분을 하지 아니하거나, 재처분을 하였다 하더라도 그것이 종전 거부처분에 대한 취소의 확정판결의 기속력에 반하는 등으로 당연무효라면 이는 아무런 재처분을 하지 아니한 때와 마찬가지라 할 것이므로 이러한 경우에는 행정소송법 제30조 제2항, 제34조 제1항 등에 의한 간접강제신청에 필요한 요건을 갖춘 것으로 보아야 한다(대결 2002.12.11. 2002무22). 기출 24

② 간접강제 결정은 변론 없이 할 수 있다. 기출 23·18 다만, 변론을 열지 않고 결정을 하는 경우에도 결정하기 전에 처분의무가 있는 행정청을 심문하여야 한다(행정소송법 제34조 제2항, 민사집행법 제262조). 심문을 하기 위해서는 서면 또는 말로 행정청이 의견을 진술할 기회를 주면 충분하다(법원실무제요 행정 [2], 349면).

3) 인정 범위

① 행정소송법상 간접강제제도는 (거부처분) 취소소송에 인정되고(행정소송법 제34조), 부작위위법확인소송에 준용된다(행정소송법 제38조 제2항). 따라서 간접강제가 허용되기 위해서는 거부처분취소판결이나 부작위위법확인판결이 확정되어야 한다. 기출 18

② 항고소송 중 무효등확인소송에는 준용규정이 없다(행정소송법 제38조 제1항). 이에 대하여 입법의 불비라는 비판이 있으나, 판례는 거부처분에 대한 무효확인판결은 간접강제의 대상이 되지 않는다고 본다(대결 1998.12.24. 98무37). 기출 23

> 행정소송법 제38조 제1항이 무효확인 판결에 관하여 취소판결에 관한 규정을 준용함에 있어서 같은 법 제30조 제2항을 준용한다고 규정하면서도 같은 법 제34조는 이를 준용한다는 규정을 두지 않고 있으므로, 행정처분에 대하여 무효확인 판결이 내려진 경우에는 그 행정처분이 거부처분인 경우에도 행정청에 판결의 취지에 따른 재처분의무가 인정될 뿐 그에 대하여 간접강제까지 허용되는 것은 아니라고 할 것이다(대결 1998.12.24. 98무37).

4) 간접강제결정

> ❑ 참고 : 간접강제를 인용한 주문 기재례 기출 20
> 피신청인은 이 사건 결정 정본을 받은 날부터 ㅁㅁ일 이내에 신청인에게 이 법원 200구합000 거부처분취소 사건의 확정판결 취지에 따른 처분을 하지 않을 때에는 신청인에게 위 기간 만료일 다음 날부터 처분 시까지 1일 ○○원의 비율로 계산한 돈을 지급하라.

① 간접강제결정의 효력이 미치는 주관적 범위 : 간접강제결정은 피고 또는 참가인이었던 행정청이 소속하는 국가 또는 공공단체에 그 효력을 미친다(행정소송법 제34조 제2항, 제33조). 기출 24·23

② 배상금의 성질과 배상금의 추심

> 간접강제결정에 기한 배상금은 거부처분취소판결이 확정된 경우 그 처분을 행한 행정청으로 하여금 확정판결의 취지에 따른 재처분의무의 이행을 확실히 담보하기 위한 것으로서, 확정판결의 취지에 따른 재처분의 지연에 대한 제재나 손해배상이 아니고 재처분의 이행에 관한 심리적 강제수단에 불과한 것이다. 기출 20·18 따라서 간접강제결정에서 정한 의무이행기한이 지나 배상금이 발생한 후에라도 확정판결의 취지에 따른 재처분의 이행이 있으면, 특별한 사정이 없는 한 배상금을 추심함으로써 심리적 강제를 꾀할 목적이 상실되어 처분상대방이 더 이상 배상금을 추심하는 것은 허용되지 않는다(대판 2004.1.15. 2002두2444; 대판 2010.12.23. 2009다37725).
> 기출 24·20

[취소소송의 수소법원이 직권으로 할 수 있는 것과 직권으로 할 수 없는 것]

수소법원이 직권으로 할 수 있는 것	수소법원이 직권으로 할 수 없는 것 (신청 또는 청구가 있어야 가능한 것)

• 관련청구소송의 이송(제10조 제1항) **기출** 19
  → 당사자의 신청 or 직권
 • 처분 후 처분권한이 다른 행정청에 승계되거나 처분 후 처분청이 없게 된 경우에 피고를 경정하는 행위(제14조 제6항) **기출** 21
  → 당사자의 신청 or 직권
 • 집행정지 결정(제23조 제2항) → 당사자의 신청 or 직권
 • 집행정지 결정의 취소(제24조 제1항) **기출** 21·19
  → 당사자의 신청 or 직권
 • 제3자의 소송참가(제16조) **기출** 21·19·18
  → [당사자(원고와 피고) 또는 제3자의 신청] or 직권
 • 행정청의 소송참가(제17조) **기출** 21·19·18
  → [당사자(원고와 피고) 또는 당해 행정청의 신청] or 직권
 • 직권심리(직권증거조사)(제26조) → 직권
 • 사정판결(제28조) → 피고(행정청)의 청구 or 직권(判)
	• 피고의 경정(제14조 제1항) **기출** 19 → 원고의 신청
	 • 소의 (종류) 변경(제21조) → 원고의 신청
	 • 처분변경으로 인한 소의 변경(제22조) → 원고의 신청
	 • 행정심판기록의 제출명령(제25조) → 당사자의 신청
	 • 제3자에 의한 재심청구(제31조) → 제3자의 청구
	 • 간접강제(제34조) **기출** 21 → 당사자의 신청

4. 기판력

① 기판력(旣判力)이란 일단 판결이 확정된 때에는 소송당사자는 동일한 소송물에 대하여는 다시 소를 제기할 수 없고, 법원도 일사부재리의 원칙에 따라 확정판결과 내용적으로 모순되는 판단을 하지 못하는 효력을 말한다(대판 1987.6.9. 86다카2756 참조).

② 행정소송법에는 기판력에 관한 명문의 규정이 없다. **기출** 18 다만, 행정소송법 제8조 제2항에서 행정소송법에 특별한 규정이 없는 사항에 대하여는 민사소송법을 준용한다고 하고 있으므로 행정소송의 판결에도 기판력이 인정된다는 점에는 의문이 없다.

   ㉠ 기판력은 확정된 종국판결에 인정된다. 인용판결뿐만 아니라 기각판결, 소송판결(각하판결)에도 인정된다. 소송판결의 기판력은 그 판결에서 확정한 소송요건의 흠결에 관하여 후소에 미친다(대판 1996.11.15. 96다31406; 대판 2015.10.29. 2015두44288). **기출** 21

   ㉡ 취소 확정판결의 기판력은 그 판결의 주문에만 미치고, 또한 소송물인 행정처분의 위법성 존부에 관한 판단 그 자체에만 미치는 것이므로 전소와 후소가 그 소송물을 달리하는 경우에는 전소 확정판결의 기판력이 후소에 미치지 아니한다(대판 2016.3.24. 2015두48235). **기출** 21

> • 행정소송법 제8조 제2항에 의하여 행정소송에 준용되는 민사소송법 제216조, 제218조가 규정하고 있는 '기판력'이란 기판력 있는 전소 판결의 소송물과 동일한 후소를 허용하지 않음과 동시에, 후소의 소송물이 전소의 소송물과 동일하지는 않더라도 전소의 소송물에 관한 판단이 후소의 선결문제가 되거나 모순관계에 있을 때에는 후소에서 전소 판결의 판단과 다른 주장을 하는 것을 허용하지 않는 작용을 한다(대판 2016.3.24. 2015두48235).

- 취소 확정판결의 기판력은 그 판결의 주문에만 미치고, 또한 소송물인 행정처분의 위법성 존부에 관한 판단 그 자체에만 미치는 것이므로 전소와 후소가 그 소송물을 달리하는 경우에는 전소 확정판결의 기판력이 후소에 미치지 아니한다(대판 2016.3.24. 2015두48235). 기출 21 · 18 ☞ 소송물이 동일한 때
- 행정청이 관련 법령에 근거하여 행한 공사중지명령의 상대방이 명령의 취소를 구한 소송에서 패소함으로써 그 명령이 적법한 것으로 이미 확정되었다면, 이후 이러한 공사중지명령의 상대방은 그 명령의 해제신청을 거부한 처분의 취소를 구하는 소송에서 그 명령의 적법성을 다툴 수 없다. 그와 같은 공사중지명령에 대하여 그 명령의 상대방이 해제를 구하기 위해서는 명령의 내용 자체로 또는 성질상으로 명령 이후에 원인사유가 해소되었음이 인정되어야 한다(대판 2014.11.27. 2014두37665). 기출 21 ☞ 모순관계에 있는 때
- 어떠한 행정처분이 후에 항고소송에서 취소되었다고 할지라도 그 기판력에 의하여 당해 행정처분이 곧바로 공무원의 고의 또는 과실로 인한 것으로서 불법행위를 구성한다고 단정할 수는 없는 것이고, 그 행정처분의 담당공무원이 보통 일반의 공무원을 표준으로 하여 볼 때 객관적 주의의무를 결하여 그 행정처분이 객관적 정당성을 상실하였다고 인정될 정도에 이른 경우에 국가배상법 제2조 소정의 국가배상책임의 요건을 충족하였다고 봄이 상당할 것이다(대판 2000.5.12. 99다70600). 기출 21 ☞ 국가배상청구소송의 선결문제가 되는 때

③ 민사소송법 제216조 제1항은 "확정판결은 주문에 포함된 것에 한하여 기판력을 가진다"라고 규정함으로써 판결 이유 중의 판단에는 원칙적으로 기판력이 미치지 않는다고 하고 있다(대판 2022.2.17. 2021다275741). 민사소송법 제216조 제1항은 행정소송법 제8조 제2항에 따라 행정소송에 준용된다. 기출 21

④ 확정된 종국판결의 기판력에 의하여, 당사자가 사실심의 변론 종결시를 기준으로 그때까지 제출하지 않은 공격방어방법은 그 뒤 다시 동일한 소송을 제기하여 이를 주장할 수 없다(대판 1992.2.25. 91누6108). ☞ 이를 기판력의 실권효(차단효)라고 한다. 기출 22 · 18

⑤ 처분의 취소소송에서 기각판결이 확정된 경우에는 처분이 적법하다는 점에 기판력이 발생하고, 기판력은 그 처분의 무효확인을 구하는 소송에도 미치므로 당사자는 무효확인소송에서 처분이 위법하다고 주장할 수 없다(대판 1998.7.24. 98다10854). 기출 22 · 20

과세처분의 취소소송은 과세처분의 실체적, 절차적 위법을 그 취소원인으로 하는 것으로서 그 심리의 대상은 과세관청의 과세처분에 의하여 인정된 조세채무인 과세표준 및 세액의 객관적 존부, 즉 당해 과세처분의 적부가 심리의 대상이 되는 것이며, 과세처분 취소청구를 기각하는 판결이 확정되면 그 처분이 적법하다는 점에 관하여 기판력이 생기고, 그 후 원고가 이를 무효라 하여 무효확인을 소구할 수 없는 것이어서 과세처분의 취소소송에서 청구가 기각된 확정판결의 기판력은 그 과세처분의 무효확인을 구하는 소송에도 미친다(대판 1998.7.24. 98다10854).

기출 24 · 18

⑥ 과세처분 취소소송의 피고는 처분청이므로 행정청을 피고로 하는 취소소송에 있어서의 기판력은 당해 처분이 귀속하는 국가 또는 공공단체에 미친다(대판 1998.7.24. 98다10854). 기출 18

Ⅵ 종국판결의 부수적 재판

1. 가집행선고

① 행정처분의 취소 또는 변경을 구하는 취소소송은 확정되어야 집행력이 생기므로 가집행선고를 할 수 없다. 무효등확인소송이나 부작위법확인소송 또한 그 성질상 가집행선고가 허용되지 않는다.

② 따라서 행정소송에서 가집행선고는 당사자소송 중 재산권 청구를 인용하는 판결에 한한다(행정소송법 제8조 제2항, 민사소송법 제213조 제1항).

> 행정소송법 제8조 제2항에 의하면 행정소송에도 민사소송법의 규정이 일반적으로 준용되므로 법원으로서는 공법상 당사자소송에서 재산권의 청구를 인용하는 판결을 하는 경우 가집행선고를 할 수 있다(대판 2000.11.28. 99두3416). 기출 20

③ 한편, 행정소송법 제43조는 "국가를 상대로 하는 당사자소송의 경우에는 가집행선고를 할 수 없다"고 규정하고 있었으나, 이 규정에 대하여 헌법재판소는 평등원칙에 위배된다고 보아 위헌결정을 하였다(헌재 2022.2.24. 2020헌가12). 위헌결정으로 행정소송법 제43조는 그 효력을 상실하였다. 기출 21 위헌결정 이후 임금, 보수, 수당, 손실보상금 사건 등과 같이 국가를 상대로 하는 재산권의 청구에 관한 당사자소송에서 가집행선고가 이루어지고 있다.

2. 소송비용재판

(1) 소송비용부담의 원칙

① 소송비용의 부담에 관하여는 민사소송법 제98조 이하의 원칙이 그대로 적용된다. 따라서 소송비용은 원칙적으로 패소자한 당사자가 부담하고(행정소송법 제8조 제2항, 민사소송법 제98조), 원고의 청구가 일부 인용된 때에는 원고와 피고가 소송비용을 분담한다(행정소송법 제8조 제2항, 민사소송법 제101조).

② 구체적인 사례
- ㉠ 취소소송을 제기하여 청구가 전부인용된 경우에는 소송비용은 패소한 피고가 부담한다. 기출 23 · 19
- ㉡ 무효확인소송을 제기하였으나 청구가 기각된 경우에는 소송비용은 패소한 원고가 부담한다. 기출 23
- ㉢ 취소사유만 있음에도 무효확인소송을 제기하여 청구가 기각된 경우에도 원고 패소판결이므로 패소한 권고가 소송비용을 부담한다. 기출 19

(2) 특례 규정

① 사정판결 : 취소청구가 제28조(사정판결)의 규정에 의하여 기각된 경우에는 소송비용은 피고의 부담으로 한다(행정소송법 제32조 전단). 사정판결이 있는 경우 원고의 청구가 이유 있음에도 불구하고 원고가 패소한 것이므로, 기각판결의 일종이지만 소송비용은 피고가 부담한다(행정소송법 제32조 전단). 기출 23 · 22 · 19

② 행정청이 처분등을 취소 · 변경한 경우 : 취소청구가 행정청이 처분등을 취소 또는 변경함으로 인하여 청구가 각하 또는 기각된 경우에는 소송비용은 피고의 부담으로 한다(행정소송법 제32조 후단).

기출 23 · 22 · 19 · 18

- ㉠ 부작위법확인의 소에서 소송계속 중 피고(행정청)가 상당한 기간이 지난 후 처분등을 함에 따라 소를 각하한 경우에도 소송비용의 전부 또는 일부를 피고가 부담하게 할 수 있다(행정소송규칙 제17조).
- ㉡ 당사자소송의 경우에도 공법상 법률관계의 원인이 되는 행정청의 처분등이 취소 · 변경되어 소송이 각하 또는 기각된 경우 피고가 소송비용을 부담한다(행정소송법 제44조).

(3) 소송비용에 관한 재판의 효력

① 소송비용에 관한 재판이 확정된 때에는 '피고' 또는 '참가인'이었던 행정청이 소속하는 국가 또는 공공단체에 그 효력이 미친다(행정소송법 제33조). 기출 22·20·18 따라서 행정청이 소속하는 국가 또는 공공단체는 자신의 이름으로 비용채권자로서 소송비용 확정 신청을 할 수 있고, 강제집행을 위하여 집행문이 부여될 수 있다. 당해 행정청의 소속관계는 사무의 귀속관계와는 다르므로, 기관위임사무의 경우 행정처분의 효과는 국가에 귀속되나, 소송비용부담의 재판은 처분청이 소속한 공공단체에 그 효력이 생긴다.

(4) 적용 범위

① 소송비용의 부담에 관한 규정(행정소송법 제32조)은 무효등확인소송 및 부작위위법확인소송에는 준용되지 않고(행정소송법 제38조 제1항·제2항), 당사자소송에만 준용된다(행정소송법 제44조 제1항). 기출 22

② 소송비용에 관한 재판의 효력에 관한 규정(행정소송법 제33조)은 무효등확인소송 및 부작위위법확인소송, 당사자소송에 준용된다(행정소송법 제38조 제1항·제2항, 제44조 제1항). 기출 22

제5절 | 취소소송에서의 가구제

Ⅰ 서 설

① 행정소송에서 가구제(또는 임시구제)란 본안판결의 실효성을 확보하기 위하여 본안판결 확정될 때까지 잠정적으로 권리구제를 도모하는 것을 말한다.

② 현행 행정소송법은 항고소송에 의한 권리구제의 실효성을 확보하기 위하여 행정소송상의 가구제로서 집행정지제도를 규정하고 있다.

③ 취소소송에서 원고의 가구제 수단으로 논의는 것은 침익적 행정처분에 대한 집행정지제도와 수익적 행정처분에 대한 가처분제도가 있다.

Ⅱ 행정소송법상의 집행정지제도

행정소송법 제23조(집행정지)

① 취소소송의 제기는 처분등의 효력이나 그 집행 또는 절차의 속행에 영향을 주지 아니한다. 기출 23·22

② 취소소송이 제기된 경우에 처분등이나 그 집행 또는 절차의 속행으로 인하여 생길 회복하기 어려운 손해를 예방하기 위하여 긴급한 필요가 있다고 인정할 때에는 본안이 계속되고 있는 법원은 당사자의 신청 또는 직권에 의하여 처분등의 효력이나 그 집행 또는 절차의 속행의 전부 또는 일부의 정지(이하 "집행정지"라 한다)를 결정할 수 있다. 기출 22·18 다만, 처분의 효력정지는 처분등의 집행 또는 절차의 속행을 정지함으로써 목적을 달성할 수 있는 경우에는 허용되지 아니한다. 기출 22·20

③ 집행정지는 공공복리에 중대한 영향을 미칠 우려가 있을 때에는 허용되지 아니한다. 기출 23·22

④ 제2항의 규정에 의한 집행정지의 결정을 신청함에 있어서는 그 이유에 대한 소명이 있어야 한다. 기출 20

⑤ 제2항의 규정에 의한 집행정지의 결정 또는 기각의 결정에 대하여는 즉시항고할 수 있다. 기출 23 이 경우 집행정지의 결정에 대한 즉시항고에는 결정의 집행을 정지하는 효력이 없다. 기출 24·22·19

⑥ 제30조(기속력) 제1항의 규정은 제2항의 규정에 의한 집행정지의 결정에 이를 준용한다. `기출` 23 · 20 · 19

> **행정소송법 제30조(취소판결등의 기속력)**
> ① 처분등을 취소하는 확정판결은 그 사건에 관하여 당사자인 행정청과 그 밖의 관계행정청을 기속한다.

1. 집행부정지의 원칙과 예외적인 집행정지

① 집행부정지의 원칙 : 행정소송법은 "취소소송의 제기는 처분등의 효력이나 그 집행 또는 절차의 속행에 영향을 주지 아니한다"고 하여(행정소송법 제23조 제1항), '집행부정지 원칙'을 규정하고 있다. `기출` 23 · 22 이러한 집행부정지 원칙의 근거를 행정행위의 공정력에서 찾는 견해도 있으나, 입법정책으로 보는 것이 통설이다.

② 예외적 집행정지 : 집행부정지 원칙을 획일적으로 적용하면 원고가 후일 승소하더라도 이미 처분의 집행이 종료되어 회복할 수 없는 손해를 입게 도는 결과가 발생할 수도 있으므로 행정소송법은 집행정지에 관한 일반적 규정을 두어 일정한 요건 하에 예외적으로 집행정지를 인정하고 있다(행정소송법 제23조 제2항~제6항).

2. 적용범위

무효등확인소송에도 집행정지규정이 준용된다(행정소송법 제38조 제1항). 집행정지가 허용될 수 있는 본안소송은 취소소송과 무효등확인소송이며(행정소송법 제23조 제2항, 제38조 제1항), 부작위법확인소송과 당사자소송은 제외된다(행정소송법 제38조 제2항, 제44조 제1항). `기출` 23 · 22 · 21 · 19 · 18 한편, 예방적 부작위(청구)소송이 허용되지 않는 이상, 이를 본안으로 하는 집행정지도 인정될 여지가 없다. `기출` 21

3. 집행정지의 요건

1) 형식적 요건(신청요건)

① 집행정지신청이 적법하려면, ㉠ 집행정지의 대상인 '처분등'이 존재하여야 하고(대상적격), ㉡ 적법한 취소소송(본안소송)이 계속 중이어야 하고(제23조 제2항), ㉢ 신청인에게 '처분등'에 대한 집행정지를 구할 '법률상 이익'이 있어야 하며(신청인 적격), ㉣ 집행정지 신청의 이익(현실적 필요성)이 인정되어야 한다. `기출` 18

② 여기에서 '적법한 취소소송의 계속(㉡)'과 관련하여 판례는 집행정지 사건 자체에 의하여도 신청인의 '본안청구'가 적법한 것이어야 한다는 것을 집행정지의 요건으로 본다(대결 2010.11.26. 2010무137). `기출` 19

> • 행정처분의 효력정지나 집행정지를 구하는 신청사건에서는 '행정처분' 자체의 적법 여부는 원칙적으로 판단의 대상이 아니고, 그 행정처분의 효력이나 집행을 정지할 것인가에 관한 행정소송법 제23조 제2항에서 정한 요건의 존부만이 판단의 대상이 되는 것이다. 다만, 집행정지는 행정처분의 집행부정지원칙의 예외로서 인정되는 것이고, 또 본안에서 원고가 승소할 수 있는 가능성을 전제로 한 권리보호수단이라는 점에 비추어 보면, 집행정지사건 자체에 의하여도 신청인의 '본안청구'가 적법한 것이어야 한다는 것을 집행정지의 요건에 포함시키는 것이 옳다(대결 2010.11.26. 2010무137; 대결 1997.4.28. 96두75). `기출` 20 · 19

- 행정처분의 효력정지나 집행정지를 구하는 신청사건에 있어서는 행정처분 자체의 적법 여부는 원칙적으로는 판단할 것이 아니고 그 행정처분의 효력이나 집행을 정지할 것인가에 대한 행정소송법 제23조 제2항 소정의 요건의 존부만이 판단의 대상이 되나 본안소송에서의 처분의 취소가능성이 없음에도 불구하고 처분의 효력정지나 집행정지를 인정한다는 것은 제도의 취지에 반하므로 집행정지사건 자체에 의하여도 신청인의 '본안청구'가 이유 없음이 명백할 때에는 행정처분의 효력정지나 집행정지를 명할 수 없다(대판 1992.8.7. 92두30). **기출** 22

③ 형식적 요건(신청요건)을 갖추지 못하면 집행정지신청은 부적법하므로 법원은 각하결정을 한다(대판 1995.6.21. 95두26: 박균성, 행정법강의 제21판, 896면). **기출** 23 다만, 신청이 부적법하여 각하하여야 할 것을 기각하였다 하더라도 각하나 기각 모두 신청을 배척한 결론에 있어서는 마찬가지이고 결정에는 기판력이 생기지도 아니하므로, 상소심에서 취소나 파기 사유가 되지 아니한다(대판 1995.6.21. 95두26).

④ 형식적 요건 관련 판례

- 집행정지결정을 하려면 이에 대한 본안소송이 법원에 제기되어 계속 중임을 요건으로 하는 것이므로 집행정지결정을 한 후에라도 본안소송이 취하되어 소송이 계속하지 아니한 것으로 되면 집행정지결정은 당연히 그 효력이 소멸되는 것이고 별도의 취소조치를 필요로 하는 것이 아니다(대결 2007.6.28. 2005무75). **기출** 18
- 행정처분에 대한 효력정지신청을 구함에 있어서도 이를 구할 법률상 이익이 있어야 하는바, 이 경우 법률상 이익이란 그 행정처분으로 인하여 발생하거나 확대되는 손해가 당해 처분의 근거 법률에 의하여 보호되는 직접적이고 구체적인 이익과 관련된 것을 말하는 것이고 단지 간접적이거나 사실적·경제적 이해관계를 가지는 데 불과한 경우는 여기에 포함되지 않는다(대결 2000.10.10. 2000무17).

2) 실체적 요건(인용요건)

① 집행정지신청이 인용되려면, ㉠ 처분등이나 그 집행 또는 절차의 속행으로 인하여 '회복하기 어려운 손해'가 발생할 우려가 있어야 하고, ㉡ 그 손해를 예방하기 위한 긴급한 필요가 인정되어야 하고, ㉢ 공공복리에 중대한 영향을 미칠 우려가 없어야 한다(행정소송법 제23조 제3항). 명문의 규정은 없으나 판례는 ㉣ '본안청구가 이유 없음이 명백하지 아니할 것'을 집행정지의 소극적 요건으로 인정하고 있다(대판 1992.6.8. 92두14: 대판 1992.8.7. 92두30). **기출** 22

② 행정심판에서 '중대한 손해'가 생기는 것을 예방하기 위한 것으로 규정한 것(행정심판법 제30조 제2항)과 달리, 행정소송에서는 '회복하기 어려운 손해'를 예방하기 위한 것으로 규정(행정소송법 제23조 제2항)하고 있음을 유의하여야 한다. **기출** 22

③ 처분의 효력정지는 처분등의 집행 또는 절차의 속행을 정지함으로써 목적을 달성할 수 있는 경우에는 허용되지 아니한다(행정소송법 제23조 제2항 단서). **기출** 22·20

④ 집행정지의 결정을 신청함에 있어서는 그 이유에 대한 소명이 있어야 한다(행정소송법 제23조 제4항). **기출** 20 집행정지의 적극적 요건은 신청인이 주장·소명하는 반면, 집행정지의 소극적 요건은 행정청이 주장·소명해야 한다. **기출** 19

- 행정소송법 제23조 제3항에서 집행정지의 요건으로 규정하고 있는 '공공복리에 중대한 영향을 미칠 우려'가 없을 것이라고 할 때의 '공공복리'는 그 처분의 집행과 관련된 구체적이고도 개별적인 공익을 말하는 것으로서 이러한 집행정지의 소극적 요건에 대한 주장·소명책임은 행정청에게 있다(대결 1999.12.20. 99무42). ☞ '공공복리에 중대한 영향을 미칠 우려'가 있다는 것은 집행정지의 소극적 요건(장애사유)이므로, 이에 대한 주장·소명책임은 행정청(피신청인)에게 있다(대판 1994.10.11. 94두23). **기출** 24·22·18

- 행정처분의 효력정지나 집행정지를 구하는 신청사건에서는 행정처분 자체의 적법 여부를 판단할 것이 아니고 행정처분의 효력이나 집행 등을 정지시킬 필요가 있는지 여부, 즉 행정소송법 제23조 제2항에서 정한 요건의 존부만이 판단대상이 된다. 나아가 '처분등이나 그 집행 또는 절차의 속행으로 인한 손해발생의 우려' 등 적극적 요건에 관한 주장·소명 책임은 원칙적으로 신청인 측에 있으며, 이러한 요건을 결여하였다는 이유로 효력정지 신청을 기각한 결정에 대하여 행정처분 자체의 적법 여부를 가지고 불복사유로 삼을 수 없다(대결 2011.4.21. 2010무111[전합]).

□ **증명과 소명**

증명(證明)이란 법관이 요증사실의 존재에 대하여 고도의 개연성에 의한 확신을 얻은 상태를 의미하거나 그와 같은 상태에 이르도록 증거를 제출하는 당사자의 노력을 말한다. 반면, 소명(疏明)이란 증명에 비하여 한 단계 낮은 개연성(저도의 개연성), 즉 법관이 일응 확실할 것이라는 추측을 얻은 상태를 의미하거나 그와 같은 상태에 이르도록 증거를 제출하는 당사자의 노력을 말한다.

⑤ 실체적 요건을 갖추지 못하면 법원은 기각결정을 한다.
⑥ 실체적 요건 관련 판례

회복하기 어려운 손해
- 행정소송법 제23조 제2항에서 정하고 있는 효력정지 요건인 '회복하기 어려운 손해'란, 특별한 사정이 없는 한 금전으로 보상할 수 없는 손해로서 금전보상이 불가능한 경우 내지는 금전보상으로는 사회관념상 행정처분을 받은 당사자가 참고 견딜 수 없거나 참고 견디기가 현저히 곤란한 경우의 유형, 무형의 손해를 일컫는다(대결 2011.4.21. 2010무111[전합]). 기출 22
- 당사자가 처분등이나 그 집행 또는 절차의 속행으로 인하여 재산상의 손해를 입거나 기업 이미지 및 신용이 훼손당하였다고 주장하는 경우에 그 손해가 금전으로 보상될 수 없어 '회복하기 어려운 손해'에 해당한다고 하기 위해서는 그 경제적 손실이나 기업 이미지 및 신용의 훼손으로 인하여 사업자의 자금사정이나 경영전반에 미치는 파급효과가 매우 중대하여 사업자체를 계속할 수 없거나 중대한 경영상의 위기를 맞게 될 것으로 보이는 등의 사정이 존재하여야 한다(대결 2003.10.9. 2003무23). → 항정신병 치료제의 요양급여 인정기준에 관한 보건복지부 고시의 효력이 계속 유지됨으로 인한 제약회사의 경제적 손실, 기업 이미지 및 신용의 훼손은 행정소송법 제23조 제2항 소정의 집행정지의 요건인 '회복하기 어려운 손해'에 해당하지 않는다고 한 사례.
- 사업여건의 악화 및 막대한 부채비율로 인하여 외부자금의 신규차입이 사실상 중단된 상황에서 285억원 규모의 과징금을 납부하기 위하여 무리하게 외부자금을 신규차입하게 되면 주거래은행과의 재무구조개선약정을 지키지 못하게 되어 사업자가 중대한 경영상의 위기를 맞게 될 것으로 보이는 경우, 그 과징금납부명령의 처분으로 인한 손해는 효력정지 내지 집행정지의 적극적 요건인 '회복하기 어려운 손해'에 해당한다고 한 사례(대결 2001.10.10. 2001무29).
- 기록에 의하면 신청인 및 그 가족들의 주소는 서울이고 위 형사피고사건의 상고심에서 신청인을 위하여 선임된 변호인도 서울지방변호사회 소속 변호사임을 알 수 있으므로 신청인이 그에 관한 형사피고사건이 상고심에 계속중에 안양교도소로부터 진주교도소로 이송되는 경우에는 그로 인하여 변호인과의 접견이 어려워져 방어권의 행사에 지장을 받게 됨은 물론 가족이나 친지 등과의 접견권의 행사에도 장애를 초래할 것임이 명백하고 이로 인한 손해는 금전으로 보상할 수 없는 손해라 할 것이어서 원심이 이 사건 이송처분으로 인하여 신청인에게 회복할 수 없는 손해가 발생할 염려가 있다고 본 것은 결국 정당하고 논지는 이유 없다(대결 1992.8.7. 92두30). ☞ 상고심 계속 중에 형사피고인을 현재 수감 중인 안양교도소로부터 진주교도소로 이송함으로써 "회복하기 어려운 손해"가 발생할 염려가 있다고 본 사례이다. 기출 19

> **긴급한 필요**
> - '긴급한 필요'란 회복하기 어려운 손해의 발생이 시간상으로 절박하여 손해를 회피하기 위해 본안판결을 기다릴 여유가 없는 것을 말한다(대결 1994.1.17. 93두79).
> - '긴급한 필요'가 있는지 여부는 처분의 성질과 태양 및 내용, 처분상대방이 입은 손해의 성질·내용 및 정도, 원상회복·금전배상의 방법 및 난이 등은 물론 본안청구의 승소가능성의 정도 등을 종합적으로 고려하여 구체적·개별적으로 판단하여야 한다(대결 2011.4.21. 2010무111[전합]; 대결 2018.7.12. 2018무600).

4. 거부처분에 대하여 집행정지가 가능한지 여부

① 문제점 : 행정소송법은 제23조에서 행정소송법상 가구제 수단으로서 집행정지를 규정하고 있는데, '거부처분'도 행정소송법 제23조 제2항의 '처분'에 해당하기 때에 집행정지의 대상에 해당한다. 다만, 거부처분의 경우 집행정지를 인정하더라도 신청인의 법적 지위는 거부처분이 없는 상태, 즉 신청단계로 돌아가는 것에 그치므로 집행정지 신청의 이익이 부정되는 것은 아닌지 문제된다.

② 판례 : 판례는 "거부처분의 효력정지는 그 거부처분으로 인하여 신청인에게 생길 손해를 방지하는 데에 아무런 소용이 없어 그 효력정지를 구할 이익이 없다"고 판시하여, 거부처분의 집행정지는 인정되지 않는다는 입장이다(대결 1992.2.13. 91두47; 대판 1995.6.21. 95두26). **기출** 23 · 19

> 신청에 대한 거부처분의 효력을 정지하더라도 거부처분이 없었던 것과 같은 상태, 즉 거부처분이 있기 전의 신청시의 상태로 되돌아가는 데에 불과하고 행정청에게 신청에 따른 처분을 하여야 할 의무가 생기는 것이 아니므로, 거부처분의 효력정지는 그 거부처분으로 인하여 신청인에게 생길 손해를 방지하는 데 아무런 보탬이 되지 아니하여 그 효력정지를 구할 이익이 없다(대판 1995.6.21. 95두26). **기출** 23 · 19

5. 법원의 결정

1) 각하결정·기각결정

① 집행정지의 신청이 본안소송의 계속, 신청인 적격 등 형식적 요건(신청요건)을 갖추지 못한 때에는 부적법하다는 이유로 각하하여야 한다(각하결정).

② 주장 자체로 이유 없는 경우, 적극적 요건의 소명이 없는 경우, 소극적 요건의 소명이 있는 경우에는 결정으로써 기각한다(기각결정).

2) 집행정지결정(인용결정)

① 집행정지의 요건이 충족된 경우에 본안이 계속되고 있는 법원은 당사자의 신청 또는 직권에 의하여 처분 등의 효력이나 그 집행 또는 절차의 속행의 전부 또는 일부의 정지를 결정할 수 있다(행정소송법 제23조 제2항).

② 법원은 당사자의 신청이 없어도 직권의 집행정지 결정을 할 수 있고, 신청인이 처분의 집행정지를 구한 경우에도 법원은 처분의 효력을 정지시킬 수 있다.

6. 집행정지결정의 내용

① 처분의 내용이 가분적인 경우에는 '처분의 일부'에 대한 집행정지도 가능하다(행정소송법 제23조 제2항).

> □ 재량처분의 일부에 대한 집행정지
>
> 처분의 내용이 가분적인 경우에는 비록 재량처분일지라도 그 일부에 대하여서만 정지하는 것이 가능하다.
> 기출 19 예를 들면, 원고 소유의 여러 물건에 대하여 동시에 압류처분이 이루어졌더라도, 압류의 필요성
> 내지 압류요건충족 여부는 물건별로 판단하여야 하므로, 압류처분은 물건별로 가분적인 처분에 해당하고 본안
> 에서 일부 물건에 대한 압류처분만 일부 취소하는 것이 가능하므로, 집행정지신청사건에서도 압류재산 일부에
> 대해서만 압류처분의 집행정지결정을 하는 것이 허용된다. 또한 여러 위반행위에 대하여 각각의 위반행위별로
> 영업정지기간이나 과징금액을 정하여 합산하는 방식으로 하나의 (재량행위인) 영업정지처분이나 과징금 부과
> 처분이 이루어졌고, 원고가 그중 특정 위반행위 부분만 다툼으로써 영업정지기간 내지 과징금액 중 원고가
> 다투는 부분과 다투지 않는 부분을 수치상 구분하는 것이 가능한 경우에 한하여 일부 집행정지가 허용된다고
> 보아야 한다(법원실무제요 행정 [2] 121~122면).

② 이론상 그 효력의 강도 면에서는 처분의 효력을 정지하는 것이 가장 강력하다고 할 것인데, 잠정처분에 불과한 집행정지는 필요 최소한도에 그쳐야 한다. 따라서 처분의 효력정지는 처분등의 집행 또는 절차의 속행을 정지함으로써 목적을 달성할 수 있는 경우에는 허용되지 아니한다(행정소송법 제23조 제2항).

7. 집행정지결정의 효력

① **형성력** : 집행정지결정이 고지되면 행정청의 별도의 절차 없이 집행정지결정의 종기까지 잠정적으로 행정처분이 없었던 것과 같은 상태가 되는데(대결 1961.11.23. 4294행상3), 이를 집행정지 결정의 형성력이라 한다. 그러나 집행정지 전에 이미 집행된 부분에 대해서는 영향을 미치지 않는다(대판 1957.11.4. 4290민상4623).

② **기속력** : 집행정지결정은 취소판결의 기속력에 준하여 당해 사건에 관하여 당사자인 행정청과 관계행정청을 기속한다(행정소송법 제23조 제6항, 제30조 제1항). 기출 23·20·19

③ **제3자효(대세효)** : 집행정지의 결정 또는 집행정지결정의 취소결정은 제3자에 대하여도 효력이 있다(행정소송법 제29조 제2항). 기출 24·22·18

④ **집행정지 효력의 시적 범위**

㉠ 법원이 집행정지를 결정하는 경우 그 종기는 본안판결 선고일부터 30일 이내의 범위에서 정한다. 다만, 법원은 당사자의 의사, 회복하기 어려운 손해의 내용 및 그 성질, 본안 청구의 승소가능성 등을 고려하여 달리 정할 수 있다(행정소송규칙 제10조).

㉡ 집행정지결정에서 효력발생시기를 정한 때에는 그 시기에 효력이 발생하나, 이를 정하지 않은 때에는 결정이 고지된 때부터 장래를 향하여 그 효력이 발생한다. 즉, 집행정지결정은 소급효를 갖지 않는다.

기출 23·20

㉢ 집행정지결정의 효력은 결정 주문에서 정한 기간까지 존속하다가 그 기간이 만료되면 장래에 향하여 소멸한다(대판 2020.9.3. 2020두34070). 기출 23

- 행정소송법 제23조에 의한 집행정지결정의 효력은 결정주문에서 정한 시기까지 존속하며 그 시기의 도래와 동시에 효력이 당연히 소멸하는 것이다(대판 1993.8.24. 92누18054). 기출 20
- 집행정지결정의 효력은 결정 주문에서 정한 기간까지 존속하다가 그 기간이 만료되면 장래에 향하여 소멸한다. 집행정지결정은 처분의 집행으로 회복하기 어려운 손해를 예방하기 위하여 긴급한 필요가 있고 달리 공공복리에 중대한 영향을 미치지 않을 것을 요건으로 하여 본안판결이 있을 때까지 해당 처분의 집행을 잠정적으로 정지함으로써 위와 같은 손해를 예방하는 데 그 취지가 있으므로, 항고소송을 제기한 원고가 본안소송에서 패소확정판결을 받았다고 하더라도 집행정지결정의 효력이 소급하여 소멸하지 않는다(대판 2020.9.3. 2020두34070).
- 행정소송법 제23조에 의한 효력정지결정의 효력은 결정주문에서 정한 시기까지 존속하고 그 시기의 도래와 동시에 효력이 당연히 소멸하므로, 보조금 교부결정의 일부를 취소한 행정청의 처분에 대하여 법원이 효력정지결정을 하면서 주문에서 그 법원에 계속 중인 본안소송의 판결 선고 시까지 처분의 효력을 정지한다고 선언하였을 경우, 본안소송의 판결 선고에 의하여 정지결정의 효력은 소멸하고 이와 동시에 당초의 보조금 교부결정 취소처분의 효력이 당연히 되살아난다. 기출 24 따라서 효력정지결정의 효력이 소멸하여 보조금 교부결정 취소처분의 효력이 되살아난 경우, 특별한 사정이 없는 한 행정청으로서는 보조금법 제31조 제1항에 따라 취소처분에 의하여 취소된 부분의 보조사업에 대하여 효력정지기간 동안 교부된 보조금의 반환을 명하여야 한다(대판 2017.7.11. 2013두25498). 기출 24

⑤ 본안소송의 계속과 집행정지결정의 효력
   ㉠ 집행정지결정은 본안소송이 계속되고 있어야 하므로, 집행정지결정을 한 후에라도 본안소송이 취하되어 본안이 계속되고 있지 않으면 집행정지결정은 당연히 효력이 소멸하고 별도의 취소조치가 필요하지 않다(대판 1975.11.11. 75누97; 대결 2007.6.28. 2005무75). 기출 23·20·19
   ㉡ 제재처분에 대한 행정쟁송절차에서 처분에 대해 집행정지결정이 이루어졌더라도 본안에서 해당 처분이 최종적으로 적법한 것으로 확정되어 집행정지결정이 실효되고 제재처분을 다시 집행할 수 있게 되면, 처분청으로서는 당초 집행정지결정이 없었던 경우와 동등한 수준으로 해당 제재처분이 집행되도록 필요한 조치를 취하여야 한다(대판 2020.9.3. 2020두34070).

8. 집행정지결정에 대한 불복과 집행정지 결정의 취소

① 집행정지결정에 대한 불복
   ㉠ 집행정지의 결정 또는 기각의 결정에 대하여는 즉시항고할 수 있다(행정소송법 제23조 제5항).
   ㉡ 즉시항고는 재판이 고지된 날부터 1주 이내에 하여야 한다(행정소송법 제8조 제2항, 민사소송법 제444조 제1항).
   기출 24
   ㉢ 민사소송에서 즉시항고의 경우 결정의 집행을 정지하는 효력이 인정되는 것과 달리(민사소송법 제447조), 집행정지의 결정에 대한 즉시항고에는 그 결정의 집행을 정지하는 효력이 없다(행정소송법 제23조 제5항 후문). 기출 24

② 집행정지 결정의 취소
  ㉠ '집행정지의 결정이 확정된 후' 집행정지가 공공복리에 중대한 영향을 미치거나 그 정지사유가 없어진
    때에는 당사자의 신청 또는 직권에 의하여 결정으로써 집행정지의 결정을 취소할 수 있다(행정소송법
    제24조 제1항). **기출** 22·20
  ㉡ 그러나 집행정지기간이 이미 경과하여 집행정지결정의 효력이 소멸한 경우에는 집행정지결정의 취소
    를 구할 이익이 없다(대결 2005.1.17. 2004무61).
  ㉢ 집행정지결정의 취소결정에 대하여는 즉시항고할 수 있는데, 취소결정에 대한 즉시항고는 취소결정
    의 집행을 정지하는 효력이 없다(행정소송법 제24조 제2항, 제3조 제5항). **기출** 18

Ⅲ 가처분

1. 가처분의 의의

'가처분'이란 금전 이외의 특정한 급부를 목적으로 하는 청구권의 집행보전을 도모하거나 다툼이 있는 권리관
계에 관하여 임시의 지위를 정함을 목적으로 하는 가구제(보전처분)제도를 말한다. 민사집행법은 가처분으로
① 다툼의 대상에 관한 가처분과 ② 임시의 지위를 정하기 위한 가처분을 인정하고 있다(민사집행법 제300조).

2. 항고소송(취소소송)에서 가처분의 인정 여부

① 문제점 : 행정심판법과는 달리 행정소송법은 임시처분에 해당하는 가처분에 관한 규정을 두고 있지 않다.
  다만, 행정소송법이 민사집행법상의 가처분을 배제한다는 규정을 두지 아니한 채, "행정소송에 관하여
  이 법에 특별한 규정이 없는 사항에 대하여는 … 민사집행법의 규정을 준용한다"라고 규정하고 있어(행정소
  송법 제8조 제2항), 항고소송(취소소송)에서 가처분을 인정할 수 있는지가 문제된다.
② 판례 : 판례는 "민사집행법상의 가처분으로 행정청의 행정행위 금지를 구하는 것은 허용될 수 없다"고
  판시하여(대결 1992.7.6. 92마54), 부정설의 입장이다. 따라서 거부처분에 대하여는 집행정지는 물론 가처분도
  허용되지 않는다. **기출** 19

> 항고소송의 대상이 되는 행정처분의 효력이나 집행 혹은 절차속행 등의 정지를 구하는 신청은 행정소송법상
> 집행정지신청의 방법으로서만 가능할 뿐 민사소송법상 가처분의 방법으로는 허용될 수 없다(대결 2009.11.2. 2009마
> 596).

3. 당사자소송에서 가처분의 인정 여부

당사자소송에 대하여는 행정소송법 제23조 제2항의 집행정지에 관한 규정이 준용되지 아니하므로(행정소송법
제44조 제1항 참조), 당사자소송을 본안으로 하는 가처분에 대하여는 행정소송법 제8조 제2항에 따라 민사집행법
상 가처분에 관한 규정이 준용되어야 한다(대결 2015.8.21. 2015무26).

CHAPTER 03 | 무효등확인소송

제1절 | 무효등확인소송의 의의 및 성질

Ⅰ 의 의

① 무효등확인소송이란 '행정청의 처분등의 효력 유무 또는 존재 여부를 확인하는 소송'을 말한다(행정소송법 제4조
제2호). **기출** 23 · 21

② 무효등확인소송에는 처분이나 재결의 존재확인소송, 부존재확인소송, 유효확인소송, 무효확인소송, 실효확
인소송이 있다. 그러나 행정청의 작위의무를 확인하는 소송은 인정되지 않는다(대판 1992.11.10. 92누1629).

기출 24 · 23 · 22

> 행정소송법상 행정청의 부작위에 대하여는 부작위위법확인소송만 인정되고 작위의무의 이행이나 확인을 구하는
> 행정소송은 허용될 수 없다(대판 1992.11.10. 92누1629).

③ 무효등확인소송에서는 처분의 유효·무효 여부뿐만 아니라 처분의 존재·부존재·실효 여부도 심리의 대상
이 된다. **기출** 22

Ⅱ 성 질

행정소송법은 무효등확인소송을 항고소송으로 규정하고 있다(행정소송법 제4조). 그런데 실질에 있어서는 무효등확
인소송은 항고소송의 성질과 확인소송의 성질을 아울러 갖는 것으로 보아야 한다.

CHAPTER 3

I 서설

① 무효등확인소송의 소송요건으로는 ㉠ 대상적격이 인정될 것, ㉡ 원고적격 및 협의의 소의 이익(= 권리보호의 필요성)이 인정될 것, ㉢ 피고적격 있는 자를 상대로 소를 제기할 것, ㉣ 관할권 있는 법원에 소를 제기할 것(제9조) 등이 있다. **기출** 19

② 그러나 제소기간을 준수 여부 및 예외적으로 행정심판전치주의가 적용되는 경우 전치요건을 갖출 것은 무효등확인소송의 소송요건이 아니다. 물론 본안판단사항도 아니다. **기출** 19

③ 처분의 위법성 판단은 본안판단 사항에 속한다. 무효등확인소송의 경우 본안심리(본안판단) 결과 처분에 중대하고 명백한 하자가 있는 경우 인용판결(무효등확인판결)을 하고, 처분의 하자가 중대하나 명백하지 않은 경우 또는 처분의 하자가 중대하지 않은 경우에는 기각판결을 한다. **기출** 19

II 대상적격

① 취소소송의 대상에 관한 행정소송법 제19조는 무효등확인소송에 준용된다(행정소송법 제38조 제1항). 따라서 무효등확인소송도 '처분등'(처분 + 재결)을 그 대상으로 한다.

② 다만, 재결에 대한 무효등확인소송은 재결 자체에 고유한 위법이 있음을 이유로 하는 경우에만 가능하다(행정소송법 제19조 단서, 제38조 제1항). **기출** 20

③ 집행행위의 개입 없이도 그 자체로서 직접 국민의 구체적인 권리의무에 영향을 미치는 조례는 무효확인소송의 대상이 된다(대판 1996.9.20. 95누8003). **기출** 20

> 조례가 집행행위의 개입 없이도 그 자체로서 직접 국민의 구체적인 권리의무나 법적 이익에 영향을 미치는 등의 법률상 효과를 발생하는 경우 그 조례는 항고소송의 대상이 되는 행정처분에 해당하고, 이러한 조례에 대한 무효확인소송을 제기함에 있어서 행정소송법 제38조 제1항, 제13조에 의하여 피고적격이 있는 처분등을 행한 행정청은, 행정주체인 지방자치단체 또는 지방자치단체의 내부적 의결기관으로서 지방자치단체의 의사를 외부에 표시한 권한이 없는 지방의회가 아니라, 구 지방자치법(1994.3.16. 법률 제4741호로 개정되기 전의 것) 제19조 제2항, 제92조에 의하여 지방자치단체의 집행기관으로서 조례로서의 효력을 발생시키는 공포권이 있는 지방자치단체의 장이다(대판 1996.9.20. 95누8003). **기출** 20

III 원고적격

> **행정소송법 제35조(무효등확인소송의 원고적격)**
> 무효등확인소송은 처분등의 효력 유무 또는 존재 여부의 확인을 구할 법률상 이익이 있는 자가 제기할 수 있다.
> **기출** 20·18

① 무효등확인소송은 처분등의 효력 유무 또는 존재 여부의 확인을 구할 법률상 이익이 있는 자가 제기할 수 있다(행정소송법 제35조). 기출 20 · 18

② 무효등확인소송에서의 '법률상의 이익'은 취소소송에서의 '법률상의 이익'과 마찬가지로 당해 처분의 근거 법률에 의하여 보호되는 직접적이고 구체적인 이익이 있는 경우를 말하고 간접적이거나 사실적, 경제적 이해관계를 가지는 데 불과한 경우는 여기에 해당되지 아니한다(대판 2001.7.10. 2000두2136).

③ 행정처분의 상대방이 아닌 제3자라도 그 처분으로 인하여 법률상 이익을 침해당한 경우에는 그 처분의 취소 또는 무효확인을 구하는 행정소송을 제기하여 그 당부의 판단을 받을 법률상 자격(= 원고적격)이 있고, 그 법률상 이익이라 함은 당해 처분의 근거법률에 의하여 보호되는 직접적이고 구체적인 이익이 있는 경우를 말하고 다만 간접적이거나 사실적 · 경제적 이해관계를 가지는 데 불과한 경우는 여기에 포함되지 않는다(대판 1995.6.30. 94누14230). 기출 24

Ⅳ 협의의 소의 이익

1. 일반론

① 무효등확인소송에서도 취소소송에서와 마찬가지로 (협의의) 소의 이익이 요구된다. 협의의 소의 이익 (= 권리보호의 필요성)은 소송요건으로 요건심리의 대상이 된다. 기출 19

② 절차상 또는 형식상 하자로 무효인 행정처분에 대하여 행정청이 적법한 절차 또는 형식을 갖추어 다시 동일한 행정처분을 하였다면, 종전의 무효인 행정처분에 대한 무효확인 청구는 과거의 법률관계의 효력을 다투는 것에 불과하므로 무효확인을 구할 법률상 이익이 없다(대판 2010.4.29. 2009두16879).

2. 즉시확정의 이익(확인소송의 보충성)이 요구되는지 여부

① 문제점 : 무효등확인소송에 있어서 일반 확인소송(민사소송인 확인소송)에서 요구되는 '즉시확정의 이익 (확인소송의 보충성)'이 요구되는지에 관하여는 견해가 대립하고 있다.

② 판례 : 종래의 판례는 필요설(즉시확정이익설)을 취하고 있었다(대판 2006.5.12. 2004두14717). 그러나 전원합의체판결로 종래의 판례를 변경하여, 무효확인소송에서는 '행정처분의 근거 법률에 의해 보호되는 직접적이고 구체적인 이익'과 별도로 민사소송(확인소송)에서 요구하는 '즉시확정의 이익(확인소송의 보충성)'은 요구되지 않는다는 입장이다(대판 2008.3.20. 2007두6342[전합]). 기출 24 · 22 · 21 · 20

> 무효확인소송에 즉시확정의 이익(= 확인소송의 보충성)이 요구되는지 여부
> 행정소송법 제4조에서는 무효확인소송을 항고소송의 일종으로 규정하고 있고, 행정소송법 제38조 제1항에서는 처분등을 취소하는 확정판결의 기속력 및 행정청의 재처분 의무에 관한 행정소송법 제30조를 무효확인소송에도 준용하고 있으므로 무효확인판결 자체만으로도 실효성을 확보할 수 있다. 그리고 무효확인소송의 보충성을 규정하고 있는 외국의 일부 입법례와는 달리 우리나라 행정소송법에는 명문의 규정이 없어 이로 인한 명시적 제한이 존재하지 않는다. 이와 같은 사정을 비롯하여 행정에 대한 사법통제, 권익구제의 확대와 같은 행정소송의 기능 등을 종합하여 보면, 행정처분의 근거 법률에 의하여 보호되는 직접적이고 구체적인 이익이 있는 경우에는 행정소송법 제35조에 규정된 '무효확인을 구할 법률상 이익'이 있다고 보아야 하고, 이와 별도로 무효확인소송의 보충성이 요구되는 것은 아니므로 행정처분의 무효를 전제로 한 이행소송 등과 같은 직접적인 구제수단이 있는지 여부를 따질 필요가 없다(대판 2008.3.20. 2007두6342[전합]). 기출 24 · 22

V 피고적격

① 취소소송에서의 피고적격에 관한 규정은 무효등확인소송의 경우에 준용한다(행정소송법 제38조 제1항). **기출** 22 따라서 무효등확인소송은 다른 법률에 특별한 규정이 없는 한 그 '처분등을 행한 행정청'을 피고로 한다(행정소송법 제13조, 제38조 제1항).

② 원고가 피고를 잘못 지정한 때에는 법원은 원고의 신청에 의하여 결정으로써 피고의 경정을 허가할 수 있다(행정소송법 제14조, 제38조 제1항).

③ 권한의 위임과 대리로 인한 피고적격은 취소소송의 경우와 동일하다(취소소송에서의 피고적격 참조).

VI 제소기간

① 무효등확인소송을 제기하는 경우에는 제소기간의 제한이 없고(행정소송법 제38조 제1항에서 제20조를 준용하지 않음), 전심절차로서 행정심판을 거친 경우에도 마찬가지로 제소기간의 제한을 받지 않는다.

기출 23 · 20

② 행정법 관계의 조속한 안정이 필요하다 하더라도 처분에 존속하는 하자가 중대하고 명백하여 처음부터 그 효력이 없는 무효인 처분까지도 일정한 기간이 지나면 그 효력을 다툴 수 없다고 하는 것은 법치행정의 원리상 허용되지 않기 때문이다.

③ 그러나 무효인 처분에 대하여 '당연무효를 선언하는 의미에서 취소를 구하는 행정소송'(= 무효선언을 구하는 취소소송)을 제기한 경우, (형식적으로는 취소소송이므로) 제소기간의 준수 등 취소소송의 소송요건을 갖추어야 한다(대판 1993.3.12. 92누11039). **기출** 24 · 22 · 21 · 20 · 18

VII 행정심판전치주의와의 관계

① 예외적 행정심판전치주의는 취소소송과 부작위위법확인소송에는 적용되나(행정소송법 제18조 제1항, 제38조 제2항), 무효등확인소송과 당사자소송에는 적용되지 아니한다(행정소송법 제38조 제1항, 제44조 제1항). **기출** 22

② 그러나 '무효선언을 구하는 취소소송'은 그 형식이 취소소송이므로 예외적 행정심판전치주의가 적용된다(대판 1976.2.24. 75누128[전합]; 대판 1987.6.9. 87누219). 무효선언을 구하는 취소소송에서 행정심판전치 요건을 충족하지 못한 경우에는 무효확인소송으로 소의 종류를 변경을 하면 된다.

③ 주위적 청구가 무효확인소송이라 하더라도 병합 제기된 예비적 청구가 취소소송이라면 이에 대한 행정심판의 재결을 거치는 등으로 취소소송의 적법한 제소요건을 갖추어야 한다(대판 1994.4.29. 93누12626).

VIII 관할법원

무효등확인소송의 제1심관할법원은 피고의 소재지를 관할하는 행정법원이다(행정소송법 제9조 제1항, 제38조 제1항). 행정법원이 설치되지 아니한 지역에서의 행정사건의 관할 등은 취소소송에서와 동일하다.

Ⅰ 무효확인소송과 취소소송의 관계

1. 무효인 처분에 대하여 취소소송을 제기한 경우

① 무효확인소송과 취소소송은 별개의 소송이다. 그러나 무효와 취소의 구별은 상대적인 것으로 그 구별이 곤란한 경우가 많고, 무효이든 취소이든 그 처분의 효력이 부인되기만 하면 일단 소를 제기한 원고의 목적은 달성되는 것으로 볼 수 있다는 점을 고려할 때, 무효사유가 있는 처분에 대하여도 취소소송을 제기할 수 있다고 할 것이다. 이러한 경우의 취소소송을 '(당연)무효를 선언하는 의미의 취소소송'이라고 하는데, 형식적으로는 취소소송이므로 제소기간 등 취소소송으로서의 소송요건을 갖추어야 소송이 적법하게 된다(대판 1984.5.29. 84누175).

② 무효인 처분을 취소소송으로 다투는 경우 취소청구에는 엄밀한 의미의 취소뿐 아니라 '무효를 선언하는 의미의 취소를 구하는 취지'가 포함되어 있어야 한다(대판 1982.6.22. 81누424 참조; 법원실무제요 행정 [2], 213면).
기출 23

③ 재판장은 무효확인소송이 취소소송의 제소기간 내에 제기된 경우에는 원고에게 처분등의 취소를 구하지 아니하는 취지인지를 명확히 하도록 촉구할 수 있다. 다만, 원고가 처분등의 취소를 구하지 아니함을 밝힌 경우에는 그러하지 아니하다(행정소송규칙 제16조).

2. 취소사유만을 가진 처분에 대해 무효확인소송을 제기한 경우

① 문제점 : 법원은 무효확인소송의 대상이 된 처분이 심리결과 무효라고 판단되는 경우에는 인용판결(무효확인판결)을 내린다. 그런데 처분의 하자(위법)가 취소사유에 불과한 경우에 법원은 어떠한 판결을 내려야 하는지 문제된다.

② 판례 : 판례는 "일반적으로 행정처분의 무효확인을 구하는 소에는 원고가 그 처분의 취소를 구하지 아니한다고 밝히지 아니한 이상, 그 처분이 만약 당연무효가 아니라면 그 취소를 구하는 취지도 포함되어 있는 것으로 보아야 한다"고 판시하여(대판 1994.12.23. 94누477), 취소소송포함설의 입장으로 보인다. 다만, 이 경우 취소청구를 인용하려면 취소소송으로서의 제소요건(소송요건)을 구비하고 있어야 한다(대판 1986.9.23. 85누838). **기출** 22

> 행정처분의 무효 확인을 구하는 소에는 특단의 사정이 없는 한 취소를 구하는 취지도 포함되어 있다고 보아야 하므로, 해당 행정처분의 취소를 구할 수 있는 경우라면 무효사유가 증명되지 아니한 때에 법원으로서는 취소사유에 해당하는 위법이 있는지 여부까지 심리하여야 한다. 나아가 과세처분에 대한 취소소송과 무효확인소송은 모두 소송물이 객관적인 조세채무의 존부확인으로 동일하다. 결국 과세처분의 위법을 다투는 조세행정소송의 형식이 취소소송인지 아니면 무효확인소송인지에 따라 증명책임이 달리 분배되는 것이라기보다는 위법사유로 취소사유와 무효사유 중 무엇을 주장하는지 또는 무효사유의 주장에 취소사유를 주장하는 취지가 포함되어 있는지 여부에 따라 증명책임이 분배된다(대판 2023.6.29. 2020두46073). **기출** 24

3. 무효확인청구와 취소청구의 병합

행정처분에 대한 무효확인과 취소청구는 서로 양립할 수 없는 청구로서 주위적・예비적 청구로서만 병합이 가능하고 선택적 청구로서의 병합이나 단순 병합은 허용되지 아니한다(대판 1999.8.20. 97누6889). **기출** 24・23

> □ **단순병합, 선택적 병합, 예비적 병합**
> - **단순병합** : 원고가 (양립할 수 있는) 여러 개의 청구에 대하여 차례로 심판을 구하는 형태의 병합이다. 병합된 다른 청구가 이유 있든 없든 관계없이 차례로(병렬적으로) 심판을 구하는 것이기 때문에 병합된 모든 청구에 대하여 법원의 심판을 필요로 한다. 병합된 청구 전부에 대하여 전부판결을 한다. 모든 청구에 대하여 판단을 하여야 하고 어느 하나의 청구에 대해 재판누락을 하면 추가판결의 대상이 된다. 병합된 청구 모두에 대하여 승소 가능하다(예 A 대여금 청구와 B 매매대금 청구).
> - **선택적 병합** : 양립할 수 있는 여러 개의 청구를 하면서 그중에 어느 하나가 인용되면 원고의 소의 목적을 달성할 수 있기 때문에 다른 청구에 대해서는 심판을 바라지 않는 경우이다. 법원은 이유 있는 청구 어느 하나를 무작위로 선택하여 원고청구를 인용하면 된다. 시외버스운송계약 중 운전자의 부주의로 교통사고가 발생한 경우, 계약상 채무불이행을 원인으로 한 손해배상청구와 불법행위를 원인으로 한 손해배상청구를 예로 들 수 있다.
> - **예비적 병합** : 양립할 수 없는 여러 개의 청구를 하면서 주위적 청구가 기각・각하될 때를 대비하여 예비적 청구에 대하여 심판을 구하는 경우이다. 여러 개의 청구를 하면서 그 심판의 순서를 붙여 주위적 청구가 인용될 것을 해제조건으로 하여 제2차적 청구에 대하여 심판을 구하는 형태의 병합이다. 주위적 청구로 매매계약이 유효함을 전제로 매매대금의 지급을 청구하고, 예비적으로 매매계약이 무효인 때를 대비하여 이미 인도해 간 매매목적물의 반환을 청구하는 행태를 예로 들 수 있다. 법원은 원고가 청구한 심판의 순서에 구속을 받게 된다. 주위적 청구를 먼저 심리해보고 인용되면 예비적 청구에 대해서는 더 나아가 심판할 필요가 없다.

Ⅱ 관련청구소송의 이송과 병합

1. 관련청구소송의 이송

무효등확인소송과 관련청구소송이 각각 다른 법원에 계속되고 있는 경우에 관련청구소송이 계속된 법원이 상당하다고 인정하는 때에는 당사자의 신청 또는 직권에 의하여 이를 무효등확인소송이 계속된 법원으로 이송할 수 있다(행정소송법 제10조 제1항, 제38조 제1항). **기출** 23

2. 관련청구소송의 병합

무효등확인소송에는 사실심의 변론종결 시까지 관련청구소송을 병합하거나 피고외의 자를 상대로 한 관련청구소송을 무효등확인소송이 계속된 법원에 병합하여 제기할 수 있다(행정소송법 제10조 제2항, 제38조 제1항). **기출** 23

Ⅲ 소의 변경

1. 소의 종류 변경

소의 종류의 변경에 관한 행정소송법 제21조의 규정은 무효등확인소송을 취소소송 또는 당사자소송으로 변경하는 경우에 준용된다(행정소송법 제37조). **기출** 21 따라서 무효등확인소송을 취소소송으로 소의 종류가 변경된 경우에는 새로운 소(취소소송)는 처음에 소(무효등확인소송)를 제기한 때에 제기된 것으로 본다(행정소송법 제14조 제4항, 제21조 제4항). **기출** 24 따라서 제소기간의 준수 여부도 처음에 소를 제기한 때를 기준으로 하여야 한다.

2. 처분변경으로 인한 소의 변경

무효등확인소송에서도 처분변경으로 인한 소의 변경도 인정된다(행정소송법 제22조, 제38조 제1항).

Ⅳ   가구제 수단 : 집행정지

① 무효등확인소송에도 집행부정지의 원칙 및 예외적 집행정지에 관한 규정이 준용된다(행정소송법 제38조 제1항, 제23 조). 기출 23·20 따라서 처분부존재확인소송에도 집행정지가 인정된다. 기출 21

② 집행정지가 허용될 수 있는 본안소송은 취소소송과 무효등확인소송이며(행정소송법 제23조 제2항, 제38조 제1항), 부작 위위법확인소송과 당사자소송은 제외된다(행정소송법 제38조 제2항, 제44조 제1항).

제4절 | 소송의 심리

Ⅰ   직권심리주의와 행정심판기록의 제출명령

취소소송의 직권심리주의를 규정하고 있는 행정소송법 제26조와 행정심판기록제출명령을 규정하고 있는 행정 소송법 제25조는 무효등확인소송에도 준용된다(행정소송법 제38조 제1항).

Ⅱ   심리의 범위

과세처분무효확인소송의 경우 소송물은 권리 또는 법률관계의 존부 확인을 구하는 것이며, 이는 청구취지만으로 소송물의 동일성이 특정된다고 할 것이고 따라서 당사자가 청구원인에서 무효사유로 내세운 개개의 주장은 공격 방어방법에 불과하다고 볼 것이며, 한편 확정된 종국판결은 그 기판력으로서 당사자가 사실심의 변론 종결시를 기준으로 그때까지 제출하지 않은 공격방어방법은 그 뒤 다시 동일한 소송을 제기하여 이를 주장할 수 없다(대판 1992.2.25. 91누6108). 기출 20

Ⅲ   주장책임과 증명책임

① 무효등확인소송에 있어서도 주요사실(主要事實)은 당사자가 변론에서 주장하지 않으면 판결의 기초로 삼을 수 없다. 다만, 직권탐지주의가 보충적으로 적용되는 무효등확인소송에서 주장책임은 완화된다.

② 행정처분의 당연무효를 구하는 소송에 있어서 그 무효를 구하는 사람(= 원고)에게 그 행정처분에 존재하는 하자가 중대하고 명백하다는 것을 주장·입증(= 증명)할 책임이 있다(대판 1984.2.28. 82누154). 기출 20

Ⅳ 선결문제

행정소송법 제11조(선결문제)

① 처분등의 효력 유무 또는 존재 여부가 민사소송의 선결문제로 되어 당해 민사소송의 수소법원이 이를 심리·판단하는 경우에는 제17조(행정청의 소송참가), 제25조(행정심판기록의 제출명령), 제26조(직권심리) 및 제33조(소송비용에 관한 재판의 효력)의 규정을 준용한다. **기출** 20

② 제1항의 경우 당해 수소법원은 그 처분등을 행한 행정청에게 그 선결문제로 된 사실을 통지하여야 한다.

행정소송법상 처분등의 효력 유무 또는 존재 여부가 민사소송의 선결문제로 되어 당해 민사소송의 수소법원이 이를 심리·판단하는 경우, 행정청의 소송참가에 관한 규정(제17조)은 준용된다(행정소송법 제11조 제1항). **기출** 20

Ⅴ 위법성 판단의 기준 시점

취소소송에서와 마찬가지로 처분 시를 기준으로 처분등의 무효를 판단해야 한다는 것이 통설적 입장이다.

기출 19

제5절 | 판결의 종류와 효력 등

Ⅰ 판결의 종류

1. 일부 무효확인판결

① 법원은 처분의 일부에 대해 무효확인판결을 할 수도 있다. 종합소득세의 부과처분에 있어서도 과세관청 이 인정한 과세소득 중 그 일부는 명백히 인정되나 그 나머지 소득은 인정할 만한 적법한 과세자료가 없는 경우에 이와 같이 허무의 과세소득을 오인한 하자가 객관적으로 명백하다면 종합소득세 중 허무의 과세소득에 관한 부분은 당연무효라고 보아야 할 것이며 이러한 부과처분의 일부 무효확인청구를 배제할 이유가 없다(대판 1985.11.12. 84누250). **기출** 24

2. 사정판결의 가부

① 행정소송법상 사정판결은 취소소송에서만 인정되고(행정소송법 제28조), 무효등확인소송과 부작위위법확인소송에는 준용되고 있지 않다(행정소송법 제38조).

② 준용규정이 없음에도 불구하고 무효등확인소송에서 사정판결이 인정될 수 있는지에 관하여 견해가 대립하나, 판례는 무효확인소송에서는 사정판결을 할 수 없다고 하여(대판 1996.3.22. 95누5509), 부정설의 입장이다. 기출 21 ☞ 따라서 무효등확인소송에서 사정판결 여부는 심판의 대상이 되지 않는다. 기출 19

> 당연무효의 행정처분을 소송목적물로 하는 행정소송에서는 존치시킬 효력이 있는 행정행위가 없기 때문에 행정소송법 제28조 소정의 사정판결을 할 수 없다(대판 1996.3.22. 95누5509). 기출 21 · 19

II 판결의 효력

1. 무효등확인판결의 대세효(= 제3자효)

처분등의 무효등을 확인하는 확정판결은 제3자에 대하여도 효력이 있다(행정소송법 제29조 제1항, 제38조 제1항).

2. 무효등확인판결의 기속력

① 처분등의 무효등을 확인하는 확정판결(= 확정된 인용판결)은 그 사건에 관하여 당사자인 행정청과 그 밖의 관계행정청을 기속한다(행정소송법 제30조 제1항, 제38조 제1항). 그러나 무효등확인소송의 기각판결에는 기속력이 인정되지 않는다. 기출 22 · 20

② 거부처분에 대하여 무효확인판결이 내려진 경우, 거부처분을 한 행정청은 판결의 취지에 따라 신청에 대한 처분을 할 의무(재처분의무)를 부담한다(행정소송법 제30조 제2항, 제38조 제1항).

3. 간접강제

① 행정소송법상 간접강제제도는 (거부처분) 취소소송에 인정되고(행정소송법 제34조), 부작위위법확인소송에 준용된다(행정소송법 제38조 제2항).

② 그러나 항고소송 중 무효등확인소송에는 준용규정이 없다(행정소송법 제38조 제1항). 이에 대하여 입법의 불비라는 비판이 있으나, 판례는 거부처분에 대한 무효확인판결은 간접강제의 대상이 되지 않는다고 본다(대결 1998.12.24. 98무37). 기출 24 · 23 · 21 예를 들면, 재개발조합 설립인가 신청에 대한 거부처분이 무효임을 확인하는 판결의 취지에 따라 이전의 신청에 대한 재처분을 하지 아니하는 경우에도 간접강제는 허용되지 않는다. 기출 22

> 행정소송법 제38조 제1항이 무효확인 판결에 관하여 취소판결에 관한 규정을 준용함에 있어서 같은 법 제30조 제2항을 준용한다고 규정하면서도 같은 법 제34조는 이를 준용한다는 규정을 두지 않고 있으므로, 행정처분에 대하여 무효확인 판결이 내려진 경우에는 그 행정처분이 거부처분인 경우에도 행정청에 판결의 취지에 따른 재처분의무가 인정될 뿐 그에 대하여 간접강제까지 허용되는 것은 아니라고 할 것이다(대판 1998.12.24. 98무37).
> 기출 24 · 23

4. 기판력

무효확인소송의 인용판결이 확정된 경우 당해 처분이 위법하다는 점과 무효라는 점에 대하여 기판력이 발생하고, 기각판결이 확정된 경우에는 해당 처분이 무효가 아니라는 점에만 기판력이 발생한다. 따라서 무효확인소송의 기각판결이 확정된 경우라도 취소소송의 요건이 갖추어진 경우에는 다시 취소소송을 제기하여 처분이 위법함을 주장할 수 있다(무효확인소송의 소송물은 처분의 위법성 중에서도 '중대하고 명백한 위법성'으로 취소소송의 소송물[= 처분의 위법성 일반]보다 그 범위가 좁기 때문에 무효확인소송의 청구기각판결의 기판력은 취소소송에 미치지 않는다). **기출** 24

Ⅲ 제3자의 소송참가 및 제3자에 의한 재심청구

제3자에 소송참가(제16조) 및 제3자에 의한 재심청구에 관한 규정(제31조)도 무효등확인소송에 준용된다(행정소송법 제38조 제1항). **기출** 23

[취소소송에 관한 규정의 무효등확인소송에 준용]

무효등확인소송에 준용되는 것	무효등확인소송에 준용되지 않는 것
• 재판관할(제9조) • 관련청구소송의 이송 및 병합(제10조) **기출** 23 • 피고적격(제13조) 및 피고의 경정(제14조) **기출** 22 • 공동소송(제15조) **기출** 20 • 제3자의 소송참가(제16조) **기출** 20 • 행정청의 소송참가(제17조) • 취소소송의 대상(제19조) • 소의 (종류)변경(제21조) **기출** 24 • 처분변경으로 인한 소의 변경(제22조) • 집행정지(제23조) 및 집행정지의 취소(제24조) **기출** 23 • 행정심판기록의 제출명령(제25조) **기출** 20 • 직권심리(제26조) • 취소판결등의 효력(= 제3자효)(제29조) • 취소판결등의 기속력(제30조) • 제3자에 의한 재심청구(제31조) **기출** 23 · 20 • 소송비용에 관한 재판의 효력(제33조)	• 선결문제(제11조) • 원고적격(제12조) → 별도 규정 존재(제35조) • 행정심판과의 관계(행정심판전치주의)(제18조) **기출** 23 · 22 • 제소기간(제20조) • 재량처분의 취소(제27조) • 사정판결(제28조) **기출** 20 • 소송비용의 부담(제32조) • 간접강제(제34조) **기출** 24 · 23

04 | 부작위위법확인소송

제1절 | 부작위위법확인소송의 의의 및 성질

Ⅰ 의 의

① 부작위위법확인소송이란 '행정청의 부작위가 위법하다는 것을 확인하는 소송'을 말한다(행정소송법 제4조 제3호).

기출 23

② 행정청의 부작위에 대한 보다 실효적인 구제수단은 의무이행소송이지만, 현행법상 의무이행소송은 인정되지 않는다(대판 1989.9.12. 87누868).

> 행정심판법 제3조에 의하면 행정청의 위법 또는 부당한 거부처분이나 부작위에 대하여 의무이행 심판청구를 할 수 있으나 행정소송법 제4조에서는 행정심판법상의 의무이행심판청구에 대응하여 부작위위법확인소송만을 규정하고 있으므로 행정청의 부작위에 대한 의무이행소송은 현행법상 허용되지 않는다(대판 1989.9.12. 87누868).

③ 행정소송법상 행정청의 부작위에 대하여는 부작위위법확인소송만 인정되고 작위의무의 이행이나 확인을 구하는 행정소송은 허용될 수 없다(대판 1992.11.10. 92누1629). ☞ 판례는 의무이행소송뿐만 아니라 작위의무확인소송도 허용되지 않는다고 한다. 기출 21·20

Ⅱ 성 질

행정소송법은 부작위위법확인소송을 항고소송의 하나로 규정하고 있지만(행정소송법 제4조), 그 실질은 확인소송이라고 보아야 할 것이다.

Ⅰ 대상적격

① 부작위위법확인소송의 대상은 '부작위'이다. 여기에서 '부작위'란 '행정청이 당사자의 신청에 대하여 상당한 기간 내에 일정한 처분을 하여야 할 법률상 의무가 있음에도 불구하고 이를 하지 아니하는 것'을 말한다(행정소송법 제2조 제1항 제2호). 기출 22·21·20 즉, 행정청의 모든 부작위가 부작위위법확인소송의 대상이 되는 것이 아니며 일정한 요건을 갖추어야 한다. 부작위의 개념상 전제되는 의무는 '법률상 의무'이어야 하고, 거부처분은 취소소송의 대상이 될 수 있을 뿐 부작위위법확인소송의 대상이 될 수 없다. 기출 22·18

> 당사자의 신청에 대한 행정청의 거부처분이 있는 경우에는 행정청이 당사자의 신청에 대하여 상당한 기간 내에 일정한 처분을 하여야 할 법률상의 응답의무를 이행하지 아니함으로써 야기된 부작위라는 위법상태를 제거하기 위하여 제기하는 부작위위법확인소송은 허용되지 아니한다(대판 1991.11.8. 90누9391). 기출 21

② 판례는 "행정청이 국민으로부터 어떤 신청을 받고서 그 신청에 따르는 내용의 행위를 하지 아니한 것이 항고소송의 대상이 되는 위법한 부작위가 된다고 하기 위하여서는 국민이 행정청에 대하여 그 신청에 따른 행정행위를 해 줄 것을 요구할 수 있는 법규상 또는 조리상의 권리가 있어야 한다"고 판시하여(대판 1992.10.27. 92누5867), 신청권 필요설의 입장이다. 기출 18 부작위위법확인소송에서 신청권의 존부는 소송요건에 해당하므로 본안판단의 대상이 아니라 요건심리의 대상이다. 기출 21 법규상 또는 조리상의 신청권은 부작위의 성립요건이므로 소송요건 중 대상적격의 문제로 볼 수 있다(대판 1992.10.27. 92누5867). 따라서 당사자가 행정청에 어떠한 행정행위를 요구할 수 있는 법규상 또는 조리상 권리를 갖지 않는 경우 그 행정행위에 대한 부작위위법확인의 소는 부적법하다. 기출 18

> - 행정청이 국민으로부터 어떤 신청을 받고서 그 신청에 따르는 내용의 행위를 하지 아니한 것이 항고소송의 대상이 되는 위법한 부작위가 된다고 하기 위하여서는 국민이 행정청에 대하여 그 신청에 따른 행정행위를 해 줄 것을 요구할 수 있는 법규상 또는 조리상의 권리가 있어야 한다(대판 1992.10.27. 92누5867).
> - 당사자가 행정청에 대하여 어떠한 행정행위를 하여 줄 것을 신청하지 아니하였거나 신청을 하였더라도 당사자가 행정청에 대하여 그러한 행정행위를 하여 줄 것을 요구할 수 있는 법규상 또는 조리상 권리를 갖고 있지 아니하든지 또는 행정청이 당사자의 신청에 대하여 거부처분을 한 경우에는 원고적격이 없거나 항고소송의 대상인 위법한 부작위가 있다고 볼 수 없어 그 부작위위법확인의 소는 부적법하다(대판 1993.4.23. 92누17099).

> **□ 참고**
> 판례는 "당사자가 행정청에 대하여 어떤 행정행위를 하여 줄 것을 신청하지 아니하였거나 당사자가 그러한 행정행위를 하여 줄 것을 요구할 수 있는 법규상 또는 조리상의 권리를 가지고 있지 아니하는 등의 경우에는 원고적격이 없거나 항고소송의 대상인 위법한 부작위가 있다고 할 수 없어 그 부작위위법확인의 소는 부적법하다"고 판시하는 경우도 있어(대판 2007.10.26. 2005두7853), 판례가 확고한 입장을 견지하고 있다고 할 수는 없으나, 실무는 법규상 또는 조리상 신청권을 대상적격(부작위의 성립요건)의 문제로 보고 있다(법원실무제요 행정(2016) 126면; 사법연수원 행정소송법(2017) 135면). 다만, 2024년 발행된 「법원실무제요 행정」에서는 대상적격의 문제로만 서술하고 있다.

③ 부작위위법확인소송의 대상인 부작위가 성립하기 위해서는 당사자의 신청이 있어야 하며, 신청의 대상은 '처분'이어야 한다(대판 1991.11.8. 90누9391). **기출** 18 　그러나 당사자의 신청이 반드시 내용상 적법하여야 하는 것은 아니다. 신청의 내용상 적법성은 소송요건의 문제가 아니라 본안의 문제라고 보아야 한다(박균성, 행정법강의 제21판, 804면). **기출** 24·21

> 부작위위법확인소송의 대상이 되는 행정청의 부작위란 행정청이 당사자의 신청에 대하여 상당한 기간 내에 일정한 처분을 할 법률상 의무가 있음에도 불구하고 이를 하지 아니하는 것을 말하고, 이 소송은 처분의 신청을 한 자가 제기하는 것이므로 이를 통하여 원고가 구하는 행정청의 응답행위는 행정소송법 제2조 제1항 제1호 소정의 '처분'에 관한 것이라야 한다(대판 1991.11.8. 90누9391). **기출** 18

> ◻ **참고**
> 행정청에 대한 신청이 법정 절차나 형식적 요건 등을 갖추지 못하여 부적법하더라도 행정청이 이를 무시하여 응답하지 않을 수는 없고, 보완을 요구하거나(민원 처리에 관한 법률 제22조 제1항) 각하하여야 하므로 신청절차 등이 부적법하다는 이유로 응답하지 아니한 경우도 부작위위법확인소송의 대상이 되고, 신청의 적법성 여부는 본안의 문제로 다루게 된다(법원실무제요 행정 [1], 283면).

④ 행정입법부작위에 대해서 법원에 부작위위법확인소송을 제기할 수 있는지가 문제되는데, 대법원은 "행정소송은 구체적 사건에 대한 법률상 분쟁을 법에 의하여 해결함으로써 법적 안정을 기하자는 것이므로 부작위위법확인소송의 대상이 될 수 있는 것은 구체적 권리의무에 관한 분쟁이어야 하고, 추상적인 법령에 관하여 제정의 여부 등은 그 자체로서 국민의 구체적인 권리의무에 직접적 변동을 초래하는 것이 아니어서 행정소송의 대상이 될 수 없다"고 하여 행정입법부작위에 대한 부작위위법확인소송을 인정하지 않는다(대판 1992.5.8. 91누11261). **기출** 24·20

⑤ 기타 관련 판례

> • 행정소송법 제2조의 처분의 개념 정의에는 해당한다고 하더라도 그 처분의 근거 법률에서 행정소송 이외의 다른 절차에 의하여 불복할 것을 예정하고 있는 처분은 항고소송의 대상이 될 수 없다. 검사의 불기소결정에 대해서는 검찰청법에 의한 항고와 재항고, 형사소송법에 의한 재정신청에 의해서만 불복할 수 있는 것이므로, 이에 대해서는 행정소송법상 항고소송을 제기할 수 없다(대판 2018.9.28. 2017두47465). ☞ 검사의 불기소처분에 대하여 부작위위법확인소송도 제기할 수 없다. **기출** 20
> • 형사본안사건에서 무죄가 선고되어 확정되었다면 형사소송법 제332조 규정에 따라 검사가 압수물을 제출자나 소유자 기타 권리자에게 환부하여야 할 의무가 당연히 발생한 것이고, 권리자의 환부신청에 대한 검사의 환부결정 등 어떤 처분에 의하여 비로소 환부의무가 발생하는 것은 아니므로 압수가 해제된 것으로 간주된 압수물에 대하여 피압수자나 기타 권리자가 민사소송으로 그 반환을 구함은 별론으로 하고 검사가 피압수자의 압수물 환부신청에 대하여 아무런 결정이나 통지도 하지 아니하고 있다고 하더라도 그와 같은 부작위는 현행 행정소송법상의 부작위위법확인소송의 대상이 되지 아니한다(대판 1995.3.10. 94누14018). **기출** 20·18
> • 국가보훈처장 발행 서적의 독립투쟁에 관한 내용을 시정하여 관보에 그 뜻을 표명하여야 할 의무 및 독립운동단체 소속의 독립운동자들에게 법률 소정의 보상급여의무의 확인을 구하는 청구는 작위의무 확인소송으로서 항고소송(부작위위법확인소송)의 대상이 되지 아니한다(대판 1989.1.24. 88누3116). **기출** 18

Ⅱ 원고적격

부작위위법확인소송에 있어서는 당해 부작위의 직접상대방이 아닌 제3자라 하더라도 그 부작위위법확인을 받을 법률상의 이익이 있는 경우에는 원고적격이 인정된다(대판 1989.5.23. 88누8135). 기출 20 · 18 다만, 이 경우에도 제3자는 '처분의 신청을 한 자'에는 해당하여야 한다(행정소송법 제36조 참조). 유해한 폐수를 배출하는 기업에 대한 조업중지명령을 할 것을 인근주민이 행정청에 신청한 경우, 인근주민을 예로 들 수 있다.

Ⅲ 협의의 소의 이익

① 당사자의 신청이 있은 이후 당사자에게 생긴 사정의 변화로 인하여 부작위가 위법하다는 확인을 받는다고 하더라도 종국적으로 침해되거나 방해받은 권리와 이익을 보호 · 구제받는 것이 불가능하게 되었다면 그 부작위가 위법하다는 확인을 구할 이익은 없다(대판 2002.6.28. 2000두4750).
② 변론종결 시까지 처분청이 처분(거부처분 포함)을 한 경우에는 부작위상태가 해소됨으로써 소의 이익이 없게 된다(대판 1990.9.25. 89누4758). 그 결과 부작위위법확인소송은 부적법하여 각하판결의 대상이 된다.

기출 24 · 23 · 22 · 20 · 18

> 부작위위법확인의 소는 … 당해 판결의 구속력에 의하여 행정청에게 처분등을 하게 하고 다시 당해 처분등에 대하여 불복이 있는 때에는 그 처분등을 다투게 함으로써 최종적으로는 국민의 권리이익을 보호하려는 제도이므로, 소제기의 전후를 통하여 판결시까지 행정청이 그 신청에 대하여 적극 또는 소극의 처분(= 거부처분)을 함으로써 부작위상태가 해소된 때에는 소의 이익을 상실하게 되어 당해 소는 각하를 면할 수가 없는 것이다(대판 1990.9.25. 89누4758). 기출 24 · 23 · 22 · 20 · 18 ☞ 소의 이익이 상실되어 소가 부적법하게 된다고 판시하고 있으나, 부작위위법확인소송의 대상은 '부작위'이고, 대상적격과 같은 소송요건은 사실심 구두변론 종결시(≒ 판결시)까지 존재하고 있어야 하므로(상고를 제기한 경우에는 상고심에서도 존재하고 있어야 함), 소송계속 중 행정청이 거부처분을 한 경우에는 부작위상태가 해소되어 부작위위법확인소송의 대상인 '부작위'가 존재하지 않으므로 대상적격이 상실된다고도 볼 수 있다. 기출 21

Ⅳ 피고적격

① 부작위위법확인소송의 피고는 '처분을 신청한 행정청(부작위 행정청)'이 된다(행정소송법 제13조, 제38조 제2항).
② 원고가 피고를 잘못 지정한 때에는 법원은 원고의 신청에 의하여 결정으로써 피고의 경정을 허가할 수 있다(행정소송법 제14조, 제38조 제1항).

Ⅴ 제소기간

① 부작위위법확인소송의 경우에도 제소기간에 관한 행정소송법 제20조가 준용된다(행정소송법 제38조 제2항). 그러나 부작위는 특정시점에 성립하여 종결되는 것이 아니라 계속되는 것이므로 부작위위법확인소송은 원칙적으로 제소기간의 제한을 받지 않는다고 보는 것이 타당하다.

② 판례는 ㉠ 행정심판을 거치지 않은 경우에는 부작위위법확인소송의 특성상 제소기간의 제한을 받지 않는다고 보고, ㉡ 행정심판을 거친 경우에는 행정소송법 제20조가 정한 제소기간 내(재결서의 정본을 송달받은 날로부터 90일 이내, 재결이 있은 날로부터 1년 이내)에 부작위위법확인의 소를 제기하여야 한다고 본다(대판 2009.7.23. 2008두10560). ☞ 행정심판을 거친 경우에는 제소기간의 제한을 받는다. [기출] 24·23·22·21·20

> 부작위위법확인의 소는 부작위상태가 계속되는 한 그 위법의 확인을 구할 이익이 있다고 보아야 하므로 원칙적으로 제소기간의 제한을 받지 않는다. 그러나 행정소송법 제38조 제2항이 제소기간을 규정한 같은 법 제20조를 부작위위법확인소송에 준용하고 있는 점에 비추어 보면, 행정심판 등 전심절차를 거친 경우에는 행정소송법 제20조가 정한 제소기간 내에 부작위위법확인의 소를 제기하여야 한다(대판 2009.7.23. 2008두10560). ☞ 따라서 행정심판을 거쳐 부작위위법확인소송을 제기하는 경우, 행정심판의 재결서의 정본을 송달받은 날로부터 90일 이내에, 재결이 있은 날로부터 1년 이내에 제기하여야 한다(행정소송법 제38조 제2항, 제20조 제1항, 제2항 참조). [기출] 24·23·22·21·20

Ⅵ 행정심판전치주의와의 관계

예외적 행정심판전치주의에 관한 규정은 부작위위법확인소송에도 준용된다(행정소송법 제18조 제1항, 제38조 제2항). 따라서 개별법에서 행정심판전치주의를 규정하고 있는 경우에는 행정심판을 거쳐 부작위위법확인소송을 제기해야 한다.

Ⅶ 관할법원

부작위위법확인소송의 제1심관할법원은 피고의 소재지를 관할하는 행정법원이다(행정소송법 제9조 제1항, 제38조 제2항). 행정법원이 설치되지 아니한 지역에서의 행정사건의 관할 등은 취소소송에서와 동일하다(취소소송에서의 관할법원 참조).

CHAPTER 4

I 직권심리주의와 행정심판기록의 제출명령

취소소송의 직권심리에 관한 규정(행정소송법 제26조)과 행정심판기록의 제출명령에 관한 규정(행정소송법 제25조)은 부작위위법확인소송에도 준용된다(행정소송법 제38조 제2항). 기출 22

II 심리의 범위

① 문제점 : 부작위위법확인소송에서 심판의 범위가 부작위 자체의 위법 여부에 그치는 것인지(절차적 심리설), 아니면 부작위의 위법 여부뿐만 아니라 신청에 따른 처분의무 유무에 대하여도 미치는지(실체적 심리설)에 관하여 견해가 나뉘고 있다.

② 판례 : 판례는 "행정청이 상대방의 신청에 대하여 아무런 적극적 또는 소극적 처분을 하지 않고 있는 이상 행정청의 부작위는 그 자체로 위법하다고 할 것이고, 구체적으로 그 신청이 인용될 수 있는지 여부는 소극적 처분에 대한 항고소송의 본안에서 판단하여야 할 사항"이라고 판시하여(대판 2005.4.14. 2003두7590), 절차적 심리설의 입장이다. 기출 19

> • 부작위위법확인의 소는 행정청이 국민의 법규상 또는 조리상의 권리에 기한 신청에 대하여 상당한 기간내에 그 신청을 인용하는 적극적 처분 또는 각하하거나 기각하는 등의 소극적 처분을 하여야 할 법률상의 응답의무가 있음에도 불구하고 이를 하지 아니하는 경우, 판결(사실심의 구두변론 종결)시를 기준으로 그 부작위의 위법을 확인함으로써 행정청의 응답을 신속하게 하여 부작위 내지 무응답이라고 하는 소극적인 위법상태를 제거하는 것을 목적으로 하는 것이고, 기출 22 나아가 당해 판결의 구속력에 의하여 행정청에게 처분등을 하게 하고 다시 당해 처분등에 대하여 불복이 있는 때에는 그 처분등을 다투게 함으로써 최종적으로는 국민의 권리이익을 보호하려는 제도이므로, 소제기의 전후를 통하여 판결시까지 행정청이 그 신청에 대하여 적극 또는 소극의 처분을 함으로써 부작위상태가 해소된 때에는 소의 이익을 상실하게 되어 당해 소는 각하를 면할 수가 없는 것이다(대판 1990.9.25. 89누4758).
> • 행정청이 상대방의 신청에 대하여 상당한 기간이 경과하도록 아무런 적극적 또는 소극적 처분을 하지 않고 있는 이상 행정청의 부작위는 그 자체로 위법하다고 할 것이고, 구체적으로 그 신청이 인용될 수 있는지 여부는 소극적 처분(= 거부처분)에 대한 항고소송의 본안에서 판단하여야 할 사항이라고 할 것이다(대판 2005.4.14. 2003두7590; 대판 1990.9.25. 89누4758). 기출 21 · 19

III 주장책임과 증명책임

부작위위법확인소송에서 부작위의 존재(신청사실 및 신청권의 존재, 처분이 없는 사실의 존재)는 부작위를 주장하는 원고에게 입증책임이 있다.

Ⅳ. 위법성 판단의 기준 시점

① 부작위위법확인소송의 경우에는 아무런 처분도 존재하지 않으므로 위법판단은 처분 당시의 사실 및 법률 상태를 기준으로 해야 한다는 처분시설을 따를 수는 없다.

② 부작위가 위법하다는 판결이 확정되면 행정청은 그 판결의 취지에 따라 다시 이전의 신청에 대한 처분을 하여야 하므로(행정소송법 제38조 제2항, 제30조 제2항), 부작위위법확인소송의 판단 대상은 사실심 변론종결 당시의 부작위 상태의 위법 여부라고 할 수 있다. 따라서 부작위위법확인소송의 경우, 위법 판단의 기준 시는 판결 시(≒ 사실심 변론종결 시)로 보는 것(판결시기준설)이 통설이며 판례의 입장이다(대판 1990.9.25. 89누4758).

기출 24·23·20·19·18

> 부작위위법확인의 소는 행정청이 국민의 법규상 또는 조리상의 권리에 기한 신청에 대하여 상당한 기간 내에 그 신청을 인용하는 적극적 처분 또는 각하하거나 기각하는 등의 소극적 처분을 하여야 할 법률상의 응답의무가 있음에 도 불구하고 이를 하지 아니하는 경우, 판결(사실심의 구두변론 종결)시를 기준으로 그 부작위의 위법을 확인함으로 써 행정청의 응답을 신속하게 하여 부작위 내지 무응답이라고 하는 소극적인 위법상태를 제거하는 것을 목적으로 하는 것이고, 나아가 당해 판결의 구속력에 의하여 행정청에게 처분등을 하게 하고 다시 당해 처분등에 대하여 불복이 있는 때에는 그 처분등을 다투게 함으로써 최종적으로는 국민의 권리이익을 보호하려는 제도이므로, 소제기 의 전후를 통하여 판결시까지 행정청이 그 신청에 대하여 적극 또는 소극의 처분을 함으로써 부작위상태가 해소된 때에는 소의 이익을 상실하게 되어 당해 소는 각하를 면할 수가 없는 것이다(대판 1990.9.25. 89누4758). 기출 24·23·20

제4절 | 판결의 효력 등

Ⅰ. 부작위위법확인판결의 효력

① **제3자효(대세효)** : 취소판결의 제3자효(대세효)에 관한 행정소송법 제29조 제1항은 부작위위법확인소송에 준용한다(행정소송법 제38조 제2항). 따라서 부작위위법확인판결이 확정된 경우, 제3자에 대하여도 효력이 있다.

기출 21·20

② **기속력** : 취소판결의 기속력에 관한 행정소송법 제30조 제1항은 부작위위법확인소송에 준용한다(행정소송법 제38조 제2항). 따라서 부작위위법확인판결이 확정된 경우, 그 사건에 관하여 당사자인 행정청과 그 밖의 관계행정청을 기속한다. 기출 21

③ **처분의무** : 거부처분 취소판결의 재처분의무에 관한 행정소송법 제30조 제2항은 부작위위법확인소송에 준용한다(행정소송법 제38조 제2항). 따라서 부작위위법확인판결이 확정된 경우, 행정청은 판결의 취지에 따라 이전의 신청에 대한 처분을 하여야 한다. 기출 21

Ⅱ 처분의무의 내용

① 문제점 : 부작위위법확인판결의 기속력에 따라 행정청은 판결의 취지에 따른 처분의무를 부담한다(행정소송법 제38조 제2항, 제30조 제2항). 그런데 처분의무의 내용이 구체적으로 무엇인지에 관하여 견해가 대립한다.

② 학설과 판례 : 원고가 신청한 내용대로의 특정한 처분의무를 뜻하는 것으로 보는 견해(특정처분의무설)도 있으나, 다수설과 판례는 기속력의 내용으로서의 (재)처분의무는 행정청의 응답의무라고 보는 입장이다(응답의무설)(대결 2010.2.5, 2009무153). 판례에 의하면 행정청은 원고의 신청대로 처분을 하여야 하는 것은 아니고 다시 거부처분을 할 수도 있다. 즉, 거부처분을 하여도 처분의무를 이행한 것이 된다. `기출` 24·23·20

> 부작위위법확인의 소는 행정청이 국민의 법규상 또는 조리상의 권리에 기한 신청에 대하여 상당한 기간 내에 그 신청을 인용하는 적극적 처분 또는 각하하거나 기각하는 등의 소극적 처분을 하여야 할 법률상의 응답의무가 있음에도 불구하고 이를 하지 아니하는 경우, 판결(사실심의 구두변론 종결)시를 기준으로 그 부작위의 위법을 확인함으로써 행정청의 응답을 신속하게 하여 부작위 내지 무응답이라고 하는 소극적인 위법상태를 제거하는 것을 목적으로 하는 것이고, `기출` 20 나아가 당해 판결의 구속력에 의하여 행정청에게 처분등을 하게 하고 다시 당해 처분등에 대하여 불복이 있는 때에는 그 처분등을 다투게 함으로써 최종적으로는 국민의 권리이익을 보호하려는 제도이므로, 소제기의 전후를 통하여 판결시까지 행정청이 그 신청에 대하여 적극 또는 소극의 처분(= 거부처분)을 함으로써 부작위상태가 해소된 때에는 소의 이익을 상실하게 되어 당해 소는 각하를 면할 수가 없는 것이다(대판 1990.9.25. 89누4758). `기출` 24·23·20

Ⅲ 간접강제

① 간접강제에 관한 행정소송법 제34조는 부작위위법확인소송에도 준용된다(행정소송법 제38조 제2항).

② 행정소송법은 부작위의 위법을 확인하는 확정판결이 있으면 행정청에게 판결의 취지에 따라 다시 이전의 신청에 대한 처분의무를 부과하고(행정소송법 제38조 제2항, 제30조 제2항), 행정청의 처분의무 불이행시 간접강제를 인정함으로써 판결의 실효성을 확보하고 있다(행정소송법 제38조 제2항, 제34조). 따라서 부작위위법확인판결이 확정된 경우, 행정청이 판결의 취지에 따라 이전의 신청에 대한 처분을 하지 아니하는 경우에 법원은 상당한 기간을 정하고 그 기간 내에 이행하지 아니하는 때에는 배상금을 명할 수 있다(행정소송법 제34조 제1항, 제38조 제2항). '신청한 내용대로 처분(= 신청에 대한 인용처분)'이 아니라 '이전의 신청에 대한 처분(= 신청에 대한 인용처분 또는 거부처분)'을 하지 아니하는 경우에 간접강제의 대상이 된다. 이전의 신청에 대한 '거부처분'을 한 경우에는 간접강제가 인정되지 않는다. `기출` 21

③ 예를 들면, 건축허가의 신청에 대한 행정청의 부작위가 위법함을 확인하는 판결의 취지에 따라 이전의 신청에 대한 처분의무를 이행하지 아니하는 경우 간접강제가 인정될 수 있다. `기출` 22

Ⅳ **기타 취소소송에 관한 규정의 준용**

① 소의 (종류) 변경에 관한 행정소송법 제21조의 규정은 무효등확인소송이나 부작위위법확인소송을 취소소송 또는 당사자소송으로 변경하는 경우에 준용한다(행정소송법 제37조). 따라서 부작위위법확인소송의 계속 중 당사자소송으로 소의 변경이 가능하다. `기출` 21

② 제3자의 소송참가에 관한 행정소송법 제16조 및 제3자에 의한 재심청구에 관한 행정소송법 제31조는 부작위위법확인소송에 준용한다(행정소송법 제38조 제2항). 따라서 부작위위법확인판결이 확정된 경우, 제3자에 의한 재심청구는 확정판결이 있음을 안 날로부터 30일 이내, 판결이 확정된 날로부터 1년 이내에 제기하여야 한다.

`기출` 21

③ 사정판결은 부작위위법확인소송에는 준용되지 않는다(행정소송법 제38조 제1항·제2항). `기출` 20·18

④ 집행정지(제23조) 및 집행정지의 취소(제24조)는 부작위위법확인소송에 준용되지 않는다(행정소송법 제38조 제2항).

`기출` 20·18

[취소소송에 관한 규정의 부작위위법확인소송에 준용]

부작위위법확인소송에 준용되는 것	부작위위법확인소송에 준용되지 않는 것
• 재판관할(제9조) `기출` 22	• 선결문제(제11조)
• 관련청구소송의 이송 및 병합(제10조) `기출` 21	• 원고적격(제12조) → 별도 규정 존재(제36조)
• 피고적격(제13조) 및 피고의 경정(제14조)	• 처분변경으로 인한 소의 변경(제22조) `기출` 24·22
• 공동소송(제15조) `기출` 22	• 집행정지(제23조) 및 집행정지의 취소(제24조)
• 제3자의 소송참가(제16조) `기출` 22	`기출` 21·20·18
• 행정청의 소송참가(제17조) `기출` 22	• 사정판결(제28조) `기출` 20·18
• 행정심판과의 관계(행정심판전치주의)(제18조)	• 소송비용의 부담(제32조)
• 취소소송의 대상(제19조)	
• 제소기간(제20조)	
• 소의 (종류)변경(제21조) `기출` 22	
• 행정심판기록의 제출명령(제25조) `기출` 21	
• 직권심리(제26조) `기출` 22·21	
• 재량처분의 취소(제27조)	
• 취소판결등의 효력(= 제3자효)(제29조) `기출` 21	
• 취소판결등의 기속력(제30조) `기출` 21	
• 제3자에 의한 재심청구(제31조) `기출` 21	
• 소송비용에 관한 재판의 효력(제33조) `기출` 21	
• 간접강제(제34조) `기출` 21	

CHAPTER 4

제1절 │ 당사자소송의 의의와 종류

Ⅰ 의 의

① 공법상 당사자소송이란 "행정청의 처분등을 원인으로 하는 법률관계에 관한 소송, 그 밖에 공법상의 법률관계에 관한 소송으로서 그 법률관계의 한 쪽 당사자를 피고로 하는 소송"을 말한다(행정소송법 제3조 제2호).

기출 21

② '처분 또는 그 부작위'를 대상으로 하는 항고소송과 달리, 당사자소송은 '법률관계 자체'를 대상으로 한다. 즉 당사자소송은 기본적으로 대등한 당사자 사이의 소송이라는 점에서 공권력의 행사자로서의 행정청의 우월적 지위가 전제되어 있는 항고소송과 구별된다.

③ 당사자소송은 '공법상 법률관계'를 대상으로 한다는 점에서 '사법상 법률관계'를 대상으로 하는 민사소송과 구별된다. 기출 23

Ⅱ 종 류

1. 실질적 당사자소송

① 실질적 당사자소송이란 공법상의 법률관계에 관한 다툼으로서 그 법률관계의 한 쪽 당사자를 피고로 하는 소송을 말한다(행정소송법 제3조 제2호).

② '행정청의 처분등을 원인으로 하는 법률관계'에 관한 소송도 형식적 당사자소송으로 인정되는 것을 제외하고는 실질적 당사자소송에 속한다. 일반적으로 당사자소송은 실질적 당사자소송을 말한다.

③ (실질적) 당사자소송은 행정소송법 제3조 제2호가 일반적으로 인정하고 있으므로 개별법의 근거는 필요 없다고 보는 것이 타당하다.

2. 형식적 당사자소송

① 형식적 당사자소송이란 '처분등을 원인으로 하는 법률관계에 관한 소송'으로서 그 원인이 되는 처분등에 불복하는 성질을 가지고 있으나 처분청을 피고로 하는 것이 아니라 그 법률관계의 한 쪽 당사자를 피고로 하는 소송을 말한다.

② 형식적 당사자소송은 처분등에 불복하는 항고소송의 실질을 가지고 있으나, 권리구제의 실효성 제고와 소송경제 등의 필요에 의하여 행정청을 피고로 하지 않고 법률관계의 직접 당사자를 피고로 한다는 점에 특색이 있다.

③ 행정소송법 제3조 제2호가 형식적 당사자소송의 일반적 근거가 된다는 견해도 있지만, 행정소송법 제3조 제2호는 형식적 당사자소송의 일반적 근거가 될 수 없고, 개별 법률의 명시적 근거가 있어야 형식적 당사자소송이 인정된다는 것이 다수설의 입장이다.

④ 현행법상 형식적 당사자소송의 예로는 「공익사업을 위한 토지 등의 취득 및 보상에 관한 법률」 제85조 제2항의 보상금증감청구소송, 특허법상 보상금 또는 대가에 관한 불복의 소(특허법 제190조, 제191조) 등이 있다. 기출 23·22·21

Ⅲ 관련 문제 : 토지보상법상 수용재결과 관련된 행정소송

1. 이의신청

> **공익사업을 위한 토지 등의 취득 및 보상에 관한 법률(약칭 : 토지보상법) 제83조(이의의 신청)**
> ① 중앙토지수용위원회의 제34조에 따른 재결에 이의가 있는 자는 중앙토지수용위원회에 이의를 신청할 수 있다.
> 기출 21
> ② 지방토지수용위원회의 제34조에 따른 재결에 이의가 있는 자는 해당 지방토지수용위원회를 거쳐 중앙토지수용위원회에 이의를 신청할 수 있다.
> ③ 제1항 및 제2항에 따른 이의의 신청은 재결서의 정본을 받은 날부터 30일 이내에 하여야 한다.

2. 항고소송

① 수용재결에 대하여 항고소송(취소소송, 무효확인소송, 부존재확인소송 등)을 제기하는 때에는 제34조에 따른 수용재결을 한 지방토지수용위원회 또는 중앙토지수용위원회(= 처분을 한 행정청)를 피고로 하여 제기하여야 한다(대판 2010.1.28. 2008두1504; 토지보상법 제85조 제1항 참조). 기출 24·21

② 이의신청에 대한 재결 자체에 고유한 위법이 있음을 이유로 하는 경우에는 그 이의재결을 한 중앙토지수용위원회를 피고로 하여 이의재결의 취소를 구할 수 있다(대판 2010.1.28. 2008두1504). 기출 24

> 공익사업을 위한 토지 등의 취득 및 보상에 관한 법률 제85조 제1항 전문의 문언 내용과 같은 법 제83조, 제85조가 중앙토지수용위원회에 대한 이의신청을 임의적 절차로 규정하고 있는 점, 행정소송법 제19조 단서가 행정심판에 대한 재결은 재결 자체에 고유한 위법이 있음을 이유로 하는 경우에 한하여 취소소송의 대상으로 삼을 수 있도록 규정하고 있는 점 등을 종합하여 보면, 수용재결에 불복하여 취소소송을 제기하는 때에는 이의신청을 거친 경우에도 수용재결을 한 중앙토지수용위원회 또는 지방토지수용위원회를 피고로 하여 수용재결의 취소를 구하여야 하고, 다만 이의신청에 대한 재결 자체에 고유한 위법이 있음을 이유로 하는 경우에는 그 이의재결을 한 중앙토지수용위원회를 피고로 하여 이의재결의 취소를 구할 수 있다고 보아야 한다(대판 2010.1.28. 2008두1504). 기출 21

CHAPTER 5

3. 보상금증감청구소송(형식적 당사자소송)

① 토지소유자 또는 관계인이 제기하는 보상금증액청구소송의 피고는 사업시행자이고, 사업시행자가 제기하는 보상금감액청구소송의 피고는 토지소유자 또는 관계인이다(토지보상법 제85조 제2항). 기출 24·21

> **공익사업을 위한 토지 등의 취득 및 보상에 관한 법률(약칭 : 토지보상법) 제85조(행정소송의 제기)**
> ① 사업시행자, 토지소유자 또는 관계인은 제34조에 따른 재결에 불복할 때에는 재결서를 받은 날부터 90일 이내에, 이의신청을 거쳤을 때에는 이의신청에 대한 재결서를 받은 날부터 60일 이내에 각각 행정소송을 제기할 수 있다. 이 경우 사업시행자는 행정소송을 제기하기 전에 제84조에 따라 늘어난 보상금을 공탁하여야 하며, 보상금을 받을 자는 공탁된 보상금을 소송이 종결될 때까지 수령할 수 없다.
> ② 제1항에 따라 제기하려는 행정소송이 보상금의 증감에 관한 소송인 경우 그 소송을 제기하는 자가 토지소유자 또는 관계인일 때에는 사업시행자를, 사업시행자일 때에는 토지소유자 또는 관계인을 각각 피고로 한다.

> - 토지보상법 제85조 제2항은 토지소유자 등이 보상금 증액 청구의 소를 제기할 때에는 사업시행자를 피고로 한다고 규정하고 있다. 위 규정에 따른 보상금 증액 청구의 소는 토지소유자 등이 사업시행자를 상대로 제기하는 당사자소송의 형식을 취하고 있지만, 토지수용위원회의 재결 중 보상금 산정에 관한 부분에 불복하여 그 증액을 구하는 소이므로 실질적으로는 재결을 다투는 항고소송의 성질을 가진다(대판 2022.11.24. 2018두67[전합]). ☞ 토지보상법 제85조 제2항의 보상금 증액 청구의 소는 형식적 당사자소송에 해당한다는 취지이다. 기출 23·22
> - (구) 토지수용법 제75조의2 제2항의 규정은 그 제1항에 의하여 이의재결에 대하여 불복하는 행정소송을 제기하는 경우, 이것이 보상금의 증감에 관한 소송인 때에는 이의재결에서 정한 보상금이 증액 변경될 것을 전제로 하여 기업자를 상대로 보상금의 지급을 구하는 공법상의 당사자소송을 규정한 것으로 볼 것이다(대판 1991.11.26. 91누285).

② 주위적으로 수용재결을 한 중앙토지수용위원회를 피고로 하여 수용재결의 취소를 청구하면서 예비적으로 사업시행자를 피고로 하는 보상금증액청구를 병합하여 제기할 수 있다(행정소송법 제10조 제2항; 박균성, 행정법강의 제21판, 674면). 기출 21

행정소송규칙 제19조(당사자소송의 대상)

당사자소송은 다음 각 호의 소송을 포함한다.

1. 다음 각 목의 손실보상금에 관한 소송
   가. 「공익사업을 위한 토지 등의 취득 및 보상에 관한 법률」제78조 제1항 및 제6항에 따른 이주정착금, 주거이전비 등에 관한 소송
   나. 「공익사업을 위한 토지 등의 취득 및 보상에 관한 법률」제85조 제2항에 따른 보상금의 증감(增減)에 관한 소송
   다. 「하천편입토지 보상 등에 관한 특별조치법」제2조에 따른 보상금에 관한 소송
2. 그 존부 또는 범위가 구체적으로 확정된 공법상 법률관계 그 자체에 관한 다음 각 목의 소송
   가. 납세의무 존부의 확인
   나. 「부가가치세법」제59조에 따른 환급청구
   다. 「석탄산업법」제39조의3 제1항 및 같은 법 시행령 제41조 제4항 제5호에 따른 재해위로금 지급청구
   라. 「5·18민주화운동 관련자 보상 등에 관한 법률」제5조, 제6조 및 제7조에 따른 관련자 또는 유족의 보상금 등 지급청구
   마. 공무원의 보수·퇴직금·연금 등 지급청구
   바. 공법상 신분·지위의 확인 [기출] 22·19
3. 처분에 이르는 절차적 요건의 존부나 효력 유무에 관한 다음 각 목의 소송
   가. 「도시 및 주거환경정비법」제35조 제5항에 따른 인가 이전 조합설립변경에 대한 총회결의의 효력 등을 다투는 소송
   나. 「도시 및 주거환경정비법」제50조 제1항에 따른 인가 이전 사업시행계획에 대한 총회결의의 효력 등을 다투는 소송
   다. 「도시 및 주거환경정비법」제74조 제1항에 따른 인가 이전 관리처분계획에 대한 총회결의의 효력 등을 다투는 소송
4. 공법상 계약에 따른 권리·의무의 확인 또는 이행청구 소송 [기출] 24

① 2023.8.31. 제정된 행정소송규칙 제19조에서는 법 이론이나 재판 실무를 통해 정립된 당사자소송의 예시를 규정하고 있다.

② 판례는 공법상 신분 또는 지위 등의 확인소송을 당사자소송으로 이해하고 있다(대판 1998.10.23. 98두12932; 행정소송규칙 제19조 제2호 바목). [기출] 22·19 예를 들면, 무효인 파면처분에 대하여 제기하는 공무원지위확인소송은 당사자소송으로서 행정소송법상 허용된다.

③ 공법상 원인에 의한 부당이득반환청구와 국가배상청구는 실무에서 당사자소송이 아니라 민사소송의 대상으로 보고 있다(대판 2015.8.27. 2013다212639; 대판 1972.4.6. 70다2955 등).

[당사자소송의 대상과 항고소송의 대상 및 민사소송의 대상의 구별]

당사자 소송의 대상	• 공무원의 지위확인소송(대판 1998.10.23. 98두12932) **기출** 22 • 시민옴부즈만 불채용 통보행위를 다투는 소송(대판 2014.4.24. 2013두6244) • 지방전문직공무원 채용계약의 해지를 다투는 소송(대판 1993.9.14. 92수4611) **기출** 23·18 • 공중보건의사 채용계약해지 의사표시 무효확인을 구하는 소송(대판 1996.5.31. 95누10617) • 광주광역시립합창단의 재위촉 거부를 다투는 소송(대판 2001.12.11. 2001두7794) • 서울특별시립무용단원의 해촉을 다투는 소송(대판 1995.12.22. 95누4636) **기출** 23 • 읍·면장에 의한 이장의 임명 및 면직을 다투는 소송(대판 2021.10.25. 2010두18963) **기출** 20 • 「국토의 계획 및 이용에 관한 법률」에 따른 토지의 일시 사용에 대한 동의의 의사표시를 할 의무의 존부를 다투는 소송(대판 2019.9.9. 2016다262550) **기출** 20 • 훈장종류의 확인소송(대판 1990.10.23. 90누4440) • 한국전력공사가 TV수신료를 징수할 권한이 있는지 다투는 소송(대판 2008.7.24. 2007다25261) • 재개발조합을 상대로 한 조합원자격 유무에 관한 확인을 구하는 소송(대판 1996.2.15. 94다31235[전합]) • 국가에 대한 납세의무자의 부가가치세 환급세액 지급청구소송(대판 2013.3.21. 2011다95564[전합]) 　**기출** 24·23·21·20·19 • 지방자치단체가 보조금 지급결정을 하면서 일정 기한 내에 보조금을 반환하도록 하는 교부조건을 부가한 경우, 그 부관상 의무에 따라 보조사업자에 대하여 지방자치단체가 제기하는 보조금반환청구소송(대판 2011.6.9. 2011다2951) 　**기출** 24·20 • 「공익사업을 위한 토지 등의 취득 및 보상에 관한 법률」상의 보상금증액청구소송과 보상금감액청구소송 　(대판 1991.11.26. 91누285) • 「공익사업을 위한 토지 등의 취득 및 보상에 관한 법률」상 세입자의 주거이전비 보상청구소송 　(대판 2008.5.29. 2007다8129) • 「하천법」 부칙 등에 의한 손실보상청구소송(대판 2006.5.18. 2004다6207[전합]). • 지방소방공무원이 소속 지방자치단체를 상대로 초과근무수당의 지급을 구하는 소송(대판 2013.3.28. 2012다102629) • 석탄산업법령상 재해위로금 지급청구소송(대판 1998.12.23. 97누5046) • 민간투자사업 실시협약에 따른 재정지원금의 지급을 구하는 소송(대판 2019.1.31. 2017두46455) **기출** 20 • 고용보험료·산재보험료 납부의무 부존재 확인소송(대판 2016.10.13. 2016다221658) • 구 「도시 및 주거환경정비법」상 행정주체인 주택재건축정비사업조합을 상대로 관리처분계획안에 대한 조합 총회결의의 효력을 다투는 소송(2009.9.17. 2007다2428[전합]) ☞ 관리처분계획에 대한 관할 행정청의 인가·고시가 있기 전에는 당사자소송으로 조합 총회결의의 효력을 다툴 수 있다. **기출** 23·20·19 • 조세채권의 소멸시효 중단을 위한 조세채권존재확인의 소(대판 2020.3.2. 2017두41771) • 명예퇴직한 법관이 미지급 명예퇴직수당액의 지급을 청구하는 소송(대판 2016.5.24. 2013두14863) **기출** 24·23·20 • 퇴직연금 결정 후의 공무원연금관리공단에 대한 미지급퇴직연금지급청구소송(대판 2004.7.8. 2004두244) **기출** 19 • 구 「광주민주화운동 관련자 보상 등에 관한 법률」에 의한 보상금청구소송(대판 1992.12.24. 92누3335) **기출** 19
항고 소송의 대상	• 「도시 및 주거환경정비법」상 재건축조합을 상대로 관리처분계획에 대한 관할 행정청의 인가·고시가 있은 후에 그 관리처분계획의 취소 또는 무효확인을 구하는 소송(대판 2009.9.17. 2007다2428[전합]) **기출** 24 • 재개발조합의 관리처분계획의 취소를 구하는 소송 **기출** 23 • 지방계약직공무원에 대한 보수 삭감을 다투는 소송(대판 2008.6.12. 2006두16328) **기출** 18 • 육아휴직급여 지급거부처분을 다투는 소송(대판 2021.3.18. 2018두47264[전합]) • 「민주화운동관련자 명예회복 및 보상 등에 관한 법률」에 따른 보상심의위원회의 결정을 다투는 소송 　(대판 2008.4.17. 2005두16185[전합]) • 공무원연금법에 의한 퇴직수당 등의 급여 청구소송(대판 2010.5.27. 2008두5636) • 공무원연금관리공단의 공무원연금 지급거부를 다투는 소송(대판 1996.12.6. 96누6417) **기출** 20 • 「부패방지법」에 따른 보상금지급거부를 다투는 소송(대판 2008.11.13. 2008두12726) **기출** 20 • 지방자치단체의 장이 공유재산 및 물품관리법에 근거하여 우선협상대상자를 선정하는 행위와 이미 선정된 우선협상대상자를 그 지위에서 배제하는 행위를 다투는 소송(대판 2020.4.29. 2017두31064) ☞ 행정청에 의한 공법상 계약상 대방의 결정 **기출** 18 • 구 「산업집적활성화 및 공장설립에 관한 법률」에 따른 입주계약의 취소를 다투는 소송(대판 2017.6.15. 2014두46843) 　**기출** 20 • 구 「특수임무수행자 보상에 관한 법률」상 보상금 지급대상자의 기각결정을 다투는 소송(대판 2008.12.11. 2008두6554) 　**기출** 20

민사 소송의 대상	• 구 「도시 및 주거환경정비법」상 재개발조합과 조합장 또는 조합임원 사이의 선임 · 해임 등을 둘러싼 법률관계에 관한 소송(조합장 또는 조합임원의 지위를 다투는 소송)(대판 2009.9.24. 2009마168) **기출** 24 · 23 · 20 • 서울특별지하철공사 소속직원에 대한 징계처분을 다투는 소송(대판 1989.9.12. 89누2103) • 토지보상법상 환매권의 존부확인 및 환매대금의 증감청구소송(대판 2013.2.28. 2010두22368) • 국세 과오납부액에 대한 부당이득반환청구소송(대판 2015.8.27. 2013다212639) • 국세환급금 결정이나 환급 거부결정을 다투는 소송(대판 1989.6.15. 88누6436[전합]) • 국세환급금의 충당을 다투는 소송(대판 2019.6.13. 2016다239888) • 조세부과처분이 당연무효임을 전제로 하여 이미 납부한 세금의 반환을 청구하는 소송(대판 1995.4.28. 94다55019) **기출** 19 • 청년인턴지원금의 반환을 청구하는 소송(대판 2019.8.30. 2018다242451)

• 납세의무자에 대한 국가의 부가가치세 환급세액 지급의무는 그 납세의무자로부터 어느 과세기간에 과다하게 거래징수된 세액 상당을 국가가 실제로 납부받았는지와 관계없이 부가가치세법령의 규정에 의하여 직접 발생하는 것으로서, 그 법적 성질은 정의와 공평의 관념에서 수익자와 손실자 사이의 재산상태 조정을 위해 인정되는 부당이득 반환의무가 아니라 부가가치세법령에 의하여 그 존부나 범위가 구체적으로 확정되고 조세 정책적 관점에서 특별히 인정되는 공법상 의무라고 봄이 타당하다. 그렇다면 납세의무자에 대한 국가의 부가가치세 환급세액 지급의무에 대응하는 국가에 대한 납세의무자의 부가가치세 환급세액 지급청구는 민사소송이 아니라 행정소송법 제3조 제2호에 규정된 당사자소송의 절차에 따라야 한다(대판 2013.3.21. 2011다95564[전합]). **기출** 24 · 23 · 21 · 18

> ❏ **비교 : 국세 과오납부액 환급청구는 민사소송의 대상**
> 국세환급금에 관한 국세기본법 및 구 국세기본법 제51조 제1항은 이미 부당이득으로서 존재와 범위가 확정되어 있는 과오납부액이 있는 때에는 국가가 납세자의 환급신청을 기다리지 않고 즉시 반환하는 것이 정의와 공평에 합당하다는 법리를 선언하고 있는 것이므로, 이미 존재와 범위가 확정되어 있는 과오납부액은 납세자가 부당이득의 반환을 구하는 민사소송으로 환급을 청구할 수 있다(대판 2015.8.27. 2013다212639).

• 도시 및 주거환경정비법 제57조 제1항에 규정된 청산금의 징수에 관하여는 지방세체납처분의 예에 의한 징수 또는 징수 위탁과 같은 간이하고 경제적인 특별구제절차가 마련되어 있으므로, 시장 · 군수가 사업시행자의 청산금 징수 위탁에 응하지 아니하였다는 등의 특별한 사정이 없는 한 시장 · 군수가 아닌 사업시행자가 이와 별개로 공법상 당사자소송의 방법으로 청산금 청구를 할 수는 없다(대판 2017.4.28. 2016두39498). **기출** 20

> ❏ **비교 : 도시개발법상 청산금 지급청구**
> 도시개발법 제46조 제3항에 따라 도시개발사업조합이 관할 지방자치단체의 장에게 도시개발법에 따른 청산금의 징수를 위탁할 수 있다 하더라도, 지방자치단체의 장이 징수위탁에 응하지 아니하는 등의 특별한 사정이 있는 때에는 도시개발사업조합은 직접 공법상 당사자소송으로 청산금의 지급을 구할 수 있다(대판 2017.4.28. 2013다1211).

CHAPTER 5

I 원고적격

① 당사자소송에는 취소소송의 원고적격에 관한 규정(제12조)을 준용하지 않는다(행정소송법 제44조). 기출 19 행정소송법에 당사자소송에서의 원고적격에 관한 규정은 존재하지 않고, 민사소송에서의 원고적격에 관한 법리가 적용된다. 기출 24

② 당사자소송이 이행의 소인 경우, 자기에게 이행청구권이 있음을 주장하는 자가 원고적격을 가지고, 그로부터 이행의무자로 주장된 자가 피고적격을 가진다. 주장 자체에 의하여 원고적격을 판가름하기 때문에 원고적격을 갖기 위해 실제로 이행청구권자가 아니어도 된다.

③ 당사자소송이 확인의 소인 경우, 그 청구에 대하여 확인의 이익을 가지는 자가 원고적격자가 되며, 원고의 이익과 대립·저촉되는 이익을 가지는 자가 피고적격자가 된다.

II 협의의 소의 이익

① 행정소송법은 공법상 당사자소송에 대하여는 원고적격이나 소의 이익에 관한 규정을 두고 있지 않다. 따라서 공법상 당사자소송의 소의 이익에 관하여는 민사소송의 소의 이익에 관한 법리가 준용된다.

② 공법상 당사자소송인 확인소송의 경우에는 항고소송인 무효등확인소송과 달리 민사소송에서의 '확인의 이익'(= 확인소송의 보충성)이 요구된다(대판 2018.3.15. 2016다275679). 기출 24

> (당사자소송으로서의) 확인의 소에는 권리보호요건으로서 확인의 이익이 있어야 하고, 확인의 이익은 확인판결을 받는 것이 원고의 권리 또는 법률상의 지위에 현존하는 불안·위험을 제거하는 가장 유효적절한 수단일 때에 인정된다(대판 2018.3.15. 2016다275679).

III 피고적격

> **행정소송법 제39조(피고적격)**
> 당사자소송은 국가·공공단체 그 밖의 권리주체를 피고로 한다. 기출 22·21·20·19

① 당사자소송은 국가·공공단체 그 밖의 권리주체를 피고로 한다(행정소송법 제39조). 여기에서 '그 밖의 권리주체'란 공권력을 수여받은 행정주체인 사인(私人), 즉 공무수탁사인을 의미한다. 따라서 공무수탁사인이 행정주체로서 공법상 법률관계의 당사자인 경우, 공무수탁사인을 피고로 하는 당사자소송을 제기할 수 있다.

기출 24·23·22·21·20

> 납세의무부존재확인의 소는 공법상의 법률관계 그 자체를 다투는 소송으로서 당사자소송이라 할 것이므로 행정소송법 제3조 제2호, 제39조에 의하여 그 법률관계의 한 쪽 당사자인 국가·공공단체 그 밖의 권리주체가 피고적격을 가진다(대판 2000.9.8. 99두2765). 기출 18

② 당사자소송의 피고는 권리주체를 피고로 하는 점에서 처분청을 피고로 하는 항고소송과 다르다. 예를 들면, 당사자소송인 부가가치세 환급세액 지급청구는 과세행정청이 아니라 국가를 피고로 하여야 하고, 지방공무원지위확인의 소의 피고는 지방자치단체가 된다. [기출] 24

③ 형식적 당사자소송의 피고는 개별 법률에 규정되어 있다(토지보상법 제85조 제2항, 특허법 제91조 등).

④ 피고의 경정에 관한 행정소송법 제14조는 당사자소송에 준용되고 있다(행정소송법 제44조 제1항). 따라서 원고가 피고를 잘못 지정한 경우 당사자소소송의 수소법원은 사실심 변론종결 시까지 원고의 신청에 의하여 결정으로써 피고의 경정을 허가할 수 있다(대판 2006.11.9. 2006다23503). [기출] 20 · 19

> 행정소송법 소정의 당사자소송에 있어서 원고가 피고를 잘못 지정한 때에는 법원은 원고의 신청에 의하여 결정으로서 피고의 경정을 허가할 수 있는 것이므로, 원고가 피고를 잘못 지정한 것으로 보이는 경우 법원으로서는 마땅히 석명권을 행사하여 원고로 하여금 정당한 피고로 경정하게 하여 소송을 진행케 하여야 할 것이지, 그러한 조치를 취하지 아니한 채 피고의 지정이 잘못되었다는 이유로 막바로 소를 각하할 것은 아니다(대판 2006.11.9. 2006다23503).

Ⅳ 제소기간

> **행정소송법 제41조(제소기간)**
> 당사자소송에 관하여 법령에 제소기간이 정하여져 있는 때에는 그 기간은 불변기간으로 한다. [기출] 24 · 21

① 취소소송의 제소기간의 제한에 관한 규정(제20조)은 당사자소송에는 준용되지 않는다(행정소송법 제44조 제1항). [기출] 20 당사자소송에서 제소기간은 해당 당사자소송을 규정하고 있는 개별 법령에서 정하는 바에 따른다.

② 당사자소송에 관하여 법령에 제소기간이 정하여져 있는 때에는 그 기간은 불변기간으로 한다(행정소송법 제41조). [기출] 24 · 21 '불변기간'이란 법정기간으로서 법원이 직권으로 변경할 수 없는 기간을 말한다. 따라서 법원이 이 기간을 연장하거나 단축할 수 없고, 단지 주소 또는 거소가 멀리 떨어진 곳에 있는 사람을 위하여 부가기간을 정할 수 있을 따름이다(행정소송법 제8조 제2항, 민사소송법 제172조 제1항 · 제2항).

Ⅴ 관할법원

> **행정소송법 제40조(재판관할)**
> 제9조의 규정은 당사자소송의 경우에 준용한다. 다만, 국가 또는 공공단체가 피고인 경우에는 관계행정청의 소재지를 피고의 소재지로 본다. [기출] 22 · 18
>
> **행정소송법 제9조(재판관할)**
> ① 취소소송의 제1심관할법원은 피고의 소재지를 관할하는 행정법원으로 한다.
> ③ 토지의 수용 기타 부동산 또는 특정의 장소에 관계되는 처분등에 대한 취소소송은 그 부동산 또는 장소의 소재지를 관할하는 행정법원에 이를 제기할 수 있다. [기출] 18

당사자소송의 관할에 관하여는 취소소송에서의 재판관할에 관한 제9조가 준용된다. 기출 23 따라서 원칙적으로 당사자소송의 제1심관할법원은 피고의 소재지를 관할하는 행정법원으로 한다. 다만, 당사자소송의 피고로 될 수 있는 자는 국가·공공단체 그 밖의 권리주체이므로(행정소송법 제39조), 국가 또는 공공단체가 피고인 경우에는 관계행정청의 소재지를 피고의 소재지로 간주하고 있다(행정소송법 제40조). 기출 22 예를 들면, 처분등을 원인으로 하는 법률관계에 관한 당사자소송의 경우, 그 처분을 한 행정청(관계행정청)의 소재지를 관할하는 행정법원이 제1심관할법원이 된다.

제4절 | 당사자소송의 심리

I 심리과정의 제문제

1. 관련청구소송의 이송과 병합

당사자소송과 관련청구소송이 각각 다른 법원에 계속되고 있는 경우, 관련청구소송이 계속된 법원은 당사자의 신청 또는 직권으로 관련청구소송을 당사자소송이 계속된 법원으로 이송할 수 있다(행정소송법 제10조 제1항).

기출 24

2. 행정심판기록의 제출명령

> **행정소송법 제25조(행정심판기록의 제출명령)**
> ① 법원은 당사자의 신청이 있는 때에는 결정으로써 재결을 행한 행정청에 대하여 행정심판에 관한 기록의 제출을 명할 수 있다. [기출] 18
> ② 제1항의 규정에 의한 제출명령을 받은 행정청은 지체없이 당해 행정심판에 관한 기록을 법원에 제출하여야 한다.

① 행정심판기록의 제출명령에 관한 행정소송법 제25조는 당사자소송에도 준용된다(행정소송법 제44조 제1항).
② 행정심판기록의 제출명령은 당사자의 신청이 있는 경우에만 가능하고, 법원이 직권으로 할 수는 없다(행정소송법 제44조 제1항, 제25조 제1항). [기출] 18

3. 기타 준용 규정

① 소의 종류의 변경에 관한 행정소송법 제21조의 규정은 당사자소송을 항고소송으로 변경하는 경우에 준용한다(행정소송법 제42조). [기출] 21 따라서 법원은 사실심의 변론종결 시까지 원고의 신청에 의하여 결정으로써 소의 변경을 허가할 수 있다.

> 공법상의 법률관계에 관한 당사자소송에서는 그 법률관계의 한 쪽 당사자를 피고로 하여 소송을 제기하여야 한다(행정소송법 제3조 제2호, 제39조). 다만 원고가 고의 또는 중대한 과실 없이 당사자소송으로 제기하여야 할 것을 항고소송으로 잘못 제기한 경우에, 당사자소송으로서의 소송요건을 결하고 있음이 명백하여 당사자소송으로 제기되었더라도 어차피 부적법하게 되는 경우가 아닌 이상, 법원으로서는 원고가 당사자소송으로 소 변경을 하도록 하여 심리·판단하여야 한다(대판 2016.5.24. 2013두14863). [기출] 19

⊙ 취소소송을 당사자소송으로 변경하는 경우, 피고를 달리하게 된다(처분 행정청 → 처분에 관계되는 사무가 귀속하는 국가 또는 공공단체). 소의 변경 허가결정이 있은 때에는 새로운 피고에 대한 소송은 처음에 소를 제기한 때에 제기된 것으로 본다(행정소송법 제21조 제4항, 제14조 제4항). [기출] 24

> 취소소송을 제기하였다가 나중에 당사자 소송으로 변경하는 경우에는 행정소송법 제21조 제4항, 제14조 제4항에 따라 처음부터 당사자 소송을 제기한 것으로 보아야 하므로 당초의 취소소송이 적법한 기간 내에 제기된 경우에는 당사자소송의 제소기간을 준수한 것으로 보아야 할 것이다(대판 1992.12.24. 92누3335).
> [기출] 24 · 22

⊙ 당사자소송을 취소소송으로 변경하는 경우, 취소소송의 제소기간 등 소송요건을 갖추어야 한다. 다만, 제소기간의 준수와 관련하여 취소소송은 당사자소송을 제기한 때에 제기된 것으로 본다(행정소송법 제21조 제4항, 제14조 제4항). [기출] 24 · 21

② 당사자소송에서도 제3자의 소송참가 및 행정청의 소송참가가 허용된다(행정소송법 제44조 제1항, 제16조 및 제17조). 그러나 제3자에 의한 재심청구 규정은 당사자소송에 준용되지 않는다(행정소송법 제44조 제1항). [기출] 23 · 22

③ 취소소송의 직권심리에 관한 규정(행정소송법 제26조)과 행정심판기록의 제출명령에 관한 규정(행정소송법 제25조)은 무효등확인소송과 부작위위법확인소송에 준용될 뿐만 아니라(행정소송법 제38조), 공법상 당사자소송에도 준용된다(행정소송법 제44조 제1항). **기출** 20

④ 취소판결의 기속력에 관한 행정소송법 제30조 제1항은 당사자소송에 준용되므로(행정소송법 제44조 제1항), 당사자소송의 확정된 인용판결에는 기속력이 인정된다. 즉 당사자소송의 확정된 인용판결은 그 사건에 관하여 당사자인 행정청과 그 밖의 관계행정청을 기속한다. **기출** 24 · 18

⑤ 행정소송법상 간접강제제도는 당사자소송에 준용되지 않는다(행정소송법 제44조 제1항). 예를 들면, 지방자치단체에 대하여 소속 공무원의 초과근무수당 지급을 명령하는 판결은 당사자소송의 인용판결에 해당하므로(대판 2013.3.28, 2012다102629), 판결의 취지에 따라 초과근무수당을 지급하지 아니하는 경우에도 간접강제는 허용되지 않는다. **기출** 22

[당사자소송에 준용되는 취소소송에 관한 규정]

준용되는 규정 (취소소송과 당사자소송에 공통 적용 ○)	준용되지 않는 규정 (당사자소송에 적용 ×)
• 재판관할(제9조) • 관련청구소송의 이송 및 병합(제10조) • 피고의 경정(제14조) **기출** 19 • 공동소송(제15조) **기출** 21 • 제3자의 소송참가(제16조) • 행정청의 소송참가(제17조) **기출** 19 • 소의 (종류)변경(제21조) • 처분변경으로 인한 소의 변경(제22조) **기출** 19 • 행정심판기록의 제출명령(제25조) • 직권심리(제26조) **기출** 21 · 19 • 취소판결등의 기속력(제30조 제1항) • 소송비용의 부담(제32조) **기출** 21 · 19 • 소송비용에 관한 재판의 효력(제33조)	• 선결문제(제11조) • 원고적격(제12조) → 규정 없음 **기출** 19 • 피고적격(제13조) → 별도 규정 존재(제39조) **기출** 23 · 19 • 행정심판과의 관계(행정심판전치주의)(제18조) • 취소소송의 대상(제19조) • 제소기간(제20조) → 규정 없음 **기출** 23 • 집행정지(제23조) 및 집행정지의 취소(제24조) • 재량처분의 취소(제27조) **기출** 19 • 사정판결(제28조) • 취소판결등의 효력(= 제3자효)(제29조) **기출** 21 · 18 • 제3자에 의한 재심청구(제31조) **기출** 23 • 간접강제(제34조) **기출** 21

II 당사자소송에서의 가구제 등

1. 가구제 수단

① 공법상 당사자소송에서 집행정지는 인정되지 않는다(행정소송법 제44조에서 제23조를 준용하지 않음).

기출 24 · 21 · 19

② 공법상 당사자소송을 본안소송으로 하는 가처분은 인정된다(대결 2015.8.21, 2015무26).

> 당사자소송에 대하여는 행정소송법 제23조 제2항의 집행정지에 관한 규정이 준용되지 아니하므로(행정소송법 제44조 제1항 참조), 이를 본안으로 하는 가처분에 대하여는 행정소송법 제8조 제2항에 따라 민사집행법상 가처분에 관한 규정이 준용되어야 한다(대결 2015.8.21, 2015무26). **기출** 24 · 22 · 20

2. 가집행선고

행정소송법 제8조 제2항에 의하면 행정소송에도 민사소송법의 규정이 일반적으로 준용되므로 법원으로서는 공법상 당사자소송에서 재산권의 청구를 인용하는 판결을 하는 경우 가집행선고를 할 수 있다(대판 2000.11.28. 99두3416). 따라서 국가나 지방자치단체 및 그 밖의 공공단체를 상대로 하는 당사자소송에서 재산권의 청구를 인용하는 판결을 하는 경우 가집행선고를 할 수 있다. **기출** 19 · 18

> ❑ **참고**
> 행정소송법 제43조는 "국가를 상대로 하는 당사자소송의 경우에는 가집행선고를 할 수 없다"고 규정하고 있었으나, 이 규정에 대하여 헌법재판소는 평등원칙에 위배된다고 보아 위헌결정을 하였다(헌재 2022.2.24. 2020헌가12). 헌법재판소의 위헌결정으로 행정소송법 제43조는 그 효력을 상실하였다. 따라서 지방자치단체뿐만 아니라 국가를 상대로 하는 당사자소송에서 재산권의 청구를 인용하는 판결을 하는 경우에도 가집행선고를 할 수 있다.

CHAPTER

06 | 민중소송과 기관소송

제1절 | 민중소송

I 민중소송의 의의

> **행정소송법 제3조(행정소송의 종류)**
> 행정소송은 다음의 네 가지로 구분한다.
>   3. 민중소송 : 국가 또는 공공단체의 기관이 법률에 위반되는 행위를 한 때에 <u>직접 자기의 법률상 이익과 관계없이</u> 그 시정을 구하기 위하여 제기하는 소송 [기출] 21·20·18

① 민중소송이란 '국가 또는 공공단체의 기관이 법률에 위반되는 행위를 한 때에 직접 자기의 법률상 이익과 관계없이 그 시정을 구하기 위하여 제기하는 소송'을 말한다(행정소송법 제3조 제3호). [기출] 21·20·18

② 민중소송은 법률상 이익의 유무를 불문하고 국민, 주민 또는 선거인 등 일정 범위의 일반 국민에게 원고적격이 인정된다. 따라서 민중소송은 개인의 법적 이익의 구제를 목적으로 하는 <u>주관적 소송이 아니라 객관적 소송</u>이고, <u>공익소송</u>에 해당한다. [기출] 24·22·19·18

II 민중소송 법정주의

> **행정소송법 제45조(소의 제기)**
>   민중소송 및 기관소송은 <u>법률이 정한 경우에 법률이 정한 자에 한하여</u> 제기할 수 있다. [기출] 24·23·20·18

① 민중소송은 법률이 정한 경우에 한하여 예외적으로 인정된다(민중소송 법정주의, 행정소송법 제45조).

② <u>지방자치법상 주민소송</u>(지방자치법 제22조) [기출] 24·22·20·19·18 , 주민투표소송(주민투표법 제25조), 주민소환투표소송(주민소환에 관한 법률 제24조)은 민중소송에 해당한다. 공직선거법 제222조의 선거(무효)소송(대판 2016.11.24. 2016수64) [기출] 22·20 , <u>국민투표법상 국민투표(무효)소송</u>(국민투표법 제92조) [기출] 23·19 등은 민중소송에 해당한다.

③ 민중소송은 법률에서 정한 사항을 제외하고는 그 성질에 반하지 아니하는 한 취소소송, 무효등확인소송, 부작위위법확인소송, 당사자소송에 관한 규정을 준용한다(행정소송법 제46조). 기출 19

Ⅲ 소송요건

1. 민중소송의 원고적격

① 민중소송은 자기의 법률상 이익과 관계없이 법률에 정한 자에 한하여 제기할 수 있다(행정소송법 제45조).
기출 24·23

② 주권자로서 지위만 있으면 제기할 수 있거나 선거인이라는 지위만 있으면 기본권의 주체로서 민중소송을 제기할 수 있는 것은 아니고, 민중소송의 원고적격은 민중소송을 인정하고 있는 개별 법률에서 따로 정한다(행정소송법 제45조). 기출 18

2. 민중소송의 피고적격

민중소송의 경우, 민중소송을 인정하고 있는 법률에서 피고로 정한 자에게 피고적격이 인정된다. 예를 들면, ① 주민소송의 피고는 해당 지방자치단체의 장(해당 사항의 사무처리에 관한 권한을 소속 기관의 장에게 위임한 경우에는 그 소속기관의 장)이 된다(지방자치법 제22조 제1항). ② 국민투표무효소송의 경우 중앙선거관리위원회 위원장이 피고가 되고(국민투표법 제92조), 선거무효소송의 경우 당해 선거구선거관리위원회 위원장 등이 피고가 되며(공직선거법 제222조), 당선무효소송의 경우 당선무효사유에 따라 당선인 또는 당선인을 결정한 중앙선거관리위원장 또는 당해 선거구관리위원회 위원장이나 국회의장 등이 그 피고가 된다(공직선거법 제223조).

3. 민중소송의 제소기간

민중소송의 경우는 그 소송을 인정하는 개별 법률에서 제소기간에 관한 특칙을 두는 것이 일반적이나, 그러한 특칙이 없더라도 처분의 취소를 구하는 취지의 소송일 때에는 그 성질이 반하지 아니하는 한 취소소송에 관한 제소기간의 제한을 받게 된다(행정소송법 제46조 제1항 참조).

Ⅳ 준용규정

행정소송법 제46조(준용규정)
① 민중소송 또는 기관소송으로서 처분등의 취소를 구하는 소송에는 그 성질에 반하지 아니하는 한 취소소송에 관한 규정을 준용한다. 기출 24·23·22·19·18
② 민중소송 또는 기관소송으로서 처분등의 효력 유무 또는 존재 여부나 부작위의 위법의 확인을 구하는 소송에는 그 성질에 반하지 아니하는 한 각각 무효등확인소송 또는 부작위법확인소송에 관한 규정을 준용한다.
　　　　　　　　　　　　　　　　　　　　　　　　　　　　　　　　　　　　기출 24·21·20
③ 민중소송 또는 기관소송으로서 제1항 및 제2항에 규정된 소송외의 소송에는 그 성질에 반하지 아니하는 한 당사자소송에 관한 규정을 준용한다. 기출 22·21

제2절 | 기관소송

Ⅰ 기관소송의 의의

행정소송법 제3조(행정소송의 종류)
행정소송은 다음의 네 가지로 구분한다.
　4. 기관소송 : 국가 또는 공공단체의 기관 상호 간에 있어서의 권한의 존부 또는 그 행사에 관한 다툼이 있을 때에 이에 대하여 제기하는 소송. 다만, 헌법재판소법 제2조의 규정에 의하여 헌법재판소의 관장사항으로 되는 소송은 제외한다. 기출 23·22·21·19·18

> **헌법재판소법 제2조(관장사항)**
> 헌법재판소는 다음 각 호의 사항을 관장한다.
> 　4. 국가기관 상호 간, 국가기관과 지방자치단체 간 및 지방자치단체 상호 간의 권한쟁의에 관한 심판
> 　　　　　　　　　　　　　　　　　　　　　　　　　　　　　　　　　　기출 23
>
> **헌법재판소법 제61조(청구 사유)**
> ① 국가기관 상호 간, 국가기관과 지방자치단체 간 및 지방자치단체 상호 간에 권한의 유무 또는 범위에 관하여 다툼이 있을 때에는 해당 국가기관 또는 지방자치단체는 헌법재판소에 권한쟁의심판을 청구할 수 있다. 기출 22·19

① 기관소송이란 "국가 또는 공공단체의 기관 상호 간에 있어서의 권한의 존부 또는 그 행사에 관한 다툼이 있을 때에 이에 대하여 제기하는 소송"을 말한다. 기출 23·22·21 다만, 헌법재판소법 제2조의 규정에 의하여 헌법재판소의 관장사항으로 되어 있는 권한쟁의심판은 행정소송법상 기관소송에서 제외된다(행정소송법 제3조 제4호). 기출 23·22

② 본래 동일한 행정주체에 속하는 기관 상호 간의 권한을 둘러싼 분쟁은 상급청이 해결하는 것이 원칙이다(행정절차법 제6조 제2항, 헌법 제89조 제10호). 그런데 행정주체 내에 이러한 분쟁을 해결할 수 있는 적당한 기관이 없거나 제3자에 의한 공정한 해결을 할 필요가 있는 경우가 있고, 이러한 경우에 법원에 제소하여 해결하도록 한 제도가 기관소송이다.

Ⅱ 기관소송 법정주의

> **행정소송법 제45조(소의 제기)**
> 민중소송 및 기관소송은 법률이 정한 경우에 법률이 정한 자에 한하여 제기할 수 있다. 기출 20 · 19 · 18

① 기관소송은 법률이 정한 경우에 한하여 예외적으로 인정된다(기관소송 법정주의, 행정소송법 제45조). 기출 22 · 18

② 지방자치법 제192조 제4항 및 제120조 제3항에 따르면 지방자치단체의 장은 '조례안의 재의결'에 대하여 법령위반을 이유로 대법원에 소를 제기할 수 있다. 이때 지방자치단체의 장이 제기하는 소송은 행정소송 중 '기관소송'에 해당한다(대판 1993.11.26. 93누7341 참조). 기출 23 · 21

③ 같은 취지에서 교육·학예에 관한 시·도의회의 재의결에 대하여 교육감이 대법원에 제기하는 소송도 기관 소송의 일종으로 볼 수 있다(지방교육자치에 관한 법률 제28조 제3항 참조). 기출 23 · 22 · 19

④ 지방자치단체의 장은 지방자치법 제188조 제1항, 제3항 또는 제4항에 따른 자치사무에 관한 명령이나 처분의 취소 또는 정지에 대하여 이의가 있으면 그 취소처분 또는 정지처분을 통보받은 날부터 15일 이내에 대법원에 소를 제기할 수 있는바(지방자치법 제188조 제6항), 이 소송은 기관소송에 해당한다. 기출 19   대법원 판례도 울산광 역시 북구청장이 소송 공무원에 대항 승진임용처분을 울산광역시장이 취소한 처분에 대하여 울산광역시 북 구청장이 제기한 기관소송이 적법함을 전제로 본안에 대한 판단을 한 바 있다(대판 2007.3.22. 2005추62[전합]). 예를 들면, 군수의 소속 공무원에 대한 승진임용처분을 도지사가 취소한 처분에 대해서 군수가 제기하는 소송은 기관소송에 해당한다. 기출 24

Ⅲ 소송요건

1. 기관소송의 원고적격과 소의 이익

기관소송은 법률에 정한 자에 한하여 제기할 수 있다(행정소송법 제45조). 따라서 기관소송의 원고적격은 기관소 송을 인정하고 있는 개별 법률에서 따로 정한다(행정소송법 제45조). 기출 18

2. 기관소송의 피고적격

① 기관소송의 경우, 기관소송을 인정하고 있는 법률에서 피고로 정한 자에게 피고적격이 인정된다.

② 예를 들면, 지방의회의 의결무효소송의 경우는 지방의회가 피고가 되고(지방자치법 제120조, 제192조 참조), 주무 부장관이나 상급지방자치단체장의 감독처분에 대한 이의소송의 피고는 주무부장관이나 상급지방자치단 체장이 된다(지방자치법 제188조, 제189조 참조).

3. 기관소송의 제소기간

기관소송의 경우는 그 소송을 인정하는 개별 법률에서 제소기간에 관한 특칙을 두는 것이 일반적이나, 그러 한 특칙이 없더라도 처분의 취소를 구하는 취지의 소송일 때에는 그 성질이 반하지 아니하는 한 취소소송에 관한 제소기간의 제한을 받게 된다(행정소송법 제46조 제1항 참조). 기출 22 · 20

Ⅳ 준용규정

기관소송은 법률에서 정한 사항을 제외하고는 그 성질에 반하지 아니하는 한 취소소송, 무효등확인소송, 부작위위법확인소송, 당사자소송에 관한 규정을 준용한다(행정소송법 제46조).

행정소송법 제46조(준용규정)

① 민중소송 또는 기관소송으로서 처분등의 취소를 구하는 소송에는 그 성질에 반하지 아니하는 한 취소소송에 관한 규정을 준용한다. **기출** 23 · 18

② 민중소송 또는 기관소송으로서 처분등의 효력 유무 또는 존재 여부나 부작위의 위법의 확인을 구하는 소송에는 그 성질에 반하지 아니하는 한 각각 무효등확인소송 또는 부작위위법확인소송에 관한 규정을 준용한다.
기출 23 · 21 · 19

③ 민중소송 또는 기관소송으로서 제1항 및 제2항에 규정된 소송외의 소송에는 그 성질에 반하지 아니하는 한 당사자소송에 관한 규정을 준용한다. **기출** 19

성공은 준비하는 시간이 8할입니다.
나머지 2할은 보상을 받는 시간입니다.

– 에이브러햄 링컨 –

PART 2
기출문제

제1절 | 행정소송의 의의 및 종류

01 세무사 2024

☑ 확인Check! ○ △ ×

행정소송에 관하여 적용 · 준용되지 않는 것은?

① 행정소송규칙
② 행정심판법
③ 민사소송법
④ 민사집행법
⑤ 법원조직법

┃해설┃

① [ㅇ] 행정소송절차에 관하여는 행정소송규칙이 적용된다(행정소송규칙 제1조, 제4조).

> **행정소송규칙 제1조(목적)**
> 이 규칙은 「행정소송법」(이하 "법"이라 한다)에 따른 행정소송절차에 관하여 필요한 사항을 규정함을 목적으로 한다.
>
> **행정소송규칙 제4조(준용규정)**
> 행정소송절차에 관하여는 법 및 이 규칙에 특별한 규정이 있는 경우를 제외하고는 그 성질에 반하지 않는 한 「민사소송규칙」 및 「민사집행규칙」의 규정을 준용한다.
> [2023.8.31. 제정]

② [×] 행정심판법은 행정심판에 관하여 적용되는 법이고, 행정소송에는 적용되지 아니한다.
③ [ㅇ] ④ [ㅇ] ⑤ [ㅇ]

> **행정소송법 제8조(법적용 예)**
> ① 행정소송에 대하여는 다른 법률에 특별한 규정이 있는 경우를 제외하고는 이 법이 정하는 바에 의한다.
> ② 행정소송에 관하여 이 법에 특별한 규정이 없는 사항에 대하여는 **법원조직법**과 **민사소송법** 및 **민사집행법**의 규정을 준용한다.

답 ②

행정소송법 조문의 일부이다. (   )에 들어갈 용어를 옳게 나열한 것은?

> 행정소송에 관하여 이 법에 특별한 규정이 없는 사항에 대하여는 (ㄱ)과 민사소송법 및 (ㄴ)의 규정을 준용한다.

	ㄱ	ㄴ
①	민 법	민사집행법
②	민 법	행정심판법
③	법원조직법	행정심판법
④	법원조직법	민사집행법
⑤	민사집행법	행정심판법

┃해설┃

④ [○] ㄱ : 법원조직법, ㄴ : 민사집행법

> **행정소송법 제8조(법적용 예)**
> ① 행정소송에 대하여는 다른 법률에 특별한 규정이 있는 경우를 제외하고는 이 법이 정하는 바에 의한다.
> ② 행정소송에 관하여 이 법에 특별한 규정이 없는 사항에 대하여는 **법원조직법**과 민사소송법 및 **민사집행법**의 규정을 준용한다.
>
> **행정소송규칙 제4조(준용규정)**
> 행정소송절차에 관하여는 법 및 이 규칙에 특별한 규정이 있는 경우를 제외하고는 그 성질에 반하지 않는 한 「민사소송규칙」 및 「민사집행규칙」의 규정을 준용한다.
> [2023.8.31. 제정]

답 ④

03 세무사 2023

☑ 확인Check! ○ △ ✕

행정소송법상 소송의 종류에 해당하지 않는 것은?

① 항고소송
② 당사자소송
③ 민중소송
④ 기관소송
⑤ 예방적부작위청구소송

┃해설┃

① [○] ② [○] ③ [○] ④ [○]

> **행정소송법 제3조(행정소송의 종류)**
> 행정소송은 다음의 네 가지로 구분한다.
> 1. **항고소송** : 행정청의 처분등이나 부작위에 대하여 제기하는 소송
> 2. **당사자소송** : 행정청의 처분등을 원인으로 하는 법률관계에 관한 소송 그 밖에 공법상의 법률관계에 관한 소송으로서 그 법률관계의 한쪽 당사자를 피고로 하는 소송
> 3. **민중소송** : 국가 또는 공공단체의 기관이 법률에 위반되는 행위를 한 때에 직접 자기의 법률상 이익과 관계없이 그 시정을 구하기 위하여 제기하는 소송
> 4. **기관소송** : 국가 또는 공공단체의 기관상호 간에 있어서의 권한의 존부 또는 그 행사에 관한 다툼이 있을 때에 이에 대하여 제기하는 소송. 다만, 헌법재판소법 제2조의 규정에 의하여 헌법재판소의 관장사항으로 되는 소송은 제외한다.

⑤ [✕] 행정소송은 항고소송, 당사자소송, 민중소송, 기관소송 네 가지로 구분한다(행정소송법 제3조). 그리고 <u>항고소송에는 취소소송, 무효등 확인소송, 부작위위법확인소송이 포함된다. 그러나 **예방적 부작위청구소송(= 예방적 금지소송)**이나 **의무이행소송**은 행정소송법에서 **행정소송의 종류로 규정하고 있지 않다**</u>(행정소송법 제3조 및 제4조).

> **행정소송법 제4조(항고소송)**
> 항고소송은 다음과 같이 구분한다.
> 1. **취소소송** : 행정청의 위법한 처분등을 취소 또는 변경하는 소송
> 2. **무효등 확인소송** : 행정청의 처분등의 효력 유무 또는 존재여부를 확인하는 소송
> 3. **부작위위법확인소송** : 행정청의 부작위가 위법하다는 것을 확인하는 소송

 ⑤

186 세무사 행정소송법 한권으로 끝내기

행정소송법상 명시되어 있는 행정소송을 모두 고른 것은?

ㄱ. 무효등 확인소송
ㄴ. 부작위위법확인소송
ㄷ. 예방적 부작위청구소송
ㄹ. 당사자소송

① ㄱ, ㄷ   ② ㄱ, ㄹ
③ ㄴ, ㄷ   ④ ㄱ, ㄴ, ㄹ
⑤ ㄴ, ㄷ, ㄹ

┃해설┃

ㄱ. [○] ㄴ. [○] ㄹ. [○] **무효등 확인소송**(행정소송법 제4조 제2호), **부작위위법확인소송**(행정소송법 제4조 제3호), **당사자소송**(행정소송법 제3조 제2호)은 **행정소송법에 명시되어 있는 행정소송에 해당**한다.

ㄷ. [✕] **예방적 부작위청구소송**(= 예방적 금지소송)은 **행정소송법상 명시되어 있지 않다**(행정소송법 제3조 및 제4조). 예방적 부작위청구소송이란 행정청이 장래에 위법한 처분을 할 것이 임박한 경우에 그 처분의 부작위(= 금지)를 청구하는 소송을 말한다. 해석상 예방적 부작위청구소송을 허용할 것인지에 대하여 견해가 대립하지만, 판례는 "행정소송법상 행정청이 일정한 처분을 하지 못하도록 그 부작위를 구하는 청구는 허용되지 않는 부적법한 소송이다"고 판시하여, **행정소송법상 예방적 부작위청구소송은 허용되지 않는다는 입장**이다(대판 2006.5.25. 2003두11988).

- 행정소송법상 행정청이 일정한 처분을 하지 못하도록 그 부작위를 구하는 청구는 허용되지 않는 부적법한 소송이다(대판 2006.5.25. 2003두11988).
- 건축건물의 준공처분을 하여서는 아니 된다는 내용의 부작위를 구하는 청구는 행정소송에서 허용되지 아니하는 것이므로 부적법하다(대판 1987.3.24. 86누182).

답 ④

05 세무사 2024

☑ 확인 Check! ○ △ ✕

행정소송법상 허용되는 것은? (다툼이 있으면 판례에 따름)

① 거부처분에 대한 의무이행소송

② 공법상 사실관계에 대한 부존재확인소송

③ 처분의 부작위에 대한 작위의무확인소송

④ 장래 처분에 대한 예방적 확인소송

⑤ 공법상 계약에 따른 의무에 대한 이행청구소송

┃해설┃

① [✕] 의무이행소송이란 당사자의 신청에 대한 행정청의 위법한 거부처분 또는 부작위가 있는 경우 행정청으로 하여금 일정한 처분을 하도록 명하는 소송을 말한다. 이러한 의무이행소송은 위법한 거부처분 또는 부작위에 대한 효과적인 구제수단이 된다. 그러나 현행 행정소송법은 우회적인 구제수단인 '거부처분 취소소송'과 '부작위위법확인소송'만을 인정하고 있을 뿐 **의무이행소송을 인정하는 명문의 규정을 두고 있지 않으므로** 해석상 이를 허용할 수 있을 것인지 여부가 문제된다. 학설은 견해가 대립하고 있으나 **판례는 의무이행소송은 현행 행정소송법상 허용되지 아니한다는** 입장이다(대판 1997.9.30. 97누3200; 대판 1995.3.10. 94누14018 등).

> **현행 행정소송법상 의무이행소송이나 의무확인소송은 인정되지 않으며**, 행정심판법이 의무이행심판청구를 할 수 있도록 규정하고 있다고 하여 행정소송에서 의무이행청구를 할 수 있는 근거가 되지 못한다(대판 1992.2.11. 91누4126).

② [✕] **공법상의 구체적인 법률관계가 아닌 사실관계에 관한 것들을 확인의 대상으로 하는 것은 행정소송의 대상이 아니다**(대판 1990.11.23. 90누3553). ☞ 법원조직법 제2조 제1항에서는 법원은 '법률상 쟁송'을 심판한다고 규정하고 있는데, **소송의 대상이 구체적인 법률관계(권리의무관계)에 관한 것이어야** 하고 단순한 사실(관계)의 존부에 관한 다툼은 원칙적으로 소송의 대상이 되지 아니한다는 것을 의미한다.

③ [✕] 행정소송법상 행정청의 부작위에 대하여는 부작위위법확인소송만 인정되고 **작위의무의 이행이나 확인을 구하는 행정소송은 허용될 수 없다**(대판 1992.11.10. 92누1629). ☞ 판례는 '의무이행소송'뿐만 아니라 '작위의무 확인소송'도 부정한다.

④ [✕] 현행 행정소송법상 **예방적 의무확인소송은 의무확인소송 또는 예방적 금지소송과 마찬가지로 허용되지 않는다** (대판 2021.12.30. 2018다241458 참조).

⑤ [○] **'공법상 계약에 따른 의무에 대한 이행청구소송'은 공법상 당사자소송으로 행정소송법상 허용된다**(행정소송규칙 제19조 제4호).

> **행정소송규칙 제19조(당사자소송의 대상)**
> **당사자소송**은 다음 각 호의 소송을 **포함**한다.
> 4. **공법상 계약에 따른 권리·의무의 확인 또는 이행청구 소송**
> [2023.8.31. 제정]

🖐 답 ⑤

현행 행정소송제도에서 허용되는 것을 모두 고른 것은? (다툼이 있으면 판례에 따름)

> ㄱ. 행정처분이 있은 후 2년이 지난 경우에 청구하는 무효확인소송
> ㄴ. 검사에게 압수물 환부를 이행할 것을 청구하는 소송
> ㄷ. 신축건축물에 대해 준공처분을 하지 말 것을 청구하는 소송
> ㄹ. 행정청에게 작위의무가 있다는 확인을 구하는 소송

① ㄱ

② ㄱ, ㄴ

③ ㄴ, ㄷ

④ ㄷ, ㄹ

⑤ ㄱ, ㄷ, ㄹ

┃ 해설 ┃

ㄱ. [○] **무효등확인소송을 제기하는 경우에는 제소기간의 제한이 없고**(행정소송법 제38조 제1항에서 제20조를 준용하지 않음), 행정심판을 거친 경우에도 마찬가지이다. 행정법 관계의 조속한 안정이 필요하다 하더라도 처분에 존속하는 하자가 중대하고 명백하여 처음부터 그 효력이 없는 무효인 처분까지도 일정한 기간이 지나면 그 효력을 다툴 수 없다고 하는 것은 법치행정의 원리상 허용되지 않기 때문이다. 따라서 행정처분이 있은 후 2년이 지난 경우에 청구하는 무효확인소송도 가능하다.

ㄴ. [✕] **검사에게 압수물 환부를 이행하라는 청구**는 행정청의 부작위에 대하여 일정한 처분을 하도록 하는 **의무이행소송**으로 **현행 행정소송법상 허용되지 아니한다**(대판 1995.3.10. 94누14018).

ㄷ. [✕] **건축건물의 준공처분을 하여서는 아니 된다는 내용의 부작위를 구하는 청구**는 **행정소송에서 허용되지 아니하는 것**이므로 부적법하다(대판 1987.3.24. 86누182). ☞ 예방적 부작위청구소송(예방적 금지소송)은 현행 행정소송법상 허용되지 아니한다.

ㄹ. [✕] 행정소송법상 행정청의 부작위에 대하여는 부작위위법확인소송만 인정되고 **작위의무의 이행이나 확인을 구하는 행정소송은 허용될 수 없다**(대판 1992.11.10. 92누1629). ☞ 판례는 '의무이행소송'뿐만 아니라 '작위의무 확인소송'도 부정한다.

탑 ①

의무이행소송과 예방적 부작위소송에 관한 설명으로 옳지 않은 것은? (다툼이 있으면 판례에 따름)

① 행정청에게 행정에 대한 1차적 판단권이 귀속되어야 한다는 점은 의무이행소송 및 예방적 부작위소송의 부정설이 취하는 논거이다.

② 국민건강보험공단이 보건복지부고시를 적용하여 요양급여비용을 결정하여서는 아니 된다는 내용의 소송은 허용되지 아니한다.

③ 현행 「행정소송법」상 행정청으로 하여금 일정한 행정처분을 하도록 명하는 이행판결을 구하는 소송은 허용되지 아니한다.

④ 현행 「행정소송법」상 법원으로 하여금 행정청이 일정한 행정처분을 행한 것과 같은 효과가 있는 행정처분을 직접 행하도록 하는 형성판결을 구하는 소송은 허용된다.

⑤ 건축건물의 준공처분을 하여서는 아니 된다는 내용의 청구는 행정소송에서 허용되지 아니한다.

┃해설┃

① [O] **의무이행소송 및 예방적 부작위소송을 부정하는 견해**(부정설)는 행정권(행정청)에 행정에 대한 1차적 판단권이 귀속되어야 한다는 점을 근거로 제시한다.

② [O] **행정소송법상 행정청이 일정한 처분을 하지 못하도록 그 부작위를 구하는 청구는 허용되지 않는 부적법한 소송이라 할 것**이므로, 피고 국민건강보험공단은 이 사건 고시를 적용하여 요양급여비용을 결정하여서는 아니 된다는 내용의 원고들의 위 피고에 대한 이 사건 청구는 부적법하다 할 것이다(대판 2006.5.25. 2003두11988).

③ [O] 행정소송법상 행정청으로 하여금 일정한 행정처분을 하도록 명하는 이른바 **이행판결을 구하는 소송은 허용되지 않는다**(대판 1989.5.23. 88누8135). ☞ 판례는 현행 행정소송법상 이행판결을 구하는 소송(= 의무이행소송)이 허용되지 않는다는 입장이다.

④ [✕] 현행 행정소송법상 행정청으로 하여금 일정한 행정처분을 하도록 명하는 이행판결을 구하는 소송이나 법원으로 하여금 행정청이 일정한 행정처분을 행한 것과 같은 효과가 있는 행정처분을 직접 행하도록 하는 **형성판결을 구하는 소송은 허용되지 아니한다**(대판 1997.9.30. 97누3200).

⑤ [O] 건축건물의 준공처분을 하여서는 아니 된다는 내용의 **부작위를 구하는 청구는 행정소송에서 허용되지 아니하는 것**이므로 부적법하다(대판 1987.3.24. 86누182). ☞ **예방적 부작위청구소송**(= 예방적 금지소송)은 **행정소송법상 명시되어 있지 않다**(행정소송법 제3조 및 제4조). 예방적 부작위청구소송이란 행정청이 장래에 위법한 처분을 할 것이 임박한 경우에 그 처분의 부작위(= 금지)를 청구하는 소송을 말한다. 해석상 예방적 부작위청구소송을 허용할 것인지에 대하여 견해가 대립하지만, 판례는 "행정소송법상 행정청이 일정한 처분을 하지 못하도록 그 부작위를 구하는 청구는 허용되지 않는 부적법한 소송이다"고 판시하여, **행정소송법상 예방적 부작위청구소송은 허용되지 않는다는 입장**이다(대판 2006.5.25. 2003두11988).

답 ④

08 세무사 2023

☑ 확인Check! ○ △ ✕

행정소송의 한계에 관한 설명으로 옳지 않은 것은? (다툼이 있으면 판례에 따른다)

① 행정청의 단순한 부작위도 취소소송의 대상이 된다.

② 행정청의 재량에 속하는 처분이라도 재량권의 한계를 넘거나 그 남용이 있는 때에는 법원은 이를 취소할 수 있다.

③ 법원이 법규명령의 위헌·위법 여부를 심사하려면 그것이 재판의 전제가 되어야 한다.

④ 객관소송은 법률에 특별한 규정이 없는 한 인정되지 않는다.

⑤ 행정소송에 있어 반사적 이익의 침해는 소송의 대상이 되지 않는다.

▌해설▐

① [✕] 취소소송은 '처분등'을 대상으로 하는데(행정소송법 제19조), '처분등'이란 '처분'(행정청이 행하는 구체적 사실에 관한 법집행으로서의 공권력의 행사 또는 그 거부와 그 밖에 이에 준하는 행정작용)과 '행정심판에 대한 재결'을 말한다(행정소송법 제2조 제1항 제1호). '행정청의 부작위'는 취소소송의 대상이 될 수 없고, 부작위위법확인소송의 대상이 된다(행정소송법 제4조 제3호).

> □ **참고**
> 판례는 "행정청의 단순한 부작위는 항고소송의 대상이 되지 아니한다"(대판 1985.11.26. 85누607)고 판시하여, "행정청의 단순한 부작위"는 부작위위법확인소송의 대상도 아니라는 입장이다.

② [○] 행정소송법 제27조

> **행정소송법 제27조(재량처분의 취소)**
> 행정청의 재량에 속하는 처분이라도 재량권의 한계를 넘거나 그 남용이 있는 때에는 법원은 이를 취소할 수 있다.

③ [○] 법원이 법률 하위의 **법규명령**, 규칙, 조례, 행정규칙 등(이하 '규정'이라 한다)이 위헌·위법인지를 심사하려면 그것이 '**재판의 전제**'가 되어야 한다. 여기에서 '**재판의 전제**'란 구체적 사건이 법원에 계속 중이어야 하고, 위헌·위법인지가 문제된 경우에는 규정의 특정 조항이 해당 소송사건의 재판에 적용되는 것이어야 하며, 그 조항이 위헌·위법인지에 따라 그 사건을 담당하는 법원이 다른 판단을 하게 되는 경우를 말한다(대판 2019.6.13. 2017두33985). ☞ **구체적 규범통제에 대한 설명이다.**

> **헌법 제107조**
> ② 명령·규칙 또는 처분이 헌법이나 법률에 위반되는 여부가 재판의 전제가 된 경우에는 대법원은 이를 최종적으로 심사할 권한을 가진다. ☞ 각급 법원이 심사할 권한이 있고, 대법원은 최종적인 심사권을 갖는다.

CHAPTER 1

④ [O] 법치행정의 유지를 위하여 위법한 행정작용의 시정을 목적으로 하는 **민중소송**이나 **기관소송**과 같은 **객관소송**은 개별 법률에서 특별히 인정하는 경우를 제외하고는 행정소송의 대상이 될 수 없다(행정소송법 제45조 참조).

> **행정소송법 제45조(소의 제기)**
> 민중소송 및 기관소송은 <u>법률이 정한 경우에 법률이 정한 자에 한하여</u> 제기할 수 있다.

⑤ [O] 사법(司法)은 구체적인 법적 분쟁을 해결하여 국민의 권익을 구제해 주는 것을 목적으로 하므로 '<u>권리 또는 법적 이익</u>'이 침해된 경우에 한하여 행정소송이 가능하며 '반사적 이익'의 보호를 주장하는 행정소송은 인정될 수 없다. 현행 행정소송법도 법률상 이익이 있는 자만이 항고소송을 제기할 수 있는 것으로 규정하고 있다(행정소송법 제12조, 제35조, 제36조).

답 ①

---

09 세무사 2020

확인 Check! ○ △ ✕

행정소송의 한계에 관한 설명으로 옳은 것은? (다툼이 있으면 판례에 따름)

① 특별권력관계 내에서의 행위는 처분이라도 사법심사의 대상이 될 수 없다.
② 행정상 방침만을 정하는 훈시규정의 준수와 실현을 행정소송으로 주장할 수 있다.
③ 민중소송은 개인의 구체적인 권리·의무에 직접 관련되므로 법률규정과 무관하게 인정된다.
④ 과거의 역사적 사실관계의 존부확인을 구하는 것은 행정소송의 대상이 된다.
⑤ 국회의원의 징계처분은 행정소송의 대상이 되지 아니한다.

해설

① [✕] 과거 국가와 국민 간에 당연히 성립되는 일반권력관계와 대비되는 특별권력관계를 인정하고, 이 특별권력관계는 특별한 행정목적을 위하여 특별히 성립하는 관계로서 권력 주체가 구체적인 법률의 근거 없이도 특정 신분을 가진 자에 대하여 필요한 조치를 명할 수 있으며 그 조치에 대해서는 사법심사의 대상에서 제외된다는 견해가 있었다. 그러나 <u>오늘날에는 특수한 생활관계 내에 있는 자라 할지라도 법령의 근거 없는 기본권 제한은 허용될 수 없고, 그 내부의 행위도 모두 사법심사의 대상이 된다고 보는 것이 통설·판례이다</u>(대판 1982.7.27. 80누86; 대판 1991.11.22. 91누2144 참조).

② [✕] 법규정은 통상 법률효과를 중심으로 '강행규정'과 '임의규정'으로 구별한다. 민법 제105조는 "법령 중에 선량한 풍속 기타 사회질서와 관계없는 규정"을 임의규정으로 표현하고, 민법 제289조는 "제280조 내지 제287조의 규정에 위반되는 계약으로 지상권자에게 불리한 것은 그 효력이 없다"는 내용을 강행규정으로 표현하고 있다. 대법원 판례는 '강행규정'을 효력규정과 단속규정으로 나누는데, '효력규정'은 그 규정을 위반하면 사법상의 효력이 부정되지만, '단속규정'은 국가가 일정한 행위를 단속할 목적으로 그것을 금지하거나 제한하는데 지나지 않으므로 위반하면 제재를 받을 뿐 사법상의 효력에는 영향이 없다. 한편, <u>행정법에서는 '임의규정' 대신 '훈시규정'(또는 방침규정)이라는 용어를 사용한다. 어떠한 법규가 단순히 행정상의 방침만을 규정하고 있을 뿐일 때에는 그 규정의 준수와 실현을 소송으로써 주장할 수 없다.</u> 왜냐하면, 훈시규정은 행정청에 대한 하나의 기준에 불과한 것이고, 직접 개인의 권리나 이익의 보호를 목적으로 하는 것은 아니기 때문이다.

③ [×] 민중소송이란 '국가 또는 공공단체의 기관이 법률에 위반되는 행위를 한 때에 **직접 자기의 법률상 이익과 관계없이 그 시정을 구하기 위하여 제기하는 소송**'을 말한다(행정소송법 제3조 제3호). 따라서 민중소송은 공익소송이며, 주관소송이 아니라 객관소송이다. 민중소송은 직접 자기의 법률상 이익과 관계없이 **법률에 정한 자**에 한하여 제기할 수 있다(행정소송법 제45조). ☞ 객관소송(민중소송, 기관소송)은 개별 법률에서 인정하는 경우에 한하여 제기할 수 있는데, 이를 객관소송 법정주의라고 한다.

> **행정소송법 제45조(소의 제기)**
> **민중소송** 및 기관소송은 **법률이 정한 경우에** 법률이 정한 자에 **한하여** 제기할 수 있다.
>
> **행정소송법 제3조(행정소송의 종류)**
> 행정소송은 다음의 네 가지로 구분한다.
> 　　3. **민중소송** : 국가 또는 공공단체의 기관이 법률에 위반되는 행위를 한 때에 직접 자기의 법률상 이익과 관계없이 그 시정을 구하기 위하여 제기하는 소송

④ [×] **과거의 역사적 사실관계의 존부확인을 구하는 것은 행정소송의 대상이 아니다**(대판 1990.11.23. 90누3553). ☞ 법원조직법 제2조 제1항에서는 법원은 '법률상 쟁송'을 심판한다고 규정하고 있는데, **소송의 대상이 구체적인 법률관계(권리의무관계)에 관한 것이어야** 하고 단순한 사실(관계)의 존부에 관한 다툼은 원칙적으로 소송의 대상이 되지 아니한다는 것을 의미한다.

⑤ [○] **국회의원의 징계처분**에 대하여는 **법원에 제소할 수 없으므로**(헌법 제64조 제2항, 제4항), 국회의원의 징계처분은 행정소송의 대상이 되지 아니한다.

> **헌법 제64조**
> ② 국회는 의원의 자격을 심사하며, **의원을 징계할 수 있다**.
> ③ 의원을 제명하려면 국회재적의원 3분의 2 이상의 찬성이 있어야 한다.
> ④ **제2항과 제3항의 처분**에 대하여는 **법원에 제소할 수 없다**.

답 ⑤

CHAPTER
02 | 취소소송

제1절 | 취소소송의 의의 및 성질

제2절 | 취소소송의 소송요건

01 세무사 2020

☑ 확인 Check! ○ △ ✕

항고소송의 소송요건에 관한 설명으로 옳은 것은?

① 원고적격의 흠결로 인한 소송판결은 중간판결의 일종이다.

② 소송요건이 흠결된 경우에도 처분이 위법하면 기각판결을 하여야 한다.

③ 소송요건의 심사는 본안심리 중에는 이를 할 수 없다.

④ 소송요건의 흠결로 각하판결이 선고된 경우, 원고는 흠결된 요건을 보완하여 다시 소를 제기할 수 있다.

⑤ 소송요건을 엄격하게 요구하면 국민의 재판청구권을 강화하지만 법원의 부담을 가중한다.

━━

┃해설┃

① [✕] 종국판결 중 소송요건 흠결을 이유로 하는 소각하 판결이 소송판결이다. 따라서 원고적격의 흠결로 인한 소송판결은 종국판결의 일종이다. 부적법한 소로서 그 흠을 보정할 수 없는 경우에는 변론 없이 판결로 소를 각하할 수 있다(행정소송법 제8조 제2항, 민사소송법 제219조).

> ❑ **참고 : 중간판결과 종국판결**
> - **중간판결** : 소송 진행 중 독립한 공격 또는 방어의 방법, 그 밖의 중간의 다툼이나 청구의 원인과 액수 중 원인에 대한 다툼과 같이 당사자 사이에 쟁점이 된 사항을 미리 판단하는 판결을 말한다(행정소송법 제8조 제2항, 민사소송법 제201조). 중간판결에 대하여는 독립한 상소가 허용되지 아니한다(행정소송법 제8조 제2항, 민사소송법 제390조 제1항, 제425조).
> - **종국판결** : 행정소송의 전부나 일부를 종료시키는 판결이다. 종국판결에는 소송판결(소각하 판결, 소송종료선언)과 본안판결(청구의 당부에 관한 판결[기각판결, 사정판결, 인용판결이 있음])이 있다.

② [×] 항고소송에서 **소송요건**(예: 원고적격, 피고적격, 대상적격 등)이란 소송에서 **본안심리를 하기 위하여 갖추어야 하는 요건**, 즉 소의 적법요건을 말한다. 따라서 처분이 위법하더라도 **소송요건이 흠결된 경우**에는 **소각하 판결**을 하여야 한다. 한편, 기각판결은 본안심리 결과 원고의 청구가 이유 없다고 하여 배척하는 판결이다. 취소소송에서 본안심리 결과 처분이 위법한 경우, 원고의 청구가 이유 있으므로 인용판결(취소판결)을 한다(예외 : 사정판결).

③ [×] 소송요건의 심사를 본안심리 전에만 하는 것은 아니며 본안심리 중에도 소송요건의 결여가 판명되면 소각하 판결을 해야 한다. 소송요건의 구비 여부는 **사실심 변론 종결시를 기준으로 판단**한다. 취소소송 제기 당시에는 소송요건(예: 행정심판의 전치요건)을 구비하지 못하였더라도 사실실 변론 종결 전까지 소송요건을 구비하면 그 흠결은 치유되고, 제소 당시 소송요건을 충족하여도 사실심 변론 종결 당시에 그 소송요건이 흠결되면(예: 협의의 이익 소멸) 소각하 판결을 한다(법원실무제요 행정 [2], 143면).

④ [○] 소송판결의 기판력은 그 판결에서 확정한 소송요건의 흠결에 관하여만 미친다(대판 1996.11.15. 96다31406; 대판 2015.10.25. 2015두44288). 따라서 소송요건의 흠결로 각하판결이 선고된 경우, 원고는 **흠결된 요건을 보완하여** 다시 소를 제기할 수 있다.

⑤ [×] 소송요건을 엄격하게 요구하면 **법원의 부담은 경감되지만, 국민의 재판청구권(= 본안판단을 받을 권리)은 약화**된다.

> ☐ **참고**
> 소송요건은 불필요한 소송을 배제하여 법원의 부담을 경감하고, 이렇게 함으로써 적법한 소송에 대한 충실한 심판을 도모하기 위하여 요구된다. 소송요건을 너무 엄격히 요구하면 국민의 재판을 받을 권리가 제약된다. 소송요건을 너무 완화하면 법원의 재판부담이 과중해지고 권리구제가 절실히 요구되는 사건에 대해 신속하고 실효적인 권리구제를 할 수 없는 문제가 생긴다(박균성, 행정법강의 제21판, 763면).

답 ④

02 세무사 2024 　　　　　　　　　　☑ 확인 Check! ○ △ ✕

항고소송의 대상이 될 수 있는 것을 모두 고른 것은? (다툼이 있으면 판례에 따름)

> ㄱ. 세무조사의 결정
> ㄴ. 공매의 통지
> ㄷ. 과세관청의 소득금액변동 통지
> ㄹ. 국세환급금의 결정
> ㅁ. 과세관청의 결손금 감액경정 통지

① ㄱ, ㄴ　　　　　　　　　　② ㄴ, ㅁ
③ ㄱ, ㄷ, ㄹ　　　　　　　　④ ㄱ, ㄷ, ㅁ
⑤ ㄴ, ㄹ, ㅁ

┃해설┃

ㄱ. [O] 부과처분을 위한 과세관청의 질문조사권이 행해지는 세무조사결정이 있는 경우 납세의무자는 세무공무원의 과세자료 수집을 위한 질문에 대답하고 검사를 수인하여야 할 법적 의무를 부담하게 되는 점, 세무조사는 기본적으로 적정하고 공평한 과세의 실현을 위하여 필요한 최소한의 범위 안에서 행하여져야 하고, 더욱이 동일한 세목 및 과세기간에 대한 재조사는 납세자의 영업의 자유 등 권익을 심각하게 침해할 뿐만 아니라 과세관청에 의한 자의적인 세무조사의 위험마저 있으므로 조세공평의 원칙에 현저히 반하는 예외적인 경우를 제외하고는 금지될 필요가 있는 점, 납세의무자로 하여금 개개의 과태료 처분에 대하여 불복하거나 조사 종료 후의 과세처분에 대하여만 다툴 수 있도록 하는 것보다는 그에 앞서 세무조사결정에 대하여 다툼으로써 분쟁을 조기에 근본적으로 해결할 수 있는 점 등을 종합하면, **세무조사결정은 납세의무자의 권리·의무에 직접 영향을 미치는 공권력의 행사에 따른 행정작용으로서 항고소송의 대상이 된다**(대판 2011.3.10. 2009두23617).

ㄴ. [×] 한국자산공사가 당해 부동산을 인터넷을 통하여 재공매(입찰)하기로 한 결정 자체는 내부적인 의사결정에 불과하여 항고소송의 대상이 되는 행정처분이라고 볼 수 없고, 또한 **한국자산공사가 공매통지**는 공매의 요건이 아니라 공매사실 자체를 체납자에게 알려주는 데 불과한 것으로서, 통지의 상대방의 법적 지위나 권리·의무에 직접 영향을 주는 것이 아니라고 할 것이므로 이것 역시 **행정처분에 해당한다고 할 수 없다**(대판 2007.7.27. 2006두8464).

ㄷ. [O] **원천징수의무자인 법인**에 대하여 행한 **과세관청의 소득처분에 따른 소득금액변동통지**는 (법인의 납세의무에 직접 영향을 미치는) 항고소송의 대상이 되는 **조세행정처분**이다. 원천징수의무자인 법인은 소득금액변동통지서를 받은 날에 그 통지서에 기재된 소득의 귀속자에게 해당 소득금액을 지급한 것으로 의제되어 그때 원천징수하는 소득세 또는 법인세의 납세의무가 성립함과 동시에 확정된다. 원천징수의무자인 법인으로서는 소득금액변동통지서에 기재된 소득처분의 내용에 따라 원천징수세액을 그 다음 달 10일까지 관할 세무서장 등에게 납부하여야 한다(대판 2021.4.29. 2020두52689).

> ❏ **비교**
>
> **소득의 귀속자**에 대한 **소득금액변동통지**는 원천납세의무자인 소득 귀속자의 법률상 지위에 직접적인 법률적 변동을 가져오는 것이 아니므로, **항고소송의 대상이 되는 행정처분이라고 볼 수 없다**(대판 2015.3.26. 2013두9267).

ㄹ. [×] **국세환급금결정이나 이 결정을 구하는 신청에 대한 환급거부결정은** 항고소송(취소소송)의 대상이 되는 **행정처분이 아니다.** 따라서 甲이 환급거부결정을 대상으로 하여 취소소송을 제기한 경우, **법원은 소송요건 흠결을 이유로 각하판결을** 하여야 한다.

> 국세기본법 제51조 및 제52조 국세환급금 및 국세가산금결정에 관한 규정은 이미 납세의무자의 환급청구권이 확정된 국세환급금 및 가산금에 대하여 내부적 사무처리절차로서 과세관청의 환급절차를 규정한 것에 지나지 않고 그 규정에 의한 국세환급금(가산금 포함)결정에 의하여 비로소 환급청구권이 확정되는 것은 아니므로, **국세환급금결정이나 이 결정을 구하는 신청에 대한 환급거부결정 등은** 납세의무자가 갖는 환급청구권의 존부나 범위에 구체적이고 직접적인 영향을 미치는 처분이 아니어서 **항고소송의 대상이 되는 처분이라고 볼 수 없다**(대판 1989.6.15. 88누6436[전합]).

ㅁ. [O] 개정 법인세법이 시행된 2010.1.1. 이후 최초로 과세표준을 신고한 사업연도에 발생한 결손금 등에 대하여 과세관청의 결손금 감액경정이 있는 경우, 특별한 사정이 없는 한 납세의무자로서는 결손금 감액경정 통지가 이루어진 단계에서 그 적법성을 다투지 않는 이상 이후 사업연도 법인세의 이월결손금 공제와 관련하여 종전의 결손금 감액경정이 잘못되었다거나 과세관청이 경정한 결손금 외에 공제될 수 있는 이월결손금이 있다는 주장을 할 수 없다고 보아야 할 것이므로, 이러한 **과세관청의 결손금 감액경정은** 이후 사업연도의 이월결손금 공제와 관련하여 법인세 납세의무자인 법인의 납세의무에 직접 영향을 미치는 과세관청의 행위로서, **항고소송의 대상이 되는 행정처분이라고 봄이 타당**하다(대판 2020.7.9. 2017두63788).

답 ④

판례상 항고소송의 대상인 처분으로 인정된 것을 모두 고른 것은?

ㄱ. 진실·화해를 위한 과거사정리위원회의 진실규명결정
ㄴ. 「건축법」상 건축협의의 취소
ㄷ. 강원도지사의 혁신도시 최종입지선정행위
ㄹ. 보건복지부고시인 약제급여·비급여목록 및 급여상한금액표

---

① ㄱ, ㄷ
② ㄱ, ㄹ
③ ㄴ, ㄷ
④ ㄱ, ㄴ, ㄹ
⑤ ㄴ, ㄷ, ㄹ

┃해설┃

ㄱ. [O] 「진실·화해를 위한 과거사정리 기본법」제26조에 따른 **진실·화해를 위한 과거사정리위원회의 진실규명결정**은 항고소송의 대상이 되는 **행정처분에 해당**한다(대판 2013.1.16. 2010두22856).

ㄴ. [O] 「**건축법」상 건축협의 취소**는 상대방이 다른 지방자치단체 등 행정주체라 하더라도 '행정청이 행하는 구체적 사실에 관한 법집행으로서의 공권력 행사'(행정소송법 제2조 제1항 제1호)로서 **처분에 해당**한다고 볼 수 있고, 지방자치단체인 원고가 이를 다툴 실효적 해결 수단이 없는 이상, 원고는 건축물 소재지 관할 허가권자인 지방자치단체의 장을 상대로 **항고소송을 통해 건축협의 취소의 취소를 구할 수 있다**(대판 2014.2.27. 2012두22980).

ㄷ. [✕] 정부의 수도권 소재 공공기관의 지방이전시책을 추진하는 과정에서 **강원도지사가 강원도 내 특정 시(원주시)를 공공기관이 이전할 혁신도시 최종입지로 선정한 행위**는 항고소송의 대상이 되는 **행정처분이 아니다**(대판 2007.11.15. 2007두10198). ☞ [판결 이유] 항고소송의 대상이 되는 행정처분은 행정청의 공법상 행위로서 특정사항에 대하여 법규에 의한 권리의 설정 또는 의무의 부담을 명하거나, 기타 법률상 효과를 발생하게 하는 등 국민의 권리의무에 직접 관계가 있는 행위를 가리키는 것이고, 상대방 또는 기타 관계자들의 법률상 지위에 직접적인 영향을 미치지 않는 행위는 항고소송의 대상이 되는 행정처분이 아니다. … 국가균형발전법과 같은 법 시행령 및 '혁신도시 입지선정지침'에는 공공기관의 지방이전을 위한 정부 등의 조치와 공공기관이 이전할 혁신도시 입지선정을 위한 사항 등을 규정하고 있을 뿐 혁신도시입지 후보지에 관련된 지역 주민 등의 권리의무에 직접 영향을 미치는 규정을 두고 있지 않으므로, 피고가 원주시를 혁신도시 최종입지로 선정한 행위는 항고소송의 대상이 되는 행정처분으로 볼 수 없다.

ㄹ. [O] **보건복지부 고시인 약제급여·비급여목록 및 급여상한금액표**(보건복지부 고시 제2002-46호로 개정된 것)는 다른 집행행위의 매개 없이 그 자체로서 국민건강보험가입자, 국민건강보험공단, 요양기관 등의 법률관계를 직접 규율하는 성격을 가지므로 **항고소송의 대상이 되는 행정처분에 해당**한다(대판 2006.9.22. 2005두2506).

탑 ④

항고소송의 대상이 되는 것을 모두 고른 것은? (다툼이 있으면 판례에 따름)

> ㄱ. 공정거래위원회의 표준약관 사용권장행위
> ㄴ. 조달청이 물품구매계약의 상대방에게 한 나라장터 종합쇼핑몰 거래정지 조치
> ㄷ. 방송통신심의위원회가 「방송통신위원회의 설치 및 운영에 관한 법률」에 따라 서비스제공자에게 한 시정요구
> ㄹ. 교도소장이 수형자에게 한 접견내용 녹음·녹화 및 접견 시 교도관 참여대상자 지정행위

① ㄱ, ㄴ, ㄷ   ② ㄱ, ㄴ, ㄹ

③ ㄱ, ㄷ, ㄹ   ④ ㄴ, ㄷ, ㄹ

⑤ ㄱ, ㄴ, ㄷ, ㄹ

┈┈┈┈┈┈┈┈┈┈┈┈┈┈┈┈┈┈┈┈┈┈┈┈┈┈┈┈┈┈┈┈┈┈

┃해설┃

ㄱ. [○] **공정거래위원회의 '표준약관 사용권장행위'는** 그 통지를 받은 해당 사업자 등에게 표준약관과 다른 약관을 사용할 경우 표준약관과 다르게 정한 주요내용을 고객이 알기 쉽게 표시하여야 할 의무를 부과하고, 그 불이행에 대해서는 과태료에 처하도록 되어 있으므로, 이는 사업자 등의 권리·의무에 직접 영향을 미치는 **행정처분으로서 항고소송의 대상이 된다**(대판 2010.10.14. 2008두23184).

ㄴ. [○] **조달청이 계약상대자에 대하여 나라장터 종합쇼핑몰에서의 거래를 일정기간 정지하는 조치는** 비록 추가특수조건이라는 사법상 계약에 근거한 것이지만 행정청인 조달청이 행하는 구체적 사실에 관한 법집행으로서의 공권력의 행사로서 그 상대방인 甲 회사의 권리·의무에 직접 영향을 미치므로 **항고소송의 대상이 되는 행정처분에 해당하는** 데도, 위 거래정지 조치가 사법상 계약에 근거한 의사표시에 불과하고 항고소송의 대상이 되는 행정처분으로 볼 수 없다고 판단하여 소를 각하한 원심판결에 법리를 오해한 잘못이 있다고 한 사례(대판 2018.11.29. 2015두52395).

ㄷ. [○] **방송통신심의위원회는** 대통령이 위촉하는 9인으로 구성되고 위원들은 국가공무원법상 결격사유가 없어야 하고 그 신분이 보장되며, 국가로부터 운영에 필요한 경비를 지급받을 수 있고 그 규칙이 제정·개정·폐지될 경우 관보에 게재·공표되는 등의 사정에 비추어 행정청에 해당하고, 인터넷 포털사이트 등에 대한 **방송통신심의위원회의 게시물의 삭제 등의 시정요구는** 단순히 비권력적 사실행위인 행정지도에 불과한 것이 아니라 **의무의 부담을 명하거나 기타 법률상 효과를 발생하게 하는 것으로서 항고소송의 대상이 되는 행정처분에 해당**한다고 한 사례(서울행법 2010.2.11. 2009구합35924).

ㄹ. [○] **교도소장이 수형자 甲을 '접견내용 녹음·녹화 및 접견 시 교도관 참여대상자'로 지정행위는** 수형자의 구체적 권리의무에 직접적 변동을 가져오는 행정청의 공법상 행위로서 **항고소송의 대상이 되는 '처분'에 해당**한다고 본 원심판단을 정당한 것으로 수긍한 사례(대판 2014.2.13. 2013두20899).

답 ⑤

항고소송에 관한 설명으로 옳지 않은 것은? (다툼이 있으면 판례에 의함)

① 무효인 처분을 취소소송으로 다투는 경우 취소청구에는 엄밀한 의미의 취소뿐 아니라 무효를 선언하는 의미의 취소를 구하는 취지가 포함되어 있어야 한다.

② 소송요건의 구비 여부는 법원에 의한 직권조사사항이다.

③ 검사의 공소에 대하여는 행정소송의 방법으로 공소의 취소를 구할 수 있다.

④ 군의관이 하는 「병역법」상 신체등위 판정은 항고소송의 대상이 되는 처분이 아니다.

⑤ 행정청의 거부처분이 있은 후 당사자가 다시 신청을 한 경우에는 그 내용이 새로운 신청을 하는 취지라면 행정청이 이를 다시 거절하는 것은 새로운 거부처분으로 봄이 원칙이다.

┃해설┃

① [○] 무효인 처분을 취소소송으로 다투는 경우 취소청구에는 엄밀한 의미의 취소뿐 아니라 '무효를 선언하는 의미의 취소를 구하는 취지'가 포함되어 있어야 한다(대판 1982.6.22. 81누424 참조; 법원실무제요 행정 [2]. 213면).

> 이 사건 원고의 취소청구에 '과세처분의 당연무효를 선언하는 의미에서의 취소를 구하는 취지'까지 포함되어 있다고 하더라도 그러한 취소청구(= 당연무효를 선언하는 의미의 취소청구)는 그것이 외견상 존재하고 있는 행정처분에 관하여 권한 있는 기관에 의한 취소를 구하고 있는 점에서 하나의 항고소송이라고 할 것이므로 (취소소송의) 제소기간의 제한을 받는다(대판 1982.6.22. 81누424).

② [○] 항고소송에서 소송요건(예 원고적격, 피고적격, 대상적격 등)이란 소송에서 본안심리를 하기 위하여 갖추어야 하는 요건, 즉 소의 적법요건을 말한다. 소송요건의 구비 여부는 법원의 직권조사사항이고, 자백의 대상이 될 수 없다.

③ [✕] [1] 행정소송법 제2조 소정의 행정처분이라고 하더라도 그 처분의 근거 법률에서 행정소송 이외의 다른 절차에 의하여 불복할 것을 예정하고 있는 처분은 항고소송의 대상이 될 수 없다. [2] 형사소송법에 의하면 검사가 공소를 제기한 사건은 기본적으로 법원의 심리대상이 되고 피의자 및 피고인은 수사의 적법성 및 공소사실에 대하여 형사소송절차를 통하여 불복할 수 있는 절차와 방법이 따로 마련되어 있으므로 검사의 공소제기가 적법절차에 의하여 정당하게 이루어진 것이냐의 여부에 관계없이 검사의 공소에 대하여는 형사소송절차에 의하여서만 이를 다툴 수 있고 행정소송의 방법으로 공소의 취소를 구할 수는 없다(대판 2000.3.28. 99두11264).

④ [○] 병역법상 신체등위판정은 행정청이라고 볼 수 없는 군의관이 하도록 되어 있으며, 그 자체만으로 바로 병역법상의 권리의무가 정하여지는 것이 아니라 그에 따라 지방병무청장이 병역처분을 함으로써 비로소 병역의무의 종류가 정하여지는 것이므로 항고소송의 대상이 되는 행정처분이라 보기 어렵다(대판 1993.8.27. 93누3356).

⑤ [○] 수익적 행정행위 신청에 대한 거부처분은 당사자의 신청에 대하여 관할 행정청이 거절하는 의사를 대외적으로 명백히 표시함으로써 성립되고, 거부처분이 있은 후 당사자가 다시 신청을 한 경우에는 신청의 제목 여하에 불구하고 그 내용이 새로운 신청을 하는 취지라면 관할 행정청이 이를 다시 거절하는 것은 새로운 거부처분으로 봄이 원칙이다(대판 2019.4.3. 2017두52764). ☞ 판례는 반복된 거부처분의 처분성을 인정한다.

🔳 ③

판례상 항고소송의 대상에 해당하지 않는 것은?

① 「국토의 계획 및 이용에 관한 법률」상 토지거래계약에 관한 허가구역의 지정
② 소유권자가 신청한 건축물 대장의 용도변경신청을 거부한 행위
③ 금융감독위원회의 부실금융기관에 대한 파산신청
④ 군수의 개별공시지가의 결정
⑤ 원천징수의무자인 법인에 대한 과세관청의 소득처분에 따른 소득금액변동통지

┃해설┃

① [O] 국토의 계획 및 이용에 관한 법률(현행 「부동산 거래신고 등에 관한 법률」)에 따른 **토지거래계약에 관한 허가구역의 지정**은 개인의 권리 내지 법률상의 이익을 구체적으로 규제하는 효과를 가져오게 하는 **행정청의 처분에 해당**하고, 따라서 이에 대하여는 원칙적으로 **항고소송을 제기할 수 있다**(대판 2006.12.22. 2006두12883).

② [O] 건축물대장의 용도는 건축물의 소유권을 제대로 행사하기 위한 전제요건으로서 건축물 소유자의 실체적 권리관계에 밀접하게 관련되어 있으므로, **건축물대장 소관청의 용도변경신청 거부행위**는 국민의 권리관계에 영향을 미치는 것으로서 항고소송의 대상이 되는 **행정처분에 해당**한다(대판 2009.1.30. 2007두7277).

③ [✕] 금융감독위원회는 부실금융기관에 대하여 파산을 신청할 수 있는 권한을 보유하고 있는바, 위 파산신청은 그 성격이 법원에 대한 재판상 청구로서 그 자체가 국민의 권리·의무에 어떤 영향을 미치는 것이 아닐 뿐만 아니라, 위 파산신청으로 인하여 당해 부실금융기관이 파산절차 내에서 여러 가지 법률상 불이익을 입는다 할지라도 파산법원이 관할하는 파산절차 내에서 그 신청의 적법 여부 등을 다투어야 할 것이므로, 위와 같은 **금융감독위원회의 부실금융기관에 대한 파산신청**은 행정소송법상 취소소송의 대상이 되는 **행정처분이라 할 수 없다**(대판 2006.7.28. 2004두13219).

④ [O] 시장, 군수, 구청장이 산정하여 한 **개별토지가액의 결정(= 개별공시지가의 결정)**은 토지초과이득세, 택지초과소유부담금 또는 개발부담금 산정 등의 기준이 되어 국민의 권리, 의무 내지 법률상 이익에 직접적으로 관계된다고 할 것이고, 따라서 이는 행정소송법 제2조 제1항 제1호 소정의 행정청이 행하는 구체적 사실에 관한 법집행으로서의 공권력행사이어서 **행정소송의 대상이 되는 행정처분**으로 보아야 할 것이다(대판 1993.1.15. 92누12407). **개별공시지가의 결정**에 위법이 있는 경우에는 그 자체를 행정소송의 대상이 되는 **행정처분으로 보아 그 위법 여부를 다툴 수 있음**은 물론 이를 기초로 과세표준을 산정한 과세처분의 취소를 구하는 조세소송에서도 그 개별공시지가결정의 위법을 독립된 쟁송사유로 주장할 수 있다(대판 1996.6.25. 93누17935).

⑤ [O] **원천징수의무자인 법인**에 대하여 행한 과세관청의 **소득처분에 따른 소득금액변동통지**는 (법인의 납세의무에 직접 영향을 미치는) 항고소송의 대상이 되는 **조세행정처분**이다. 원천징수의무자인 법인은 소득금액변동통지서를 받은 날에 그 통지서에 기재된 소득의 귀속자에게 해당 소득금액을 지급한 것으로 의제되어 그때 원천징수하는 소득세 또는 법인세의 납세의무가 성립함과 동시에 확정된다. 원천징수의무자인 법인으로서는 소득금액변동통지서에 기재된 소득처분의 내용에 따라 원천징수세액을 그 다음 달 10일까지 관할 세무서장 등에게 납부하여야 한다(대판 2021.4.29. 2020두52689).

답 ③

07 세무사 2023

☑ 확인 Check! ○ △ ✕

판례상 항고소송의 대상에 해당하는 것을 모두 고른 것은?

> ㄱ. 도지사가 지방의료원을 폐업하겠다는 결정
> ㄴ. 국가인권위원회의 성희롱결정 및 시정조치권고
> ㄷ. 5개 중앙부처가 합동으로 발표한 '4대강 살리기 마스터플랜'
> ㄹ. 공공기관이 공개청구의 대상이 된 정보를 청구인이 신청한 공개방법 이외의 방법으로 공개하기로 하는 결정

① ㄱ, ㄷ
② ㄱ, ㄹ
③ ㄴ, ㄷ
④ ㄱ, ㄴ, ㄹ
⑤ ㄴ, ㄷ, ㄹ

┃ 해설 ┃

ㄱ. [O] **도(경상남도)에서 설치·운영하는 지방의료원(진주의료원)을 폐업하겠다는 도지사의 결정**은 행정청이 행하는 구체적 사실에 관한 법집행으로서의 공권력의 행사로서 입원환자들과 소속 직원들의 권리·의무에 직접 영향을 미치는 것이므로 **항고소송의 대상에 해당**한다(대판 2016.8.30. 2015두60617).

ㄴ. [O] **국가인권위원회의 성희롱결정과 이에 따른 시정조치의 권고**는 성희롱 행위자로 결정된 자의 인격권에 영향을 미침과 동시에 공공기관의 장 또는 사용자에게 일정한 법률상의 의무를 부담시키는 것이므로 **행정소송의 대상이 되는 행정처분에 해당**한다(대판 2005.7.8. 2005두487).

ㄷ. [✕] **국토해양부, 환경부, 문화체육관광부, 농림수산부, 식품부가 합동으로 2009.6.8. 발표한 '4대강 살리기 마스터 플랜'** 등은 4대강 정비사업과 주변 지역의 관련 사업을 체계적으로 추진하기 위하여 수립한 종합계획이자 '4대강 살리기 사업'의 기본방향을 제시하는 계획으로서, 행정기관 내부에서 사업의 기본방향을 제시하는 것일 뿐, 국민의 권리·의무에 직접 영향을 미치는 것이 아니어서 **행정처분에 해당하지 않는다**(대결 2011.4.21. 2010무111[전합]).

ㄹ. [O] 청구인에게는 특정한 공개방법을 지정하여 정보공개를 청구할 수 있는 법령상 신청권이 있다. 따라서 **공공기관이 공개청구의 대상이 된 정보를 공개는 하되, 청구인이 신청한 공개방법 이외의 방법으로 공개하기로 하는 결정**을 하였다면, 이는 정보공개청구 중 정보공개방법에 관한 부분에 대하여 **일부 거부처분을 한 것**이고, 청구인은 그에 대하여 **항고소송으로 다툴 수 있다**(대판 2016.11.10. 2016두44674).

답 ④

국민의 신청행위에 대한 거부행위가 처분이 되기 위한 요건에 관한 설명으로 옳지 않은 것은? (다툼이 있으면 판례에 따름)

① 신청한 행위가 공권력의 행사 또는 이에 준하는 행정작용이어야 한다.

② 신청권의 존부는 관계 법규의 해석에 의하여 국민에게 신청권이 인정되는지 여부를 살펴 추상적으로 결정되는 것이고, 특정인의 신청이 인용될 수 있는가 하는 점은 본안에서 판단하여야 할 사항이다.

③ 행정청의 행위발동을 요구할 신청권은 법규상 또는 조리상 인정되어야 한다.

④ 직권취소를 할 수 있다는 사정만으로 이해관계인에게 처분청에 대하여 그 취소를 요구할 신청권이 부여된 것으로 볼 수는 없다.

⑤ 공사중지명령의 상대방은 명령 이후에 그 원인사유가 소멸하였음을 들어 그 명령의 철회를 요구할 수 있는 조리상의 신청권이 없다.

┃해설┃

① [O] ③ [O] 국민의 적극적 신청행위에 대하여 행정청이 그 신청에 따른 행위를 하지 않겠다고 거부한 행위가 항고소송의 대상이 되는 행정처분에 해당하기 위해서는, ㉠ <u>신청한 행위가 공권력의 행사 또는 이에 준하는 행정작용이어야 하고,</u>❶ ㉡ 거부행위가 신청인의 법률관계에 어떤 변동을 일으키는 것이어야 하며, ㉢ <u>국민에게 행위발동을 요구할 법규상 또는 조리상의 신청권이 있어야 한다</u>❸(대판 2017.6.15. 2013두2945).

② [O] 거부처분의 처분성을 인정하기 위한 전제요건이 되는 **신청권의 존부는 구체적 사건에서 신청인이 누구인가를** 고려하지 않고 **관계 법규의 해석에 의하여 일반 국민에게 그러한 신청권을 인정하고 있는가**를 살펴 **추상적으로 결정**되는 것이고, 신청인이 그 신청에 따른 단순한 응답을 받을 권리를 넘어서 신청의 인용이라는 만족적 결과를 얻을 권리를 의미하는 것은 아니므로, 국민이 어떤 신청을 한 경우에 그 신청의 근거가 된 조항의 해석상 행정발동에 대한 개인의 신청권을 인정하고 있다고 보이면 그 거부행위는 항고소송의 대상이 되는 처분으로 보아야 하고, **구체적으로 그 신청이 인용될 수 있는가 하는 점은 본안에서 판단하여야 할 사항**이다(대판 2009.9.10. 2007두20638).

④ [O] 원래 행정처분을 한 처분청은 그 처분에 하자가 있는 경우에는 원칙적으로 별도의 법적 근거가 없더라도 스스로 이를 직권으로 취소할 수 있지만, 그와 같이 **직권취소를 할 수 있다는 사정만으로** 이해관계인에게 처분청에 대하여 **그 취소를 요구할 신청권이 부여된 것으로 볼 수는 없으므로**, 처분청이 위와 같이 법규상 또는 조리상의 신청권이 없이 한 이해관계인의 복구준공통보 등의 취소신청을 거부하더라도, 그 거부행위는 항고소송의 대상이 되는 처분에 해당하지 않는다고 한 사례(대판 2006.6.30. 2004두701).

⑤ [X] 행정청이 행한 **공사중지명령의 상대방**은 그 명령 이후에 그 원인사유가 소멸하였음을 들어 행정청에게 **공사중지명령의 철회를 요구할 수 있는 조리상의 신청권이 있다**(대판 2005.4.14. 2003두7590).

🔑 ⑤

09 세무사 2024

판례에 의할 때 항고소송의 대상이 될 수 없는 것은?

① 불가쟁력이 생긴 행정처분의 변경신청에 대해서 그 처분을 그대로 유지하기로 하는 거부결정
② 환경영향평가 대상지역 내 주민이 공유수면매립면허의 취소를 신청한 것에 대한 거부결정
③ 건축물대장의 작성에 대한 신청을 반려하는 행위
④ 개발부담금을 납부한 후 개발부담금에서 공제되어야 하는 학교용지부담금을 납부한 경우 그 금액에 대한 개발부담금의 환급을 신청한 것에 대한 거부결정
⑤ 이주대책대상제외결정에 대한 이의신청을 새로운 신청으로 볼 수 있는 경우 그 이의신청에 대한 기각결정

┃해설┃

① [X] 불가쟁력이 생긴 행정처분의 변경을 요구할 법규상 또는 조리상 신청권이 없으므로, 그 행정처분을 그대로 유지하기로 하는 **거부결정은 항고소송의 대상이 되는 행정처분이 아니다**(대판 2007.4.26. 2005두11104).

> 행정청이 국민의 신청에 대하여 한 거부행위가 항고소송의 대상이 되는 행정처분으로 되려면, 행정청의 행위를 요구할 법규상 또는 조리상의 신청권이 국민에게 있어야 하고, **이러한 신청권의 근거 없이 한 국민의 신청을 행정청이 받아들이지 아니한 경우**에는 그 거부로 인하여 신청인의 권리나 법적 이익에 어떤 영향을 주는 것이 아니므로 **이를 항고소송의 대상이 되는 행정처분이라 할 수 없다.** 그리고 제소기간이 이미 도과하여 불가쟁력이 생긴 행정처분에 대하여는 개별 법규에서 그 변경을 요구할 신청권을 규정하고 있거나 관계 법령의 해석상 그러한 신청권이 인정될 수 있는 등 특별한 사정이 없는 한 국민에게 그 행정처분의 변경을 구할 신청권이 있다 할 수 없다(대판 2007.4.26. 2005두11104).

② [O] 환경영향평가 대상지역 내 주민이 공유수면매립면허의 취소를 신청한 것에 대한 **거부결정은 항고소송의 대상이 되는 행정처분에 해당**한다.

> 행정소송법상 처분이라 함은 행정청이 행하는 구체적 사실에 관한 법집행으로서의 공권력의 행사 또는 그 거부와 그 밖에 이에 준하는 행정작용을 말하고(행정소송법 제2조 제1항 제1호), **국민의 적극적 행위신청에 대하여 행정청이 그 신청에 따른 행위를 하지 않겠다고 거부한 행위가 항고소송의 대상이 되는 행정처분에 해당하는 것이라고 하려면, 그 신청한 행위가 공권력의 행사 또는 이에 준하는 행정작용이어야 하고, 그 거부행위가 신청인의 법률관계에 어떤 변동을 일으키는 것이어야 하며, 그 국민에게 그 행위발동을 요구할 법규상 또는 조리상의 신청권이 있어야만 한다.** … 적어도 **환경영향평가대상지역 내의 주민들**에 대하여는 환경상 이익을 보호하기 위하여 행정청에 공유수면매립법 제32조 소정의 취소 등의 처분과 관련한 **조리상의 신청권이 있다고 할 것이다**(서울행법 2005.2.4. 2001구합33563; 서울고법 2005.12.21. 2005누4412). ☞ 상고심에서 대법원도 환경영향평가 대상지역 내 주민이 공유수면매립면허의 취소를 신청한 것에 대한 거부결정이 항고소송의 대상이 됨을 전제로 본안 판단을 하였다(대판 2006.3.16. 2006두330[전합]).

③ [O] 건축물대장의 작성은 건축물의 소유권을 제대로 행사하기 위한 전제요건으로서 건축물 소유자의 실체적 권리관계에 밀접하게 관련되어 있으므로 **건축물대장 소관청의 작성신청 반려행위는 국민의 권리관계에 영향을 미치는 것으로서 항고소송의 대상이 되는 행정처분에 해당**한다(대판 2009.2.12. 2007두17359).

④ [O] 개발사업시행자가 납부한 개발부담금 중 부과처분 후에 납부한 학교용지부담금에 해당하는 금액에 대하여는 **조리상 개발부담금 부과처분의 취소나 변경 등 개발부담금의 환급에 필요한 처분을 신청할 권리를 인정함이 타당하다.** 결국 **이 사건 거부행위 중 이 사건 부과처분 후에 납부된 학교용지부담금에 해당하는 개발부담금의 환급을 거절한 부분은 항고소송의 대상이 되는 행정처분에 해당**한다(대판 2016.1.28. 2013두2938).

⑤ [○] 이주대책대상제외결정에 대한 이의신청을 새로운 신청으로 볼 수 있는 경우 그 **이의신청에 대한 기각결정은 취소소송의 대상이 되는 처분에 해당한다**(대판 2021.1.14. 2020두50324).

> [1] 거부처분이 있은 후 당사자가 다시 신청을 한 경우에는 신청의 제목 여하에 불구하고 그 내용이 새로운 신청을 하는 취지라면 관할 행정청이 이를 다시 거절하는 것은 새로운 거부처분이라고 보아야 한다. 관계 법령이나 행정청이 사전에 공표한 처분기준에 신청기간을 제한하는 특별한 규정이 없는 이상 재신청을 불허할 법적 근거가 없으며, 설령 신청기간을 제한하는 특별한 규정이 있더라도 재신청이 신청기간을 도과하였는지는 본안에서 재신청에 대한 거부처분이 적법한가를 판단하는 단계에서 고려할 요소이지, 소송요건 심사단계에서 고려할 요소가 아니다.
> [2] 피고 1(한국토지주택공사)이 원고에 대하여 이주대책 대상자 제외결정(1차 결정)을 통보하면서 '이의신청을 할 수 있고, 또한 행정심판 또는 행정소송을 제기할 수 있다'고 안내하였고, 이에 원고가 이의신청을 하자 피고 1이 원고에게 다시 이주대책 대상자 제외결정(2차 결정)을 통보하면서 '다시 이의가 있는 경우 90일 이내에 행정심판 또는 행정소송을 제기할 수 있다'고 안내한 경우, **2차 결정은 1차 결정과 별도로 행정심판 또는 취소소송의 대상이 되는 처분에 해당한다**(대판 2021.1.14. 2020두50324). ☞ 한국토지주택공사(피고 1)가 원고에게 2차 결정을 통보하면서 2차 결정에 대하여 행정심판이나 취소소송을 제기할 수 있다고 불복방법을 안내하였던 점에 비추어 보면, 피고 1 스스로도 2차 결정이 행정절차법과 행정소송법이 적용되는 처분에 해당한다고 인식하고 있었고, 그 상대방인 원고로서도 2차 결정이 행정쟁송의 대상인 처분이라고 인식하였을 수밖에 없으며, 피고 1이 이 사건 소에서 2차 결정의 처분성이 인정되지 않는다고 본안전항변을 하는 것은 신의성실원칙에도 어긋난다고 본 사례

답 ①

10 세무사 **2023** ☑ 확인 Check! ○ △ ✕

병무청장 A가 법무부장관 B에게 '재외동포 가수 甲의 입국 자체를 금지해 달라'고 요청함에 따라 B가 甲의 입국금지 결정을 하고, 그 정보를 내부전산망인 '출입국관리정보시스템'에 입력하였으나, 甲에게는 통보하지 않았다. 이후 甲이 체류자격의 사증발급을 신청하자 재외공관장 C는 전화로 사증발급이 불허되었음을 통지하였다. 이 사안과 관련한 설명으로 옳은 것은? (다툼이 있으면 판례에 따름)

① B의 입국금지결정은 항고소송의 대상인 처분이다.
② 재외동포에 대한 사증발급은 A의 기속행위이다.
③ C의 사증발급 불허 통지는 상급행정기관의 지시를 따른 것이라면 적법하다.
④ B의 입국금지결정에는 공정력과 불가쟁력이 있다.
⑤ 처분청이 甲에 대한 입국금지결정을 함에 있어 공익과 甲이 입게 되는 불이익을 전혀 비교형량 하지 않았다면 이는 위법하다.

┃해설┃

① [×] 법무부장관 B의 입국금지결정은 항고소송의 대상인 처분에 해당하지 않는다.

> 병무청장이 법무부장관에게 '가수 甲이 공연을 위하여 국외여행허가를 받고 출국한 후 미국 시민권을 취득함으로써 사실상 병역의무를 면탈하였으므로 재외동포 자격으로 재입국하고자 하는 경우 국내에서 취업, 가수활동 등 영리활동을 할 수 없도록 하고, 불가능할 경우 입국 자체를 금지해 달라'고 요청함에 따라 법무부장관이 甲의 입국을 금지하는 결정을 하고, 그 정보를 내부전산망인 '출입국관리정보시스템'에 입력하였으나, 甲에게는 통보하지 않은 사안에서, 행정청이 행정의사를 외부에 표시하여 행정청이 자유롭게 취소·철회할 수 없는 구속을 받기 전에는 '처분'이 성립하지 않으므로 법무부장관이 출입국관리법 제11조 제1항 제3호 또는 제4호, 출입국관리법 시행령 제14조 제1항, 제2항에 따라 위 입국금지결정을 했다고 해서 '처분'이 성립한다고 볼 수는 없고, **위 입국금지결정은** 법무부장관의 의사가 공식적인 방법으로 외부에 표시된 것이 아니라 **단지 그 정보를 내부전산망인 '출입국관리정보시스템'에 입력하여 관리한 것에 지나지 않으므로,** 위 입국금지결정은 **항고소송의 대상이 될 수 있는 '처분'에 해당하지 않는데도,** 위 입국금지결정이 처분에 해당하여 공정력과 불가쟁력이 있다고 본 원심판단에 법리를 오해한 잘못이 있다고 한 사례(대판 2019.7.11. 2017두38874). ☞ 일반적으로 처분이 주체·내용·절차와 형식의 요건을 모두 갖추고 외부에 표시된 경우에는 처분의 존재가 인정된다. 행정의사가 외부에 표시되어 행정청이 자유롭게 취소·철회할 수 없는 구속을 받게 되는 시점에 처분이 성립하고, 그 성립 여부는 **행정청이 행정의사를 공식적인 방법으로 외부에 표시하였는지를 기준으로** 판단해야 한다(대판 2017.7.11. 2016두35120 등 참조).

② [×] 재외동포에 대한 사증발급은 법무부장관 B의 재량행위이다.

> 출입국관리법과 그 시행규칙, 재외동포법의 관련 조항과 체계, 입법 연혁과 목적을 종합하면 다음과 같은 결론을 도출할 수 있다. **재외동포에 대한 사증발급은 행정청의 재량행위에 속하는 것으로서,** 재외동포가 사증발급을 신청한 경우에 출입국관리법 시행령 [별표 1의2]에서 정한 재외동포체류자격의 요건을 갖추었다고 해서 무조건 사증을 발급해야 하는 것은 아니다. 재외동포에게 출입국관리법 제11조 제1항 각 호에서 정한 입국금지사유 또는 재외동포법 제5조 제2항에서 정한 재외동포체류자격 부여 제외사유(이 사건에서는 '대한민국 남자가 병역을 기피할 목적으로 외국국적을 취득하고 대한민국 국적을 상실하여 외국인이 된 경우')가 있어 그의 국내 체류를 허용하지 않음으로써 달성하고자 하는 공익이 그로 말미암아 발생하는 불이익보다 큰 경우에는 **행정청이 재외동포체류자격의 사증을 발급하지 않을 재량을 가진다고 보아야** 한다(대판 2019.7.11. 2017두38874).

③ [×] 재외공관장 C의 사증발급 불허 통지가 상급행정기관의 지시를 따른 것이라는 이유만으로 당연히 적법하게 되는 것은 아니다.

> **상급행정기관의 지시는** 일반적으로 행정조직 내부에서만 효력을 가질 뿐 대외적으로 국민이나 법원을 구속하는 효력이 없다. 대외적으로 처분 권한이 있는 처분청이 상급행정기관의 지시를 위반하는 처분을 하였다고 해서 그러한 사정만으로 처분이 곧바로 위법하게 되는 것은 아니고, **처분이 상급행정기관의 지시를 따른 것이라고 해서 적법성이 보장되는 것도 아니다.** 처분이 적법한지는 상급행정기관의 지시를 따른 것인지 여부가 아니라, 헌법과 법률, 대외적으로 구속력 있는 법령의 규정과 입법 목적, 비례·평등원칙과 같은 법의 일반원칙에 적합한지 여부에 따라 판단해야 한다(대판 2019.7.11. 2017두38874).

④ [×] 법무부장관 B의 입국금지결정은 항고소송의 대상이 될 수 있는 '처분'에 해당하지 않으므로, B의 입국금지결정에는 공정력과 불가쟁력이 없다(대판 2019.7.11. 2017두38874).

⑤ [O] 처분청이 甲에 대한 입국금지결정을 함에 있어 공익과 甲이 입게 되는 불이익을 전혀 비교형량 하지 않았다면 이는 위법하다.

> 처분의 근거 법령이 행정청에 처분의 요건과 효과 판단에 일정한 재량을 부여하였는데도, 행정청이 자신에게 재량권이 없다고 오인한 나머지 처분으로 달성하려는 공익과 그로써 처분상대방이 입게 되는 불이익의 내용과 정도를 전혀 비교형량 하지 않은 채 처분을 하였다면, 이는 **재량권 불행사**로서 그 자체로 재량권 일탈·남용으로 해당 <u>처분을 취소하여야 할 **위법사유가 된다**</u>(대판 2019.7.11. 2017두38874).

달 ⑤

11 세무사 2022

☑ 확인Check! ○ △ ✕

항고소송의 대상에 관한 설명으로 옳지 않은 것은? (다툼이 있으면 판례에 따름)

① 조례는 집행행위의 개입 없이도 그 자체로서 직접 국민의 구체적인 권리의무에 영향을 미치는 법률상 효과를 발생하는 경우에도 항고소송의 대상이 되지 아니한다.
② 국회의원의 제명처분은 항고소송의 대상이 되지 아니한다.
③ 공법상의 구체적인 법률관계가 아닌 사실관계에 관한 확인을 구하는 것은 항고소송의 대상이 되지 아니한다.
④ 공정거래위원회의 고발조치는 항고소송의 대상이 아니다.
⑤ 행정행위의 부관 중 부담은 항고소송의 대상이 될 수 있다.

· ·

❙해설❙

① [✕] <u>조례가 집행행위의 개입 없이도 그 자체로서 직접 국민의 구체적인 권리의무나 법적 이익에 영향을 미치는 등의 법률상 효과를 발생하는 경우 그 **조례는 항고소송의 대상이 되는 행정처분에 해당**</u>한다(대판 1996.9.20. 95누8003).

② [O] **국회의원의 제명처분**에 대하여는 <u>법원에 제소할 수 없으므로</u>(헌법 제64조 제3항, 제4항), 국회의원의 제명처분은 항고소송의 대상이 되지 아니한다.

> **헌법 제64조**
> ② 국회는 의원의 자격을 심사하며, 의원을 징계할 수 있다.
> ③ **의원을 제명**하려면 국회재적의원 3분의 2 이상의 찬성이 있어야 한다.
> ④ 제2항과 제3항의 처분에 대하여는 **법원에 제소할 수 없다**.

③ [O] 과거의 역사적 사실관계의 존부나 **공법상의 구체적인 법률관계가 아닌 사실관계에 관한 것들을 확인의 대상으로 하는 것**이거나 행정청의 단순한 부작위를 대상으로 하는 것은 **항고소송의 대상이 되지 아니하는 것**이다(대판 1990.11.23. 90누3553). ☞ 법원조직법 제2조 제1항에서는 법원은 '법률상 쟁송'을 심판한다고 규정하고 있는데, <u>소송의 대상이 구체적인 법률관계(권리의무관계)에 관한 것이어야 하고 단순한 사실(관계)의 존부에 관한 다툼은 원칙적으로 소송의 대상이 되지 아니한다</u>는 것을 의미한다.

④ [○] **공정거래위원회의 고발조치**는 항고소송의 대상이 되는 **행정처분이 아니다**(대판 1995.5.12. 94누13794).

> 이른바 고발은 수사의 단서에 불과할 뿐 그 자체 국민의 권리의무에 어떤 영향을 미치는 것이 아니고, 특히 독점규제 및 공정거래에 관한 법률 제71조는 공정거래위원회의 고발을 위 법률위반죄의 소추요건으로 규정하고 있어 **공정거래위원회의 고발조치**는 사직 당국에 대하여 형벌권 행사를 요구하는 **행정기관 상호 간의 행위에 불과하여 항고소송의 대상이 되는 행정처분이라 할 수 없으며**, 더욱이 공정거래위원회의 고발 의결은 행정청 내부의 의사결정에 불과할 뿐 최종적인 처분은 아닌 것이므로 이 역시 항고소송의 대상이 되는 행정처분이 되지 못한다(대판 1995.5.12. 94누13794).

⑤ [○] 행정행위의 부관 중 **부담만** 독립하여 **항고소송의 대상**이 될 수 있다(대판 1992.1.21. 91누1264). '부담'은 다른 부관과는 달리 그 자체로 하나의 '처분(하명)'이므로, 주된 행정행위와 별도로 독립하여 항고소송의 대상이 될 수 있는 것이다.

> **행정행위의 부관**은 행정행위의 일반적인 효력이나 효과를 제한하기 위하여 의사표시의 주된 내용에 부가되는 종된 의사표시이지 그 자체로서 직접 법적 효과를 발생하는 독립된 처분이 아니므로 현행 행정쟁송제도 아래서는 부관 **그 자체만을 독립된 쟁송의 대상으로 할 수 없는 것이 원칙**이나 행정행위의 부관 중에서도 행정행위에 부수하여 그 행정행위의 상대방에게 일정한 의무를 부과하는 행정청의 의사표시인 **'부담'의 경우**에는 다른 부관과는 달리 행정행위의 불가분적인 요소가 아니고 그 존속이 본체인 행정행위의 존재를 전제로 하는 것일 뿐이므로 부담 **그 자체로서 행정쟁송의 대상이 될 수 있다**(대판 1992.1.21. 91누1264).

답 ①

---

12 세무사 2022 ☑ 확인Check! ○ △ ✕

신청에 대한 행정청의 거부행위가 취소소송의 대상이 되는지 여부에 관한 설명으로 옳지 않은 것은? (다툼이 있으면 판례에 따름)

① 거부행위가 취소소송의 대상이 되기 위해 필요한 신청권에는 조리상의 신청권도 포함된다.

② 거부행위가 취소소송의 대상이 되기 위해 필요한 신청권은 신청인이 그 신청에 따른 단순한 응답을 받을 권리를 넘어서 신청의 인용이라는 만족적 결과를 얻을 권리를 의미하는 것은 아니다.

③ 본인의 의사와 무관하게 주민등록번호가 유출된 사람의 주민등록번호변경신청에 대한 구청장의 거부행위는 처분에 해당한다.

④ 도시계획구역 내 토지 등을 소유하고 있는 주민의 도시시설계획 변경신청에 대한 거부행위는 처분에 해당한다.

⑤ 기간제로 임용되어 임용기간이 만료된 조교수에 대하여 재임용을 거부하는 취지로 한 임용기간만료의 통지는 항고소송의 대상이 되는 행정처분에 해당하지 않는다.

▌해설▐

① [O] 거부행위가 취소소송의 대상이 되기 위해 필요한 신청권에는 **법규상의 신청권**뿐만 아니라 **조리상의 신청권도 포함**된다.

> 국민의 적극적 신청행위에 대하여 행정청이 그 신청에 따른 행위를 하지 않겠다고 거부한 행위가 항고소송의 대상이 되는 행정처분에 해당하기 위해서는, ㉠ 신청한 행위가 공권력의 행사 또는 이에 준하는 행정작용이어야 하고, ㉡ 거부행위가 신청인의 법률관계에 어떤 변동을 일으키는 것이어야 하며, ㉢ 국민에게 행위발동을 요구할 법규상 또는 조리상의 신청권이 있어야 한다(대판 2017.6.15. 2013두2945).

② [O] 거부처분의 처분성을 인정하기 위한 전제요건이 되는 **신청권의 존부**는 구체적 사건에서 신청인이 누구인가를 고려하지 않고 관계 법규의 해석에 의하여 일반 국민에게 그러한 신청권을 인정하고 있는가를 살펴 **추상적으로 결정되는 것**이고, 신청인이 그 신청에 따른 단순한 응답을 받을 권리를 넘어서 **신청의 인용이라는 만족적 결과를 얻을 권리를 의미하는 것은 아니므로**, 국민이 어떤 신청을 한 경우에 그 신청의 근거가 된 조항의 해석상 행정발동에 대한 개인의 신청권을 인정하고 있다고 보이면 그 거부행위는 항고소송의 대상이 되는 처분으로 보아야 하고, 구체적으로 그 신청이 인용될 수 있는가 하는 점은 **본안에서 판단하여야 할 사항**이다(대판 2009.9.10. 2007두20638).

③ [O] 甲 등이 인터넷 포털사이트 등의 개인정보 유출사고로 자신들의 주민등록번호 등 개인정보가 불법 유출되자 이를 이유로 관할 구청장에게 주민등록번호를 변경해 줄 것을 신청하였으나 구청장이 '주민등록번호가 불법 유출된 경우 주민등록법상 변경이 허용되지 않는다'는 이유로 주민등록번호 변경을 거부하는 취지의 통지를 한 사안에서, **피해자의 의사와 무관하게 주민등록번호가 유출된 경우에는 조리상 주민등록번호의 변경을 요구할 신청권을 인정함이 타당**하고, **구청장의 주민등록번호 변경신청 거부행위는 항고소송의 대상이 되는 행정처분에 해당**한다고 한 사례(대판 2017.6.15. 2013두2945). ☞ 이후 개정된 주민등록법 유출된 주민등록번호로 인하여 생명·신체에 위해(危害)나 재산상의 피해를 입거나 입을 우려가 있다고 인정되는 사람 등에게 **주민등록번호의 변경을 요구할 법규상 신청권을 인정**하고 있다(주민등록법 제7조의4).

④ [O] **도시계획구역 내 토지 등을 소유하고 있는 사람**과 같이 당해 도시계획시설결정에 이해관계가 있는 주민으로서는 도시시설계획의 입안권자 내지 결정권자에게 **도시시설계획의 입안 내지 변경을 요구할 수 있는 법규상 또는 조리상의 신청권**이 있고, 이러한 **신청에 대한 거부행위는 항고소송의 대상이 되는 행정처분에 해당**한다(대판 2015.3.26. 2014두42742).

⑤ [×] **기간제로 임용되어 임용기간이 만료된 국·공립대학의 조교수**는 교원으로서의 능력과 자질에 관하여 합리적인 기준에 의한 공정한 심사를 받아 위 기준에 부합되면 특별한 사정이 없는 한 재임용되리라는 기대를 가지고 **재임용 여부에 관하여 합리적 기준에 의한 공정한 심사를 요구할 법규상 또는 조리상 신청권을 가진다**고 할 것이니, 임용권자가 임용기간이 만료된 조교수에 대하여 **재임용을 거부하는 취지로 한 임용기간만료의 통지**는 위와 같은 대학교원의 법률관계에 영향을 주는 것으로서 **행정소송의 대상이 되는 처분에 해당**한다(대판 2004.4.22. 2000두7735 [전합]).

답 ⑤

취소소송에 관한 설명으로 옳지 않은 것은? (다툼이 있으면 판례에 따름)

① 취소소송이란 위법한 처분등을 취소 또는 변경하는 소송이며, 여기서 '변경'이란 적극적 의미의 변경을 의미한다.

② 인허가가 의제된 처분의 경우 주된 인허가처분 외에 의제된 인허가처분만의 취소를 구할 수 있다.

③ 과세표준과 세액을 증액하는 증액경정처분의 경우 증액경정처분이 취소소송의 대상이 된다.

④ 「행정대집행법」상 제2차의 계고처분은 대집행기한의 연기통지에 불과하므로 행정처분이 아니다.

⑤ 지방법무사회는 취소소송의 피고가 될 수 있다.

┃해설┃

① [X] 취소소송은 "행정청의 위법한 처분등을 **취소 또는 변경**하는 소송"을 말한다(행정소송법 제4조 제1호). 행정소송법 제4조 제1호의 '변경'의 의미에 관하여, 적극적 변경까지 포함된다는 견해도 있으나, **'변경'을 '일부 취소'의 의미로** 이해하여 처분을 **적극적으로 변경하는 형성소송은 허용되지 않는다**는 것이 판례의 입장이다(대판 1997.9.30. 97누3200).

② [O] 주된 인허가(예 사업계획승인)로 의제된 관련 인허가의 하나인 산지전용허가의 취소처분이 있은 후 이어서 주된 인허가(예 사업계획승인)의 취소처분이 있는 경우, 의제된 관련 인허가의 취소와 주된 인허가의 취소가 대상과 범위를 달리하는 이상, **주된 인허가의 취소처분과 별도로 의제된 관련 인허가의 취소처분을 다툴 수 있다**(대판 2018.7.12. 2017두48734).

③ [O] 국세기본법 제22조의2의 시행 이후에도 **증액경정처분이 있는 경우, 당초 신고나 결정은 증액경정처분에 흡수됨으로써 독립한 존재가치를 잃게 된다**고 보아야 하므로, 원칙적으로는 당초 신고나 결정에 대한 불복기간의 경과 여부 등에 관계없이 **증액경정처분만이 항고소송의 심판대상**이 되고, 납세의무자는 그 항고소송에서 당초 신고나 결정에 대한 위법사유도 함께 주장할 수 있다고 해석함이 타당하다(대판 2009.5.14. 2006두17390).

④ [O] 건물의 소유자에게 위법건축물을 일정기간까지 철거할 것을 명함과 아울러 불이행할 때에는 대집행한다는 내용의 철거대집행 계고처분을 고지한 후 이에 불응하자 다시 제2차, 제3차 계고서를 발송하여 일정기간까지의 자진철거를 촉구하고 불이행하면 대집행을 한다는 뜻을 고지하였다면 행정대집행법상의 건물철거의무는 제1차 철거명령 및 계고처분으로서 발생하였고 **제2차, 제3차의 계고처분은 새로운 철거의무를 부과한 것이 아니고 다만 대집행기한의 연기통지에 불과하므로 행정처분이 아니다**(대판 1994.10.28. 94누5144). ☞ 판례는 반복된 대집행 계고처분은 행정처분이 아니라고 본다.

⑤ [O] **지방법무사회**는 국가로부터 위임받은 법무사 사무원 채용승인에 관한한 **공권력 행사의 주체**로서 (사무원 채용 승인 거부처분 또는 채용승인 취소처분의) **취소소송의 피고**가 될 수 있다(대판 2020.4.9. 2015다34444).

> **□ 참고**
> 지방법무사회의 법무사 사무원 채용승인은 단순히 지방법무사회와 소속 법무사 사이의 내부 법률문제라거나 지방법무사회의 고유사무라고 볼 수 없고, 법무사 감독이라는 국가사무를 위임받아 수행하는 것이라고 보아야 한다. 따라서 지방법무사회는 법무사 감독 사무를 수행하기 위하여 법률에 의하여 설립과 법무사의 회원 가입이 강제된 **공법인**으로서 **법무사 사무원 채용승인에 관한 한 공권력 행사의 주체**라고 보아야 한다. … **지방법무사회의 사무원 채용승인 거부처분 또는 채용승인 취소처분**에 대해서는 그 처분 상대방인 **법무사**뿐만 아니라 그때문에 **사무원이 될 수 없게 된 사람**도 이를 다툴 **원고적격이 인정**되어야 한다(대판 2020.4.9. 2015다34444).

답 ①

☑ 확인 Check! ○ △ ✕

행정소송법상 재결취소소송에 관한 설명으로 옳은 것은? (다툼이 있으면 판례에 따름)

① 행정심판의 재결을 거친 경우에는 원칙적으로 재결을 취소소송의 대상으로 하여야 한다.

② 재결의 고유한 위법에는 내용상의 위법은 포함되지 않는다.

③ 변경재결이 있는 경우 원처분을 소송대상으로 행정심판위원회를 피고로 취소소송을 제기하여야 한다.

④ 적법한 행정심판청구를 각하한 재결은 재결에 고유한 위법이 있는 경우에 해당한다.

⑤ 재결취소소송을 제기하였으나 재결에 고유한 위법이 없는 경우에는 각하판결을 하여야 한다.

┃해설┃

① [✕] 행정심판의 재결을 거친 다음 이에 불복하여 취소소송을 제기하는 경우에도 원칙적으로 **원처분을 취소소송의 대상으로 해야 하고,** 재결에 대한 취소소송은 재결 자체에 고유한 위법을 이유로 하는 경우에만 가능하다(행정소송법 제19조).

> **행정소송법 제19조(취소소송의 대상)**
> 취소소송은 처분등을 대상으로 한다. 다만, 재결취소소송의 경우에는 재결 자체에 고유한 위법이 있음을 이유로 하는 경우에 한한다.

② [✕] 재결취소소송이 인정되는 '**재결 자체에 고유한 위법이 있는 경우**'란 당해 처분에 대한 재결 자체에 고유한 주체, 절차, 형식상의 위법이 있는 경우뿐만 아니라 **재결 자체에 고유한 내용상 위법이 있는 경우가 포함**된다(대판 1993.8.24. 93누5673).

> 항고소송은 원칙적으로 당해 처분을 대상으로 하나, 당해 처분에 대한 **재결 자체에 고유한 주체, 절차, 형식 또는 내용상의 위법**이 있는 경우에 한하여 그 재결을 대상으로 할 수 있다고 해석되므로, 징계혐의자에 대한 감봉 1월의 징계처분을 견책으로 변경한 소청결정 중 그를 견책에 처한 조치는 재량권의 남용 또는 일탈로서 위법하다는 사유는 소청결정 자체에 고유한 위법을 주장하는 것으로 볼 수 없어 소청결정의 취소사유가 될 수 없다(대판 1993.8.24. 93누 5673).

③ [✕] 취소소송은 다른 법률에 특별한 규정이 없는 한 그 '**처분등을 행한 행정청**'을 피고로 한다(행정소송법 제13조 제1항). 불이익처분에 대한 취소심판에서 적극적 변경재결이 내려진 경우, '**감경되고 남은 원처분**'을 대상으로 '**처분청**'을 **피고로 하여 취소소송을 제기하여야 한다**(대판 1993.8.24. 93누5673; 대판 1997.11.14. 97누7325 참조).

④ [○] **적법한 행정심판청구를 각하한 재결**은 심판청구인의 실체심리를 받을 권리를 박탈한 것으로서 원처분에 없는 **재결 자체에 고유한 위법이 있는 경우**에 해당하고 따라서 **각하재결이 취소소송의 대상**이 된다(대판 2001.7.27. 99두2970).

⑤ [✕] 행정소송법 제19조 단서에 위반한 경우, 즉 재결 자체에 고유한 위법이 없음에도 재결에 대해 취소소송을 제기한 경우에 법원의 처리(재판형식)가 문제된다. 판례는 ㉠ 재결 자체에 고유한 위법이 있음을 이유로 하지 않은 경우 **부적법 각하하여야** 하고(대판 1989.10.24. 89누1865), ㉡ **심리결과 재결 자체에 고유한 위법이 없는 경우에는 기각판결을 하여야 한다**(대판 1994.1.25. 93누16901)는 입장으로 보인다. ☞ 재결 자체에 고유한 위법이 있음을 이유로 한 재결취소소송이 아닌 경우 소각하 판결을 하고, 재결 자체에 고유한 위법이 있음을 이유로 재결취소소송을 제기하였으나 심리결과 재결 자체에 고유한 위법이 없는 경우 기각판결을 한다고 정리하면 된다.

답 ④

행정청 A는 2024.2.1. 甲에게 1월의 영업정지처분을 하였다. 이에 대해 甲이 청구한 행정심판에서 영업정지 1월에 갈음하는 과징금으로 변경을 명하는 재결이 있었고, 이에 따라 A는 2024.4.29. 과징금 100만원을 부과하는 처분을 하였다. 이 경우 甲이 제기하는 취소소송의 대상과 제소기간 기산점이 옳게 연결된 것은? (다툼이 있으면 판례에 따름)

① 2024.2.1.자 1월의 영업정지처분 – 재결서의 정본을 송달받은 날
② 2024.2.1.자 100만원 과징금부과처분 – 재결서의 정본을 송달받은 날
③ 2024.2.1.자 100만원 과징금부과처분 – 과징금 부과처분이 있음을 안 날
④ 2024.4.29.자 100만원 과징금부과처분 – 재결서의 정본을 송달받은 날
⑤ 2024.4.29.자 100만원 과징금부과처분 – 과징금 부과처분이 있음을 안 날

┃해설┃

② [○] 행정심판에 의한 변경명령재결(= 처분 상대방에게 유리한 재결)에 따른 변경처분이 있는 경우 취소소송의 제소기간은 변경처분이 아니라 '변경된 내용의 당초 처분'을 기준으로 판단하여야 한다. 다만 행정심판의 재결을 거친 경우이므로 **재결서의 정본을 송달받은 날로부터 90일 이내** 제기되어야 한다(행정소송법 제20조 제1항 단서). ☞ 문제에서 취소소송의 대상은 과징금 100만원으로 변경된 내용의 당초처분(2024.2.1.자 100만원 과징금부과처분)이고, 제소기간의 기산점은 행정심판의 재결을 거친 경우이므로 '재결서의 정본을 송달받은 날'이 된다.

> 행정청이 식품위생법령에 따라 영업자에게 행정제재처분을 한 후 (행정심판위원회의 변경명령재결에 따라) 그 처분을 영업자에게 유리하게 변경하는 처분을 한 경우, 변경처분에 의하여 당초 처분은 소멸하는 것이 아니고 당초부터 유리하게 변경된 내용의 처분으로 존재하는 것이므로, 변경처분에 의하여 유리하게 변경된 내용의 행정제재가 위법하다 하여 그 취소를 구하는 경우 그 **취소소송의 대상은 변경된 내용의 당초 처분**이지 변경처분은 아니고, **제소기간의 준수 여부도** 변경처분이 아닌 **변경된 내용의 당초 처분을 기준으로 판단**하여야 한다(대판 2007.4.27, 2004두9302). ☞
> [판결이유] 일부인용의 이행재결에 따른 후속 변경처분에 의하여 변경된 내용의 당초처분의 취소를 구하는 이 사건 소 또한 **행정심판재결서 정본을 송달받은 날로부터 90일 이내 제기되어야** 한다.

 답 ②

CHAPTER 2

행정심판의 재결을 거쳐 취소소송을 제기하는 경우에 관한 설명으로 옳지 않은 것은? (다툼이 있으면 판례에 따름)

① 지방노동위원회의 처분에 대한 중앙노동위원회의 재심판정에 불복하려면 중앙노동위원회의 재심판정을 대상으로 취소소송을 제기하여야 한다.

② 재결에 대한 취소소송은 재결 자체에 고유한 위법이 있음을 이유로 하는 경우에 제기할 수 있다.

③ 원처분의 상대방이 아닌 제3자가 행정심판을 청구하여 재결청이 원처분을 취소하는 형성재결을 한 경우에 원처분의 상대방이 그 재결의 취소를 구하는 것은 원처분에 없는 재결 고유의 위법을 주장하는 것이 된다.

④ 행정심판청구가 부적법하지 않음에도 각하한 재결은 원처분에 없는 고유한 하자가 있는 경우에 해당한다.

⑤ 행정청이 영업자에게 제재처분을 한 후 그 처분을 영업자에게 유리하게 변경하는 처분을 하였다면, 변경처분으로 유리하게 변경된 제재가 위법하다 하여 그 취소를 구하는 경우 취소소송의 대상은 변경된 내용의 당초 처분이 아니라 변경처분이다.

▌해설▐

① [○] **지방노동위원회**나 특별노동위원회의 **결정 또는 명령에 불복**이 있는 관계 당사자는 그 결정서나 명령서를 송달받은 날부터 10일 이내에 **중앙노동위원회에 재심을 신청**할 수 있고, 그 재심판정서의 송달을 받은 날부터 15일 이내에 **중앙노동위원회의 재심판정**에 대하여 **행정소송을 제기할 수 있다**(노동위원회법 제26조 제1항 및 제2항, 제27조 제1항, 노동조합 및 노동관계조정법 제85조 제1항 및 제2항). 중앙노동위원회의 재심은 행정심판의 성질을 가지며, 중앙노동위원회의 재심판정에 대하여만 행정소송을 제기할 수 있도록 한 것은 **항고소송의 대상에 관하여 재결주의를 규정**하고 있는 것이다.

> 노동위원회법 제19조의2 제1항의 규정(현행 제27조 제1항)은 행정처분의 성질을 가지는 지방노동위원회의 처분에 대하여 중앙노동위원장을 상대로 행정소송을 제기할 경우의 전치요건에 관한 규정이라 할 것이므로 **당사자가 지방노동위원회의 처분에 대하여 불복하기 위하여는** 처분 송달일로부터 10일 이내에 **중앙노동위원회에 재심을 신청**하고 중앙노동위원회의 재심판정서 송달일로부터 15일 이내에 **중앙노동위원장을** 피고로 하여 **재심판정취소의 소를 제기하여야 할 것이다**(대판 1995.9.15. 95누6724).

② [○] 취소소송은 처분등을 대상으로 한다. 다만, **재결취소소송의 경우에는 재결 자체에 고유한 위법**이 있음을 이유로 하는 경우에 한한다(행정소송법 제19조).

③ [○] 이른바 복효적 행정행위, 특히 **제3자효를 수반하는 행정행위에 대한 행정심판청구**에 있어서 그 청구를 인용하는 내용의 재결로 인하여 비로소 권리이익을 침해받게 되는 자는 그 인용재결에 대하여 다툴 필요가 있고, 그 **인용재결은 원처분과 내용을 달리하는 것이므로 그 인용재결의 취소를 구하는 것은 원처분에는 없는 재결에 고유한 하자를 주장하는 셈**이어서 당연히 항고소송의 대상이 된다(대판 1997.12.23. 96누10911). ☞ 제3자(인근 주민)가 제기한 행정심판에서 재결청이 문화체육부장관(현행법상 중앙행정심판위원회) 스스로가 직접 사업계획승인처분을 취소하는 형성적 재결을 한 경우, 그로 인하여 권리를 침해받게 되는 원처분(사업계획승인처분)의 상대방(주식회사 가야개발)이 인용재결(사업계획승인처분 취소재결)이 위법하다고 주장하며 인용재결을 대상으로 소송을 제기하는 경우, 원처분(사업계획승인처분)에는 없는 재결 자체에 고유한 위법을 주장하는 경우에 해당한다고 본 사례이다.

④ [○] **적법한 행정심판청구를 각하한 재결**은 심판청구인의 실체심리를 받을 권리를 박탈한 것으로서 **원처분에 없는 재결 자체에 고유한 위법이 있는 경우**에 해당하므로 **각하재결이 취소소송의 대상**이 된다(대판 2001.7.27. 99두2970).

⑤ [×] 행정청이 식품위생법령에 따라 영업자에게 행정제재처분을 한 후 (변경명령재결에 따라) 그 처분을 영업자에게 유리하게 변경하는 처분을 한 경우, 변경처분에 의하여 당초 처분은 소멸하는 것이 아니고 당초부터 유리하게 변경된 내용의 처분으로 존재하는 것이므로, **변경처분에 의하여 유리하게 변경된 내용의 행정제재가 위법하다 하여 그 취소를 구하는 경우 그 취소소송의 대상은 변경된 내용의 당초 처분**이지 변경처분은 아니고, 제소기간의 준수 여부도 변경처분이 아닌 변경된 내용의 당초 처분을 기준으로 판단하여야 한다(대판 2007.4.27. 2004두9302). ☞ 다만, 이 경우 행정심판을 거친 경우이므로 재결서의 정본을 송달받은 날부터 90일 이내에 취소소송을 제기하면 된다(행정소송법 제20조 제1항 단서).

답 ⑤

17 세무사 2021

☑ 확인Check! ○ △ ✕

취소소송의 대상에 있어 재결주의가 적용되는 것을 모두 고른 것은?

ㄱ. 「국가공무원법」상 소청심사위원회의 결정
ㄴ. 「감사원법」상 감사원의 재심의판정
ㄷ. 「특허법」상 특허심판원의 심결
ㄹ. 「국세기본법」상 심판청구에 대한 결정

① ㄱ, ㄴ
② ㄴ, ㄷ
③ ㄷ, ㄹ
④ ㄱ, ㄴ, ㄷ
⑤ ㄴ, ㄷ, ㄹ

▌해설▌

ㄱ. [×]「국가공무원법」상 소청심사위원회의 결정은 원처분주의가 적용된다.

> 국·공립학교 교원에 대한 징계처분의 경우에는 **원 징계처분 자체가 행정처분**이므로 그에 대하여 위원회에 소청심사를 청구하고 위원회의 결정이 있은 후 그에 불복하는 행정소송이 제기되더라도 그 심판대상은 교육감 등에 의한 원 징계처분이 되는 것이 원칙이다. 다만 **위원회의 심사절차에 위법사유가 있다는 등 고유의 위법이 있는 경우에** 한하여 위원회의 결정이 소송에서의 심판대상이 된다. 따라서 그 행정소송의 피고도 위와 같은 예외적 경우가 아닌 한 원처분을 한 처분청이 되는 것이지 위원회가 되는 것이 아니다(대판 2013.7.25. 2012두12297).

ㄴ. [○]「감사원법」상 감사원의 재심의 판정은 **재결주의가 적용**된다. 감사원법 제36조, 제40조는 회계관계직원에 대한 감사원의 변상판정(원처분)에 대하여 감사원에 재심의를 청구할 수 있도록 하고, 그 재심의 판정(재결)에 대하여는 감사원을 당사자로 하여 행정소송을 제기하도록 규정하고 있다. 판례는 이 규정의 해석에 있어서 "감사원의 변상판정처분에 대하여서는 행정소송을 제기할 수 없고, **재결에 해당하는 재심의 판정에 대하여서만 감사원을 피고로 하여 행정소송을 제기할 수 있다**"고 판시하였다(대판 1984.4.10. 84누91).

ㄷ. [○]「특허법」상 특허심판원의 심결은 재결주의가 적용된다. 특허출원에 대한 심사관의 특허거절결정에 대하여 불복하기 위해서는 먼저 특허심판원에 심판청구를 한 다음 특허심판원의 심결을 대상으로 하여 특허법원에 심결취소를 요구하는 소를 제기하여야 한다(특허법 제186조, 제189조).

ㄹ. [×]「국세기본법」상 심판청구에 대한 결정은 원처분주의가 적용된다.「국세기본법」은 "제55조에 규정된 위법한 처분에 대한 행정소송은「행정소송법」제18조 제1항 본문, 제2항 및 제3항에도 불구하고 국세기본법에 따른 심사청구 또는 심판청구와 그에 대한 결정을 거치지 아니하면 제기할 수 없다. 다만, 심사청구 또는 심판청구에 대한 제65조 제1항 제3호 단서(제81조에서 준용하는 경우를 포함한다)의 재조사 결정에 따른 처분청의 처분에 대한 행정소송은 그러하지 아니하다"라고 규정함으로써(제56조 제2항), 필요적 전치주의(= 조세심판 전치주의)를 규정하고 있다. 그러나 별도로 재결주의를 채택하고 있지 않으므로 행정소송법 제19조에 따라 원처분주의가 적용된다.

답 ②

18 세무사 2021
☑ 확인Check! ○ △ ✕

행정소송상 당사자능력에 관한 설명으로 옳은 것을 모두 고른 것은? (다툼이 있으면 판례에 따름)

> ㄱ.「행정소송법」은 행정소송에서의 당사자능력에 관하여 규정하고 있지 않다.
> ㄴ. 구청장이 업무처리지침 시달로 담당 신고접수사무를 동장에게 위임한 경우 동장은 행정소송의 당사자능력을 갖는다.
> ㄷ. 국민권익위원회가 소방청장에게 인사에 관한 부당한 지시를 취소하라는 조치요구를 통지한 경우 소방청장은 그 조치요구의 취소를 구할 당사자능력을 갖는다.

① ㄱ
② ㄴ
③ ㄱ, ㄷ
④ ㄴ, ㄷ
⑤ ㄱ, ㄴ, ㄷ

▮해설▮

ㄱ. [O] 당사자능력이란 소송법상의 권리능력, 즉 특정한 소송에서 소송의 주체(원고 또는 피고)가 될 수 있는 일반적인 능력을 말한다.「행정소송법」은 행정소송에서의 당사자능력에 관하여 규정하고 있지 않다. 민사소송법에서 당사자능력에 관한 규정을 두고 있으므로, 행정소송에도 **민사소송법상 당사자능력에 관한 규정이 준용**된다. 따라서 **권리능력이 있는 자연인과 법인, 대표자 또는 관리인이 있는 법인 아닌 사단 또는 재단에게는 당사자능력이 인정된다**(행정소송법 제8조 제2항, 민사소송법 제51조 및 제52조 참조).

ㄴ. [×] 구청장이 업무처리지침 시달로 담당 신고접수사무를 동장에게 위임한 경우, 행정소송의 피고는 행정청인데 **동장은 행정기관의 내부에 부속되어 구청장을 보좌하는 보조기관에 지나지 아니하여 행정청이라 말할 수 없어서 행정소송의 당사자능력 내지 적격이 없다**(서울고법 1975.2.4. 74구194).

ㄷ. [O] 국민권익위원회가 소방청장에게 인사에 관한 부당한 지시를 취소하라는 조치요구를 통지한 경우, **소방청장은 예외적으로 그 조치요구의 취소를 구할 당사자능력과 원고적격을 가진다**(대판 2018.8.1. 2014두35379). ☞ 국가기관은 권리능력이 없으므로 당사자능력이 없고 원칙적으로 행정소송에서 원고적격이 인정되지 않는다. 다만, 판례는 다른 기관의 처분에 의해 국가기관이 권리를 침해받거나 의무를 부과받는 등 중대한 불이익을 받았음에도 그 처분을 다툴 별다른 방법이 없고, 그 처분의 취소를 구하는 항고소송을 제기하는 것이 유효·적절한 권익구제수단인 경우에 예외적으로 국가기관(예 경기도선거관리위원회 위원장, 소방청장)의 당사자능력과 원고적격을 인정한다(대판 2013.7.25. 2011두1214; 대판 2018.8.1. 2014두35379).

답 ③

☑ 확인 Check! ○ △ ✕

행정소송의 원고적격에 관한 설명으로 옳지 않은 것은? (다툼이 있으면 판례에 따름)

① 「행정소송법」은 당사자소송의 원고적격에 관하여 규정하고 있지 않다.

② 행정처분의 직접 상대방이 아닌 제3자라고 하더라도 당해 행정처분으로 인하여 법률상 보호되는 이익을 침해당한 경우에는 취소소송을 제기할 수 있다.

③ 사실적 · 경제적 이해관계를 갖는 데 불과한 경우에도 무효등 확인소송의 원고적격은 인정된다.

④ 행정주체에 대해서도 항고소송의 원고적격이 인정될 수 있다.

⑤ 원고적격은 법원의 직권조사사항이다.

❚해설❚

① [○] 행정소송법에 당사자소송의 원고적격에 관한 규정이 없고, 민사소송에서의 원고적격에 관한 법리가 적용된다. 당사자소송이 이행의 소인 경우, 자기에게 이행청구권이 있음을 주장하는 자가 원고적격을 가지고, 그로부터 이행의 무자로 주장된 자가 피고적격을 가진다. 주장 자체에 의하여 원고적격을 판가름하기 때문에 원고적격을 갖기 위해 실제로 이행청구권자가 아니어도 된다. 당사자소송이 확인의 소인 경우, 그 청구에 대하여 확인의 이익을 가지는 자가 원고적격자가 되며, 원고의 이익과 대립 · 저촉되는 이익을 가지는 자가 피고적격자가 된다.

② [○] 행정처분의 직접 상대방이 아닌 제3자라 하더라도 당해 행정처분으로 **법률상 보호되는 이익**을 침해당한 경우에는 **취소소송을 제기하여 당부의 판단을 받을 자격(= 원고적격)**이 있다. 여기에서 말하는 **법률상 보호되는 이익**은 당해 처분의 근거 법규 및 관련 법규에 의하여 보호되는 개별적 · 직접적 · 구체적 이익이 있는 경우를 말하고, 공익보호의 결과로 국민 일반이 공통적으로 가지는 일반적 · 간접적 · 추상적 이익과 같이 사실적 · 경제적 이해관계를 갖는 데 불과한 경우는 여기에 포함되지 아니한다(대판 2015.7.23. 2012두19496).

③ [✕] 행정처분의 상대방이 아닌 **제3자라도 그 처분으로 인하여 법률상 이익을 침해당한 경우**에는 그 처분의 취소 또는 무효확인을 구하는 행정소송을 제기하여 그 당부의 판단을 받을 법률상 자격(= 원고적격)이 있고, 그 **법률상 이익**이라 함은 당해 처분의 근거법률에 의하여 보호되는 직접적이고 구체적인 이익이 있는 경우를 말하고 다만 **간접적이거나 사실적 · 경제적 이해관계를 가지는 데 불과한 경우는 여기에 포함되지 않는다**(대판 1995.6.30. 94누14230).

④ [○] 행정주체(국가 또는 지방자치단체)도 당사자 능력이 있으므로, **행정주체가 행정처분의 상대방인 경우에는 항고소송의 원고적격이 인정될 수 있다**(대판 2014.2.27. 2012두22980; 대판 2014.3.13. 2013두15934).

> 건축협의 취소는 상대방이 다른 지방자치단체 등 행정주체라 하더라도 '행정청이 행하는 구체적 사실에 관한 법집행으로서의 공권력 행사'(행정소송법 제2조 제1항 제1호)로서 처분에 해당한다고 볼 수 있고, **지방자치단체인 원고가** 이를 다툴 실효적 해결 수단이 없는 이상, 원고는 건축물 소재지 관할 허가권자인 지방자치단체의 장을 상대로 항고소송을 통해 건축협의 취소의 취소를 구할 수 있다(대판 2014.2.27. 2012두22980).

⑤ [○] **원고적격은 소송요건의 하나**이므로 사실심 변론 종결시는 물론 상고심에서도 존속하여야 하고 이를 흠결하면 부적법한 소가 된다(대판 2007.4.12. 2004두7924). **항고소송에서 소송요건**(예 원고적격, 피고적격, 대상적격 등)이란 소송에서 본안심리를 하기 위하여 갖추어야 하는 요건, 즉 소의 적법요건을 말한다. 소송요건의 구비 여부는 **법원의 직권조사사항**이고, 자백의 대상이 될 수 없다.

🔒 ③

CHAPTER 2

"취소소송은 처분등의 취소를 구할 법률상 이익이 있는 자가 제기할 수 있다"라는 행정소송법 규정에 관한 설명으로 옳지 않은 것은? (다툼이 있으면 판례에 따름)

① 당해 처분의 근거 법률에 의하여 보호되는 직접적이고 구체적인 이익이 있는 경우 법률상 이익이 인정될 수 있다.

② 원고적격은 사실심 변론 종결시는 물론 상고심에서도 존속하여야 하고 이를 흠결하면 부적법한 소가 된다.

③ 대학교 총학생회는 교육부장관의 해당 대학교 학교법인의 임시이사선임처분의 취소를 구할 법률상 이익이 있다.

④ 처분의 상대방이 위명(僞名)을 사용한 사람인 경우에는 처분의 취소를 구할 법률상 이익이 인정되지 않는다.

⑤ 헌법재판소에 따르면, 일반법규에서 경쟁자를 보호하는 규정을 별도로 두고 있지 않은 경우에도 기본권인 경쟁의 자유가 바로 행정청의 지정행위의 취소를 구할 법률상의 이익이 된다.

┃해설┃

① [O] 행정처분의 직접 상대방이 아닌 제3자라도 당해 처분의 취소를 구할 법률상 이익이 있는 경우에는 취소소송의 원고적격이 인정된다 할 것이나 여기서 "**법률상 이익**"이라 함은 당해 **처분의 근거가 되는 법규에 의하여 보호되는 직접적이고 구체적인 이익**을 말하고 단지 간접적이거나 사실적, 경제적 이해관계를 가지는 데 불과한 경우에는 여기에 포함되지 아니한다(대판 1993.7.27. 93누8139).

② [O] **원고적격은 소송요건의 하나**이므로 사실심 변론 종결시는 물론 **상고심에서도 존속하여야** 하고 이를 흠결하면 부적법한 소가 된다(대판 2007.4.12. 2004두7924).

③ [O] 구 사립학교법과 구 사립학교법 시행령 및 乙 법인 정관 규정은 헌법 제31조 제4항에 정한 교육의 자주성과 대학의 자율성에 근거한 甲 **대학교 교수협의회와 총학생회의 학교운영참여권을 구체화하여 이를 보호하고 있다고** 해석되므로, 甲 **대학교 교수협의회와 총학생회는 이사선임처분을 다툴 법률상 이익을 가지지만**, 고등교육법령은 교육받을 권리나 학문의 자유를 실현하는 수단으로서 학생회와 교수회와는 달리 학교의 직원으로 구성된 노동조합의 성립을 예정하고 있지 아니하고, 노동조합은 근로자가 주체가 되어 자주적으로 단결하여 근로조건의 유지·개선 기타 근로자의 경제적·사회적 지위의 향상을 도모하기 위하여 조직된 단체인 점 등을 고려할 때, 학교의 직원으로 구성된 노동조합이 교육받을 권리나 학문의 자유를 실현하는 수단으로서 직접 기능한다고 볼 수는 없으므로, 개방이사에 관한 구 사립학교법과 구 사립학교법 시행령 및 乙 법인 정관 규정이 **학교직원들로 구성된 전국대학노동조합** 乙 **대학교지부의 법률상 이익까지 보호하고 있는 것으로 해석할 수는 없다**고 한 사례(대판 2015.7.23. 2012두19496).

④ [✕] 미얀마 국적의 甲이 위명(僞名)인 '乙' 명의의 여권으로 대한민국에 입국한 뒤 乙 명의로 난민 신청을 하였으나 법무부장관이 乙 명의를 사용한 甲을 직접 면담하여 조사한 후 甲에 대하여 난민불인정 처분을 한 사안에서, **처분의 상대방은 허무인이 아니라 '乙'이라는 위명을 사용한 甲이라는 이유로, 甲이 처분의 취소를 구할 법률상 이익이 있다**고 한 사례(대판 2017.3.9. 2013두16852).

⑤ [O] 설사 국세청장의 납세병마개 제조자 지정행위의 근거규범인 이 사건 조항들이 단지 공익만을 추구할 뿐 청구인 개인의 이익을 보호하려는 것이 아니라는 이유로 청구인(지정행위의 상대방이 아닌 제3자)에게 취소소송을 제기할 법률상 이익을 부정한다고 하더라도, 국세청장의 납세병마개 제조자 지정행위는 행정청이 병마개 제조업자들 사이에 특혜에 따른 차별을 통하여 사경제 주체간의 경쟁조건에 영향을 미치고 이로써 기업의 경쟁의 자유를 제한하는 것임이 명백한 경우에는 국세청장의 지정행위로 말미암아 기업의 경쟁의 자유를 제한받게 된 자들은 적어도 보충적으로 기본권에 의한 보호가 필요하다. 따라서 **일반법규에서 경쟁자를 보호하는 규정을 별도로 두고 있지 않은 경우에도 기본권인 경쟁의 자유가 바로 행정청의 지정행위의 취소를 구할 법률상의 이익이 된다**(헌재 1998.4.30. 97헌마141).

 ④

취소소송에 있어 원고적격에 관한 설명으로 옳지 않은 것은? (다툼이 있으면 판례에 따름)

① 취소소송은 처분등의 취소를 구할 법률상 이익이 있는 자가 제기할 수 있다.

② 국가는 국토이용계획과 관련한 지방자치단체장의 기관위임사무 처리에 관하여 지방자치단체장을 상대로 취소소송을 제기할 수 있다.

③ 구속된 피고인은 교도소장의 접견허가거부처분의 취소를 구할 원고적격을 가진다.

④ 원고적격은 사실심 변론 종결시는 물론 상고심에서도 존속하여야 한다.

⑤ 환경영향평가대상지역에 거주하는 원자로시설부지 인근 주민들은 원자로시설부지사전승인처분의 취소를 구할 원고적격이 있다.

▌해설▌

① [O] 행정소송법 제12조 제1문

> **행정소송법 제12조(원고적격)**
> 취소소송은 처분등의 취소를 구할 법률상 이익이 있는 자가 제기할 수 있다. 처분등의 효과가 기간의 경과, 처분등의 집행 그 밖의 사유로 인하여 소멸된 뒤에도 그 처분등의 취소로 인하여 회복되는 법률상 이익이 있는 자의 경우에는 또한 같다.

② [✕] 지방자치단체의 장이 국가로부터 위임받은 기관위임사무를 처리한 것은 **행정조직 내부행위**이므로 위임자인 **국가는 기관위임사무의 처리에 관하여 지방자치단체의 장을 상대로 취소소송을 제기할 수 없다**(대판 2007.9.20. 2005두 6935). ☞ 원고적격의 문제라기보다는 내부행위로서 대상적격(처분)이 부정된다고 볼 수 있다.

③ [O] 구속된 피고인은 형사소송법 제89조의 규정에 따라 타인과 접견할 권리를 가지며 행형법 제62조, 제18조 제1항의 규정에 의하면 교도소에 미결수용된 자는 소장의 허가를 받아 타인과 접견할 수 있으므로(이와 같은 접견권은 헌법상 기본권의 범주에 속하는 것이다) **구속된 피고인이 사전에 접견신청한 자와의 접견을 원하지 않는다는 의사표시를 하였다는 등의 특별한 사정이 없는 한 구속된 피고인은 교도소장의 접견허가거부처분으로 인하여 자신의 접견권이 침해되었음을 주장하여 위 거부처분의 취소를 구할 원고적격을 가진다**(대판 1992.5.8. 91누7552). 즉, 교도소장의 접견허가거부처분의 직접 상대방은 접견신청을 한 장ㅁㅁ이고, 구속된 피고인(김ㅇㅇ)은 거부처분의 상대방이 아닌 제3자에 해당하지만, 구속된 피고인 자신의 접견권이 침해되었음을 이유로 접견허가거부처분의 취소를 구할 법률상 이익(원고적격)이 있다는 의미이다.

④ [O] **원고적격은 소송요건의 하나이므로 사실심 변론 종결시는 물론 상고심에서도 존속하여야** 하고 이를 흠결하면 부적법한 소가 된다(대판 2007.4.12. 2004두7924).

⑤ [O] 원자력법 제12조 제3호(발전용 원자로 및 관계시설의 건설이 국민의 건강·환경상의 위해방지에 지장이 없을 것)의 취지와 원자력법 제11조의 규정에 의한 원자로 및 관계 시설의 건설사업을 환경영향평가대상사업으로 규정하고 있는 구 환경영향평가법 제4조, 구 환경영향평가법시행령 제2조 제2항 [별표 1]의 다의 (4) 규정 및 환경영향평가서의 작성, 주민의 의견 수렴, 평가서 작성에 관한 관계 기관과의 협의, 협의내용을 사업계획에 반영한 여부에 대한 확인·통보 등을 규정하고 있는 위 법 제8조, 제9조 제1항, 제16조 제1항, 제19조 제1항 규정의 내용을 종합하여 보면, 위 환경영향평가법 제7조에 정한 환경영향평가대상지역 안의 주민들이 방사성물질 이외의 원인에 의한 환경침해를 받지 아니하고 생활할 수 있는 이익도 직접적·구체적 이익으로서 그 보호대상으로 삼고 있다고 보이므로, **위 환경영향평가대상지역 안의 주민에게는 방사성물질 이외에 원전냉각수 순환시 발생되는 온배수로 인한 환경침해를 이유로 부지사전승인처분의 취소를 구할 원고적격도 있다**(대판 1998.9.4. 97누19588).

답 ②

항고소송상 원고적격에 관한 판례의 입장으로 옳지 않은 것은?

① 채석허가를 받은 자에 대한 관할 행정청의 채석허가취소처분에 대하여 수허가자의 지위를 양수한 양수인은 그 처분의 취소를 구할 원고적격이 있다.

② 환경부장관이 생태·자연도 1등급 지역을 2등급으로 변경하는 처분에 대해 1등급 권역 인근주민은 이 처분의 무효확인을 구할 원고적격이 없다.

③ 대한의사협회는 보건복지부 고시인 '건강보험요양급여행위 및 그 상대가치점수 개정'의 취소를 구할 원고적격이 없다.

④ 이른바 예탁금회원제 골프장의 기존회원은 골프장시설업자의 회원모집계획서에 대한 시·도지사의 검토결과통보의 취소를 구할 원고적격이 없다.

⑤ 전국고속버스운송사업조합은 도지사의 시외버스운송사업자에 대한 사업계획변경인가처분의 취소를 구할 원고적격이 없다.

· ·

▮해설▮

① [○] 채석허가를 받은 자에 대한 관할 행정청의 채석허가취소처분에 대하여 <u>수허가자의 지위를 양수한 양수인은</u> 그 처분의 취소를 구할 <u>원고적격이 있다</u>(대판 2003.7.11. 2001두6289).

> 산림법 제90조의2 제1항, 제118조 제1항, 같은법시행규칙 제95조의2 등 산림법령이 수허가자의 명의변경제도를 두고 있는 취지는, ··· 채석허가가 대물적 허가의 성질을 아울러 가지고 있고 수허가자의 지위가 사실상 양도·양수되는 점을 고려하여 수허가자의 지위를 사실상 양수한 양수인의 이익을 보호하고자 하는 데 있는 것으로 해석되므로, **수허가자의 지위를 양수받아 명의변경신고를 할 수 있는 양수인의 지위는** 단순한 반사적 이익이나 사실상의 이익이 아니라 **산림법령에 의하여 보호되는 직접적이고 구체적인 이익으로서 법률상 이익**이라고 할 것이고, 채석허가가 유효하게 존속하고 있다는 것이 양수인의 명의변경신고의 전제가 된다는 의미에서 관할 행정청이 양도인에 대하여 채석허가를 취소하는 처분을 하였다면 이는 양수인의 지위에 대한 직접적 침해가 된다고 할 것이므로 **양수인은 채석허가를 취소하는 처분의 취소를 구할 법률상 이익(= 원고적격)을 가진다**(대판 2003.7.11. 2001두6289).

② [○] 환경부장관이 생태·자연도 1등급 지역을 2등급으로 변경하는 처분에 대해 **1등급 권역 인근주민은 이 처분의 무효확인을 구할 원고적격이 없다**(대판 2014.2.21. 2011두29052).

> 생태·자연도의 작성 및 등급변경의 근거가 되는 구 자연환경보전법 제34조 제1항 및 그 시행령 제27조 제1항, 제2항에 의하면, 생태·자연도는 토지이용 및 개발계획의 수립이나 시행에 활용하여 자연환경을 체계적으로 보전·관리하기 위한 것일 뿐, 1등급 권역의 인근 주민들이 가지는 생활상 이익을 직접적이고 구체적으로 보호하기 위한 것이 아님이 명백하고, 1등급 권역의 인근 주민들이 가지는 이익은 환경보호라는 공공의 이익이 달성됨에 따라 반사적으로 얻게 되는 이익에 불과하므로, **근린 주민에 불과한 甲은 생태·자연도 등급권역을 1등급에서 일부는 2등급으로, 일부는 3등급으로 변경한 결정의 무효 확인을 구할 원고적격이 없다**고 본 원심판단을 수긍한 사례(대판 2014.2.21. 2011두29052).

③ [O] **사단법인 대한의사협회**는 보건복지부 고시인 '건강보험요양급여행위 및 그 상대가치점수 개정'의 취소를 구할 **원고적격이 없다**(대판 2006.5.25. 2003두11988). ☞ 단체(사단법인 대한의사협회)의 구성원(의사들)의 법률상 이익의 침해가 문제된 사안일 뿐 그 단체(사단법인 대한의사협회)의 법률상 이익이 침해된 경우가 아니므로 원고적격이 인정되지 않는다.

> **사단법인 대한의사협회**는 의료법에 의하여 의사들을 회원으로 하여 설립된 사단법인으로서, 국민건강보험법상 요양급여행위, 요양급여비용의 청구 및 지급과 관련하여 직접적인 법률관계를 갖지 않고 있으므로, **보건복지부 고시인 '건강보험요양급여행위 및 그 상대가치점수 개정'**으로 인하여 자신의 법률상 이익을 침해당하였다고 할 수 없다는 이유로 위 고시의 취소를 구할 원고적격이 없다고 한 사례(대판 2006.5.25. 2003두11988).

④ [×] 이른바 **예탁금회원제 골프장의 기존회원**은 골프장시설업자의 회원모집계획서에 대한 시·도지사의 검토결과 통보의 취소를 구할 **원고적격이 인정된다**(대판 2009.2.26. 2006두16243). ☞ 회원모집계획서에 대한 시·도지사의 검토결과 통보의 직접 상대방은 회사이고, 기존회원은 제3자에 해당하지만 원고적격을 인정한 사례이다.

⑤ [O] **전국고속버스운송사업조합**은 도지사의 시외버스운송사업자에 대한 사업계획변경인가처분의 취소를 구할 **원고적격이 없다**(대판 1990.2.9. 89누4420). ☞ 단체(전국고속버스운송사업조합)의 구성원(고속버스운송사업자들)의 법률상 이익의 침해가 문제된 사안일 뿐 그 단체(전국고속버스운송사업조합)의 법률상 이익이 침해된 경우가 아니므로 원고적격이 인정되지 않는다.

답 ④

23 세무사 2022

☑ 확인Check! ○ △ ×

판례상 항고소송에서 제3자의 원고적격이 부정된 것은?

① 임대주택 분양전환승인처분에 대하여 취소를 구하는 임차인대표회의
② 약사들에 대한 한약조제시험 합격처분의 무효확인을 구하는 한의사
③ 환경영향평가 대상사업 허가처분의 무효확인을 구하는 당해 환경영향평가 대상지역 안의 주민
④ 시외버스를 시내버스로 전환하는 사업계획변경인가처분으로 인하여 노선이 중복되어 그 인가처분의 취소를 구하는 기존의 시내버스운송업자
⑤ 공장설립으로 수질오염발생 우려가 있는 취수장에서 물을 공급받는 주민이 당해 공장설립 승인처분의 취소를 구하는 경우

▮ 해설 ▮

① [O] 임차인대표회의도 당해 주택에 거주하는 임차인과 마찬가지로 임대주택의 분양전환과 관련하여 그 승인의 근거 법률인 구 임대주택법에 의하여 보호되는 구체적이고 직접적인 이익이 있다고 봄이 상당하다. 따라서 **임차인대표회의**는 행정청의 **분양전환승인처분**이 승인의 요건을 갖추지 못하였음을 주장하여 그 **취소소송을 제기할 원고적격이 있다**고 보아야 한다(대판 2010.5.13. 2009두19168).

② [×] 한의사 면허는 경찰금지를 해제하는 명령적 행위(**강학상 허가**)에 해당하고, 한약조제시험을 통하여 약사에게 한약조제권을 인정함으로써 한의사들의 영업상 이익이 감소되었다고 하더라도 이러한 이익은 **사실상의 이익에 불과**하고 약사법이나 의료법 등의 법률에 의하여 보호되는 이익이라고는 볼 수 없으므로, **한의사들**이 한약조제시험을 통하여 한약조제권을 인정받은 약사들에 대한 합격처분의 무효확인을 구하는 당해 소는 **원고적격이 없는** 자들이 **제기한 소로서 부적법**하다(대판 1998.3.10. 97누4289).

③ [O] 공유수면매립면허처분과 농지개량사업 시행인가처분의 근거 법규 또는 관련 법규가 되는 구 공유수면매립법, 구 농촌근대화촉진법, 구 환경보전법, 구 환경보전법 시행령, 구 환경정책기본법, 구 환경정책기본법 시행령의 각 관련 규정의 취지는, 공유수면매립과 농지개량사업시행으로 인하여 직접적이고 중대한 환경피해를 입으리라고 예상되는 **환경영향평가 대상지역 안의 주민들**이 전과 비교하여 수인한도를 넘는 환경침해를 받지 아니하고 쾌적한 환경에서 생활할 수 있는 개별적 이익까지도 이를 보호하려는 데에 있다고 할 것이므로, 위 **환경영향평가 대상지역 안의 주민들**이 공유수면매립면허처분 등과 관련하여 갖고 있는 위와 같은 환경상의 이익은 주민 개개인에 대하여 개별적으로 보호되는 직접적·구체적 이익으로서 그들에 대하여는 특단의 사정이 없는 한 환경상의 이익에 대한 침해 또는 침해우려가 있는 것으로 **사실상 추정되어 공유수면매립면허처분 등의 무효확인을 구할 원고적격이 인정된** 다(대판 2006.3.16. 2006두330[전합]).

④ [O] 시내버스운송사업과 시외버스운송사업은 다 같이 운행계통을 정하고 여객을 운송하는 노선여객자동차운송사업에 속하므로, 위 두 운송사업이 면허기준, 준수하여야 할 사항, 중간경유지, 기점과 종점, 운행방법, 이용요금 등에서 달리 규율된다는 사정만으로 본질적인 차이가 있다고 할 수는 없으며, (시외버스를 시내버스로 전환하는) 시외버스운송사업계획변경인가처분으로 인하여 기존의 시내버스운송사업자의 노선 및 운행계통과 시외버스운송사업자들의 그것들이 일부 중복되게 되고 기존업자의 수익감소가 예상된다면, **기존의 시내버스운송사업자와 시외버스 운송사업자들은 경업관계에 있는 것으로** 봄이 상당하다 할 것이어서 **기존의 시내버스운송사업자에게 시외버스운송 사업계획변경인가처분의 취소를 구할 법률상의 이익(= 원고적격)이 있다**(대판 2002.10.25. 2001두4450).

⑤ [O] 김해시장이 소감천을 통해 낙동강에 합류하는 하천수 주변의 토지에 구 산업집적활성화 및 공장설립에 관한 법률 제13조에 따라 공장설립을 승인하는 처분을 한 사안에서, 상수원인 물금취수장이 소감천이 흘러 내려 낙동강 본류와 합류하는 지점 근처에 위치하고 있는 점, 수돗물은 수도관 등 급수시설에 의해 공급되는 것이어서 거주지역이 물금취수장으로부터 다소 떨어진 곳이라고 하더라도 수돗물의 수질악화 등으로 주민들이 갖게 되는 환경상 이익의 침해나 그 우려는 그 수돗물을 공급하는 취수시설이 입게 되는 수질오염 등의 피해나 그 우려와 동일하게 평가될 수 있는 점 등에 비추어, **공장설립으로 수질오염 등이 발생할 우려가 있는 물금취수장에서 취수된 물을 공급받는 부산광역시 또는 양산시에 거주하는 주민들도** 위 처분의 근거 법규 및 관련 법규에 의하여 개별적·구체적·직접적 으로 보호되는 환경상 이익, 즉 법률상 보호되는 이익이 침해되거나 침해될 우려가 있는 주민으로서 **원고적격이 인정된다**고 한 사례(대판 2010.4.15. 2007두16127). ☞ 환경관련 소송에서 원고적격을 인정함에 있어서 영향권의 범위 내에 거주하는 자는 원고적격이 추정되는데, **취수장으로부터 상당한 거리가 떨어진 곳에 거주하는 자라도 수도관을 통해 수돗물을 공급받는 경우 영향권 내에 있는 것으로 본 사례**이다.

답 ②

24

☑ 확인 Check! ○ △ ✕

판례상 항고소송의 원고적격이 인정되는 것은?

① 구「담배사업법」에 따른 기존 일반소매인이 신규 구내소매인 지정처분의 취소를 구하는 경우

② 숙박업구조변경허가처분에 대하여 인근의 기존 숙박업자가 그 취소를 구하는 경우

③ 재단법인인 수녀원이 공유수면매립목적 변경 승인처분에 대하여 환경상 이익의 침해를 이유로 무효확인을 구하는 경우

④ 구「임대주택법」상 임차인대표회의가 임대주택 분양전환승인처분에 대하여 취소를 구하는 경우

⑤ 외국인이 사증발급 거부처분에 대하여 취소를 구하는 경우

┃해설┃

① [✕] 구「담배사업법」에 따른 기존 일반소매인이 **신규 구내소매인 지정처분의 취소를 구하는 경우, 기존 일반소매인은 원고적격이 없다**(대판 2008.4.10. 2008두402).

> 구 담배사업법과 그 시행령 및 시행규칙의 관계 규정에 의하면, 담배소매인을 일반소매인과 구내소매인으로 구분하여, ㉠ **일반소매인 사이에서는** 그 영업소 간에 군청, 읍·면사무소가 소재하는 리 또는 동지역에서는 50m, 그 외의 지역에서는 100m 이상의 거리를 유지하도록 규정하는 등 **일반소매인의 영업소 간에 일정한 거리제한을 두고 있는데,** 이는 담배유통구조의 확립을 통하여 국민의 건강과 관련되고 국가 등의 주요 세원이 되는 담배산업 전반의 건전한 발전 도모 및 국민경제에의 이바지라는 공익목적을 달성하고자 함과 동시에 일반소매인 간의 과당경쟁으로 인한 불합리한 경영을 방지함으로써 일반소매인의 경영상 이익을 보호하는 데에도 그 목적이 있다고 보이므로, **일반소매인으로 지정되어 영업을 하고 있는 기존업자의 신규 일반소매인에 대한 이익은 단순한 사실상의 반사적 이익이 아니라 법률상 보호되는 이익으로서 기존 일반소매인이 신규 일반소매인 지정처분의 취소를 구할 원고적격이 있다고 보아야 할 것이나,** ㉡ 한편 **구내소매인과 일반소매인 사이에서는 구내소매인의 영업소와 일반소매인의 영업소 간에 거리제한을 두지 아니할 뿐 아니라** 건축물 또는 시설물의 구조·상주인원 및 이용인원 등을 고려하여 동일 시설물 내 2개소 이상의 장소에 구내소매인을 지정할 수 있으며, 이 경우 일반소매인이 지정된 장소가 구내소매인 지정대상이 된 때에는 동일 건축물 또는 시설물 안에 지정된 일반소매인은 구내소매인으로 보고, 구내소매인이 지정된 건축물 등에는 일반소매인을 지정할 수 없으며, 구내소매인은 담배진열장 및 담배소매점 표시판을 건물 또는 시설물의 외부에 설치하여서는 아니 된다고 규정하는 등 일반소매인의 입장에서 구내소매인과의 과당경쟁으로 인한 경영의 불합리를 방지하는 것을 그 목적으로 할 수 있다고 보기 어려우므로, **일반소매인으로 지정되어 영업을 하고 있는 기존업자의 신규 구내소매인에 대한 이익은 법률상 보호되는 이익이 아니라 단순한 사실상의 반사적 이익이라고 해석함이 상당하므로, 기존 일반소매인은 신규 구내소매인 지정처분의 취소를 구할 원고적격이 없다**(대판 2008.4.10. 2008두402).

② [✕] 이 사건 건물의 4, 5층 일부에 객실을 설비할 수 있도록 숙박업구조변경허가를 함으로써 **그곳으로부터 50미터 내지 700미터 정도의 거리에서 여관을 경영하는 원고들이 받게 될 불이익은 간접적이거나 사실적, 경제적인 불이익에 지나지 아니하므로 그것만으로는 원고들에게 위 숙박업구조변경허가처분의 무효확인 또는 취소를 구할 소익이 있다고 할 수 없다**(대판 1990.8.14. 89누7900). ☞ 넓은 의미의 소의 이익(= 소익)에는 ㉠ 원고적격, ㉡ 대상저격, ㉢ 협의의 소의 이익이 포함된다. 판례에서 소익은 원고적격(= 법률상 이익)의 의미로 볼 수 있다.

③ [×] 재단법인인 수녀원이 공유수면매립목적 변경 승인처분에 대하여 환경상 이익의 침해를 이유로 무효확인을 구하는 경우, 재단법인인 수녀원은 원고적격이 인정되지 않는다.

> 재단법인 甲 수녀원이, 매립목적을 택지조성에서 조선시설용지로 변경하는 내용의 공유수면매립목적 변경 승인처분으로 인하여 법률상 보호되는 환경상 이익을 침해받았다면서 행정청을 상대로 처분의 무효 확인을 구하는 소송을 제기한 사안에서, 공유수면매립목적 변경 승인처분으로 甲 수녀원에 소속된 수녀 등이 쾌적한 환경에서 생활할 수 있는 환경상 이익을 침해받는다고 하더라도 이를 가리켜 곧바로 甲 수녀원의 법률상 이익이 침해된다고 볼 수 없고, 자연인이 아닌 甲 수녀원은 쾌적한 환경에서 생활할 수 있는 이익을 향수할 수 있는 주체가 아니므로 위 처분으로 위와 같은 생활상의 이익이 직접적으로 침해되는 관계에 있다고 볼 수도 없으며, 위 처분으로 환경에 영향을 주어 甲 수녀원이 운영하는 쨈 공장에 직접적이고 구체적인 재산적 피해가 발생한다거나 甲 수녀원이 폐쇄되고 이전해야 하는 등의 피해를 받거나 받을 우려가 있다는 점 등에 관한 증명도 부족하다는 이유로, **甲 수녀원에 처분의 무효 확인을 구할 원고적격이 없다**고 한 사례(대판 2012.6.28. 2010두2005).

④ [○] 구「임대주택법」상 임차인대표회의가 임대주택 분양전환승인처분에 대하여 취소를 구하는 경우, **임차인대표회의는 원고적격이 인정**된다(대판 2010.5.13. 2009두19168).

> 구 임대주택법 제21조 제5항, 제9항, 제34조, 제35조 규정의 내용과 입법 경위 및 취지 등에 비추어 보면, **임차인대표회의도** 당해 주택에 거주하는 임차인과 마찬가지로 임대주택의 분양전환과 관련하여 그 승인의 근거 법률인 구 임대주택법에 의하여 보호되는 구체적이고 직접적인 이익이 있다고 봄이 상당하다. 따라서 **임차인대표회의는** 행정청의 **분양전환승인처분**이 승인의 요건을 갖추지 못하였음을 주장하여 그 **취소소송을 제기할 원고적격이 있다**고 보아야 한다(대판 2010.5.13. 2009두19168).

⑤ [×] 사증발급의 법적 성질, 출입국관리법의 입법 목적, 사증발급 신청인의 대한민국과의 실질적 관련성, 상호주의원칙 등을 고려하면, 우리 출입국관리법의 해석상 **외국인에게는 사증발급 거부처분의 취소를 구할 법률상 이익이 인정되지 않는다**(대판 2018.5.15. 2014두42506).

> 체류자격 및 사증발급의 기준과 절차에 관한 출입국관리법과 그 하위법령의 위와 같은 규정들은, 대한민국의 출입국 질서와 국경관리라는 공익을 보호하려는 취지일 뿐, 외국인에게 대한민국에 입국할 권리를 보장하거나 대한민국에 입국하고자 하는 외국인의 사익까지 보호하려는 취지로 해석하기는 어렵다. **사증발급 거부처분을 다투는 외국인은** 아직 대한민국에 입국하지 않은 상태에서 대한민국에 입국하게 해달라고 주장하는 것으로, **대한민국과의 실질적 관련성 내지 대한민국에서 법적으로 보호가치 있는 이해관계를 형성한 경우는 아니어서**, 해당 처분의 취소를 구할 **법률상 이익을 인정하여야 할 법정책적 필요성도 크지 않다.** 반면, 국적법상 귀화불허가처분이나 출입국관리법상 체류자격변경 불허가처분, 강제퇴거명령 등을 다투는 외국인은 대한민국에 적법하게 입국하여 상당한 기간을 체류한 사람이므로, 이미 대한민국과의 실질적 관련성 내지 대한민국에서 법적으로 보호가치 있는 이해관계를 형성한 경우이어서, 해당 처분의 취소를 구할 법률상 이익이 인정된다고 보아야 한다(대판 2018.5.15. 2014두42506).

 ④

항고소송의 소의 이익에 관한 설명으로 옳지 않은 것은? (다툼이 있으면 판례에 따름)

① '법률상 이익'에는 취소를 통하여 구제되는 기본적인 법률상 이익뿐만 아니라 부수적인 법률상 이익도 포함된다.

② 취소소송에 의해 보호되는 이익은 현실적인 이익이어야 한다.

③ 원자로건설허가처분이 있은 후에 원자로부지 사전승인처분의 취소소송을 제기하는 경우 소의 이익이 인정되지 않는다.

④ 강학상 인가의 경우 기본행위의 하자를 이유로 인가처분의 취소를 구하는 소송은 소의 이익이 인정되지 않는다.

⑤ 원고가 처분이 위법하다는 점에 대한 취소판결을 받아 피고에 대한 손해배상청구소송에서 이를 원용할 수 있는 이익은 소의 이익에 해당한다.

▌해설▐

① [○] (협의의) 소의 이익이란 원고가 본안판결을 구하는 것을 정당화시킬 수 있는 현실적 이익을 말한다. 소의 이익을 '권리보호의 필요'라고도 한다. (협의의) 소의 이익을 필요로 하는 이유는 남소를 막고, 권리구제를 위하여 본안판결이 필요로 하는 사건에 법원의 능력을 집중할 수 있도록 하기 위한 것이다. 그러나 (협의의) 소의 이익을 과도하게 좁히면 원고의 재판을 받을 권리(= 본안판단을 받을 권리)를 부당하게 제한하는 것이 된다. **현행 행정소송법 제12조 후문(제2문)은** "처분등의 효과가 기간의 경과, 처분등의 집행 그 밖의 사유로 인하여 소멸된 뒤에도 그 처분등의 취소로 인하여 회복되는 법률상 이익이 있는 자의 경우에는 또한 같다"라고 하여, **취소소송에서의 협의의 소의 이익을 규정**하고 있다(통설·판례). 행정소송법 제12조 후문의 '회복되는 법률상 이익'의 의미를 제12조 전문의 '법률상 이익'과 동일하게 보는 견해도 있으나, **제12조 후문의 '회복되는 법률상 이익'은 취소소송을 통하여 구제되는 기본적인 법률상 이익뿐만 아니라 '부적 이익'도 포함한다고 보는 점에서 원고적격에서의 법률상 이익보다 넓은 개념으로 보는 것**이 일반적인 입장이다. 판례의 입장도 동일하다(대판 2012.2.23. 2011두5001; 대판 2007.7.19. 2006두19297[전합]).

> 해임처분 무효확인 또는 취소소송 계속 중 임기가 만료되어 해임처분의 무효확인 또는 취소로 지위를 회복할 수는 없다고 할지라도, **그 무효확인 또는 취소로 해임처분일부터 임기만료일까지 기간에 대한 보수 지급을 구할 수 있는 경우에는 해임처분의 무효확인 또는 취소를 구할 법률상 이익이 있다.** 해임권자와 보수지급의무자가 다른 경우에도 마찬가지이다(대판 2012.2.23. 2011두5001). ☞ 그 무효확인 또는 취소로 해임처분일부터 임기만료일까지 기간에 대한 보수 지급을 구할 수 있는 이익이 '부수적 이익'에 해당한다.

② [○] 취소소송에서 (협의의) 소의 이익은 다툼의 대상이 된 처분의 취소를 구할 현실적 법률상 이익이 있는지 여부를 기준으로 판단한다. 즉, **취소소송에 의해 보호되는 이익은 현실적인 이익이어야 한다.** 막연한 이익이나 추상적 이익 또는 과거의 이익만으로 소의 이익을 인정할 수 없다. 또한 보다 실효적인 구제수단이 있는 경우에도 소의 이익은 부정된다(박균성, 행정법강의 제21판, 848면, 851면).

③ [○] **원자로 및 관계 시설의 부지사전승인처분은** 그 자체로서 건설부지를 확정하고 사전공사를 허용하는 법률효과를 지닌 독립한 행정처분이기는 하지만, 건설허가 전에 신청자의 편의를 위하여 미리 그 건설허가의 일부 요건을 심사하여 행하는 사전적 부분 건설허가처분의 성격을 갖고 있는 것이어서 **나중에 건설허가처분이 있게 되면 그 건설허가처분에 흡수되어 독립된 존재가치를 상실함으로써 그 건설허가처분만이 쟁송의 대상이 되는 것이므로, 부지사전승인처분의 취소를 구하는 소는 소의 이익을 잃게 되고,** 따라서 부지사전승인처분의 위법성은 나중에 내려진 건설허가처분의 취소를 구하는 소송에서 이를 다투면 된다(대판 1998.9.4. 97누19588).

④ [O] 인가는 기본행위인 재단법인의 정관변경에 대한 법률상의 효력을 완성시키는 보충행위로서, 그 기본이 되는 정관변경 결의에 하자가 있을 때에는 그에 대한 인가가 있었다 하여도 기본행위인 정관변경 결의가 유효한 것으로 될 수 없으므로 기본행위인 정관변경 결의가 적법 유효하고 보충행위인 인가처분 자체에만 하자가 있다면 그 인가처분의 무효나 취소를 주장할 수 있지만, 인가처분에 하자가 없다면 **기본행위에 하자가 있다 하더라도** 따로 그 기본행위의 하자를 다투는 것은 별론으로 하고 **기본행위의 무효를 내세워 바로 그에 대한 행정청의 인가처분의 취소 또는 무효확인을 소구할 법률상의 이익이 없다**(대판 1996.5.16. 95누4810[전합]).

⑤ [×] 원고가 처분이 위법하다는 점에 대한 취소판결을 받아 피고에 대한 손해배상청구소송에서 이를 원용할 수 있는 이익은 소의 이익에 해당하지 않는다(대판 2002.1.11. 2000두2457).

> 원심은 피고는 원고의 소음·진동배출시설(이하 '배출시설'이라 한다)이 배출허용기준을 초과함에 따라 소음·진동규제법에 따른 개선명령을 하였으나 이에 불응하여 조업정지명령을 한 사실, 조업정지기간 중에도 2회에 걸쳐 조업을 한 원고의 위반행위를 적발하여 배출시설 폐쇄 및 배출시설 설치허가를 취소하는 이 사건 처분을 한 사실, 위 처분 이후 그 배출시설이 설치된 원고 공장의 부지에 대한 국유지 사용·수익허가기간이 만료되고 그 연장이 이루어지지 않았음에도 원고가 그 부지 관리청인 서울지방철도청장의 반환요구에 불응함에 따라, 서울지방철도청장의 철거대집행에 의하여 위 공장과 함께 위 배출시설이 철거된 사실을 인정한 다음, 이 사건 처분을 취소하여도 위 배출시설을 재가동하는 것이 불가능하여 이 사건 처분 이전의 상태로 원상회복할 수 없게 되었고, **설령 원고가 이 사건 처분이 위법하다는 점에 대한 판결을 받아 피고에 대한 손해배상청구소송에서 이를 원용할 수 있다거나 위 배출시설을 다른 지역으로 이전하는 경우 행정상의 편의를 제공받을 수 있는 이익이 있다 하더라도, 그러한 이익은 사실적·경제적 이익에 불과하여 이 사건 처분의 취소를 구할 법률상 이익에 해당하지 않는다고 판단하였다.** 배출시설에 대한 설치허가가 취소된 후 그 배출시설이 어떠한 경위로든 철거되어 다시 복구 등을 통하여 배출시설을 가동할 수 없는 상태라면 이는 배출시설 설치허가의 대상이 되지 아니하므로 외형상 설치허가취소행위가 잔존하고 있다고 하여도 특단의 사정이 없는 한 이제 와서 굳이 위 처분의 취소를 구할 법률상의 이익이 없다 할 것이므로, 그 취소를 구하는 소는 소의 이익이 없어 부적법하다고 할 것이다. 같은 취지에서 **이 사건 처분의 취소와 관련하여 법률에 의하여 보호되는 직접적·구체적 이익이 없다고 본 원심판결은 옳고,** 거기에 상고이유 주장과 같은 법리오해 등의 위법이 없다. 상고이유 주장은 이유 없다(대판 2002.1.11. 2000두2457).

답 ⑤

26 세무사 2020 ☑확인 Check! ○ △ ×

판례상 취소소송의 소의 이익이 인정되지 않는 것은?

① 현역병입영대상자가 입영한 후에 현역입영통지처분의 취소를 구하는 경우
② 지방의회 의원에 대한 제명의결처분 취소소송 계속 중 그 의원의 임기가 만료된 경우
③ 행정청이 과징금 부과처분을 한 후 부과처분의 하자를 이유로 감액처분을 한 경우, 감액된 부분에 대한 부과처분의 취소를 구하는 경우
④ 행정처분에 대한 취소소송 계속 중 처분청이 다툼의 대상이 되는 행정처분을 직권취소하였음에도 불구하고 완전한 원상회복이 이루어지지 않아 취소로써 회복할 수 있는 다른 권리나 이익이 남아 있는 경우
⑤ 경원관계에서 경원자에 대한 수익적 처분의 취소를 구하지 아니하고 자신에 대한 거부처분의 취소만을 구하는 경우

해설

① [O] 병역법 제2조 제1항 제3호에 의하면 '입영'이란 병역의무자가 징집·소집 또는 지원에 의하여 군부대에 들어가는 것이고, 같은 법 제18조 제1항에 의하면 현역은 입영한 날부터 군부대에서 복무하도록 되어 있으므로 현역병입영통지처분에 따라 현실적으로 입영을 한 경우에는 그 처분의 집행은 종료되지만, 한편, 입영으로 그 처분의 목적이 달성되어 실효되었다는 이유로 다툴 수 없도록 한다면, 병역법상 현역입영대상자로서는 현역병입영통지처분이 위법하다 하더라도 법원에 의하여 그 처분의 집행이 정지되지 아니하는 이상 현실적으로 입영을 할 수밖에 없으므로 현역병입영통지처분에 대하여는 불복을 사실상 원천적으로 봉쇄하는 것이 되고, 또한 현역입영대상자가 입영하여 현역으로 복무하는 과정에서 현역병입영통지처분 외에는 별도의 다른 처분이 없으므로 입영한 이후에는 불복할 아무런 처분마저 없게 되는 결과가 되며, 나아가 입영하여 현역으로 복무하는 자에 대한 병적을 당해 군 참모총장이 관리한다는 것은 입영 및 복무의 근거가 된 현역병입영통지처분이 적법함을 전제로 하는 것으로서 그 처분이 위법한 경우까지를 포함하는 의미는 아니라고 할 것이므로, **현역입영대상자로서는 현실적으로 입영을 하였다고 하더라도, 입영 이후의 법률관계에 영향을 미치고 있는 현역병입영통지처분 등을 한 관할지방병무청장을 상대로 위법을 주장하여 그 취소를 구할 소송상의 이익이 있다**(대판 2003.12.26. 2003두1875).

② [O] 지방의회 의원에 대한 제명의결 취소소송 계속 중 의원의 임기가 만료된 사안에서, 제명의결의 취소로 의원의 지위를 회복할 수는 없다 하더라도 **제명의결 시부터 임기만료일까지의 기간에 대한 월정수당의 지급을 구할 수 있는 등 여전히 그 제명의결의 취소를 구할 법률상 이익이 있다**고 본 사례(대판 2009.1.30. 2007두13487).

③ [×] 행정처분을 한 처분청은 처분에 하자가 있는 경우에는 별도의 법적 근거가 없더라도 스스로 이를 취소하거나 변경할 수 있는바, 과징금 부과처분에서 행정청이 납부의무자에 대하여 부과처분을 한 후 부과처분의 하자를 이유로 과징금의 액수를 감액하는 경우에 감액처분은 감액된 과징금 부분에 관하여만 법적 효과가 미치는 것으로서 당초 부과처분과 별개 독립의 과징금 부과처분이 아니라 실질은 당초 부과처분의 변경이고, 그에 의하여 과징금의 일부취소라는 납부의무자에게 유리한 결과를 가져오는 처분이므로 당초 부과처분이 전부 실효되는 것은 아니다. 따라서 **감액처분에 의하여 감액된 부분에 대한 부과처분 취소청구는 이미 소멸하고 없는 부분에 대한 것으로서 소의 이익이 없어 부적법하다**(대판 2017.1.12. 2015두2352).

④ [O] 행정처분의 무효확인 또는 취소를 구하는 소가 제소 당시에는 소의 이익이 있어 적법하였더라도, 소송 계속 중 처분청이 다툼의 대상이 되는 행정처분을 직권으로 취소하면 그 처분은 효력을 상실하여 더 이상 존재하지 않는 것이므로, 존재하지 않는 그 처분을 대상으로 한 항고소송은 원칙적으로 소의 이익이 소멸하여 부적법하다. 다만 **처분청의 직권취소에도 불구하고 완전한 원상회복이 이루어지지 않아 무효확인 또는 취소로써 회복할 수 있는 다른 권리나 이익이 남아 있거나** 또는 동일한 소송 당사자 사이에서 그 행정처분과 동일한 사유로 위법한 처분이 반복될 위험성이 있어 행정처분의 위법성 확인 내지 불분명한 법률문제에 대한 해명이 필요한 경우 행정의 적법성 확보와 그에 대한 사법통제, 국민의 권리구제의 확대 등의 측면에서 **예외적으로 그 처분의 취소를 구할 소의 이익을 인정할 수 있을 뿐이다**(대판 2019.6.27. 2018두49130).

⑤ [O] **인가·허가 등 수익적 행정처분을 신청한 여러 사람이 서로 경원관계에 있어서 한 사람에 대한 허가 등 처분이 다른 사람에 대한 불허가 등으로 귀결될 수밖에 없을 때 허가 등 처분을 받지 못한 사람은 신청에 대한 거부처분의 직접 상대방으로서 원칙적으로 자신에 대한 거부처분의 취소를 구할 원고적격이 있고**, 취소판결이 확정되는 경우 판결의 직접적인 효과로 경원자에 대한 허가 등 처분이 취소되거나 효력이 소멸되는 것은 아니더라도 행정청은 취소판결의 기속력에 따라 판결에서 확인된 위법사유를 배제한 상태에서 취소판결의 원고와 경원자의 각 신청에 관하여 처분요건의 구비 여부와 우열을 다시 심사하여야 할 의무가 있으며, 재심사 결과 경원자에 대한 수익적 처분이 직권취소되고 취소판결의 원고에게 수익적 처분이 이루어질 가능성을 완전히 배제할 수는 없으므로, **특별한 사정이 없는 한 경원관계에서 허가 등 처분을 받지 못한 사람은 자신에 대한 거부처분의 취소를 구할 (협의의) 소의 이익이 있다**(대판 2015.10.29. 2013두27517). ☞ 경원자관계에 있는 자는 타인에 대한 인가·허가 등 수익적 행정처분의 취소를 구하거나(경원자소송), 자신에 대한 거부처분의 취소를 구할 수 있고(거부처분취소소송), 양자를 관련청구소송으로 병합하여 제기할 수도 있다(행정소송법 제10조 제2항).

답 ③

판례에 의할 때 특별한 사정이 없는 한 소의 이익이 인정되는 경우는?

① 거부처분을 취소하는 재결에 따른 후속처분이 아니라 그 재결의 취소를 구하는 경우
② 사업양도에 따른 지위승계신고가 수리된 경우 사업양도가 무효라는 이유로 그 수리처분의 무효확인을 구하는 경우
③ 취소소송의 계속 중 행정청이 해당 처분을 직권으로 취소한 경우
④ 지방자치단체의 계약직공무원이 계약해지에 대해서 계약기간 만료 이후에 무효확인소송을 제기한 경우
⑤ 조례의 근거 없이 이루어진 지방의료원의 폐업결정 이후 해당 조례가 적법하게 제정된 경우 그 폐업결정에 대한 취소를 구하는 경우

┃해설┃

① [×] 거부처분이 재결에서 취소된 경우 재결에 따른 후속처분이 아니라 **그 재결의 취소를 구하는 것은 실효적이고 직접적인 권리구제수단이 될 수 없어 분쟁해결의 유효적절한 수단이라고 할 수 없으므로 법률상 이익이 없다**(대판 2017.10.31. 2015두45045).

② [○] 사업양도·양수에 따른 허가관청의 지위승계신고의 수리는 적법한 사업의 양도·양수가 있었음을 전제로 하는 것이므로 그 수리대상인 사업양도·양수가 존재하지 아니하거나 무효인 때에는 수리를 하였다 하더라도 그 수리는 유효한 대상이 없는 것으로서 당연히 무효라 할 것이고, **사업의 양도행위가 무효라고 주장하는 양도자는** 민사쟁송으로 양도·양수행위의 무효를 구함이 없이 막바로 허가관청을 상대로 하여 **행정소송으로 위 (지위승계)신고 수리처분의 무효확인을 구할 법률상 이익이 있다**(대판 2005.12.23. 2005두3554).

③ [×] 행정처분을 다툴 소의 이익은 개별·구체적 사정을 고려하여 판단하여야 한다. 행정처분의 무효확인 또는 취소를 구하는 소가 제소 당시에는 소의 이익이 있어 적법하였더라도, **소송 계속 중 처분청이 다툼의 대상이 되는 행정처분을 직권으로 취소하면 그 처분은 효력을 상실하여 더 이상 존재하지 않는 것이므로, 존재하지 않는 처분을 대상으로 한 항고소송은 원칙적으로 소의 이익이 소멸하여 부적법하다고 보아야 한다**(대판 2020.4.9. 2019두49953).

④ [×] **지방자치단체와 채용계약에 의하여 채용된 계약직공무원이 그 계약기간 만료 이전에 채용계약 해지 등의 불이익을 받은 후 그 계약기간이 만료된 때에는** 그 채용계약 해지의 의사표시가 무효라고 하더라도, 지방공무원법이나 지방계약직공무원규정 등에서 계약기간이 만료되는 계약직공무원에 대한 재계약의무를 부여하는 근거규정이 없으므로 계약기간의 만료로 당연히 계약직공무원의 신분을 상실하고 계약직공무원의 신분을 회복할 수 없는 것이므로, **그 해지의사표시의 무효확인청구는 과거의 법률관계의 확인청구에 지나지 않는다 할 것이고**, 한편 과거의 법률관계라 할지라도 현재의 권리 또는 법률상 지위에 영향을 미치고 있고 현재의 권리 또는 법률상 지위에 대한 위험이나 불안을 제거하기 위하여 그 법률관계에 관한 확인판결을 받는 것이 유효 적절한 수단이라고 인정될 때에는 그 법률관계의 확인소송은 즉시확정의 이익이 있다고 보아야 할 것이나, 계약직공무원에 대한 채용계약이 해지된 경우에는 공무원 등으로 임용되는 데에 있어서 법령상의 아무런 제약사유가 되지 않을 뿐만 아니라, 계약기간 만료 전에 채용계약이 해지된 전력이 있는 사람이 공무원 등으로 임용되는 데에 있어서 그러한 전력이 없는 사람보다 사실상 불이익한 장애사유로 작용한다고 하더라도 그것만으로는 법률상의 이익이 침해되었다고 볼 수는 없으므로 **그 무효확인을 구할 이익이 없다**(대판 2002.11.26. 2002두1496).

⑤ [×] 甲 도지사가 도에서 설치·운영하는 乙 지방의료원을 폐업하겠다는 결정을 발표하고 그에 따라 폐업을 위한 일련의 조치가 이루어진 후 乙 지방의료원을 해산한다는 내용의 조례를 공포하고 乙 지방의료원의 청산절차가 마쳐진 사안에서, 지방의료원의 설립·통합·해산은 지방자치단체의 조례로 결정할 사항이므로, 도가 설치·운영하는 乙 지방의료원의 폐업·해산은 도의 조례로 결정할 사항인 점 등을 종합하면, **甲 도지사의 폐업결정**은 행정청이 행하는 구체적 사실에 관한 법집행으로서의 공권력 행사로서 입원환자들과 소속 직원들의 권리·의무에 직접 영향을 미치는 것이므로 **항고소송의 대상에 해당하지만**, 폐업결정 후 乙 지방의료원을 해산한다는 내용의 조례가 제정·시행되었고 조례가 무효라고 볼 사정도 없어 乙 지방의료원을 폐업 전의 상태로 되돌리는 원상회복은 불가능하므로 법원이 폐업결정을 취소하더라도 단지 폐업결정이 위법함을 확인하는 의미밖에 없고, 폐업결정의 취소로 회복할 수 있는 다른 권리나 이익이 남아있다고 보기도 어려우므로, **甲 도지사의 폐업결정이 법적으로 권한 없는 자에 의하여 이루어진 것으로서 위법하더라도 취소를 구할 소의 이익을 인정하기 어렵다**고 한 사례(대판 2016.8.30, 2015두 60617).

답 ②

28 세무사 **2022**   ☑ 확인 Check! ○ △ ✕

취소소송에서의 소의 이익에 관한 설명으로 옳은 것은? (다툼이 있으면 판례에 따름)

① 행정청이 공무원에 대하여 새로운 직위해제사유에 기하여 직위해제처분을 한 경우, 그 공무원에게는 이전의 직위해제처분의 취소를 구할 소의 이익이 인정된다.

② 건물의 신축과정에서 피해를 입은 인접주택 소유자는 신축건물에 대한 사용검사(사용승인)처분의 취소를 구할 소의 이익이 있다.

③ 해임처분 취소소송 계속 중 임기가 만료된 경우에도 그 취소로 해임처분일부터 임기만료일까지 기간에 대한 보수지급을 구할 수 있는 경우라면 해임처분의 취소를 구할 소의 이익이 인정된다.

④ 가중 제재처분 규정이 있는 의료법에 의해 의사면허자격정지처분을 받은 경우 자격정지기간이 지난 후에는 의사면허자격정지처분의 취소를 구할 소의 이익이 인정되지 아니한다.

⑤ 치과의사국가시험에 불합격한 후 새로 실시된 국가시험에 합격한 경우에도 명예 등의 인격적 이익이 침해되었음을 이유로 불합격처분의 취소를 구할 소의 이익이 인정된다.

▌해설▐

① [×] 행정청이 공무원에 대하여 **새로운 직위해제사유에 기한 직위해제처분을 한 경우** 그 이전에 한 직위해제처분은 이를 묵시적으로 철회하였다고 봄이 상당하므로, 그 **이전의 직위해제처분의 취소를 구하는 부분은** 존재하지 않는 행정처분을 대상으로 한 것으로서 그 **소의 이익이 없어 부적법**하다(대판 2003.10.10, 2003두5945).

② [×] 건축 과정에서 인접주택 소유자가 피해를 입은 경우, 그 피해자는 신축건물에 대한 사용검사처분의 취소를 구할 법률상 이익이 없다(대판 1996.11.29, 96누9768).

> 건물 사용검사처분(준공처분)은 건축허가를 받아 건축된 건물이 건축허가 사항대로 건축행정 목적에 적합한가 여부를 확인하고 사용검사필증을 교부하여 줌으로써 허가받은 자로 하여금 건축한 건물을 사용·수익할 수 있게 하는 법률효과를 발생시키는 것에 불과하고, 건축한 건물이 인접주택 소유자의 권리를 침해하는 경우 사용검사처분이 그러한 침해까지 정당화하는 것은 아닐 뿐만 아니라, 당해 건축물을 건축하는 과정에서 인접주택 소유자가 자신의 주택에 대하여 손해를 입었다 하더라도 그러한 손해는 금전적인 배상으로 회복될 수 있고, 일조권의 침해 등 생활환경상 이익침해는 실제로 그 건물의 전부 또는 일부가 철거됨으로써 회복되거나 보호받을 수 있는 것인데, **건물에 대한 사용검사처분의 취소를 받는다 하더라도 그로 인하여 건축주는 건물을 적법하게 사용할 수 없게 되어 사용검사 이전의 상태로 돌아가게 되는 것에 그칠 뿐이고,** 위반건물에 대한 시정명령을 할 것인지 여부, 그 시기 및 명령의 내용 등은 행정청의 합리적 판단에 의하여 결정되는 것이므로, 건물이 이격거리를 유지하지 못하고 있고 **건축과정에서 인접주택 소유자에게 피해를 입혔다 하더라도, 인접주택의 소유자로서는 건물에 대한 사용검사처분의 취소를 구할 법률상 이익이 있다고 볼 수 없다**(대판 1996.11.29, 96누9768).

③ [○] 해임처분 무효확인 또는 취소소송 계속 중 임기가 만료되어 해임처분의 무효확인 또는 취소로 지위를 회복할 수는 없다고 할지라도, 그 **무효확인 또는 취소로 해임처분일부터 임기만료일까지 기간에 대한 보수 지급을 구할 수 있는 경우에는 해임처분의 무효확인 또는 취소를 구할 법률상 이익이 있다.** 해임권자와 보수지급의무자가 다른 경우에도 마찬가지이다(대판 2012.2.23, 2011두5001).

④ [×] **가중 제재처분 규정**이 있는 의료법에 의한 **의사면허자격정지처분에서 정한 자격정지기간이 지난 후에도 의사면허자격정지처분의 취소를 구할 소의 이익이 있다**(대판 2005.3.25, 2004두14106).

> 의료법 제53조 제1항은 보건복지부장관으로 하여금 일정한 요건에 해당하는 경우 의료인의 면허자격을 정지시킬 수 있도록 하는 근거 규정을 두고 있고, 한편 같은 법 제52조 제1항 제3호는 보건복지부장관은 의료인이 3회 이상 자격정지처분을 받은 때에는 그 면허를 취소할 수 있다고 규정하고 있는바, 이와 같이 의료법에서 의료인에 대한 제재적인 행정처분으로서 면허자격정지처분과 면허취소처분이라는 2단계 조치를 규정하면서 전자의 제재처분을 보다 무거운 후자의 제재처분의 기준요건으로 규정하고 있는 이상 자격정지처분을 받은 의사로서는 면허자격정지처분에서 정한 기간이 도과되었다 하더라도 그 처분을 그대로 방치하여 둠으로써 장래 의사면허취소라는 가중된 제재처분을 받게 될 우려가 있는 것이어서 의사로서의 업무를 행할 수 있는 법률상 지위에 대한 위험이나 불안을 제거하기 위하여 면허자격정지처분의 취소를 구할 이익이 있다(대판 2005.3.25, 2004두14106).

⑤ [×] 치과의사국가시험 합격은 치과의사 면허를 부여받을 수 있는 전제요건이 된다고 할 것이나 국가시험에 합격하였다고 하여 위 면허취득의 요건을 갖추게 되는 이외에 그 자체만으로 합격한 자의 법률상 지위가 달라지게 되는 것은 아니므로 **불합격처분 이후 새로 실시된 국가시험에 합격한 자들로서는 더 이상 위 불합격처분의 취소를 구할 법률상의 이익이 없다**(대판 1993.11.9, 93누6867).

답 ③

☑ 확인Check! ○ △ ✕

항고소송의 피고적격에 관한 설명으로 옳지 않은 것은? (다툼이 있으면 판례에 따름)

① 취소소송은 다른 법률에 특별한 규정이 없는 한 그 처분등을 행한 행정청을 피고로 한다.

② 처분등이 있은 뒤에 그 처분등에 관계되는 권한이 다른 행정청에 승계된 때에는 이를 승계한 행정청을 피고로 한다.

③ 대리기관이 대리관계를 표시하고 피대리 행정청을 대리하여 행정처분을 한 때에는 피대리 행정청이 피고로 되어야 한다.

④ 사인은 법령에 의하여 행정권한의 위탁을 받은 경우에도 취소소송의 피고가 될 수 없다.

⑤ 지방법무사회는 무효등 확인소송의 피고가 될 수 있다.

▌해설▌

① [○] 행정소송법 제13조 제1항 본문

② [○] 행정소송법 제13조 제1항 단서

> **행정소송법 제13조(피고적격)**
> ① 취소소송은 다른 법률에 특별한 규정이 없는 한 그 **처분등을 행한 행정청을 피고로 한다.❶** 다만, **처분등이 있은 뒤에** 그 처분등에 관계되는 권한이 다른 행정청에 승계된 때에는 이를 **승계한 행정청을 피고로 한다.❷**

③ [○] 항고소송은 다른 법률에 특별한 규정이 없는 한 원칙적으로 소송의 대상인 행정처분을 외부적으로 행한 행정청을 피고로 하여야 하고(행정소송법 제13조 제1항 본문), 다만 대리기관이 **대리관계를 표시하고 피대리 행정청을 대리하여 행정처분을 한 때에는 피대리 행정청이 피고로 되어야** 한다(대판 2018.10.25. 2018두43095).

④ [✕] 취소소송은 다른 법률에 특별한 규정이 없는 한 그 **처분등을 행한 행정청을 피고**로 하는데(행정소송법 제13조 제1항 본문), 행정소송법을 적용함에 있어서 "행정청"에는 **법령에 의하여 행정권한의 위임 또는 위탁을 받은 행정기관, 공공단체 및 그 기관 또는 사인(私人)이 포함**된다(행정소송법 제2조 제2항). 따라서 **사인(私人)도 법령에 의하여 처분을 행할 행정권한의 위탁을 받은 경우, 당해 처분과 관련하여 취소소송의 피고가 될 수** 있다.

⑤ [○] **지방법무사회**는 국가로부터 위임받은 법무사 사무원 채용승인에 관한 **공권력 행사의 주체로서** (사무원 채용 승인 거부처분 또는 채용승인 취소처분의) **무효등 확인소송의 피고가 될 수 있다**(대판 2020.4.9. 2015다34444).

> **지방법무사회의 법무사 사무원 채용승인은** 단순히 지방법무사회와 소속 법무사 사이의 내부 법률문제라거나 지방법무사회의 고유사무라고 볼 수 없고, **법무사 감독이라는 국가사무를 위임받아 수행하는 것**이라고 보아야 한다. 따라서 **지방법무사회는** 법무사 감독 사무를 수행하기 위하여 법률에 의하여 설립과 법무사의 회원 가입이 강제된 **공법인으로서** 법무사 사무원 채용승인에 관한 한 공권력 행사의 주체라고 보아야 한다. … **지방법무사회의 사무원 채용승인 거부처분 또는 채용승인 취소처분에 대해서는** 그 처분 상대방인 **법무사뿐만 아니라 그 때문에 사무원이 될 수 없게 된 사람도 이를 다툴 원고적격이 인정되어야** 한다(대판 2020.4.9. 2015다34444).

답 ④

취소소송의 피고에 관한 설명으로 옳지 않은 것은? (다툼이 있으면 판례에 따름)

① 교육조례에 대한 무효확인소송의 경우 의결기관인 지방의회가 아니라 시·도교육감이 피고가 된다.

② 행정심판의 재결이 항고소송의 대상이 되는 경우에는 재결을 한 행정심판위원회가 피고가 된다.

③ 세무서장의 위임에 의하여 한국자산관리공사가 한 공매처분에 대하여 세무서장을 피고로 하여 취소소송을 제기한 경우 법원은 석명권을 행사하여 피고를 한국자산관리공사로 경정하게 하여야 한다.

④ 내부위임의 경우 처분권한이 이전되지 않으므로 수임기관이 자신의 이름으로 처분을 하였더라도 위임청이 피고가 된다.

⑤ 토지수용위원회가 처분청인 경우 토지수용위원회 위원장이 아니라 토지수용위원회가 피고가 된다.

┃ 해설 ┃

① [O] 구 「지방교육자치에 관한 법률」 제14조 제5항, 제25조에 의하면 시·도의 교육·학예에 관한 사무의 집행기관은 시·도 교육감이고 <u>시·도 교육감에게 지방교육에 관한 조례안의 공포권이 있다고 규정되어 있으므로</u>, **교육에 관한 조례(두밀분교폐지조례)의 무효확인소송**을 제기함에 있어서는 그 **집행기관인 시·도 교육감을 피고로 하여야** 한다(대판 1996.9.20. 95누8003).

> 조례가 집행행위의 개입 없이도 그 자체로서 직접 국민의 구체적인 권리의무나 법적 이익에 영향을 미치는 등의 법률상 효과를 발생하는 경우 그 조례는 항고소송의 대상이 되는 행정처분에 해당하고, 이러한 **조례에 대한 무효확인소송**을 제기함에 있어서 행정소송법 제38조 제1항, 제13조에 의하여 **피고적격이 있는 처분등을 행한 행정청은**, 행정주체인 지방자치단체 또는 지방자치단체의 내부적 의결기관으로서 지방자치단체의 의사를 외부에 표시한 권한이 없는 <u>지방의회가 아니라</u>, 구 지방자치법 제19조 제2항, 제92조에 의하여 **지방자치단체의 집행기관으로서 조례로서의 효력을 발생시키는 공포권이 있는 지방자치단체의 장**이다(대판 1996.9.20. 95누8003).

② [O] 재결 자체의 고유한 위법을 이유로 하는 경우, **행정심판의 재결도 항고소송(취소소송)의 대상**이 된다(행정소송법 제19조 단서). 행정심판위원회는 행정심판청구에 대한 의사를 결정하고 이를 대외적으로 표시할 권한도 가지고 있으므로 합의제행정청의 지위를 갖는다. 따라서 **행정심판의 재결이 항고소송의 대상이 되는 경우에는 재결을 한 행정심판위원회가 합의제행정청으로서 피고**가 된다(행정소송법 제13조 제1항). ☞ '행정심판위원회 위원장'이 항고소송의 피고가 되는 것이 아니라는 점을 주의해야 한다.

③ [O] <u>한국자산관리공사(구 성업공사)</u>가 체납압류된 재산을 공매하는 것은 세무서장의 공매권한 위임에 의한 것으로 보아야 할 것이므로, 한국자산관리공사가 한 그 공매처분에 대한 취소 등의 항고소송을 제기함에 있어서는 수임청으로서 실제로 공매를 행한 **한국자산관리공사를 피고로 하여야** 하고, 위임청인 세무서장은 피고적격이 없다. 세무서장의 위임에 의하여 한국자산관리공사가 한 공매처분에 대하여 피고 지정을 잘못하여 피고적격이 없는 세무서장을 상대로 그 공매처분의 취소를 구하는 소송이 제기된 경우, **법원으로서는 석명권을 행사하여 피고를 한국자산관리공사로 경정하게 하여 소송을 진행하여야** 한다(대판 1997.2.28. 96누1757).

④ [✕] 권한의 위임과 달리 내부위임의 경우에는 처분권한이 수임기관에게 이전되지는 않는다. 따라서 <u>내부위임의 경우에 처분은 위임기관(위임관청)의 이름으로 행해져야 하고, 취소소송의 피고는 처분청인 위임기관(위임관청)이</u> 된다. 그런데 **내부위임의 경우에 위임기관의 명의로 처분을 해야 함에도 불구하고 수임기관이 자신의 명의로 처분을 행하는 경우**가 있다. 이러한 경우에는 자신의 명의로 실제로 그 처분을 한 **수임기관(하급행정청)을 피고로 하여야** 한다(대판 1994.8.12. 94누2763). 물론 그 처분은 권한 없는 자가 한 위법한 처분이 될 것이지만, 이는 본안에서 판단할 사항일 뿐 피고적격을 판단함에 있어서는 고려할 사항이 아니다.

⑤ [O] 토지수용위원회가 처분청인 경우 토지수용위원회 위원장이 아니라 **토지수용위원회가** 합의제행정청으로서 피**고가 된다**(행정소송법 제13조 제1항).

> 공익사업을 위한 토지 등의 취득 및 보상에 한 법률 제85조 제1항 전문의 문언 내용과 같은 법 제83조, 제85조가 중앙토지수용위원회에 대한 이의신청을 임의적 절차로 규정하고 있는 점, 행정소송법 제19조 단서가 행정심판에 대한 재결은 재결 자체에 고유한 위법이 있음을 이유로 하는 경우에 한하여 취소소송의 대상으로 삼을 수 있도록 규정하고 있는 점 등을 종합하여 보면, ㉠ 수용재결에 불복하여 취소소송을 제기하는 때에는 이의신청을 거친 경우에도 '수용재결을 한 중앙토지수용위원회 또는 지방토지수용위원회'를 피고로 하여 '수용재결'의 취소를 구하여야 하고, 다만 ㉡ 이의신청에 대한 재결 자체에 고유한 위법이 있음을 이유로 하는 경우에는 그 '이의재결을 한 중앙토지수용위원회'를 피고로 하여 '이의재결'의 취소를 구할 수 있다고 보아야 한다(대판 2010.1.28. 2008두1504).

답 ④

31 세무사 2020

☑ 확인 Check! ○ △ ✕

행정소송의 피고적격에 관한 설명으로 옳지 않은 것은? (다툼이 있으면 판례에 따름)

① 처분청과 그 처분을 통지한 자가 다른 경우 처분청이 취소소송의 피고가 된다.
② 대리기관이 대리관계를 표시하고 피대리 행정청을 대리하여 행정처분을 한 때에는 피대리 행정청이 취소소송의 피고가 된다.
③ 합의제 행정청이 처분청인 경우에는 합의제 행정청이 피고가 되므로, 중앙노동위원회의 처분에 대한 취소소송의 피고는 중앙노동위원회이다.
④ 지방의회의장선거에 대한 취소소송의 피고는 지방의회이다.
⑤ 당사자소송은 국가·공공단체 그 밖의 권리주체를 피고로 한다.

‖ 해설 ‖

① [O] 처분청과 그 처분을 통지한 자가 다른 경우 **처분청이 취소소송의 피고**가 된다(대판 1990.4.27. 90누233). ☞ 인천직할시의 사업장폐쇄명령처분을 통지한 인천직할시 북구청장은 위 처분의 취소를 구하는 소의 피고적격이 없다고 본 사례이다.
② [O] 항고소송은 다른 법률에 특별한 규정이 없는 한 원칙적으로 소송의 대상인 행정처분을 외부적으로 행한 행정청을 피고로 하여야 하고(행정소송법 제13조 제1항 본문), 다만 **대리기관이 대리관계를 표시하고 피대리 행정청을 대리하여 행정처분을 한 때에는 피대리 행정청이 피고로 되어야** 한다(대판 2018.10.25. 2018두43095).
③ [✕] 합의제 행정기관(예) 감사원, 공정거래위원회, 중앙노동위원회, 토지수용위원회, 방송통신위원회)도 행정에 관한 의사를 결정하고 자신의 이름으로 표시할 수 있는 권한을 가지고 있으면 합의제 행정청에 해당한다. 취소소송은 다른 법률에 특별한 규정이 없는 한 그 처분등을 행한 행정청을 피고로 하므로(행정소송법 제13조 제1항), 합의제 행정청이 처분청인 경우에는 다른 법률에 특별한 규정이 없는 한, 합의제 행정청이 피고가 된다. 다만, **노동위원회법은 중앙노동위원회의 처분에 대한 소송을 '중앙노동위원회 위원장'을 피고로 하여 제기하도록 특별한 규정**을 두고 있다(노동위원회법 제27조 제1항).

④ [O] **지방의회 의장선거(= 의장선임의결)**(대판 1995.1.12. 94누2602), **지방의회 의장에 대한 불신임의결**(대판 1994.10.11. 94두23), **지방의회 의원징계의결**(대판 1993.11.26. 93누7341)은 **행정처분의 일종으로서 항고소송의 대상**이 된다. 이때 **지방의회 의장선거에 대한 취소소송의 피고는 지방의회**이다.

> 지방자치법 제78조 내지 제81조의 규정에 의거한 지방의회의 의원징계의결은 그로 인해 의원의 권리에 직접 법률효과를 미치는 행정처분의 일종으로서 행정소송의 대상이 되고, 의원징계의결의 처분청은 지방의회이므로 취소소송의 피고는 지방의회가 된다(대판 1993.11.26. 93누7341).

⑤ [O] 당사자소송은 국가·공공단체 그 밖의 권리주체를 피고로 한다(행정소송법 제39조).

 ③

32 세무사 2023 ☑ 확인Check! ○ △ ✕

농림축산식품부장관이 甲에 대한 농지보전부담금 부과처분을 한다는 의사표시가 담긴 납부통지서를 수납업무 대행자인 한국농어촌공사를 통해 甲에게 전달하였다. 甲이 그 부과처분에 대하여 항고소송을 제기한다면 피고는? (다툼이 있으면 판례에 따름)

① 농림축산식품부
② 한국농어촌공사 및 농림축산식품부
③ 한국농어촌공사
④ 한국농어촌공사사장
⑤ 농림축산식품부장관

┃해설┃

⑤ [O] 농림축산식품부장관이 2016.5.12. 원고(甲)에 대하여 농지보전부담금 부과처분을 한다는 의사표시가 담긴 2016.6.20.자 납부통지서를 수납업무 대행자인 한국농어촌공사가 원고(甲)에게 전달함으로써, 이 사건 농지보전부담금 부과처분은 성립요건과 효력 발생요건을 모두 갖추게 되었다. 나아가 한국농어촌공사가 '피고 농림축산식품부장관의 대행자' 지위에서 위와 같은 납부통지를 하였음을 분명하게 밝힌 이상, **농림축산식품부장관이 이 사건 농지보전부담금 부과처분을 외부적으로 자신의 명의로 행한 행정청으로서 항고소송의 피고가 되어야** 하고, **단순한 대행자에 불과한 한국농어촌공사를 피고로 삼을 수는 없다**(대판 2018.10.25. 2018두43095). ☞ 강학상 행정사무의 대행은 대리와 다르지만, 대리와 유사한 기준으로 판단하였다.

> ❑ **참고**
> 항고소송은 다른 법률에 특별한 규정이 없는 한 원칙적으로 소송의 대상인 행정처분을 외부적으로 행한 행정청을 피고로 하여야 하고(행정소송법 제13조 제1항 본문), 다만 대리기관이 대리관계를 표시하고 피대리 행정청을 대리하여 행정처분을 한 때에는 피대리 행정청이 피고로 되어야 한다(대판 2018.10.25. 2018두43095).

 ⑤

33 세무사 2024

☑ 확인 Check! ○ △ ✕

항고소송의 피고적격에 관한 설명으로 옳지 않은 것은? (다툼이 있으면 판례에 따름)

① 국회의 기관은 피고적격이 인정될 수 없다.

② 대외적으로 의사를 표시하지 않은 내부기관은 실질적인 의사가 그 기관에 의하여 결정되더라도 피고적격을 갖지 못한다.

③ 피고적격이 인정되는 행정청에는 합의제 행정청도 포함된다.

④ 중앙노동위원회의 처분에 대한 취소소송의 피고는 중앙노동위원회 위원장이다.

⑤ 법령에 의하여 행정권한의 위탁을 받은 사인도 피고가 될 수 있다.

‖ 해설 ‖

① [✕] 국회의 기관(예 국회 사무총장)도 항고소송의 피고적격이 될 수 있다.

> **국회사무처법 제4조(사무총장)**
> ① 사무총장은 의장의 감독을 받아 국회의 사무를 통할하고 소속 공무원을 지휘·감독한다.
> ② 사무총장은 정무직으로 하고 국무위원과 같은 금액의 보수를 받는다.
> ③ **의장이 한 처분에 대한 행정소송의 피고는 사무총장으로 한다.**

② [○] 취소소송은 다른 법률에 특별한 규정이 없는 한 그 처분등을 행한 행정청을 피고로 한다(행정소송법 제13조 제1항). 여기서 '행정청'이라 함은 국가 또는 공공단체의 기관으로서 국가나 공공단체의 의견을 결정하여 외부에 표시할 수 있는 권한, 즉 처분권한을 가진 기관을 말하고, **대외적으로 의사를 표시할 수 있는 기관이 아닌 내부기관은** 실질적인 의사가 그 기관에 의하여 결정되더라도 **피고적격을 갖지 못한다**(대판 2014.5.16. 2014두274).

③ [○] 합의제 행정기관(예 감사원, 공정거래위원회, 중앙노동위원회, 토지수용위원회, 방송통신위원회)도 **행정에 관한 의사를 결정하고 자신의 이름으로 표시할 수 있는 권한**을 가지고 있으면 **합의제 행정청에 해당**한다. 합의제 행정청이 처분청인 경우에는 다른 법률에 특별한 규정이 없는 한, **합의제 행정청이 피고**가 된다. 다만, 「노동위원회법」은 중앙노동위원회의 처분에 대한 소송을 '중앙노동위원회 위원장'을 피고로 하여 제기하도록 특별한 규정을 두고 있다(노동위원회법 제27조 제1항).

④ [○] 중앙노동위원회의 처분에 대한 취소소송의 피고는 중앙노동위원회 위원장이다(노동위원회법 제27조 제1항).

> **노동위원회법 제27조(중앙노동위원회의 처분에 대한 소송)**
> ① **중앙노동위원회의 처분에 대한 소송은 중앙노동위원회 위원장을 피고(被告)로 하여** 처분의 송달을 받은 날부터 15일 이내에 제기하여야 한다.
> ② 이 법에 따른 소송의 제기로 처분의 효력은 정지하지 아니한다.
> ③ 제1항의 기간은 불변기간으로 한다.

⑤ [○] 취소소송은 다른 법률에 특별한 규정이 없는 한 그 처분등을 행한 행정청을 피고로 한다(행정소송법 제13조 제1항 본문). "행정청"에는 본래적 의미의 행정청(행정에 관한 의사를 결정하여 표시하는 국가 또는 지방자치단체의 기관) 외에도 **법령에 의하여 행정권한의 위임 또는 위탁을 받은 행정기관, 공공단체 및 그 기관 또는 사인(私人)이 포함**된다 (행정소송법 제2조 제2항). 따라서 공무수탁사인이 자신의 이름으로 처분을 한 경우에 **공무수탁사인이 취소소송의 피고가 된다**.

답 ①

CHAPTER 2

행정소송법상 피고경정에 관한 설명으로 옳지 않은 것은? (다툼이 있으면 판례에 따름)

① 피고경정은 사실심 변론 종결시까지 허용된다.

② 피고경정신청을 인용한 결정에 대하여는 종전 피고는 항고제기의 방법으로 불복신청할 수 없다.

③ 관련청구의 병합이 있는 경우 법원의 피고경정결정을 받아야 한다.

④ 원고가 피고를 잘못 지정하였다면 법원으로서는 석명권을 행사하여 원고로 하여금 피고를 경정하게 하여 소송을 진행케 하여야 한다.

⑤ 피고경정의 결정이 있은 때에는 종전의 피고에 대한 소송은 취하된 것으로 본다.

┃해설┃

① [O] 행정소송법 제14조에 의한 피고경정은 <u>사실심 변론 종결에 이르기까지 허용되는 것</u>으로 해석하여야 할 것이고, 굳이 제1심 단계에서만 허용되는 것으로 해석할 근거는 없다(대결 2006.2.23. 2005부4).

② [O] 피고경정신청의 각하결정에 대하여는 신청인이 즉시항고할 수 있다(행정소송법 제14조 제3항). 그러나 <u>피고경정허가결정</u>(= 피고경정신청을 인용하는 결정)에 대하여 <u>종전의 피고는 항고제기의 방법으로 불복을 신청할 수 없다.</u> 다만, 행정소송법 제8조 제2항에 따라 준용되는 민사소송법 제449조에서 정한 특별항고로서 불복할 수는 있다(대결 1994.6.29. 93두48; 대결 2006.2.23. 2005부4).

③ [✕] 행정소송법 제10조 제2항의 <u>관련청구의 병합</u>은 그것이 관련청구에 해당하기만 하면 당연히 병합청구를 할 수 있으므로 <u>법원의 피고경정결정을 받을 필요가 없다</u>(대결 1989.10.27. 89두1).

④ [O] 원고가 피고를 잘못 지정하였다면 <u>법원으로서는 석명권을 행사하여 원고로 하여금 피고를 경정하게 하여 소송을 진행케 하여야</u> 한다(대판 1997.2.28. 96누1757 참조).

> 한국자산관리공사(구 성업공사)가 체납압류된 재산을 공매하는 것은 세무서장의 공매권한 위임에 의한 것으로 보아야 할 것이므로, 한국자산관리공사가 한 그 공매처분에 대한 취소 등의 항고소송을 제기함에 있어서는 수임청으로서 실제로 공매를 행한 <u>한국자산관리공사를 피고로 하여야</u> 하고, 위임청인 세무서장은 피고적격이 없다. 세무서장의 위임에 의하여 한국자산관리공사가 한 공매처분에 대하여 피고 지정을 잘못하여 피고적격이 없는 세무서장을 상대로 그 공매처분의 취소를 구하는 소송이 제기된 경우, <u>법원으로서는 석명권을 행사하여 피고를 한국자산관리공사로 경정하게 하여 소송을 진행하여야</u> 한다(대판 1997.2.28. 96누1757).

⑤ [O] 피고경정의 (허가)결정이 있는 때에는 <u>종전의 피고에 대한 소송은 취하된 것으로 본다</u>(행정소송법 제14조 제5항).

> **행정소송법 제14조(피고경정)**
> ① <u>원고가 피고를 잘못 지정한 때</u>에는 법원은 <u>원고의 신청</u>에 의하여 결정으로써 피고의 경정을 허가할 수 있다.
> ② 법원은 제1항의 규정에 의한 결정의 정본을 새로운 피고에게 송달하여야 한다.
> ③ 제1항의 규정에 의한 <u>신청을 각하하는 결정</u>에 대하여는 <u>즉시항고</u>할 수 있다.
> ④ 제1항의 규정에 의한 결정이 있은 때에는 <u>새로운 피고에 대한 소송</u>은 처음에 소를 제기한 때에 제기된 것으로 본다.
> ⑤ 제1항의 규정에 의한 결정이 있은 때에는 <u>종전의 피고에 대한 소송은 취하된 것으로 본다.</u>
> ⑥ 취소소송이 제기된 후에 제13조 제1항 단서 또는 제13조 제2항에 해당하는 사유가 생긴 때에는 법원은 당사자의 신청 또는 직권에 의하여 피고를 경정한다. 이 경우에는 제4항 및 제5항의 규정을 준용한다.

답 ③

35

☑ 확인 Check! ○ △ ✕

항고소송의 당사자 및 소송참가에 관한 설명으로 옳지 않은 것은?

① 원고가 피고를 잘못 지정한 때에는 법원은 원고의 신청에 의하여 결정으로써 피고의 경정을 허가할 수 있다.
② 피고경정의 허가가 있는 때에는 종전의 피고에 대한 소송은 각하된 것으로 본다.
③ 피고경정의 신청을 각하하는 결정에 대하여는 즉시항고할 수 있다.
④ 법원은 직권으로 제3자나 다른 행정청을 소송에 참가시킬 수 있다.
⑤ 소송참가 신청을 한 제3자는 그 신청을 각하한 결정에 대하여 즉시항고할 수 있다.

┃해설┃

① [○] ③ [○] ② [✕] 피고경정의 허가가 있는 때에는 **종전의 피고에 대한 소송은 취하된 것으로 본다**.

> **행정소송법 제14조(피고경정)**
> ① 원고가 피고를 잘못 지정한 때에는 법원은 <u>원고의 신청</u>에 의하여 결정으로써 <u>피고의 경정</u>을 허가할 수 있다. ❶
> ② 법원은 제1항의 규정에 의한 결정의 정본을 새로운 피고에게 송달하여야 한다.
> ③ 제1항의 규정에 의한 <u>신청을 각하하는 결정</u>에 대하여는 <u>즉시항고</u>할 수 있다. ❸
> ④ 제1항의 규정에 의한 결정이 있은 때에는 **새로운 피고에 대한 소송은 처음에 소를 제기한 때에 제기된 것으로 본다**.
> ⑤ 제1항의 규정에 의한 결정이 있은 때에는 **종전의 피고에 대한 소송은 취하된 것으로 본다**. ❷
> ⑥ 취소소송이 제기된 후에 제13조 제1항 단서 또는 제13조 제2항에 해당하는 사유가 생긴 때에는 법원은 당사자의 신청 또는 직권에 의하여 피고를 경정한다. 이 경우에는 제4항 및 제5항의 규정을 준용한다.

④ [○] ⑤ [○]

> **행정소송법 제16조(제3자의 소송참가)**
> ① 법원은 소송의 결과에 따라 권리 또는 이익의 침해를 받을 제3자가 있는 경우에는 당사자 또는 제3자의 신청 또는 직권에 의하여 결정으로써 그 제3자를 소송에 참가시킬 수 있다. ❹
> ③ 제1항의 규정에 의한 <u>신청을 한 제3자</u>는 그 <u>신청을 각하한 결정</u>에 대하여 <u>즉시항고</u>할 수 있다. ❺
>
> **행정소송법 제17조(행정청의 소송참가)**
> ① 법원은 다른 행정청을 소송에 참가시킬 필요가 있다고 인정할 때에는 당사자 또는 당해 행정청의 신청 또는 직권에 의하여 결정으로써 그 **행정청**을 소송에 참가시킬 수 있다. ❹

답 ②

☑ 확인 Check! ○ △ ✕

취소소송의 제소기간에 관한 설명으로 옳지 않은 것은? (다툼이 있으면 판례에 따름)

① 취소소송은 처분등이 있음을 안 날로부터 90일 이내에 제기하여야 하며, 법원은 직권으로 이 기간을 늘이거나 줄일 수 없다.

② 조세심판에서의 재결청의 재조사결정에 따른 행정소송의 제소기간의 기산점은 후속처분의 통지를 받은 날이다.

③ 처분등이 있음을 안 날로부터 90일, 처분등이 있은 날로부터 1년 중 어느 하나의 기간이 만료되면 제소기간은 종료된다.

④ 고시에 의하여 불특정다수인을 대상으로 행정처분을 하는 경우, 그 행정처분에 이해관계를 갖는 자는 고시가 있었다는 사실을 현실적으로 안 날에 행정처분이 있음을 알았다고 보아야 한다.

⑤ 제소기간의 준수 여부는 법원의 직권조사사항이다.

┈┈

┃해설┃

① [○] 취소소송은 **처분등이 있음을 안 날로부터 90일 이내**에 제기하여야 한다(행정소송법 제20조 제1항 본문). 이 기간은 **불변기간**이므로(행정소송법 제20조 제3항), 법원은 직권으로 이 기간을 늘이거나 줄일 수 없다.

② [○] 조세심판에서의 재결청의 재조사결정에 따른 행정소송의 제소기간의 기산점은 **후속처분의 통지를 받은 날**이다.

> 재조사결정의 형식과 취지, 그리고 행정심판제도의 자율적 행정통제기능 및 복잡하고 전문적·기술적 성격을 갖는 조세법률관계의 특수성 등을 감안하면, 재조사결정은 당해 결정에서 지적된 사항에 관해서는 처분청의 재조사결과를 기다려 그에 따른 후속 처분의 내용을 이의신청 등에 대한 결정의 일부분으로 삼겠다는 의사가 내포된 변형결정에 해당한다고 볼 수밖에 없다. 그렇다면 재조사결정은 처분청의 후속 처분에 의하여 그 내용이 보완됨으로써 이의신청 등에 대한 결정으로서의 효력이 발생한다고 할 것이므로, **재조사결정에 따른 심사청구기간이나 심판청구기간 또는 행정소송의 제소기간은 이의신청인 등이 후속 처분의 통지를 받은 날부터 기산된다**고 봄이 타당하다(대판 2010.6.25. 2007두12514[전합]).

③ [○] 취소소송은 처분등이 있음을 안 날로부터 90일, 처분등이 있은 날로부터 1년 내에 제기하여야 한다. <u>위 두 기간 중 어느 것이나 먼저 도래한 기간 내에 제기하여야 하고, **어느 하나의 기간이라도 경과하게 되면 부적법한 소가 된다**</u>(사법연수원, 행정소송법[2017], 185면).

④ [✕] 불특정 다수인에게 고시 또는 공고에 의하여 행정처분을 하는 경우(= 일반처분의 경우), 고시 또는 공고가 있었다는 사실을 현실적으로 알았는지 여부에 관계없이 **고시가 효력을 발생하는 날 행정처분이 있음을 알았다고 보아야** 한다. ㉠ 공고문서에서 처분의 효력발생시기를 명시하여 고시한 경우에는 그 명시된 시점에 고시의 효력이 발생하였다고 보아야 하고(대판 2007.6.14. 2004두619), ㉡ 공고문서에 효력발생시기에 관한 특별한 규정이 없다면 「행정효율과 협업 촉진에 관한 규정」(현행 「행정업무의 운영 및 혁신에 관한 규정」)에 따라 고시 또는 공고 등이 있은 날부터 5일이 경과한 때에 고시의 효력이 발생한다고 보아야 한다(대판 1995.8.22. 94누5694[전합]).

⑤ [○] **제소기간의 준수 여부**는 소송요건으로서 **법원의 직권조사사항**이다(대판 1987.1.20. 86누490).

답 ④

37 세무사 2021

☑ 확인 Check! ○ △ ✕

유흥주점을 운영하고 있는 甲은 유흥주점영업허가 취소처분이 있음을 2021.5.24. 알게 되었고, 2021.8.15. (일요일) 그 처분이 위법함을 알게 되었다. 이 경우 甲이 적법하게 취소소송을 제기할 수 있는 마지막 날은 2021.8.(　).이다. (　　)에 들어갈 날짜는?

① 22
② 23
③ 24
④ 25
⑤ 26

▌해설▐

② [O] 행정심판을 거치지 않고 취소소송을 제기하는 경우 취소소송은 **처분등이 있음을 안 날부터 90일 이내에 제기하여야** 한다(행정소송법 제20조 제1항 본문). 이때 기간의 계산에 관하여는 행정소송법에 특별한 규정이 없으므로, "기간의 계산은 민법에 따른다"는 민사소송법 제170조가 준용된다(행정소송법 제8조 제2항). 따라서 ㉠ **초일 불산입에 관한 민법 제157조**, ㉡ **기간의 말일이 토요일 또는 공휴일에 해당하는 때에는 그 기간은 그 익일(翌日, 다음 날)로 만료한다는 민법 제161조** 등을 적용하여 제소기간 준수여부를 판단하여야 한다.

(1) 甲은 유흥주점영업허가 취소처분이 있음을 **2021.5.24. 알았으므로** 이 날부터 90일 이내에 취소소송을 제기하여야 한다(행정소송법 제20조 제1항 본문). 유흥주점영업허가 취소처분은 문서로 하여야 하고(행정절차법 제24조 제1항 본문), 그 처분서를 송달받아 처분이 있음을 알게 되는 것은 일반적으로 2021.5.24. 오전 0시 이후의 시간일 것이므로 **초일 불산입의 원칙에 따라 5.24.은 산입하지 않고 5.25.부터 90일의 기간을 계산하여야** 한다(민법 제157조). 따라서 5.25.부터 90일이 되는 날은 2021.8.22.이다[7일(5월) + 30일(6월) + 31일(7월) + 22일(8월) = 90일].

(2) 그런데 2021.8.15.이 일요일이므로 7일 후인 **2021.8.22.도 일요일로 공휴일**이다(관공서의 공휴일에 관한 규정 제2조 제1호). 기간의 말일이 공휴일에 해당하는 때에는 그 기간의 다음 날(익일)로 만료하므로(민법 제161조), 적법하게 취소소송을 제기할 수 있는 마지막 날은 다음 날(익일)인 **2021.8.23.(월요일)**이 된다. ☞ 기간 계산 문제에서 요일이 주어진 경우에는 문제 해결에 요일과 관련된 쟁점이 있다는 것에 주의해야 한다.

민법 제157조(기간의 기산점)
기간을 일, 주, 월 또는 연으로 정한 때에는 기간의 초일은 산입하지 아니한다. 그러나 그 기간이 오전 영시로부터 시작하는 때에는 그러하지 아니하다.

민법 제159조(기간의 만료점)
기간을 일, 주, 월 또는 연으로 정한 때에는 기간말일의 종료로 기간이 만료한다.

민법 제161조(공휴일 등과 기간의 만료점)
기간의 말일이 토요일 또는 공휴일에 해당한 때에는 기간은 그 익일로 만료한다.

답 ②

행정소송법상 소의 제기에 관한 설명으로 옳지 않은 것은? (다툼이 있으면 판례에 따름)

① 특정인에 대한 행정처분을 주소불명 등의 이유로 송달할 수 없어 관보에 공고한 경우에는, 공고가 효력을 발생하는 날에 상대방이 그 행정처분이 있음을 알았다고 보아야 한다.

② 고시에 의해 불특정 다수인에게 행정처분을 하는 경우에는 그 행정처분에 이해관계를 갖는 자는 고시가 있었다는 사실을 현실적으로 알았는지 여부에 관계없이 고시가 효력을 발생하는 날에 행정처분이 있음을 알았다고 보아야 한다.

③ 처분서가 처분상대방의 주소지에 송달되는 등 사회통념상 처분이 있음을 처분상대방이 알 수 있는 상태에 놓인 때에는 반증이 없는 한 처분상대방이 처분이 있음을 알았다고 추정할 수 있다.

④ 행정소송법에는 행정소송의 제기에 필요한 사항의 고지의무에 관한 규정이 없다.

⑤ 처분등이 있음을 안 날부터 90일 이내에 제기하여야 한다는 취소소송의 제소기간은 불변기간이다.

▎해설▎

① [✕] **특정인에 대한 행정처분을 주소불명 능의 이유로 송달할 수 없어 관보·공보·게시판·일간신문 등에 공고한 경우**(행정절차법 제14조 제4항, 송달에 갈음하는 공고), 공고가 효력을 발생하는 날(= 공고가 있은 날부터 14일이 경과한 때)에 상대방이 그 행정처분이 있음을 알았다고 볼 수는 없고, **상대방이 당해 처분이 있었다는 사실을 현실적으로 안 날**에 그 **처분이 있음을 알았다고 보아야** 한다(대판 2006.4.28. 2005두14851).

② [○] **불특정 다수인에게 고시 또는 공고에 의하여 행정처분을 하는 경우**(= 일반처분의 경우), 고시 또는 공고가 있었다는 사실을 현실적으로 알았는지 여부에 관계없이 **고시가 효력을 발생하는 날 행정처분이 있음을 알았다고 보아야** 한다. ㉠ 공고문서에서 처분의 효력발생시기를 명시하여 고시한 경우에는 그 명시된 시점에 고시의 효력이 발생하였다고 보아야 하고(대판 2007.6.14. 2004두619), ㉡ 공고문서에 효력발생시기에 관한 특별한 규정이 없다면 「행정효율과 협업 촉진에 관한 규정」(현행 「행정업무의 운영 및 혁신에 관한 규정」)에 따라 고시 또는 공고 등이 있은 날부터 5일이 경과한 때에 고시의 효력이 발생한다고 보아야 한다(대판 1995.8.22. 94누5694[전합]).

③ [○] 처분서가 처분상대방의 주소지에 송달되는 등 사회통념상 처분이 있음을 처분상대방이 알 수 있는 상태에 놓인 때에는 반증이 없는 한 **처분상대방이 처분이 있음을 알았다고 추정**할 수 있다. 또한 우편물이 등기취급의 방법으로 발송된 경우 그것이 도중에 유실되었거나 반송되었다는 등의 특별한 사정에 대한 반증이 없는 한 그 무렵 수취인에게 배달되었다고 추정할 수 있다(대판 2017.3.9. 2016두60577).

④ [○] 행정심판법과 달리 **행정소송법**에는 행정소송의 제기에 필요한 사항의 **고지의무** 및 **불고지·오고지의 효과에 관한 규정**이 없으므로 행정소송 제기기간에 관한 불고지·오고지는 행정소송제기기간에 영향을 미치지 않는다(대판 2007.4.27. 2004두9302).

⑤ [○] 행정심판을 거치지 않고 취소소송을 제기하는 경우 취소소송은 처분등이 있음을 안 날부터 90일 이내에 제기하여야 한다(행정소송법 제20조 제1항 본문). 행정소송법 제20조 제1항에서 말하는 "**처분등이 있음을 안 날부터 90일 이내**"는 **불변기간**이다(행정소송법 제20조 제3항). '불변기간'이란 법정기간으로서 법원이 직권으로 변경할 수 없는 기간을 말한다. 따라서 법원이 이 기간을 연장하거나 단축할 수 없고, 단지 주소 또는 거소가 멀리 떨어진 곳에 있는 사람을 위하여 부가기간을 정할 수 있을 따름이다(행정소송법 제8조 제2항, 민사소송법 제172조 제1항·제2항).

 답 ①

취소소송의 제기기간에 관한 설명으로 옳은 것을 모두 고른 것은? (다툼이 있으면 판례에 따름)

> ㄱ. 「행정소송법」상 '처분등이 있음을 안 날'은 유효한 행정처분이 있음을 안 날을 의미하고, '처분등이 있은 날'은
>   행정처분의 효력이 발생한 날을 의미한다.
> ㄴ. 처분의 통지가 도달한 때 그 처분이 있음을 알았다고 간주한다.
> ㄷ. 특정인에 대한 행정처분을 「행정절차법」에 따른 공시송달의 방법으로 공고한 경우에는 공고가 있은 날부터
>   14일이 경과한 때에 그 행정처분이 있음을 알았다고 보아야 한다.

① ㄱ
② ㄴ
③ ㄱ, ㄴ
④ ㄴ, ㄷ
⑤ ㄱ, ㄴ, ㄷ

▍해설▍

ㄱ. [○] 취소소송의 제소기간 기산점으로 행정소송법 제20조 제1항이 정한 '처분등이 있음을 안 날'은 **유효한 행정처분
이 있음을 안 날**을, 같은 조 제2항이 정한 '처분등이 있은 날'은 그 **행정처분의 효력이 발생한 날**을 각 의미한다.
이러한 법리는 행정심판의 청구기간에 관해서도 마찬가지로 적용된다(대판 2019.8.9. 2019두38656).

ㄴ. [✕] 행정소송법 제20조 제1항이 정한 제소기간의 기산점인 '**처분등이 있음을 안 날**'이란 **통지**, 공고 기타의 방법에
의하여 당해 **처분등이 있었다는 사실을 현실적으로 안 날**을 의미하므로, 행정처분이 상대방에게 고지되어 상대방이
이러한 사실을 인식함으로써 행정처분이 있다는 사실을 현실적으로 알았을 때 행정소송법 제20조 제1항이 정한
제소기간이 진행한다고 보아야 하고, **처분서가 처분상대방의 주소지에 송달**되는 등 사회통념상 처분이 있음을
처분상대방이 알 수 있는 상태에 놓인 때(= 도달)에는 반증이 없는 한 처분상대방이 **처분이 있음을 알았다고 추정**할
수 있다. 또한 우편물이 **등기취급의 방법으로 발송**된 경우 그것이 도중에 유실되었거나 반송되었다는 등의 특별한
사정에 대한 반증이 없는 한 그 무렵 수취인에게 배달되었다고 **추정**할 수 있다(대판 2017.3.9. 2016두60577). ☞ "간주"가
아니라 "추정"이다.

ㄷ. [✕] **특정인에 대한 행정처분**을 주소불명 등의 이유로 송달할 수 없어 관보·공보·게시판·일간신문 등에 공고한
경우(행정절차법 제14조 제4항, 송달에 갈음하는 공고), 공고가 효력을 발생하는 날(= 공고가 있은 날부터 14일이 경과한 때)에
상대방이 그 행정처분이 있음을 알았다고 볼 수는 없고, **상대방이 당해 처분이 있었다는 사실을 현실적으로 안
날**에 그 **처분이 있음을 알았다고 보아야** 한다(대판 2006.4.28. 2005두14851).

 ①

제소기간에 관한 설명으로 옳은 것은? (다툼이 있으면 판례에 따름)

① 처분에 대한 무효확인의 소에 그 처분의 취소를 구하는 소를 추가적으로 병합하는 경우, 추가로 병합된 취소청구의 소는 제소기간의 제한을 받지 않는다.

② 부작위상태가 계속되는 한 행정심판을 거쳐 부작위위법확인소송을 제기하는 경우에도 제소기간의 제한을 받지 않는다.

③ 민사소송으로 잘못 제기하였다가 이송결정에 따라 관할법원으로 이송하여 취소소송으로 소를 변경한 경우, 제소기간의 준수 여부는 민사소송을 제기한 때를 기준으로 한다.

④ 행정청이 처분을 하면서 법정 제소기간보다 긴 기간으로 제소기간을 고지하였다면 그 기간 내에 제기된 소는 제소기간을 준수한 것이 된다.

⑤ 당사자소송에 관하여 법령에 제소기간을 정한 경우, 그 기간은 불변기간이 아니므로 법원은 정당한 사유가 있다면 제소기간을 연장할 수 있다.

┃해설┃

① [✕] 하자 있는 행정처분을 놓고 이를 무효로 볼 것인지 아니면 단순히 취소할 수 있는 처분으로 볼 것인지는 동일한 사실관계를 토대로 한 법률적 평가의 문제에 불과하고, 행정처분의 무효확인을 구하는 소에는 특단의 사정이 없는 한 그 취소를 구하는 취지도 포함되어 있다고 보아야 하는 점 등에 비추어 볼 때, 동일한 행정처분에 대하여 무효확인의 소를 제기하였다가 그 후 그 처분의 취소를 구하는 소를 추가적으로 병합한 경우, **주된 청구인 무효확인의 소가 적법한 제소기간 내에 제기되었다면 추가로 병합된 취소청구의 소도 적법하게 제기된 것**으로 봄이 상당하다(대판 2005.12.23. 2005두3554). ☞ 추가로 병합된 취소청구의 소가 제소기간의 제한을 받지 않는 것이 아니다.

② [✕] **부작위위법확인의 소는 부작위상태가 계속되는 한 그 위법의 확인을 구할 이익이 있다고 보아야 하므로 원칙적으로 제소기간의 제한을 받지 않는다.** 그러나 행정소송법 제38조 제2항이 제소기간을 규정한 같은 법 제20조를 부작위위법확인소송에 준용하고 있는 점에 비추어 보면, **행정심판 등 전심절차를 거친 경우에는 행정소송법 제20조가 정한 제소기간 내에 부작위위법확인의 소를 제기하여야** 한다(대판 2009.7.23. 2008두10560). 따라서 행정심판을 거쳐 부작위위법확인소송을 제기하는 경우, **행정심판의 재결서의 정본을 송달받은 날로부터 90일 이내에**, 재결이 있는 날로부터 1년 이내에 제기하여야 한다(행정소송법 제38조 제2항, 제20조 제1항, 제2항 참조).

③ [O] 행정소송법 제8조 제2항은 "행정소송에 관하여 이 법에 특별한 규정이 없는 사항에 대하여는 법원조직법과 민사소송법 및 민사집행법의 규정을 준용한다"라고 규정하고 있고, **민사소송법 제40조 제1항은 "이송결정이 확정된 때에는 소송은 처음부터 이송받은 법원에 계속된 것으로 본다"라고 규정**하고 있다. 한편 행정소송법 제21조 제1항, 제4항, 제37조, 제42조, 제14조 제4항은 행정소송 사이의 소 변경이 있는 경우 처음 소를 제기한 때에 변경된 청구에 관한 소송이 제기된 것으로 보도록 규정하고 있다. 이러한 규정 내용 및 취지 등에 비추어 보면, **원고가 행정소송법상 항고소송으로 제기해야 할 사건을 민사소송으로 잘못 제기한 경우에** 수소법원이 그 항고소송에 대한 관할을 가지고 있지 아니하여 **관할법원에 이송하는 결정을 하였고, 그 이송결정이 확정된 후 원고가 항고소송으로 소 변경을 하였다면, 그 항고소송에 대한 제소기간의 준수 여부는 원칙적으로 처음에 소를 제기한 때를 기준으로 판단하여야** 한다(대판 2022.11.17. 2021두44425).

④ [✕] 행정청이 법정 심판청구기간보다 긴 기간으로 잘못 알린 경우에 그 잘못 알린 기간 내에 심판청구가 있으면 그 심판청구는 법정 심판청구기간 내에 제기된 것으로 본다는 취지의 **행정심판법 제27조 제5항의 규정은 행정심판 제기에 관하여 적용되는 규정이지, 행정소송 제기에도 당연히 적용되는 규정이라고 할 수는 없다**(대판 2001.5.8. 2000두6916). ☞ 따라서 행정청이 처분을 하면서 법정 제소기간보다 긴 기간으로 제소기간을 고지하였더라도 그 잘못 고지된 기간 내에 제기된 소를 제소기간을 준수한 것으로 볼 수 없다.

⑤ [×] 취소소송의 제소기간의 제한에 관한 규정(제20조)은 당사자소송에는 준용되지 않는다(행정소송법 제44조 제1항). 당사자소송에서 제소기간은 해당 당사자소송을 규정하고 있는 개별 법령에서 정하는 바에 따른다. **당사자소송에 관하여 법령에 제소기간이 정하여져 있는 때에는 그 기간은 불변기간으로 한다**(행정소송법 제41조). '불변기간'이란 법정기간으로서 법원이 직권으로 변경할 수 없는 기간을 말한다. 따라서 법원이 이 기간을 연장하거나 단축할 수 없고, 단지 주소 또는 거소가 멀리 떨어진 곳에 있는 사람을 위하여 부가기간을 정할 수 있을 따름이다(행정소송법 제8조 제2항, 민사소송법 제172조 제1항·제2항).

답 ③

41 세무사 2024

☑ 확인Check! ○ △ ×

국세 또는 지방세를 부과하는 처분에 대해서는 '행정심판'을 거치지 아니하면 취소소송을 제기할 수 없다. 여기서 '행정심판'에 해당하는 것으로 법률에서 정하고 있지 않은 것은?

① 지방세에 대해서 감사원에 심사청구를 하는 것
② 국세에 대해서 국세청장에게 심사청구를 하는 것
③ 국세에 대해서 조세심판원장에게 심판청구를 하는 것
④ 지방세에 대해서 시·도지사에게 심사청구를 하는 것
⑤ 지방세에 대해서 조세심판원장에게 심판청구를 하는 것

▎해설▎

① [○] ⑤ [○] 지방세의 경우에는 헌법재판소의 구 지방세법 제78조 제2항에 대한 위헌결정 이후 국세와 달리 임의적 전치주의가 적용되었으나, 2019.12.31. 개정된 지방세기본법 제98조 제3항, 부칙 제11조 제1항에 의하면 2021.1.1. 이후 행정소송을 제기하는 경우부터 **필요적 행정심판(조세심판원장에게 심판청구)전치주의가 적용**된다.❺ 한편, **감사원의 심사청구를 거친 경우** 국세기본법 및 **지방세기본법 등에 따른 심판청구를 거친 것으로 본다**(감사원법 제46조의2, 국세기본법 제56조 제5항, 지방세기본법 제98조 제6항). 따라서 국세 또는 지방세의 부과처분에 대하여 감사원에 심사청구를 한 자가 그 심사청구의 결정에 불복하는 경우에는 곧바로 행정소송을 제기할 수 있다.❶ 그러나 동일한 처분에 대하여 조세심판원장에 대한 심판청구와 감사원에 대한 심사청구를 중복하여 제기할 수는 없다(지방세기본법 제89조 제2항 제3호, 제100조).

② [○] ③ [○] 「국세기본법」에 따른 국세부과처분에는 **필요적 행정심판(국세청장에게 심사청구 또는 조세심판원장에게 심판청구)전치주의가 적용**된다(국세기본법 제55조 제1항, 제56조 제2항). 한편, 「감사원법」에 규정된 심사청구를 거친 경우에는 「국세기본법」에 따른 심사청구 또는 심판청구를 거친 것으로 본다(국세기본법 제56조 제5항). 그러나 동일한 처분에 대하여 국세청장에 대한 심사청구나 조세심판원장에 대한 심판청구 또는 감사원에 대한 심사청구를 중복하여 제기할 수 는 없다(국세기본법 제55조 제1항 제2호, 제9항).

④ [×] 지방세에 대한 심판청구에 앞서 이의신청을 할 수 있으나(지방세기본법 제89조 및 제90조), **이의신청은** 행정심판전치주의가 적용되는 행정심판은 아니며 **임의적 절차**이다. 한편, 활용률이 낮은 지방세기본법상 **시·군·구세에 대한 심사청구제도(시·도지사에게 심사청구)는 폐지**되었다.

답 ④

행정소송과 행정심판과의 관계에 관한 설명으로 옳지 않은 것은? (다툼이 있으면 판례에 따름)

① 행정심판전치주의는 행정행위의 특수성, 전문성 등에 비추어 처분행정청으로 하여금 스스로 재고, 시정할 수 있는 기회를 부여하기 위함이다.

② 필요적 행정심판전치가 적용되는 경우 그 요건을 구비했는가 여부는 법원의 직권조사사항이다.

③ 처분을 행한 행정청이 행정심판을 거칠 필요가 없다고 잘못 알린 때에는 행정심판을 제기함이 없이 소송을 제기할 수 있다.

④ 행정심판 전치요건은 행정소송 제기 이전에 반드시 갖추어야 하는 것은 아니고 사실심 변론 종결시까지 갖추면 된다.

⑤ 동종사건에 관하여 이미 행정심판의 기각재결이 있은 때에도 행정심판을 거쳐야 한다.

─────────────────

┃해설┃

① [○] 행정청의 위법한 처분의 취소, 변경, 기타 공법상의 권리관계에 관한 소송인 행정소송에 있어서 실질적으로 초심적 기능을 하고 있는 행정심판전치주의는 행정행위의 특수성, 전문성 등에 비추어 **처분행정청으로 하여금 스스로 재고(再考), 시정할 수 있는 기회를 부여**함에 그 뜻이 있는 것이다(대판 1994.11.22. 93누11050).

② [○] (필요적) 행정심판전치주의가 적용되는 경우, 행정심판 전치요건(행정심판 청구와 그 재결의 존재)은 **소송요건**이므로 **법원의 직권조사사항**에 속한다. 따라서 피고 행정청의 이의가 없더라도 법원은 전치요건을 갖추었는지를 직권으로 조사하여야 하고, 원고가 전치절차를 거치지 않았다고 시인하더라도 바로 전치절차를 거치지 않았다고 단정하여서는 아니 된다(대판 1986.4.8. 82누242). 다만, 법원이 행정심판을 거치지 않고 소를 제기한 당사자에게 전치절차를 거치도록 종용하거나 그 보정을 명하여야 할 필요까지는 없다(대판 1995.1.12. 94누9948).

③ [○] ⑤ [✕] 행정심판전치주의가 적용되는 경우라도 **동종사건에 관하여 이미 행정심판의 기각재결이 있은 때**에는 **행정심판을 제기함이 없이 취소소송을 제기할 수 있다**(행정소송법 제18조 제3항 제1호).

> **행정소송법 제18조(행정심판과의 관계)**
> ③ 제1항 단서의 경우에 다음 각 호의 1에 해당하는 사유가 있는 때에는 **행정심판을 제기함이 없이** 취소소송을 제기할 수 있다.
> 1. 동종사건에 관하여 이미 행정심판의 기각재결이 있은 때❺
> 2. 서로 내용상 관련되는 처분 또는 같은 목적을 위하여 단계적으로 진행되는 처분 중 어느 하나가 이미 행정심판의 재결을 거친 때
> 3. 행정청이 사실심의 변론 종결 후 소송의 대상인 처분을 변경하여 당해 변경된 처분에 관하여 소를 제기하는 때
> 4. 처분을 행한 행정청이 행정심판을 거칠 필요가 없다고 잘못 알린 때❸

④ [○] 행정심판전치주의가 적용되는 사건에서, 전치요건을 충족하였는지의 여부는 **사실심 변론 종결시를 기준으로 판단**한다(대판 1987.4.28. 86누29). 따라서 행정소송 제기 당시에는 행정심판 전치요건을 구비하지 못한 위법이 있다 하여도 소를 각하하기 전에 재결이 있으면 그 흠결의 하자는 치유되고, 행정심판청구를 하지 않고 제기된 소송이라도 사실심 변론 종결 당시까지 그 전치요건을 갖추면 법원은 소를 각하할 수 없다(대판 1987.9.22. 87누176 참조).

답 ⑤

43 세무사 2020

☑ 확인 Check! ○ △ ✕

필요적 행정심판전치주의 사항에 해당하지 않는 것은?

① 「식품위생법」에 따른 영업허가취소처분
② 「도로교통법」에 따른 운전면허취소처분
③ 「국세기본법」에 따른 국세부과처분
④ 「지방공무원법」에 따른 징계처분
⑤ 「관세법」에 따른 관세부과처분

- -

┃해설┃

① [✕] 필요적 행정심판주의는 개별법 규정에 의하여 인정되고 있다. 「식품위생법」에 따른 영업허가취소처분은 필요적 행정심판전치주의가 인정되는 경우에 해당하지 않는다. ☞ 「식품위생법」에 영업허가취소처분에 대한 행정심판의 재결을 거치지 아니하면 취소소송을 제기할 수 없다는 규정이 없다.

② [○] **「도로교통법」에 따른 운전면허취소처분**에는 **필요적 행정심판전치주의가 적용**된다(도로교통법 제142조).

③ [○] **「국세기본법」에 따른 국세부과처분**에는 **필요적 행정심판(심사청구 또는 심판청구)전치주의가 적용**된다(국세기본법 제55조 제1항, 제56조 제2항). 한편, 「감사원법」에 규정된 심사청구를 거친 경우에는 「국세기본법」에 따른 심사청구 또는 심판청구를 거친 것으로 본다(국세기본법 제56조 제5항). 그러나 동일한 처분에 대하여 국세청장에 대한 심사청구나 조세심판원장에 대한 심판청구 또는 감사원에 대한 심사청구를 중복하여 제기할 수는 없다(국세기본법 제55조 제1항 제2호, 제9항).

④ [○] **「국가공무원법」**이나 **「지방공무원법」**에 따른 공무원(국가공무원, 지방공무원)에 대한 징계처분, 그 밖에 본인의 의사에 반한 불리한 처분이나 부작위에 관한 행정소송은 (소청)심사위원회의 심사·결정을 거치지 아니하면 제기할 수 없다고 규정하여, **필요적 행정심판전치주의[소청(심사)전치주의]를 규정**하고 있다(국가공무원법 제16조 제1항, 지방공무원법 제20조의2).

⑤ [○] **「관세법」에 따른 관세부과처분**에는 **필요적 행정심판(심사청구 또는 심판청구)전치주의가 적용**된다(관세법 제119조 제1항, 제120조 제2항). 한편, 「감사원법」에 규정된 심사청구를 거친 경우에는 「관세법」에 따른 심사청구 또는 심판청구를 거친 것으로 본다(관세법 제120조 제5항). 그러나 동일한 처분에 대하여 관세청장에 대한 심사청구나 조세심판원장에 대한 심판청구 또는 감사원에 대한 심사청구를 중복하여 제기할 수는 없다(관세법 제119조 제1항 제2호, 제10항).

답 ①

☑ 확인Check! ○ △ ✕

국가공무원인 甲은「국가공무원법」상의 성실의무를 위반하여 2개월의 정직처분을 받았다. 甲은 이같은 징계처분이 비위사실에 비해 너무 가혹하다고 생각하여 그 처분에 대해 항고소송을 제기하고자 한다. 이에 관한 설명으로 옳지 않은 것은? (다툼이 있으면 판례에 따름)

① 甲은 소청심사를 거치지 아니하고는 소송을 제기할 수 없다.

② 소청의 제기기간을 도과하여 소청을 제기하였으나 이를 간과하여 실질적 재결이 이루어졌다면 적법하게 행정심판전치의 요건은 충족된다고 본다.

③ 법원은 2개월의 정직처분을 2개월 감봉처분으로 변경할 것을 명하는 판결을 할 수 없다.

④ 필요한 행정심판을 거쳤는지의 여부는 법원의 직권조사사항이다.

⑤ 소청심사위원회의 심사·결정을 거치지 아니한 채 소송을 제기하였으나 소송계속 중 소청을 제기하여 기각 결정을 받았다면 행정심판전치요건은 충족되었다고 볼 것이다.

┃ 해설 ┃

① [○] 국가공무원법 제16조 제1항「국가공무원법」상 국가공무원에 대한 **징계처분**에 관한 행정소송은 소청심사위원회의 심사·결정을 거치지 아니하면 제기할 수 없다(국가공무원법 제16조 제1항, 지방공무원법 제20조의2), ☞ **필요적 행정심판전치주의[소청(심사)전치주의]가 적용**된다.

② [✕] 행정심판전치주의의 요건을 갖추었다고 보려면 행정심판 청구가 적법하여야 한다. 행정심판청구가 적법한지는 법원이 판단할 문제이고 행정심판위원회의 판단에 구애되지 아니하므로, 적법한 행정심판청구를 행정심판위원회가 부적법하다고 각하한 경우에는 행정심판 전치요건을 충족한 것으로 보아야 한다(대판 1990.10.12. 90누2383 참조). 반면, **부적법한 행정심판은 행정심판위원회가 이를 적법한 것으로 오인하고 본안판단을 하였다고 하더라도, 행정심판 전치요건을 갖추었다고 볼 수 없다**(대판 1991.6.25. 90누8091). ☞ 소청의 제기기간을 도과하여 부적법함에도 불구하고 이를 간과하여 실질적 재결이 이루어졌더라도 행정심판 전치요건을 갖추었다고 볼 수 없다.

③ [○] 행정소송법 제4조 제1호에서 취소소송을 "행정청의 위법한 처분등을 취소 또는 변경하는 소송"으로 정의하고 있는데, 여기에서 '변경'이 소극적 변경(일부취소)을 의미하는지 아니면 적극적 변경을 의미하는지 문제된다. 판례는 '변경'을 소극적 변경, 즉 **일부취소를 의미하는 것**으로 보고 있다(대판 1964.5.19. 63누177 참조). 따라서 **법원은 2개월의 정직처분을 2개월 감봉처분으로 변경(적극적 변경)할 것을 명하는 판결을 할 수 없다.** 한편, 공무원에 대한 징계처분(정직처분)은 재량행위에 해당하는바, 재량행위의 경우 처분청의 재량권을 존중하여야 하고, 법원이 직접 처분을 하는 것은 인정되지 아니하므로 전부취소를 하여 처분청이 재량권을 행사하여 다시 적정한 처분을 하도록 하여야 한다. 즉, 재량행위의 일부취소(예 2개월의 정직처분 중 1개월의 정직처분을 취소하는 것)는 행정청의 재량권을 침해하는 것이므로 인정될 수 없다(대판 1982.9.28. 82누2 참조).

④ [○] 필요적 행정심판전치주의가 적용되는 경우, **행정심판 전치요건(행정심판청구와 그 재결의 존재)은 소송요건이므로 법원의 직권조사사항이다.**

⑤ [○] 행정심판 전치요건을 충족하였는지의 여부는 사실심 변론 종결시를 기준으로 판단한다(대판 1987.4.28. 86누29 참조). 따라서 소청심사위원회의 심사·결정을 거치지 아니한 채 소송을 제기하였으나 **소송계속 중 소청을 제기하여 기각결정을 받았다면** 행정심판전치요건은 충족되었다고 볼 것이다(대판 1987.4.28. 86누29 참조).

답 ②

45 세무사 2024   ☑ 확인Check! ○ △ ✕

필요적 행정심판전치주의의 경우 취소소송의 제기에 관하여 (　　)에 들어갈 내용으로 옳은 것은?

> ○ 행정심판의 청구가 있은 날부터 (ㄱ)이 지나도 재결이 없는 때에는 행정심판의 재결을 거치지 아니하고 취소소송을 제기할 수 있다.
>
> ○ 취소소송은 재결이 있은 날부터 (ㄴ)을 경과하면 제기하지 못한다. 다만 정당한 사유가 있는 때에는 그러하지 아니하다.

	ㄱ	ㄴ
①	60일	90일
②	60일	1년
③	90일	90일
④	90일	180일
⑤	90일	1년

┃해설┃

② [○] ㄱ : 60일, ㄴ : 1년

> **행정소송법 제18조(행정심판과의 관계)**
> ① 취소소송은 법령의 규정에 의하여 당해 처분에 대한 행정심판을 제기할 수 있는 경우에도 이를 거치지 아니하고 제기할 수 있다. 다만, 다른 법률에 당해 처분에 대한 행정심판의 재결을 거치지 아니하면 취소소송을 제기할 수 없다는 규정이 있는 때에는 그러하지 아니하다.
> ② 제1항 단서의 경우에도 다음 각 호의 1에 해당하는 사유가 있는 때에는 **행정심판의 재결을 거치지 아니하고 취소소송을 제기할 수 있다.**
>   1. **행정심판청구가 있은 날로부터 60일이 지나도 재결이 없는 때**❶
>   2. 처분의 집행 또는 절차의 속행으로 생길 중대한 손해를 예방하여야 할 긴급한 필요가 있는 때
>   3. 법령의 규정에 의한 행정심판기관이 의결 또는 재결을 하지 못할 사유가 있는 때
>   4. 그 밖의 정당한 사유가 있는 때
>
> **행정소송법 제20조(제소기간)**
> ① 취소소송은 처분등이 있음을 안 날부터 90일 이내에 제기하여야 한다. 다만, 제18조 제1항 단서에 규정한 경우와 그 밖에 행정심판청구를 할 수 있는 경우 또는 행정청이 행정심판청구를 할 수 있다고 잘못 알린 경우에 행정심판 청구가 있은 때의 기간은 재결서의 정본을 송달받은 날부터 기산한다.
> ② 취소소송은 처분등이 있은 날부터 1년(**제1항 단서의 경우는 재결이 있은 날부터 1년**)❶을 경과하면 이를 제기하지 못한다. 다만, 정당한 사유가 있는 때에는 그러하지 아니하다.
> ③ 제1항의 규정에 의한 기간은 불변기간으로 한다.

답 ②

행정소송법상 재판관할에 관한 설명으로 옳지 않은 것은?

① 국가의 사무를 위탁받은 공공단체를 피고로 하여 취소소송을 제기하는 경우 대법원소재지를 관할하는 행정법원에 제기할 수 있다.

② 중앙행정기관을 피고로 하여 취소소송을 제기하는 경우 대법원소재지를 관할하는 행정법원에 제기할 수 있다.

③ 취소소송의 제1심관할법원은 원고의 소재지를 관할하는 행정법원으로 한다.

④ 중앙행정기관의 부속기관을 피고로 하여 취소소송을 제기하는 경우 대법원소재지를 관할하는 행정법원에 제기할 수 있다.

⑤ 취소소송의 재판관할에 관한 규정을 당사자소송에 준용하는 경우, 국가 또는 공공단체가 피고인 때에는 관계행정청의 소재지를 피고의 소재지로 본다.

┃해설┃

① [○] ② [○] ④ [○] ③ [X] 취소소송의 제1심관할법원은 피고의 소재지를 관할하는 행정법원으로 한다.

> **행정소송법 제9조(재판관할)**
> ① 취소소송의 제1심관할법원은 피고의 소재지를 관할하는 행정법원으로 한다. ❸
> ② 제1항에도 불구하고 다음 각 호의 어느 하나에 해당하는 피고에 대하여 취소소송을 제기하는 경우에는 대법원소재지를 관할하는 행정법원에 제기할 수 있다.
>   1. 중앙행정기관, ❷ 중앙행정기관의 부속기관❹과 합의제행정기관 또는 그 장
>   2. 국가의 사무를 위임 또는 위탁받은 공공단체 또는 그 장❶
>
> > **행정소송규칙 제5조(재판관할)**
> > ① 국가의 사무를 위임 또는 위탁받은 공공단체 또는 그 장에 대하여 그 지사나 지역본부 등 종된 사무소의 업무와 관련이 있는 소를 제기하는 경우에는 그 종된 사무소의 소재지를 관할하는 행정법원에 제기할 수 있다.
>
> ③ 토지의 수용 기타 부동산 또는 특정의 장소에 관계되는 처분등에 대한 취소소송은 그 부동산 또는 장소의 소재지를 관할하는 행정법원에 이를 제기할 수 있다.

⑤ [○] 행정소송법 제40조

> **행정소송법 제40조(재판관할)**
> 제9조(재판관할)의 규정은 당사자소송의 경우에 준용한다. 다만, 국가 또는 공공단체가 피고인 경우에는 관계행정청의 소재지를 피고의 소재지로 본다.

답 ③

☑ 확인 Check! ○ △ ✕

재판관할에 관한 설명으로 옳지 않은 것은? (다툼이 있으면 판례에 따름)

① 토지의 수용에 관계되는 처분등에 대한 취소소송은 그 부동산 소재지를 관할하는 행정법원에 제기할 수 있다.

② 법원은 소송의 전부에 대하여 관할권이 없다고 인정하는 경우에는 결정으로 이를 관할법원에 이송한다.

③ 원고가 고의 또는 중대한 과실 없이 행정소송으로 제기할 사건을 민사소송으로 잘못 제기한 경우 수소법원이 행정소송의 관할권이 없으면 관할법원에 이송하여야 한다.

④ 민사소송으로 제기할 것을 당사자소송으로 행정법원에 제기한 경우 피고가 관할위반이라고 항변하지 않고 본안에 대한 변론을 한 경우 법원에 변론관할이 생겼다고 본다.

⑤ 소송당사자에게 관할위반을 이유로 하는 이송신청권을 인정하고 있다.

┃해설┃

① [○] 행정소송법 제9조 제3항

> **행정소송법 제9조(재판관할)**
> ① 취소소송의 제1심관할법원은 피고의 소재지를 관할하는 행정법원으로 한다.
> ② 제1항에도 불구하고 다음 각 호의 어느 하나에 해당하는 피고에 대하여 취소소송을 제기하는 경우에는 대법원소재지를 관할하는 행정법원에 제기할 수 있다.
>   1. 중앙행정기관, 중앙행정기관의 부속기관과 합의제행정기관 또는 그 장
>   2. 국가의 사무를 위임 또는 위탁받은 공공단체 또는 그 장
> ③ <u>토지의 수용 기타 부동산 또는 특정의 장소에 관계되는 처분등에 대한 취소소송은 그 부동산 또는 장소의 소재지를 관할하는 행정법원</u>에 이를 제기할 수 있다.

② [○] 법원은 소송의 전부에 대하여 관할권이 없다고 인정하는 경우에는 **결정으로 이를 관할법원에 이송**한다(행정소송법 제8조 제2항, 민사소송법 제34조 제1항).

③ [○] 원고가 **고의 또는 중대한 과실 없이 행정소송으로 제기하여야 할 사건을 민사소송으로 잘못 제기한 경우**, 수소법원으로서는 ㉠ 만약 **행정소송에 대한 관할도 동시에 가지고 있다면** 이를 행정소송으로 **심리·판단하여야** 하고, ㉡ **행정소송에 대한 관할을 가지고 있지 아니하다면** 당해 소송이 이미 행정소송으로서의 전심절차 및 제소기간을 도과하였거나 행정소송의 대상이 되는 처분등이 존재하지도 아니한 상태에 있는 등 행정소송으로서의 소송요건을 결하고 있음이 명백하여 행정소송으로 제기되었더라도 어차피 부적법하게 되는 경우가 아닌 이상 이를 부적법한 소라고 하여 각하할 것이 아니라 **관할법원에 이송**하여야 한다(대판 2017.11.9. 2015다215526). ☞ 행정사건은 행정법원의 전속관할에 속한다.

④ [○] **민사소송으로 제기할 사건을 당사자소송으로 서울행정법원에 제기한 경우**에는 피고가 제1심법원에서 관할위반이라고 항변하지 아니하고 본안에 대하여 변론을 한 때에는 행정소송법 제8조 제2항, 민사소송법 제30조에 의하여 **변론관할을 인정**된다는 것이 판례의 입장이다(대판 2013.2.28. 2010두22368).

⑤ [✕] 수소법원의 재판관할권 유무는 법원의 직권조사사항으로서 법원이 그 관할에 속하지 아니함을 인정한 때에는 민사소송법 제34조 제1항에 의하여 **직권으로 이송결정**을 하는 것이고, **소송당사자에게 관할위반을 이유로 하는 이송신청권이 있는 것은 아니다.** 따라서 당사자가 관할위반을 이유로 한 이송신청을 한 경우에도 이는 단지 법원의 직권발동을 촉구하는 의미밖에 없다(대결 2018.1.19. 2017마1332).

탑 ⑤

행정소송의 관할에 관한 설명으로 옳은 것은? (다툼이 있으면 판례에 따름)

① 특허심판원의 심결에 불복하는 경우 그 취소를 구하는 소송은 서울행정법원에 제기하여야 한다.

② 고의 또는 중과실 없이 행정소송으로 제기하여야 할 사건을 민사소송으로 잘못 제기한 경우, 나머지 소송요건을 모두 갖추었더라도 법원은 각하해야 한다.

③ 민사소송으로 제기할 것을 당사자소송으로 행정법원에 제기하고 피고가 관할위반이라고 항변하지 아니하고 본안에 대한 변론을 한 경우, 행정법원에 변론관할이 생겼다고 본다.

④ 국가의 사무를 위탁받은 공공단체를 피고로 하여 취소소송을 제기하는 경우 대법원소재지를 관할하는 행정법원에 제기하는 것은 관할 위반이다.

⑤ 항고소송을 제기할 것을 민사소송으로 잘못 제기한 경우 수소법원이 그 항고소송에 대한 관할도 동시에 가지고 있다면 민사소송으로 심리·판단할 수 있다.

┃해설┃

① [✕] 특허취소결정 또는 **심결에 대한 소** 및 특허취소신청서·심판청구서·재심청구시의 각하결정에 대한 소는 **특허법원의 전속관할**로 한다(특허법 제186조 제1항). 따라서 특허심판원의 심결에 불복하는 경우 그 취소를 구하는 소송은 **서울행정법원이 아니라 특허법원에 제기하여야** 한다. ☞ 특허사건의 경우 특허법원(고등법원 급)과 대법원의 2심제로 진행된다.

② [✕] ⑤ [✕] 원고가 고의 또는 중대한 과실 없이 **행정소송으로 제기하여야 할 사건을 민사소송으로 잘못 제기한 경우**, ㉠ **수소법원으로서는 만약 그 행정소송에 대한 관할을 동시에 가지고 있다면** 전심절차를 거치지 않았거나 제소기간을 도과하는 등 항고소송으로서의 소송요건을 갖추지 못했음이 명백하여 항고소송으로 제기되었더라도 어차피 부적법하게 되는 경우가 아닌 이상, **원고로 하여금 항고소송으로 소 변경을 하도록 석명권을 행사하여 행정소송법이 정하는 절차에 따라 심리·판단하여야** 하고❺ (대판 2020.4.9. 2015다34444), ㉡ **수소법원이 그 행정소송에 대한 관할을 가지고 있지 아니하다면** 당해 소송이 이미 행정소송으로서의 전심절차와 제소기간을 도과하였거나 행정소송의 대상이 되는 처분등이 존재하지도 아니한 상태에 있는 등 행정소송으로서 소송요건을 결하고 있음이 명백하여 행정소송으로 제기되었더라도 어차피 부적법하게 되는 경우가 아닌 이상 이를 **부적법한 소라고 하여 각하할 것이 아니라 관할법원에 이송하여야** 한다❷ (대판 2017.11.9. 2015다215526; 대판 2018.7.26. 2015다221569).

③ [○] **민사소송으로 제기할 사건을 당사자소송으로 서울행정법원에 제기한 경우**에는 피고가 관할위반이라고 항변하지 아니하고 본안에 대하여 변론을 한 때에는 행정소송법 제8조 제2항, 민사소송법 제30조에 의하여 **변론관할이 인정된다**는 것이 판례의 입장이다(대판 2013.2.28. 2010두22368).

④ [✕] 국가의 사무를 위탁받은 공공단체를 피고로 하여 취소소송을 제기하는 경우 **대법원소재지를 관할하는 행정법원(= 서울행정법원)에 제기할 수 있다**(행정소송법 제9조 제2항 제2호). ☞ 따라서 관할위반이 아니다.

> **행정소송법 제9조(재판관할)**
> ① 취소소송의 제1심관할법원은 피고의 소재지를 관할하는 행정법원으로 한다.
> ② 제1항에도 불구하고 다음 각 호의 어느 하나에 해당하는 피고에 대하여 취소소송을 제기하는 경우에는 **대법원소재지를 관할하는 행정법원**에 제기할 수 있다.
> 1. 중앙행정기관, 중앙행정기관의 부속기관과 합의제행정기관 또는 그 장
> 2. 국가의 사무를 위임 또는 위탁받은 **공공단체 또는 그 장**❹
> ③ 토지의 수용 기타 부동산 또는 특정의 장소에 관계되는 처분등에 대한 취소소송은 그 부동산 또는 장소의 소재지를 관할하는 행정법원에 이를 제기할 수 있다.

답 ③

취소소송의 제기요건에 관한 설명으로 옳은 것은? (다툼이 있으면 판례에 따름)

① 「하수도법」에 의하여 기존의 하수도정비기본계획을 변경하여 광역 하수종말처리시설(공공하수처리시설)을 설치하는 내용으로 수립한 하수도정비기본계획은 항고소송의 대상이 되지 아니한다.

② 「국가공무원법」에 따른 징계처분에 대하여는 소청심사위원회의 심사 결정을 거치지 않더라도 취소소송을 제기할 수 있다.

③ 필요적 행정심판전치주의가 적용되는 경우, 동종사건에 관하여 이미 기각재결이 있은 때에도 행정심판을 제기하지 않고 바로 취소소송을 제기할 수는 없다.

④ 취소소송은 구술로도 제기할 수 있다.

⑤ 행정심판을 거친 후 취소소송을 제기하는 경우에는 재결서 정본을 발송한 날이 제소기간의 기산점이 된다.

∥해설∥

① [O] 구 하수도법 제5조의2에 의하여 기존의 하수도정비기본계획을 변경하여 광역하수종말처리시설을 설치하는 등의 내용으로 수립한 **하수도정비기본계획은 항고소송의 대상이 되는 행정처분에 해당하지 아니한다**고 한 사례(대판 2002.5.17. 2001두10578). ☞ 판례는 국민의 권리의무에 변동을 가져오지 않는 "기본계획"의 처분성을 부정한다.

② [✕] 공무원에 대한 **징계처분**, 강임·휴직·직위해제 또는 면직처분(국가공무원법 제75조의 처분), 그 밖에 본인의 의사에 반한 불리한 처분이나 부작위에 관한 **행정소송은 소청심사위원회의 심사·결정을 거치지 아니하면 제기할 수 없다**(국가공무원법 제16조 제1항). ☞ 국가공무원법상 징계처분에 대한 취소소송(행정소송)에는 필요적 행정심판전치주의(= 소청심사전치주의)가 적용된다.

③ [✕] 필요적 행정심판전치주의가 적용되는 경우, **동종사건에 관하여 이미 기각재결이 있은 때**에는 **행정심판을 제기하지 않고 바로 취소소송을 제기할 수 있다**(행정소송법 제18조 제3항 제1호).

행정심판의 재결 없이 행정소송을 제기할 수 있는 경우 (제18조 제2항, 이 경우 행정심판의 제기는 있어야 한다)	행정심판의 제기 없이 행정소송을 제기할 수 있는 경우 (제18조 제3항, 제22조 제3항)
• 행정심판청구가 있은 날로부터 60일이 지나도 재결이 없는 때 • 처분의 집행 또는 절차의 속행으로 생길 중대한 손해를 예방하여야 할 긴급한 필요가 있는 때 • 법령의 규정에 의한 행정심판기관이 의결 또는 재결을 하지 못할 사유가 있는 때 • 그 밖의 정당한 사유가 있는 때	• 동종사건에 관하여 이미 행정심판의 기각재결이 있은 때 • 서로 내용상 관련되는 처분 또는 같은 목적을 위하여 단계적으로 진행되는 처분 중 어느 하나가 이미 행정심판의 재결을 거친 때 • 행정청이 사실심의 변론 종결 후 소송의 대상인 처분을 변경하여 당해 변경된 처분에 관하여 소를 제기하는 때 • 처분을 행한 행정청이 행정심판을 거칠 필요가 없다고 잘못 알린 때 • 취소소송이 사실심에 계속되고 있는 동안 행정청이 소송의 대상인 처분을 변경하여 소의 변경을 한 때(행정소송법 제22조 제3항) ☞ 처분변경으로 인한 소의 변경

④ [✕] 취소소송을 제기하려는 자는 **법원에 소장을 제출하여야** 한다(행정소송법 제8조 제2항, 민사소송법 제248조 제1항). 따라서 취소소송을 구술(口述, 말로 진술)로 제기할 수는 없다. ☞ 취소소송의 제기 방식에 관하여는 행정소송법에 특별히 정한 바가 없으므로 민사소송의 방법에 의한다.

⑤ [✕] 행정심판을 거친 후 취소소송을 제기하는 경우, **재결서의 정본을 송달받은 날부터 90일 이내**에 제기하여야 한다(행정소송법 제20조 제1항 단서), 그리고 재결이 있은 날부터 1년을 경과하면 취소소송을 제기하지 못한다(행정소송법 제20조 제2항). ☞ 행정심판을 거친 후 취소소송을 제기하는 경우에는 재결서 정본을 '발송한 날'이 아니라 '**송달받은 날**'이 제소기간의 기산점이 된다.

답 ①

50 세무사 2022

☑ 확인Check! ○ △ ✕

행정소송법상 '처분을 취소 또는 변경하는 소송'의 판결에 관한 설명으로 옳은 것은? (다툼이 있으면 판례에 따름)

① 처분이 위법하지는 않더라도 부당하다고 인정할 때에는 일부 취소의 판결을 할 수 있다.

② 법원은 행정처분 당시 행정청이 알고 있었던 자료만을 종합하여 처분 당시 존재하였던 객관적 사실을 확정하고 그 사실에 기초하여 판단하여야 한다.

③ 하나의 제재처분의 사유가 된 여러 개의 위반행위 중 일부의 위반행위에 대한 제재처분 부분만이 위법하더라도 법원은 제재처분의 가분성에 관계없이 그 전부를 취소하여야 한다.

④ 여러 개의 상이에 대한 국가유공자 요건 비해당결정처분에서 그중 일부 상이에 대해서만 국가유공자 요건이 인정될 경우 법원은 비해당결정처분 전부를 취소하여야 한다.

⑤ 과세처분취소소송에서 적법하게 부과될 정당한 세액이 산출되는 때에는 그 정당한 세액을 초과하는 부분만 취소하여야 할 것이고 전부를 취소할 것이 아니다.

┃해설┃

① [✕] 취소소송은 행정청의 위법한 처분등을 취소 또는 변경하는 소송이다(행정소송법 제4조 제1호). **취소소송의 수소법원은 처분의 위법성만 판단**할 수 있으므로, 처분이 부당하다고 인정하더라도 처분이 위법하지 않은 이상 법원은 (일부) 취소판결을 할 수 없다.

② [✕] 항고소송에서 **행정처분의 위법 여부는 행정처분이 있을 때의 법령과 사실 상태를 기준으로 판단**하여야 하며, 법원은 행정처분 당시 행정청이 알고 있었던 자료뿐만 아니라 **사실심 변론 종결 당시까지 제출된 모든 자료를 종합하여 처분 당시 존재하였던 객관적 사실을 확정**하고 그 사실에 기초하여 처분의 위법 여부를 판단할 수 있다(대판 2010.1.14. 2009두11843).

③ [✕] 행정청이 여러 개의 위반행위에 대하여 하나의 제재처분을 하였으나, **위반행위별로 제재처분의 내용을 구분하는 것이 가능**하고 여러 개의 위반행위 중 **일부의 위반행위에 대한 제재처분 부분만이 위법**하다면, 법원은 **제재처분 중 위법성이 인정되는 부분만 취소하여야** 하고 **제재처분 전부를 취소하여서는 아니 된다**(대판 2020.5.14. 2019두63515).

④ [✕] 여러 개의 상이(傷痍)에 대한 국가유공자요건비해당처분에 대한 취소소송에서 그중 일부 상이(傷痍)가 국가유공자요건이 인정되는 상이(傷痍)에 해당하더라도 나머지 상이(傷痍)에 대하여 위 요건이 인정되지 아니하는 경우에는 **국가유공자요건비해당처분 중 위 요건이 인정되는 상이에 대한 부분만을 취소하여야 할 것이고, 그 비해당처분 전부를 취소할 수는 없다**(대판 2012.3.29. 2011두9263).

⑤ [○] 과세처분취소소송에 있어 처분의 적법 여부는 정당한 세액을 초과하느냐의 여부에 따라 판단되는 것으로서, 당사자는 사실심 변론 종결시까지 객관적인 조세채무액을 뒷받침하는 주장과 자료를 제출할 수 있고, 이러한 자료에 의하여 **적법하게 부과될 정당한 세액이 산출되는 때에는 그 정당한 세액을 초과하는 부분만 취소하여야 할 것**이고 전부를 취소할 것이 아니지만, 상속재산 일부에 대하여도 적법한 가액평가의 자료가 없어서 정당한 상속세액을 산출할 수 없는 경우에는 과세처분 전부를 취소할 수밖에 없다.(대판 1992.7.24. 92누4840).

답 ⑤

취소소송의 소송물에 관한 설명으로 옳지 않은 것은? (다툼이 있으면 판례에 따름)

① 조세의 종목과 과세기간에 의하여 구분되는 각 과세단위에 관한 개개의 부과처분이 조세소송의 소송물이 된다.

② 과세관청은 소송 중 사실심 변론 종결시까지 당해 처분에서 인정한 과세표준 또는 세액의 정당성을 뒷받침할 수 있는 새로운 자료를 제출할 수 있다.

③ 감액경정청구에 대한 거부처분 취소소송에서 과세표준 및 세액의 인정이 위법이라고 내세우는 개개의 위법사유는 공격방어방법에 불과하다.

④ 부당해고 등의 구제신청에 관한 중앙노동위원회의 재심판정 취소소송에서 법원은 중앙노동위원회가 재심판정에서 인정한 징계사유에 한하여 심리한다.

⑤ 특허심판원의 심결에 대한 취소소송에서 당사자는 심결에서 판단되지 않은 처분의 위법사유도 주장·입증할 수 있다.

┃해설┃

① [○] 조세의 종목과 과세기간에 의하여 구분되는 **각 과세단위에 관한 개개의 부과처분**이 **조세소송의 소송물**이 된다(대판 1986.3.25. 84누216).

② [○] **과세처분취소소송의 소송물은 과세관청이 결정한 세액의 객관적 존부**이므로, 과세관청으로서는 소송 도중 **사실심 변론 종결시까지** 당해 처분에서 인정한 과세표준 또는 세액의 정당성을 뒷받침할 수 있는 **새로운 자료를 제출할 수 있고** 또 처분의 동일성이 유지되는 범위 내에서 그 사유를 교환·변경할 수 있는 것이고, 반드시 처분 당시의 자료만에 의하여 처분의 적법 여부를 판단하여야 하는 것은 아니고 처분 당시의 처분사유만을 주장할 수 있는 것은도 아니다(대판 2002.10.11. 2001두1994).

③ [○] 통상의 과세처분 취소소송에서와 마찬가지로 **감액경정청구에 대한 거부처분 취소소송** 역시 그 거부처분의 실체적·절차적 위법 사유를 취소 원인으로 하는 것으로서 **그 심판의 대상은 과세표준신고서에 기재된 과세표준 및 세액의 객관적인 존부**라 할 것이므로, 그 과세표준 및 세액의 인정이 위법이라고 내세우는 **개개의 위법사유**는 자기의 청구가 정당하다고 주장하는 **공격방어방법에 불과하다**(대판 2020.6.25. 2017두58991).

④ [✕] 부당해고 등의 구제절차는 부당해고 등으로 주장되는 구체적 사실이 부당해고 등에 해당하는지를 심리하고, 부당해고 등으로 인정되면 적절한 구제방법을 결정하여 구제명령을 하는 제도로서, 부당해고 등으로 주장되는 구체적 사실이 심사 대상이다. **부당해고 등의 구제신청에 관한 중앙노동위원회의 재심판정 취소소송의 소송물은 재심판정 자체의 위법성**이므로, 부당해고 등으로 주장되는 구체적 사실이 부당해고 등에 해당하는지를 심리하여 재심판정의 위법성 유무를 따져보아야 한다. 한편 근로자에 대한 징계처분에 정당한 이유가 있는지는 징계위원회 등에서 징계처분의 근거로 삼은 징계사유에 의하여 판단하여야 한다. 위와 같은 부당해고 등의 구제절차 관련 규정, 재심판정 취소소송의 소송물, 심리 방식, 심판 대상이 되는 징계사유 등을 종합하면, 재심판정이 징계처분의 정당성에 관한 판단을 그르쳤는지를 가리기 위해서는 징계위원회 등에서 징계처분의 근거로 삼은 징계사유에 의하여 징계처분이 정당한지를 살펴보아야 한다. 따라서 여러 징계사유를 들어 징계처분을 한 경우에는 **중앙노동위원회가 재심판정에서 징계사유로 인정한 것 이외에도 징계위원회 등에서 들었던 징계사유 전부를 심리하여 징계처분이 정당한지를 판단하여야** 한다(대판 2016.12.29. 2015두38917). ☞ 재결주의가 적용되는 사례에 해당한다.

⑤ [○] 심판은 특허심판원에서의 행정절차이며 심결은 행정처분에 해당하고, 그에 대한 불복의 소송인 심결취소소송은 항고소송에 해당하여 그 소송물은 심결의 실체적·절차적 위법 여부이므로, **당사자는 심결에서 판단되지 않은 처분의 위법사유도 심결취소소송단계에서 주장·입증할 수 있고,** 심결취소소송의 법원은 특별한 사정이 없는 한 제한 없이 이를 심리·판단하여 판결의 기초로 삼을 수 있으며, 이와 같이 본다고 하여 심급의 이익을 해한다거나 당사자에게 예측하지 못한 불의의 손해를 입히는 것이 아니다(대판 2009.5.28. 2007후4410). ☞ 재결주의가 적용되는 사례에 해당한다.

답 ④

52 세무사 2021
☑ 확인 Check! ○ △ ✕

재량처분의 취소에 관한 설명으로 옳지 않은 것은? (다툼이 있으면 판례에 따름)

① 영업정지 기간의 감경에 관한 참작 사유가 있음에도 이를 전혀 고려하지 않은 나머지 영업정지 기간을 감경하지 아니하였다면 그 영업정지 처분은 위법하다.

② 공무원에 대한 징계처분에는 공무원 승진임용처분에서와 비교할 수 없을 정도의 광범위한 재량이 부여되어 있다.

③ 재량행위에 대한 사법심사에서는 법원은 독자의 결론을 도출함이 없이 당해 행위에 재량권의 일탈·남용이 있는지 여부만을 심사하게 된다.

④ 재량권을 일탈·남용한 특별한 사정이 있다는 점은 이를 주장하는 자가 증명하여야 한다.

⑤ 허가 기준에 맞지 않는다고 판단하여 개발행위허가신청을 불허가하였다면 이에 앞서 도시계획위원회의 심의를 거치지 않았다는 사정만으로 곧바로 그 불허가처분에 취소사유가 있다고 보기는 어렵다.

┃해설┃

① [○] 행정청이 건설산업기본법 및 구 건설산업기본법 시행령(이하 '시행령'이라 한다) 규정에 따라 건설업자에 대하여 영업정지 처분을 할 때 건설업자에게 영업정지 기간의 감경에 관한 참작 사유가 존재하는 경우, 행정청이 그 사유까지 고려하고도 영업정지 기간을 감경하지 아니한 채 시행령 제80조 제1항 [별표 6] '2. 개별기준'이 정한 영업정지 기간대로 영업정지 처분을 한 때에는 이를 위법하다고 단정할 수 없으나, **위와 같은 사유가 있음에도 이를 전혀 고려하지 않거나 그 사유에 해당하지 않는다고 오인한 나머지 영업정지 기간을 감경하지 아니하였다면 영업정지 처분은 재량권을 일탈·남용한 위법한 처분이다**(대판 2016.8.29. 2014두45956).

② [✕] **지방공무원의 승진임용**에 관해서는 임용권자에게 일반 국민에 대한 행정처분이나 **공무원에 대한 징계처분에서와는 비교할 수 없을 정도의 광범위한 재량**이 부여되어 있다(대판 2022.2.11. 2021두13197). ☞ 승진임용과 징계처분이 서로 바뀌어 서술되어 있다. 일반적으로 수익적 행정처분(승진임용)이 침익적 행정처분(징계처분)보다 재량의 범위가 더 넓다.

③ [○] 행정행위가 그 재량성의 유무 및 범위와 관련하여 이른바 **기속행위 내지 기속재량행위와 재량행위 내지 자유재량행위**로 구분된다고 할 때 양자에 대한 사법심사는, **전자(기속행위 내지 기속재량행위)의 경우** 그 법규에 대한 원칙적인 기속성으로 인하여 법원이 사실인정과 관련 법규의 해석·적용을 통하여 일정한 결론을 도출한 후 그 결론에 비추어 행정청이 한 판단의 적법 여부를 독자의 입장에서 판정하는 방식에 의하게 되나, **후자(재량행위 내지 자유재량행위)의 경우** 행정청의 재량에 기한 공익판단의 여지를 감안하여 **법원은 독자의 결론을 도출함이 없이** 당해 행위에 **재량권의 일탈·남용이 있는지 여부만을 심사**하게 되고, 이러한 재량권의 일탈·남용 여부에 대한 심사는 사실오인, 비례·평등의 원칙 위배, 당해 행위의 목적 위반이나 동기의 부정 유무 등을 그 판단 대상으로 한다(대판 2001.2.9. 98두17593).

④ [O] **재량권을 일탈·남용한 특별한 사정이 있다는 점**은 증명책임분배의 일반원칙에 따라 **이를 주장하는 자(원고)가 증명하여야** 하고(대판 2020.7.9. 2017두39785), 처분청(피고)이 그 재량권의 행사가 정당한 것이었다는 점까지 주장·입증할 필요는 없다(대판 1987.12.8. 87누861).

⑤ [O] 개발행위허가에 관한 사무를 처리하는 행정기관의 장이 일정한 개발행위를 허가하는 경우에는 국토계획법 제59조 제1항에 따라 도시계획위원회의 심의를 거쳐야 할 것이나, 개발행위허가의 신청 내용이 허가 기준에 맞지 않는다고 판단하여 개발행위허가신청을 불허가하였다면 이에 앞서 도시계획위원회의 심의를 거치지 않았다고 하여 이러한 사정만으로 곧바로 그 불허가처분에 취소사유에 이를 정도의 절차상 하자가 있다고 보기는 어렵다. 다만 행정기관의 장이 도시계획위원회의 심의를 거치지 아니한 결과 개발행위 불허가처분을 함에 있어 마땅히 고려하여야 할 사정을 참작하지 아니하였다면 그 불허가처분은 재량권을 일탈·남용한 것으로서 위법하다고 평가할 수 있을 것이다(대판 2015.10.29. 2012두28728).

답 ②

53 세무사 2022

☑ 확인 Check! ○ △ ✕

법령을 위반한 폐기물처리업자 甲에 대하여 A군수가 3개월의 영업정지 처분을 하자 甲은 취소소송을 제기하였다. 이에 관한 설명으로 옳은 것은? (다툼이 있으면 판례에 따름)

① 취소소송을 제기한 때부터 처분의 효력은 정지된다.

② 3개월의 영업정지 기간이 재량권을 넘는 과도한 것이라면 법원은 적정하다고 인정되는 기간을 초과한 부분에 한하여 처분을 취소하여야 한다.

③ 소송이 제기된 후 A군수가 영업정지 기간을 1개월로 변경한 경우 그날로부터 60일 이내에 甲은 처분변경으로 인한 소의 변경을 신청할 수 있다.

④ 취소판결이 확정되면 A군수는 판결에 기속되나, 그 밖에 위법한 결과가 있더라도 이를 제거하는 조치를 할 의무는 없다.

⑤ 재량권 일탈·남용에 해당하는 특별한 사정은 이를 주장하는 甲이 증명하여야 한다.

| 해설 |

① [✕] **취소소송의 제기**는 처분등의 **효력**이나 그 **집행** 또는 **절차의 속행**에 영향을 주지 아니한다(행정소송법 제23조 제1항). ☞ 취소소송의 제기에는 집행부정지의 원칙이 적용된다.

② [✕] 행정청이 영업정지처분을 함에 있어서 그 정지기간을 어느 정도로 할 것인지는 **행정청의 재량권에 속하는 사항**인 것이며, 다만 그것이 공익의 원칙이나 평등의 원칙 또는 비례의 원칙등에 위반하여 재량권의 한계를 벗어난 재량권 남용에 해당하는 경우에만 위법한 처분으로서 사법심사의 대상이 되는 것이나, 법원으로서는 영업정지처분이 재량권 남용이라고 판단될 때에는 **위법한 처분으로서 그 처분의 취소를 명할 수 있을 뿐이고, 재량권의 한계 내에서 어느 정도가 적정한 영업정지 기간인지를 가리는 일은 사법심사의 범위를 벗어난다**(대판 1982.9.28. 82누2). ☞ 따라서 3개월의 영업정지 기간이 재량권을 넘는 과도한 것이라고 판단되더라도 법원은 적정하다고 인정되는 기간을 초과한 부분만 일부취소를 할 수 없다.

③ [✕] 처분변경으로 인한 소의 변경 신청은 **처분의 변경이 있음을 안 날로부터 60일 이내에 하여야 한다**(행정소송법 제22조 제2항). ☞ 소송이 제기된 후 A군수가 영업정지 기간을 1개월로 변경한 경우, (그날로부터 60일 이내가 아니라) **처분 변경이 있음을 안 날로부터 60일 이내**에 甲은 처분변경으로 인한 소의 변경을 신청할 수 있다.

제2장 | 취소소송 **253**

④ [×] 어떤 행정처분을 위법하다고 판단하여 취소하는 판결이 확정되면 행정청은 **취소판결의 기속력에 따라** 그 판결에서 확인된 위법사유를 배제한 상태에서 다시 처분을 하거나 그 밖에 **위법한 결과를 제거하는 조치를 할 의무가 있다**(대판 2020.4.9. 2019두49953). ☞ 기속력의 내용으로 위법상태제거의무(원상회복의무)도 인정된다.

⑤ [○] 재량권 일탈·남용에 해당하는 특별한 사정은 이를 주장하는 甲이 증명하여야 한다. **재량권을 일탈·남용한 특별한 사정이 있다는 점**은 증명책임분배의 일반원칙에 따라 **이를 주장하는 자**(원고 甲)가 증명하여야 한다(대판 2018.6.15. 2016두57564).

답 ⑤

54 세무사 2022   ☑ 확인Check! ○ △ ×

행정소송법상 처분등의 효력 유무 또는 존재 여부가 민사소송의 선결문제로 되어 당해 민사소송의 수소법원이 이를 심리·판단하는 경우에 준용되는 취소소송에 관한 규정이 아닌 것은?

① 행정청의 소송참가에 관한 규정
② 행정심판기록의 제출명령에 관한 규정
③ 제3자의 소송참가에 관한 규정
④ 직권심리에 관한 규정
⑤ 소송비용에 관한 재판의 효력에 관한 규정

┃해설┃

① [○] ② [○] ③ [×] ④ [○] ⑤ [○] 행정소송법상 처분등의 효력 유무 또는 존재 여부가 민사소송의 선결문제로 되어 당해 민사소송의 수소법원이 이를 심리·판단하는 경우, **제3자의 소송참가에 관한 규정**(제16조)은 **준용되지 않는다.**

> **행정소송법 제11조(선결문제)**
> ① 처분등의 효력 유무 또는 존재 여부가 민사소송의 선결문제로 되어 당해 **민사소송의 수소법원**이 이를 심리·판단하는 경우에는 **제17조**(행정청의 소송참가), **제25조**(행정심판기록의 제출명령), **제26조**(직권심리) 및 **제33조**(소송비용에 관한 재판의 효력)의 규정을 **준용한다.**
> ② 제1항의 경우 당해 수소법원은 그 **처분등을 행한 행정청**에게 그 선결문제로 된 사실을 통지하여야 한다.

> **☐ 참고**
> 민사소송의 수소법원은 행정처분의 효력 유무 또는 존재 여부를 선결문제로 심리·판단해야 하므로, 행정소송의 심리에 관한 규정인 **직권심리**(제26조)와 **행정심판기록의 제출명령**(제25조)에 관한 규정을 준용할 필요성이 있다. 행정청은 행정처분의 존재 및 그 유효를 주장할 필요가 있는 경우 **행정청의 소송참가**(제17조)가 필요할 것이며, 행정청의 소송참가와 관련하여 소송비용이 발생한 경우, 행정청은 권리의무의 주체가 아니므로 참가인이었던 행정청이 소속하는 국가 또는 공공단체에 **소송비용에 관한 재판의 효력**(제33조)이 미치도록 함으로써 권리의무의 주체인 국가 또는 공공단체에게 소송비용액의 확정, 소송비용에 관한 강제절차를 진행할 수 있도록 하였다.

답 ③

처분의 효력 유무 또는 존재 여부가 민사소송의 선결문제로 되어 당해 민사소송의 수소법원이 이를 심리·판단하는 경우에 관한 설명으로 옳지 않은 것은?

① 법원은 필요하다고 인정할 때에는 직권으로 증거조사를 할 수 있다.
② 법원은 당사자의 신청에 의하여 다른 행정청을 소송에 참가시킬 수 있다.
③ 법원은 당사자의 신청이 있는 때에는 재결을 행한 행정청에 대하여 행정심판에 관한 기록의 제출을 명할 수 있다.
④ 법원은 처분이 위법하다고 판단하는 때에는 이를 취소할 수 있다.
⑤ 소송비용에 관한 재판이 확정된 때에는 참가인이었던 행정청이 소속하는 국가에 그 효력을 미친다.

▋해설▋
① [○] ② [○] ③ [○] ⑤ [○]

> **행정소송법 제11조(선결문제)**
> ① 처분등의 효력 유무 또는 존재 여부가 민사소송의 선결문제로 되어 당해 민사소송의 수소법원이 이를 심리·판단하는 경우에는 제17조(행정청의 소송참가), 제25조(행정심판기록의 제출명령), 제26조(직권심리) 및 제33조(소송비용에 관한 재판의 효력)의 규정을 준용한다.
> ② 제1항의 경우 당해 수소법원은 그 처분등을 행한 행정청에게 그 선결문제로 된 사실을 통지하여야 한다.
>
> > **행정소송법 제17조(행정청의 소송참가)**
> > ① 법원은 다른 행정청을 소송에 참가시킬 필요가 있다고 인정할 때에는 당사자 또는 당해 행정청의 신청 또는 직권에 의하여 결정으로써 그 행정청을 소송에 참가시킬 수 있다. ❷
> > ② 법원은 제1항의 규정에 의한 결정을 하고자 할 때에는 당사자 및 당해 행정청의 의견을 들어야 한다.
> > ③ 제1항의 규정에 의하여 소송에 참가한 행정청에 대하여는 민사소송법 제76조의 규정을 준용한다.
> >
> > **행정소송법 제25조(행정심판기록의 제출명령)**
> > ① 법원은 당사자의 신청이 있는 때에는 결정으로써 재결을 행한 행정청에 대하여 행정심판에 관한 기록의 제출을 명할 수 있다. ❸
> > ② 제1항의 규정에 의한 제출명령을 받은 행정청은 지체없이 당해 행정심판에 관한 기록을 법원에 제출하여야 한다.
> >
> > **행정소송법 제26조(직권심리)**
> > 법원은 필요하다고 인정할 때에는 직권으로 증거조사를 할 수 있고, 당사자가 주장하지 아니한 사실에 대하여도 판단할 수 있다. ❶
> >
> > **행정소송법 제33조(소송비용에 관한 재판의 효력)**
> > 소송비용에 관한 재판이 확정된 때에는 피고 또는 참가인이었던 행정청이 소속하는 국가 또는 공공단체에 그 효력을 미친다. ❺

④ [×] 처분의 효력 유무 또는 존재 여부가 민사소송의 선결문제로 되어 당해 민사소송의 수소법원이 이를 심리·판단하는 경우, **민사소송의 수소법원은 처분이 위법하다고 판단하는 때에도 이를 취소할 수 없다**(대판 1973.7.10. 70다1439: 대판 1999.8.20. 99다20179 참조). 공정력과 구성요건적 효력을 구별하지 않는 종래의 통설은 이것이 공정력에 반하기 때문이라고 하고, 공정력과 구성요건적 효력을 구별하는 견해는 구성요건적 효력에 반하기 때문이라고 한다.

> 과세처분이 당연무효라고 볼 수 없는 한 과세처분에 취소할 수 있는 위법사유가 있다 하더라도 그 과세처분은 행정행위의 공정력 또는 집행력에 의하여 그것이 적법하게 취소되기 전까지는 유효하다 할 것이므로, **민사소송절차에서 그 과세처분의 효력을 부인할 수 없다**(대판 1999.8.20. 99다20179).

답 ④

56 세무사 2024

☑ 확인 Check! ○ △ ✕

행정소송법 제6조의 내용으로 (　　)에 들어갈 용어로 옳은 것은?

> 행정소송에 대한 (ㄱ)에 의하여 (ㄴ)이 헌법 또는 법률에 위반된다는 것이 확정된 경우에는 대법원은 지체없이 그 사유를 (ㄷ)에게 통보하여야 한다.

	ㄱ	ㄴ	ㄷ
①	판 결	명령·규칙	법제처장
②	판 결	대통령령	행정안전부장관
③	대법원판결	명령·규칙	행정안전부장관
④	대법원판결	명령·규칙	법제처장
⑤	대법원판결	대통령령	행정안전부장관

▌해설▌

③ [○] ㄱ : 대법원판결, ㄴ : 명령·규칙, ㄷ : 행정안전부장관

> **행정소송법 제6조(명령·규칙의 위헌판결등 공고)**
> ① 행정소송에 대한 **대법원판결**에 의하여 **명령·규칙**이 헌법 또는 법률에 위반된다는 것이 확정된 경우에는 대법원은 지체없이 그 사유를 **행정안전부장관**에게 통보하여야 한다.
> ② 제1항의 규정에 의한 통보를 받은 행정안전부장관은 지체없이 이를 관보에 게재하여야 한다.
>
> **행정소송규칙 제2조(명령·규칙의 위헌판결 등 통보)**
> ① 대법원은 재판의 전제가 된 **명령·규칙**이 헌법 또는 법률에 위배된다는 것이 **법원의 판결**에 의하여 확정된 경우에는 그 취지를 해당 명령·규칙의 **소관 행정청**에 통보하여야 한다.
> ② 대법원 외의 법원이 제1항과 같은 취지의 재판을 하였을 때에는 해당 재판서 정본을 지체 없이 대법원에 송부하여야 한다.
> [2023.8.31. 제정]

답 ③

행정소송에 적용되는 심리원칙으로 옳지 않은 것은? (다툼이 있으면 판례에 따름)

① 공개심리주의
② 쌍방심리주의
③ 처분권주의
④ 구술심리주의
⑤ 직권탐지우선주의

⎪해설⎪

⑤ [✕] 행정소송의 심리는 행정소송법에 특별한 규정이 없는 한 민사소송법에 따라야 하므로(행정소송법 제8조 제2항), 민사소송에서의 심리에 관한 기본원칙인 <u>처분권주의</u>(민사소송법 제203조), **변론주의**, <u>공개심리주의</u>(헌법 제27조, 제109조), <u>쌍방심리주의</u>, <u>구술심리주의</u>(민사소송법 제134조 제1항) 등이 <u>행정소송의 심리에도 적용된다.</u> 다만, 행정소송법은 행정소송의 공익성을 고려하여 **직권심리주의(직권탐지주의)를 보충적 소송원칙으로** 인정하고(행정소송법 제26조), 증거방법으로 행정심판기록 제출명령을 규정하고 있다(행정소송법 제25조). 직권심리주의(직권탐지주의)란 법원이 소송당사자의 주장이나 청구에 구속받지 않고 소송자료(사실과 증거)의 수집을 직권으로 할 수 있는 소송심리의 원칙을 말한다. 판례는 행정소송에서 직권탐지는 극히 예외적으로만 인정하고 있다(대판 1994.10.11. 94누4820). 행정소송의 심리에 있어서는 당사자주의·변론주의가 원칙이고 **직권탐지주의는 보충적 적용**되고, 직권탐지는 소송기록에 나타난 사실에 한정된다(대판 2010.2.11. 2009두18035).

> ❑ **참고 : 처분권주의, 변론주의, 공개심리주의, 쌍방심리주의, 구술심리주의**
>
> • **처분권주의** : 소송절차의 개시, 심판의 대상과 범위 및 소송절차의 종결에 대하여 당사자에게 주도권을 주어 당사자가 처분권을 가지고 자유롭게 결정할 수 있는 원칙을 말한다(민사소송법 제203조). 처분권주의는 널리 변론주의를 포함하여 당사자주의로도 쓰이며, 직권주의와 반대된다.
>
> • **변론주의** : 재판의 기초가 되는 소송자료, 즉 사실과 증거의 수집·제출을 당사자의 권능과 책임으로 하고, 당사자가 수집하여 제출한 소송자료만을 변론에서 다루고 재판의 기초로 삼아야 한다는 원칙을 말한다. 변론주의는 민사소송을 관류하는 대원칙임에도 불구하고 이에 관한 직접규정을 두고 있지 아니하며, 다만 특수소송에서 이와 대립하는 직권탐지주의(가사소송법 제12조·제17조, 행정소송법 제26조)를 규정함으로써 간접적으로 변론주의에 의함을 추단케 하고 있다. 민사소송규칙 제69조의2에서는 사실관계와 증거에 관한 사전조사의무를 부과하였는데, 이는 변론주의를 전제한 것이라고 볼 수 있다.
>
> • **공개심리주의** : 재판의 심리와 판결의 선고는 일반인이 방청할 수 있는 공개된 상태에서 하여야 한다는 원칙을 말한다(헌법 제27조·제109조, 법원조직법 제57조).
>
> • **쌍방심리주의** : 소송의 심리에 있어서 당사자 양쪽에 평등하게 진술할 기회를 주는 입장을 말한다. 당사자평등의 원칙 또는 무기평등의 원칙이라고 하며, 판결절차에 있어서 양쪽 당사자를 동시에 대석시켜 변론과 증거조사를 행하는 필요적 변론절차에 의하는 것은(민사소송법 제134조 제1항) 쌍방심리주의를 관철시키기 위한 것이다.
>
> • **구술심리주의** : 심리에 임하여 당사자 및 법원의 소송행위 특히 변론 및 증인신문 등 증거조사를 말(구술)로 행하는 원칙으로 서면심리주의와 반대된다(민사소송규칙 제28조·제70조의2).

 ⑤

취소소송의 심리에 관한 설명으로 옳지 않은 것은? (다툼이 있으면 판례에 따름)

① 법원은 당사자가 주장하지 아니한 법률효과에 관한 요건사실이나 독립된 공격방어방법을 시사하여 그 제출을 권유할 수 있다.
② 법원은 당사자의 신청이 있는 때에는 결정으로써 재결을 행한 행정청에 대하여 행정심판에 관한 기록의 제출을 명할 수 있다.
③ 행정소송에 있어서 직권주의가 가미되어 있다고 하더라도 기본구조는 변론주의이다.
④ 법원은 필요하다고 인정할 때에는 직권으로 증거조사를 할 수 있다.
⑤ 법원은 필요하다고 인정할 때에는 당사자가 주장하지 아니하는 사실에 대하여도 판단할 수 있다.

❚ 해설 ❚

① [✕] 법원의 석명권 행사는 사안을 해명하기 위하여 당사자에게 그 주장의 모순된 점이나 불완전·불명료한 부분을 지적하여 이를 정정·보충할 수 있는 기회를 주고, 계쟁사실에 대한 증거의 제출을 촉구하는 것을 그 내용으로 하는 것이며, **당사자가 주장하지도 않은 법률효과에 관한 요건사실이나 공격방어방법을 시사하여 그 제출을 권유하는 행위는 변론주의의 원칙에 위배되고 석명권 행사의 한계를 일탈한 것**이 된다(대판 2005.1.14. 2002두7234).

② [○] 행정소송법 제25조 제1항

> **행정소송법 제25조(행정심판기록의 제출명령)**
> ① 법원은 **당사자의 신청이 있는 때에는** 결정으로써 **재결을 행한 행정청**에 대하여 **행정심판에 관한 기록의 제출을** 명할 수 있다.
> ② 제1항의 규정에 의한 제출명령을 받은 행정청은 지체없이 당해 행정심판에 관한 기록을 법원에 제출하여야 한다.

③ [○] 행정소송에 있어서 특단의 사정이 있는 경우를 제외하면 당해 행정처분의 적법성에 관하여는 당해 처분청이 이를 주장·입증하여야 할 것이나 **행정소송에 있어서 직권주의가 가미되어 있다고 하여도** 여전히 **변론주의를 기본구조로 하는 이상** 행정처분의 위법을 들어 그 취소를 청구함에 있어서는 **직권조사사항을 제외하고는 그 취소를 구하는 자가 위법사유에 해당하는 구체적인 사실을 먼저 주장하여야 한다**(대판 2000.3.23. 98두2768).

④ [○] ⑤ [○] 행정소송법 제26조

> **행정소송법 제26조(직권심리)**
> 법원은 필요하다고 인정할 때에는 직권으로 증거조사를 할 수 있고,❹ 당사자가 주장하지 아니한 사실에 대하여도 판단할 수 있다.❺

🔲 ①

취소소송의 심리 및 판결에 관한 설명으로 옳지 않은 것은? (다툼이 있으면 판례에 따름)

① 직권주의가 가미되어 있다고 하더라도 여전히 변론주의를 기본구조로 한다.

② 직권조사사항을 제외하고는 취소를 구하는 자가 위법사유에 해당하는 구체적 사실을 먼저 주장하여야 한다.

③ 법원은 필요하다고 인정할 때에는 직권으로 증거조사를 할 수 있다.

④ 법원은 필요하다고 인정할 때에는 당사자가 주장하지 아니하는 사실에 대하여도 판단할 수 있다.

⑤ 불고불리의 원칙이 적용되지 않으므로 법원은 당사자가 청구한 범위를 넘어서까지 판결을 할 수 있다.

▍해설▍

① [○] ② [○] 행정소송에 있어서 특단의 사정이 있는 경우를 제외하면 당해 행정처분의 적법성에 관하여는 당해 처분청이 이를 주장·입증하여야 할 것이나 **행정소송에 있어서 직권주의가 가미**되어 있다고 하여도 여전히 **변론주의를 기본 구조로** 하는 이상 행정처분의 위법을 들어 그 취소를 청구함에 있어서는 **직권조사사항을 제외**하고는 그 **취소를 구하는 자가 위법사유에 해당하는 구체적인 사실을 먼저 주장하여야** 한다(대판 2000.3.23. 98두2768).

③ [○] ④ [○] 행정소송법 제26조

> **행정소송법 제26조(직권심리)**
> 법원은 필요하다고 인정할 때에는 **직권으로 증거조사를 할 수 있고, 당사자가 주장하지 아니한 사실에 대하여도 판단할 수 있다.**

⑤ [✕] 행정소송에 있어서도 **불고불리의 원칙(= 처분권주의)이 적용**되어 법원은 당사자가 청구한 범위를 넘어서까지 판결을 할 수는 없지만, 당사자의 청구의 범위 내에서 일건 기록상 현출되어 있는 사항에 관하여 직권으로 증거조사를 하고 이를 기초로 하여 당사자가 주장하지 아니한 사실에 관하여도 판단할 수 있다(대판 1999.5.25. 99두1052).

답 ⑤

CHAPTER 2

항고소송에서의 주장·증명책임 등에 관한 설명으로 옳지 않은 것은? (다툼이 있으면 판례에 따름)

① 당사자는 소송변론 종결시까지 주장과 증거를 제출할 수 있다.

② 처분이 재량권을 일탈·남용하였다는 사정은 처분의 효력을 다투는 자가 주장·증명하여야 한다.

③ 원고는 전심절차에서 주장하지 아니한 공격방어방법을 소송절차에서 주장할 수 없다.

④ 과세처분 취소소송에서 처분의 적법성에 관하여는 원칙적으로 과세청인 피고가 그 증명책임을 부담한다.

⑤ 집행정지의 소극적 요건에 대한 주장·소명책임은 행정청에게 있다.

┃해설┃

① [○] 과세처분의 위법을 다투는 행정소송에 있어서 그 처분의 적법여부는 과세액이 정당한 세액을 초과하느냐의 여부에 따라 판단되는 것으로서 **당사자는 소송변론 종결시까지** 객관적인 조세채무액을 뒷받침하는 **주장과 증거를 제출할 수 있다**(대판 1989.6.27. 87누448).

> 항고소송에서 행정처분의 적법 여부는 특별한 사정이 없는 한 행정처분 당시를 기준으로 판단하여야 한다. 여기서 행정처분의 위법 여부를 판단하는 기준 시점에 관하여 판결 시가 아니라 처분 시라고 하는 의미는 행정처분이 있을 때의 법령과 사실상태를 기준으로 하여 위법 여부를 판단하며 처분 후 법령의 개폐나 사실상태의 변동에 영향을 받지 않는다는 뜻이지 처분 당시 존재하였던 자료나 행정청에 제출되었던 자료만으로 위법 여부를 판단한다는 의미는 아니다. 그러므로 **처분 당시의 사실상태 등에 관한 증명은 사실심 변론 종결 당시까지 할 수 있고**, 법원은 행정처분 당시 행정청이 알고 있었던 자료뿐만 아니라 **사실심 변론 종결 당시까지 제출된 모든 자료를 종합**하여 **처분 당시 존재하였던 객관적 사실을 확정**하고 그 사실에 기초하여 처분의 위법 여부를 판단할 수 있다(대판 2017.4.7. 2014두37122).

② [○] **재량권의 일탈·남용**에 대하여는 그 **행정행위의 효력을 다투는 사람(원고)이 증명책임**을 진다(대판 2016.10.27. 2015두41579).

> **재량권을 일탈·남용한 특별한 사정이 있다는 점**은 증명책임분배의 일반원칙에 따라 **이를 주장하는 자(원고)가 증명하여야** 한다(대판 2018.6.15. 2016두57564).

③ [✕] **항고소송에 있어서 원고는 전심절차에서 주장하지 아니한 공격방어방법을 소송절차에서 주장할 수 있고** 법원은 이를 심리하여 행정처분의 적법 여부를 판단할 수 있는 것이므로, 원고가 전심절차에서 주장하지 아니한 처분의 위법사유를 소송절차에서 새롭게 주장하였다고 하여 다시 그 처분에 대하여 별도의 전심절차를 거쳐야 하는 것은 아니다(대판 1996.6.14. 96누754).

④ [○] **과세처분의 위법을 이유로 그 취소를 구하는 행정소송에 있어 처분의 적법성 및 과세요건사실의 존재에 관하여는** 원칙적으로 **과세관청(피고)이 그 증명책임(입증책임)을 부담**한다(대판 1996.4.26. 96누1627).

⑤ [○] 행정소송법 제23조 제3항에서 집행정지의 요건으로 규정하고 있는 '**공공복리에 중대한 영향을 미칠 우려**'가 **없을 것**이라고 할 때의 '공공복리'는 그 처분의 집행과 관련된 구체적이고도 개별적인 공익을 말하는 것으로서 이러한 **집행정지의 소극적 요건에 대한 주장·소명책임은 행정청에게 있다**(대결 1999.12.20. 99무42).

답 ③

61 세무사 2023

☑ 확인Check! ○ △ ✕

주장책임과 입증책임에 관한 설명으로 옳지 않은 것은? (다툼이 있으면 판례에 따름)

① 항고소송에 있어서 원고는 전심절차에서 주장하지 아니한 공격방어방법을 소송절차에서 주장할 수 있다.

② 취소소송에서 처분사유에 관한 입증책임은 행정청에게 있다.

③ 행정처분의 당연무효를 주장하여 그 무효확인을 구하는 행정소송에 있어서는 피고에게 그 행정처분이 무효가 아니라는 것을 입증할 책임이 있다.

④ 정보공개거부처분 취소소송에서 비공개사유의 주장·입증책임은 피고에게 있다.

⑤ 과세대상이 된 토지가 비과세대상이라는 점은 이를 주장하는 납세의무자에게 입증책임이 있다.

∥해설∥

① [O] 항고소송에 있어서 원고는 전심절차에서 주장하지 아니한 공격방어방법을 소송절차에서 주장할 수 있고 법원은 이를 심리하여 행정처분의 적법 여부를 판단할 수 있는 것이므로, 원고가 전심절차에서 주장하지 아니한 처분의 위법사유를 소송절차에서 새롭게 주장하였다고 하여 다시 그 처분에 대하여 별도의 전심절차를 거쳐야 하는 것은 아니다(대판 1996.6.14. 96누754).

② [O] 민사소송법 규정이 준용되는 행정소송에서의 증명책임은 원칙적으로 민사소송 일반원칙에 따라 당사자 간에 분배되는데, **처분사유 및 처분의 적법성에 관한 입증책임(증명책임)은 피고(처분 행정청)에게 있다**(대판 2016.10.27. 2015두42817).

> **과세처분의 위법을 이유로 그 취소를 구하는 행정소송**에 있어 **처분의 적법성 및 과세요건사실의 존재**에 관하여는 원칙적으로 **과세관청(피고)이 그 증명책임(입증책임)을 부담한다**(대판 1996.4.26. 96누1627).

③ [✕] 행정처분의 당연무효를 주장하여 그 무효확인을 구하는 행정소송에 있어서는 **원고(= 무효를 주장하는 사람)**에게 그 **행정처분이 무효인 사유를 주장·입증할 책임**이 있다(대판 2010.5.13. 2009두3460).

④ [O] 국민으로부터 보유·관리하는 **정보에 대한 공개를 요구받은 공공기관(= 피고)**으로서는 정보공개법 제9조 제1항 각 호에서 정하고 있는 비공개사유에 해당하지 않는 한 이를 공개하여야 하고, 이를 거부하는 경우라 할지라도 대상이 된 정보의 내용을 구체적으로 확인·검토하여 **어느 부분이 어떠한 법익 또는 기본권과 충돌되어 위 각 호(= 비공개사유)의 어디에 해당하는지를 주장·증명하여야만 하며**, 여기에 해당하는지 여부는 비공개에 의하여 보호되는 업무수행의 공정성 등의 이익과 공개에 의하여 보호되는 국민의 알권리의 보장과 국정에 대한 국민의 참여 및 국정운영의 투명성 확보 등의 이익을 비교·교량하여 구체적인 사안에 따라 개별적으로 판단하여야 한다(대판 2009.12.10. 2009두12785).

⑤ [O] **과세대상이 된 토지가 비과세 혹은 면제대상이라는 점**은 이를 주장하는 **납세의무자에게 입증책임이 있는 것이다**(대판 1996.4.26. 94누12708).

답 ③

제2장 | 취소소송 **261**

행정소송에서의 증명 또는 소명책임에 관한 설명으로 옳지 않은 것은? (다툼이 있으면 판례에 따름)

① 무효확인소송에서 처분이 무효인 사유를 증명할 책임은 원고에게 있다.

② 거부처분 취소소송에서 그 처분사유에 관한 증명책임은 원고에게 있다.

③ 어느 사업연도의 소득에 대한 과세처분의 적법성이 다투어지는 경우 과세관청은 과세소득이 있다는 사실 및 그 소득이 그 사업연도에 귀속된다는 사실을 증명하여야 한다.

④ 집행정지의 소극적 요건에 대한 소명책임은 행정청에게 있다.

⑤ 과세처분취소소송에서 과세대상이 된 토지가 비과세 혹은 면제대상이라는 점은 이를 주장하는 납세의무자에게 증명책임이 있다.

❚해설❚

① [○] 행정처분의 당연무효를 주장하여 그 무효확인을 구하는 행정소송에 있어서는 **원고(= 무효를 주장하는 사람)에 게 그 행정처분이 무효인 사유를 주장・입증(= 증명)할 책임**이 있다(대판 2010.5.13. 2009두3460).

> ☐ 참고
> 판례는 **처분의 무효사유가 "예외적이라는 이유"로** 취소소송에서의 취소사유의 경우와 달리, **무효사유를 주장하는 자에게 증명책임이 있다**고 한다(대판 1976.1.13. 75누175; 대판 1984.2.28. 82누154; 대판 1992.3.10. 91누6030; 대판 2010.5.13. 2009두 3460 등). 이러한 판례의 태도에 대해서는, 처분의 하자가 취소사유인지 무효사유인지 여부는 상대적인 것이고 하자의 중대성・명백성 여부는 사실인정의 문제가 아니라 법률판단의 문제라는 이유로, **취소소송이든 무효확인소송이든 처분의 적법성에 대한 증명책임은 피고가 부담**하고 그 하자가 중대・명백한지 여부는 증명책임과 무관한 법원의 판단사항에 불과하다는 비판이 있다(법원실무제요 행정 [2], 249면).

② [✕] 수소법원이 '혼인파탄의 주된 귀책사유가 국민인 배우자에게 있다'고 판단하게 되는 경우에는, 해당 결혼이민 [F-6 (다)목] 체류자격 거부처분은 위법하여 취소되어야 하므로, 이러한 의미에서 결혼이민[F-6 (다)목] 체류자격 **거부처분 취소소송에서도 그 처분사유에 관한 증명책임은 피고 행정청에 있다**(대판 2019.7.4. 2018두66869).

③ [○] 과세처분의 적법성에 대한 입증책임은 과세관청에 있으므로 어느 사업연도의 소득에 대한 법인세 과세처분의 적법성이 다투어지는 경우 **과세관청으로서는 과세소득이 있다는 사실 및 그 소득이 당해 사업연도에 귀속되었다는 사실을 입증하여야** 한다(대판 2000.2.25. 98두1826).

④ [○] 행정소송법 제23조 제3항에서 집행정지의 요건으로 규정하고 있는 '**공공복리에 중대한 영향을 미칠 우려**'가 **없을 것**이라고 할 때의 '공공복리'는 그 처분의 집행과 관련된 구체적이고도 개별적인 공익을 말하는 것으로서 이러한 **집행정지의 소극적 요건에 대한 주장・소명책임은 행정청에게 있다**(대결 1999.12.20. 99무42).

⑤ [○] 과세처분취소소송(종합토지세부과처분취소소송)에서 **과세대상이 된 토지가 비과세 혹은 면제대상이라는 점은 이를 주장하는 납세의무자에게 입증책임(= 증명책임)**이 있다(대판 1996.4.26. 94누12708).

답 ②

처분사유의 추가 · 변경에 관한 설명으로 옳지 않은 것은? (다툼이 있으면 판례에 따름)

① 행정소송법상 명문의 근거규정이 존재한다.

② 행정청의 처분사유의 추가 · 변경시한은 사실심 변론 종결시까지이다.

③ 처분사유의 추가 · 변경을 제한하는 취지는 행정처분의 상대방의 방어권을 보장함으로써 실질적 법치주의를 구현하는 것이다.

④ 항고소송에 있어서 처분청이 당초 처분의 근거로 삼은 사유와 기본적 사실관계의 동일성이 인정되지 않는 별개의 사실을 들어 처분사유로서 주장할 수는 없다.

⑤ 처분사유의 추가 · 변경의 제한은 상대방의 신뢰보호와도 관련이 있다.

▮ 해설 ▮

① [✕] **행정소송법**에 소송계속 중의 **처분사유의 추가 · 변경에 관한 명문의 규정은 없다.** 그리하여 처분사유의 추가 · 변경을 허용할 것인지, 허용한다면 어느 범위 내에서 허용할 것인지에 대하여는 학설과 판례에 맡겨져 있다. 판례는 사실심 변론을 종결할 때까지 당초의 처분사유와 기본적 사실관계가 동일한 범위 내에서 처분사유를 추가 또는 변경할 수 있다는 입장이다(대판 1999.8.20. 98두17043). 한편, 2023.8.31. 제정된 **행정소송규칙**에서는 이러한 판례의 입장을 반영하여 **처분사유의 추가 · 변경에 대한 명문 규정을 두었다.**

> **행정소송규칙 제9조(처분사유의 추가 · 변경)**
> 행정청은 **사실심 변론을 종결할 때까지** 당초의 처분사유와 기본적 사실관계가 동일한 범위 내에서 처분사유를 추가 또는 변경할 수 있다.
> [2023.8.31. 제정]

② [○] 행정청은 기본적 사실관계의 동일성이 있다고 인정되는 한도 내에서만 다른 처분사유를 추가 · 변경할 수 있다고 할 것이나 이는 **사실심 변론 종결시까지만 허용**된다(대판 1999.8.20. 98두17043). 행정소송규칙에도 같은 내용으로 규정되어 있다(행정소송규칙 제9조).

③ [○] ⑤ [○] 행정처분의 취소를 구하는 항고소송에 있어서, 처분청은 당초 처분의 근거로 삼은 사유와 기본적 사실관계가 동일성이 있다고 인정되는 한도 내에서만 다른 사유를 추가하거나 변경할 수 있고, 여기서 기본적 사실관계의 동일성 유무는 처분사유를 법률적으로 평가하기 이전의 구체적인 사실에 착안하여 그 기초인 사회적 사실관계가 기본적인 점에서 동일한지 여부에 따라 결정되며 이와 같이 기본적 사실관계와 동일성이 인정되지 않는 별개의 사실을 들어 처분사유로 주장하는 것이 허용되지 않는다고 해석하는 이유는 **행정처분의 상대방의 방어권을 보장함으로써 실질적 법치주의를 구현**하고 **행정처분의 상대방에 대한 신뢰를 보호**하고자 함에 그 취지가 있다(대판 2003.12.11. 2001두8827).

④ [○] 행정처분의 취소를 구하는 항고소송에 있어서 처분청은 당초 처분의 근거로 삼은 사유와 기본적 사실관계가 동일성이 있다고 인정되는 한도 내에서만 다른 사유를 추가하거나 변경할 수 있을 뿐, 기본적 사실관계와 동일성이 인정되지 않는 별개의 사실을 들어 처분사유로서 주장함은 허용되지 아니한다(대판 1992.2.14. 91누3895).

답 ①

☑ 확인Check! ○ △ ✕

취소소송에 있어서 처분사유의 추가·변경에 관한 설명으로 옳지 않은 것은? (다툼이 있으면 판례에 따름)

① 그 허용 기준이 되는 처분사유의 동일성 유무는 사회적 사실관계의 동일성이 아니라 법적으로 평가할 때 동일한지 여부에 따라 결정된다.

② 행정청은 처분 이후에 발생한 새로운 사유를 들어 처분사유를 추가·변경할 수는 없다.

③ 처분서에 다소 불명확하게 기재하였던 당초 처분사유를 좀 더 구체적으로 설명한 것은 새로운 처분사유를 추가로 주장한 것이 아니다.

④ 행정소송법은 처분사유의 추가·변경에 관하여 명문의 규정을 두고 있지 않다.

⑤ 처분사유의 추가·변경은 사실심 변론 종결시까지만 허용된다.

─────────────────────────────

┃해설┃

① [✕] 행정처분의 취소를 구하는 항고소송에 있어서, 처분청은 당초 처분의 근거로 삼은 사유와 기본적 사실관계가 동일성이 있다고 인정되는 한도 내에서만 다른 사유를 추가하거나 변경할 수 있고, 여기서 **기본적 사실관계의 동일성 유무**는 처분사유를 법률적으로 평가하기 이전의 구체적인 사실에 착안하여 **그 기초인 사회적 사실관계가 기본적인 점에서 동일한지 여부에 따라 결정**된다(대판 2003.12.11. 2001두8827).

② [○] 처분의 위법성 판단은 처분시를 기준으로 판단하므로, **추가·변경사유는 처분 당시에 객관적으로 존재하던 사유이어야** 한다. 행정청은 처분 이후에 발생한 새로운 사실적·법적 사유를 추가·변경할 수는 없다.

③ [○] 처분서에 다소 불명확하게 기재하였던 '당초 처분사유'를 좀 더 구체적으로 설명한 것은 '새로운 처분사유'를 추가로 주장한 것이 아니다(대판 2020.6.11. 2019두49359).

④ [○] 행정소송법에 소송계속 중의 **처분사유의 추가·변경에 관한 명문의 규정은 없다**. 그리하여 처분사유의 추가·변경을 허용할 것인지, 허용한다면 어느 범위 내에서 허용할 것인지에 대하여는 학설과 판례에 맡겨져 있다. 판례는 사실심 변론을 종결할 때까지 당초의 처분사유와 기본적 사실관계가 동일한 범위 내에서 처분사유를 추가 또는 변경할 수 있다는 입장이다(대판 1999.8.20. 98두17043). 한편, 2023.8.31. 제정된 **행정소송규칙**에서는 이러한 판례의 입장을 반영하여 **처분사유의 추가·변경에 대한 명문 규정을 두었다**.

> **행정소송규칙 제9조(처분사유의 추가·변경)**
> 행정청은 **사실심 변론을 종결할 때까지** 당초의 처분사유와 기본적 사실관계가 동일한 범위 내에서 처분사유를 추가 또는 변경할 수 있다.
> [2023.8.31. 제정]

⑤ [○] 행정청은 기본적 사실관계의 동일성이 있다고 인정되는 한도 내에서만 다른 처분사유를 추가, 변경할 수 있다고 할 것이나 이는 **사실심 변론 종결시까지만 허용**된다(대판 1999.8.20. 98두17043). **행정소송규칙에도 같은 내용으로 규정되어 있다**(행정소송규칙 제9조).

답 ①

행정청 乙은 사업자 甲에 대하여 '정당한 이유 없이 계약을 이행하지 않았다'는 사실을 사유로 부정당업자제 재처분을 하였다. 甲이 그 처분의 취소를 구하는 소를 적법하게 제기하여 법원이 이를 심리하는 경우에 관한 설명으로 옳지 않은 것은? (다툼이 있으면 판례에 따름)

① 乙은 소송계속 중 기본적 사실관계의 동일성을 해치지 않는 범위 내에서 처분사유를 변경할 수 있다.

② 처분사유의 추가·변경은 사실심 변론 종결시까지 허용된다.

③ 처분사유의 추가·변경에 관해서는 「행정소송법」에 명문의 규정이 없다.

④ 乙은 소송계속 중 '甲이 계약의 이행과 관련하여 공무원에게 뇌물을 주었다'는 사실을 처분사유로 추가할 수 있다.

⑤ 乙이 처분서에 다소 불명확하게 기재하였던 '당초 처분사유'를 좀 더 구체적으로 설명한 경우 이는 새로운 처분사유의 추가가 아니다.

─────────────────────────────

❚ 해설 ❚

① [○] 처분 행정청 乙은 소송계속 중 기본적 사실관계의 동일성을 해치지 않는 범위 내에서 처분사유를 변경할 수 있다.

> 행정처분의 취소를 구하는 항고소송에 있어서, 처분청은 당초 처분의 근거로 삼은 사유와 기본적 사실관계가 동일성이 있다고 인정되는 한도 내에서만 다른 사유를 추가하거나 변경할 수 있고, 여기서 기본적 사실관계의 동일성유무는 처분사유를 법률적으로 평가하기 이전의 구체적인 사실에 착안하여 그 기초인 사회적 사실관계가 기본적인점에서 동일한지 여부에 따라 결정되며 이와 같이 기본적 사실관계와 동일성이 인정되지 않는 별개의 사실을 들어처분사유로 주장하는 것이 허용되지 않는다고 해석하는 이유는 행정처분의 상대방의 방어권을 보장함으로써 실질적법치주의를 구현하고 행정처분의 상대방에 대한 신뢰를 보호하고자 함에 그 취지가 있다(대판 2003.12.11. 2001두8827).

② [○] 행정청은 기본적 사실관계의 동일성이 있다고 인정되는 한도 내에서만 다른 처분사유를 추가·변경할 수 있다고할 것이나 이는 사실심 변론 종결시까지만 허용된다(대판 1999.8.20. 98두17043). 행정소송규칙에도 같은 내용으로 규정되어 있다(행정소송규칙 제9조).

③ [○] 행정소송법에 소송계속 중의 처분사유의 추가·변경에 관한 명문의 규정은 없다. 그리하여 처분사유의 추가·변경을 허용할 것인지, 허용한다면 어느 범위 내에서 허용할 것인지에 대하여는 학설과 판례에 맡겨져 있다. 판례는사실심 변론을 종결할 때까지 당초의 처분사유와 기본적 사실관계가 동일한 범위 내에서 처분사유를 추가 또는변경할 수 있다는 입장이다(대판 1999.8.20. 98두17043). 한편, 2023.8.31. 제정된 행정소송규칙에서는 이러한 판례의입장을 반영하여 처분사유의 추가·변경에 대한 명문 규정을 두었다.

④ [✕] 입찰참가자격을 제한시킨 당초의 처분 사유인 정당한 이유 없이 계약을 이행하지 않은 사실과 항고소송에서새로 주장한 계약의 이행과 관련하여 관계 공무원에게 뇌물을 준 사실은 기본적 사실관계의 동일성이 없다(대판 1999.3.9. 98두18565). ☞ 따라서 처분 행정청 乙은 소송계속 중 '甲이 계약의 이행과 관련하여 공무원에게 뇌물을주었다'는 사실을 처분사유로 추가할 수 없다.

⑤ [○] 乙이 처분서에 다소 불명확하게 기재하였던 '당초 처분사유'를 좀 더 구체적으로 설명한 것은 '새로운 처분사유'를 추가로 주장한 것이 아니다(대판 2020.6.11. 2019두49359).

답 ④

CHAPTER 2

행정소송법상 취소소송과 그 관련청구소송의 이송에 관한 설명으로 옳지 않은 것은?

① 취소소송과 관련청구소송이 각각 다른 법원에 계속되어야 한다.

② 관련청구소송이 계속된 법원이 이송이 상당하다고 인정하여야 한다.

③ 당사자의 신청 또는 법원의 직권에 의해 이송결정이 있어야 한다.

④ 이송받은 법원은 이를 다시 다른 법원에 이송할 수 없다.

⑤ 취소소송을 관련청구소송이 계속된 법원으로 이송할 수 있다.

┃해설┃

① [○] ② [○] ③ [○]

> **행정소송법 제10조(관련청구소송의 이송 및 병합)**
> ① <u>취소소송</u>과 다음 각 호의 1에 해당하는 소송(이하 "<u>관련청구소송</u>"이라 한다)이 <u>각각 다른 법원에 계속되고 있는 경우에</u>❶ <u>관련청구소송이 계속된 법원이 상당하다고 인정하는 때에는</u>❷ <u>당사자의 신청 또는 직권에 의하여 이를 취소소송이 계속된 법원으로 이송</u>할 수 있다. ❸
> 　1. 당해 처분등과 관련되는 손해배상·부당이득반환·원상회복등 청구소송
> 　2. 당해 처분등과 관련되는 취소소송
> ② 취소소송에는 <u>사실심의 변론 종결시까지</u> 관련청구소송을 병합하거나 피고외의 자를 상대로 한 관련청구소송을 취소소송이 계속된 법원에 병합하여 제기할 수 있다.

④ [○] <u>소송을 이송받은 법원은 이송결정에 따라야 한다</u>(이송결정의 기속력). **소송을 이송받은 법원은 사건을 다시 다른 법원에 이송하지 못한다**(행정소송법 제8조 제2항, 민사소송법 제38조). 관련청구소송을 이송받았으나 주된 소송이 부적법하거나 종료되었을 경우, 관련청구의 처리에 관하여 다시 반송하여야 한다는 견해도 있으나, 이송의 기속력에 의하여 이송받은 법원이 심리·판단함이 타당할 것이다. 다만, 심급관할을 위배한 이송결정의 기속력은 이송받은 상급심 법원에는 미치지 아니하므로, 이송받은 상급심 법원은 사건을 관할법원에 이송하여야 한다(대판 2000.1.14. 99두9735).

⑤ [✕] 관련청구소송의 이송 및 병합은 행정사건에 관련 민사사건이나 행정사건을 이송하여 병합하는 방식이어야 하고, 반대로 민사사건에 관련 행정사건을 병합할 수는 없다. 즉, **취소소송 등의 행정소송이 주된 소송**이고, 손해배상·부당이득반환·원상회복 등의 민사소송은 병합되는 소송이다(행정소송법 제10조 제2항). 그러나 민사소송에 행정소송을 병합할 수 있다는 명문의 규정이 없고, 민사소송법상 청구의 병합은 같은 종류의 소송절차에 의하여 심판될 수 있을 것을 요건으로 하고 있으므로(민사소송법 제253조), **손해배상청구 등의 민사소송(관련청구소송)에 취소소송 등의 행정소송을 병합할 수는 없다.** 따라서 <u>취소소송을 관련청구소송에 병합하기 위하여 취소소송을 관련청구소송이 계속된 법원으로 이송할 수 없다.</u>

冒 ⑤

☑ 확인 Check! ○ △ ✕

행정소송의 이송·병합에 관한 설명으로 옳지 않은 것은? (다툼이 있으면 판례에 따름)

① 취소소송에 부당이득반환청구소송이 병합된 경우 부당이득반환청구가 인용되려면 취소판결이 확정되어야한다.

② 민사소송이 행정소송에 관련청구로 병합되기 위해서는 원칙적으로 그 청구의 발생원인 등이 처분등과 법률상 또는 사실상 공통되거나, 그 처분의 효력이나 존부 유무가 선결문제로 되는 등의 관계가 있어야 한다.

③ 취소소송에는 사실심의 변론 종결시까지 관련청구소송을 병합하여 제기할 수 있다.

④ 국가유공자 비해당결정처분과 보훈보상대상자 비해당결정처분의 취소를 청구하는 것은 동시에 인정될 수 없는 양립불가능한 관계에 있다.

⑤ 행정처분에 대한 무효확인과 취소청구는 서로 양립할 수 없는 청구로 단순 병합은 허용되지 않는다.

┃해설┃

① [✕] 행정소송법 제10조는 처분의 취소를 구하는 취소소송에 당해 처분과 관련되는 부당이득반환소송을 관련 청구로 병합할 수 있다고 규정하고 있는바, 이 조항을 둔 취지에 비추어 보면, <u>취소소송에 병합할 수 있는 당해 처분과 관련되는 부당이득반환소송에는 당해 처분의 취소를 선결문제로 하는 부당이득반환청구가 포함되고, 이러한 **부당이득반환청구가 인용되기 위해서는** 그 소송절차에서 판결에 의해 당해 처분이 취소되면 충분하고 그 **처분의 취소가 확정되어야 하는 것은 아니라고 보아야 한다**</u>(대판 2009.4.9. 2008두23153).

② [○] 행정소송법 제10조 제1항 제1호는 행정소송에 병합될 수 있는 관련청구에 관하여 '당해 처분등과 관련되는 손해배상·부당이득반환·원상회복 등의 청구'라고 규정함으로써 <u>그 병합요건으로 본래의 행정소송과의 관련성을 요구</u>하고 있는바, 이는 행정소송에서 계쟁 처분의 효력을 장기간 불확정한 상태에 두는 것은 바람직하지 않다는 관점에서 병합될 수 있는 청구의 범위를 한정함으로써 사건의 심리범위가 확대·복잡화되는 것을 방지하여 그 심판의 신속을 도모하려는 취지라 할 것이므로, 손해배상청구 등의 민사소송이 행정소송에 관련청구로 병합되기 <u>위해서는 그 청구의 내용 또는 발생원인이 행정소송의 대상인 처분등과 **법률상 또는 사실상 공통**되거나, 그 **처분의 효력이나 존부 유무가 선결문제로 되는** 등의 관계에 있어야 함이 원칙이다</u>(대판 2000.10.27. 99두561).

③ [○] 취소소송에는 <u>**사실심의 변론 종결시까지**</u> 관련청구소송을 병합하여 제기할 수 있다(행정소송법 제10조 제2항).

> **행정소송법 제10조(관련청구소송의 이송 및 병합)**
> ① 취소소송과 다음 각 호의 1에 해당하는 소송(이하 "**관련청구소송**"이라 한다)이 각각 다른 법원에 계속되고 있는 경우에 관련청구소송이 계속된 법원이 상당하다고 인정하는 때에는 당사자의 신청 또는 직권에 의하여 이를 취소소송이 계속된 법원으로 이송할 수 있다.
> 　1. 당해 처분등과 관련되는 손해배상·부당이득반환·원상회복등 청구소송
> 　2. 당해 처분등과 관련되는 취소소송
> ② 취소소송에는 **사실심의 변론 종결시까지** 관련청구소송을 병합하거나 피고외의 자를 상대로 한 관련청구소송을 취소소송이 계속된 법원에 병합하여 제기할 수 있다.

④ [O] 국가유공자법과 보훈보상자법은 사망 또는 상이의 주된 원인이 된 직무수행 또는 교육훈련이 '국가의 수호·안전보장 또는 국민의 생명·재산 보호와 직접적인 관련이 있는지'에 따라 국가유공자와 보훈보상대상자를 구분하고 있으므로(직접 관련이 있으면 국가유공자, 직접 관련이 없으면 보훈보상대상자), 국가유공자 요건 또는 보훈보상대상자 요건에 해당함을 이유로 '국가유공자 비해당결정처분'과 '보훈보상대상자 비해당결정처분'의 취소를 청구하는 것은 동시에 인정될 수 없는 양립불가능한 관계에 있다고 보아야 하고, 이러한 두 처분의 취소 청구는 원칙적으로 국가유공자 비해당결정처분 취소청구를 주위적 청구로 하는 주위적·예비적 관계에 있다고 보아야 한다. 병합의 형태가 단순 병합인지 주위적·예비적 병합인지는 당사자의 의사가 아닌 병합청구의 성질을 기준으로 판단하여야 하므로, 원고가 주위적·예비적 관계에 있는 두 청구를 단순 병합 형태로 청구하였더라도 원심법원(부산고등법원)으로서는 이를 주위적·예비적 청구로 보아 그 순서에 따라 판단하였어야 한다(대판 2016.8.17. 2015두48570).

⑤ [O] 행정처분에 대한 무효확인과 취소청구는 서로 양립할 수 없는 청구로서 주위적·예비적 청구로서만 병합이 가능하고 선택적 청구로서의 병합이나 단순 병합은 허용되지 아니한다(대판 1999.8.20. 97누6889).

답 ①

68 세무사 2023 ☑ 확인 Check! ○ △ ×

영업정지 1개월 처분을 받은 甲은 처분에 대한 취소를 구하고 당해 영업정지로 발생하는 영업피해도 구제받고자 한다. 이에 관한 설명으로 옳은 것은? (다툼이 있으면 판례에 따름)

① 甲은 민사법원에 영업정지처분의 취소를 병합하여 제기할 수 있다.
② 甲이 제기하는 국가배상소송과 취소소송은 행정법원에서 다루어지므로 소의 이송문제가 발생하지 않는다.
③ 甲이 제기한 취소소송의 확정판결이 나오지 않았다면 사실심 변론 종결 후라도 손해배상소송이 사후병합될 수 있다.
④ 甲은 취소소송과 영업피해에 대한 소송을 관할 행정법원에 병합하여 제기할 수 있다.
⑤ 甲이 제기하는 국가배상소송이 인용되려면 영업정지처분의 취소가 확정되어야 한다.

▍해설▍

① [×] 관련청구소송의 병합은 행정사건에 관련 민사사건이나 행정사건을 병합하는 방식이어야 하고, 반대로 민사사건에 관련 행정사건을 병합할 수는 없다. 즉, **취소소송 등의 행정소송이 주된 소송**이고, 손해배상·부당이득반환·원상회복 등의 민사소송은 병합되는 소송이다(행정소송법 제10조 제2항). 그러나 민사소송에 행정소송을 병합할 수 있다는 명문의 규정이 없고, 민사소송법상 청구의 병합은 같은 종류의 소송절차에 의하여 심판될 수 있을 것을 요건으로 하고 있으므로(민사소송법 제253조), **손해배상청구 등의 민사소송에 취소소송 등의 행정소송을 병합할 수는 없다.** 따라서 甲은 손해배상청구 등의 민사소송을 제기한 민사법원에 영업정지처분의 취소를 구하는 소송을 병합하여 제기할 수 없다.

② [×] 취소소송은 행정법원의 전속관할이지만, 甲이 제기하는 국가배상청구소송은 실무상 민사소송으로 다루어지고 있다(대판 1972.4.6. 70다2955 등). 취소소송과 당해 처분등과 관련되는 국가배상청구소송(손해배상청구소송)이 각각 다른 법원에 계속되고 있는 경우, **국가배상청구소송이 계속된 민사법원**은 당사자의 신청 또는 직권에 의하여 이를 **취소소송이 계속된 법원(행정법원)으로 이송**할 수 있다(행정소송법 제10조 제1항).

> **행정소송법 제10조(관련청구소송의 이송 및 병합)**
> ① 취소소송과 다음 각 호의 1에 해당하는 소송(이하 "관련청구소송"이라 한다)이 각각 다른 법원에 계속되고 있는 경우에 관련청구소송이 계속된 법원이 상당하다고 인정하는 때에는 당사자의 신청 또는 직권에 의하여 이를 **취소소송이 계속된 법원으로 이송**할 수 있다.
> 1. 당해 처분등과 관련되는 **손해배상·부당이득반환·원상회복등 청구소송**
> 2. 당해 처분등과 관련되는 취소소송

③ [×] 관련청구소송의 병합은 원시적 병합뿐만 아니라 사후적 병합(= 후발적 병합)도 가능한데, 사후적 병합의 경우에는 주된 취소소송의 사실심의 변론 종결시까지만 병합이 가능하고(행정소송법 제10조 제2항), 사실심 변론 종결 후에는 관련청구소송(손해배상청구소송)을 병합할 수 없다.

> **행정소송법 제10조(관련청구소송의 이송 및 병합)**
> ② 취소소송에는 사실심의 변론 종결시까지 관련청구소송을 병합하거나 피고외의 자를 상대로 한 관련청구소송을 취소소송이 계속된 법원에 병합하여 제기할 수 있다.

④ [○] 甲은 영업정지처분에 대한 취소소송(피고 : 처분 행정청)과 영업피해에 대한 손해배상청구소송(피고 : 처분 행정청이 속하는 행정주체)을 관할 행정법원에 병합하여 제기할 수 있다(행정소송법 제10조 제2항).

⑤ [×] 甲이 제기하는 국가배상소송이 인용되기 위하여 영업정지처분 취소판결이 확정되어야 하는 것은 아니다. 대법원은 부당이득반환청구소송과 관련하여 이러한 판시를 하였으나, 판례의 취지는 손해배상청구의 경우에도 동일하게 적용된다고 할 수 있다. 처분취소판결을 선고하면서도 그 처분이 확정되지 않았다는 이유로 관련 청구인 손해배상청구를 인용할 수 없다고 한다면, 행정소송법 제10조 제2항이 관련 청구의 병합을 인정한 제도적 취지를 완전히 몰각하게 되기 때문이다.

> 행정소송법 제10조는 처분의 취소를 구하는 취소소송에 당해 처분과 관련되는 부당이득반환소송을 관련 청구로 병합할 수 있다고 규정하고 있는바, 이 조항을 둔 취지에 비추어 보면, 취소소송에 병합할 수 있는 당해 처분과 관련되는 부당이득반환소송에는 당해 처분의 취소를 선결문제로 하는 부당이득반환청구가 포함되고, 이러한 부당이득반환청구가 인용되기 위해서는 그 소송절차에서 판결에 의해 당해 처분이 취소되면 충분하고 그 처분의 취소가 확정되어야 하는 것은 아니라고 보아야 한다(대판 2009.4.9. 2008두23153).

답 ④

甲에 대한 처분을 다투는 항고소송이 A 행정법원에 계속 중이며 당해 처분과 관련되는 부당이득반환소송이 B 지방법원에 계속되는 경우 이에 관한 설명으로 옳은 것은? (다툼이 있으면 판례에 따름)

① 두 소송이 관련청구이면 A 행정법원에 자동이송된다.
② 법원은 甲의 신청이 없다면 이송결정을 할 수 없다.
③ 甲의 이송신청에 대하여 B 지방법원이 각하결정을 하였다고 하더라도 즉시항고 할 수 없다.
④ 소송을 이송받은 법원은 사건을 다시 다른 법원에 이송하지 못한다.
⑤ 甲이 무효확인소송을 제기한 경우 B 지방법원은 직권으로 이송결정을 할 수 없다.

▍해설▍

① [✕] 관련청구소송의 이송은 자동으로 이송되는 것이 아니라 당사자의 신청 또는 직권에 의하여 **법원의 이송결정**이 있어야 한다(행정소송법 제10조 제1항).

② [✕] 관련청구소송(당해 처분과 관련되는 부당이득반환소송)이 계속된 B 지방법원은 당사자의 신청이 없더라도 **직권으로 이송결정을 할 수 있다**(행정소송법 제10조 제1항).

> **행정소송법 제10조(관련청구소송의 이송 및 병합)**
> ① 취소소송과 다음 각 호의 1에 해당하는 소송(이하 "관련청구소송"이라 한다)이 각각 다른 법원에 계속되고 있는 경우에 관련청구소송이 계속된 법원이 상당하다고 인정하는 때에는 **당사자의 신청 또는 직권에 의하여** 이를 취소소송이 계속된 법원으로 이송할 수 있다.
> 1. 당해 처분등과 관련되는 손해배상·**부당이득반환**·원상회복등 **청구소송**
> 2. 당해 처분등과 관련되는 취소소송

③ [✕] 관련청구의 이송은 당사자에게 이송신청권이 있으므로(행정소송법 제10조 제1항), **이송신청 기각결정(각하결정 포함)**에 대하여는 **즉시항고로 불복할 수 있다**(행정소송법 제8조 제2항, 민사소송법 제39조).

④ [〇] 소송을 이송받은 법원은 이송결정에 따라야 한다(이송결정의 기속력). **소송을 이송받은 법원은 사건을 다시 다른 법원에 이송하지 못한다**(행정소송법 제8조 제2항, 민사소송법 제38조). 관련청구소송을 이송받았으나 주된 소송이 부적법하거나 종료되었을 경우, 관련청구의 처리에 관하여 다시 반송하여야 한다는 견해도 있으나, 이송의 기속력에 의하여 이송받은 법원이 심리·판단함이 타당할 것이다. 다만, 심급관할을 위배한 이송결정의 기속력은 이송받은 상급심 법원에는 미치지 아니하므로, 이송받은 상급심 법원은 사건을 관할법원에 이송하여야 한다(대판 2000.1.14. 99두9735).

⑤ [✕] 관련청구소송의 이송에 관한 행정소송법 제10조 제1항은 무효등확인소송에 준용된다(행정소송법 제38조 제1항). 따라서 무효등확인소송과 관련청구소송(당해 처분과 관련되는 부당이득반환소송)이 각각 다른 법원에 계속되고 있는 경우에 관련청구소송이 계속된 법원이 상당하다고 인정하는 때에는 **당사자의 신청 또는 직권에 의하여** 이를 **무효등확인소송이 계속된 법원으로 이송할 수 있다**(행정소송법 제10조 제1항, 제38조 제1항).

답 ④

행정소송법에 관한 설명으로 옳은 것은?

① 공공단체의 기관은 법령에 의하여 행정권한의 위탁을 받은 경우에도 행정청에 포함되지 않는다.

② 기관소송은 헌법재판소법 제2조의 규정에 의하여 헌법재판소의 관장사항으로 되는 소송도 포함한다.

③ 특정의 장소에 관계되는 처분등에 대한 취소소송은 그 장소의 소재지를 관할하는 행정법원에 이를 제기할 수 있다.

④ 수인에 대한 청구가 처분등의 취소청구와 관련되지 않는 청구인 경우에도 그 수인은 취소소송의 공동소송인이 될 수 있다.

⑤ 행정청의 재량에 속하는 처분은 재량권의 남용이 있더라도 법원은 이를 취소할 수 없다.

┃해설┃

① [✕] 행정소송법을 적용함에 있어서 **행정청**에는 법령에 의하여 행정권한의 위임 또는 위탁을 받은 행정기관, **공공단체 및 그 기관** 또는사인이 **포함**된다(행정소송법 제2조 제2항).

② [✕] 기관소송은 헌법재판소법 제2조의 규정에 의하여 **헌법재판소의 관장사항으로 되는 소송은 제외**한다.

> **행정소송법 제3조(행정소송의 종류)**
> 행정소송은 다음의 네 가지로 구분한다.
> 　4. **기관소송** : 국가 또는 공공단체의 기관 상호 간에 있어서의 권한의 존부 또는 그 행사에 관한 다툼이 있을 때에 이에 대하여 제기하는 소송. 다만, **헌법재판소법 제2조의 규정에 의하여 헌법재판소의 관장사항으로 되는 소송은 제외**한다.

③ [○] 행정소송법 제9조 제3항

> **행정소송법 제9조(재판관할)**
> ① 취소소송의 제1심관할법원은 피고의 소재지를 관할하는 행정법원으로 한다.
> ③ 토지의 수용 기타 부동산 또는 **특정의 장소에 관계되는 처분등에 대한 취소소송**은 그 부동산 또는 장소의 소재지를 관할하는 행정법원에 이를 제기할 수 있다.

④ [✕] 수인(數人)의 청구 또는 수인에 대한 청구가 **처분등의 취소청구와 관련되는 청구인 경우에 한하여** 그 수인은 공동소송인이 될 수 있다(행정소송법 제15조). ☞ 예를 들면, 甲이 원고로서 행정청 A를 피고로 취소소송을 제기하고 乙이 원고로서 같은 행정청 A를 피고로 소송을 제기하는 경우, 양 청구가 관련청구(= 처분등의 취소청구와 관련되는 청구)인 경우에 한하여 甲과 乙은 공동소송인이 될 수 있다.

⑤ [✕] **행정청의 재량에 속하는 처분**이라도 재량권의 한계를 넘거나(= 일탈) 그 **남용이 있는 때에는 법원은 이를 취소할 수 있다**(행정소송법 제27조). 행정소송법은 법원이 행정청의 재량행위에 대하여 심리·판단할 수 있음을 분명히 하고 있다.

답 ③

행정소송법상 소의 변경(제21조)에 관한 설명으로 옳지 않은 것은?

① 청구의 기초에 변경이 없어야 소의 변경이 가능하다.

② 법원이 소의 변경을 허가하는 경우 피고를 달리하게 될 때에는 새로이 피고로 될 자의 의견을 들어야 한다.

③ 소의 변경 허가결정에 대하여는 즉시항고할 수 있다.

④ 원고의 신청이 없더라도 법원은 직권에 의하여 소의 변경을 결정할 수 있다.

⑤ 사실심의 변론 종결시까지 소의 변경이 가능하다.

┃해설┃

① [○] ② [○] ⑤ [○]

> **행정소송법 제21조(소의 변경)**
> ① 법원은 취소소송을 당해 처분등에 관계되는 사무가 귀속하는 국가 또는 공공단체에 대한 당사자소송 또는 취소소송외의 항고소송으로 변경하는 것이 상당하다고 인정할 때에는 청구의 기초에 변경이 없는 한❶ 사실심의 변론 종결시까지❺ 원고의 신청에 의하여❹ 결정으로써 소의 변경을 허가할 수 있다.
> ② 제1항의 규정에 의한 허가를 하는 경우 피고를 달리하게 될 때에는 법원은 새로이 피고로 될 자의 의견을 들어야 한다.❷
> ③ 제1항의 규정에 의한 허가결정에 대하여는 즉시항고할 수 있다.❸
> ④ 제1항의 규정에 의한 허가결정에 대하여는 제14조 제2항·제4항 및 제5항의 규정을 준용한다.

③ [○] 소의 변경 **허가결정**에 대하여는 **즉시항고**할 수 있다(행정소송법 제21조 제3항). 허가결정에 대하여는 신소·구소의 피고 모두 즉시항고를 할 수 있다. 그러나 **불허가결정**에 대하여는 **독립하여 항고할 수 없고** 종국판결에 대한 상소로써만 다툴 수 있으므로(대판 1992.9.25. 92누5096), 원고는 자신의 의도를 관철하기 위해서는 별소를 제기하여야 한다. 다만, 불허가결정은 민사소송법 제449조에 의한 특별항고의 대상이 될 수 있다(법원실무제요 행정 [2], 84면).

> ❏ **참고 : 특별항고**
> 특별항고란 불복할 수 없는 결정이나 명령에 대하여, 재판에 영향을 미친 헌법 위반이 있거나 재판의 전제가 된 명령·규칙·처분의 헌법 또는 법률의 위반 여부에 대한 판단이 부당하다는 것을 이유로 하는 때에만 대법원에 제기하는 비상구제수단을 말한다(행정소송법 제8조 제2항, 민사소송법 제449조 제1항).

④ [×] 소의 (종류) 변경은 **반드시 원고의 신청이 있어야** 하고, 법원이 직권에 의하여 소의 변경을 하는 것은 허용되지 않는다. 즉, 행정소송법 제21조의 소의 (종류) 변경은 일종의 소송 중의 소제기에 해당하므로 **소변경신청서의 제출로써** 하고(민사소송법 제248조, 행정소송법 제8조 제2항), **법원이 직권으로 소의 (종류) 변경을 결정할 수는 없다.**

답 ④

☑ 확인Check! ○ △ ✕

소를 변경하는 경우 처음에 소를 제기한 때 제기된 것으로 보는 경우를 모두 고른 것은? (다툼이 있으면 판례에 따름)

> ㄱ. 취소소송을 당사자소송으로 변경하는 경우
> ㄴ. 무효확인소송을 취소소송으로 변경하는 경우
> ㄷ. 당사자소송을 취소소송으로 변경하는 경우
> ㄹ. 이송결정이 확정된 후 민사소송을 취소소송으로 변경하는 경우

① ㄱ

② ㄱ, ㄹ

③ ㄴ, ㄷ

④ ㄴ, ㄷ, ㄹ

⑤ ㄱ, ㄴ, ㄷ, ㄹ

┃해설┃

ㄱ. [○] 취소소송을 당사자소송으로 변경하는 경우, 피고를 달리하게 된다(처분 행정청 → 처분에 관계되는 사무가 귀속하는 국가 또는 공공단체). 소의 변경 허가결정이 있은 때에는 새로운 피고에 대한 소송은 처음에 소를 제기한 때에 제기된 것으로 본다(행정소송법 제21조 제4항, 제14조 제4항).

> 취소소송을 제기하였다가 나중에 당사자 소송으로 변경하는 경우에는 행정소송법 제21조 제4항, 제14조 제4항에 따라 처음부터 당사자 소송을 제기한 것으로 보아야 하므로 당초의 취소소송이 적법한 기간 내에 제기된 경우에는 당사자소송의 제소기간을 준수한 것으로 보아야 할 것이다(대판 1992.12.24. 92누3335).

ㄴ. [○] 소의 변경에 관한 제21조의 규정은 무효등 확인소송이나 부작위위법확인소송을 취소소송 또는 당사자소송으로 변경하는 경우에 준용한다(행정소송법 제37조). 따라서 무효등 확인소송을 취소소송으로 소의 종류가 변경된 경우에는 새로운 소(취소소송)는 처음에 소(무효등 확인소송)를 제기한 때에 제기된 것으로 본다(행정소송법 제14조 제4항, 제21조 제4항). 따라서 제소기간의 준수 여부도 처음에 소를 제기한 때를 기준으로 하여야 한다.

> **행정소송법 제21조(소의 변경)**
> ① 법원은 취소소송을 당해 처분등에 관계되는 사무가 귀속하는 국가 또는 공공단체에 대한 당사자소송 또는 취소소송외의 항고소송으로 변경하는 것이 상당하다고 인정할 때에는 청구의 기초에 변경이 없는 한 사실심의 변론종결시까지 원고의 신청에 의하여 결정으로써 소의 변경을 허가할 수 있다.
> ④ 제1항의 규정에 의한 허가결정에 대하여는 제14조 제2항·제4항 및 제5항의 규정을 준용한다.
>
> > **행정소송법 제14조(피고경정)**
> > ② 법원은 제1항의 규정에 의한 결정의 정본을 새로운 피고에게 송달하여야 한다.
> > ④ 제1항의 규정에 의한 결정이 있은 때에는 새로운 피고에 대한 소송은 처음에 소를 제기한 때에 제기된 것으로 본다.
> > ⑤ 제1항의 규정에 의한 결정이 있은 때에는 종전의 피고에 대한 소송은 취하된 것으로 본다.

ㄷ. [○] 소의 (종류) 변경에 관한 행정소송법 제21조의 규정은 당사자소송을 항고소송으로 변경하는 경우에 준용한다(행정소송법 제42조). 따라서 당사자소송을 취소소송으로 변경할 수 있다. 당사자소송을 취소소송으로 변경하는 경우 <u>취소소송의 제소기간 등 소송요건을 갖추어야</u> 한다. 다만, <u>제소기간의 준수와 관련하여 취소소송은 당사자소송을 제기한 때에 제기된 것으로 본다</u>(행정소송법 제21조 제4항, 제14조 제4항).

ㄹ. [○] 행정소송법 제8조 제2항은 "행정소송에 관하여 이 법에 특별한 규정이 없는 사항에 대하여는 법원조직법과 민사소송법 및 민사집행법의 규정을 준용한다"라고 규정하고 있고, <u>민사소송법 제40조 제1항은 "이송결정이 확정된 때에는 소송은 처음부터 이송받은 법원에 계속된 것으로 본다"</u>라고 규정하고 있다. 한편 행정소송법 제21조 제1항, 제4항, 제37조, 제42조, 제14조 제4항은 행정소송 사이의 소 변경이 있는 경우 처음 소를 제기한 때에 변경된 청구에 관한 소송이 제기된 것으로 보도록 규정하고 있다. 이러한 규정 내용 및 취지 등에 비추어 보면, <u>원고가 행정소송법상 항고소송으로 제기해야 할 사건을 민사소송으로 잘못 제기한 경우에 수소법원이 그 항고소송에 대한 관할을 가지고 있지 아니하여 관할법원에 이송하는 결정을 하였고, 그 이송결정이 확정된 후 원고가 항고소송으로 소 변경을 하였다면, 그 항고소송에 대한 제소기간의 준수 여부는 원칙적으로 처음에 소를 제기한 때를 기준으로 판단하여야</u> 한다(대판 2022.11.17. 2021두44425).

답 ⑤

73 세무사 2022 ☑ 확인 Check! ○ △ ✕

행정소송법상 소의 변경에 관한 설명으로 옳지 않은 것은? (다툼이 있으면 판례에 따름)

① 취소소송을 제기하였다가 나중에 당사자소송으로 변경하는 경우, 당초의 취소소송이 적법한 기간 내에 제기된 경우에는 당사자소송의 제소기간을 준수한 것으로 본다.

② 무효등 확인소송이나 부작위위법확인소송을 취소소송 또는 당사자소송으로 변경할 수 없다.

③ 동일한 행정처분에 대하여 무효확인의 소를 제기하였다가 그 후 그 처분의 취소를 구하는 소를 추가적으로 병합한 경우, 주된 청구인 무효확인의 소가 취소소송의 제소기간 내에 제기되었다면 추가로 병합된 취소청구의 소도 적법하게 제기된 것으로 본다.

④ 청구취지를 교환적으로 변경하여 종전의 소가 취하되고 새로운 소가 제기된 것으로 보게 되는 경우에 새로운 소에 대한 제소기간의 준수는 원칙적으로 소의 변경이 있은 때를 기준으로 하여 판단된다.

⑤ 청구취지를 추가한 경우 추가된 청구취지에 대한 제소기간의 준수는 원칙적으로 청구취지의 추가 · 변경 신청이 있는 때를 기준으로 판단하여야 한다.

┃해설┃

① [○] <u>취소소송을 제기하였다가 나중에 당사자 소송으로 변경하는 경우에는 행정소송법 제21조 제4항, 제14조 제4항</u>에 따라 처음부터 당사자 소송을 제기한 것으로 보아야 하므로 <u>당초의 취소소송이 적법한 기간 내에 제기된 경우에는 당사자소송의 제소기간을 준수한 것으로 보아야 할 것</u>이다(대판 1992.12.24. 92누3335).

② [✕] <u>소의 변경에 관한 제21조의 규정은 무효등 확인소송이나 부작위위법확인소송을 취소소송 또는 당사자소송으로 변경하는 경우에 준용</u>한다(행정소송법 제37조). 따라서 무효등 확인소송이나 부작위위법확인소송을 취소소송 또는 당사자소송으로 변경할 수 있다.

③ [O] 하자 있는 행정처분을 놓고 이를 무효로 볼 것인지 아니면 단순히 취소할 수 있는 처분으로 볼 것인지는 동일한 사실관계를 토대로 한 법률적 평가의 문제에 불과하고, 행정처분의 무효확인을 구하는 소에는 특단의 사정이 없는 한 그 취소를 구하는 취지도 포함되어 있다고 보아야 하는 점 등에 비추어 볼 때, 동일한 행정처분에 대하여 무효확인의 소를 제기하였다가 그 후 그 처분의 취소를 구하는 소를 추가적으로 병합한 경우, 주된 청구인 무효확인의 소가 적법한 제소기간 내에 제기되었다면 추가로 병합된 취소청구의 소도 적법하게 제기된 것으로 봄이 상당하다(대판 2005.12.23. 2005두3554).

④ [O] 청구취지를 교환적으로 변경하여 종전의 소가 취하되고 새로운 소가 제기된 것으로 보게 되는 경우에 새로운 소에 대한 제소기간의 준수 등은 원칙적으로 소의 변경이 있은 때를 기준으로 하여 판단된다. 그러나 선행처분의 취소를 구하는 소가 그 후속처분의 취소를 구하는 소로 교환적으로 변경되었다가 다시 선행처분의 취소를 구하는 소로 변경된 경우 후속처분의 취소를 구하는 소에 선행처분의 취소를 구하는 취지가 그대로 남아 있었던 것으로 볼 수 있다면 선행처분의 취소를 구하는 소의 제소기간은 최초의 소가 제기된 때를 기준으로 정하여야 한다(대판 2013.7.11. 2011두27544).

⑤ [O] 청구취지를 추가하는 경우, 청구취지가 추가된 때에 새로운 소를 제기한 것으로 보므로, 추가된 청구취지에 대한 제소기간 준수 등은 원칙적으로 청구취지의 추가·변경 신청이 있는 때를 기준으로 판단하여야 한다(대판 2018.11.15. 2016두48737).

답 ②

CHAPTER 2

---

74 세무사 2023

☑ 확인 Check! ○ △ ✕

소의 변경에 관한 설명으로 옳은 것을 모두 고른 것은? (다툼이 있으면 판례에 따름)

> ㄱ. 소의 청구취지변경을 불허하는 결정에 대해서는 독립하여 항고할 수 있다.
> ㄴ. 처분변경으로 인한 소의 변경 신청은 처분의 변경이 있음을 안 날로부터 60일 이내에 하여야 한다.
> ㄷ. 소의 변경을 허가하는 결정에 대하여 새로운 소의 피고는 즉시항고할 수 없다.
> ㄹ. 처분 변경으로 인한 소의 변경은 취소소송, 무효등 확인소송 및 당사자소송에서 인정된다.

① ㄱ, ㄷ
② ㄴ, ㄹ
③ ㄱ, ㄷ, ㄹ
④ ㄴ, ㄷ, ㄹ
⑤ ㄱ, ㄴ, ㄷ, ㄹ

┃ 해설 ┃

ㄱ. [✕] 원심이 원고의 1992.2.18.자 청구취지변경을 불허한 결정에 대해서 원고는 독립하여 항고할 수 없고 다만 종국판결에 대한 상소로서만 이를 다툴 수 있는 것이다(대판 1992.9.25. 92누5096).

ㄴ. [O] 행정소송법 제22조 제2항

> **행정소송법 제22조(처분변경으로 인한 소의 변경)**
> ① 법원은 행정청이 소송의 대상인 처분을 소가 제기된 후 변경한 때에는 원고의 신청에 의하여 결정으로써 청구의 취지 또는 원인의 변경을 허가할 수 있다.
> ② 제1항의 규정에 의한 신청은 처분의 변경이 있음을 안 날로부터 60일 이내에 하여야 한다.

ㄷ. [×] 소의 변경을 허가하는 결정에 대하여 새로운 소의 피고는 즉시항고할 수 있다(행정소송법 제21조 제3항).

> **행정소송법 제21조(소의 변경)**
> ① 법원은 취소소송을 당해 처분등에 관계되는 사무가 귀속하는 국가 또는 공공단체에 대한 당사자소송 또는 취소소송외의 항고소송으로 변경하는 것이 상당하다고 인정할 때에는 <u>청구의 기초에 변경이 없는 한 사실심의 변론종결시까지 원고의 신청</u>에 의하여 결정으로써 소의 변경을 허가할 수 있다.
> ② 제1항의 규정에 의한 허가를 하는 경우 피고를 달리하게 될 때에는 법원은 <u>새로이 피고로 될 자의 의견</u>을 들어야 한다.
> ③ 제1항의 규정에 의한 <u>허가결정에 대하여는 즉시항고</u>할 수 있다.

ㄹ. [○] 행정소송법은 **취소소송에서 처분변경으로 인한 소의 변경을 인정**하고(행정소송법 제22조), 이를 **무효등확인소송과 당사자소송에서 준용**함으로써(행정소송법 제38조 제1항, 제44조 제1항), 행정소송절차가 무용하게 반복되는 것을 피하고 있다.

답 ②

---

75 세무사 2023

☑ 확인Check! ○ △ ×

행정소송에 있어 소송참가에 관한 설명으로 옳지 않은 것은? (다툼이 있으면 판례에 따름)

① 법원은 소송의 결과에 따라 권리의 침해를 받을 제3자가 있는 경우 그 제3자를 소송에 참가시킬 수 있다.
② 법원이 제3자를 소송에 참가시킬 결정을 하고자 할 때에는 미리 당사자 및 제3자의 의견을 들어야 한다.
③ 행정소송 사건에서 「민사소송법」상 보조참가의 요건을 갖춘 경우에도 「민사소송법」상 보조참가가 허용되는 것은 아니다.
④ 제3자가 참가신청을 하였으나 각하된 경우 그 제3자는 각하결정에 대하여 즉시항고할 수 있다.
⑤ 특정 소송사건에서 당사자 일방을 보조하기 위해 보조참가를 하려면 소송결과에 법률상 이해관계가 있어야 한다.

┃해설┃

① [○] ② [○] ④ [○]

> **행정소송법 제16조(제3자의 소송참가)**
> ① 법원은 소송의 결과에 따라 권리 또는 이익의 침해를 받을 제3자가 있는 경우에는 **당사자 또는 제3자의 신청 또는 직권**에 의하여 결정으로써 그 제3자를 소송에 참가시킬 수 있다.❶
> ② 법원이 제1항의 규정에 의한 결정을 하고자 할 때에는 <u>미리 당사자 및 제3자의 의견</u>을 들어야 한다.❷
> ③ 제1항의 규정에 의한 <u>신청</u>을 한 제3자는 그 <u>신청을 각하한 결정</u>에 대하여 <u>즉시항고</u>할 수 있다.❹

③ [×] ⑤ [○] 행정소송 사건에서 참가인이 한 보조참가는 행정소송법 제16조가 규정한 제3자의 소송참가에 해당하지 아니하더라도, 민사소송법상 보조참가의 요건을 갖춘 경우 허용되고 그 성격은 공동소송적 보조참가라고 할 것이다. ❸ 민사소송법상 보조참가는 소송결과에 이해관계가 있는 자가 할 수 있는데, 여기서 이해관계란 법률상 이해관계를 말하는 것으로, 당해 소송의 판결의 기판력이나 집행력을 당연히 받는 경우 또는 당해 소송의 판결의 효력이 직접 미치지는 아니한다고 하더라도 적어도 그 판결을 전제로 하여 보조참가를 하려는 자의 법률상 지위가 결정되는 관계에 있는 경우를 의미한다(대결 2013.7.12. 2012무84). ❺

답 ③

76 세무사 2024

☑확인Check! ○ △ ✕

제3자에 의한 재심청구에 관한 설명으로 옳은 것은?

① 제3자의 재심청구에 관한 규정은 당사자소송에는 준용되지 않는다.
② 재심청구는 확정판결이 있음을 안 날로부터 90일 이내에 제기하여야 한다.
③ 소송에 참가한 자라도 자기에게 책임없는 사유로 공격 또는 방어방법을 제출하지 못한 제3자는 재심을 청구할 수 있다.
④ 부작위위법확인소송의 경우에는 재심청구가 인정되지 않는다.
⑤ '판결이 확정된 날로부터 1년 이내'라는 재심청구기간은 불변기간이 아니다.

┃해설┃

① [○] 제3자에 의한 재심청구 규정은 당사자소송에 준용되지 않는다(행정소송법 제44조 제1항).
② [×] 재심청구는 확정판결이 있음을 안 날로부터 30일 이내에 제기하여야 한다(행정소송법 제31조 제2항).
③ [×] 소송에 참가한 제3자는 자기에게 책임없는 사유로 공격 또는 방어방법을 제출하지 못하였더라도 재심을 청구할 수 없다(행정소송법 제31조 제1항).
④ [×] 제3자에 의한 재심청구에 관한 행정소송법 제31조는 부작위위법확인소송에 준용한다(행정소송법 제38조 제2항). 따라서 부작위위법확인판결이 확정된 경우, 제3자에 의한 재심청구는 확정판결이 있음을 안 날로부터 30일 이내, 판결이 확정된 날로부터 1년 이내에 제기하여야 한다(행정소송법 제31조 제2항, 제38조 제2항).

⑤ [×] '확정판결이 있음을 안 날로부터 30일 이내', '**판결이 확정된 날로부터 1년 이내**'라는 재심청구기간은 모두 **불변기간이다**(행정소송법 제31조 제2항 및 제3항).

> **행정소송법 제31조(제3자에 의한 재심청구)**
> ① 처분등을 취소하는 판결에 의하여 권리 또는 이익의 침해를 받은 제3자는 **자기에게 책임없는 사유로 소송에 참가하지 못함으로써** 판결의 결과에 영향을 미칠 공격 또는 방어방법을 제출하지 못한 때에는 이를 이유로 확정된 종국판결에 대하여 재심의 청구를 할 수 있다. ❸
> ② 제1항의 규정에 의한 청구는 확정판결이 있음을 안 날로부터 30일 이내,❷ 판결이 확정된 날로부터 1년 이내에 제기하여야 한다.
> ③ 제2항의 규정에 의한 기간은 **불변기간**으로 한다. ❺

답 ①

77 세무사 2023

☑ 확인 Check! ○ △ ×

제3자에 의한 재심청구에 관하여 ( )에 들어갈 내용을 옳게 나열한 것은?

> 처분등을 취소하는 판결에 의하여 권리 또는 이익의 침해를 받은 제3자는 자기에게 책임없는 사유로 소송에 참가하지 못함으로써 판결의 결과에 영향을 미칠 공격 또는 방어방법을 제출하지 못한 때에는 이를 이유로 확정된 종국판결에 대하여 확정판결이 있음을 안 날로부터 (ㄱ) 이내, 판결이 확정된 날로부터 (ㄴ) 이내에 제기하여야 한다.

	ㄱ	ㄴ
①	30일	60일
②	30일	90일
③	30일	1년
④	60일	120일
⑤	60일	1년

∥해설∥

③ [○] ㄱ : 30일, ㄴ : 1년

> **행정소송법 제31조(제3자에 의한 재심청구)**
> ① 처분등을 취소하는 판결에 의하여 권리 또는 이익의 침해를 받은 제3자는 자기에게 책임없는 사유로 소송에 참가하지 못함으로써 판결의 결과에 영향을 미칠 공격 또는 방어방법을 제출하지 못한 때에는 이를 이유로 확정된 종국판결에 대하여 재심의 청구를 할 수 있다.
> ② 제1항의 규정에 의한 청구는 확정판결이 있음을 안 날로부터 30일 이내, 판결이 확정된 날로부터 1년 이내에 제기하여야 한다.
> ③ 제2항의 규정에 의한 기간은 불변기간으로 한다.

답 ③

78 세무사 2022

행정소송법상 판결 및 재심청구에 관한 설명으로 옳은 것은? (다툼이 있으면 판례에 따름)

① 부적법한 소로서 그 흠을 보정할 수 없는 경우에는 판결로 청구를 기각한다.
② 취소판결이 확정되면 당사자가 사실심의 변론 종결시를 기준으로 그때까지 제출하지 않은 공격방어방법은 그 뒤 다시 동일한 소송을 제기하여 이를 주장할 수 없다.
③ 당사자소송의 인용판결에 대하여 제3자는 확정판결이 있음을 안 날로부터 30일 이내에 재심을 청구할 수 있다.
④ 자기에게 책임있는 사유로 취소소송에 참가하지 못했던 제3자도 판결의 결과에 영향을 미칠 공격 또는 방어방법을 제출하지 못한 때에는 재심을 청구할 수 있다.
⑤ 무효확인판결이 확정된 날로부터 180일이 지나면 제3자는 재심을 청구할 수 없다.

▌**해설**▌

① [✕] 소송요건을 갖추지 않은 것으로 인정될 때에는 **부적법한 소로서 그 흠을 보정할 수 없는 경우에는 판결로 소를 각하한다**(민사소송법 제19조, 행정소송법 제8조 제2항). ☞ 기각판결이 아니라 소각하 판결을 한다.

> 원고가 고의 또는 중대한 과실 없이 행정소송으로 제기하여야 할 사건을 민사소송으로 잘못 제기하였으나, 행정소송으로서의 소송요건을 결하고 있음이 명백한 경우, 수소법원은 **소각하 판결을 하여야** 한다(대판 2020.10.15. 2020다222382).

② [○] 확정된 종국판결은 그 **기판력으로서** 당사자가 **사실심의 변론 종결시를 기준으로** 그때까지 제출하지 않은 **공격방어방법은** 그 뒤 다시 동일한 소송을 제기하여 이를 주장할 수 없다(대판 1992.2.25. 91누6108). ☞ 이를 기판력의 실권효(차단효)라고 한다.

③ [✕] **제3자에 의한 재심청구에 관한 규정**(행정소송법 제31조)은 **당사자소송에 준용되지 않는다**(행정소송법 제44조 제1항). 따라서 당사자소송의 인용판결에 대하여 제3자는 확정판결이 있음을 안 날로부터 30일 이내에 재심을 청구할 수 없다.

④ [✕] **자기에게 책임있는 사유로** 취소소송에 참가하지 못했던 제3자는 **재심을 청구할 수 없다**(행정소송법 제31조 제1항).

> **행정소송법 제31조(제3자에 의한 재심청구)**
> ① 처분등을 취소하는 판결에 의하여 권리 또는 이익의 침해를 받은 제3자는 **자기에게 책임없는 사유로** 소송에 참가하지 못함으로써 판결의 결과에 영향을 미칠 공격 또는 방어방법을 제출하지 못한 때에는 이를 이유로 확정된 종국판결에 대하여 재심의 청구를 할 수 있다. ❹
> ② 제1항의 규정에 의한 청구는 **확정판결이 있음을 안 날로부터 30일 이내, 판결이 확정된 날로부터 1년 이내에** 제기하여야 한다. ❺
> ③ 제2항의 규정에 의한 기간은 불변기간으로 한다.

⑤ [✕] **무효등 확인소송의 인용판결에는** 제3자의 재심청구에 관한 규정이 준용된다. 따라서 **무효등확인판결이 확정된 날로부터 1년이 지나면** 제3자는 재심을 청구할 수 없다(행정소송법 제31조 제2항, 제38조 제1항).

답 ②

행정소송법 규정이다. (　　　)에 들어갈 숫자로 옳은 것은?

> 이 법에 의한 기간의 계산에 있어서 국외에서의 소송행위추완에 있어서는 그 기간을 14일에서 (ㄱ)일로, 제3자에 의한 재심청구에 있어서는 그 기간을 30일에서 (ㄴ)일로, 소의 제기에 있어서는 그 기간을 60일에서 (ㄷ)일로 한다.

	ㄱ	ㄴ	ㄷ
①	30	60	90
②	30	60	180
③	30	90	180
④	60	60	90
⑤	60	90	180

┃해설┃

① [○] ㄱ : 30, ㄴ : 60 ㄷ : 90

> **행정소송법 제5조(국외에서의 기간)**
> 이 법에 의한 기간의 계산에 있어서 **국외에서의 소송행위추완**에 있어서는 그 기간을 14일에서 **30일**로, **제3자에 의한 재심청구**에 있어서는 그 기간을 30일에서 **60일**로, **소의 제기**에 있어서는 그 기간을 60일에서 **90일**로 한다.

> **❑ 참고**
> 소의 제기와 관련하여, 1994년 행정소송법 개정 전에는 취소소송의 제소기간을 "행정심판의 재결을 거쳐 제기하는 사건에 대한 소는 그 재결서의 정본의 송달을 받은 날로부터 60일 이내에 제기하여야 한다"고 규정하고 있었다. 이때에는 행정소송법 제5조의 국외에서의 제소기간의 연장(60일에서 90일로 연장)이 의미가 있었다. 그러나 현행 행정소송법은 "취소소송은 처분등이 있음을 안 날부터 90일 이내에 제기하여야 한다"고 규정하고 있으므로(행정소송법 제20조 제1항), 국외에서의 제소기간 연장에 관한 행정소송법 제5조는 의미가 없다(주석 행정소송법[2004], 127면 참조).

 ①

행정청의 소송참가에 관한 설명으로 옳지 않은 것은? (다툼이 있으면 판례에 따름)

① 행정심판의 재결이 취소소송의 대상이 된 경우 원처분청을 소송에 참가시킬 수 있다.

② 법원이 행정청의 소송참가를 결정하고자 할 때에는 당사자 및 당해 행정청의 의견을 들어야 한다.

③ 참가인은 참가할 때의 소송의 진행정도에 따라 할 수 없는 소송행위를 제외하고, 소송에 관하여 공격·방어·이의·상소, 그 밖의 모든 소송행위를 할 수 있다.

④ 참가인의 소송행위가 피참가인의 소송행위에 어긋나는 경우에는 그 참가인의 소송행위는 효력을 가지지 아니한다.

⑤ 행정청의 소송참가는 당사자의 신청이나 법원의 직권에 의해 결정되나 당해 행정청이 소송참가를 신청할 수는 없다.

▌해설▌

① [○] ② [○] ⑤ [✕] 행정청의 소송참가는 당사자(원고 및 피고 행정청) 뿐만 아니라 **당해 행정청(= 참가 행정청)도 소송참가를 신청할 수 있다**(행정소송법 제17조 제1항).

> **행정소송법 제17조(행정청의 소송참가)**
> ① 법원은 <u>다른 행정청을 소송에 참가시킬 필요가 있다고 인정할 때에는 당사자 또는 당해 행정청의 신청 또는 직권</u>에 의하여 결정으로써 그 행정청을 소송에 참가시킬 수 있다.❶❺
> ② 법원은 제1항의 규정에 의한 결정을 하고자 할 때에는 **당사자 및 당해 행정청의 의견**을 들어야 한다.❷
> ③ 제1항의 규정에 의하여 <u>소송에 참가한 행정청에 대하여는 민사소송법 제76조의 규정을 준용</u>한다.

③ [○] ④ [○] 행정소송법 제17조 제3항, 민사소송법 제76조 제1항 및 제2항

> **행정소송법 제17조(행정청의 소송참가)**
> ① 법원은 다른 행정청을 소송에 참가시킬 필요가 있다고 인정할 때에는 당사자 또는 당해 행정청의 신청 또는 직권에 의하여 결정으로써 그 행정청을 소송에 참가시킬 수 있다.
> ③ <u>제1항의 규정에 의하여 소송에 참가한 행정청에 대하여는 민사소송법 제76조(참가인의 소송행위)의 규정을 준용</u>한다.
>
> > **민사소송법 제76조(참가인의 소송행위)**
> > ① <u>참가인은 소송에 관하여 공격·방어·이의·상소, 그 밖의 모든 소송행위를 할 수 있다.</u>❸ 다만, 참가할 때의 소송의 진행정도에 따라 할 수 없는 소송행위는 그러하지 아니하다.
> > ② <u>참가인의 소송행위가 피참가인의 소송행위에 어긋나는 경우에는 그 참가인의 소송행위는 효력을 가지지 아니한다.</u>❹

답 ⑤

CHAPTER 2

☑ 확인Check! ○ △ ✕

행정소송법상 소송참가에 관한 설명으로 옳지 않은 것은?

① 법원은 다른 행정청을 당사자 또는 당해 행정청의 신청 또는 직권에 의하여 결정으로써 소송에 참가시킬 수 있다.

② 소송참가는 상고심에서도 가능하다.

③ 법원은 제3자의 소송참가를 결정하고자 할 때에는 미리 당사자 및 제3자의 의견을 들어야 한다.

④ 소송에 참가한 제3자는 단순한 보조참가인으로서 소송수행을 한다.

⑤ 소송참가 신청을 한 제3자는 그 신청을 각하한 결정에 대하여 즉시항고할 수 있다.

┃해설┃

① [○] 행정소송법 제17조 제1항

> **행정소송법 제17조(행정청의 소송참가)**
> ① 법원은 <u>다른 행정청</u>을 소송에 참가시킬 필요가 있다고 인정할 때에는 <u>당사자 또는 당해 행정청의 신청 또는 직권에 의하여</u> 결정으로써 그 행정청을 소송에 참가시킬 수 있다.

② [○] 제3자의 소송참가는 타인의 취소소송이 적법하게 제기되어 계속 중일 것을 요한다. 적법한 소송이 계속되어 있는 한 소송이 어느 심급에 있는지를 불문한다. <u>상고심에서도 제3자의 소송참가는 가능</u>하다(법원실무제요 행정 [1], 188면).

④ [✕] 소송에 참가한 제3자는 '단순한 보조참가인'이 아니라 '**공동소송적 보조참가인**'의 지위에서 소송수행을 한다(통설).

> ❑ **참고 : 제3자의 소송참가에서 소송에 참가한 제3자의 지위**(≒ 공동소송적 보조참가인)
> 제3자의 소송참가 규정에 의하여 소송에 참가한 제3자에 대하여는 **민사소송법 제67조의 규정을 준용**한다(행정소송법 제16조 제4항). 따라서 참가인은 피참가인과 사이에서 필수적 공동소송에 있어서의 공동소송인에 준하는 지위에 서게 되나, 당사자에 대하여 독자적인 청구를 하는 것이 아니므로 강학상 **공동소송적 보조참가인의 지위에 유사한 것으로 보는 것이 통설**이다(박균성, 행정법강의 제21판, 929면). **공동소송적 보조참가**는 단순한 법률상의 이해관계가 아니라 **재판의 효력이 미치는 제3자가 보조참가하는 경우**를 말한다(민사소송법 제78조). 따라서 **제3자의 소송참가의 경우 참가인은 현실적으로 소송행위를 하였는지 여부와 관계없이 참가한 소송의 재판(판결)의 효력을 받는다**(박균성, 행정법강의 제21판, 930면).

③ [○] ⑤ [○]

> **행정소송법 제16조(제3자의 소송참가)**
> ① 법원은 <u>소송의 결과에 따라 권리 또는 이익의 침해를 받을 제3자</u>가 있는 경우에는 <u>당사자 또는 제3자의 신청 또는 직권</u>에 의하여 결정으로써 그 제3자를 소송에 참가시킬 수 있다.
> ② 법원이 제1항의 규정에 의한 결정을 하고자 할 때에는 미리 **당사자 및 제3자의 의견**을 들어야 한다. ❸
> ③ 제1항의 규정에 의한 <u>신청을 한 제3자</u>는 그 <u>신청을 각하한 결정</u>에 대하여 **즉시항고**할 수 있다. ❺

답 ④

82 세무사 2024

☑ 확인Check! ○ △ ✕

판례상 일부취소판결을 할 수 있는 경우를 모두 고른 것은?

> ㄱ. 6월의 영업정지처분을 재량권의 일탈·남용을 이유로 취소하는 경우
> ㄴ. 명의신탁자에 대한 과징금부과처분을 재량권의 일탈·남용을 이유로 취소하는 경우
> ㄷ. 외형상 하나의 행정처분이지만 각 세대별로 가분될 수 있는 여러 세대의 임대주택분양전환승인에 대해 일부 세대가 그 승인의 취소를 구하는 경우
> ㄹ. 비공개대상 정보에 해당하는 부분과 그와 분리될 수 있는 공개가 가능한 부분이 혼합되어 있는 정보의 공개 거부처분을 취소하는 경우

① ㄱ
② ㄱ, ㄴ
③ ㄷ, ㄹ
④ ㄴ, ㄷ, ㄹ
⑤ ㄱ, ㄴ, ㄷ, ㄹ

┃해설┃

ㄱ. [✕] 행정청이 **영업정지처분을 함에 있어서 그 정지기간을 어느 정도로 할 것인지는 행정청의 재량권에 속하는 사항**인 것이며, 다만 그것이 공익의 원칙이나 평등의 원칙 또는 비례의 원칙등에 위반하여 재량권의 한계를 벗어난 재량권 남용에 해당하는 경우에만 위법한 처분으로서 사법심사의 대상이 되는 것이나, 법원으로서는 영업정지처분이 재량권 남용이라고 판단될 때에는 **위법한 처분으로서 그 처분의 취소를 명할 수 있을 뿐이고, 재량권의 한계 내에서 어느 정도가 적정한 영업정지 기간인지를 가리는 일은 사법심사의 범위를 벗어난다**(대판 1982.9.28. 82누2). ☞ 따라서 6개월의 영업정지 기간이 재량권을 넘는 과도한 것이라고 판단되더라도 법원은 적정하다고 인정되는 기간을 초과한 부분만 일부취소를 할 수 없다.

ㄴ. [✕] 명의신탁이 조세를 포탈하거나 법령에 의한 제한을 회피할 목적이 아니어서 '부동산 실권리자명의 등기에 관한 법률 시행령' 제3조의2 단서의 과징금 감경사유가 있는 경우 **과징금 감경 여부는 과징금 부과 관청의 재량에 속하는 것이므로, 과징금 부과 관청이 이를 판단하면서 재량권을 일탈·남용하여 과징금 부과처분이 위법하다고 인정될 경우, 법원으로서는 과징금 부과처분 전부를 취소할 수밖에 없고, 법원이 적정하다고 인정되는 부분을 초과한 부분만 취소할 수는 없다**(대판 2010.7.15. 2010두7031).

ㄷ. [○] 외형상 하나의 행정처분이라고 하더라도 가분성이 있거나 그 처분대상의 일부가 특정될 수 있다면 일부만의 취소도 가능하고 그 일부의 취소는 해당 취소 부분에 관하여 효력이 생긴다. **구 임대주택법의 임대사업자가 여러 세대의 임대주택에 대해 분양전환승인신청을 하여 외형상 하나의 행정처분으로 그 승인을 받았다고 하더라도 이는 승인된 개개 세대에 대한 처분으로 구성되고 각 세대별로 가분될 수 있으므로 임대주택에 대한 분양전환승인처분 중 일부 세대에 대한 부분만 취소하는 것이 가능하다**(대판 2020.7.23. 2015두48129).

ㄹ. [○] 법원이 행정기관의 정보공개거부처분의 위법 여부를 심리한 결과 **공개를 거부한 정보에 비공개사유에 해당하는 부분과 그렇지 않은 부분이 혼합되어 있고, 공개청구의 취지에 어긋나지 않는 범위 안에서 두 부분을 분리할 수 있음을 인정할 수 있을 때에는 공개가 가능한 정보에 국한하여 일부취소를 명할 수 있다.** 이러한 정보의 부분 공개가 허용되는 경우란 그 정보의 공개방법 및 절차에 비추어 당해 정보에서 비공개대상정보에 관련된 기술 등을 제외 혹은 삭제하고 나머지 정보만을 공개하는 것이 가능하고 나머지 부분의 정보만으로도 공개의 가치가 있는 경우를 의미한다(대판 2009.12.10. 2009두12785).

답 ③

CHAPTER 2

83 세무사 2023

☑ 확인 Check! ○ △ ✕

판례상 일부취소가 가능한 경우를 모두 고른 것은?

> ㄱ. 조세부과처분과 같은 금전부과처분이 기속행위인 경우로서 당사자가 제출한 자료에 의해 정당한 부과금액을 산정할 수 있는 경우
> ㄴ. 재량행위인 자동차운수사업면허조건 등을 위반한 사업자에 대한 과징금부과처분이 법정 최고한도액을 초과하여 위법한 경우
> ㄷ. 개발부담금부과처분 취소소송에서 제출한 자료에 의하여 적법하게 부과될 부과금액이 산출될 수 없는 경우
> ㄹ. 제1종 보통, 대형 및 특수면허를 가지고 있는 자가 레이카크레인을 음주운전한 행위에 대해서 위 3종의 면허를 모두 취소한 경우

① ㄷ

② ㄱ, ㄹ

③ ㄴ, ㄷ

④ ㄱ, ㄴ, ㄹ

⑤ ㄱ, ㄴ, ㄷ, ㄹ

❚해설❚

ㄱ. [O] 조세부과처분과 같은 금전부과처분이 **기속행위**인 경우로서 당사자가 제출한 자료에 의해 **정당한 부과금액을 산정할 수 있는 경우**, 부과처분 전체를 취소할 것이 아니라 정당한 부과금액을 초과하는 부분만 **일부취소**하여야 한다(대판 2000.6.13. 98두5811 참조).

ㄴ. [✕] 자동차운수사업면허조건 등을 위반한 사업자에 대하여 행정청이 행정제재수단으로 사업 정지를 명할 것인지, 과징금을 부과할 것인지, 과징금을 부과키로 한다면 그 금액은 얼마로 할 것인지에 관하여 **재량권이 부여**되었다 할 것이므로 과징금부과처분이 법이 정한 한도액을 초과하여 위법할 경우 **법원으로서는 그 전부를 취소할 수밖에 없고**, 그 한도액을 초과한 부분이나 법원이 적정하다고 인정되는 부분을 초과한 부분만을 취소할 수 없다(대판 1998.4.10. 98두2270). ☞ 금 1,000,000원을 부과한 과징금부과처분 중 금 100,000원을 초과하는 부분은 재량권 일탈·남용으로 위법하다며 그 일부분만을 취소한 원심판결을 파기한 사례이다.

ㄷ. [✕] 개발부담금부과처분 취소소송에 있어 당사자가 제출한 자료에 의하여 **적법하게 부과될 정당한 부과금액이 산출할 수 없을 경우**에는 **부과처분 전부를 취소할 수밖에 없으나**, 그렇지 않은 경우에는 그 정당한 금액을 초과하는 부분만 취소하여야 한다(대판 2004.7.22. 2002두868). ☞ 개발부담금부과처분은 기속행위에 해당하지만, 제출된 자료에 의하여 적법하게 부과될 정당한 부과금액을 산출할 수 없다면 일부취소는 할 수 없고 부과처분 전부를 취소할 수 밖에 없다.

ㄹ. [O] 외형상 하나의 행정처분이라 하더라도 가분성이 있거나 그 처분대상의 일부가 특정될 수 있다면 그 일부만의 취소도 가능하고 그 일부의 취소는 당해 취소부분에 관하여 효력이 생긴다고 할 것인바, 이는 한 사람이 여러 종류의 자동차 운전면허를 취득한 경우 그 각 운전면허를 취소하거나 그 운전면허의 효력을 정지함에 있어서도 마찬가지이다. 제1종 보통, 대형 및 특수 면허를 가지고 있는 자가 레이카크레인을 음주운전한 행위는 **제1종 특수면허의 취소사유에 해당될 뿐 제1종 보통 및 대형 면허의 취소사유는 아니므로**, 3종의 면허를 모두 취소한 처분 중 **제1종 보통 및 대형 면허에 대한 부분**은 이를 이유로 **(일부)취소**하면 될 것이다(대판 1995.11.16. 95누8850[전합]).

답 ②

284 세무사 행정소송법 한권으로 끝내기

☑ 확인 Check! ○ △ ✕

사정판결에 관한 설명으로 옳은 것은? (다툼이 있으면 판례에 따름)

① 법원은 신청이 있는 경우에만 사정판결을 할 수 있으며, 직권으로 할 수는 없다.

② 사정판결에서 '공공복리'의 판단 기준시는 처분시이다.

③ 법원은 사정판결의 이유에서 처분등이 위법함을 나타내었다면, 그 판결의 주문에서 처분등이 위법함을 명시할 필요는 없다.

④ 법원은 사정판결을 함에 있어서는 미리 원고가 그로 인하여 입게 될 손해의 정도와 배상방법 그 밖의 사정을 조사하여야 한다.

⑤ 원고는 손해배상이 필요하더라도 손해배상청구소송을 당해 취소소송이 계속된 법원에 병합하여 제기할 수 없다.

❚ 해설 ❚

① [✕] 사정판결을 할 사정에 관한 주장·증명책임은 피고(행정청)에게 있다고 할 것이나, 피고(행정청)의 명백한 주장이 없는 경우에도 변론에 나타난 사실을 기초로 하여 **법원은 직권으로 사정판결을 할 수도 있다**(대판 1992.2.14. 90누9032).

② [✕] 취소소송에서 처분등의 위법 여부는 처분시를 기준으로 판단하지만, **공공복리를 위한 사정판결의 필요성은 변론 종결시(판결시)를 기준으로 판단하여야** 한다(대판 1970.3.24. 69누29). 행정소송규칙에도 동일하게 규정되어 있다(행정소송규칙 제14조).

> **행정소송규칙 제14조(사정판결)**
> 법원이 법 제28조 제1항에 따른 판결(= 사정판결)을 할 때 그 처분등을 취소하는 것이 현저히 공공복리에 적합하지 아니한지 여부는 사실심 변론을 종결할 때를 기준으로 판단한다.
> [2023.8.31. 제정]

③ [✕] 사정판결을 하는 경우 법원은 그 판결의 주문에서 그 **처분등이 위법함을 명시**하여야 한다(행정소송법 제28조 제1항 후문).

④ [○] 행정소송법 제28조 제2항

⑤ [✕] 원고는 손해배상청구소송을 당해 취소소송이 계속된 법원에 **병합하여 제기할 수 있다**(행정소송법 제28조 제3항).

> **행정소송법 제28조(사정판결)**
> ① 원고의 청구가 이유있다고 인정하는 경우에도 처분등을 취소하는 것이 현저히 공공복리에 적합하지 아니하다고 인정하는 때에는 법원은 원고의 청구를 기각할 수 있다. 이 경우 **법원은 그 판결의 주문에서 그 처분등이 위법함을 명시하여야** 한다. ❸
> ② 법원이 제1항의 규정에 의한 판결을 함에 있어서는 **미리 원고가 그로 인하여 입게 될 손해의 정도와 배상방법 그 밖의 사정을 조사하여야** 한다. ❹
> ③ 원고는 피고인 행정청이 속하는 국가 또는 공공단체를 상대로 **손해배상**, 제해시설의 설치 그 밖에 적당한 구제방법의 청구를 **당해 취소소송등이 계속된 법원에 병합하여 제기할 수 있다.** ❺

답 ④

CHAPTER 2

사정판결에 관한 설명으로 옳지 않은 것은? (다툼이 있으면 판례에 따름)

① 처분이 적법한 경우에는 사정판결의 대상이 되지 않는다.

② 사정판결을 하는 경우 법원은 그 판결의 주문에서 그 처분등이 위법함을 명시하여야 한다.

③ 사정판결의 적용은 극히 엄격한 요건 아래 제한적으로 하여야 한다.

④ 공공복리를 위한 사정판결의 필요성은 처분시를 기준으로 판단한다.

⑤ 피고인 행정청의 청구에 의해 사정판결이 행해질 수도 있다.

┃해설┃

① [○] **사정판결**이란 취소소송에 있어서 본안심리 결과, <u>원고의 청구가 이유 있다고 인정하는 경우(= 처분이 위법한 것으로 인정되는 경우)</u>에도 처분등을 취소하는 것이 현저히 공공복리에 적합하지 아니하다고 인정하는 때에 <u>원고의 청구를 기각하는 판결</u>을 말한다(행정소송법 제28조 제1항 전문). 따라서 처분이 적법한 경우에는 사정판결의 대상이 되지 않는다.

② [○] 사정판결을 하는 경우 법원은 그 판결의 주문에서 그 **처분등이 위법함을 명시**하여야 한다(행정소송법 제28조 제1항 후문).

③ [○] **행정처분이 위법한 때에는 이를 취소함이 원칙**이고 그 위법한 처분을 취소·변경하는 것이 도리어 현저히 공공의 복리에 적합하지 않은 경우에 극히 예외적으로 위법한 행정처분의 취소를 허용하지 않는다는 사정판결을 할 수 있으므로, **사정판결의 적용은 극히 엄격한 요건 아래 제한적으로 하여야** 하고, 그 요건인 '현저히 공공복리에 적합하지 아니한가'의 여부를 판단할 때에는 위법·부당한 행정처분을 취소·변경하여야 할 필요와 그 취소·변경으로 발생할 수 있는 공공복리에 반하는 사태 등을 비교·교량하여 그 적용 여부를 판단하여야 한다(대판 2009.12.10. 2009두8359).

④ [✕] 취소소송에서 처분등의 위법 여부는 처분시를 기준으로 판단하지만, 공공복리를 위한 **사정판결의 필요성은 변론 종결시(판결시)를 기준으로 판단**하여야 한다(대판 1970.3.24. 69누29). **행정소송규칙에도 동일하게 규정되어 있다**(행정소송규칙 제14조).

> **행정소송규칙 제14조(사정판결)**
> 법원이 법 제28조 제1항에 따른 판결(= 사정판결)을 할 때 그 <u>처분등을 취소하는 것이 현저히 공공복리에 적합하지 아니한지 여부</u>는 **사실심 변론을 종결할 때를 기준으로 판단**한다.
> [2023.8.31. 제정]

⑤ [○] 사정판결을 할 사정에 관한 주장·증명책임은 피고(행정청)에게 있다고 할 것이나, 피고(행정청)의 명백한 주장이 없는 경우에도 변론에 나타난 사실을 기초로 하여 법원은 직권으로 사정판결을 할 수도 있다(대판 1992.2.14. 90누9032). ☞ 사정판결은 피고(행정청)의 청구에 의하여 또는 법원의 직권에 의하여 할 수 있다.

답 ④

행정소송법상 사정판결에 관한 설명으로 옳은 것을 모두 고른 것은? (다툼이 있으면 판례에 따름)

> ㄱ. 취소소송에서 행정심판의 재결을 취소하는 것이 현저히 공공복리에 적합하지 아니하다고 인정하는 때에는 법원은 원고의 청구를 기각할 수 있다.
> ㄴ. 사정판결에 관한 규정은 무효등 확인소송과 부작위위법확인소송에는 준용되지 않는다.
> ㄷ. 사정판결에서 공공복리 적합 여부에 관한 판단은 처분시를 기준으로 한다.
> ㄹ. 당사자가 주장하지 아니한 사실에 대하여 법원이 직권으로 판단하여 사정판결을 할 수는 없다.

① ㄱ, ㄴ
② ㄱ, ㄹ
③ ㄴ, ㄷ
④ ㄱ, ㄷ, ㄹ
⑤ ㄴ, ㄷ, ㄹ

▌해설▐

ㄱ. [○] 사정판결의 대상은 "**처분등**"인데(행정소송법 제28조 제1항), "**처분등**"이란 '**처분**'과 '**행정심판에 대한 재결**'을 말한다 (행정소송법 제2조 제1항 제1호). 따라서 취소소송에서 '행정심판의 재결'을 취소하는 것이 현저히 공공복리에 적합하지 아니하다고 인정하는 때에는 법원은 원고의 청구를 기각할 수 있다.

> **행정소송법 제28조(사정판결)**
> ① 원고의 청구가 이유있다고 인정하는 경우에도 **처분등**을 취소하는 것이 현저히 공공복리에 적합하지 아니하다고 인정하는 때에는 **법원은 원고의 청구를 기각할 수 있다.** 이 경우 법원은 그 판결의 주문에서 그 처분등이 위법함을 명시하여야 한다.
>
> > **행정소송법 제2조(정의)**
> > ① 이 법에서 사용하는 용어의 정의는 다음과 같다.
> > 　1. "**처분등**"이라 함은 행정청이 행하는 구체적 사실에 관한 법집행으로서의 공권력의 행사 또는 그 거부와 그 밖에 이에 준하는 행정작용(이하 "**처분**"이라 한다) 및 **행정심판에 대한 재결**을 말한다.

ㄴ. [○] **사정판결**은 **취소소송에서 인정**되고(행정소송법 제28조), **무효등확인소송과 부작위위법확인소송에는 준용되지 않는다**(행정소송법 제38조 제1항·제2항). 당사자소송도 행정소송법 제28조를 준용하지 않으므로 사정판결을 할 수 없다.

> **당연무효의 행정처분을 소송목적물로 하는 행정소송**에서는 존치시킬 효력이 있는 행정행위가 없기 때문에 행정소송법 제28조 소정의 **사정판결을 할 수 없다**(대판 1996.3.22. 95누5509).

ㄷ. [✗] 취소소송에서 처분등의 위법 여부는 처분시를 기준으로 판단하지만, **공공복리를 위한 사정판결의 필요성(= 공공복리 적합 여부에 관한 판단)**은 **변론 종결시(판결시)를 기준으로 판단하여야** 한다(대판 1970.3.24. 69누29).

ㄹ. [✗] **사정판결을 할 사정에 관한 주장·증명책임은 피고(행정청)에게 있다고 할 것이나,** 피고(행정청)의 명백한 주장이 없는 경우에도 변론에 나타난 사실을 기초로 하여 **법원은 직권으로 사정판결을 할 수도 있다**(대판 1992.2.14. 90누9032; 사법연수원, 행정소송법, 291면).

답 ①

87 세무사 2024

항고소송에서 위법판단의 기준시에 관한 설명으로 옳은 것은? (다툼이 있으면 판례에 따름)

① 처분 후 법령의 개정이 있었다면 그 개정 법령을 기준으로 처분의 위법을 판단해야 한다.

② 법원은 사실심 변론 종결시까지 제출된 모든 자료를 종합하여 처분의 위법 여부를 판단할 수 있다.

③ 거부처분 취소소송에서 위법판단의 기준시는 판결시이다.

④ 행정심판의 재결을 거친 부작위위법확인소송에서 위법판단의 기준시는 처분시이다.

⑤ 계속효가 있는 처분에 대한 취소소송의 경우에는 판결시를 기준으로 한다.

┃해설┃

① [✕] 행정소송(항고소송)에서 행정처분의 위법 여부는 **행정처분이 행하여졌을 때의 법령과 사실 상태를 기준으로 하여 판단**하여야 하고, 처분 후 법령의 개폐나 사실상태의 변동에 의하여 영향을 받지는 않는다(대판 2008.7.24. 2007두3930).

② [○] 항고소송에서 행정처분의 위법 여부는 행정처분이 있을 때의 법령과 사실 상태를 기준으로 판단하여야 한다. 이는 처분 후에 생긴 법령의 개폐나 사실 상태의 변동에 영향을 받지 않는다는 뜻이지, 처분 당시 존재하였던 자료나 행정청에 제출되었던 자료만으로 위법 여부를 판단한다는 의미는 아니다. 따라서 법원은 행정처분 당시 행정청이 알고 있었던 자료뿐만 아니라 **사실심 변론 종결 당시까지 제출된 모든 자료를 종합하여** 처분 당시 존재하였던 객관적 사실을 확정하고 그 사실에 기초하여 **처분의 위법 여부를 판단할 수 있다**(대판 2018.6.28. 2015두58195).

③ [✕] **거부처분취소소송**에서의 위법판단의 기준시에 관하여, **판례는 처분시기준설의 입장**이다(대판 2008.7.24. 2007두3930).

> **행정소송에서 행정처분의 위법 여부는 행정처분이 행하여졌을 때의 법령과 사실 상태를 기준으로 하여 판단하여야** 하고, 처분 후 법령의 개폐나 사실상태의 변동에 의하여 영향을 받지는 않으므로, **난민 인정 거부처분의 취소를 구하는 취소소송**에서도 그 거부처분을 한 후 국적국의 정치적 상황이 변화하였다고 하여 처분의 적법 여부가 달라지는 것은 아니다(대판 2008.7.24. 2007두3930).

④ [✕] **부작위위법확인소송**의 위법판단의 기준시에 관하여, **판례는 판결시기준설의 입장**이다(대판 1990.9.25. 89누4758).
   ☞ 부작위위법확인소송의 경우에는 아무런 처분도 존재하지 않으므로 처분시기준설을 따를 수 없다.

> **부작위위법확인의 소**는 행정청이 국민의 법규상 또는 조리상의 권리에 기한 신청에 대하여 상당한 기간 내에 그 신청을 인용하는 적극적 처분 또는 각하하거나 기각하는 등의 소극적 처분을 하여야 할 법률상의 응답의무가 있음에도 불구하고 이를 하지 아니하는 경우, **판결(사실심의 구두변론 종결)시를 기준으로 그 부작위의 위법을 확인함으로써** 행정청의 응답을 신속하게 하여 부작위 내지 무응답이라고 하는 소극적인 위법상태를 제거하는 것을 목적으로 하는 것이고, 나아가 당해 판결의 구속력에 의하여 행정청에게 처분등을 하게 하고 다시 당해 처분등에 대하여 불복이 있는 때에는 그 처분등을 다투게 함으로써 최종적으로는 국민의 권리이익을 보호하려는 제도이므로, 소제기의 전후를 통하여 판결시까지 행정청이 그 신청에 대하여 적극 또는 소극의 처분을 함으로써 부작위상태가 해소된 때에는 소의 이익을 상실하게 되어 당해 소는 각하를 면할 수가 없는 것이다(대판 1990.9.25. 89누4758).

⑤ [×] 취소소송에서의 위법판단의 기준시에 관하여, ⊙ 취소소송에 있어서 법원의 역할은 처분의 사후심사이므로 행정처분의 위법 여부는 행정처분이 행하여졌을 때의 법령과 사실 상태를 기준으로 판단해야 한다는 견해(**처분시기준설**), ⓒ 취소소송의 본질은 처분으로 형성된 위법상태의 배제에 있으므로 행정처분의 위법 여부는 판결시(사실심 변론 종결시)의 법령과 사실 상태를 기준으로 판단해야 한다는 견해(**판결시기준설**), ⓒ 원칙적으로 처분시기준설이 타당하지만, 계속적 효력을 가진 처분이나 미집행의 처분에 대한 소송에 있어서는 예외적으로 판결시기준설이 타당하는 견해(**절충설**)가 주장되고 있다. 판례는 "**행정소송에서 행정처분의 위법 여부는 행정처분이 있을 때의 법령과 사실상태를 기준으로 하여 판단하여야** 하고, 처분 후 법령의 개폐나 사실상태의 변동에 의하여 영향을 받지는 않는다" 고 하여(대판 2002.7.9. 2001두10684), **처분시기준설의 입장**이다. 따라서 '계속효가 있는 처분'에 대한 취소소송의 경우에도 처분시를 기준으로 한다.

답 ②

88 세무사 2023

☑ 확인Check! ○ △ ✕

위법판단의 기준시에 관한 설명으로 옳지 않은 것은? (다툼이 있으면 판례에 따름)

① 원칙적으로 항고소송에서 행정처분의 위법 여부는 행정처분이 있을 때의 법령과 사실 상태를 기준으로 판단한다.

② 원칙적으로 항고소송에서 처분의 위법 여부는 처분 후에 생긴 법령의 개폐나 사실 상태의 변동에 영향을 받지 않는다.

③ 허가신청 후 허가기준이 변경되었다 하더라도 그 허가관청이 허가신청을 수리하고도 정당한 이유 없이 그 처리를 늦추어 그 사이에 허가기준이 변경된 것이 아닌 이상 변경된 허가기준에 따라서 처분을 하여야 한다.

④ 법원은 처분 당시 존재하였던 자료나 행정청에 제출되었던 자료만으로 위법 여부를 판단하여야 한다.

⑤ 과징금 부과기준에 관한 처분시의 시행령이 행위시의 시행령보다 불리하게 개정되었고 적용법령에 대한 특별한 규정이 없다면 행위시의 시행령을 적용하여야 한다.

┃해설┃

① [○] ② [○] 행정소송(항고소송)에서 행정처분의 위법 여부는 **행정처분이 행하여졌을 때의 법령과 사실 상태를 기준으로 하여 판단**하여야 하고, 처분 후 법령의 개폐나 사실상태의 변동에 의하여 영향을 받지는 않으므로, 난민 인정 거부처분의 취소를 구하는 취소소송에서도 그 거부처분을 한 후 국적국의 정치적 상황이 변화하였다고 하여 처분의 적법 여부가 달라지는 것은 아니다(대판 2008.7.24. 2007두3930).

③ [○] **행정행위는 처분 당시에 시행 중인 법령과 허가기준에 의하여 하는 것이 원칙**이고 인·허가신청 후 처분 전에 관계 법령이 개정시행된 경우 신법령 부칙에 그 시행 전에 이미 허가신청이 있는 때에는 종전의 규정에 의한다는 취지의 경과규정을 두지 아니한 이상 당연히 허가신청 당시의 법령에 의하여 허가 여부를 판단하여야 하는 것은 아니며, 소관 행정청이 허가신청을 수리하고도 정당한 이유 없이 처리를 늦추어 그 사이에 법령 및 허가기준이 변경된 것이 아닌 한 **변경된 법령 및 허가기준에 따라서 한 불허가처분은 적법**하다(대판 1998.3.27. 96누19772).

④ [×] 항고소송에서 행정처분의 위법 여부는 행정처분이 있을 때의 법령과 사실 상태를 기준으로 판단하여야 한다. 이는 처분 후에 생긴 법령의 개폐나 사실 상태의 변동에 영향을 받지 않는다는 뜻이지, **처분 당시 존재하였던 자료나 행정청에 제출되었던 자료만으로 위법 여부를 판단한다는 의미는 아니다**. 따라서 법원은 행정처분 당시 행정청이 알고 있었던 자료뿐만 아니라 **사실심 변론 종결 당시까지 제출된 모든 자료를 종합하여** 처분 당시 존재하였던 객관적 사실을 확정하고 그 사실에 기초하여 **처분의 위법 여부를 판단할 수 있다**(대판 2018.6.28, 2015두58195).

⑤ [○] 건설업자가 시공자격 없는 자에게 전문공사를 하도급한 행위에 대하여 **과징금 부과처분을 하는 경우**, 구체적인 부과기준에 대하여 **처분시의 법령이 행위시의 법령보다 불리하게 개정**되었고 어느 법령을 적용할 것인지에 대하여 **특별한 규정이 없다면 행위시의 법령을 적용하여야 한다**고 한 사례(대판 2002.12.10, 2001두3228). ☞ 행정기본법에서도 법령등을 위반한 행위의 성립과 이에 대한 제재처분의 경우 행위시법 적용의 원칙을 규정하고 있다(행정기본법 제14조 제2항).

> **행정기본법 제14조(법 적용의 기준)**
> ② **당사자의 신청에 따른 처분**은 법령등에 특별한 규정이 있거나 처분 당시의 법령등을 적용하기 곤란한 특별한 사정이 있는 경우를 제외하고는 **처분 당시의 법령등에 따른다.**
> ③ **법령등을 위반한 행위의 성립과 이에 대한 제재처분은** 법령등에 특별한 규정이 있는 경우를 제외하고는 **법령등을 위반한 행위 당시의 법령등에 따른다.** 다만, 법령등을 위반한 행위 후 법령등의 변경에 의하여 그 행위가 법령등을 위반한 행위에 해당하지 아니하거나 제재처분 기준이 가벼워진 경우로서 해당 법령등에 특별한 규정이 없는 경우에는 변경된 법령등을 적용한다.

답 ④

89 세무사 2021
☑ 확인 Check! ○ △ ×

甲은 2021.5.24. 영업허가거부처분을 받고 그 다음 날 그 처분에 대해 취소소송을 제기하였다. 법원은 심리를 진행한 후 2021.12.3. 변론을 종결하였고, 선고기일은 2021.12.17.이다. 이에 관한 설명으로 옳은 것은? (다툼이 있으면 판례에 따름)

① 甲은 사실상태에 대한 입증을 2021.12.17.까지 할 수 있다.

② 법원은 2021.12.17. 당시의 법령과 사실상태를 기준으로 하여 처분의 위법 여부를 판단하여야 한다.

③ 법원은 2021.12.3. 당시의 법령과 사실상태를 기준으로 하여 처분의 위법 여부를 판단하여야 한다.

④ 법원은 2021.5.24. 당시 존재하였던 자료나 행정청에 제출되었던 자료만으로 2021.5.24. 당시 존재하였던 객관적 사실을 확정하고 그 사실에 기초하여 처분의 위법 여부를 판단하여야 한다.

⑤ 법원은 2021.12.3.까지 제출된 모든 자료를 종합하여 2021.5.24. 당시 존재하였던 객관적 사실을 확정하고 그 사실에 기초하여 처분의 위법 여부를 판단할 수 있다.

┃해설┃

① [×] 甲은 사실상태에 대한 입증을 **사실심 변론 종결시(2021.12.3.)까지** 할 수 있다.

② [×] ③ [×] 법원은 **영업허가거부처분 당시(2021.5.24.)의 법령과 사실상태를 기준**으로 하여 처분의 위법 여부를 판단하여야 한다.

행정소송에서 행정처분의 위법 여부는 행정처분이 행하여졌을 때의 법령과 사실 상태를 기준으로 하여 판단하여야 하고, 처분 후 법령의 개폐나 사실상태의 변동에 의하여 영향을 받지는 않으므로, 난민 인정 거부처분의 취소를 구하는 취소소송에서도 그 거부처분을 한 후 국적국의 정치적 상황이 변화하였다고 하여 처분의 적법 여부가 달라지는 것은 아니다(대판 2008.7.24. 2007두3930).

④ [×] ⑤ [○] 법원은 **사실심 변론 종결시(2021.12.3.)까지** 제출된 모든 자료를 종합하여 **영업허가거부처분 당시 (2021.5.24.)** 존재하였던 객관적 사실을 확정하고 그 사실에 기초하여 처분의 위법 여부를 판단할 수 있다.

항고소송에서 **행정처분의 위법 여부는 행정처분이 있을 때의 법령과 사실 상태를 기준으로 판단**하여야 하며, 법원은 행정처분 당시 행정청이 알고 있었던 자료뿐만 아니라 **사실심 변론 종결 당시까지 제출된 모든 자료를 종합**하여 **처분 당시 존재하였던 객관적 사실을 확정**하고 그 사실에 기초하여 처분의 위법 여부를 판단할 수 있다(대판 2010.1.14. 2009두11843).

답 ⑤

90 세무사 2022

☑ 확인Check! ○ △ ✕

행정소송법상 제3자에 대하여도 효력이 있는 것을 모두 고른 것은?

> ㄱ. 현역병 입영처분의 효력을 정지하는 결정
> ㄴ. 부가가치세 환급세액의 지급을 명하는 판결
> ㄷ. 지방세부과처분의 취소청구를 기각하는 판결
> ㄹ. 귀화허가 신청에 대한 행정청의 부작위가 위법하다고 확인하는 판결

① ㄱ, ㄷ   ② ㄱ, ㄹ
③ ㄴ, ㄷ   ④ ㄱ, ㄴ, ㄹ
⑤ ㄴ, ㄷ, ㄹ

┃해설┃

ㄱ. [○] **취소판결의 제3자효(대세효)**에 관한 행정소송법 제29조 제1항은 **집행정지의 결정에도 준용**한다(행정소송법 제29조 제2항). 따라서 현역병 입영처분의 효력을 정지하는 결정(집행정지의 결정)은 제3자에 대하여도 효력이 있다.

> **행정소송법 제29조(취소판결등의 효력)**
> ① **처분등을 취소하는 확정판결**은 제3자에 대하여도 효력이 있다.
> ② 제1항의 규정은 **제23조의 규정에 의한 집행정지의 결정** 또는 제24조의 규정에 의한 그 집행정지결정의 취소결정에 **준용**한다.

ㄴ. [×] **취소판결의 제3자효(대세효)**에 관한 행정소송법 제29조 제1항은 **당사자소송에 준용되지 않는다**(행정소송법 제44조 제1항). 부가가치세 환급세액의 지급을 명하는 판결은 당사자소송의 인용판결에 해당하므로(대판 2013.3.21. 2011다95564[전합]), 인용판결이 확정되더라도 제3자에 대하여는 **효력이 없다.**

ㄷ. [×] **취소판결의 제3자효(대세효)는** 인용판결(처분등을 취소하는 판결)이 확정된 경우에만 인정되고(행정소송법 제29조 제1항), **기각판결에는 인정되지 않는다.** 따라서 지방세부과처분의 취소청구를 기각하는 판결이 확정된 경우라도 제3자에 대하여는 효력이 없다.

ㄹ. [○] **취소판결의 제3자효(대세효)에** 관한 행정소송법 제29조 제1항은 **부작위위법확인소송에 준용한다**(행정소송법 제38조 제2항). 따라서 귀화허가 신청에 대한 행정청의 부작위가 위법하다고 확인하는 판결(부작위위법확인소송의 인용판결)이 확정된 경우 제3자에 대하여 효력이 있다.

답 ②

91 세무사 2022

☑ 확인Check! ○ △ ✕

행정소송법상 확정판결의 기속력에 관한 설명으로 옳은 것은? (다툼이 있으면 판례에 따름)

① 처분을 취소하는 확정판결의 기속력은 당사자인 행정청에 대해서만 미친다.

② 기속력은 판결주문의 전제가 되는 처분등의 구체적 위법사유에 관한 이유 중의 판단에 대하여도 인정된다.

③ 거부처분을 취소하는 판결이 확정된 경우 처분청이 사실심 변론 종결 이후의 사유를 내세워 다시 거부처분을 하는 것은 기속력에 저촉된다.

④ 기속력에 저촉되는 행정치분이 당연무효인 것은 아니다.

⑤ 무효등 확인소송의 기각판결은 기속력이 있다.

┃해설┃

① [×] 처분을 취소하는 확정판결의 기속력은 **당사자인 행정청뿐만 아니라 그 밖의 관계행정청에도 미친다**(행정소송법 제30조 제1항). 여기에서 **'관계행정청'**이란 **취소된 처분등을 기초로 하여 그와 관련되는 처분이나 부수되는 행위를 할 수 있는 행정청을 총칭하는 것이다.**

> **행정소송법 제30조(취소판결등의 기속력)**
> ① 처분등을 취소하는 확정판결은 그 사건에 관하여 **당사자인 행정청과 그 밖의 관계행정청을 기속한다.**

② [○] 행정소송법 제30조 제1항에 의하여 인정되는 **취소소송에서 처분등을 취소하는 확정판결의 기속력은** 주로 판결의 실효성 확보를 위하여 인정되는 효력으로서 **판결의 주문뿐만 아니라 그 전제가 되는 처분등의 구체적 위법사유에 관한 이유 중의 판단에 대하여도 인정된다**(대판 2001.3.23. 99두5238). 반면, **기판력은** 원칙적으로 판결의 주문에 **포함된 것에 한하여 인정된다**(민사소송법 제216조 제1항, 행정소송법 제8조 제2항).

③ [×] 행정소송법 제30조 제2항에 의하면, 행정청의 거부처분을 취소하는 판결이 확정된 경우에는 그 처분을 행한 행정청은 판결의 취지에 따라 이전의 신청에 대하여 재처분할 의무가 있고, 이 경우 확정판결의 당사자인 **처분 행정청은 그 행정소송의 사실심 변론 종결 이후 발생한 새로운 사유를** 내세워 **다시 이전의 신청에 대하여 거부처분을 할 수 있으며,** 그러한 처분도 이 조항에 규정된 재처분에 해당한다(대판 1999.12.28. 98두1895). ☞ 판례는 처분의 위법성 판단은 처분시를 기준으로 하므로, **거부처분 이후에 발생한 새로운 사유(법령의 변경 또는 사실의 변경)를** 이유로 다시 거부처분을 하는 것은 기속력에 저촉되지 않고 적법한 재처분의무를 이행한 것이 된다. 사실심 변론 종결 이후 발생한 새로운 사유 역시 거부처분 이후에 발생한 새로운 사유에 해당한다.

④ [×] 기속력에 저촉되는 행정처분은 **당연무효**이다(대결 2002.12.11. 2002무22).

⑤ [×] **처분등의 무효등을 확인하는 확정판결(= 확정된 인용판결)은** 그 사건에 관하여 당사자인 행정청과 그 밖의 관계행정청을 기속한다(행정소송법 제30조 제1항, 제38조 제1항). 그러나 무효등 확인소송의 **기각판결에는 기속력이 인정되지 않는다.**

답 ②

취소판결의 기속력에 관한 설명으로 옳지 않은 것은? (다툼이 있으면 판례에 따름)

① 취소소송에서 기각판결이 내려진 후에도 처분청은 해당 처분을 직권취소할 수 있다.

② 기속력은 당사자인 원고에게는 미치지 아니한다.

③ 기속력에 따라 행정청은 위법한 결과를 제거하는 조치를 할 의무가 있다.

④ 기속력은 기판력 있는 전소 판결의 소송물과 동일한 후소를 허용하지 않는 효력과는 다르다.

⑤ 신청에 대한 인용처분이 실체적 위법을 이유로 취소되는 경우에 그 처분을 행한 행정청은 판결의 취지에 따라 다시 이전의 신청에 대한 처분을 하여야 한다.

∥해설∥

① [○] **처분등을 취소하는 확정판결**은 그 사건에 관하여 당사자인 행정청과 그 밖의 관계행정청을 기속한다(행정소송법 제30조 제1항). 즉, 취소소송에서 판결의 기속력은 **인용판결(취소판결)**이 확정된 경우에만 인정된다. 따라서 취소소송의 기각판결이 있은 후에도 처분청은 당해 처분을 직권으로 취소할 수 있다.

② [○] 처분등을 취소하는 확정판결은 그 사건에 관하여 **당사자인 행정청과 그 밖의 관계행정청을 기속한다**(행정소송법 제30조 제1항). 여기에서 '**관계행정청**'이란 취소된 처분등을 기초로 하여 그와 관련되는 처분이나 부수되는 행위를 할 수 있는 행정청을 총칭하는 것이다. **기속력은 당사자인 원고에게는 미치지 아니한다.**

③ [○] 어떤 행정처분을 위법하다고 판단하여 취소하는 판결이 확정되면 행정청은 **취소판결의 기속력에 따라 그 판결에서 확인된 위법사유를 배제한 상태에서 다시 처분을 하거나 그 밖에 위법한 결과를 제거하는 조치를 할 의무가 있다**(대판 2020.4.9. 2019두49953). ☞ 기속력의 내용으로 위법상태제거의무(원상회복의무)도 인정된다.

④ [○] 기속력은 기판력(= 기판력 있는 전소 판결의 소송물과 동일한 후소를 허용하지 않는 효력)과는 다르다.

> □ **참고 : 취소소송에서 기속력과 기판력**
>
> 행정소송법 제30조 제1항은 "처분등을 취소하는 확정판결은 그 사건에 관하여 당사자인 행정청과 그 밖의 관계행정청을 기속한다"라고 규정하고 있다. 이러한 **취소 확정판결의 '기속력'**은 취소 청구가 인용된 판결에서 인정되는 것으로서 당사자인 행정청과 그 밖의 관계행정청에게 확정판결의 취지에 따라 행동하여야 할 의무를 지우는 작용을 한다. 이에 비하여 **행정소송법 제8조 제2항에 의하여 행정소송에 준용되는 민사소송법 제216조, 제218조가 규정하고 있는 '기판력'**이란 기판력 있는 전소 판결의 소송물과 동일한 후소를 허용하지 않음과 동시에, 후소의 소송물이 전소의 소송물과 동일하지는 않더라도 전소의 소송물에 관한 판단이 후소의 선결문제가 되거나 모순관계에 있을 때에는 후소에서 전소 판결의 판단과 다른 주장을 하는 것을 허용하지 않는 작용을 한다(대판 2016.3.24. 2015두48235).

⑤ [✕] 신청에 대한 인용처분(= 신청에 따른 처분)이 **절차의 위법을 이유로 취소되는 경우**에 그 처분을 행한 행정청은 판결의 취지에 따라 다시 이전의 신청에 대한 처분을 하여야 한다(행정소송법 제30조 제3항).

> **행정소송법 제30조(취소판결등의 기속력)**
> ② 판결에 의하여 취소되는 처분이 당사자의 신청을 거부하는 것을 내용으로 하는 경우에는 그 처분을 행한 행정청은 판결의 취지에 따라 다시 이전의 신청에 대한 처분을 하여야 한다.
> ③ 제2항의 규정은 **신청에 따른 처분**이 **절차의 위법을 이유로 취소되는 경우**에 준용한다.

답 ⑤

CHAPTER 2

행정소송법상 확정판결에 기속력이 인정되는 것을 모두 고른 것은?

> ㄱ. 취소소송의 각하판결
> ㄴ. 취소소송의 일부취소판결
> ㄷ. 무효확인소송의 무효확인판결
> ㄹ. 취소소송의 사정판결
> ㅁ. 당사자소송의 이행판결

① ㄱ, ㄹ   ② ㄱ, ㄴ, ㄷ

③ ㄴ, ㄷ, ㅁ   ④ ㄷ, ㄹ, ㅁ

⑤ ㄱ, ㄴ, ㄷ, ㄹ, ㅁ

┃해설┃

ㄱ. [✕] **처분등을 취소하는 확정판결**은 그 사건에 관하여 당사자인 행정청과 그 밖의 관계행정청을 기속한다(행정소송법 제30조 제1항). 즉, 취소소송에서 판결의 기속력은 **인용판결(취소판결)**이 확정된 경우에만 인정된다. 따라서 **기각판결**이 확정된 경우나 **각하판결**이 확정된 경우에는 **기속력이 인정되지 않는다.**

ㄴ. [○] **취소소송의 일부취소판결**은 일부인용판결로서 인용판결에 해당하므로 일부인용(일부취소)이 확정된 부분에 관하여는 **기속력이 인정**된다.

ㄷ. [○] 취소판결의 기속력에 관한 행정소송법 제30조는 무효등확인소송에 준용되므로(행정소송법 제38조 제1항), **확정된 무효확인판결(= 확정된 인용판결)**은 그 사건에 관하여 당사자인 행정청과 그 밖의 관계행정청을 기속한다(행정소송법 제30조 제1항, 제38조 제1항). 그러나 무효등 확인소송의 **기각판결**에는 기속력이 인정되지 않는다.

ㄹ. [✕] **사정판결**이란 취소소송에 있어서 본안심리 결과, 원고의 청구가 이유 있다고 인정하는 경우(= 처분이 위법한 것으로 인정되는 경우)에도 처분등을 취소하는 것이 현저히 공공복리에 적합하지 아니하다고 인정하는 때에 **원고의 청구를 기각하는 판결**을 말한다(행정소송법 제28조 제1항 전문). **사정판결**이 있는 경우 원고의 청구가 이유 있음에도 불구하고 원고가 패소한 것이므로, **기각판결의 일종**이다. 따라서 **확정된 사정판결에는 기속력이 인정되지 않는다.**

ㅁ. [○] 취소판결의 기속력에 관한 행정소송법 제30조 제1항은 당사자소송에 준용되므로(행정소송법 제44조 제1항), **당사자소송의 확정된 인용판결에는 기속력이 인정**된다.

답 ③

A가 관할 행정청 B에 대하여 「여객자동차운수사업법」에 따른 운수사업면허를 신청하여 B가 면허처분을 하였는데, 이에 대하여 경업자 C가 면허처분취소소송을 제기하였다. 이에 관한 설명으로 옳은 것은? (다툼이 있으면 판례에 따름)

① 절차의 위법을 이유로 취소판결이 확정된 경우 B는 판결의 취지에 따라 다시 이전의 신청에 대한 처분을 할 필요가 없다.

② A가 소송에 참가할 경우, 면허처분을 취소하는 확정판결은 A에 대해서는 효력이 없다.

③ 법원이 직권으로 A를 소송에 참가시키는 결정을 하고자 할 때에는 미리 A, B, C의 의견을 들어야 한다.

④ 기각판결이 확정된 경우 그 판결은 B를 기속한다.

⑤ 소송 계속 중 B가 면허처분을 직권으로 취소하더라도 원칙적으로 소의 이익이 소멸하지 않는다.

❚ 해설 ❚

① [✕] 신청에 따른 처분이 **절차의 위법을 이유로 취소**되는 경우에는 그 처분을 행한 행정청은 판결의 취지에 따라 다시 이전의 신청에 대한 처분을 하여야 한다(행정소송법 제30조 제2항·제3항). 따라서 절차의 위법을 이유로 취소판결이 확정된 경우 처분을 행한 행정청 B는 판결의 취지에 따라 다시 이전의 신청(A의 운수사업면허 신청)에 대한 처분을 하여야 한다. ☞ (경업자가 제기한 취소소송에서) 절차상의 위법을 이유로 신청에 따른 인용처분(면허처분)이 취소된 경우에도 재처분의무가 인정된다.

② [✕] 제3자의 소송참가 규정에 의하여 소송에 참가한 제3자에 대하여는 **민사소송법 제67조의 규정을 준용**한다(행정소송법 제16조 제4항). 따라서 참가인(A)은 피참가인(피고 B)과 사이에서 필수적 공동소송에 있어서의 공동소송인에 준하는 지위에 서게 되나, 당사자(C)에 대하여 독자적인 청구를 하는 것이 아니므로 강학상 **공동소송적 보조참가인의 지위에 유사한 것으로 보는 것이 통설**이다(박균성, 행정법강의 제21판, 929면). **공동소송적 보조참가**는 단순한 법률상의 이해관계가 아니라 **재판의 효력이 미치는 제3자가 보조참가하는 경우**를 말한다(민사소송법 제78조). 따라서 **제3자의 소송참가의 경우** 참가인은 현실적으로 소송행위를 하였는지 여부와 관계없이 **참가한 소송의 재판(판결)의 효력을 받는다**(박균성, 행정법강의 제21판, 930면). ☞ A가 제3자의 소송참가 규정에 의하여 소송에 참가할 경우, 면허처분을 취소하는 확정판결은 A에 대하여 **효력(기판력)이 있다**.

③ [○] 법원이 직권으로 제3자 A를 소송에 참가시키는 결정을 하고자 할 때에는 미리 **취소소송의 당사자(원고 C와 피고 B) 및 제3자 A의 의견을 들어야** 한다(행정소송법 제16조 제2항).

> **행정소송법 제16조(제3자의 소송참가)**
> ① 법원은 소송의 결과에 따라 권리 또는 이익의 침해를 받을 제3자가 있는 경우에는 당사자 또는 제3자의 신청 또는 직권에 의하여 결정으로써 그 제3자를 소송에 참가시킬 수 있다.
> ② 법원이 제1항의 규정에 의한 결정을 하고자 할 때에는 미리 **당사자 및 제3자의 의견**을 들어야 한다.

④ [✕] **처분등을 취소하는 확정판결**은 그 사건에 관하여 당사자인 행정청과 그 밖의 관계행정청을 기속한다(행정소송법 제30조 제1항). 즉, 취소소송에서 판결의 기속력은 **인용판결(취소판결)**이 확정된 경우에만 인정된다. 따라서 **기각판결이 확정된 경우**에는 그 판결은 당사자인 행정청 B를 기속하지 않는다.

⑤ [✕] 행정처분의 취소를 구하는 소가 제소 당시에는 소의 이익이 있어 적법하였더라도, **소송 계속 중 처분청이 다툼의 대상이 되는 행정처분을 직권으로 취소하면 그 처분은 효력을 상실하여 더 이상 존재하지 않는 것이므로,** 존재하지 않는 처분을 대상으로 한 **취소소송은 원칙적으로 소의 이익이 소멸하여 부적법**하다고 보아야 한다(대판 2020.4.9. 2019두49953). 따라서 소송 계속 중 처분 행정청 B가 면허처분을 직권으로 취소하면 취소소송은 원칙적으로 소의 이익이 소멸한다.

답 ③

행정소송법상 간접강제에 관한 설명으로 옳지 않은 것은? (다툼이 있으면 판례에 따름)

① 간접강제는 모든 항고소송에 준용된다.

② 간접강제 결정은 변론없이 할 수 있다.

③ 당사자가 제1심수소법원에 신청하여야 한다.

④ 간접강제 결정시 지연기간에 따라 일정한 배상을 할 것을 명하거나 즉시 손해배상을 할 것을 명할 수 있다.

⑤ 간접강제 결정은 피고 또는 참가인이었던 행정청이 소속하는 국가 또는 공공단체에 그 효력을 미친다.

┃해설┃

① [✕] 행정소송법상 **간접강제제도**는 (거부처분) 취소소송에 인정되고(행정소송법 제34조), 부작위법확인소송에 준용된다(행정소송법 제38조 제2항). 그러나 항고소송 중 **무효등확인소송에는 준용규정이 없다**(행정소송법 제38조 제1항). 이에 대하여 입법의 불비라는 비판이 있으나, 판례는 <u>거부처분에 대한 무효확인판결은 간접강제의 대상이 되지 않는다</u>고 본다(대결 1998.12.24. 98무37).

> 행정소송법 제38조 제1항이 무효확인 판결에 관하여 취소판결에 관한 규정을 준용함에 있어서 같은 법 제30조 제2항을 준용한다고 규정하면서도 같은 법 제34조는 이를 준용한다는 규정을 두지 않고 있으므로, **행정처분에 대하여 무효확인 판결이 내려진 경우에는 그 행정처분이 거부처분인 경우에도 행정청에 판결의 취지에 따른 재처분 의무가 인정될 뿐 그에 대하여 간접강제까지 허용되는 것은 아니라고 할 것이다**(대결 1998.12.24. 98무37).

② [○] 간접강제 결정은 **변론 없이** 할 수 있다. 다만, 변론을 열지 않고 결정을 하는 경우에도 결정하기 전에 처분의무가 있는 행정청을 심문하여야 한다(행정소송법 제34조 제2항, 민사집행법 제262조). 심문을 하기 위해서는 서면 또는 말로 행정청이 의견을 진술할 기회를 주면 충분하다(법원실무제요 행정 [2], 349면).

③ [○] 거부처분취소판결의 간접강제는 당사자가 **제1심수소법원에 신청**하여야 한다(행정소송법 제34조 제1항).

> **행정소송법 제34조(거부처분취소판결의 간접강제)**
> ① 행정청이 제30조 제2항의 규정에 의한 처분[거부처분취소판결의 취지에 따라 이전의 신청에 대한 재처분(註)]을 하지 아니하는 때에는 **제1심수소법원**은 **당사자의 신청에 의하여** 결정으로써 상당한 기간을 정하고 행정청이 그 기간 내에 이행하지 아니하는 때에는 <u>그 지연기간에 따라 일정한 배상을 할 것을 명하거나 즉시 손해배상을 할 것을 명할 수 있다.</u>

④ [○] 간접강제 결정시 지연기간에 따라 일정한 배상을 할 것을 명하거나 즉시 손해배상을 할 것을 명할 수 있다(행정소송법 제34조 제1항).

⑤ [○] 간접강제 결정은 **피고 또는 참가인**이었던 **행정청**이 소속하는 국가 또는 공공단체에 그 효력을 미친다(행정소송법 제34조 제2항, 제33조).

답 ①

甲이 행정청 乙을 상대로 제기한 거부처분 취소소송에서 인용판결이 확정된 경우에 관한 설명으로 옳은 것은? (다툼이 있으면 판례에 따름)

① 판결은 관계행정청을 기속하지 않는다.

② 乙은 처분 후에 발생한 새로운 사유를 내세워 다시 처분을 할 수 없다.

③ 판결의 기속력은 처분의 구체적 위법사유에 관한 이유 중의 판단에 대하여는 인정되지 아니한다.

④ 乙이 재처분의무를 이행하지 않을 경우 법원은 직접처분으로 판결의 실효성을 확보할 수 있다.

⑤ 乙은 종전 처분의 처분사유와 기본적 사실관계가 동일하지 않은 사유가 종전 처분 당시 이미 존재하고 있었고 당사자가 이를 알고 있었더라도 이를 내세워 새로이 처분을 할 수 있다.

❚해설❚

① [✕] **처분등을 취소하는 확정판결**은 그 사건에 관하여 **당사자인 행정청과 그 밖의 관계행정청을 기속한다**(행정소송법 제30조 제1항). 여기에서 '관계행정청'이란 취소된 처분등을 기초로 하여 그와 관련되는 처분이나 부수되는 행위를 할 수 있는 행정청을 총칭하는 것이다.

② [✕] ③ [✕] **취소 확정판결의 기속력은 판결의 주문 및 전제가 되는 처분등의 구체적 위법사유에 관한 판단에도 미치나,❸** 종전 처분이 판결에 의하여 취소되었더라도 종전 처분과 다른 사유를 들어서 새로이 처분을 하는 것은 기속력에 저촉되지 않는다. 여기에서 동일 사유인지 다른 사유인지는 확정판결에서 위법한 것으로 판단된 종전 처분사유와 기본적 사실관계에서 동일성이 인정되는지 여부에 따라 판단되어야 하고, 기본적 사실관계의 동일성 유무는 처분사유를 법률적으로 평가하기 이전의 구체적인 사실에 착안하여 그 기초인 사회적 사실관계가 기본적인 점에서 동일한지에 따라 결정된다. 또한 행정처분의 위법 여부는 행정처분이 행하여진 때의 법령과 사실을 기준으로 판단하므로, **확정판결의 당사자인 처분 행정청은 종전 처분 후에 발생한 새로운 사유를 내세워 다시 처분을 할 수 있다❷**(대판 2016.3.24. 2015두48235).

④ [✕] 乙이 재처분의무를 이행하지 않을 경우 **제1심수소법원은 당사자의 신청에 의한 간접강제결정으로 판결의 실효성을 확보 수는 있으나 직접 처분을 할 수는 없다.** 직접 처분은 **행정심판법상** 행정청이 (재)처분의무를 이행하지 않는 경우 재결의 실효성을 확보하기 위하여 **행정심판위원회에게 인정하는 제도**이다(행정심판법 제50조).

> **행정소송법 제34조(거부처분취소판결의 간접강제)**
> ① 행정청이 제30조 제2항의 규정에 의한 처분[거부처분취소판결의 취지에 따라 이전의 신청에 대한 재처분(註)]을 하지 아니하는 때에는 **제1심수소법원은 당사자의 신청에 의하여** 결정으로써 상당한 기간을 정하고 행정청이 그 기간 내에 이행하지 아니하는 때에는 그 지연기간에 따라 일정한 배상을 할 것을 명하거나 즉시 손해배상을 할 것을 명할 수 있다.
>
> **행정심판법 제50조(위원회의 직접 처분)**
> ① **위원회는** 피청구인이 제49조 제3항에도 불구하고 처분을 하지 아니하는 경우에는 당사자가 신청하면 기간을 정하여 서면으로 시정을 명하고 그 기간에 이행하지 아니하면 **직접 처분을 할 수 있다.** 다만, 그 처분의 성질이나 그 밖의 불가피한 사유로 위원회가 직접 처분을 할 수 없는 경우에는 그러하지 아니하다.

⑤ [O] 행정처분의 위법 여부는 행정처분이 행하여진 때의 법령과 사실을 기준으로 판단하므로, 확정판결의 당사자인 처분 행정청은 종전 처분 후에 발생한 새로운 사유를 내세워 다시 처분을 할 수 있고, **새로운 처분의 처분사유가 종전 처분의 처분사유와 기본적 사실관계에서 동일하지 않은 다른 사유에 해당하는 이상**, 처분사유가 종전 처분 당시 이미 존재하고 있었고 당사자가 이를 알고 있었더라도 **이를 내세워 새로이 처분을 하는 것은 확정판결의 기속력에 저촉되지 않는다**(대판 2016.3.24. 2015두48235). ☞ 따라서 乙은 종전 처분의 처분사유와 기본적 사실관계가 동일하지 않은 사유가 종전 처분 당시 이미 존재하고 있었고 당사자가 이를 알고 있었더라도 이를 내세워 새로이 처분을 할 수 있다.

답 ⑤

97 세무사 2022

☑ 확인Check! ○ △ ✕

행정소송법상 간접강제를 할 수 있는 판결은? (다툼이 있으면 판례에 따름)

① 토지의 수용재결을 취소하는 판결
② 기반시설부담금 부과처분의 일부를 취소하는 판결
③ 건축허가의 신청에 대한 행정청의 부작위가 위법함을 확인하는 판결
④ 재개발조합 설립인가 신청에 대한 거부처분이 무효임을 확인하는 판결
⑤ 지방자치단체에 대하여 소속 공무원의 초과근무수당 지급을 명령하는 판결

┃해설┃

① [✕] ② [✕] 간접강제는 행정청이 '**거부처분취소판결**'의 취지에 따라 이전의 신청에 대한 재처분을 하지 아니하는 경우에 인정된다(행정소송법 제34조 제1항). 따라서 토지의 수용재결을 취소하는 판결이나 기반시설부담금 부과처분의 일부를 취소하는 판결과 같은 '처분 취소판결'의 경우에는 간접강제가 인정될 여지가 없다.

> **행정소송법 제34조(거부처분취소판결의 간접강제)**
> ① 행정청이 제30조 제2항의 규정에 의한 처분(= 거부처분취소판결의 취지에 따라 이전의 신청에 대한 재처분)을 하지 아니하는 때에는 **제1심수소법원은 당사자의 신청에 의하여** 결정으로써 상당한 기간을 정하고 행정청이 그 기간 내에 이행하지 아니하는 때에는 그 지연기간에 따라 일정한 배상을 할 것을 명하거나 즉시 손해배상을 할 것을 명할 수 있다.

③ [O] 행정소송법상 **간접강제제도**는 (거부처분) 취소소송에 규정되어 있고(행정소송법 제34조), **부작위위법확인소송에 준용**되고 있다(행정소송법 제38조 제2항). 따라서 건축허가의 신청에 대한 행정청의 부작위가 위법함을 확인하는 판결의 취지에 따라 이전의 신청에 대한 처분의무를 이행하지 아니하는 경우 간접강제가 인정될 수 있다.

④ [×] 항고소송 중 **무효등확인소송에는 간접강제의 준용규정이 없다**^{행정소송법 제38조 제1항}. 이에 대하여 입법의 불비라는 비판이 있으나, 판례는 거부처분에 대한 무효확인 판결은 간접강제의 대상이 되지 않는다고 본다^{대결 1998.12.24.} ^{98무37}. 따라서 재개발조합 설립인가 신청에 대한 거부처분이 무효임을 확인하는 판결의 취지에 따라 이전의 신청에 대한 재처분을 하지 아니하는 경우에도 간접강제는 허용되지 않는다.

> 행정소송법 제38조 제1항이 무효확인 판결에 관하여 취소판결에 관한 규정을 준용함에 있어서 같은 법 제30조 제2항을 준용한다고 규정하면서도 같은 법 제34조는 이를 준용한다는 규정을 두지 않고 있으므로, 행정처분에 대하여 무효확인 판결이 내려진 경우에는 그 행정처분이 거부처분인 경우에도 행정청에 판결의 취지에 따른 재처분 의무가 인정될 뿐 그에 대하여 간접강제까지 허용되는 것은 아니라고 할 것이다^{대결 1998.12.24. 98무37}.

⑤ [×] 지방자치단체에 대하여 소속 공무원의 초과근무수당 지급을 명령하는 판결은 **당사자소송의 인용판결에 해당한다**^{대판 2013.3.28. 2012다102629}. **간접강제에 관한 규정**(행정소송법 제34조)은 **당사자소송에 준용되지 않는다**^{행정소송법 제44조 제1항}.

답 ③

98 세무사 2024   ☑ 확인Check! ○ △ ✕

甲이 거부처분에 대해 제기한 항고소송(X)에서 인용판결이 확정되었으나 재처분의무가 이행되고 있지 않다. 간접강제와 관련한 설명으로 옳지 않은 것은? (다툼이 있으면 판례에 따름)

① X가 취소소송인 경우, 甲은 제1심수소법원에 간접강제결정을 신청할 수 있다.
② X가 무효확인소송인 경우, 甲은 간접강제결정을 신청할 수 없다.
③ 간접강제결정에서 정한 의무이행기한이 경과한 후라도 재처분의 이행이 있으면 甲은 더 이상 배상금을 추심할 수 없다.
④ 간접강제결정은 피고 행정청 외에 그가 속하는 국가 또는 공공단체에는 효력을 미치지 않는다.
⑤ X가 취소소송인 경우, 만약 재처분을 하였더라도 기속력에 반하는 것이라면 甲은 간접강제결정을 신청할 수 있다.

┃해설┃

① [○] 거부처분취소판결의 간접강제는 당사자(거부처분취소소송의 원고)가 **제1심수소법원에 신청**할 수 있다^{행정소송} ^{법 제34조 제1항}. ☞ 따라서 취소소송인 경우, 甲은 제1심수소법원에 간접강제결정을 신청할 수 있다.

> **행정소송법 제34조(거부처분취소판결의 간접강제)**
> ① 행정청이 제30조 제2항의 규정에 의한 처분[거부처분취소소판결의 취지에 따라 이전의 신청에 대한 재처분(註)]을 하지 아니하는 때에는 **제1심수소법원**은 **당사자의 신청에 의하여** 결정으로써 상당한 기간을 정하고 행정청이 그 기간 내에 이행하지 아니하는 때에는 그 지연기간에 따라 일정한 배상을 할 것을 명하거나 즉시 손해배상을 할 것을 명할 수 있다.

② [O] 행정소송법상 **간접강제제도**는 (거부처분) 취소소송에 인정되고(행정소송법 제34조), 부작위위법확인소송에 준용된다(행정소송법 제38조 제2항). 그러나 항고소송 중 **무효등확인소송에는 준용규정이 없다**(행정소송법 제38조 제1항). 이에 대하여 입법의 불비라는 비판이 있으나, 판례는 거부처분에 대한 무효확인판결은 간접강제의 대상이 되지 않는다고 본다(대결 1998.12.24. 98무37). ☞ 따라서 X가 무효확인소송인 경우, 甲은 간접강제결정을 신청할 수 없다.

③ [O] 행정소송법 제34조 소정의 간접강제결정에 기한 배상금은 확정판결의 취지에 따른 재처분의 지연에 대한 제재나 손해배상이 아니고 재처분의 이행에 관한 심리적 강제수단에 불과한 것으로 보아야 하므로, **간접강제결정에서 정한 의무이행기한이 경과한 후에라도 확정판결의 취지에 따른 재처분이 행하여지면** 배상금을 추심함으로써 심리적 강제를 꾀한다는 당초의 목적이 소멸하여 처분상대방이 **더 이상 배상금을 추심하는 것이 허용되지 않는다**(대판 2010.12.23. 2009다37725). ☞ 따라서 간접강제결정에서 정한 의무이행기한이 경과한 후라도 재처분의 이행이 있으면 甲은 더 이상 배상금을 추심할 수 없다.

④ [×] 간접강제 결정은 **피고** 또는 **참가인**이었던 **행정청**이 소속하는 국가 또는 공공단체에 그 효력을 미친다(행정소송법 제34조 제2항, 제33조).

⑤ [O] 거부처분에 대한 취소판결이 확정된 뒤 행정청이 **재처분을 하였지만 그것이 취소판결의 기속력에 반하는 경우**, 재처분의무를 이행한 것으로 볼 수 없으므로 **간접강제가 허용**된다(대결 2002.12.11. 2002무22). ☞ 따라서 X가 취소소송인 경우, 만약 재처분을 하였더라도 기속력에 반하는 것이라면 甲은 간접강제결정을 신청할 수 있다.

답 ④

99 세무사 2021

☑ 확인 Check! O △ X

취소소송의 제1심 수소법원이 직권으로 할 수 없는 행위는?

① 처분 후 처분청이 없게 된 경우에 피고를 경정하는 행위
② 집행정지의 결정이 확정된 후 집행정지사유가 없어졌다는 이유로 집행정지의 결정을 취소하는 행위
③ 소송의 결과에 따라 권리 또는 이익의 침해를 받을 제3자를 그 소송에 참가시키는 행위
④ 피고가 아닌 다른 행정청을 소송에 참가시키는 행위
⑤ 행정청이 거부처분취소판결에 따른 재처분의무를 이행하지 않아 그 지연기간에 따라 일정한 배상을 할 것을 명하는 행위

해설

① [O] ② [O] ③ [O] ④ [O] 처분 후 처분청이 없게 된 경우에 피고를 경정하는 행위(행정소송법 제14조 제6항), 집행정지의 결정이 확정된 후 집행정지사유가 없어졌다는 이유로 집행정지의 결정을 취소하는 행위(집행정지 결정의 취소)(제24조 제1항), 소송의 결과에 따라 권리 또는 이익의 침해를 받을 제3자를 그 소송에 참가시키는 행위(제3자의 소송참가)(행정소송법 제16조), 피고가 아닌 다른 행정청을 소송에 참가시키는 행위(행정청의 소송참가)(행정소송법 제17조)는 모두 **취소소송의 제1심 수소법원이 직권으로 할 수 있는 행위에 해당**한다.

⑤ [×] 행정청이 거부처분취소판결에 따른 재처분의무를 이행하지 않아 그 지연기간에 따라 일정한 배상을 할 것을 명하는 행위(**간접강제**)는 **당사자의 신청이 있어야** 하고, 취소소송의 수소법원이 직권으로 할 수 없다(행정소송법 제34조 제1항).

□ 취소소송의 수소법원이 직권으로 할 수 있는 것과 직권으로 할 수 없는 것

수소법원이 직권으로 할 수 있는 것	수소법원이 직권으로 할 수 없는 것 (신청 또는 청구가 있어야 가능한 것)
• 관련청구소송의 이송(제10조 제1항) → 당사자의 신청 or 직권 • 처분 후 처분권한이 다른 행정청에 승계되거나 처분 후 처분청이 없게 된 경우에 피고를 경정하는 행위(제14조 제6항)❶ → 당사자의 신청 or 직권 • 집행정지 결정(제23조 제2항) → 당사자의 신청 or 직권 • 집행정지 결정의 취소(제24조 제1항)❷ → 당사자의 신청 or 직권 • 제3자의 소송참가(제16조)❸ → [당사자(원고와 피고) 또는 제3자의 신청] or 직권 • 행정청의 소송참가(제17조)❹ → [당사자(원고와 피고) 또는 당해 행정청의 신청] or 직권 • 직권심리(직권증거조사)(제26조) → 직권 • 사정판결(제28조) → 피고(행정청)의 청구 or 직권(判)	• 피고의 경정(제14조 제1항) → 원고의 신청 • 소의 (종류) 변경(제21조) → 원고의 신청 • 처분변경으로 인한 소의 변경(제22조) → 원고의 신청 • 행정심판기록의 제출명령(제25조) → 당사자의 신청 • 제3자에 의한 재심청구(제31조) → 제3자의 청구 • 간접강제(제34조)❺ → 당사자의 신청

답 ⑤

CHAPTER 2

100 세무사 2021 ☑ 확인 Check! ○ △ ✕

확정판결의 기판력에 관한 설명으로 옳지 않은 것은? (다툼이 있으면 판례에 따름)

① 소송요건의 흠결에 관한 전소 확정판결의 기판력은 후소에 미친다.

② 공사중지명령의 상대방은 그 명령의 취소를 구한 소송에서 그 명령이 적법함을 이유로 패소하여 확정된 이후에도 그 명령의 해제신청을 거부한 처분의 취소를 구하는 소송에서 그 명령의 적법성을 다툴 수 있다.

③ 어떠한 행정처분이 후에 항고소송에서 취소되었다고 할지라도 그 기판력에 의하여 곧바로 그 행정처분이 공무원의 고의 또는 과실로 인한 불법행위를 구성한다고 단정할 수 없다.

④ 취소판결의 기판력은 소송물로 된 행정처분의 위법성 존부에 관한 판단 그 자체에만 미친다.

⑤ 확정판결은 주문에 포함된 것에 한하여 기판력을 가진다.

─────────────────────────

▌해설▐

① [○] **소송판결의 기판력**은 그 판결에서 확정한 소송요건의 흠결에 관하여 후소에 미친다(대판 1996.11.15. 96다31406; 대판 2015.10.29. 2015두44288).

② [✕] 행정청이 관련 법령에 근거하여 행한 **공사중지명령의 상대방이 명령의 취소를 구한 소송에서 패소함으로써 그 명령이 적법한 것으로 이미 확정**되었다면, 이후 이러한 공사중지명령의 상대방은 **그 명령의 해제신청을 거부한 처분의 취소를 구하는 소송에서 그 명령의 적법성을 다툴 수 없다.** 그와 같은 공사중지명령에 대하여 그 명령의 상대방이 해제를 구하기 위해서는 명령의 내용 자체로 또는 성질상으로 명령 이후에 원인사유가 해소되었음이 인정되어야 한다(대판 2014.11.27. 2014두37665).

③ [○] **어떠한 행정처분이 후에 항고소송에서 취소되었다고 할지라도 그 기판력에 의하여 당해 행정처분이 곧바로 공무원의 고의 또는 과실로 인한 것으로서 불법행위를 구성한다고 단정할 수는 없는 것**이고, 그 행정처분의 담당공무원이 보통 일반의 공무원을 표준으로 하여 볼 때 객관적 주의의무를 결하여 그 행정처분이 객관적 정당성을 상실하였다고 인정될 정도에 이른 경우에 국가배상법 제2조 소정의 국가배상책임의 요건을 충족하였다고 봄이 상당할 것이다 (대판 2000.5.12. 99다70600).

④ [○] **취소 확정판결의 기판력은 그 판결의 주문에만 미치고,** 또한 **소송물인 행정처분의 위법성 존부에 관한 판단 그 자체에만 미치는 것**이므로 전소와 후소가 그 소송물을 달리하는 경우에는 전소 확정판결의 기판력이 후소에 미치지 아니한다(대판 2016.3.24. 2015두48235).

⑤ [○] 민사소송법 제216조 제1항은 "**확정판결은 주문에 포함된 것에 한하여 기판력을 가진다**"라고 규정함으로써 판결 이유 중의 판단에는 원칙적으로 기판력이 미치지 않는다고 하고 있다(대판 2022.2.17. 2021다275741). **민사소송법 제216조 제1항은 행정소송법 제8조 제2항에 따라 행정소송에 준용**된다.

답 ②

101 세무사 2022 ☑ 확인Check! ○ △ ✕

행정소송법상 행정소송에 관한 설명으로 옳은 것은? (다툼이 있으면 판례에 따름)

① 처분의 취소소송에서 청구가 기각된 확정판결의 기판력은 그 처분의 무효확인을 구하는 소송에도 미친다.
② 의무이행소송에 관한 명문의 규정은 없지만 판례는 이를 인정한다.
③ 부작위위법확인소송이란 행정청의 부작위 또는 거부처분이 위법하다는 것을 확인하는 소송이다.
④ 취소소송에는 처분등의 일부 취소 및 적극적 변경을 구하는 소송이 포함된다.
⑤ 검사의 불기소처분은 항고소송의 대상이 될 수 있다.

❚해설❚

① [○] 처분의 취소소송에서 기각판결이 확정된 경우에는 **처분이 적법하다는 점에 기판력이 발생**하고, **기판력은 그 처분의 무효확인을 구하는 소송에도 미치므로** 당사자는 무효확인소송에서 처분이 위법하다고 주장할 수 없다(대판 1998.7.24. 98다10854).

② [✕] 의무이행소송이란 당사자의 신청에 대한 행정청의 위법한 거부처분 또는 부작위가 있는 경우 행정청으로 하여금 일정한 처분을 하도록 명하는 소송을 말한다. 이러한 의무이행소송은 위법한 거부처분 또는 부작위에 대한 효과적인 구제수단이 된다. 그러나 현행 행정소송법은 우회적인 구제수단인 '거부처분 취소소송'과 '부작위위법확인소송'만을 인정하고 있을 뿐 '**의무이행소송**'을 인정하는 명문의 규정을 두고 있지 않으므로 해석상 이를 허용할 수 있을 것인지 여부가 문제된다. 학설은 견해가 대립하고 있으나 **판례는 의무이행소송은 현행 행정소송법상 허용되지 아니한다**는 입장이다(대판 1997.9.30. 97누3200; 대판 1995.3.10. 94누14018 등).

③ [✕] **부작위위법확인소송**은 "행정청의 **부작위**가 위법하다는 것을 확인하는 소송"을 말한다(행정소송법 제4조 제3호). **거부처분은 취소소송의 대상이 될 수 있을 뿐 부작위위법확인소송의 대상이 될 수 없다.**

④ [✕] 취소소송은 "행정청의 위법한 **처분등을 취소 또는 변경**하는 소송"을 말한다(행정소송법 제4조 제1호). 행정소송법 제4조 제1호의 '변경'의 의미에 관하여, 적극적 변경까지 포함된다는 견해도 있으나, '**변경**'을 '**일부 취소**'의 의미로 이해하여 처분을 적극적으로 변경하는 형성소송은 허용되지 않는다는 것이 판례의 입장이다(대판 1997.9.30. 97누3200).

⑤ [✕] 행정소송법 제2조의 처분의 개념 정의에는 해당한다고 하더라도 그 처분의 근거 법률에서 행정소송 이외의 다른 절차에 의하여 불복할 것을 예정하고 있는 처분은 항고소송의 대상이 될 수 없다. **검사의 불기소결정**에 대해서는 검찰청법에 의한 항고와 재항고, 형사소송법에 의한 재정신청에 의해서만 불복할 수 있는 것이므로, 이에 대해서는 **행정소송법상 항고소송을 제기할 수 없다**(대판 2018.9.28. 2017두47465).

답 ①

☑ 확인Check! ○ △ ✕

소송비용에 관한 설명으로 옳지 않은 것은? (다툼이 있으면 판례에 따름)

① 무효확인소송을 제기하였으나 청구가 기각된 경우에는 소송비용은 원고가 부담한다.

② 취소청구가 사정판결에 의해 기각된 경우에는 소송비용은 원고가 부담한다.

③ 취소소송에서 청구가 전부인용된 경우에는 소송비용은 피고가 부담한다.

④ 행정청이 처분을 변경함으로 인하여 청구가 기각된 경우에는 소송비용은 피고가 부담한다.

⑤ 행정청이 처분을 취소함으로 인하여 청구가 각하된 경우에는 소송비용은 피고가 부담한다.

┃해설┃

① [○] **소송비용은 패소한 당사자가 부담**한다(민사소송법 제98조, 행정소송법 제8조 제2항). 따라서 무효확인소송을 제기하였으나 청구가 기각된 경우에는 **소송비용은 패소한 원고**가 부담한다.

② [✕] **취소청구가 제28조(사정판결)의 규정에 의하여 기각된 경우에는 소송비용은 피고의 부담으로 한다**(행정소송법 제32조 전단). **사정판결**이 있는 경우 원고의 청구가 이유 있음에도 불구하고 원고가 패소한 것이므로, **기각판결의 일종이지만 소송비용은 피고가 부담**한다(행정소송법 제32조 전단).

③ [○] **소송비용은 패소한 당사자가 부담**한다(민사소송법 제98조, 행정소송법 제8조 제2항). 따라서 취소소송에서 청구가 전부인용된 경우에는 **소송비용은 패소한 피고**가 부담한다.

④ [○] 취소청구가 행정청이 처분등을 취소 또는 **변경**함으로 인하여 청구가 각하 또는 **기각된 경우에는 소송비용은 피고의 부담으로 한다**(행정소송법 제32조 후단).

⑤ [○] 취소청구가 행정청이 처분등을 **취소** 또는 변경함으로 인하여 **청구가 각하** 또는 기각된 경우에는 **소송비용은 피고의 부담으로 한다**(행정소송법 제32조 후단).

 답 ②

CHAPTER 2

행정소송법상 소송비용에 관한 설명으로 옳지 않은 것은?

① 취소소송 계속 중 행정청이 처분등을 취소하여 그 청구가 각하된 경우에 소송비용은 피고의 부담으로 한다.

② 사정판결을 한 경우 소송비용은 피고의 부담으로 한다.

③ 소송비용에 관한 재판이 확정된 때에는 피고였던 행정청이 소속하는 국가에 효력을 미친다.

④ 소송참가인이었던 행정청이 소속하는 공공단체에는 소송비용 재판의 효력이 미치지 않는다.

⑤ 소송비용에 관한 행정소송법의 규정은 당사자소송에도 준용된다.

┃해설┃

① [○] 취소청구가 행정청이 처분등을 **취소** 또는 변경함으로 인하여 청구가 **각하** 또는 기각된 경우에는 **소송비용은 피고의 부담**으로 한다(행정소송법 제32조 후단).

② [○] 취소청구가 제28조(**사정판결**)의 규정에 의하여 기각된 경우에는 **소송비용은 피고의 부담**으로 한다(행정소송법 제32조 전단). **사정판결**이 있는 경우 원고의 청구가 이유 있음에도 불구하고 원고가 패소한 것이므로, **기각판결의 일종이지만 소송비용은 피고가 부담**한다(행정소송법 제32조 전단).

③ [○] 소송비용에 관한 재판이 확정된 때에는 **피고 또는 참가인이었던 행정청이 소속하는 국가 또는 공공단체에 그 효력을 미친다**(행정소송법 제33조).

④ [✕] 소송비용에 관한 재판이 확정된 때에는 피고 또는 **참가인이었던 행정청이 소속하는 국가 또는 공공단체에 그 효력을 미친다**(행정소송법 제33조).

⑤ [○] **소송비용에 관한 규정**(행정소송법 제32조, 제33조)은 **당사자소송의 경우에 준용**한다(행정소송법 제44조 제1항).

답 ④

104 세무사 2023

☑ 확인Check! ○ △ ✕

취소소송에서 집행정지에 관한 설명으로 옳지 않은 것은? (다툼이 있으면 판례에 따름)

① 취소소송의 제기는 처분등의 효력에 영향을 주지 아니한다.

② 집행정지는 공공복리에 중대한 영향을 미칠 우려가 있을 때에는 허용되지 아니한다.

③ 집행정지신청이 신청요건을 결여하여 부적법하면 법원은 그 신청을 기각하여야 한다.

④ 거부처분에 대해서는 집행정지가 인정되지 않는다.

⑤ 집행정지 결정에는 기속력에 관한 행정소송법 제30조 제1항의 규정이 준용된다.

┃해설┃

① [○] 행정소송법 제23조 제1항(집행부정지의 원칙)

② [○] 행정소송법 제23조 제3항(집행정지의 소극적 요건)

⑤ [○] 행정소송법 제23조 제6항(집행정지 결정의 기속력 인정)

> **행정소송법 제23조(집행정지)**
> ① 취소소송의 제기는 처분등의 **효력**이나 그 **집행** 또는 **절차의 속행**에 영향을 주지 아니한다. ❶
> ② 취소소송이 제기된 경우에 처분등이나 그 집행 또는 절차의 속행으로 인하여 생길 회복하기 어려운 손해를 예방하기 위하여 긴급한 필요가 있다고 인정할 때에는 본안이 계속되고 있는 법원은 당사자의 신청 또는 직권에 의하여 처분등의 효력이나 그 집행 또는 절차의 속행의 전부 또는 일부의 정지(이하 "집행정지"라 한다)를 결정할 수 있다. 다만, 처분의 효력정지는 처분등의 집행 또는 절차의 속행을 정지함으로써 목적을 달성할 수 있는 경우에는 허용되지 아니한다.
> ③ 집행정지는 공공복리에 중대한 영향을 미칠 우려가 있을 때에는 허용되지 아니한다. ❷
> ⑥ 제30조(취소판결등의 기속력) 제1항의 규정은 제2항의 규정에 의한 집행정지의 결정에 이를 준용한다. ❺

③ [✕] 집행정지신청이 **신청요건(= 형식적 요건)**을 **결여**하여 **부적법**하면 법원은 그 **신청을 각하하여야** 한다(대판 1995.6.21. 95두26; 박균성, 행정법강의 제21판, 896면). 다만, 신청이 부적법하여 각하하여야 할 것을 기각하였다 하더라도 각하나 기각 모두 신청을 배척한 결론에 있어서는 마찬가지이고 결정에는 기판력이 생기지도 아니하므로, 상소심에서 취소나 파기 사유가 되지 아니한다(대판 1995.6.21. 95두26).

④ [○] **거부처분**에 대해서는 **집행정지가 인정되지 않는다**(대판 1995.6.21. 95두26).

> 신청에 대한 거부처분의 효력을 정지하더라도 거부처분이 없었던 것과 같은 상태, 즉 거부처분이 있기 전의 신청시의 상태로 되돌아가는 데에 불과하고 행정청에게 신청에 따른 처분을 하여야 할 의무가 생기는 것이 아니므로, **거부처분의 효력정지는 그 거부처분으로 인하여 신청인에게 생길 손해를 방지하는 데 아무런 보탬이 되지 아니하여 그 효력정지를 구할 이익이 없다**(대판 1995.6.21. 95두26). ☞ 거부처분의 집행정지를 인정할 것인지에 대하여 견해의 대립이 있으나, 판례는 부정설의 입장이다.

 ③

행정소송법상 집행정지에 관한 설명으로 옳지 않은 것은? (다툼이 있으면 판례에 따름)

① 공공복리에 중대한 영향을 미칠 우려가 있을 때에는 허용되지 아니한다.

② 처분의 효력정지는 처분등의 집행 또는 절차의 속행을 정지함으로써 목적을 달성할 수 있는 경우에는 허용되지 아니한다.

③ 처분등이나 그 집행 또는 절차의 속행으로 인하여 생길 중대한 손해를 예방하기 위하여 긴급한 필요가 있을 때에 인정된다.

④ 집행정지의 결정이 확정된 후 그 정지사유가 없어진 경우 직권에 의하여 결정으로써 집행정지의 결정을 취소할 수 있다.

⑤ 신청인의 본안청구가 이유 없음이 명백할 때에는 집행정지를 명할 수 없다.

❚해설❚

① [O] ② [O] ③ [✕] **행정소송법상 집행정지**는 처분등이나 그 집행 또는 절차의 속행으로 인하여 생길 "중대한 손해"가 아니라 "**회복하기 어려운 손해**"를 예방하기 위하여 긴급한 필요가 있을 때에 인정된다(행정소송법 제23조 제2항).
☞ 반면 행정심판법상 집행정지는 "중대한 손해"를 예방하기 위하여 긴급한 필요가 있을 때에 인정된다(행정심판법 제30조 제2항).

> **행정소송법 제23조(집행정지)**
> ① 취소소송의 제기는 처분등의 **효력**이나 그 **집행** 또는 **절차의 속행**에 영향을 주지 아니한다.
> ② 취소소송이 제기된 경우에 처분등이나 그 집행 또는 절차의 속행으로 인하여 생길 **회복하기 어려운 손해를 예방하기 위하여** 긴급한 필요가 있다고 인정할 때에는❸ 본안이 계속되고 있는 법원은 당사자의 신청 또는 직권에 의하여 처분등의 효력이나 그 집행 또는 절차의 속행의 전부 또는 일부의 정지(이하 "집행정지"라 한다)를 결정할 수 있다. 다만, **처분의 효력정지**는 처분등의 **집행** 또는 **절차의 속행**을 정지함으로써 목적을 달성할 수 있는 경우에는 허용되지 아니한다.❷
> ③ 집행정지는 공공복리에 중대한 영향을 미칠 우려가 있을 때에는 허용되지 아니한다.❶

④ [O] **집행정지의 결정이 확정된 후 집행정지가 공공복리에 중대한 영향을 미치거나 그 정지사유가 없어진 때에는** 당사자의 신청 또는 **직권에 의하여** 결정으로써 **집행정지의 결정을 취소할** 수 있다(행정소송법 제24조 제1항).

⑤ [O] 행정처분의 효력정지나 집행정지를 구하는 신청사건에 있어서는 행정처분 자체의 적법 여부는 원칙적으로는 판단할 것이 아니고 그 행정처분의 효력이나 집행을 정지할 것인가에 대한 행정소송법 제23조 제2항 소정의 요건의 존부만이 판단의 대상이 되나 본안소송에서의 처분의 취소가능성이 없음에도 불구하고 처분의 효력정지나 집행정지를 인정한다는 것은 제도의 취지에 반하므로 **집행정지사건 자체에 의하여도 신청인의 본안청구가 이유 없음이 명백할 때에는 행정처분의 효력정지나 집행정지를 명할 수 없다**(대판 1992.8.7. 92두30). ☞ 행정소송법에 명문의 규정은 없으나 판례는 '본안청구가 이유 없음이 명백하지 아니할 것'을 집행정지의 소극적 요건으로 인정하고 있다.

답 ③

행정소송법상 처분등에 대한 집행정지가 인정되는 소송을 모두 고른 것은?

ㄱ. 무효등 확인소송
ㄴ. 부작위위법확인소송
ㄷ. 당사자소송

---

① ㄱ
② ㄴ
③ ㄱ, ㄷ
④ ㄴ, ㄷ
⑤ ㄱ, ㄴ, ㄷ

┃해설┃
ㄱ. [○] **무효등 확인소송에도 집행정지에 관한 규정이 준용**된다(행정소송법 제38조 제1항).

ㄴ. [✕] 집행정지가 허용될 수 있는 본안소송은 취소소송과 무효등 확인소송이며(행정소송법 제23조 제2항, 제38조 제1항), **부작위위법확인소송과 당사자소송은 집행정지가 인정되지 않는다**(행정소송법 제38조 제2항, 제44조 제1항).

ㄷ. [✕] **당사자소송에 대하여는 행정소송법 제23조 제2항의 집행정지에 관한 규정이 준용되지 아니하므로**(행정소송법 제44조 제1항 참조), 이를 본안으로 하는 가처분에 대하여는 행정소송법 제8조 제2항에 따라 **민사집행법상 가처분에 관한 규정이 준용되어야** 한다(대결 2015.8.21. 2015무26).

답 ①

☑ 확인Check! ○ △ X

보조금 교부결정의 취소처분에 대한 취소소송에서 본안판결 선고시까지 그 효력을 정지하는 결정이 있는 경우에 관한 설명으로 옳지 않은 것은? (다툼이 있으면 판례에 따름)

① 집행정지의 결정에 대한 즉시항고에는 그 결정의 집행을 정지하는 효력이 없다.
② 즉시항고는 재판이 고지된 날부터 1주 이내에 하여야 한다.
③ 만약 집행정지의 결정 없이 본안소송에서 보조금 교부결정의 취소처분이 취소되어 확정되었다면 사후적으로 보조금을 지급하는 것이 취소판결의 기속력에 부합한다.
④ 본안소송의 판결 선고에 의하여 집행정지결정의 효력은 소멸한다.
⑤ 집행정지결정의 효력이 소멸하는 경우 특별한 사정이 없는 한 집행정지기간 동안 교부된 보조금의 반환을 명할 수 없다.

▌해설▐

① [○] 집행정지의 결정에 대한 즉시항고에는 결정의 집행을 정지하는 효력이 없다(행정소송법 제23조 제5항).

> **행정소송법 제23조(집행정지)**
> ② 취소소송이 제기된 경우에 처분등이나 그 집행 또는 절차의 속행으로 인하여 생길 회복하기 어려운 손해를 예방하기 위하여 긴급한 필요가 있다고 인정할 때에는 본안이 계속되고 있는 법원은 당사자의 신청 또는 직권에 의하여 처분등의 효력이나 그 집행 또는 절차의 속행의 전부 또는 일부의 정지(이하 "집행정지"라 한다)를 결정할 수 있다. 다만, 처분의 효력정지는 처분등의 집행 또는 절차의 속행을 정지함으로써 목적을 달성할 수 있는 경우에는 허용되지 아니한다.
> ⑤ 제2항의 규정에 의한 집행정지의 결정 또는 기각의 결정에 대하여는 즉시항고할 수 있다. 이 경우 집행정지의 결정에 대한 즉시항고에는 결정의 집행을 정지하는 효력이 없다.

② [○] 즉시항고는 재판이 고지된 날부터 1주 이내에 하여야 한다(행정소송법 제8조 제2항, 민사소송법 제444조 제1항).

> **민사소송법 제444조(즉시항고)**
> ① 즉시항고는 재판이 고지된 날부터 1주 이내에 하여야 한다.
> ② 제1항의 기간은 불변기간으로 한다.

③ [○] 어떤 행정처분을 위법하다고 판단하여 취소하는 판결이 확정되면 행정청은 취소판결의 기속력에 따라 그 판결에서 확인된 위법사유를 배제한 상태에서 다시 처분을 하거나 그 밖에 위법한 결과를 제거하는 조치를 할 의무가 있다(대판 2020.4.9. 2019두49953). 따라서 집행정지의 결정 없이 본안소송에서 보조금 교부결정의 취소처분이 취소되어 확정되었다면, 사후적으로 보조금을 지급하는 것이 취소판결의 기속력에 부합한다.

④ [○] ⑤ [×] 행정소송법 제23조에 의한 효력정지결정의 효력은 결정주문에서 정한 시기까지 존속하고 그 시기의 도래와 동시에 효력이 당연히 소멸하므로, 보조금 교부결정의 일부를 취소한 행정청의 처분에 대하여 법원이 효력정지결정을 하면서 주문에서 그 법원에 계속 중인 본안소송의 판결 선고 시까지 처분의 효력을 정지한다고 선언하였을 경우, 본안소송의 판결 선고에 의하여 정지결정의 효력은 소멸하고 이와 동시에 당초의 보조금 교부결정 취소처분의 효력이 당연히 되살아난다.❹ 따라서 효력정지결정의 효력이 소멸하여 보조금 교부결정 취소처분의 효력이 되살아난 경우, 특별한 사정이 없는 한 행정청으로서는 보조금법 제31조 제1항에 따라 취소처분에 의하여 취소된 부분의 보조사업에 대하여 효력정지기간 동안 교부된 보조금의 반환을 명하여야 한다❺(대판 2017.7.11. 2013두25498).

 답 ⑤

집행정지의 효력과 불복에 관한 설명으로 옳은 것은? (다툼이 있으면 판례에 따름)

① 집행정지결정의 효력은 집행정지기간이 만료되면 소급하여 효력을 상실한다.

② 집행정지결정은 관계행정기관에는 미치지 않는다.

③ 집행정지신청에 대한 기각의 결정에 대하여는 즉시항고 할 수 없다.

④ 무효등 확인소송에도 집행정지규정이 준용된다.

⑤ 집행정지결정을 한 후 본안소송이 취하되어도 집행정지결정의 효력은 결정 주문에서 정한 기간까지 존속한다.

CHAPTER 2

┃해설┃

① [✕] 집행정지결정의 효력은 결정 주문에서 정한 기간까지 존속하다가 그 기간이 만료되면 **장래에 향하여 소멸**한다(대판 2020.9.3. 2020두34070). 즉 집행정지결정은 **소급효를 갖지 않는다**.

② [✕] **집행정지결정**은 취소판결의 기속력에 준하여 당해 사건에 관하여 **당사자인 행정청과 관계행정청을 기속한다**(행정소송법 제23조 제6항, 제30조 제1항).

③ [✕] 집행정지의 결정 또는 기각의 결정에 대하여는 **즉시항고**할 수 있다(행정소송법 제23조 제5항).

④ [○] **무효등 확인소송에도 집행정지규정이 준용**된다(행정소송법 제38조 제1항). 집행정지가 허용될 수 있는 본안소송은 취소소송과 무효등확인소송이며(행정소송법 제23조 제2항, 제38조 제1항), **부작위법확인소송과 당사자소송은 제외된다**(행정소송법 제38조 제2항, 제44조 제1항).

⑤ [✕] 집행정지결정을 하려면 이에 대한 본안소송이 법원에 제기되어 계속 중임을 요건으로 하는 것이므로 **집행정지결정을 한 후에라도 본안소송이 취하되어 소송이 계속하지 아니한 것으로 되면 집행정지결정은 당연히 그 효력이 소멸되는 것**이고 별도의 취소조치를 필요로 하는 것이 아니다(대결 2007.6.28. 2005무75).

답 ④

CHAPTER

03 | 무효등확인소송

제1절 | 무효등확인소송의 의의 및 성질

01 세무사 2024

☑ 확인 Check! ○ △ ✕

무효등 확인소송의 유형으로서 허용되지 않는 것은? (다툼이 있으면 판례에 따름)

① 처분의 유효확인소송
② 처분의 작위의무확인소송
③ 행정심판 재결의 무효확인소송
④ 처분의 실효확인소송
⑤ 처분의 부존재확인소송

▌해설▐

① [○] ③ [○] ④ [○] ⑤ [○] 무효등 확인소송이란 "행정청의 처분등의 효력 유무 또는 존재여부를 확인하는 소송"을 말한다(행정소송법 제4조 제2호). 무효등확인소송에는 처분등(처분 및 행정심판의 재결)의 **존재확인소송, 부존재확인소송, 유효확인소송, 무효확인소송, 실효확인소송**이 있다.

② [✕] 무효등 확인소송으로 행정청의 작위의무를 확인하는 소송은 인정되지 않는다(대판 1992.11.10. 92누1629).

> 행정소송법상 행정청의 부작위에 대하여는 부작위위법확인소송만 인정되고 **작위의무의 이행이나 확인을 구하는 행정소송은 허용될 수 없다**(대판 1992.11.10. 92누1629).

답 ②

02 세무사 2023

☑ 확인 Check! ○ △ ✕

무효등 확인소송에 관한 설명으로 옳지 않은 것은? (다툼이 있으면 판례에 따름)

① 행정처분에 대한 무효확인과 취소청구는 서로 양립할 수 없는 청구로서 주위적·예비적 청구로서만 병합이 가능하고 선택적 병합은 허용되지 않는다.

② 행정처분의 무효확인을 구하는 소에는 그 처분이 당연무효가 아니라면 그 취소를 구하는 취지도 포함되어 있는 것으로 볼 수 있다.

③ 무효확인소송의 전심절차로서 행정심판을 거친 경우에는 제소기간을 준수하여야 한다.

④ 취소소송의 집행정지에 관한 규정은 무효등 확인소송에도 준용된다.

⑤ 무효등 확인소송의 인용판결에 대해서는 제3자의 재심청구 규정이 준용된다.

┃해설┃

① [○] 행정처분에 대한 **무효확인**과 **취소청구**는 서로 양립할 수 없는 청구로서 **주위적·예비적 청구로서만 병합이 가능**하고 **선택적 청구로서의 병합이나 단순 병합은 허용되지 아니한다**(대판 1999.8.20. 97누6889).

② [○] 일반적으로 행정처분의 **무효확인을 구하는 소**에는 원고가 그 처분의 취소를 구하지 아니한다고 밝히지 아니한 이상, 그 처분이 만약 당연무효가 아니라면 그 취소를 구하는 취지도 포함되어 있는 것으로 보아야 한다(대판 1994.12.23. 94누477). 다만, 이 경우 취소청구를 인용하려면 취소소송으로서의 제소요건(소송요건)을 구비하고 있어야 한다(대판 1986.9.23. 85누838).

③ [✕] **무효확인소송을 제기하는 경우**에는 **제소기간의 제한이 없고**(행정소송법 제38조 제1항에서 제20조를 준용하지 않음), **행정심판을 거친 경우에도 마찬가지**이다.

> ❑ **비교**
> **부작위법확인의 소**는 부작위상태가 계속되는 한 그 위법의 확인을 구할 이익이 있다고 보아야 하므로 **원칙적으로 제소기간의 제한을 받지 않는다**. 그러나 행정소송법 제38조 제2항이 제소기간을 규정한 같은 법 제20조를 부작위법확인소송에 준용하고 있는 점에 비추어 보면, **행정심판 등 전심절차를 거친 경우에는 행정소송법 제20조가 정한 제소기간 내에 부작위법확인의 소를 제기하여야** 한다(대판 2009.7.23. 2008두10560).

④ [○] 행정소송법은 취소소송을 본안으로 하는 처분의 **집행정지제도를 규정하고**(행정소송법 제23조, 제24조) 이를 **무효등확인소송에도 준용**하고 있다(행정소송법 제38조 제1항). 따라서 집행정지가 허용될 수 있는 본안소송은 취소소송뿐만 아니라 무효등확인소송도 해당한다.

⑤ [○] **무효등 확인소송의 인용판결**에는 **제3자의 재심청구에 관한 규정**이 준용된다(행정소송법 제38조 제1항).

답 ③

03 세무사 2023

☑ 확인Check! ○ △ ✕

A시장은 청소년에게 주류를 판매하였다는 이유로 식품위생법령에 따라 甲에게 영업정지 2개월에 해당하는 처분(이하, '이 사건 처분')을 하였다. 이에 관한 설명으로 옳은 것은? (다툼이 있으면 판례에 따름)

① 甲은 행정심판을 거치지 아니하고는 이 사건 처분에 대한 취소소송을 제기할 수 없다.

② 甲은 이 사건 처분에 대해 취소소송과 무효확인소송을 단순 병합하여 제기할 수 없다.

③ 甲이 제기한 행정심판에서 이 사건 처분이 1개월로 감경된 후 취소소송을 제기할 경우 소송의 대상은 2개월에 해당하는 처분이다.

④ A시가 이 사건 처분에 대한 취소소송의 피고이다.

⑤ 행정소송법상 이 사건 처분과 같은 청소년에 관한 사건에 대해서는 행정소송법상 집행정지가 인정되지 않는다.

╏해설╏

① [✕] 취소소송은 법령의 규정에 의하여 당해 처분에 대한 행정심판을 제기할 수 있는 경우에도 이를 거치지 아니하고 제기할 수 있다. 다만, 다른 법률에 당해 처분에 대한 행정심판의 재결을 거치지 아니하면 취소소송을 제기할 수 없다는 규정이 있는 때에는 그러하지 아니하다(행정소송법 제18조 제1항). 식품위생법령에 영업정지처분에 대한 행정심판의 재결을 거치지 아니하면 취소소송을 제기할 수 없다는 규정이 없으므로, **행정소송법 제18조 제1항 본문에 따라 甲은 행정심판을 거치지 아니하고 영업정지처분에 대한 취소소송을 제기할 수 있다.**

② [○] 행정처분에 대한 **무효확인과 취소청구**는 서로 양립할 수 없는 청구로서 주위적·예비적 청구로서만 병합이 가능하고 **선택적 청구로서의 병합**이나 **단순 병합은 허용되지 아니한다**(대판 1999.8.20. 97누6889). 따라서 甲은 이 사건 처분에 대해 취소소송과 무효확인소송을 단순 병합하여 제기할 수 없다.

③ [✕] 불이익처분에 대한 취소심판에서 적극적 변경재결이 내려진 경우, '**감경되고 남은 원처분**'을 대상으로 '**처분청**'을 피고로 하여 취소소송을 제기하여야 한다(대판 1993.8.24. 93누5673; 대판 1997.11.14. 97누7325 참조). 따라서 甲이 제기한 행정심판에서 이 사건 처분이 1개월로 감경된 후 취소소송을 제기할 경우, 소송의 대상은 '1개월로 감경된 영업정지처분'이다.

④ [✕] 취소소송은 다른 법률에 특별한 규정이 없는 한 그 '**처분등을 행한 행정청**'을 피고로 한다(행정소송법 제13조 제1항). 따라서 이 사건 처분에 대한 취소소송의 피고는 A시가 아니라 영업정지처분을 한 행정청인 'A시장'이 된다.

⑤ [✕] 수익적 처분의 신청에 대한 거부처분에 대하여는 집행정지가 인정되지 않지만(대결 1992.2.13. 91두47; 대판 1995.6.21. 95두26), 2개월의 영업정지처분과 같은 행정소송법상 적극적 처분(침익적 처분)은 집행정지가 인정된다. 한편, **행정소송법은 물론 식품위생법 등 다른 개별 법률에도 "청소년에 관한 사건에 대해서는 행정소송법상 집행정지가 인정되지 않는다"**는 취지의 규정은 존재하지 않는다.

답 ②

04 세무사 2024

☑ 확인 Check! ○ △ X

甲은 X처분에 대해 무효확인소송을 제기하였다. 이에 관한 설명으로 옳은 것은? (다툼이 있으면 판례에 따름)

① 법원은 X처분의 일부에 대해 무효확인판결을 할 수도 있다.
② 甲이 제기한 소송에 대해서는 민사소송에서의 '확인의 이익'이 요구된다.
③ 甲이 제기한 소송에 X처분의 취소청구를 선택적 청구로서 병합할 수 있다.
④ 甲이 제기한 소송에서 무효사유가 증명되지 아니하였다면 법원은 취소사유의 유무까지 심리할 필요는 없다.
⑤ X처분이 甲에 대한 처분이 아닌 경우 甲에게는 원고적격이 인정되지 않는다.

┃해설┃

① [○] 종합소득세의 부과처분에 있어서도 과세관청이 인정한 과세소득 중 그 일부는 명백히 인정되나 그 나머지 소득은 인정할 만한 적법한 과세자료가 없는 경우에 이와 같이 허무의 과세소득을 오인한 하자가 객관적으로 명백하다면 **종합소득세 중 허무의 과세소득에 관한 부분은 당연무효라고 보아야 할 것**이며 이러한 **부과처분의 일부 무효확인청구를 배제할 이유가 없다**(대판 1985.11.12. 84누250). ☞ 따라서 법원은 X처분의 일부에 대해 무효확인판결을 할 수도 있다.

② [X] 무효등확인소송에 있어서 일반 확인소송(민사소송에 해당하는 확인소송)에서 요구되는 '**즉시확정의 이익(= 확인소송의 보충성)**'이 요구되는지에 관하여는 견해가 대립하고 있다. 과거 대법원 판례는 필요설(즉시확정이익설)의 입장이었다(대판 2006.5.12. 2004두14717). 그러나 **대법원은 전원합의체판결로 종래의 판례를 변경하여, 항고소송인 무효확인소송에서는 민사소송(확인소송)에서 요구하는 '즉시확정의 이익(확인소송의 보충성)'은 요구되지 않는다고** 판시하였다(대판 2008.3.20. 2007두6342[전합]). ☞ 따라서 甲이 제기한 X처분의 무효확인소송에 대해서는 민사소송에서의 '확인의 이익'(= 즉시확정의 이익)이 요구되지 않는다.

> 행정소송법 제4조에서는 무효확인소송을 항고소송의 일종으로 규정하고 있고, 행정소송법 제38조 제1항에서는 처분등을 취소하는 확정판결의 기속력 및 행정청의 재처분 의무에 관한 행정소송법 제30조를 무효확인소송에도 준용하고 있으므로 무효확인판결 자체만으로도 실효성을 확보할 수 있다. 그리고 **무효확인소송의 보충성을 규정하고 있는 외국의 일부 입법례와는 달리 우리나라 행정소송법에는 명문의 규정이 없어** 이로 인한 명시적 제한이 존재하지 않는다. 이와 같은 사정을 비롯하여 행정에 대한 사법통제, 권익구제의 확대와 같은 행정소송의 기능 등을 종합하여 보면, 행정처분의 근거 법률에 의하여 보호되는 직접적이고 구체적인 이익이 있는 경우에는 행정소송법 제35조에 규정된 '무효확인을 구할 법률상 이익'이 있다고 보아야 하고, 이와 별도로 **무효확인소송의 보충성이 요구되는 것은 아니므로 행정처분의 무효를 전제로 한 이행소송 등과 같은 직접적인 구제수단이 있는지 여부를 따질 필요가 없다**(대판 2008.3.20. 2007두6342[전합]).

③ [X] 행정처분에 대한 **무효확인**과 **취소청구**는 서로 양립할 수 없는 청구로서 **주위적·예비적 청구로서만 병합이 가능**하고 선택적 청구로서의 병합이나 단순 병합은 허용되지 아니한다(대판 1999.8.20. 97누6889). ☞ 따라서 甲이 제기한 X처분의 무효확인소송에 X처분의 취소청구를 선택적 청구로서 병합할 수 없다.

④ [×] 행정처분의 무효 확인을 구하는 소에는 특단의 사정이 없는 한 취소를 구하는 취지도 포함되어 있다고 보아야 하므로, 해당 행정처분의 취소를 구할 수 있는 경우라면 **무효사유가 증명되지 아니한 때에 법원으로서는 취소사유에 해당하는 위법이 있는지 여부까지 심리하여야** 한다. 나아가 과세처분에 대한 취소소송과 무효확인소송은 모두 소송물이 객관적인 조세채무의 존부확인으로 동일하다. 결국 과세처분의 위법을 다투는 조세행정소송의 형식이 취소소송인지 아니면 무효확인소송인지에 따라 증명책임이 달리 분배되는 것이라기보다는 위법사유로 취소사유와 무효사유 중 무엇을 주장하는지 또는 무효사유의 주장에 취소사유를 주장하는 취지가 포함되어 있는지 여부에 따라 증명책임이 분배된다(대판 2023.6.29. 2020두46073).

⑤ [×] **행정처분의 상대방이 아닌 제3자라도 그 처분으로 인하여 법률상 이익을 침해당한 경우에는 그 처분의 취소 또는 무효확인을 구하는 행정소송을 제기하여 그 당부의 판단을 받을 법률상 자격(= 원고적격)이 있고,** 그 법률상 이익이라 함은 당해 처분의 근거법률에 의하여 보호되는 직접적이고 구체적인 이익이 있는 경우를 말하고 다만 간접적이거나 사실적·경제적 이해관계를 가지는 데 불과한 경우는 여기에 포함되지 않는다(대판 1995.6.30. 94누14230).

답 ①

05 세무사 2020

☑ 확인 Check! ○ △ ✕

무효등확인소송에 관한 설명으로 옳지 않은 것은? (다툼이 있으면 판례에 따름)

① 무효확인소송의 보충성은 요구되지 아니한다.

② 처분등의 효력유무를 민사소송의 수소법원이 선결문제로 심리·판단하는 경우에 행정청의 소송참가 규정이 적용된다.

③ 행정처분이 무효인 사유는 피고에게 입증책임이 있다.

④ 처분등의 무효를 확인하는 확정판결은 그 사건에 관하여 당사자인 행정청과 그 밖의 관계행정청을 기속한다.

⑤ 집행행위의 개입 없이도 그 자체로서 직접 국민의 구체적인 권리의무에 영향을 미치는 조례는 무효확인소송의 대상이 된다.

┃해설┃

① [O] 무효확인소송에서는 그 제기요건으로 보충성(= 즉시확정의 이익)이 요구되지 않는다(대판 2008.3.20. 2007두6342 [전합]).

② [O] 행정소송법상 처분등의 효력 유무 또는 존재 여부가 민사소송의 선결문제로 되어 당해 민사소송의 수소법원이 이를 심리·판단하는 경우, **행정청의 소송참가에 관한 규정(제17조)은 준용된다**(행정소송법 제11조 제1항).

> **행정소송법 제11조(선결문제)**
> ① 처분등의 효력 유무 또는 존재 여부가 민사소송의 선결문제로 되어 당해 **민사소송의 수소법원**이 이를 심리·판단하는 경우에는 **제17조(행정청의 소송참가)**, **제25조(행정심판기록의 제출명령)**, **제26조(직권심리)** 및 **제33조(소송비용에 관한 재판의 효력)**의 규정을 **준용**한다.
> ② 제1항의 경우 당해 수소법원은 그 처분등을 행한 행정청에게 그 선결문제로 된 사실을 통지하여야 한다.

③ [✕] 행정처분의 당연무효를 주장하여 그 무효확인을 구하는 행정소송에 있어서는 **원고(= 무효를 주장하는 사람)**에게 그 행정처분이 무효인 사유를 주장·입증(= 증명)할 책임이 있다(대판 2010.5.13. 2009두3460).

④ [O] **처분등의 무효등을 확인하는 확정판결(= 확정된 인용판결)**은 그 사건에 관하여 당사자인 행정청과 그 밖의 관계행정청을 기속한다(행정소송법 제38조 제1항, 제30조 제1항).

⑤ [O] 조례가 집행행위의 개입 없이도 그 자체로서 직접 국민의 구체적인 권리의무나 법적 이익에 영향을 미치는 등의 법률상 효과를 발생하는 경우 그 조례는 항고소송의 대상이 되는 행정처분에 해당하고, 이러한 조례에 대한 무효확인소송을 제기함에 있어서 행정소송법 제38조 제1항, 제13조에 의하여 피고적격이 있는 처분등을 행한 행정청은, 행정주체인 지방자치단체 또는 지방자치단체의 내부적 의결기관으로서 지방자치단체의 의사를 외부에 표시한 권한이 없는 지방의회가 아니라, 구 지방자치법(1994.3.16. 법률 제4741호로 개정되기 전의 것) 제19조 제2항, 제92조에 의하여 지방자치단체의 집행기관으로서 조례로서의 효력을 발생시키는 공포권이 있는 지방자치단체의 장이다(대판 1996.9.20. 95누8003).

답 ③

CHAPTER 3

06 세무사 2022

☑ 확인 Check! ○ △ ✕

무효등 확인소송에 관한 설명으로 옳은 것은? (다툼이 있으면 판례에 따름)

① 무효등 확인소송에서는 처분의 존재 여부가 심리의 대상이 될 수 없다.

② 작위의무확인소송은 무효등 확인소송의 일종으로 허용된다.

③ 무효확인소송에서는 그 제기요건으로 보충성이 요구되므로, 행정처분의 무효를 전제로 한 이행소송 등과 같은 직접적인 구제수단이 있는지 여부를 따질 필요가 있다.

④ 처분의 당연무효를 선언하는 의미에서 그 취소를 구하는 행정소송을 제기한 경우 제소기간의 제한이 없다.

⑤ 행정처분의 무효확인을 구하는 청구에는 특별한 사정이 없는 한 그 처분의 취소를 구하는 취지까지도 포함되어 있다고 볼 수 있다.

━━

▌해설▐

① [✕] 무효등 확인소송이란 "행정청의 처분등의 효력 유무 또는 존재여부를 확인하는 소송"을 말한다(행정소송법 제4조 제2호). 무효등확인소송에는 처분등(처분 및 재결)의 **존재확인소송, 부존재확인소송, 유효확인소송, 무효확인소송, 실효확인소송**이 있다. 따라서 처분의 존재 여부가 심리의 대상이 될 수 있다.

② [✕] 무효등 확인소송으로 행정청의 작위의무를 확인하는 소송은 인정되지 않는다(대판 1992.11.10. 92누1629).

> 행정소송법상 행정청의 부작위에 대하여는 부작위위법확인소송만 인정되고 **작위의무의 이행이나 확인을 구하는 행정소송은 허용될 수 없다**(대판 1992.11.10. 92누1629).

③ [✕] 무효확인소송에서는 그 제기요건으로 보충성(= 즉시확정의 이익)이 요구되지 않는다.

> 행정소송법 제4조에서는 무효확인소송을 항고소송의 일종으로 규정하고 있고, 행정소송법 제38조 제1항에서는 처분등을 취소하는 확정판결의 기속력 및 행정청의 재처분 의무에 관한 행정소송법 제30조를 무효확인소송에도 준용하고 있으므로 무효확인판결 자체만으로도 실효성을 확보할 수 있다. 그리고 **무효확인소송의 보충성을 규정하고 있는 외국의 일부 입법례와는 달리 우리나라 행정소송법에는 명문의 규정이 없어** 이로 인한 명시적 제한이 존재하지 않는다. 이와 같은 사정을 비롯하여 행정에 대한 사법통제, 권익구제의 확대와 같은 행정소송의 기능 등을 종합하여 보면, 행정처분의 근거 법률에 의하여 보호되는 직접적이고 구체적인 이익이 있는 경우에는 행정소송법 제35조에 규정된 '무효확인을 구할 법률상 이익'이 있다고 보아야 하고, 이와 별도로 무효확인소송의 보충성이 요구되는 것은 아니므로 행정처분의 무효를 전제로 한 이행소송 등과 같은 직접적인 구제수단이 있는지 여부를 따질 필요가 없다고 해석함이 상당하다(대판 2008.3.20. 2007두6342[전합]).

④ [✕] **처분의 당연무효를 선언하는 의미에서 그 취소를 구하는 행정소송**은 형식상 취소소송에 속하므로 제소기간의 준수 등 취소소송의 제소요건을 갖추어야 한다(대판 1993.3.12. 92누11039).

⑤ [○] 일반적으로 **행정처분의 무효확인을 구하는 소에는** 원고가 그 처분의 취소를 구하지 아니한다고 밝히지 아니한 이상, 그 처분이 만약 당연무효가 아니라면 그 취소를 구하는 취지도 포함되어 있는 것으로 보아야 한다(대판 1994.12.23. 94누477).

답 ⑤

다음 사례에 관한 설명으로 옳은 것은? (다툼이 있으면 판례에 따름)

> ○ A행정청은 자신의 명의로 甲에 대해 중대명백한 하자가 있는 X처분을 하였다.
> ○ 법령상 X처분에 대한 권한은 B행정청에 있고 A행정청에 내부위임되어 있다.

① 甲이 X처분에 대해 취소소송을 제기하는 경우 제소기간의 제한이 없다.

② 甲이 X처분에 대해 이의신청을 거쳐 취소소송을 제기하는 경우 제소기간의 기산점은 X처분이 있음을 안 날이다.

③ 甲이 X처분에 대해 무효확인소송을 제기하는 경우 A행정청을 피고로 하여야 한다.

④ 甲이 X처분에 대해 제기한 무효확인소송에서 기각판결이 있은 경우 기판력에 의해 甲은 X처분에 대해 다시 취소소송을 제기할 수 없다.

⑤ X처분이 甲에 대한 징계처분인 경우 X처분을 취소하는 판결이 확정되면 A행정청은 기속력에 따라 재처분을 하여야 한다.

┃**해설**┃

① [✕] **무효등확인소송을** 제기하는 경우에는 제소기간의 제한이 **없고**(행정소송법 제38조 제1항에서 제20조를 준용하지 않음), 행정심판을 거친 경우에도 마찬가지이다. 그러나 **처분의 당연무효를 선언하는 의미에서 그 취소를 구하는 행정소송**은 형식상 취소소송에 속하므로 제소기간의 준수 등 취소소송의 제소요건을 갖추어야 **한다**(대판 1993.3.12. 92누11039). ☞ 甲이 중대·명백한 하자가 있어 무효인 X처분에 대해 취소소송을 제기하는 경우, 형식상 취소소송에 속하므로 제소기간을 준수하여야 한다.

② [✕] 甲이 X처분에 대해 이의신청을 거쳐 취소소송을 제기하는 경우, 제소기간의 기산점은 **이의신청에 대한 결과를 통지받은 날**이다(행정기본법 제36조 제4항). 즉 甲은 이의신청에 대한 결과를 통지받은 날부터 90일 이내에 취소소송을 제기하여야 한다.

③ [○] 권한의 위임과 달리 내부위임의 경우에는 처분권한이 수임기관에게 이전되지는 않는다. 따라서 내부위임의 경우에 처분은 위임기관(위임관청)의 이름으로 해야 하고, 이때 취소소송의 피고는 처분청인 위임기관(위임관청)이 된다. 그런데 내부위임의 경우에 위임기관의 명의로 처분을 해야 함에도 불구하고 **수임기관이 자신의 명의로 처분을 행하는 경우**가 있다. 이러한 경우에는 자신의 명의로 실제로 그 처분을 한 **수임기관(하급행정청)을 피고로 하여야** 한다(대판 1994.8.12. 94누2763). 물론 그 처분은 권한 없는 자가 한 위법한 처분이 될 것이지만, 이는 본안에서 판단할 사항일 뿐 피고적격을 판단함에 있어서는 고려할 사항이 아니다. ☞ **내부위임을 받은 A행정청은 자신의 명의로 X처분을 하였으므로**, 甲이 X처분에 대해 무효확인소송을 제기하는 경우 **A행정청을 피고로 하여야** 한다.

④ [✕] 무효확인소송의 인용판결이 확정된 경우 당해 처분이 위법하다는 점과 무효라는 점에 대하여 기판력이 발생하고, **기각판결이 확정된 경우에는 해당 처분이 무효가 아니라는 점에만 기판력이 발생**한다. 따라서 무효확인소송의 기각판결이 확정된 경우라도 취소소송의 요건이 갖추어진 경우에는 다시 **취소소송을 제기하여 처분이 위법함을 주장할 수 있다**(무효확인소송의 소송물은 처분의 위법성 중에서도 '중대하고 명백한 위법성'으로 취소소송의 소송물 [= 처분의 위법성 일반]보다 그 범위가 좁기 때문에 무효확인소송의 청구기각판결의 기판력은 취소소송에 미치지 않는다). ☞ 따라서 甲이 X처분에 대해 제기한 무효확인소송에서 기각판결이 있은 경우라도 甲은 X처분에 대해 다시 취소소송을 제기하여 X처분이 위법함을 주장할 수 있다.

⑤ [×] 기속력의 내용으로서 **재처분의무가 인정되는 것은 신청에 대한 거부처분 취소판결이 확정된 경우**(행정소송법 제30조 제2항)와 **신청에 따른 인용처분이 절차의 위법을 이유로 취소되는 경우**(행정소송법 제30조 제3항)이다. 따라서 신청에 대한 거부처분(또는 신청에 대한 인용처분)이 아니라 **행정청의 일방적 침익적 처분에 해당하는 징계처분을 취소하는 판결이 확정된 경우**에는 A행정청이 재처분의무를 부담하는 것은 아니다.

> **행정소송법 제30조(취소판결등의 기속력)**
> ① 처분등을 취소하는 확정판결은 그 사건에 관하여 **당사자인 행정청과 그 밖의 관계행정청을 기속한다**.
> ② 판결에 의하여 취소되는 처분이 당사자의 신청을 거부하는 것을 내용으로 하는 경우에는 그 처분을 행한 행정청은 판결의 취지에 따라 다시 이전의 신청에 대한 처분을 하여야 한다.
> ③ 제2항의 규정은 신청에 따른 처분이 절차의 위법을 이유로 취소되는 경우에 준용한다.

답 ③

08 세무사 2023
☑ 확인Check! ○ △ ✕

무효등 확인소송에 관한 설명으로 옳지 않은 것은? (다툼이 있으면 판례에 따름)

① 행정청의 처분등의 효력 유무 또는 존재 여부를 확인하는 소송이다.
② 처분등의 실효확인소송은 무효등 확인소송의 일종이 아니다.
③ 무효확인소송의 제기는 처분등의 집행에 영향을 주지 아니한다.
④ 관련청구소송의 이송 및 병합의 규정은 무효등 확인소송의 경우에도 준용된다.
⑤ 거부처분에 대해 무효확인 판결이 내려진 경우에는 이에 대한 간접강제는 허용되지 않는다.

┃해설┃
① [○] 무효등 확인소송이란 "행정청의 처분등의 효력 유무 또는 존재여부를 확인하는 소송"을 말한다(행정소송법 제4조 제2호).
② [×] 무효등확인소송에는 처분등(처분 및 재결)의 **존재확인소송, 부존재확인소송, 유효확인소송, 무효확인소송, 실효확인소송**이 있다. 그러나 행정청의 작위의무를 확인하는 소송은 인정되지 않는다(대판 1992.11.10. 92누1629).
③ [○] 무효확인소송의 제기는 처분등의 효력이나 그 집행 또는 절차의 속행에 영향을 주지 아니한다(행정소송법 제38조 제1항, 제23조 제1항). ☞ **집행부정지의 원칙**(행정소송법 제23조 제1항)은 **무효등확인소송에도 준용**된다.
④ [○] 관련청구소송의 이송 및 병합의 규정은 무효등확인소송에도 준용된다(행정소송법 제38조 제1항, 제10조).
⑤ [○] **간접강제에 관한 행정소송법 제34조는 무효등확인소송에는 준용되지 않는다**(행정소송법 제38조 제1항). 이를 근거로 판례는 거부처분에 대한 무효확인판결이 내려진 경우에 간접강제는 허용되지 않는다고 본다(대결 1998.12.24. 98무37).

답 ②

행정소송법상 준용규정에 관한 설명으로 옳지 않은 것은?

① 행정소송에 관하여 행정소송법에 특별한 규정이 없는 사항에 대하여는 법원조직법과 민사소송법 및 민사집행법의 규정을 준용한다.

② 취소소송에 참가한 행정청에 대하여는 민사소송법 제76조(참가인의 소송행위)의 규정을 준용한다.

③ 취소소송에서의 소의 변경에 관한 규정(제21조)은 부작위위법확인소송을 취소소송으로 변경하는 경우에 준용한다.

④ 취소소송에서의 피고적격에 관한 규정은 무효등 확인소송의 경우에 준용한다.

⑤ 취소소송에서의 행정심판과의 관계에 관한 규정은 무효등 확인소송의 경우에 준용한다.

┃해설┃

① [○] 행정소송법 제8조 제2항

> **행정소송법 제8조(법적용 예)**
> ① 행정소송에 대하여는 다른 법률에 특별한 규정이 있는 경우를 제외하고는 이 법이 정하는 바에 의한다.
> ② 행정소송에 관하여 이 법에 특별한 규정이 없는 사항에 대하여는 **법원조직법**과 **민사소송법** 및 **민사집행법**의 규정을 준용한다.

② [○] 행정소송법 제17조 제3항

> **행정소송법 제17조(행정청의 소송참가)**
> ① 법원은 다른 행정청을 소송에 참가시킬 필요가 있다고 인정할 때에는 당사자 또는 당해 행정청의 신청 또는 직권에 의하여 결정으로써 그 행정청을 소송에 참가시킬 수 있다.
> ③ 제1항의 규정에 의하여 **소송에 참가한 행정청에 대하여는 민사소송법 제76조(참가인의 소송행위)의 규정을 준용**한다.
>
>> **민사소송법 제76조(참가인의 소송행위)**
>> ① 참가인은 소송에 관하여 공격·방어·이의·상소, 그 밖의 모든 소송행위를 할 수 있다. 다만, 참가할 때의 소송의 진행정도에 따라 할 수 없는 소송행위는 그러하지 아니하다.
>> ② 참가인의 소송행위가 피참가인의 소송행위에 어긋나는 경우에는 그 참가인의 소송행위는 효력을 가지지 아니한다.

③ [○] 취소소송에서의 소의 (종류) 변경에 관한 규정(제21조)은 무효등 확인소송이나 부작위위법확인소송을 취소소송 또는 당사자소송으로 변경하는 경우에 준용한다(행정소송법 제37조).

④ [○] 취소소송에서의 피고적격에 관한 규정(제13조)은 무효등 확인소송의 경우에 준용한다(행정소송법 제38조 제1항).

⑤ [✕] **취소소송에서의 행정심판과의 관계에 관한 규정(행정심판전치주의, 제18조)은 무효등 확인소송의 경우에 준용하지 않는다**(행정소송법 제38조 제1항). ☞ 행정심판전치주의(제18조), 제소기간(제20조), 재량처분의 취소(제27조), 사정판결(제28조), 간접강제(제34조)에 관한 규정은 무효등 확인소송에 준용되지 않는다.

답 ⑤

CHAPTER 04 | 부작위위법확인소송

제1절 | 부작위위법확인소송의 의의 및 성질

01 세무사 2021

☑ 확인Check! ○ △ ✕

부작위위법확인소송에 관한 설명으로 옳지 않은 것은? (다툼이 있으면 판례에 따름)

① 당사자의 신청은 반드시 내용상 적법하여야 한다.

② 상당한 기간이 경과하도록 아무런 처분이 없을 때 부작위는 위법한 것이 된다.

③ 부작위는 행정청이 어떠한 처분을 하여야 할 법률상 의무가 있음에도 행정청이 처분을 하지 않는 경우에 성립하게 된다.

④ 거부처분의 경우 부작위위법확인소송은 적법하지 않다.

⑤ 소제기 이후 판결시까지 행정청이 그 신청에 대하여 적극 또는 소극의 처분을 함으로써 부작위상태가 해소되면 대상적격은 상실하게 된다.

┃해설┃

① [✕] 부작위위법확인소송의 대상인 부작위가 성립하기 위해서는 당사자의 신청이 있어야 하며, 신청의 대상은 '처분' 이어야 한다(대판 1991.11.8. 90누9391). 그러나 **당사자의 신청이 반드시 내용상 적법하여야 하는 것은 아니다**. 신청의 내용상 적법성은 소송요건의 문제가 아니라 본안의 문제라고 보아야 한다(박균성, 행정법강의 제21판, 804면).

> **☐ 참고**
> 행정청에 대한 신청이 법정 절차나 형식적 요건 등을 갖추지 못하여 부적법하더라도 행정청이 이를 무시하여 응답하지 않을 수는 없고, 보완을 요구하거나(민원 처리에 관한 법률 제22조 제1항) 각하하여야 하므로 **신청절차 등이 부적법하다는 이유로 응답하지 아니한 경우도 부작위위법확인소송의 대상**이 되고, **신청의 적법성 여부는 본안의 문제로 다루게 된다**(법원실무제요 행정 [1], 283면).

② [○] 행정청이 상대방의 신청에 대하여 **상당한 기간이 경과하도록** 아무런 적극적 또는 소극적 처분을 하지 않고 있는 이상 **행정청의 부작위는 그 자체로 위법하다고 할 것**이고, 구체적으로 그 신청이 인용될 수 있는지 여부는 소극적 처분(= 거부처분)에 대한 항고소송의 본안에서 판단하여야 할 사항이라고 할 것이다(대판 2005.4.14. 2003두7590; 대판 1990.9.25. 89누4758).

③ [○] **부작위위법확인소송의 대상인 '부작위'**란 '행정청이 당사자의 신청에 대하여 **상당한 기간 내에 일정한 처분을 하여야 할 법률상 의무가 있음에도 불구하고 이를 하지 아니하는 것**'을 말한다(행정소송법 제2조 제1항 제2호; 대판 2018.9.28. 2017두47465).

④ [O] **부작위위법확인소송**은 "행정청의 **부작위**가 위법하다는 것을 확인하는 소송"을 말한다(행정소송법 제4조 제3호). **거부처분**은 취소소송의 대상이 될 수 있을 뿐 **부작위위법확인소송의 대상이 될 수 없다.**

⑤ [O] **부작위위법확인의 소**는 … 당해 판결의 구속력에 의하여 행정청에게 처분등을 하게 하고 다시 당해 처분등에 대하여 불복이 있는 때에는 그 처분등을 다투게 함으로써 최종적으로는 국민의 권리이익을 보호하려는 제도이므로, 소제기의 전후를 통하여 판결시까지 행정청이 그 신청에 대하여 **적극** 또는 **소극의 처분(= 거부처분)**을 함으로써 **부작위상태가 해소된 때**에는 **소의 이익**을 **상실**하게 되어 당해 **소는 각하**를 **면할 수가 없는 것**이다(대판 1990.9.25. 89누4758). ☞ 소의 이익이 상실되어 소가 부적법하게 된다고 판시하고 있으나, 부작위위법확인소송의 대상은 '부작위'이고, 대상적격과 같은 소송요건은 사실심 구두변론 종결시(≒ 판결시)까지 존재하고 있어야 하므로(상고를 제기한 경우에는 상고심에서도 존재하고 있어야 함), 소송계속 중 행정청이 거부처분을 한 경우에는 부작위상태가 해소되어 부작위위법확인소송의 대상인 '부작위'가 존재하지 않으므로 **대상적격이 상실**된다고도 볼 수 있다.

답 ①

02 세무사 2022

☑ 확인 Check! ○ △ ✕

부작위위법확인소송에 관한 설명으로 옳지 않은 것은? (다툼이 있으면 판례에 따름)

① 취소소송의 직권심리에 관한 규정은 부작위위법확인소송에 준용된다.

② 행정청의 응답을 신속하게 하여 부작위 내지 무응답이라는 소극적인 위법상태 제거를 목적으로 한다.

③ 소제기의 전후를 통하여 판결시까지 행정청이 신청에 대하여 소극의 처분을 하여 부작위상태가 해소된 때에는 소의 이익을 상실하게 된다.

④ 행정심판 등 전심절차를 거친 경우 제소기간의 제한을 받지 않는다.

⑤ 부작위란 행정청이 당사자의 신청에 대하여 상당한 기간 내에 일정한 처분을 하여야 할 법률상 의무가 있음에도 불구하고 이를 하지 아니하는 것을 말한다.

┃해설┃

① [○] **취소소송의 직권심리에 관한 규정**은 **부작위위법확인소송에 준용**된다(행정소송법 제26조, 제38조 제2항).

② [○] **부작위위법확인의 소**는 행정청이 국민의 법규상 또는 조리상의 권리에 기한 신청에 대하여 상당한 기간 내에 그 신청을 인용하는 적극적 처분 또는 각하거나 기각하는 등의 소극적 처분을 하여야 할 법률상의 응답의무가 있음에도 불구하고 이를 하지 아니하는 경우, 판결시(사실심의 구두변론 종결시)를 기준으로 그 부작위의 위법을 확인함으로써 행정청의 응답을 신속하게 하여 **부작위 내지 무응답이라고 하는 소극적인 위법상태를 제거하는 것을 목적으로 하는** 것이다(대판 1990.9.25. 89누4758).

③ [○] **부작위위법확인의 소**는 … 당해 판결의 구속력에 의하여 행정청에게 처분등을 하게 하고 다시 당해 처분등에 대하여 불복이 있는 때에는 그 처분등을 다투게 함으로써 최종적으로는 국민의 권리이익을 보호하려는 제도이므로, **소제기의 전후를 통하여 판결시까지 행정청이 그 신청에 대하여 적극 또는 소극의 처분(= 거부처분)을 함으로써 부작위상태가 해소된 때에는 소의 이익을 상실하게** 되어 당해 소는 각하를 면할 수가 없는 것이다(대판 1990.9.25. 89누4758).

④ [✕] **부작위위법확인의 소**는 부작위상태가 계속되는 한 그 위법의 확인을 구할 이익이 있다고 보아야 하므로 **원칙적으로 제소기간의 제한을 받지 않는다.** 그러나 행정소송법 제38조 제2항이 제소기간을 규정한 같은 법 제20조를 부작위위법확인소송에 준용하고 있는 점에 비추어 보면, **행정심판 등 전심절차를 거친 경우에는 행정소송법 제20조가 정한 제소기간 내에 부작위위법확인의 소를 제기하여야** 한다(대판 2009.7.23. 2008두10560).

⑤ [○] **부작위위법확인소송의 대상인 '부작위'**란 '행정청이 당사자의 신청에 대하여 상당한 기간 내에 일정한 처분을 하여야 할 법률상 의무가 있음에도 불구하고 이를 하지 아니하는 것'을 말한다(행정소송법 제2조 제1항 제2호; 대판 2018.9.28. 2017두47465).

답 ④

03 세무사 2019

☑ 확인Check! ○ △ ✕

항고소송 중 위법성 판단의 기준시점이 판결시인 것만을 모두 고른 것은? (다툼이 있으면 판례에 따름)

> ㄱ. 부작위위법확인소송
> ㄴ. 거부처분취소소송
> ㄷ. 무효확인소송

① ㄱ
② ㄱ, ㄴ
③ ㄱ, ㄷ
④ ㄴ, ㄷ
⑤ ㄱ, ㄴ, ㄷ

┃ 해설 ┃

ㄱ. [○] **부작위위법확인소송**의 위법판단의 기준시점에 관하여, **판례는 판결시기준설의 입장**이다(대판 1990.9.25. 89누4758).
  ☞ 부작위위법확인소송의 경우에는 아무런 처분도 존재하지 않으므로 처분시기준설을 따를 수 없다.

> **부작위위법확인의 소**는 행정청이 국민의 법규상 또는 조리상의 권리에 기한 신청에 대하여 상당한 기간 내에 그 신청을 인용하는 적극적 처분 또는 각하하거나 기각하는 등의 소극적 처분을 하여야 할 법률상의 응답의무가 있음에도 불구하고 이를 하지 아니하는 경우, **판결(사실심의 구두변론 종결)시를 기준으로 그 부작위의 위법을 확인함으로써** 행정청의 응답을 신속하게 하여 부작위 내지 무응답이라고 하는 소극적인 위법상태를 제거하는 것을 목적으로 하는 것이고, 나아가 당해 판결의 구속력에 의하여 행정청에게 처분등을 하게 하고 다시 당해 처분등에 대하여 불복이 있는 때에는 그 처분등을 다투게 함으로써 최종적으로는 국민의 권리이익을 보호하려는 제도이므로, 소제기의 전후를 통하여 판결시까지 행정청이 그 신청에 대하여 적극 또는 소극의 처분을 함으로써 부작위상태가 해소된 때에는 소의 이익을 상실하게 되어 당해 소는 각하를 면할 수가 없는 것이다(대판 1990.9.25. 89누4758).

ㄴ. [✕] **거부처분취소소송**에서의 위법판단의 기준시점에 관하여, **판례는 처분시기준설의 입장**이다(대판 2008.7.24. 2007두3930).

> 행정소송에서 행정처분의 위법 여부는 행정처분이 행하여졌을 때의 법령과 사실 상태를 기준으로 하여 판단하여야 하고, 처분 후 법령의 개폐나 사실상태의 변동에 의하여 영향을 받지는 않으므로, **난민 인정 거부처분의 취소를 구하는 취소소송에서도** 그 거부처분을 한 후 국적국의 정치적 상황이 변화하였다고 하여 처분의 적법 여부가 달라지는 것은 아니다(대판 2008.7.24. 2007두3930).

ㄷ. [✕] **무효등확인소송**에서의 위법판단의 기준시점에 관하여, 취소소송에서와 마찬가지로 **처분시를 기준으로 처분등의 무효 여부를 판단해야 한다**는 것이 통설적 입장이다.

 답 ①

CHAPTER 4

04 세무사 2024

☑ 확인Check! ○ △ ✕

부작위위법확인소송에 관한 설명으로 옳은 것은? (다툼이 있으면 판례에 따름)

① 부작위위법확인소송의 대상인 부작위가 되기 위해서는 당사자의 신청은 내용적으로 적법한 것이어야 한다.

② 부작위위법확인소송이 적법하게 제기되었다면 소송계속 중 신청에 대한 거부처분이 있더라도 해당 소송은 적법하게 유지된다.

③ 행정입법 제정의무가 있는 경우 입법부작위도 부작위위법확인소송의 대상이 된다.

④ 부작위위법확인소송에는 처분변경으로 인한 소의 변경에 관한 「행정소송법」 제22조가 준용되지 않는다.

⑤ 부작위의 위법을 확인하는 법원의 판결이 확정되면 행정청은 원고의 신청대로 처분하여야 할 의무가 있다.

┃해설┃

① [✕] 부작위위법확인소송의 대상인 부작위가 성립하기 위해서는 **당사자의 신청이 있어야 하며, 신청의 대상은 '처분' 이어야 한다**(대판 1991.11.8. 90누9391). 그러나 **당사자의 신청이 반드시 내용상 적법하여야 하는 것은 아니다.** 신청의 내용상 적법성은 소송요건의 문제가 아니라 본안의 문제라고 보아야 한다(박균성, 행정법강의 제21판, 804면).

> **☐ 참고**
> 행정청에 대한 신청이 법정 절차나 형식적 요건 등을 갖추지 못하여 부적법하더라도 행정청이 이를 무시하여 응답하지 않을 수는 없고, 보완을 요구하거나(민원 처리에 관한 법률 제22조 제1항) 각하하여야 하므로 <u>신청절차 등이 부적법하다는 이유로 응답하지 아니한 경우도 **부작위위법확인소송의 대상**이 되고, **신청의 적법성 여부는 본안의 문제로 다루게 된다**</u>(법원실무제요 행정 [1], 283면).

② [✕] **부작위위법확인의 소는** … 당해 판결의 구속력에 의하여 행정청에게 처분등을 하게 하고 다시 당해 처분등에 대하여 불복이 있는 때에는 그 처분등을 다투게 함으로써 최종적으로는 국민의 권리이익을 보호하려는 제도이므로, **소제기의 전후를 통하여 판결시까지 행정청이 그 신청에 대하여 적극 또는 소극의 처분(= 거부처분)을 함으로써 부작위상태가 해소된 때에는 소의 이익을 상실하게 되어 당해 소는 각하를 면할 수가 없는 것**이다(대판 1990.9.25. 89누4758).

③ [✕] 행정입법부작위에 대해서 법원에 부작위위법확인소송을 제기할 수 있는지가 문제되는데, 대법원은 "행정소송은 구체적 사건에 대한 법률상 분쟁을 법에 의하여 해결함으로써 법적 안정을 기하자는 것이므로 부작위위법확인소송의 대상이 될 수 있는 것은 구체적 권리의무에 관한 분쟁이어야 하고, **추상적인 법령에 관하여 제정의 여부 등은 그 자체로서 국민의 구체적인 권리의무에 직접적 변동을 초래하는 것이 아니어서 행정소송의 대상이 될 수 없다**"고 하여 **행정입법부작위에 대한 부작위위법확인소송을 인정하지 않는다**(대판 1992.5.8. 91누11261).

④ [○] **처분변경으로 인한 소의 변경**에 관한 행정소송법 제22조는 무효등확인소송에는 준용되나(행정소송법 제38조 제1항), **부작위위법확인소송에는 준용되지 않는다**(행정소송법 제38조 제2항). ☞ 부작위위법확인소송의 경우 처분변경의 대상이 되는 처분 자체가 존재하지 않는다는 점을 생각하면 된다.

⑤ [✕] 부작위위법확인판결의 기속력에 따라 행정청은 판결의 취지에 따른 처분의무를 부담한다(행정소송법 제38조 제2항, 제30조 제2항). 부작위위법확인판결의 기속력의 내용으로서의 처분의무에 관하여, 원고가 신청한 내용대로의 특정한 처분의무를 뜻하는 것으로 보는 견해(특정처분의무설)도 있으나, **다수설과 판례는 기속력의 내용으로서의 (재)처분의무는 행정청의 응답의무라고 보는 입장이다(응답의무설)**(대결 2010.2.5. 2009무153). ☞ 따라서 행정청은 원고의 신청대로 처분을 하여야 하는 것은 아니고 다시 거부처분을 할 수도 있다.

답 ④

부작위위법확인소송에 관한 설명으로 옳지 않은 것은? (다툼이 있으면 판례에 따름)

① 행정청의 부작위가 위법하다는 것을 확인하는 항고소송이다.

② 부작위위법확인소송에서 인용판결의 기속력으로서 재처분의무는 신청에 따른 특정한 내용의 처분의무를 의미한다.

③ 당사자의 신청에 대한 행정청의 거부처분이 있는 경우에는 부작위위법확인소송은 허용되지 않는다.

④ 행정심판 등 전심절차를 거친 경우에는 행정소송법상 제소기간을 준수하여 소를 제기하여야 한다.

⑤ 행정청의 부작위가 위법하다는 것은 사실심의 구두변론 종결시를 기준으로 확인한다.

┃해설┃

① [○] 항고소송에는 취소소송, 무효등확인소송, 부작위위법확인소송 3가지가 있다. 부작위위법확인소송은 "행정청의 부작위가 위법하다는 것을 확인하는 소송"을 말한다(행정소송법 제4조 제3호).

> **행정소송법 제4조(항고소송)**
> 항고소송은 다음과 같이 구분한다.
> 　1. **취소소송** : 행정청의 위법한 처분등을 취소 또는 변경하는 소송
> 　2. **무효등 확인소송** : 행정청의 처분등의 효력 유무 또는 존재여부를 확인하는 소송
> 　3. **부작위위법확인소송** : 행정청의 부작위가 위법하다는 것을 확인하는 소송

② [✕] 부작위위법확인판결의 기속력에 따라 행정청은 판결의 취지에 따른 처분의무를 부담한다(행정소송법 제38조 제2항, 제30조 제2항). 부작위위법확인판결의 기속력의 내용으로서의 처분의무에 관하여 원고가 신청한 특정한 처분의무를 뜻하는 것으로 보는 견해(특정처분의무설)도 있으나, **다수설과 판례**는 기속력의 내용으로서의 (재)처분의무는 **행정청의 응답의무**라고 보는 입장이다(응답의무설)(대결 2010.2.5. 2009무153).

③ [○] 당사자의 신청에 대한 **행정청의 거부처분이 있는 경우**에는 행정청이 당사자의 신청에 대하여 상당한 기간 내에 일정한 처분을 하여야 할 법률상의 응답의무를 이행하지 아니함으로써 야기된 부작위라는 위법상태를 제거하기 위하여 제기하는 **부작위위법확인소송은 허용되지 아니한다**(대판 1991.11.8. 90누9391). ☞ 행정청이 거부처분을 한 이상 '부작위(= 무응답)'라는 위법상태는 제거되었기 때문이다.

④ [○] **부작위위법확인의 소는 부작위상태가 계속되는 한 그 위법의 확인을 구할 이익이 있다고 보아야 하므로 원칙적으로 제소기간의 제한을 받지 않는다.** 그러나 행정소송법 제38조 제2항이 제소기간을 규정한 같은 법 제20조를 부작위위법확인소송에 준용하고 있는 점에 비추어 보면, **행정심판 등 전심절차를 거친 경우에는 행정소송법 제20조가 정한 제소기간 내에 부작위위법확인의 소를 제기하여야** 한다(대판 2009.7.23. 2008두10560).

⑤ [○] 부작위위법확인소송의 판단 대상은 사실심 변론 종결 당시의 부작위 상태의 위법 여부라고 할 수 있다. 따라서 부작위위법확인소송의 경우, **위법 판단의 기준시는 판결시**(≒ **사실심의 구두변론 종결시**)로 보는 것이 통설이며 판례의 입장이다(대판 1990.9.25. 89누4758).

답 ②

행정소송법상 취소소송에 관한 규정 중 무효등 확인소송에는 준용되나 부작위위법확인소송에는 준용되지 않는 것은?

① 처분변경으로 인한 소의 변경
② 재판관할
③ 제3자의 소송참가
④ 공동소송
⑤ 행정청의 소송참가

━━

❙해설❙

① [O] **처분변경으로 인한 소의 변경**에 관한 행정소송법 제22조는 **무효등확인소송에는 준용되나**(행정소송법 제38조 제1항), **부작위위법확인소송에는 준용되지 않는다**(행정소송법 제38조 제2항).

② [✕] ③ [✕] ④ [✕] ⑤ [✕] 재판관할(제9조), 제3자의 소송참가(제16조), 공동소송(제15조), 행정청의 소송참가(제17조)는 무효등 확인소송과 부작위위법확인소송에 모두 준용된다(행정소송법 제38조 제1항·제2항).

☐ 무효등 확인소송과 부작위위법확인소송에 준용되는 취소소송에 관한 규정

취소소송에 관한 규정	무효등 확인소송에 준용 여부	부작위위법확인소송에 준용 여부
• 재판관할(제9조)❷	준용 ○	준용 ○
• 관련청구소송의 이송 및 병합(제10조)	준용 ○	준용 ○
• 선결문제(제11조)	선결문제 준용 ✕	선결문제 준용 ✕
• 원고적격(제12조)	원고적격 준용 ✕ (별도 규정 제35조)	원고적격 준용 ✕ (별도 규정 제36조)
• 피고적격(제13조)	준용 ○	준용 ○
• 피고의 경정(제14조)	준용 ○	준용 ○
• 공동소송(제15조)❹	준용 ○	준용 ○
• 제3자의 소송참가(제16조)❸	준용 ○	준용 ○
• 행정청의 소송참가(제17조)❺	준용 ○	준용 ○
• 행정심판과의 관계(행정심판전치주의)(제18조)	행정심판과의 관계 준용 ✕	준용 ○
• 취소소송의 대상(제19조)	준용 ○	준용 ○
• 제소기간(제20조)	제소기간 준용 ✕	준용 ○
• 소의 (종류)변경(제21조)	준용 ○ (제37조에서 준용)	준용 ○ (제37조에서 준용)
• 처분변경으로 인한 소의 변경(제22조)❶	준용 ○	처분변경으로 인한 소의 변경 준용 ✕
• 집행정지(제23조) 및 집행정지의 취소(제24조)	준용 ○	집행정지 및 집행정지의 취소 준용 ✕
• 행정심판기록의 제출명령(제25조)	준용 ○	준용 ○
• 직권심리(제26조)	준용 ○	준용 ○
• 재량처분의 취소(제27조)	재량처분의 취소 준용 ✕	준용 ○
• 사정판결(제28조)	사정판결 준용 ✕	사정판결 준용 ✕
• 취소판결등의 효력(= 제3자효)(제29조)	준용 ○	준용 ○

답 ①

CHAPTER

05 | 당사자소송

CHAPTER 5

제1절 | 당사자소송의 의의와 종류

01 세무사 2021   ☑ 확인 Check! ○ △ ✕

甲은 중앙토지수용위원회의 수용재결에 대하여 이의신청을 하거나 수용재결의 취소를 구하거나 보상금의 증액을 청구하는 소송을 제기하고자 한다. 이에 관한 설명으로 옳지 않은 것은? (다툼이 있으면 판례에 따름)

① 甲은 중앙토지수용위원회에 이의신청을 할 수 있다.

② 甲은 중앙토지수용위원회를 피고로 수용재결취소소송을 제기할 수 있다.

③ 甲은 사업시행자를 피고로 보상금증액청구소송을 제기할 수 있다.

④ 보상금증액청구소송은 당사자소송에 해당한다.

⑤ 수용재결취소소송과 보상금증액청구소송은 병합하여 제기할 수 없다.

┃해설┃

① [○] 甲은 중앙토지수용위원회에 이의신청을 할 수 있다(토지보상법 제83조 제1항).

> **공익사업을 위한 토지 등의 취득 및 보상에 관한 법률(약칭 : 토지보상법) 제83조(이의의 신청)**
> ① 중앙토지수용위원회의 제34조에 따른 재결에 이의가 있는 자는 **중앙토지수용위원회에 이의를 신청**할 수 있다.
> ② 지방토지수용위원회의 제34조에 따른 재결에 이의가 있는 자는 해당 지방토지수용위원회를 거쳐 **중앙토지수용 위원회에 이의를 신청**할 수 있다.
> ③ 제1항 및 제2항에 따른 이의의 신청은 재결서의 정본을 받은 날부터 30일 이내에 하여야 한다.

② [○] 甲은 **수용재결을 한 중앙토지수용위원회**를 피고로 **수용재결취소소송을 제기**할 수 있다(원처분인 수용재결에 대한 취소소송).

> 공익사업을 위한 토지 등의 취득 및 보상에 관한 법률 제85조 제1항 전문의 문언 내용과 같은 법 제83조, 제85조가 중앙토지수용위원회에 대한 이의신청을 임의적 절차로 규정하고 있는 점, 행정소송법 제19조 단서가 행정심판에 대한 재결은 재결 자체에 고유한 위법이 있음을 이유로 하는 경우에 한하여 취소소송의 대상으로 삼을 수 있도록 규정하고 있는 점 등을 종합하여 보면, **수용재결에 불복하여 취소소송을 제기하는 때에는** 이의신청을 거친 경우에도 **수용재결을 한 중앙토지수용위원회 또는 지방토지수용위원회를 피고로 하여 수용재결의 취소를 구하여야** 하고, 다만 이의신청에 대한 재결 자체에 고유한 위법이 있음을 이유로 하는 경우에는 그 이의재결을 한 중앙토지수용위원 회를 피고로 하여 이의재결의 취소를 구할 수 있다고 보아야 한다(대판 2010.1.28. 2008두1504).

③ [O] 甲은 사업시행자를 피고로 보상금증액청구소송을 제기할 수 있다(토지보상법 제85조 제2항).

> **공익사업을 위한 토지 등의 취득 및 보상에 관한 법률(약칭 : 토지보상법) 제85조(행정소송의 제기)**
> ① 사업시행자, 토지소유자 또는 관계인은 제34조에 따른 재결에 불복할 때에는 재결서를 받은 날부터 90일 이내에, 이의신청을 거쳤을 때에는 이의신청에 대한 재결서를 받은 날부터 60일 이내에 각각 **행정소송을 제기할 수 있다.** 이 경우 사업시행자는 행정소송을 제기하기 전에 제84조에 따라 늘어난 보상금을 공탁하여야 하며, 보상금을 받을 자는 공탁된 보상금을 소송이 종결될 때까지 수령할 수 없다.
> ② 제1항에 따라 **제기하려는 행정소송이 보상금의 증감에 관한 소송인 경우** 그 소송을 제기하는 자가 토지소유자 또는 관계인일 때에는 **사업시행자를**, 사업시행자일 때에는 토지소유자 또는 관계인을 각각 **피고로 한다.**

④ [O] 토지수용재결이 있은 후 토지소유자가 사업시행자를 피고로 하여 제기하는 **보상금증액청구소송**은 (형식적) **당사자소송에 해당**한다(대판 2022.11.24. 2018두67[전합]).

> • 토지보상법 제85조 제2항은 토지소유자 등이 보상금 증액 청구의 소를 제기할 때에는 사업시행자를 피고로 한다고 규정하고 있다. 위 규정에 따른 **보상금 증액 청구의 소**는 토지소유자 등이 사업시행자를 상대로 제기하는 **당사자소송의 형식**을 취하고 있지만, 토지수용위원회의 재결 중 보상금 산정에 관한 부분에 불복하여 그 증액을 구하는 소이므로 **실질적으로는 재결을 다투는 항고소송의 성질을 가진다**(대판 2022.11.24. 2018두67[전합]). ☞ **토지보상법 제85조 제2항의 보상금 증액 청구의 소는 형식적 당사자소송에 해당한다는 취지이다.**
> • (구) 토지수용법 제75조의2 제2항의 규정은 그 제1항에 의하여 이의재결에 대하여 불복하는 행정소송을 제기하는 경우, 이것이 **보상금의 증감에 관한 소송인** 때에는 이의재결에서 정한 보상금이 증액 변경될 것을 전제로 하여 기업자를 상대로 보상금의 지급을 구하는 **공법상의 당사자소송을 규정한 것**으로 볼 것이다(대판 1991.11.26. 91누285).

⑤ [×] 甲은 **주위적으로 수용재결을 한 중앙토지수용위원회를 피고로 하여 수용재결의 취소를 청구**하면서 **예비적으로** 사업시행자를 피고로 하는 **보상금증액청구를 병합**하여 제기할 수 있다(행정소송법 제10조 제2항; 박균성, 행정법강의 제21판, 674면).

> **행정소송법 제10조(관련청구소송의 이송 및 병합)**
> ① 취소소송과 다음 각 호의 1에 해당하는 소송(이하 "**관련청구소송**"이라 한다)이 각각 다른 법원에 계속되고 있는 경우에 관련청구소송이 계속된 법원이 상당하다고 인정하는 때에는 당사자의 신청 또는 직권에 의하여 이를 취소소송이 계속된 법원으로 이송할 수 있다.
> 1. 당해 처분등과 관련되는 손해배상·부당이득반환·원상회복등 청구소송
> 2. 당해 처분등과 관련되는 취소소송
> ② 취소소송에는 **사실심의 변론 종결시까지** 관련청구소송을 병합하거나 피고외의 자를 상대로 한 관련청구소송을 취소소송이 계속된 법원에 병합하여 제기할 수 있다.

 ⑤

02 세무사 2024

☑확인 Check! ○ △ ✕

중앙토지수용위원회의 수용재결과 관련된 행정소송으로 그 피고가 나머지와 다른 것은?

① 수용재결 취소소송
② 수용재결 무효확인소송
③ 수용재결 부존재확인소송
④ 이의재결 취소소송
⑤ 보상금증액청구소송

▌해설▐

① [○] ② [○] ③ [○] **중앙토지수용위원회의 수용재결에 대하여 항고소송(취소소송, 무효확인소송, 부존재확인소송 등)**을 제기하는 때에는 제34조에 따른 수용재결을 한 **중앙토지수용위원회(= 처분을 한 행정청)를 피고로 하여 제기하여야 한다**(대판 2010.1.28. 2008두1504; 토지보상법 제85조 제1항 참조).

④ [○] 이의신청에 대한 재결 자체에 고유한 위법이 있음을 이유로 하는 경우에는 그 **이의재결을 한 중앙토지수용위원회를 피고로 하여 이의재결의 취소를 구할 수 있다**(대판 2010.1.28. 2008두1504).

> 공익사업을 위한 토지 등의 취득 및 보상에 관한 법률 제85조 제1항 전문의 문언 내용과 같은 법 제83조, 제85조가 중앙토지수용위원회에 대한 이의신청을 임의적 절차로 규정하고 있는 점, 행정소송법 제19조 단서가 행정심판에 대한 재결은 재결 자체에 고유한 위법이 있음을 이유로 하는 경우에 한하여 취소소송의 대상으로 삼을 수 있도록 규정하고 있는 점 등을 종합하여 보면, **수용재결에 불복하여 취소소송을 제기하는 때에는 이의신청을 거친 경우에도 수용재결을 한 중앙토지수용위원회 또는 지방토지수용위원회를 피고로 하여 수용재결의 취소를 구하여야** 하고, 다만 **이의신청에 대한 재결 자체에 고유한 위법이 있음을 이유로 하는 경우에는 그 이의재결을 한 중앙토지수용위원회를 피고로 하여** 이의재결의 취소를 구할 수 있다고 보아야 한다(대판 2010.1.28. 2008두1504).

⑤ [✕] 토지소유자 또는 관계인이 제기하는 **보상금증액청구소송의 피고는 사업시행자**이고, 사업시행자가 제기하는 **보상금감액청구소송의 피고는 토지소유자 또는 관계인이다**(토지보상법 제85조 제2항).

> **공익사업을 위한 토지 등의 취득 및 보상에 관한 법률(약칭 : 토지보상법) 제85조(행정소송의 제기)**
> ① 사업시행자, 토지소유자 또는 관계인은 **제34조에 따른 재결에 불복할 때에는 재결서를 받은 날부터 90일 이내에,** 이의신청을 거쳤을 때에는 이의신청에 대한 재결서를 받은 날부터 60일 이내에 각각 **행정소송을 제기할 수 있다.** 이 경우 사업시행자는 행정소송을 제기하기 전에 제84조에 따라 늘어난 보상금을 공탁하여야 하며, 보상금을 받을 자는 공탁된 보상금을 소송이 종결될 때까지 수령할 수 없다.
> ② 제1항에 따라 **제기하려는 행정소송이 보상금의 증감에 관한 소송인 경우** 그 소송을 제기하는 자가 토지소유자 또는 관계인일 때에는 **사업시행자를,** 사업시행자일 때에는 토지소유자 또는 관계인을 각각 **피고로 한다.**

 ⑤

CHAPTER 5

03 세무사 2023
☑ 확인Check! ○ △ ✕

판례상 다음 사안에 공통적으로 적용되는 소송의 종류는?

○ 서울특별시립무용단 단원의 해촉
○ 지방전문직공무원인 공중보건의사의 채용계약해지
○ 법령에 의해 확정된 부가가치세 환급세액 지급청구

① 당사자소송
② 취소소송
③ 민중소송
④ 의무이행소송
⑤ 부작위위법확인소송

‖해설‖

① [O] 공통적으로 적용되는 소송은 (공법상) **당사자소송**이다.

- **서울특별시립무용단 단원의 해촉** : 서울특별시립무용단원이 가지는 지위가 공무원과 유사한 것이라면, **서울특별시립무용단 단원의 위촉은 공법상의 계약**이라고 할 것이고, 따라서 <u>그 단원의 해촉에 대하여는 공법상의 당사자소송으로 그 무효확인을 청구할 수 있다</u>(대판 1995.12.22. 95누4636).
- **서울특별시립무용단 단원의 해촉** : 관계 법령의 규정내용에 미루어 보면 현행 실정법이 <u>전문직공무원인 공중보건의사의 채용계약 해지의 의사표시는</u> 일반공무원에 대한 징계처분과는 달라서 항고소송의 대상이 되는 처분등의 성격을 가진 것으로 인정되지 아니하고, 일정한 사유가 있을 때에 관할 도지사가 채용계약 관계의 한쪽 당사자로서 대등한 지위에서 행하는 의사표시로 취급하고 있는 것으로 이해되므로, **공중보건의사 채용계약 해지의 의사표시에 대하여는** 대등한 당사자 간의 소송형식인 **공법상의 당사자소송으로** 그 의사표시의 무효확인을 청구할 수 있는 것이지, 이를 항고소송의 대상이 되는 행정처분이라는 전제하에서 그 취소를 구하는 항고소송을 제기할 수는 없다(대판 1996.5.31. 95누10617).
- **서울특별시립무용단 단원의 해촉** : 부가가치세법령의 내용, 형식 및 입법 취지 등에 비추어 보면, 납세의무자에 대한 국가의 부가가치세 환급세액 지급의무는 그 납세의무자로부터 어느 과세기간에 과다하게 거래징수된 세액 상당을 국가가 실제로 납부받았는지와 관계없이 부가가치세법령의 규정에 의하여 직접 발생하는 것으로서, 그 법적 성질은 정의와 공평의 관념에서 수익자와 손실자 사이의 재산상태 조정을 위해 인정되는 부당이득 반환의무가 아니라 부가가치세법령에 의하여 그 존부나 범위가 구체적으로 확정되고 조세 정책적 관점에서 특별히 인정되는 공법상 의무라고 봄이 타당하다. 그렇다면 납세의무자에 대한 국가의 부가가치세 환급세액 지급의무에 대응하는 **국가에 대한 납세의무자의 부가가치세 환급세액 지급청구는** 민사소송이 아니라 행정소송법 제3조 제2호에 규정된 **당사자소송의 절차에 따라야** 한다(대판 2013.3.21. 2011다95564[전합]).

답 ①

04 세무사 2024

☑ 확인Check! ○ △ ✕

판례에 의할 때 당사자소송의 대상이 되는 경우를 모두 고른 것은?

ㄱ. 명예퇴직한 법관이 미지급명예퇴직수당액의 지급을 구하는 경우
ㄴ. 「도시 및 주거환경정비법」상 재개발조합을 상대로 조합임원 선임결의의 무효확인을 구하는 경우
ㄷ. 「도시 및 주거환경정비법」상 재건축조합을 상대로 관리처분계획에 대한 관할 행정청의 인가·고시가 있은 후에 그 관리처분계획에 대한 조합 총회결의의 무효확인을 구하는 경우
ㄹ. 이주자가 이주대책대상자 결정이 있기 이전에 사업시행자를 상대로 이주대책상의 수분양권의 확인을 구하는 경우
ㅁ. 지방자치단체가 보조금 지급결정을 하면서 일정한 기한 내 보조금 반환을 교부조건으로 부가하였고, 그 부관상 의무에 따라 보조사업자에 대하여 보조금의 반환을 청구하는 경우

① ㄱ, ㅁ
② ㄴ, ㄷ
③ ㄷ, ㄹ
④ ㄱ, ㄴ, ㅁ
⑤ ㄱ, ㄷ, ㄹ

┃해설┃

ㄱ. [○] **명예퇴직한 법관이 미지급 명예퇴직수당액에 대하여 가지는 권리**는 명예퇴직수당 지급대상자 결정 절차를 거쳐 명예퇴직수당규칙에 의하여 확정된 공법상 법률관계에 관한 권리로서, 그 지급을 구하는 <u>소송은 **행정소송법의 당사자소송에 해당**</u>하며, 그 법률관계의 당사자인 국가를 상대로 제기하여야 한다(대판 2016.5.24. 2013두14863).

ㄴ. [✕] 구 도시 및 주거환경정비법상 재개발조합이 공법인이라는 사정만으로 <u>재개발조합과 조합장 또는 조합임원 사이의 선임·해임 등을 둘러싼 법률관계가 공법상의 법률관계에 해당한다</u>거나 그 조합장 또는 조합임원의 지위를 다투는 소송이 당연히 공법상 당사자소송에 해당한다고 볼 수는 없고, 구 도시 및 주거환경정비법의 규정들이 재개발조합과 조합장 및 조합임원과의 관계를 특별히 공법상의 근무관계로 설정하고 있다고 볼 수도 없으므로, **재개발조합과 조합장 또는 조합임원 사이의 선임·해임 등을 둘러싼 법률관계는 사법상의 법률관계**로서 그 조합장 또는 조합임원의 지위를 다투는 소송은 **민사소송**에 의하여야 할 것이다(대결 2009.9.24. 2009마168).

ㄷ. [✕] 도시 및 주거환경정비법상 주택재건축정비사업조합이 같은 법 제48조에 따라 수립한 관리처분계획에 대하여 관할 행정청의 인가·고시까지 있게 되면 관리처분계획은 행정처분으로서 효력이 발생하게 되므로, 총회결의의 하자를 이유로 하여 행정처분의 효력을 다투는 **항고소송의 방법으로 관리처분계획의 취소 또는 무효확인을 구하여야** 하고, 그와 별도로 행정처분에 이르는 절차적 요건 중 하나에 불과한 총회결의 부분만을 따로 떼어내어 효력 유무를 다투는 확인의 소를 제기하는 것은 특별한 사정이 없는 한 허용되지 않는다(대판 2009.9.17. 2007다2428[전합]).

ㄹ. [✕] [1] 공공용지의 취득 및 손실보상에 관한 특례법에서 사업시행자에게 이주대책을 수립·실시할 의무를 부과하고 있다고 하여 그 규정 자체만에 의하여 이주자에게 사업시행자가 수립한 이주대책상의 택지분양권이나 아파트 입주권 등을 분양받을 수 있는 구체적인 권리(수분양권)가 직접 발생하는 것이라고는 볼 수 없고, <u>사업시행자가 이주대책에 관한 구체적인 계획을 수립하여 이를 이주자에게 통지하거나 공고한 후 이주자가 수분양권을 취득하기를 희망하여 이주대책에 정한 절차에 따라 사업시행자에게 이주대책 대상자 선정신청을 하고 사업시행자가 그 신청을 받아들여 이주대책 대상자로 확인·결정을 하여야만 비로소 구체적인 수분양권이 발생</u>하게 된다.

제5장 | 당사자소송 **331**

[2] 공공용지의 취득 및 손실보상에 관한 특례법에 의한 수분양권의 취득을 희망하는 이주자가 소정의 절차에 따라 이주대책 대상자 선정신청을 한 데 대하여 사업시행자가 그에 해당하지 아니한다고 판단하여 위와 같은 확인·결정 등의 처분을 하지 않고 이주대책 대상자에서 제외시키거나 또는 거부조치한 경우에 그 처분이 위법한 것이라면, 이주자는 사업시행자를 상대로 그 처분의 취소를 구하는 항고소송을 제기할 수 있을 뿐, **이주자가 구체적인 수분양권을 아직 취득하지도 못한 상태에서 곧바로 분양의무의 주체인 사업시행자를 상대로 이주대책상의 수분양권의 확인 등을 청구하는 민사소송을 제기하는 것은 허용되지 않는다**(대판 1995.6.30. 94다14391). ☞ 당사자소송은 물론 민사소송의 대상에도 해당하지 않는다.

ㅁ. [O] 지방자치단체가 보조금 지급결정을 하면서 일정 기한 내에 보조금을 반환하도록 하는 교부조건을 부가한 사안에서, 보조사업자의 지방자치단체에 대한 보조금 반환의무는 행정처분인 위 보조금 지급결정에 부가된 부관상 의무이고, 이러한 부관상 의무는 보조사업자가 지방자치단체에 부담하는 공법상 의무이므로, **보조사업자에 대한 지방자치단체의 보조금반환청구**는 공법상 권리관계의 일방 당사자를 상대로 하여 공법상 의무이행을 구하는 청구로서 행정소송법 제3조 제2호에 규정한 **당사자소송의 대상**이라고 한 사례(대판 2011.6.9. 2011다2951).

답 ①

05 세무사 2023

☑ 확인 Check! ○ △ ×

판례상 당사자소송에 해당하는 것을 모두 고른 것은?

ㄱ. 구 「도시 및 주거환경정비법」상 주택재건축정비사업조합을 상대로 관리처분계획안에 대한 조합 총회결의의 효력을 다투는 소송
ㄴ. 구 「도시 및 주거환경정비법」상 재개발조합과 조합장 사이의 선임·해임을 둘러싼 법률관계에 관한 소송
ㄷ. 재개발조합의 관리처분계획의 취소를 구하는 소송
ㄹ. 명예퇴직한 법관이 미지급 명예퇴직수당의 지급을 구하는 소송

① ㄴ
② ㄱ, ㄹ
③ ㄴ, ㄷ
④ ㄴ, ㄷ, ㄹ
⑤ ㄱ, ㄴ, ㄷ, ㄹ

▌해설▌

ㄱ. [O] 도시 및 주거환경정비법상 **행정주체인 주택재건축정비사업조합을 상대로 관리처분계획안에 대한 조합 총회결의의 효력 등을 다투는 소송**은 행정처분에 이르는 절차적 요건의 존부나 효력 유무에 관한 소송으로서 그 소송결과에 따라 행정처분의 위법 여부에 직접 영향을 미치는 공법상 법률관계에 관한 것이므로, 이는 **행정소송법상의 당사자소송에 해당**한다(대판 2009.9.17. 2007다2428[전합]).

ㄴ. [×] 구 도시 및 주거환경정비법상 재개발조합이 공법인이라는 사정만으로 재개발조합과 조합장 또는 조합임원 사이의 선임·해임 등을 둘러싼 법률관계가 공법상의 법률관계에 해당한다거나 그 조합장 또는 조합임원의 지위를 다투는 소송이 당연히 공법상 당사자소송에 해당한다고 볼 수는 없고, 구 도시 및 주거환경정비법의 규정들이 재개발조합과 조합장 및 조합임원과의 관계를 특별히 공법상의 근무관계로 설정하고 있다고 볼 수도 없으므로, **재개발조합과 조합장 또는 조합임원 사이의 선임·해임 등을 둘러싼 법률관계는 사법상의 법률관계로서 그 조합장 또는 조합임원의 지위를 다투는 소송은 민사소송에** 의하여야 할 것이다(대결 2009.9.24. 2009마168).

ㄷ. [×] 도시 및 주거환경정비법상 주택재건축정비사업조합이 같은 법 제48조에 따라 수립한 관리처분계획에 대하여 관할 행정청의 인가·고시까지 있게 되면 **관리처분계획은 행정처분으로서 효력이 발생**하게 되므로, 총회결의의 하자를 이유로 하여 행정처분의 효력을 다투는 **항고소송의 방법으로 관리처분계획의 취소 또는 무효확인을 구하여야** 하고, 그와 별도로 행정처분에 이르는 절차적 요건 중 하나에 불과한 총회결의 부분만을 따로 떼어내어 효력 유무를 다투는 확인의 소를 제기하는 것은 특별한 사정이 없는 한 허용되지 않는다(대판 2009.9.17. 2007다2428[전합]).

ㄹ. [○] **명예퇴직한 법관이 미지급 명예퇴직수당액에 대하여 가지는 권리**는 명예퇴직수당 지급대상자 결정 절차를 거쳐 명예퇴직수당규칙에 의하여 확정된 공법상 법률관계에 관한 권리로서, 그 지급을 구하는 소송은 **행정소송법의 당사자소송에 해당**하며, 그 법률관계의 당사자인 국가를 상대로 제기하여야 한다(대판 2016.5.24. 2013두14863).

답 ②

06 세무사 2021

☑ 확인 Check! ○ △ ✕

판례상 납세의무자에 대한 국가의 부가가치세 환급세액 지급의무에 대응하는 국가에 대한 납세의무자의 부가가치세 환급세액 지급청구는 어떤 소송의 절차에 따라야 하는가?

① 항고소송
② 민사소송
③ 당사자소송
④ 기관소송
⑤ 민중소송

━━━

▌해설▐

③ [○] 판례는 **부가가치세 환급세액 지급청구를 당사자소송의 대상**으로 보았다(대판 2013.3.21. 2011다95564[전합]). 국세 과오납부액 환급금은 법률상 원인이 없이 발생한 부당이득에 해당하는 반면, **부가가치세 환급의무는 매입세액이 매출세액을 초과하는 경우 부가가치세법령의 규정에 의하여 직접 발생하는 공법상 의무**이기 때문이다.

> **납세의무자에 대한 국가의 부가가치세 환급세액 지급의무**는 그 납세의무자로부터 어느 과세기간에 과다하게 거래징수된 세액 상당을 국가가 실제로 납부받았는지와 관계없이 **부가가치세법령의 규정에 의하여 직접 발생하는 것으로서, 그 법적 성질은** 정의와 공평의 관념에서 수익자와 손실자 사이의 재산상태 조정을 위해 인정되는 **부당이득 반환의무가 아니라** 부가가치세법령에 의하여 그 존부나 범위가 구체적으로 확정되고 조세 정책적 관점에서 특별히 인정되는 **공법상 의무라고 봄이 타당하다.** 그렇다면 납세의무자에 대한 국가의 부가가치세 환급세액 지급의무에 대응하는 **국가에 대한 납세의무자의 부가가치세 환급세액 지급청구는 민사소송이 아니라** 행정소송법 제3조 제2호에 규정된 **당사자소송의 절차에 따라야** 한다(대판 2013.3.21. 2011다95564[전합]).

> **▢ 비교**
> **국세 과오납부액 환급청구는 부당이득반환청구로서 민사소송의 대상**으로 보았다.
>
> 국세환급금에 관한 국세기본법 및 구 국세기본법 제51조 제1항은 이미 부당이득으로서 존재와 범위가 확정되어 있는 과오납부액이 있는 때에는 국가가 납세자의 환급신청을 기다리지 않고 즉시 반환하는 것이 정의와 공평에 합당하다는 법리를 선언하고 있는 것이므로, **이미 존재와 범위가 확정되어 있는 과오납부액은 납세자가 부당이득의 반환을 구하는 민사소송으로 환급을 청구할 수 있다**(대판 2015.8.27. 2013다212639).

답 ③

07 세무사 **2024**
☑ 확인Check! ○ △ ✕

당사자소송에 관한 설명으로 옳은 것은? (다툼이 있으면 판례에 따름)

① 사인을 피고로 하는 당사자소송은 허용되지 않는다.

② 부가가치세 환급세액의 지급청구는 과세행정청을 피고로 하여 당사자소송으로 하여야 한다.

③ 당사자소송과 관련청구소송이 각각 다른 법원에 계속되고 있는 경우 당사자의 신청이 없으면 법원은 직권으로 관련청구소송을 이송할 수 없다.

④ 당사자소송으로서 확인소송을 제기하는 경우에는 민사소송에서의 '확인의 이익'이 요구된다.

⑤ 회복하기 어려운 손해를 예방하기 위하여 긴급한 필요가 있는 경우 당사자소송을 제기하면서 집행정지를 신청할 수 있다.

───────────────────────

┃ 해설 ┃

① [✕] 당사자소송은 <u>국가 · 공공단체 그 밖의 권리주체를 피고로 한다</u>(행정소송법 제39조). 여기에서 '그 밖의 권리주체'란 공권력을 수여받은 행정주체인 사인(私人), 즉 공무수탁사인을 의미한다. 따라서 **공무수탁사인이 행정주체로서 공법상 법률관계의 당사자인 경우, 공무수탁사인을 피고로 하는 당사자소송을 제기할 수 있다.**

② [✕] 판례는 **부가가치세 환급세액 지급청구를 당사자소송의 대상**으로 보았다(대판 2013.3.21. 2011다95564[전합]). 다만 당사자소송인 부가가치세 환급세액 지급청구는 <u>과세행정청이 아니라 **국가를 피고로 하여야** 한다</u>(행정소송법 제39조 참조).

> **행정소송법 제39조(피고적격)**
> 당사자소송은 국가 · 공공단체 그 밖의 권리주체를 피고로 한다.

③ [✕] 관련청구소송이 계속된 법원은 <u>당사자의 신청이 없더라도 **직권으로 이송결정을** 할 수 있다</u>(행정소송법 제10조 제1항).

> **행정소송법 제44조(준용규정)**
> ② **제10조의 규정**은 당사자소송과 관련청구소송이 각각 다른 법원에 계속되고 있는 경우의 이송과 이들 소송의 병합의 경우에 **준용한다.**
>
> **행정소송법 제10조(관련청구소송의 이송 및 병합)**
> ① 취소소송과 다음 각 호의 1에 해당하는 소송(이하 "관련청구소송"이라 한다)이 각각 다른 법원에 계속되고 있는 경우에 관련청구소송이 계속된 법원이 상당하다고 인정하는 때에는 **당사자의 신청 또는 직권에 의하여** 이를 취소소송이 계속된 법원으로 이송할 수 있다.
> 1. 당해 처분등과 관련되는 손해배상 · 부당이득반환 · 원상회복등 청구소송
> 2. 당해 처분등과 관련되는 취소소송

④ [O] **공법상 당사자소송인 확인소송의 경우**에는 항고소송인 무효확인소송에서와 달리 **확인의 이익(확인소송의 보충성)이 요구**된다(대판 2018.3.15. 2016다275679).

> (당사자소송으로서의) 확인의 소에는 권리보호요건으로서 확인의 이익이 있어야 하고, 확인의 이익은 확인판결을 받는 것이 원고의 권리 또는 법률상의 지위에 현존하는 불안·위험을 제거하는 가장 유효적절한 수단일 때에 인정된다(대판 2018.3.15. 2016다275679).

⑤ [X] 집행정지가 허용될 수 있는 본안소송은 취소소송과 무효등 확인소송이며(행정소송법 제23조 제2항, 제38조 제1항), **부작위위법확인소송과 당사자소송은 집행정지가 인정되지 않는다**(행정소송법 제38조 제2항, 제44조 제1항). **당사자소송에 대하여는 행정소송법 제23조 제2항의 집행정지에 관한 규정이 준용되지 아니하므로**(행정소송법 제44조 제1항 참조), 이를 본안으로 하는 가처분에 대하여는 행정소송법 제8조 제2항에 따라 **민사집행법상 가처분에 관한 규정이 준용되어야** 한다(대결 2015.8.21. 2015무26).

답 ④

08 세무사 2023

☑ 확인Check! ○ △ ✕

당사자소송에 관한 설명으로 옳지 않은 것은? (다툼이 있으면 판례에 따름)

① 「공법」상 법률관계에 관한 소송이라는 점에서 민사소송과 구별된다.
② 「공익사업을 위한 토지 등의 취득 및 보상에 관한 법률」에 따른 수용재결에 의한 보상금증감청구소송은 형식적 당사자소송에 해당한다.
③ 공무수탁사인은 당사자소송의 피고가 될 수 없다.
④ 제3자에 의한 재심청구 규정은 당사자소송에 준용되지 않는다.
⑤ 재판관할에 관하여 취소소송 규정이 준용된다.

▌해설▐

① [O] **당사자소송**은 '**공법상 법률관계**'에 관한 소송이라는 점에서 '**사법상 법률관계**'를 대상으로 하는 **민사소송**과 구별된다.
② [O] 형식적 당사자소송이란 '처분등을 원인으로 하는 법률관계에 관한 소송'으로서 그 원인이 되는 처분등에 불복하는 성질을 가지고 있으나 **처분청을 피고로 하는 것이 아니라** 그 법률관계의 한쪽 당사자를 피고로 하는 소송을 말한다. 형식적 당사자소송은 처분등에 불복하는 항고소송의 실질을 가지고 있으나, 권리구제의 실효성 제고와 소송경제 등의 필요에 의하여 처분청을 피고로 하지 않고 법률관계의 직접 당사자를 피고로 한다는 점에 특색이 있다. 「공익사업을 위한 토지 등의 취득 및 보상에 관한 법률」에 따른 수용재결에 의한 **보상금증감청구소송은 형식적 당사자소송에 해당**한다.
③ [X] 당사자소송은 국가·공공단체 그 밖의 권리주체를 피고로 한다(행정소송법 제39조). 여기에서 '**그 밖의 권리주체**'란 공권력을 수여받은 행정주체인 사인(私人), 즉 **공무수탁사인을 의미**한다. 따라서 공무수탁사인도 당사자소송의 피고가 될 수 있다.

④ [○] 제3자에 의한 재심청구 규정은 당사자소송에 준용되지 않는다(행정소송법 제44조 제1항).

⑤ [○] 당사자소송의 관할에 관하여는 취소소송에서의 재판관할에 관한 제9조가 준용된다(행정소송법 제40조). 따라서 원칙적으로 당사자소송의 제1심관할법원은 피고의 소재지를 관할하는 행정법원으로 한다. 다만, 당사자소송의 피고로 될 수 있는 자는 국가·공공단체 그 밖의 권리주체이므로(행정소송법 제39조), 국가 또는 공공단체가 피고인 경우에는 관계행정청의 소재지를 피고의 소재지로 간주하고 있다(행정소송법 제40조). 예를 들면, 처분등을 원인으로 하는 법률관계에 관한 당사자소송의 경우, 그 처분을 한 행정청(관계행정청)의 소재지를 관할하는 행정법원이 제1심관할법원이 된다.

답 ③

09 세무사 2022

☑확인 Check! ○ △ ✕

당사자소송에 관한 설명으로 옳은 것은? (다툼이 있으면 판례에 따름)

① 당사자소송의 피고는 행정청이 된다.

② 공무원의 지위를 확인하는 소송은 당사자소송의 절차에 따라야 한다.

③ 당사자소송에 대하여는 민사집행법상 가처분에 관한 규정이 준용되지 않는다.

④ 사인을 피고로 하는 당사자소송은 허용되지 않는다.

⑤ 토지수용재결이 있은 후 토지소유자가 사업시행자를 피고로 하여 제기하는 보상금증액청구소송은 당사자소송이 아니다.

▌해설▌

① [✕] 당사자소송은 국가·공공단체 그 밖의 권리주체를 피고로 한다(행정소송법 제39조). 여기에서 '그 밖의 권리주체'라 함은 공권력을 수여받은 행정주체인 사인, 즉 공무수탁사인을 의미한다. 당사자소송의 피고는 권리주체를 피고로 하는 점에서 처분청을 피고로 하는 항고소송과 다르다. 예를 들면, 납세의무부존재확인의 소의 피고는 행정청인 세무서장이 아니라 국가가 되며, 지방공무원지위확인의 소의 피고는 지방자치단체가 된다. 형식적 당사자소송의 피고는 개별 법률에 규정되어 있다(공익사업을 위한 토지의 취득 및 보상에 관한 법률 제85조 제2항, 특허법 제191조 등).

> **행정소송법 제39조(피고적격)**
> 당사자소송은 국가·공공단체 그 밖의 권리주체를 피고로 한다.

② [○] 공무원의 지위를 확인하는 소송은 당사자소송의 절차에 따라야 한다(대판 1998.10.23. 98두12932).

> 원고의 이 사건 소는 교육청 교육장의 당연퇴직 조치가 행정처분임을 전제로 그 취소나 무효의 확인을 구하는 항고소송이 아니라 원고의 지방공무원으로서의 지위를 다투는 피고에 대하여 그 지위확인을 구하는 공법상의 당사자소송에 해당함이 분명하므로, 행정소송법 제39조의 규정상 지방자치단체로서 권리 주체인 피고(전라남도)가 이 사건 소에 있어서의 피고적격을 가진다고 할 것이다(대판 1998.10.23. 98두12932).

③ [×] **당사자소송**에 대하여는 행정소송법 제23조 제2항의 **집행정지에 관한 규정이 준용되지 아니하므로**(행정소송법 제44조 제1항 참조), 이를 본안으로 하는 가처분에 대하여는 행정소송법 제8조 제2항에 따라 **민사집행법상 가처분에 관한 규정이 준용되어야** 한다(대결 2015.8.21. 2015무26).

④ [×] 당사자소송은 **국가·공공단체 그 밖의 권리주체를 피고로** 한다(행정소송법 제39조). 여기에서 '그 밖의 권리주체'란 공권력을 수여받은 행정주체인 사인(私人), 즉 공무수탁사인을 의미한다. 따라서 공무수탁사인이 **행정주체**로서 공법상 법률관계의 당사자인 경우, 공무수탁사인을 피고로 하는 당사자소송을 제기할 수 있다.

⑤ [×] 토지수용재결이 있은 후 토지소유자가 사업시행자를 피고로 하여 제기하는 **보상금증액청구소송**은 (형식적) **당사자소송에 해당**한다(대판 2022.11.24. 2018두67[전합]).

> • 토지보상법 제85조 제2항은 토지소유자 등이 보상금 증액 청구의 소를 제기할 때에는 사업시행자를 피고로 한다고 규정하고 있다. 위 규정에 따른 **보상금 증액 청구의 소**는 토지소유자 등이 사업시행자를 상대로 제기하는 **당사자소송의 형식**을 취하고 있지만, 토지수용위원회의 재결 중 보상금 산정에 관한 부분에 불복하여 그 증액을 구하는 소이므로 **실질적으로는 재결을 다투는 항고소송의 성질**을 가진다(대판 2022.11.24. 2018두67[전합]). ☞ 토지보상법 제85조 제2항의 보상금 증액 청구의 소는 형식적 당사자소송에 해당한다는 취지이다.
> • 토지수용법 제75조의2 제2항의 규정은 그 제1항에 의하여 이의재결에 대하여 불복하는 행정소송을 제기하는 경우, 이것이 **보상금의 증감에 관한 소송**인 때에는 이의재결에서 정한 보상금이 증액 변경될 것을 전제로 하여 **기업자를** 상대로 보상금의 지급을 구하는 **공법상의 당사자소송을 규정한 것**으로 볼 것이다(대판 1991.11.26. 91누285).

🅐 ②

CHAPTER 5

10 세무사 2023

☑ 확인 Check! ○ △ ✕

취소소송 규정의 준용에 관한 설명으로 옳지 않은 것은?

① 피고적격은 당사자소송에는 준용되지 않는다.

② 제3자의 재심청구는 당사자소송에는 준용되지 않는다.

③ 제소기간의 제한은 당사자소송에는 준용되지 않는다.

④ 간접강제는 무효등 확인소송에 준용된다.

⑤ 행정심판과의 관계규정은 무효등 확인소송에는 준용되지 않는다.

━━

┃해설┃

① [○] **취소소송의 피고적격에 관한 규정**(제13조)은 **당사자소송에는 준용되지 않는다**(행정소송법 제44조 제1항). 당사자소송은 '국가·공공단체 그 밖의 권리주체'를 피고로 한다(행정소송법 제39조).

② [○] **취소소송에서 제3자의 재심청구에 관한 규정**(제31조)은 **당사자소송에는 준용되지 않는다**(행정소송법 제44조 제1항).

③ [○] **취소소송의 제소기간의 제한에 관한 규정**(제20조)은 **당사자소송에는 준용되지 않는다**(행정소송법 제44조 제1항). 당사자소송에서 제소기간은 해당 당사자소송을 규정하고 있는 개별 법령에서 정하는 바에 따른다. 당사자소송에 관하여 법령에 제소기간이 정하여져 있는 때에는 그 기간은 불변기간으로 한다(행정소송법 제41조).

④ [✕] **간접강제는 무효등 확인소송에 준용되지 않는다**(행정소송법 제38조 제1항). 이를 근거로 판례는 거부처분에 대한 무효확인판결이 내려진 경우에 간접강제는 허용되지 않는다고 본다(대판 1998.12.24. 98무37).

⑤ [○] **행정심판과의 관계규정**(예외적 행정심판전치주의, 제18조)은 **무효등확인소송에는 준용되지 않는다**(행정소송법 제38조 제1항).

❑ **무효등 확인소송과 당사자소송에 준용되는 취소소송에 관한 규정**

취소소송에 관한 규정	무효등 확인소송에 준용 여부	당사자소송에 준용 여부
• 재판관할(제9조)	준용 ○	준용 ○ (제40조에서 준용)
• 관련청구소송의 이송 및 병합(제10조)	준용 ○	준용 ○ (제44조 제2항에서 준용)
• 선결문제(제11조)	선결문제 준용 ✕	선결문제 준용 ✕
• 원고적격(제12조)	원고적격 준용 ✕ (별도 규정 제35조)	원고적격 준용 ✕
• 피고적격(제13조)❶	준용 ○	피고적격 준용 ✕ (별도 규정 제39조)
• 피고의 경정(제14조)	준용 ○	준용 ○
• 공동소송(제15조)	준용 ○	준용 ○
• 제3자의 소송참가(제16조)	준용 ○	준용 ○
• 행정청의 소송참가(제17조)	준용 ○	준용 ○
• 행정심판과의 관계(행정심판전치주의)(제18조)❺	행정심판과의 관계 준용 ✕	행정심판과의 관계 준용 ✕
• 취소소송의 대상(제19조)	준용 ○	취소소송의 대상 준용 ✕
• 제소기간(제20조)❸	제소기간 준용 ✕	제소기간 준용 ✕
• 소의 (종류)변경(제21조)	준용 ○ (제37조에서 준용)	준용 ○ (제42조에서 준용)
• 처분변경으로 인한 소의 변경(제22조)	준용 ○	준용 ○

• 집행정지(제23조) 및 집행정지의 취소(제24조)	준용 ○	집행정지 및 집행정지의 취소 준용 ×
• 행정심판기록의 제출명령(제25조)	준용 ○	준용 ○
• 직권심리(제26조)	준용 ○	준용 ○
• 재량처분의 취소(제27조)	재량처분의 취소 준용 ×	재량처분의 취소 준용 ×
• 사정판결(제28조)	사정판결 준용 ×	사정판결 준용 ×
• 취소판결등의 효력(= 제3자효)(제29조)	준용 ○	취소판결등의 효력 준용 ×
• 취소판결등의 기속력(제30조)	준용 ○	준용 △ (제30조 제1항만 준용)
• 제3자에 의한 재심청구(제31조)❷	준용 ○	제3자에 의한 재심청구 준용 ×
• 소송비용의 부담(제32조)	소송비용의 부담 준용 ×	준용 ○
• 소송비용에 관한 재판의 효력(제33조)	준용 ○	준용 ○
• 간접강제(제34조)❹	간접강제 준용 ×	간접강제 준용 ×

답 ④

CHAPTER

06 | 민중소송과 기관소송

제1절 | 민중소송

01 세무사 2024
☑ 확인Check! ○ △ ✕

행정소송법상 민중소송에 관한 설명으로 옳지 않은 것은?

① 객관소송의 일종이다.

② 민중소송은 법률이 정한 경우에 인정되지만, 법률에 정한 자에 한하여 제기할 수 있는 소송은 아니다.

③ 민중소송으로서 처분등의 취소를 구하는 소송에는 그 성질에 반하지 아니하는 한 취소소송에 관한 규정을 준용한다.

④ 민중소송으로서 부작위의 위법의 확인을 구하는 소송에는 그 성질에 반하지 아니하는 한 부작위위법확인소송에 관한 규정을 준용한다.

⑤ 「지방자치법」상 주민소송은 민중소송에 해당한다.

┃해설┃

① [○] 민중소송이란 '국가 또는 공공단체의 기관이 법률에 위반되는 행위를 한 때에 **직접 자기의 법률상 이익과 관계없이 그 시정을 구하기 위하여 제기하는 소송**'을 말한다(행정소송법 제3조 제3호). 따라서 민중소송은 **공익소송**이며, 주관소송이 아니라 **객관소송**이다.

② [✕] 민중소송은 법률이 정한 경우에 **법률에 정한 자에 한하여** 제기할 수 있다(행정소송법 제45조, 민중소송법정주의).

③ [○] ④ [○]

> **행정소송법 제46조(준용규정)**
> ① **민중소송** 또는 기관소송으로서 **처분등의 취소를 구하는 소송**에는 그 성질에 반하지 아니하는 한 **취소소송에 관한 규정을 준용**한다. ❸
> ② **민중소송** 또는 기관소송으로서 처분등의 효력 유무 또는 존재 여부나 **부작위의 위법의 확인을 구하는 소송**에는 그 성질에 반하지 아니하는 한 각각 무효등 확인소송 또는 **부작위위법확인소송에 관한 규정을 준용**한다. ❹
> ③ 민중소송 또는 기관소송으로서 제1항 및 제2항에 규정된 소송외의 소송에는 그 성질에 반하지 아니하는 한 당사자소송에 관한 규정을 준용한다.

⑤[○] **지방자치법상 주민소송**(지방자치법 제22조), **주민투표소송**(주민투표법 제25조), **주민소환투표소송**(주민소환에 관한 법률 제24조)은 **민중소송에 해당**한다. 공직선거법 제222조의 선거(무효)소송(대판 2016.11.24. 2016수64), **국민투표법상 국민투표(무효)소송**(국민투표법 제92조)도 민중소송에 해당한다.

답 ②

02 세무사 2023

☑ 확인 Check! ○ △ ✕

민중소송에 관한 설명으로 옳은 것은?

① 위법행정의 시정을 구하는 자는 누구나 개별법률의 근거가 없더라도 행정소송법에 따라 일반적으로 민중소송을 제기할 수 있다.

② 법률상 이익이 있는 자만이 제기할 수 있다.

③ 「지방자치법」상 지방의회재의결에 대한 지방자치단체장의 소송은 민중소송이다.

④ 취소소송에 관한 규정은 준용되지 않는다.

⑤ 「국민투표법」상 국민투표무효소송은 민중소송이다.

┃해설┃

① [✕] 민중소송은 **법률이 정한 경우에 법률에 정한 자에 한하여** 제기할 수 있다(행정소송법 제45조, 민중소송법정주의).

② [✕] 민중소송이란 '국가 또는 공공단체의 기관이 법률에 위반되는 행위를 한 때에 직접 자기의 법률상 이익과 관계없이 그 시정을 구하기 위하여 제기하는 소송'을 말한다(행정소송법 제3조 제3호). 따라서 민중소송은 공익소송이며, 주관소송이 아니라 객관소송이다. 민중소송은 직접 자기의 법률상 이익과 관계없이 **법률에 정한 자**에 한하여 제기할 수 있다(행정소송법 제45조).

③ [✕] 「지방자치법」 제192조 제4항에서 규정한 **지방의회재의결에 대한 지방자치단체장의 소송은 기관소송**에 해당한다(대판 1993.11.26. 93누7341 참조).

④ [✕] 민중소송은 법률에서 정한 사항을 제외하고는 그 성질에 반하지 아니하는 한 **취소소송**, 무효등 확인소송, 부작위법확인소송, 당사자소송에 관한 규정을 **준용**한다(행정소송법 제46조).

⑤ [O] 민중소송의 예로는 공직선거법 제222조의 선거(무효)소송(대판 2016.11.24. 2016수64), **국민투표법상 국민투표(무효)소송**(국민투표법 제92조), **지방자치법상 주민소송**(지방자치법 제22조), **주민투표소송**(주민투표법 제25조), **주민소환투표소송**(주민소환에 관한 법률 제24조)을 들 수 있다.

 ⑤

제6장 | 민중소송과 기관소송 **341**

행정소송법상 민중소송에 관한 설명으로 옳은 것은? (다툼이 있으면 판례에 따름)

① 민중소송은 주관적 소송이다.

② 민중소송으로써 처분등의 취소를 구하는 소송에는 그 성질에 반하지 아니하는 한 취소소송에 관한 규정을 준용한다.

③ 「지방자치법」상 주민소송은 민중소송에 해당하지 않는다.

④ 당사자소송에 관한 규정은 민중소송에 준용될 수 없다.

⑤ 「공직선거법」 제222조의 선거소송은 민중소송에 해당하지 않는다.

▮해설▮

① [✕] 민중소송은 법률상 이익의 침해 여부를 불문하고 국민, 주민 또는 선거인 등 일정 범위의 일반 국민에게 원고적격이 인정된다. 따라서 민중소송은 공익소송이며, 주관적 소송이 아니라 **객관적 소송**이다. 다만, 일반 국민이면 누구나 민중소송을 제기할 수 있는 것은 아니고 민중소송은 법률에 정한 자에 한하여 제기할 수 있다(행정소송법 제45조).

② [○] ④ [✕]

> **행정소송법 제46조(준용규정)**
> ① 민중소송 또는 기관소송으로서 처분등의 취소를 구하는 소송에는 그 성질에 반하지 아니하는 한 취소소송에 관한 규정을 준용한다.❷
> ② 민중소송 또는 기관소송으로서 처분등의 효력 유무 또는 존재 여부나 부작위의 위법의 확인을 구하는 소송에는 그 성질에 반하지 아니하는 한 각각 무효등 확인소송 또는 부작위위법확인소송에 관한 규정을 준용한다.
> ③ 민중소송 또는 기관소송으로서 제1항 및 제2항에 규정된 소송외의 소송에는 그 성질에 반하지 아니하는 한 당사자소송에 관한 규정을 준용한다.❹

③ [✕] 지방자치법상 **주민소송**은 객관적 소송의 일종인 **민중소송**에 해당하므로 개인의 구체적인 권리의 침해가 없더라도 제기할 수 있다.

⑤ [✕] 「공직선거법」 제222조의 **선거(무효)소송**은 민중소송에 해당한다(대판 2016.11.24. 2016수64). 국민투표법상 국민투표(무효)소송(국민투표법 제92조), **지방자치법상 주민소송**(지방자치법 제22조), **주민투표소송**(주민투표법 제25조), 주민소환투표소송(주민소환에 관한 법률 제24조)도 민중소송에 해당한다.

답 ②

「**지방자치법**」상 공금의 지출에 관한 사항을 감사청구한 주민은 일정한 경우에 그 감사청구한 사항과 관련이 있는 위법한 행위나 업무를 게을리한 사실에 대하여 해당 지방자치단체의 장을 상대방으로 하여 소송을 제기할 수 있다. 이러한 소송은 어떤 유형에 속하는가?

① 기관소송
② 민중소송
③ 당사자소송
④ 항고소송
⑤ 취소소송

▌**해설**▌

② [○] 지방자치법 제22조에 의한 **주민소송**에 대한 설명이다. 주민소송은 "지방자치단체의 기관이 법률에 위반되는 행위를 한 때에 직접 자기의 법률상 이익과 관계없이 그 시정을 구하기 위하여 제기하는 소송"으로서 **행정소송법상 민중소송에 해당**한다(행정소송법 제3조 제3호 참조). 이러한 주민소송은 행정의 적법성 통제를 목적으로 하는 소송으로서 구체적인 권익의 침해 없이도 제기할 수 있다는 점에서 객관소송의 성격을 갖는다.

> **지방자치법 제22조(주민소송)**
>
> ① 제21조 제1항에 따라 **공금의 지출에 관한 사항**, 재산의 취득·관리·처분에 관한 사항, 해당 지방자치단체를 당사자로 하는 매매·임차·도급 계약이나 그 밖의 계약의 체결·이행에 관한 사항 또는 지방세·사용료·수수료·과태료 등 공금의 부과·징수를 게을리한 사항을 **감사 청구한 주민**은 다음 각 호의 어느 하나에 해당하는 경우에 그 감사 청구한 사항과 관련이 있는 위법한 행위나 업무를 게을리한 사실에 대하여 **해당 지방자치단체의 장**(해당 사항의 사무처리에 관한 권한을 소속 기관의 장에게 위임한 경우에는 그 소속 기관의 장을 말한다)**을 상대방으로 하여 소송을 제기할 수 있다.**

 탑 ②

05 세무사 2024

☑ 확인 Check! ○ △ ✕

행정소송법상 '법률이 정한 경우에 법률에 정한 자에 한하여' 제기할 수 있는 소송은? (다툼이 있으면 판례에 따름)

① 군수의 소속 공무원에 대한 승진임용처분을 도지사가 취소한 처분에 대해서 군수가 제기하는 소송

② 지방자치단체의 장이 건축협의를 취소한 것에 대해서 상대 지방자치단체가 제기하는 소송

③ 지방자치단체의 장이 건축협의를 거부한 것에 대해서 국가가 제기하는 소송

④ 보건소장의 국립대학교 보건진료소 직권폐업처분에 대해서 국가가 제기하는 소송

⑤ 국민권익위원회가 시·도선거관리위원회 위원장에게 소속 직원에 대한 불이익처분을 하지 말 것을 요구하는 내용의 조치요구에 대해서 그 위원장이 제기하는 소송

┃해설┃

① [○] 행정소송법상 '**법률이 정한 경우에 법률에 정한 자에 한하여**' 제기할 수 있는 소송에는 **민중소송과 기관소송**이 있다(행정소송법 제45조). 지방자치단체의 장은 지방자치법 제188조 제1항, 제3항 또는 제4항에 따른 자치사무에 관한 명령이나 처분의 취소 또는 정지에 대하여 이의가 있으면 그 취소처분 또는 정지처분을 통보받은 날부터 15일 이내에 대법원에 소를 제기할 수 있는바(지방자치법 제188조 제6항), 이 소송은 **기관소송에 해당**한다. 대법원 판례도 울산광역시 북구청장이 소송 공무원에 대항 승진임용처분을 울산광역시장이 취소한 처분에 대하여 울산광역시 북구청장이 제기한 **기관소송이 적법함을 전제로 본안에 대한 판단**을 한 바 있다(대판 2007.3.22. 2005추62[전합]). 따라서 **군수의 소속 공무원에 대한 승진임용처분을 도지사가 취소한 처분에 대해서 군수가 제기하는 소송**은 **기관소송에 해당**한다.

> **행정소송법 제45조(소의 제기)**
> 민중소송 및 기관소송은 **법률이 정한 경우에 법률이 정한 자에 한하여** 제기할 수 있다.

② [✕] 지방자치단체의 장이 건축협의를 취소한 것에 대해서 상대 지방자치단체가 제기하는 소송은 **항고소송**이다.

> 「**건축법**」상 **건축협의 취소**는 상대방이 다른 지방자치단체 등 행정주체라 하더라도 '행정청이 행하는 구체적 사실에 관한 법집행으로서의 공권력 행사'(행정소송법 제2조 제1항 제1호)로서 **처분에 해당**한다고 볼 수 있고, 지방자치단체인 원고가 이를 다툴 실효적 해결 수단이 없는 이상, 원고는 건축물 소재지 관할 허가권자인 지방자치단체의 장을 상대로 **항고소송을 통해 건축협의 취소의 취소를 구할 수 있다**(대판 2014.2.27. 2012두22980).

③ [×] 지방자치단체의 장이 건축협의를 거부한 것에 대해서 국가가 제기하는 소송은 **항고소송**이다.

> 허가권자인 지방자치단체의 장이 한 건축협의 거부행위는 비록 그 상대방이 국가 등 행정주체라 하더라도, 행정청이 행하는 구체적 사실에 관한 법집행으로서의 공권력 행사의 거부 내지 이에 준하는 행정작용으로서 **행정소송법 제2조 제1항 제1호에서 정한 처분에 해당한다고 볼 수 있고**, 이에 대한 법적 분쟁을 해결할 실효적인 다른 법적 수단이 없는 이상 **국가 등은 허가권자를 상대로 항고소송을 통해 그 거부처분의 취소를 구할 수 있다**고 해석된다. 원심이 판시와 같은 이유를 들어 원고의 건축협의 요청을 거부하는 취지의 피고의 이 사건 통보가 항고소송의 대상에 해당한다는 취지로 판단한 것은 이러한 법리에 기초한 것으로서, 거기에 상고이유의 주장과 같이 항고소송의 대상이 되는 행정처분 및 권력분립에 관한 법리를 오해하고 기관소송에 관한 법률을 위반하는 등의 위법이 없다(대판 2014.3.13. 2013두15934).

④ [×] 보건소장의 국립대학교 보건진료소 직권폐업처분에 대해서 국가가 제기하는 소송은 **항고소송**이다.

> [1] **관악구 보건소장은 서울대학교 보건진료소에 직권폐업을 통보**하였고(이하 '이 사건 처분'이라고 함), 이에 국가(대한민국)는 관악구 보건소장의 이 사건 처분에 대한 **직권폐업처분무효확인등소송을 제기**하였다. 국가는 정부법무공단을 소송대리인으로 선임하여 위 판결인 1심에서 승소하였고, 위 사건의 항소심인 서울고등법원은 위 판결을 그대로 인용하였으며(서울고법 2009.11.25. 2009누19672), 상고심인 대법원은 위 고등법원 판결을 심리불속행으로 기각하였다(대판 2010.3.11. 2009두23129). [2] 국가는 권리·의무의 귀속 주체로서 행정소송법 제8조 제2항과 민사소송법 제51조 등 관계 규정에 따라 행정소송상의 당사자능력이 있는 것이고, 이는 항고소송에서의 원고로서의 당사자능력이라고 달리 볼 것은 아니다. 서울대학교는 국가가 설립·경영하는 학교일 뿐 위 학교는 법인도 아니고 대표자 있는 법인격 있는 사단 또는 재단도 아닌 교육시설의 명칭에 불과하여 권리능력과 당사자능력을 인정할 수 없으므로, **서울대학교를 상대로 하는 법률행위의 효과는 서울대학교를 설립·경영하는 주체인 국가에게 귀속되고, 그 법률행위에 대한 쟁송은 국가가 당사자가 되어 다툴 수밖에 없다** 할 것이다(서울고법 2009.11.25. 2009누19672). ☞ 다만, 국립대학교인 서울대학교는 2011.12.28. 국립대학법인으로 설립되었다.

⑤ [×] 국민권익위원회가 시·도선거관리위원회 위원장에게 소속 직원에 대한 불이익처분을 하지 말 것을 요구하는 내용의 조치요구에 대해서 그 위원장이 제기하는 소송은 **항고소송**이다.

> 甲이 국민권익위원회에 부패방지 및 국민권익위원회의 설치와 운영에 관한 법률(이하 '국민권익위원회법'이라 한다)에 따른 신고와 신분보장조치를 요구하였고, 국민권익위원회가 甲의 소속기관 장인 乙 시·도선거관리위원회 위원장에게 '甲에 대한 중징계요구를 취소하고 향후 신고로 인한 신분상 불이익처분 및 근무조건상의 차별을 하지 말 것을 요구'하는 내용의 조치요구를 한 사안에서, 국가기관 일방의 조치요구에 불응한 상대방 국가기관에 국민권익위원회법상의 제재규정과 같은 중대한 불이익을 직접적으로 규정한 다른 법령의 사례를 찾아보기 어려운 점, 그럼에도 乙(경기도선거관리위원회 위원장)이 국민권익위원회의 조치요구를 다툴 별다른 방법이 없는 점 등에 비추어 보면, 처분성이 인정되는 위 조치요구에 불복하고자 하는 **乙로서는 조치요구의 취소를 구하는 항고소송을 제기하는 것이 유효·적절한 수단**이므로 비록 乙이 국가기관이더라도 당사자능력 및 원고적격을 가진다고 보는 것이 타당하고, 乙이 위 조치요구 후 甲을 파면하였다고 하더라도 조치요구가 곧바로 실효된다고 할 수 없고 乙은 여전히 조치요구를 따라야 할 의무를 부담하므로 乙에게는 위 조치요구의 취소를 구할 법률상 이익도 있다고 본 원심판단을 정당하다고 한 사례(대판 2013.7.25. 2011두1214). ☞ [판결이유] 이 사건과 같이 국가기관 사이에 어느 일방(피고 국민권익위원회)이 상대방(원고 경기도선거관리위원회 위원장)에 대하여 일정한 의무를 부과하는 내용의 조치요구를 한 사안에서 그 조치요구의 상대방인 국가기관이 이를 다투고자 할 경우, 이는 국가기관 내부의 권한 행사에 관한 것이어서 기관소송의 대상으로 하는 것이 적절해 보이나, 행정소송법은 제45조에서 '기관소송은 법률이 정한 경우에 법률에 정한 자에 한하여 제기할 수 있다'고 규정하여 이른바 기관소송 법정주의를 채택하고 있고, 조치요구에 관하여는 국민권익위원회법 등 법률에서 원고에게 기관소송을 허용하는 규정을 두고 있지 아니하므로, 이 사건 조치요구를 이행할 의무를 부담하고 있는 **원고로서는 기관소송으로 이 사건 조치요구를 다툴 수는 없다.**

🗹 ①

행정소송법상 기관소송에 관한 설명으로 옳지 않은 것은?

① 충청남도와 세종특별자치시 간의 권한쟁의심판은 기관소송에 해당한다.

② 국가 또는 공공단체의 기관 상호 간에 있어서의 권한의 존부 또는 그 행사에 관한 다툼이 있을 때 제기하는 소송이다.

③ 교육·학예에 관한 시·도의회의 재의결에 대하여 교육감이 대법원에 제기하는 소송은 기관소송의 일종이다.

④ 기관소송으로써 처분의 취소를 구하는 소송에는 그 성질에 반하지 아니하는 한 취소소송에 관한 규정이 준용된다.

⑤ 기관소송으로써 부작위의 위법의 확인을 구하는 소송에는 그 성질에 반하지 아니하는 한 부작위위법확인소송에 관한 규정이 준용된다.

┃해설┃

① [✕] **충청남도와 세종특별자치시 간의 권한쟁의심판**(= 지방자치단체 상호 간의 권한쟁의에 관한 심판)은 헌법재판소법 제2조의 규정에 의하여 헌법재판소의 관장사항에 해당하므로 **행정소송법상 기관소송에서 제외**된다(행정소송법 제3조 제4호 단서, 헌법재판소법 제2조 제4호).

> **행정소송법 제3조(행정소송의 종류)**
> 행정소송은 다음의 네 가지로 구분한다.
>   4. **기관소송** : 국가 또는 공공단체의 기관 상호 간에 있어서의 권한의 존부 또는 그 행사에 관한 다툼이 있을 때에 이에 대하여 제기하는 소송. 다만, **헌법재판소법 제2조의 규정에 의하여 헌법재판소의 관장사항으로 되는 소송은 제외**한다.
>
> > **헌법재판소법 제2조(관장사항)**
> > 헌법재판소는 다음 각 호의 사항을 관장한다.
> >   4. 국가기관 상호 간, 국가기관과 지방자치단체 간 및 **지방자치단체 상호 간의 권한쟁의에 관한 심판**

② [○] 기관소송은 "국가 또는 공공단체의 **기관 상호 간**에 있어서의 권한의 존부 또는 그 행사에 관한 다툼이 있을 때에 이에 대하여 제기하는 소송"을 말한다(행정소송법 제3조 제4호 본문).

③ [○] 지방자치법 제159조(현행 제192조 제4항)에는 **지방의회의 (재)의결**에 대하여 지방자치단체의 장이 이의가 있으면 대법원에 제소하도록 하여 그 제1심관할법원을 대법원으로 하는 규정을 두고 있으나 그와 같은 소송은 지방자치단체의 장이 지방의회 의결에 대한 사전예방적 합법성 보장책으로서 제기하는 **기관소송의 성질**을 가진 것이다(대판 1993.11.26. 93누7341). 같은 취지에서 **교육·학예에 관한 시·도의회의 재의결에 대하여 교육감이 대법원에 제기하는 소송도 기관소송의 일종**으로 볼 수 있다(지방교육자치에 관한 법률 제28조 제3항 참조).

> **지방교육자치에 관한 법률 제28조(시·도의회 등의 의결에 대한 재의와 제소)**
>
> ① 교육감은 교육·학예에 관한 시·도의회의 의결이 법령에 위반되거나 공익을 현저히 저해한다고 판단될 때에는 그 의결사항을 이송받은 날부터 20일 이내에 이유를 붙여 재의를 요구할 수 있다. 교육감이 교육부장관으로부터 재의요구를 하도록 요청받은 경우에는 시·도의회에 재의를 요구하여야 한다.
> ② 제1항의 규정에 따른 재의요구가 있을 때에는 재의요구를 받은 시·도의회는 재의에 붙이고 시·도의회 재적의원 과반수의 출석과 시·도의회 출석의원 3분의 2이상의 찬성으로 전과 같은 의결을 하면 그 의결사항은 확정된다.
> ③ 제2항의 규정에 따라 재의결된 사항이 법령에 위반된다고 판단될 때에는 교육감은 재의결된 날부터 20일 이내에 대법원에 제소할 수 있다.

④ [○] ⑤ [○]

> **행정소송법 제46조(준용규정)**
>
> ① 민중소송 또는 **기관소송**으로서 처분등의 취소를 구하는 소송에는 그 성질에 반하지 아니하는 한 **취소소송에 관한 규정을 준용**한다. ❹
> ② 민중소송 또는 **기관소송**으로서 처분등의 효력 유무 또는 존재 여부나 **부작위의 위법의 확인**을 구하는 소송에는 그 성질에 반하지 아니하는 한 각각 무효등 확인소송 또는 **부작위위법확인소송에 관한 규정을 준용**한다. ❺
> ③ 민중소송 또는 기관소송으로서 제1항 및 제2항에 규정된 소송외의 소송에는 그 성질에 반하지 아니하는 한 당사자소송에 관한 규정을 준용한다.

답 ①

행정소송법상 기관소송에 관한 설명으로 옳은 것은?

① 처분의 취소를 구하는 취지의 소송일지라도 취소소송에 관한 제소기간의 규정은 준용되지 않는다.

② 법률에 정함이 없는 경우에도 정당한 이익이 있으면 제기할 수 있다.

③ 국가기관과 지방자치단체 간에 권한의 유무 또는 범위에 관하여 다툼이 있을 때에 제기하는 소송이다.

④ 공공단체의 기관이 법률에 위반되는 행위를 한 때에 직접 자기의 법률상 이익과 관계없이 그 시정을 구하기 위하여 제기하는 소송이다.

⑤ 교육·학예에 관한 시·도의회의 재의결에 대하여 교육감이 대법원에 제기하는 소송은 기관소송의 일종이다.

▌해설▐

① [✕] 민중소송이나 기관소송의 경우 그 소송을 인정하는 개별 법률에 제소기간에 관한 특칙을 두는 것이 일반적이나, 그러한 특칙이 없더라도 처분의 취소를 구하는 취지의 소송일 때에는 그 성질에 반하지 아니하는 한 취소소송에 관한 제소기간의 제한을 받게 된다(행정소송법 제46조 제1항: 법원실무제요 행정 [2], 4면).

> **행정소송법 제46조(준용규정)**
> ① 민중소송 또는 **기관소송으로서 처분등의 취소를 구하는 소송에는 그 성질에 반하지 아니하는 한 취소소송에 관한 규정을 준용**한다.

② [✕] 기관소송은 법률이 정한 경우에 법률에 정한 자에 한하여 제기할 수 있다(행정소송법 제45조). 따라서 기관소송은 정당한 이익이 있더라도 법률에 정함이 없는 한 제기할 수 없다.

③ [✕] **기관소송**은 국가 또는 공공단체의 **기관 상호 간**에 있어서의 권한의 존부 또는 그 행사에 관한 다툼이 있을 때에 이에 대하여 제기하는 소송이다(행정소송법 제3조 제4호 본문). **국가기관과 지방자치단체 간에 권한의 유무 또는 범위에 관하여 다툼이 있을 때에 제기하는 소송은 권한쟁의심판**(헌법재판소법 제2조 제4호, 제61조 제1항)으로서 기관소송에서 제외된다(행정소송법 제3조 제4호 단서).

> **행정소송법 제3조(행정소송의 종류)**
> 행정소송은 다음의 네 가지로 구분한다.
> 4. **기관소송** : 국가 또는 공공단체의 **기관 상호 간**에 있어서의 권한의 존부 또는 그 행사에 관한 다툼이 있을 때에 이에 대하여 제기하는 소송. 다만, **헌법재판소법 제2조의 규정에 의하여 헌법재판소의 관장사항으로 되는 소송은 제외**한다.
>
> > **헌법재판소법 제2조(관장사항)**
> > 헌법재판소는 다음 각 호의 사항을 관장한다.
> > 4. **국가기관 상호 간, 국가기관과 지방자치단체 간** 및 지방자치단체 상호 간의 **권한쟁의에 관한 심판**

④ [×] 기관소송이 아니라 민중소송에 대한 설명이다.

⑤ [O] 지방자치법 제159조(현행 제192조 제4항)에는 지방의회의 (재)의결에 대하여 지방자치단체의 장이 이의가 있으면 대법원에 제소하도록 하여 그 제1심관할법원을 대법원으로 하는 규정을 두고 있으나 그와 같은 소송은 지방자치단체의 장이 지방의회 의결에 대한 사전예방적 합법성 보장책으로서 제기하는 **기관소송의 성질을 가진 것이다**(대판 1993.11.26. 93누7341). ☞ 같은 취지에서 교육·학예에 관한 시·도의회의 재의결에 대하여 교육감이 대법원에 제기하는 소송도 **기관소송의 일종**으로 볼 수 있다(지방교육자치에 관한 법률 제3조 및 제28조 참조).

답 ⑤

CHAPTER 6

합격의 공식
시대에듀

나는 젊었을 때, 10번 시도하면 9번 실패했다.
그래서 10번씩 시도했다.

- 조지 버나드 쇼 -

2025 시대에듀 세무사 행정소송법 한권으로 끝내기

초 판 발 행	2024년 12월 05일(인쇄 2024년 10월 30일)
발 행 인	박영일
책 임 편 집	이해욱
편 저	박종화 · 시대법학연구소
편 집 진 행	박종필 · 이재성
표 지 디 자 인	김도연
편 집 디 자 인	표미영 · 임창규
발 행 처	(주)시대고시기획
출 판 등 록	제10-1521호
주 소	서울시 마포구 큰우물로 75 [도화동 538 성지 B/D] 9F
전 화	1600-3600
팩 스	02-701-8823
홈 페 이 지	www.sdedu.co.kr
I S B N	979-11-383-8102-4 (13360)
정 가	22,000원

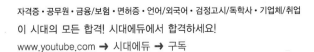